KB058249

가족 심리 백과

우리 가족을 지키는
마음 건강의
모든 것

가족 심리 백과

송형석 외 지음

시공사

머리말

이 책의 시작은 사실 가벼웠습니다. 정신과의사 10명이 모여 이야기를 나누다가 실제 진료를 하거나 상담을 하며 항상 받는 질문들을 모아 한 권의 책으로 엮어보자는 것이었죠. 아직은 사람들이 정신건강의학과나 심리상담소를 찾는 걸 부담스러워하고, 인터넷에는 온갖 잘못된 정보들이 판을 치고 있으니까요. 사람들이 쉽지만 제대로 된 심리적 해결법을 접할 수 있도록 해보자는 데 뜻을 모았던 겁니다.

그런데 바로 그 '제대로'라는 것이 문제였습니다. 우리는 진료실에서 가장 많이 들었던 질문들을 모은 후, 정신의학적으로 정통에 가까운 이론들을 바탕으로 하되 그간의 진료경험들까지 총괄해 해답들을 모았습니다. 그 과정에서 우리가 다루는 해법이 혹여 편향된 것은 아닐까, 지극히 주관적인 것은 아닐까에 대해 엄밀한 고민이 이어졌고, 결국 서로 의견을 주고받으며 열렬히 토론하고 고쳐 쓰기를 수회 반복하게 됐습니다. 그냥 10명이 각 섹션을 나누어 글을 쓴 후 한데 모았다면 일이 간단했을 텐데, 어려운 길을 택한 셈입니다. 그렇게 주말마다 마라톤 회의가 이어진 것은 물론, 우리들이 알고 있는 지식들을 재확인해보고, 스스로의 편견이나 오류를 재검토하고, 각자 가진 경험을 정리하고 또 부족한 부분에는 살을 붙이기 위해 각종 논문과 책, 임상사례 등을 찾아보다 보니, 어느덧 1년이란 시간이 훌쩍 지나 있었습니다. 그러는 동안 어느새 우리가 엄청난 양의 정보와 글을 다루고 있다는 사실을 깨달았습니다.

이런 지난한 과정을 거쳐 탄생한 이 두툼한 책은 그간 국내에서 출간된 적이 없는 백과사전 형식을 취하고 있습니다. 아마도 아이의 발달심리부터 성인의 인간관계, 노인 정신질환까지 인간의 전 생애에 걸친 여러 감정적·정서적·정신적 문제들을 한 권에 담아낸 시도는 국내 최초일 것이라 생각합니다.

내용은 총 3부로 나뉩니다. 1부에서는 에릭슨의 발달단계를 기초로 하여, 각 연령별로 이뤄야 할 목표나 가치가 무엇인지에 대해 다뤘습니다. 2부에서는 아이에서부터 청소년, 성인, 노인까지 나이별로 나누어 그 연령에서의 발달사항이나 정상적 심리상태와 함께, 일반적으로 정신의학에서 다루는 조현병, 우울증, 불안장애 같은 병리적 문제, 스트레스 관리, 흔한 대인관계 문제, 자존감 문제 같은 심리적 문제까지 상세하게 소개하는 한편, 그에 따라 개개인이 직접 대응할 수 있는 해법까지 담으려고 하였습니다. 3부에서는 어렵게 느껴지지만 알고 있어야 한다고 생각되는 기본적인 정신과학, 심리학, 정신분석학 개념들을 따로 설명하여 독자 여러분의 이해를 도우려 했습니다.

우리는 이 책이 여러분에게 마치 심리적 구급상자처럼 사용되었으면 합니다. 나 자신에게 괴로운 고민이 생겼을 때 혹은 우리 가족 중 누군가가 마음의 병을 앓고 있는 것처럼 보일 때 펼쳐보면서 즉답을 얻거나, 어떻게 풀어가야 하는 문제인지를 이해하는 데 사용했으면 좋겠습니다. 나아가 이 책이 정신과에 대한 편견이나 두려움을 줄이는 역할을 해줄 거라 믿습니다. 정신적·심리적 문제들은 단순히 정상과 비정상의 관점에서 바라보고 재단해야 하는 것이 아니라 신체의 건강처럼 항상 살피고 관심을 가져야 하는 것임을, 나 자신의 마음이라는 것이 온전히 나만의 것이 아니라 다른 사람과 공유하면서 때로 누군가의 도움을 필요로 하는 것이란 사실을 이 책을 보며 이해하게 되었으면 좋겠습니다.

이 책을 만드는 데 조언을 아끼지 않으신 김진세 선생님을 비롯해, 그간 저희를 가르쳐주신 여러 스승님과 선배님들께 감사의 마음을 전합니다. 장기간 원고를 쓸 수 있도록 인내해주신 우리의 가족들에게도 고맙다는 말을 전하고 싶습니다. 무엇보다 우리가 병원에서 만났던 수많은 분들에게 감사하며 앞으로 더 건강한 삶을 살아가시길 바라는 마음 전하고 싶습니다.

아마도 우리에게는 주말마다 진행하던 회의들과 엄청난 양의 색색가지 문서들이 추억으로 남을 듯합니다.

송형석, 강성민, 강화연, 김종훈, 류영민,
박성근, 양재원, 윤병문, 이분희, 조방현

차례

2. 부모와 아이 사이

3. 친구관계와 학교 적응

4. 진로

4장_ 청년의 문제

1. 대인관계

친구관계

5장_ 중장년의 문제

1. 정신·심리

불안

스트레스

우울

1부

인간심리의 발달

인생의 어느 한 시점을 떼어내어 인간심리를 분석하는 것은 흥미로운 작업입니다. 이러한 작업은 우리에게 무궁무진한 정보를 제공해줍니다. 반면 전 생애를 통해 성장하고 발달하는 존재로서 인간심리를 이해하는 경우에도 이와는 또 다른 큰 통찰을 얻을 수 있습니다. 우리는 지금부터 바로 이 두 번째 방법으로, 인간발달과정에서 일어나는 심리현상들을 살펴볼 것입니다. 심리발달은 성격, 인지, 언어, 사회성 등 여러 측면의 발달을 포함하는데요. 특히 성격발달은 S. 프로이트 S. Freud 이래 고전적인 정신분석학과 그 외 많은 이론들에 의해 잘 체계화되고 많이 알려져서 우리는 이것을 더욱 쉽게 이해하고 일상에 적용할 수 있게 되었습니다.

특히 이 책에서는 E. H. 에릭슨E. H. Erikson의 심리사회적 발달이론을 중심으로 하여 각각의 사례를 살펴보려 하는데요. 그는 프로이트의 정신분석학적 성격발달이론을 계승하되, 좀 다른 각도에서 접근했습니다. 프로이트가 성격발달에 있어 본능과 무의식을 다루는 자아의 역할을 강조했다면, 에릭슨은 사회적인 요인에 따른 영향에 초점을 맞췄습니다. 자신의 욕구를 충족해주거나 억압하는 사회적 요인을 조

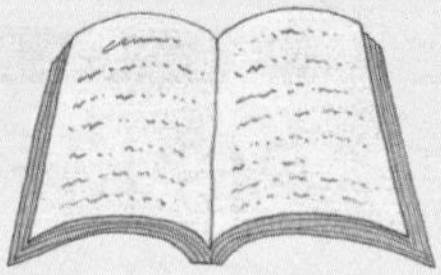

정하기 위해 자아가 어떻게 기능하는지에 중점을 둔 것이죠. 그에 따르면, 아이는 자라면서 나이에 따라 다양한 욕구를 나타내는데요. 때로는 주변환경이 욕구를 만족시켜주는 긍정적 경험을 하기도 하지만, 때로는 욕구가 좌절되는 부정적 경험을 하는 내적 위기internal crises를 겪게 된다는 것입니다. 내적 위기라는 것은 특정 가치를 획득하느냐 하지 못하느냐의 문제인데, 일종의 터닝 포인트와 같은 개념입니다. 이 시기를 잘 보내면, 힘을 얻고 다음 단계로 나아갈 수 있습니다.

에릭슨은 인생 전반에 걸친 자아의 발달을 연령에 따라 8단계로 구분했습니다. 각 단계를 나이별로 구분해놓기는 했지만, 그 시기가 고정된 것은 아니고 개인에 따라 조금씩 다를 수 있습니다. 그리고 다음 단계로 넘어갔다 해도 이전 단계의 문제가 남아 있을 수 있고, 심한 스트레스를 받았을 때는 이전 단계로 퇴행할 수도 있습니다. 이제 시작되는 1부에서는 에릭슨의 발달이론을 중심으로, 연령에 따라 성격을 비롯한 인지와 사회성 등의 발달이 어떻게 이루어지는지 살펴보겠습니다.

1단계_ 신뢰 vs. 불신(출생~18개월)

아이가 저한테서 떨어지려 하질 않아 너무 힘들어요

▶▶▶▶ **신뢰Basic Trust vs. 불신Basic Mistrust 단계**
: 프로이트의 정신성적 발달단계의 구강기에 해당

기본신뢰는 아이와 양육자 간의 초기경험에서 시작된다. 정서적으로 따뜻한 엄마가 일관되고 안정된 환경 속에서 양질의 양육을 제공할 때, 아이는 엄마를 신뢰하게 된다. 이렇게 기본신뢰를 갖게 된 아이는 엄마가 눈앞에서 사라져도 불안해하거나 화내지 않으며, 긍정적인 태도와 자기확신을 갖는다.

아이가 사랑스럽기는 하지만, 엄마인 저에게서 도통 떨어지려 하질 않네요. 저도 모르게 짜증이 나는데, 어떻게 대처하면 좋을지 알고 싶습니다.

이 시기는 에릭슨의 발달단계 제1단계에 해당하는데요. 아기가 세상을 향한 신뢰의 싹을 틔우는 시기로, 아이의 기본적인 신뢰 발달은 엄마와의 초기경험에서 출발합니다. 부모가 양육과정에서 친밀한 태도로 일관된 양육을 제공해 아이의 기본적인 욕구를 충족시켜주었을 때 아이는 자신과 주변환경에 대해 신뢰감을 갖게 됩니다. 그 결과, 아이

는 미래에 대한 긍정적인 기대와 희망적인 태도, 자기확신 등을 발전시키게 되죠. 반면 기본욕구가 충족되지 못하고 부정적인 경험을 많이 하게 되면 불신감이 생기며, 일단 형성된 불신감은 평생 남아 이후의 발달과정에 영향을 미치게 됩니다.

이 시기의 아이는 매우 여리고 무력해서 전적으로 부모에게 의존하기에, 부모와 분리될 때 불안을 느끼는 분리불안Separation Anxiety이 나타나는 게 정상입니다. 커가면서 아이는 견딜 수 있는 정도의 좌절, 즉 잠시 부모와 떨어져 있더라도 곧 부모가 다시 나타나 자신을 위로하고 돌봐주는 경험을 반복함으로써 자기 자신과 부모에 대한 신뢰감을 형성하고, 차츰 두려워하지 않고 부모와의 분리를 견딜 수 있게 되면서 결국 분리불안을 극복하게 됩니다.

> **분리불안**
> 낯선 환경이나 낯선 사람을 만나면 엄마에게 붙어 떨어지지 않으려 하고, 떨어지면 심하게 울며 엄마를 자기 곁에서 떠나지 못하게 하는 행동을 보이는 것.

프로이트는 출생 이후부터 1살 반까지를 구강기Oral Phase라고 명명했는데요. 에릭슨의 제1단계와 일치하는 시기입니다. 아기의 모든 관심이 빨거나 깨무는 것과 같은 입의 감각에 집중되어 있기 때문에 붙은 이름이죠. 이 감각이 충분히 만족되면 다음 단계로 가기 쉬워지지만, 지나치게 구강기적 만족에 집중하거나, 혹은 젖을 물리지 않는 등의 문제로 충분한 만족이 주어지지 않으면, 구강기 고착으로 이상성격이 발생될 수 있다고 합니다. 예를 들어, 지나치게 의존적인 성향이나 먹는 것, 술과 담배에 대한 집착 등이 그것입니다. 최근에는 어린 시절의 스트레스가 뇌에 영향을 미쳐 이런 경향을 나타낼 수 있다고도 봅니다.

여기서 한 가지 고려해야 할 사항은 아기의 기질Temperament입니다. 아기마다 조금씩 행동양상이나 정서상태가 다르고, 심지어는 체질이나 신체적 반응도 다릅니다. 아이를 키워본 사람은 누구나 공감하겠지만, 비슷한 환경에서도 아이들은 각기 다르게 반응합니다. 이런 타고난 기질 차이로 인해 아기가 부모와 분리되었을 때 반응 정도가 다를 수 있다는 점도 고려해야 합니다.

기질에 관한 연구로는 A. 토머스A.Thomas 등이 133명의 아기들을 대상으로 뉴욕종단연구New York Longitudinal Study, NYLS를 시작한 이래 많은 연구가 이어져왔습니다. 연구자들은 아기들의 여러 가지 행동차원을 분석해 3가지 기질유형을 찾아냈죠. 바로 순한 아이Easy Child, 까다로운 아이Difficult Child, 느린 아이Slow To Warm Up Child로 나눈 것인데요. 순한 아이는 일상생활이 규칙적이고, 외부자극에 보통 정도로 반응하며, 긍정적인 정서를 많이 보이고, 낯선 환경에도 잘 적응합니다. 약 40퍼센트의 아이들이 여기에 속합니다. 까다로운 아이는 순한 아이와 반대 특성을 보이는데, 일상생활이 불규칙적이고, 자극에 강하게 반응하며, 낯선 환경에 적응하는 데 어려움을 보입니다. 약 10퍼센트의 아이들이 여기에 속합니다. 느린 아이는 대체로 낯선 환경에 느리게 적응하고, 외부자극에 보통으로 반응합니다. 약 15퍼센트의 아이들이 여기에 속합니다.

아이를 키울 때 기질을 고려한다면, 아이를 이해하는 데 도움이 될 것입니다. 만약 아이가 까다로운 편이어서 불규칙적인 생활패턴을 가지고 있고 변화에 적응하는 것이 매우 힘들다면, 그에 맞는 양육방식을 찾아야 합니다. 기질적으로 까다로운 아이는 키우기 어렵고, 커서 문제행동을 보일 가능성이 높다고 알려져 있는데요. 아이에게 잘 맞는 양육을 제공했을 때는 문제가 발생하지 않는다고 합니다.

이 단계의 심리발달에서 고려해야 할 또 한 가지는 애착Attachment 개념입니다. 애착이론은 1960년대에 영국의 정신분석학자인 J. 볼비J. Bowlby에 의해 처음 발표되었고, 이후 발달심리학 등의 영향을 받아 발전했습니다. 애착은 한 사람이 누군가와 정서적 유대관계를 맺는 것인데, 아기가 태어나면 제일 먼저 엄마나 다른 양육자에게 애착을 형성하는 것이 최초의 시작이 됩니다. 아이는 엄마를 안전기지Secure Base로 삼아 험한 세상을 탐험하기 시작합니다. 아이는 미소를 짓고 안기며 매달리는 등 애착행동을 해서 엄마가 떠나지 않고 자신을 돌보게 만들죠. 엄마는 아이의 욕구를 민감하게 알아채서 반응하는데, 이런 민감성Sensitivity이 애착의 질에 결정적인 역할을 합니다.

앞 사례의 아기 역시 엄마가 민감하게 아이의 욕구를 알아차리고 충족시켜주어 안정적인 애착이 형성되고 나면, 엄마와 떨어져 있는 시간을 견디는 힘이 자연스레 점차 늘어날 것입니다. 그러나 엄마에게서 적절한 보살핌을 받지 못하면, 애착 형성에 큰 문제가 생기죠. 예를 들어, 엄마가 사고로 죽고 대신 돌봐줄 사람도 없어 아이가 제대로 된 돌봄을 받을 수 없으면, 아이의 애착 형성에 위기가 옵니다. 일단 형성된 애착 형태는 아이가 커서 성인이 되기까지 친구, 연인, 배우자, 자녀 등 소중한 사람들과 친밀한 관계를 맺는 데 영향을 미칩니다.

M. 아인스워스M. Ainsworth 등은 낯선상황절차Strange Situation Procedure 실

낯선상황절차
아이가 엄마와 떨어졌다가 다시 만나는 과정에서 아이가 엄마에게 보이는 반응을 관찰하여 아이의 애착 형태를 파악하는 실험.

험을 통해 아이가 엄마와 떨어졌다가 다시 만나는 과정을 지켜보며 아이가 가지고 있는 애착의 형태를 4가지로 분류했습니다. 안정된 애착을 보이는 아이는 엄마와 떨어질 때 싫어하고 두려워하지만, 다시 만났을 때는 위로를 받고 금방 안정되는 모습을 보였습니다. 양가적 애착의 아동은 떨어졌다가 다시 만난 엄마가 달래려고 할 때 화를 내고 쉽게 안정을 찾지 못했죠. 회피적 애착을 보이는 아동은 엄마와 떨어져도 별다른 반응을 보이지 않고, 다시 만났을 때도 엄마에게 매달리지 않는 모습을 보였습니다. 그 외에 분리와 재회 시에 일관되지 않고 혼란스러운 반응을 보이는 비구조화된 애착을 보이는 아동도 있는데, 이는 가장 좋지 못한 경우입니다.

한편 M. 메인M. Main 등은 성인이 된 부모들을 대상으로 그들이 어린 시절에 부모와 어떤 애착을 경험했는지 분류하는 연구를 했고, 이후 많은 연구자들이 부모가 가진 애착 형태와 자녀가 가진 애착 형태를 비교해왔습니다. 결과적으로 부모와 자녀의 애착 형태가 일치하는 비율이 70퍼센트에 이른다고 하니, 애착이 대물림된다고 할 수 있습니다. 누군가는 자신의 애착 형태가 불안정해서 자녀에게 나쁜 영향을 미치게 될까 두려워할지도 모르겠습니다. 다행히도 이런 애착 형태는 고정된 것이 아니어서 새로운 정서적 경험을 통해 일생에 걸쳐 변화될 수 있다고 합니다.

애착에 관한 또 다른 연구로 H. 할로H. Harlow가 시행한 원숭이 실험이 있는데요. 이 실험을 통해 사회적 고립이 미치는 영향을 확인할 수 있습니다. 할로는 어미와 격리된 새끼원숭이를 키우며 수유 등 생리적인 측면을 만족시킨 그룹과 신체접촉 같은 정서적 측면을 만족시킨 그룹으로 나누어 애착에 미치는 영향을 연구했습니다. 생리적 측면만 만족시켜주고 완전히 격리되어 어미나 동료 원숭이들과 접촉이 없던 그룹은 사망률이 높았고, 이상행동을 많이 보였으며, 성장해서 새끼를 낳아도 제대로 키우지 못했습니다. 또한 가짜어미 실험도 했는데요. 철사로 만든 가짜어미에는 젖이 나오는 젖꼭지를 달고, 헝겊으로 만든 부드러운 가짜어미에는 달지 않았습니다. 놀랍게도 새끼원숭이들은 먹이를 제공하는 철사 가짜어미보다 부드러운 신체적 접촉을 할 수 있는 헝겊 가짜어미를 더 선호하는 것으로 나타났습니다. 애착에서 접촉욕구가 얼마나 중요한지 보여주는 결과라 할 수 있죠.

심리적 발달과정을 인지적 측면에서 자세히 연구한 학자인 J. 피아제J. Piaget는 자신의 세 자녀를 면밀히 관찰해 아동의 인지발달과정에 관한 이론을 수립했습니다. 지적인 능력은 환경에 효과적으로 적응할 수 있는 능력으로, 환경과의 상호작용을 통해 발전해나갑니다. 그의 이론에 의하면, 출생부터 2세까지를 감각운동기Sensorymotor Period라고 하는데, 이 시기에는 대상영속성Object Permanence이 발달합니다. 4개월 이전의 아기는 장난감을 이불 밑에 숨기면 없어진 것으로 생각하는 데 반해, 12개월 무렵의 아기는 이불을 제치고 찾아내는 능력을 보여줍니다. 까꿍놀이는 아이가 대상영속성을 획득하도록 돕는 훈련입니다. 눈앞에서 엄마 얼굴이 없어지니 깜짝 놀랐다가 다시 나타나니 반가운 겁니

대상영속성
대상이 장소를 이동해 눈앞에서 사라지더라도 다른 장소에 계속 존재한다는 것을 이해하는 것.

다. 여러 차례 이런 경험을 통해 아이는 엄마가 잠시 보이지 않는다 하더라도 곧 돌아와 자신을 돌봐줄 것이라 믿게 되죠. 이 사례의 아기도 아직 어려서 당장 엄마가 눈앞에 안 보이면 세상에서 사라진 듯 느껴지고 불안하겠지만, 대상영속성을 획득하고 나면 엄마를 되찾을 수 있다는 확신으로 잠시의 분리를 견디게 될 것입니다.

2단계_ 자율성 vs. 수치/의심(18개월~3세)

무조건 떼쓰는 아이를 어디까지 허용해야 하나요

▶▶▶▶ **자율성Autonomy vs. 수치/의심Shame and Doubt 단계**
: 프로이트의 정신성적 발달단계의 항문기에 해당

자율성은 자기 자신 그리고 자신의 욕구와 충동을 스스로 조절할 수 있다는 성취감에서 비롯됩니다. 부모의 통제가 적당할 때, 아이는 자신감과 자가통제능력을 발전시켜 자율성을 획득합니다. 반면 부모가 자율적으로 행동하려는 아이를 지나치게 혼내거나 과잉통제하게 되면, 아이는 수치심과 자기의심에 빠지게 됩니다.

두 돌인 아이가 요즘 들어 무조건 싫다며 떼쓰는 일이 빈번해졌습니다. 제 어머니는 저를 엄격하게 키우셔서 저는 그렇게 하지 않으려고 하는데요. 항상 아이에게 좋은 엄마로서 좋은 말만 하고 싶지만, 아이가 너무 자기 마음대로 하니 견딜 수 없을 때가 많습니다. 아이를 어느 수준까지 야단쳐도 되는지 알고 싶습니다.

이 무렵 아이들은 괄약근 및 근육 조절이 가능해지는 등 신체가 발달하며, 대소변 가리기 같은 발달과제를 이룰 수 있게 됩니다. 아이가 스스로 자신의 신체를 통제하기 시작하지만, 엄마는 어른의 관점에서

아직은 미숙해 보이는 아이를 통제하려고 들죠. 아이가 자기통제를 이루려고 노력하고 성공경험이 쌓여가면 자율성을 얻게 되는 반면 스스로의 통제가 실패하거나 지나치게 어른들의 간섭을 받게 되면 자율성을 얻지 못하고, 수치심과 자신에 대한 회의감이 생기게 됩니다.

프로이트는 이 단계를 항문기Anal Stage라 명명했는데요. 배설의 쾌감이 리비도의 만족에 가장 중요한 역할을 하는 시기라는 의미입니다. 대소변 가리기 훈련을 하면서 이런 욕구가 충족되거나 좌절될 수 있는데, 이 단계에서 좌절이 고착되면 여러 성격적 · 심리적 문제들이 야기됩니다. 그 중 한 가지가 바로 완고하고 강박적인 성격입니다.

앞 사례의 아이는 지금 한창 엄마와 힘겨루기를 하며 스스로를 통제하려고 시도하고 있습니다. 스스로 통제하느냐 통제당하느냐의 갈림길에 놓여 있는 것이죠. 대체로 이맘때의 아이들은 제 마음대로 하려는 경향을 보이며 부정적이어서 온통 "싫어"라는 말을 달고 살기 때문에 '미운 2살Terrible Twos'이라 불립니다. 이런 연습과정을 거쳐야 스스로를 제어할 수 있는 자율성을 획득하는 것이죠. 만약 지나치게 허용적인 환경이라면, 아이는 스스로를 통제하는 법을 제대로 터득하지 못한 채 수치심을 갖게 될 것이고, 지나치게 통제당하게 되면 자율성을 박탈당한 채 스스로에 대한 회의감을 갖게 될 것입니다. 따라서 엄마는 그 사이에서 아이에게 가장 적절한 수준의 제한을 두어 건강한 자율성을 획득하도록 도와야 합니다.

앞 사례의 엄마는 어린 시절 과잉통제를 받아 건강한 자율성 획득에 실패해 자기 자신에 대한 회의감을 가지게 되었을 수 있습니다. 이제 성인이 된 엄마는 책임감 있는 부모로서, 자신의 자녀를 잘 키워보고자 애쓰고 있습니다. 그렇지만 내면에는 건강한 자율성 대신 자기 자신에 대한 회의감이 자리 잡고 있기에 아이를 양육할 때 확신이 없고 주저하는 모습을 보입니다. 만약 엄마가 아이를 자신이 자라온 방식과 다르게 키우겠다고 굳은 결심을 하고 지나치게 허용적인 양육방식을 따른다면, 아이는 자신을 통제하는 법을 제대로 배우지 못하고 실패를 경험할 수 있습니다. 그 결과, 아이는 자신에 대한 수치심을 느끼게 되어 엄마와는 또 다른 해결되지 못한 문제를 갖게 될 것입니다.

염두에 두어야 할 것은, 아이의 욕구와 발달 정도를 가장 잘 파악하고 있는 사람은 그 누구도 아닌 엄마 자신이라는 사실입니다. 따라서 확신과 자신감을 가지고 양육에 임해야 합니다. 위험한 상황에서는 단호하게 제한을 하지만, 한편으로는 아이 스스로 시행착오를 거치며 자신의 능력을 시험해볼 수 있는 기회를 허용해야 합니다. 아이를 혼내는 것은 아이에게 화내고 면박을 주는 행위가 아니라 안전한 울타리를 설정해주는 행위여야 합니다. 감정적인 반응보다는 문제행동을 줄여나가기 위한 해결 중심적인 반응을 보여야 할 것입니다.

3단계_ 주도성 vs. 죄책감(3세~5세)

자기 고집대로만 하려고 하는 아이를 어떻게 하나요

주도성Initiative vs. 죄책감Guilt 단계
: 프로이트의 정신성적 발달단계의 남근기에 해당

운동기능과 지적기능이 발전하면서 아이에게 신체적인 자유가 주어지고 지적 호기심이 충족되면 주도성을 갖게 됩니다. 이런 과정에서 부적절감을 느끼게 된다면 자기주도적인 활동에 죄책감을 느끼고 결국 자신의 잠재력을 충분히 발휘하지 못하게 되죠. 또한 이 시기에는 성적호기심을 느끼고 오이디푸스 콤플렉스를 겪기도 하지만, 이는 결국 사춘기가 될 때까지 억압됩니다. 한편 양심과 도덕심이 자리 잡게 되는데, 이는 프로이트 이론에서 초자아에 해당합니다.

5살 아들이 놀이터에서 또래들과 놀면 꼭 싸움이 벌어집니다. 서로가 자기주장만 하고 양보를 하지 않으니 노는 건지 싸우는 건지 구분이 안 가네요. 차라리 혼자 놀게 하는 게 나을까요?

유치원에 다닐 무렵의 아이들은 참 자신만만해서 의욕적이고 경쟁적입니다. 무엇이든지 스스로의 힘으로 해보려 들고, 자기 생각이 언제

나 옳고 제일 좋다고 주장하죠. 이는 아직 어리다 보니 타인의 관점에서 생각하는 능력이 미숙하고, 지나친 자기중심성을 갖고 있기에 당연한 일입니다.

비슷한 아이들이 모여서 서로 자기주장만 한다면 싸움이 벌어지고, 이기는 아이가 있으면 지는 아이도 있게 마련입니다. 이 시기에 건강하게 자기주장을 하고 상황을 주도해서 성공경험을 쌓은 아이들은 주도성을 갖게 됩니다. 반면 자기주장을 할 기회가 없었거나, 시도는 했으나 좌절을 겪고 부적절감을 느낀 아이는 위축되고, 자신이 했던 행동에 대해 죄의식을 느끼게 됩니다. 에릭슨의 발달이론에서는 3~6세 사이의 아이들이 이런 주도성을 얻거나 혹은 실패하고 죄책감에 빠지는 갈림길에 놓이게 된다고 설명합니다.

5살 아들이 또래들과 싸우는 것은 한 과정입니다. 아이는 자기가 옳다는 것을 입증하기 위해 주장을 펴고, 원하는 바를 얻기 위해 또래들과 경쟁을 하고 있습니다. 매번 성공할 수는 없겠지만, 적절한 수준에서 상황을 주도해본 아이는 주도성을 얻게 되고 이후 성장과정에서도 이런 주도성을 잘 활용합니다. 그러니 싸운다고 혼자 놀게 한다면, 아이는 주도성을 얻을 기회가 없겠죠. 마치 물을 빼버린 수영장에서 수영을 배우라고 하는 것과 같은 상황이 될 것입니다. 아이는 여러 시행착오 끝에 방법을 터득하게 될 테니, 부모는 안전한 한계를 설정하되 인내심을 가지고 기다려주어야 합니다.

프로이트의 정신분석학에서는 이 시기를 남근기Phallic Stage라고 해서 성기를 통해 만족감을 얻는 시기라고 했습니다. 이때 아이는 반대 성의 부모에 대한 강한 애착을 보이며, 동성의 부모를 경쟁자로 여기게 됩니다. 남자아이의 경우에는 오이디푸스콤플렉스Oedipus Complex를 겪으며, 이에 따른 죄의식과 보복에 대한 두려움으로 거세불안Castration Anxiety이 나타납니다. 아이는 이런 처벌에 대한 두려움으로 인해 어머니에 대한 사랑을 포기하고 아버지를 자신과 동일시하게 되고, 아버지가 내재화된 결과물인 초자아가 만들어집니다. 여자아이의 경우 엘렉트라콤플렉스Electra Complex를 겪는다고 하는데, 남아와 달리 거세불안이 없으며 초자아 형성과정에 대한 이론의 여지가 많아 학자들에게 비판을 받기도 했습니다. 이 시기에 해결되지 못한 문제들이 고착되면, 히스테리성 성격장애 같은 다양한 성격장애나 여러 신경증, 불안증 등이 발생합니다.

오이디푸스콤플렉스
프로이트의 정신성적 발달단계에서 남근기에 이른 아이가 반대 성의 부모를 향한 강한 애정과 소유욕을 느끼고 동성의 부모에게는 질투와 경쟁심을 가지는 현상. 남자아이의 경우 어머니를 향한 특별한 애정과 함께 아버지에게 경쟁심을 가지게 되고, 이에 아이는 죄책감과 함께 강한 성인남성인 아버지로부터의 보복을 두려워하여 거세불안을 느끼게 된다. 결국 아이는 어머니에 대한 성적 갈망을 포기하고 아버지처럼 되고자 하면서 아버지를 내재화한 초자아를 형성하게 된다.

엘렉트라콤플렉스
여아는 아버지가 가진 남성성기가 자신에게 없다는 사실을 깨닫고 이를 부러워하는 한편, 자신에게 남성성기를 주지 않은 어머니를 원망하는데, 이와 같은 여아의 부러워하는 심리가 콤플렉스를 갖게 하는 근본적인 원인이 된다. 이후 여아가 성장하며 어머니의 여성성을 동일시하면서 이 콤플렉스는 해소되고 초자아를 형성하는 역할을 한다.

이 시기는 인지적으로도 흥미로운 발달단계입니다. J. 피아제의 인지발달이론에서 2~6세 사이는 전조작기Preoperational Period에 해당되는 시기입니다. 이 시기에 아이는 자신이 경험한 대상을 내면의 이미지로 저장할 수 있고, 미숙하지만 '상징'을 사용할 수 있게 됩니다. 초기에는 대개 시각적 이미지인 경우가 많고, 차차 언어적으로 개념화하는 능력이 자라나죠. 예를 들어, 젓가락이 뭐냐고 물어보면 어린 아이는 그림을 그리거나 젓가락질을 하는 시늉을 하며 설명하려고 하는데, 이는 아이의 마음속에 젓가락에 대한 형태적이고 기능적인 상징이 자리 잡았다는 의미입니다. 좀 더 자라서 6세에 가까워진 아이는 언어적 표현이 능숙해져서 긴 막대기 2개를 사용해 젓가락이 음식을 집어먹는 도구라는 것을 말로 설명할 수 있게 됩니다.

아이에게서 상징기능이 자라나는 것을 확인할 수 있는 가장 좋은 방법은 역할놀이입니다. 아이가 소꿉놀이하는 것을 보면, 엄마란 집에서 음식을 만들고 아기를 돌보는 존재, 아기는 도움을 필요로 하고 보채는 존재라는 상징적 개념이 형성되어 있음을 확인할 수 있습니다. 또한 납작한 돌을 그릇처럼 사용하고 긴 막대기를 총이라고 여기며 노는 것을 보면, 아이 내면에서 각 사물의 특성을 상징화한 개념이 자리 잡아가고 있는 것이 보입니다. 자폐스펙트럼장애Autism Spectrum Disorder 아동들은 상징놀이를 하는 데 어려움을 보이는데요. 상징적 사고의 발달이 손상된 경우라고 할 수 있습니다.

이 시기의 또 다른 중요한 인지발달 특성은 자기중심성Egocentrism입니다. 어린아이들은 다른 사람도 모두 자신처럼 생각하고 느끼고 볼 것이라고 믿는데 반해, 7세 무렵부터는 서서히 탈중심화되어 남들이 나와 다르게 생각하고 느낄 수 있음을 이해하

히스테리성 성격장애
자기과시적이고 감정적이며 주변 사람들의 관심과 주의를 끌기 위해 과장된 표현을 자주 한다. 주변 상황의 영향을 많이 받으며, 성적으로 매력적으로 보이고 유혹적이지만, 실제 성생활에서는 불감증인 경우가 많다. 피상적인 감정과 이기적인 면, 타인을 조종하려는 경향 등으로 인해 지속적이고 깊이 있는 대인관계를 유지하기 어렵다.

자폐스펙트럼장애
사회적 상호작용과 의사소통에 심각한 결함을 보이는 장애. 다른 사람의 마음을 이해하는 것이 어렵고, 애착행동을 잘 보이지 않으며, 자신의 감정을 느끼고 표현하는 것도 제한되어, 이로 인해 사회적 관계에 심각한 장애를 초래한다. 눈맞춤이나 몸짓 같은 비언어적 상호작용도 결여되어 있고 종종 언어발달에 장애가 있다. 또한 특정 행동을 반복하는 상동적 행동(의미 없이 반복적으로 손뼉을 치는 행동 등)과 변화에 대한 저항, 특정 물건에 대한 집착을 보인다. 많은 경우 감각자극에 과소 혹은 과대반응을 보이는데, 소리에 예민하거나 선풍기 같은 회전하는 물체에 사로잡히는 모습을 보이기도 한다.

는 능력이 생깁니다. 아직 어려서 자기중심성이 강한 아이들은 상대방이 내 말을 이해하는지 살피지 못하고 자기 생각만 말하는 특성을 보이기 때문에 의사소통에도 한계가 있습니다. 이 단계의 두 아이가 대화하는 것을 들어보면, 상대방이 이해하는지에 상관없이 자기 이야기만 하는 것을 볼 수 있습니다.

이와 같이 이 무렵의 아이들은 인지적으로 여러 한계가 있기 때문에 놀이에서 조화와 타협을 이루기 어려워 자주 싸움이 벌어지는 것입니다. 앞 사례의 아이는 이 연령대에 있을 수밖에 없는 의사소통의 한계로 인해 또래 간에 갈등을 겪는 것입니다. 이런 갈등을 극복해가는 과정에서 아이들은 상대방을 이해할 필요성을 느끼고 적절하게 자신의 생각을 전달하는 기술을 발전시키게 될 것입니다.

4단계_ 근면성 vs. 열등감(6세~11세)

초등학생이 됐는데도 스스로 알아서 하는 것이 없어요

▶▶▶▶ **근면성Industry vs. 열등감Inferiority 단계**
: 프로이트의 정신성적 발달단계의 잠재기에 해당

이 시기의 아이들은 체계적인 학습과정에 참여하게 되는데, 새로운 기술을 익히고, 무엇인가를 만들어내고, 맡겨진 과업을 완수할 수 있다는 것에 자부심을 느끼고 근면성을 얻게 됩니다. 그 과정에서 기술을 습득하는 데 실패하거나 과잉보호를 받거나 혹은 또래집단에서 적절한 지위를 얻지 못했을 때, 아이는 부적절감과 열등감에 빠지게 됩니다.

초등학교에 입학한 딸이 같은 문장을 3번씩 써오는 숙제를 받아왔는데, 왜 이런 무의미한 일을 반복해야 하느냐며 불평합니다. 사실 모든 어른들도 비슷한 학창시절을 보낸 것 같은데, 뭐라 답해주어야 할지 모르겠네요. 우리가 그 시절에 배웠던 것이 뭘까요?

학령기에 들어선 아이들은 학교에서 많은 것들을 배웁니다. 때로는 새로운 지식과 경험에 매료되어 두 눈이 동그래지는 배움의 기쁨을 느끼기도 하지만, 다 알고 있는 내용을 반복해서 연습해야 하는 상황

이 대부분입니다. 특히 요즘은 선행교육이 보편화되어 학교에서 새로운 내용을 배우기 힘들 수 있습니다. 그럼에도 손가락이 아프도록 연필을 잡고서 이미 알고 있는 글자들을 써야 하고, 구구단을 달달 외워서 빠른 시간 내에 정확히 계산하는 연습을 수도 없이 합니다. 아이들은 이러한 지루한 과제를 반복하면서 조금씩 자신의 실력이 느는 것을 확인합니다. 리코더를 처음 배우는 아이들이나 줄넘기의 각종 기술들에 도전해 하나씩 마스터해나가는 아이들을 생각해보세요. 처음에는 제대로 된 소리를 내는 것도 어려워하고, 줄에 걸리지 않고 줄넘기를 10번 이상 하기 어려워하던 아이들이, 하루 이틀 지나면서 기량이 느는 것을 스스로 확인하며 성취감을 느낍니다. 상대적으로 중간에 포기한 아이들은 열등감에 빠질 수밖에 없죠.

에릭슨의 발달이론에서 6~11세 사이의 아동들은 이런 과정을 거치며 근면성을 얻을 것이냐, 열등감에 빠질 것이냐 하는 기로에 서게 된다고 합니다. 아이들은 지식과 기술을 습득하고 그 과정에서 어떤 일을 성공적으로 해냈다는 유능감과 자신감을 얻게 되는데, 이를 통해 근면성을 획득한 사람은 성인이 된 후 직장이나 가정에서 힘든 과제를 맡게 되더라도 쉽게 포기하지 않습니다. '하니까 되더라' 라는 성취의 경험을 맛본 사람들이니 맷집 센 싸움꾼처럼 근성 있게 달려들 수 있는 것이죠. 우리가 그 시절에 배웠던 것은 구구단이나 줄넘기만이 아닌 근면이라는 덕목인 겁니다. 따라서 같은 문장 3번 쓰기 과제를 해야 하는 딸에게는 이렇게 말해줄 수 있을 것입니다. "지금 너는 쓰기만 배우고 있는 게 아니란다. 세상 사는 법을 배우고 있는 거야."

이 시기 아이들은 가정을 벗어나 또래관계나 학교라는 사회생활을 본격적으로 시작하면서, 가정에서의 자녀라는 위치 이외에 자신이 속한 집단에서의 역할과 개인 특성이 반영된 새로운 정체성을 형성합니다. 동네에서 가장 익살스러운 장난꾸러기라든지, 반에서 가장 반듯한 모범생이라든지, 놀이터에서 대장 역할을 하는 말괄량이라든지 자신이 소속된 집단 안에서 자신의 특징이 반영된 새로운 자기 이미지를 만들어나가는 겁니다. 아이는 이렇듯 집단활동을 함으로써 사회성이 향상되고 집단 내의 규칙을 지키는 것을 배우게 되어 앞으로 사회생활을 하기 위한 기초를 다지게 됩니다.

인지적 발달 면에서 7~8세는 피아제가 이야기한 전조작기에서 구체적 조작기Concrete Operational Period로 전환되는 시기입니다. 이 시기에는 체계적이고 논리적인 생각이 가능해집니다. 모양이 달라져도 양이나 무게가 같음을 이해하는 가역성 개념이 생기고, 물건들의 여러 특징들을 분류할 수 있는 분류조작능력이 발달합니다. 유치원에 다니는 아이는 연속된 숫자를 4개 정도 기억할 수 있지만, 9세 아이는 6자리 숫자를 기억할 수 있게 됩니다. 저학년까지는 사물이나 상황에서 눈에 띄거나 흥미를 일으키는 제한된 부분에만 주의를 집중하여 판단하는 자기중심성이 강하기 때문에 종합적으로 사고하기 어려우나, 고학년이 되면서 전체자극을 고려해 파악하는 능력이 점차 증가합니다. 이 시기에는 체계적인 학습과정에 들어가면서 새로운 것을 배우며 즐거움과 보람을 느끼고, 주변사람들에게 인정받고 스스로 해냈다는 성취감을 갖고 싶어합니다. 또한 언어능력도 발달해서 추상적

개념에 대한 이해가 증가하며, 어휘력도 늘어서 자신의 감정과 경험을 적절히 표현할 수 있게 되죠.

인지발달과 더불어 도덕성도 더 정교하게 발달합니다. 유아기 아이들은 접시를 깨뜨리면 안 된다는 것은 알아도, 우연히 깨뜨린 것과 일부러 깨뜨린 것의 차이를 이해하지는 못합니다. 그렇지만 이 시기의 아이들은 결과 자체보다도 동기의 중요성을 알게 되어 '어쩌다 보니 우연히 접시를 15개 깬 어린이'보다 '엄마 몰래 사탕을 꺼내먹으려다가 컵을 1개 깬 어린이'가 더 나쁘다고 생각하게 됩니다.

더 알아보기

초등학생의 학년별 발달특성

· 초등학교 1학년: 유치원 시기에 비해 좀 더 오래 집중할 수 있고, 논리적으로 생각하고 추론할 수 있는 힘이 생깁니다. 남의 잘못을 지적할 수는 있지만, 다른 사람의 비난을 받아들이기는 아직 어렵고, 변덕스러울 때가 있습니다.

· 초등학교 2학년: 적극적이고 활동적이어서 자신의 능력보다 더 많은 것을 하고 싶어합니다. 다 아는 것처럼 행동하기도 하고, 자신의 의견을 더 확실하게 드러내며, 상황에 대해 비판적으로 이야기할 수 있습니다. 가정보다도 소속된 집단이 점점 더 중요해지고, 또래관계가 안정되기 시작합니다. 어느 정도 자기통제가 가능해져 자기행동을 책임질 수 있게 됩니다.

· 초등학교 3학년: 부모에게서는 서서히 독립하고 또래집단과 친밀한 관계를 맺는 것을 중요하게 여기며, 그 집단에 속하기를 원하게 됩

니다. 독립심이 증가해서 스스로 활동을 정하고, 계획하고, 실행하는 것을 즐깁니다. 자신의 행동에 대해 주변사람들이 어떻게 생각하는지를 이해하는 능력이 생기고, 주변사람들의 반응에 민감해집니다. 권위에 저항하려는 경향을 보이고, 친구들에게 인정받지 못할까 봐 불안해합니다.

· 초등학교 4학년: 차츰 원만한 대인관계를 맺게 되고, 친구나 다른 사람들의 행동과 태도를 이해하고 수용할 수 있게 됩니다. 자신의 통찰력을 통해 결론을 이끌어낼 수도 있습니다.

· 초등학교 5학년: 차분하지 못하고 지나치게 움직이거나, 흥미로운 주제에 대한 적극적인 호기심을 보이고, 상황을 고려하지 않고 자기 주장을 강하게 펼치는 경향을 보입니다. 어른에 대한 불만이 많아져 비판하거나 부모에게 많은 요구를 해 어른들의 인내가 필요하게 됩니다. 경쟁적이며, 비속어를 많이 사용하기도 하고, 집단 내에서 일어나는 상황에 민감하게 반응합니다.

· 초등학교 6학년: 여자아이들은 키나 체중이 빠르게 증가하고 남자아이들은 성적 발달이 뚜렷하게 나타나면서 신체에 대한 관심이 늘어나는 시기로, 성교육이 필요합니다. 자신감과 자부심이 확립되고, 직관력과 통찰력이 향상되며, 집단에 소속되기를 원하는 성향이 강해지고, 집단에서 너무 벗어나는 것을 불편해합니다.

5단계_ 정체성 vs. 역할 혼동(11세~사춘기 끝)

아이가 꿈이 없대요

▶▶▶▶ **정체성Identity vs. 역할 혼동Role Diffusion 단계**

자아정체성을 수립하기 위해 애쓰는 시기로, 건강한 정체성은 선행된 단계들을 거치며 쌓아온 성공경험에 기초해 만들어집니다. 후기 청소년기에는 파벌을 만들고 정체성의 위기가 오기도 하는데, 이런 위기는 대부분 정상적입니다. 이 시기를 잘 넘기지 못했을 때 정체성 혼란과 역할 혼동이 나타나며, 가출, 범죄, 정신과 질환 등이나 성정체성 및 성적 역할의 문제도 나타날 수 있습니다.

고2 남자아이를 키우고 있습니다. 아이가 지나치게 반항적이고 주변 어른들에게 도전적입니다. 정치사회 문제에 대해서도 자기 의견을 과격하게 주장하고요. 일면 옳은 말을 하기는 하지만, 너무 이상적인 이야기라 걱정입니다. 게다가 정작 본인의 생활태도는 전혀 이상적이지 않은데, 이에 대해서는 아랑곳하지 않습니다.

이 시기는 왕성한 신체발달과 2차 성징 및 심리적 성숙이 이루어지는 청소년기로, 중고생과 대학 초년생 시기가 여기에 해당됩니다. 돌이켜보면 대부분의 사람들이 이 시기에 겪은 갑작스러운 신체변화와 정

서변화로 인해 혼란스럽고 당황스러웠던 기억들을 가지고 있을 것입니다.

신체적으로는 갑자기 키가 자라고 덩치가 커지는 급격한 성장이 이루어집니다. 성호르몬의 분비와 성기능의 발달이 이루어지며 생리와 몽정이 시작됩니다. 역사적으로는 산업혁명 이후로 생활수준이 개선되면서 사춘기 신체발달이 가속화되었습니다. 즉, 신체적이고 성적인 측면에서의 발달이 건강이나 영양 등과 같은 환경적인 요인의 영향을 받는다는 것입니다. 우리나라도 예외일 수 없는 것이 1970년대에 비해 1990년대 청소년의 평균신장은 10센티미터 이상이 증가했습니다. 2010년에 이루어진 한 조사에 의하면, 여학생의 초경 연령이 11.98세로 어머니세대에 비해 2.4년 빨라졌다고 합니다. 이러한 물리적인 발달과 성장을 이해하는 것이 내적 심리발달을 이해하는 데 도움이 될 것입니다.

에릭슨은 이 시기를 자아정체성을 이루거나 혹은 이에 실패하는 시기로 보았습니다. 급격하게 신체가 변화하고, 성적 욕구가 증가하고, 이에 비례해 초자아의 역할 또한 커지는데요. 이 가운데 새로운 균형점을 찾아야 합니다. 과거의 자신의 모습을 이해하고 현재의 자신과 비교해 미래의 모습을 예상하며 자신의 일관된 자아정체성을 찾는 것, 부정적이거나 긍정적인 자신의 다양한 측면들을 통합해 하나의 자아정체성을 만들어가는 것이 필요한 시기입니다. 또한 강력한 또래압력을 극복하고 독특한 자기 자신을 이루어내야 합니다. 이 시기에 적절한 과업을 수행하는 데 실패한 경우에는 자아정체성에 타격을 입고, 정체성 혼동의 상태를 보이게 됩니다. 지나치게 부정적인 자아에만 치우치고 긍정적인 측면의 자아를 무시하면, 과도하게 부정적인 자아상이 만들어집니다. 또한 자신만의 독특한 자아정체성을 만들지 못하면, 주변사람들의 기대나 상황에 맞는 모습만을 보이려고 노력할 뿐 자신이 어떤 사람인지 제대로 이해하지 못하게 됩니다.

피아제의 인지발달론에 의하면, 12세 무렵부터 형식적 조작기Formal Operational Period가 시작되어 성인기까지 유지됩니다. 이 시기의 가장 큰 특징은 주어진 문제를 해결하려 할 때 그에 따르는 변수들을 모두 고려하고, 서로의 상호관계를 예상해 가능한 결론을 끌어내는 체계적이고 논리적인 사고능력의 발달입니다. 가장 중요한 특징은 가설을 설정할 수 있게 된다는 것입니다. 이전 단계까지는 구체적인 사례에서만 사고할 수 있는 게 한계였다면, 이제는 그저 가능성만으로도 사고할 수 있는 능력이 생긴 것이죠. 그 외에도 명제 간의 논리적 추론이나 추상적 사고가 가능해집니다. 예를 들어 장래희망이 과학자인 초등학생에게 "왜" "어떻게"란 질문을 던지면, "하고 싶으니까" "그냥 열심히 공부해서" 등의 막연한 대답이 돌아올 겁니다. 그러나 형식적 조작기에 들어선 고등학생이라면, 자신의 능력과 가능성, 직업으로서의 가치나 사회적인 위상, 과정으로서의 대학 진학 등 변인들을 고려하고 여러 가능한 상황들을 예상해볼 것입니다. 그렇지만 의외로 많은 성인들이 형식적 조작기에 이루어졌어야 할 사고발달이 미완성인 채로 지내는 것을 볼 수 있습니다. 때문에 각자 스스로의 발달수준을 점검해보는 것도 의미 있는 일이 될 것입니다.

청소년기에는 지나친 자기중심성 역시 특징적으로 나타납니다. 자신은 남과 다른 특별한 존재라서 자신만은 그 어떤 어려움이나 위험도 피해갈 수 있다고 믿거나(개인적 우화Personal Fable), 모든 사람이 자기만을 쳐다보고 있는 것처럼 느끼는 지나친 자의식(상상적 청중Imaginary Audience)을 보입니다. 자칫 위험할 수 있는 행동을 하면서도 그 결과를 의식하지 않고 자신이 우주의 중심인 양 생각하는 청소년을 상상한다면 이해가 될 것입니다.

개인적 우화
자신이 너무 중요하고 특별한 사람이기 때문에 다른 사람들이 자신을 이해하지 못할 것이라 믿는 것. 자신의 우정이나 사랑 등은 다른 사람은 경험하지 못하거나 모르는 일이라 생각하거나, 타인들이 겪는 죽음, 고통 등은 자신에게 일어나지 않을 것이라 여긴다.

상상적 청중
사춘기의 청소년이 자신을 주시하는 가상의 관중이 있다고 상상하는 것을 말한다. 지나치게 외모에 신경을 쓰거나, 타인은 인식 못 하는 사소한 실수에 고민하거나 민감한 반응을 나타내는 것이 이에 해당한다.

앞 사례의 남학생은 자아정체성이 만들어지는 과정에 있습니다. 타락한 기성세대에 비해 자신은 순수한 이상을 가지고 있으며, 무엇이든 자기 생각대로 세상이 흘러갈 것처럼 여기는 지나친 자기중심성을 보이고 있죠. 이런 긍정적인 이상 추구의 모습과 실제 나태한 생활태도 등 부정적인 모습이 아직 통합되지 못하고 있는 것으로 보입니다. 이 학생이 앞으로 여러 차례의 시행착오 끝에 조화로운 통합을 이룬다면 건강한 자아정체성 획득에 성공하겠지만, 만약 실패한다면 지나치게 부정적인 자아상을 얻거나 일관되지 못한 정체성의 혼란만 가중될 것입니다.

6단계_ 친밀감 vs. 자아도취 또는 고립감(21세~40세)

깊은 관계를 맺는 것이 두려워요

친밀감Intimacy **vs. 자아도취**Self-Absorption **또는 고립감**Isolation **단계**

일과 사랑이 주요과제가 되는 단계입니다. 친밀감은 타인의 한계와 단점에도 불구하고 희생과 타협을 통해 지속적이고 견고한 관계를 유지할 때 만들어집니다. 이와 달리 연인이나 친구 등 의미 있는 대상과 함께하지 못할 때, 사람은 자신에게만 몰두하게 되며 결과적으로 고립감에 빠집니다.

저는 30대 초반의 직장인입니다. 부모님은 결혼하라고 성화시지만, 저는 사실 혼자 사는 생활이 정말 편해요. 이성을 사귀어도 얼마 지나지 않아 시들해지고, 상대에게 헌신하고 양보하는 것이 소모적이라는 생각이 들어 3개월을 넘기지 못하고 헤어지곤 합니다. 그러다 최근 동기들 대부분이 결혼하면서 나만 뒤처지는 것 같기도 하고, 결혼을 정말 해야 하나 고민을 하게 됐습니다.

이 시기는 학창시절이 끝나고 본격적으로 사회에 뛰어들어 자신의 능력을 발휘하는 때입니다. 그 과정에서 다양한 사람들을 만나 관계를 맺는데, 그 깊이와 폭을 결정하는 것은 전적으로 본인의 의지와 노력

에 따릅니다. 이렇게 엮인 사람들과의 관계는 본인의 삶을 윤택하게 만들어주기도 하지만, 그런 관계를 만들어가는 과정에는 나름의 투자가 필요합니다.

에릭슨은 이 시기의 과업으로 친밀감 형성을 꼽았습니다. 연인이나 친구나 배우자와 깊이 있는 관계를 맺으며 자기충만감과 유대감을 형성해야 하고, 여기에 실패하면 고립감만 남는다는 것입니다. 친밀감은 상대방이 나와 다르다는 것을 인정하고 받아들이며, 양보하고 배려하는 과정에서 얻어집니다. 노력하지 않고 가만히 있는데도 상대가 먼저 다가와 저절로 교감을 느끼고 매일 관계가 깊어지는 기적 같은 일은 벌어지지 않습니다. 학창시절에는 동일한 환경에서 비슷한 공부를 하고 서로의 차이를 알아채지 못한 채 순수하게 동류의식을 느낍니다. 그렇기에 어른들이 학창시절 친구들에게서 끈끈한 우정을 떠올리는 것이죠. 하지만 일단 성인이 되면, 자신이 무엇을 좋아하고 삶의 가치를 어디에 두는지 등 자기 자신이 어떤 사람인가에 대한 구체적인 그림이 그려집니다. 이에 따라 서로 다른 두 성인이 만났을 때 잘 맞거나 맞지 않는 다양한 관계들이 만들어지게 됩니다.

아무리 좋아하는 친구나 사랑하는 연인과 함께해도, 시간이 지나면 충돌과 갈등이 생기고, 관계를 끝낼 것이냐 노력해서 유지할 것이냐 하는 갈림길에 놓이게 됩니다. 최선을 다해 좋은 사람들과 좋은 관계를 유지하려 애쓰지만, 쉽지 않은 일이죠. 나와 다른 생각과 느낌을 가진 타인과의 거리감을 좁히고 상대를 이해하기 위해서는 희생과 헌신이 필요합니다. 그렇다고 일방적으로 자기만 희생한다면, 그 또한 건강한 관계가 아니며 오래 유지될 수 없습니다. 상대에게 본인을 이해하고 배려해줄 것을 요구하는 과정에서 타협이 필요한데, 여기에는 상당한 에너지가 필요합니다. 이런 과정이 다 귀찮고 자신의 에너지를 타인과의 관계에 쏟는 것이 아까워 반복해서 관계를 끝내버리는 사람은 결국 주변에 믿을 만한 사람 하나 없는 외롭고 고립된 상태에 놓이게 됩니다.

인생은 연속된 과정이고 각 발달단계의 과업은 이전 단계에서 이루어진 결과물을 토대로 쌓아 올려가는 것입니다. 그러므로 이 시기에 깊이 있는 친밀감을 형성하기 위해서는 이전 단계의 발달과업들이 잘 이루어져 있다는 전제조건이 필요합니다. 청소년기에 자신의 정체성이 잘 형성된 사람은 스스로가 어떤 사람인지에 대한 확신이 있기에 타인과의 충돌에서 타협점을 잘 찾아낼 수 있고, 친밀감을 잘 쌓아나갈 수 있게 될 것입니다. 마찬가지로 이 시기에 제대로 된 친밀감을 형성하지 못한 사람은 이후 발달과제인 생산적인 삶이나 통합을 이루는 삶 등을 제대로 꾸리기 어렵게 됩니다.

프로이트는 일할 수 있고 사랑할 수 있는 사람이야말로 건강한 사람이라고 했습니다. 즉, 누군가와 친밀한 감정을 공유한 사람이 의미 있고 생산적인 일을 해낼 때 보람 있는 삶을 살고 있다고 말할 수 있다는 것이죠. 자신을 둘러싼 다양한 관계들이 얼마나 깊이 있는지 살펴보고, 이를 더욱 풍성하게 가꿔가기 위해 노력할 때 우리 삶은 더욱 성숙해질 것입니다.

7단계_ 생산성 vs. 침체성(40세~65세)

이 나이 되도록 이룬 것이 없는 것 같아 마음이 무겁습니다

▸▸▸▸ **생산성**Generativity **vs. 침체성**Stagnation

생산성이란 단순히 자녀를 낳아 키우는 것뿐만 아니라, 후세를 이끌고 사회를 발전시키는 것을 포함합니다. 다음 세대를 돕는 데 관심이 없는 어른은 자신이 친밀한 관계를 맺는 것에만 집착하는데, 그런 관계에서는 진정한 친밀감을 느끼기 어렵고 자기염려의 껍질에 갇혀 고립되고 침체감을 느끼게 됩니다.

어느덧 40살이 넘었는데 직장도 변변치 못하고 모아놓은 돈도 없어, 결혼 같은 건 꿈도 꾸지 못하는 처지입니다. 나름대로 애쓰며 살아온 것 같지만, 되돌아보면 무엇 하나 제대로 이뤄놓은 게 없는 것 같아요. 친구들 보기도 민망해 모임에도 잘 안 나갑니다. 명절에 친척들에게 '무슨 일 하느냐' '결혼은 언제 하느냐'라는 질문 듣는 게 제일 고역입니다.

20~30대는 일과 사랑에 있어 친밀감을 형성해 스스로 고립되지 않도록 하는 시기입니다. 이성과 친밀한 관계를 맺어 결실을 보고, 앞으로 살아갈 능력을 갖추기 위해 직업적인 능력을 쌓아 동료와의 관계

를 돈독히 하는 단계죠. 이 단계를 성공적으로 잘 완수한 사람은 40살 정도가 되었을 때 다음 두 가지 면에 있어 명확한 방향성을 갖습니다. 하나는 내가 아끼고 사랑하는 가족을 위해 계속해서 노력해나가려는 것, 다른 하나는 나 자신의 자아실현을 위해 직업활동과 사회 활동을 열심히 하고자 하는 열정을 갖는 것입니다.

이런 이유에서 에릭슨은 40~65세까지의 시기를 생산성의 시기라고 규정했습니다. 가정에서나 직업에서나 가장 활동적이고 생산적으로 살아가는 시기라는 뜻입니다. 자녀들은 하루가 다르게 쑥쑥 커갑니다. 이런 모습을 지켜보는 마음은 뿌듯하지만, 한편으로는 더 큰 책임감을 느낍니다. 이 시기의 부모들은 아이들을 위해 더 열심히 일하고, 계속해서 보살펴주며, 안정되고 행복한 가정을 완성시키기 위해 노력합니다. 가정에서뿐만 아니라 사회생활에 있어서도 생산적인 활동이 활발히 이루어집니다. 자신이 하는 일에 점차 더 숙달되어가고 경험도 쌓여 창조성이 최대치에 이르죠. 승진하고, 수입이 늘어나며, 자신이 만들어낸 노동의 가치는 더욱 높아집니다. 이를 통해 자존감이 향상되고, 목표했던 삶의 이상이 점차 현실화되어갑니다. 비단 직업뿐만 아니라 그 밖의 사회적인 관계에서도 생산성은 극대화됩니다. 직업을 통해 알게 된 사람들이 점점 많아질 뿐만 아니라, 이웃과도 교류하고, 자녀의 친구 부모와도 친해집니다. 함께 취미를 공유하는 그룹들도 생겨나고, 종교생활을 하면서, 인간관계의 폭은 더욱 넓어집니다. 이런 식으로 이 시기는 무언가를 새로이 만들어내고 꾸준히 생산해내는 활동들이 가장 왕성한 때입니다.

그러나 이 시기에 제대로 된 생산성을 발휘하지 못하면, 삶이 정체되고 맙니다. 우선 집안이 화목하지 않고 자녀의 성장이 원활하게 이루어지지 않을 경우, 사람들은 무언가가 부족하다는 느낌을 받습니다. 자식이 생기지 않으면, 고민이 됩니다. 아이가 제대로 성장하지 않으면, 부모들은 마음이 무겁습니다. 자식이 속을 썩이면, 삶이 고달파집니다. 자식뿐만 아니라 배우자나 시가, 처가와 갈등이 생겨나도 삶이 정체됩니다. 이런저런 고민들로 인해 삶이 활기를 잃고, 목표를 상실하게 되는 것이죠. 직장생활에 있어서도 생산성이 부족하다는 것은 뒤처지고 있다는 증거이기도 합니다. 제때 진급하지 못하면, 사업이 안정되지 않으면, 계획대로 수익이 나지 않으면, 경제적 생산활동은 정체됩니다. 이런 상황에서는 사회적인 활동도 고립되기 쉽습니다. 이루어놓은 게 없다는 자괴감, 자기 처지에 대한 모멸감에 사람들과의 접촉을 꺼리게 되죠. 나가는 곳도 없고, 만나는 사람도 없습니다. 그렇다고 그 시간에 딱히 뭔가 하는 것도 없지요. 그저 삶이 공허해지고 주변사람들에게서 점차 잊히게 됩니다.

극단적인 경우, 이 시기에 직업이 없고 가정도 꾸리지 못한 채 사회적으로 외톨이가 되어 은둔하는 사람도 있습니다. 침체에 빠져 혼자만의 세상에서 벗어나지 못하고, 마치 은둔형 외톨이처럼 용돈을 얻어쓰거나 온종일 인터넷과 게임으로 소일하기도 합니다.

은둔형 외톨이
일본어로 히키코모리라 하며, 집이나 방 같은 특정 공간에서 나가지 않는 사람이나 현상 모두를 일컫는 말.

이 정도는 아니더라도 정체된 중년을 보내는 사람들이 우리 주변에는 의외로 많습니다. 열심히 자식들을 위해 헌신하지만, 거기서 따르는 보람은 크지 않죠. 아이가 중학생 정도가 되고 나니 더는 엄마의 존재를 필요로 하지 않을 뿐더러 오히려 거추장스러워하고, 아버지는 아예 남처럼 쳐다봅니다. 부부 사이에서도 생산적인 관계가 정지되어, 이제 아내는 남편을 돈 벌어오는 기계 정도로만 취급하는 것 같습니다. 아내 역시 남편이 예전처럼 자신에게 애정과 관심이 없는 것 같아 서운하고 허전합니다. 부부관계가 정체되고 권태기가 오는 것입니다. 직업생활에서도 역시 권태로움이 찾아옵니다. 다행히 해고당하지 않고 사업이 망하지 않아 일을 하고는 있지만, 그 생활이 너무 지루하고 단조롭습니다. 기본적인 생산활동을 하고는 있지만, 정작 심리적으로는 생산적이고 창의적인 생활이 정지되어버린 상태입니다.

인생에 있어 생산성과 정체성의 갈림길에 선 사람에게 필요한 것은 변화를 향한 작은 첫걸음입니다. 자신의 삶이 침체되기를 바라는 사람은 없습니다. 지금부터라도 따라잡아야겠다고 생각된다면, 문제를 처음부터 하나하나 되짚어볼 필요가 있습니다. 생산성을 이루지 못해 정체된 것이니 이제부터라도 생산성을 갖춰나가야 합니다. 그러기 위해서는 먼저 그 전 단계에 이루었어야 할 '친밀감'부터 만들어야 합니다. 집에서만 머물지 말고, 일단은 밖으로 나와 사람들을 만나야 하죠. 옛 친구의 안부를 묻고, 함께 만나서 어울려 놀아야 합니다. 재미가 느껴져 자꾸 만나다 보면, 그들에게서 무언가를 배우게 되고 여러 가지 듣는 얘기들이 생깁니다. 그 가운데 흥미가 생기는 부분이 있을 것이고, 그것에 관심을 기울이다 보면 해결방법이 떠오를 겁니다.

친밀한 관계에서부터 생산적인 활동이 생겨나는 것이죠.

또한 친밀감은 나를 고립되지 않게 만들어줍니다. 알고 지내는 사람들이 생겨나 우정이라는 관계를 생산해내는 겁니다. 아직 결혼을 하지 않은 사람이라면, 좋은 이성을 만날 기회가 생길 수 있습니다. 그와 연애를 하고 결혼까지 하게 된다면, 삶은 더없이 생산적이 됩니다. 또한 누군가와 관계가 만들어지면 사람은 자연스레 상대의 눈에 비칠 자기 모습에 대해서도 관심을 갖게 됩니다. 자기 자신을 다시 추스르게 되고, 부족한 부분을 메우기 위해 무언가를 또 만들어내게 됩니다. 결론적으로 말해, 생산성의 첫걸음은 바로 친밀감인 것입니다.

지금까지 나름대로 열심히 잘 살아오던 사람이 중년에 이르러 침체기를 맞은 경우에도 생산적 활동으로 이를 극복할 수 있습니다. 그렇게 할 수 있는 활동들은 수없이 많습니다. 무언가를 새롭게 배울 수도 있고, 오랜만에 옛 친구들을 만나볼 수도 있습니다. 귀찮다거나 바쁘다는 핑계를 대지 말고, 정기적인 모임에도 나가봅니다. 젊었을 때의 활기와 재미가 다시 느껴질 것입니다. 또 규칙적인 운동도 좋습니다. 살을 빼거나 근육이 붙는 게 뿌듯할 수 있습니다. 무언가를 만들어내는, 눈에 보이는 결과물이 있는 취미를 갖는 것 또한 추천합니다. 수제가구 만들기, 뜨개질, 십자수 등 어떤 취미도 괜찮습니다. 머리를 부드럽게 만들려면, 공부도 필요합니다. 중년쯤 되면 세상에 대한 시야가 어느 정도 열리기 때문에, 이때 읽는 책은 젊은 시절과는 또 다른 감흥을 줍니다. 고전도 좋고, 다소 어려운 책에 도전해보는 것도 좋습니다. 공부하는 마음으로 독서를 하는 겁니다. 마지막으로, 누군가를 위해 봉사하는 것도 좋은 일입니다. 정신적으로 건강해지는 느낌을 받을 테니까요.

이런 생산적 활동을 할 때 넘어야 할 가장 큰 산은 바로 비관적인 전망과 패배적인 생각입니다. 누구를 만날까 하다가도 딱히 만날 만한 사람이 없다며 미리 포기해버리기 일쑤죠. 친구들은 직장 다니느라 바쁠 거라고, 결혼해서 아이 돌보느라 시간이 없을 거라고, 시도조차 하려 하지 않는 겁니다. 운동이나 취미를 시작해볼까 하다가도, 나이 탓인지 잘 늘지 않는다고 불평하며 열심히 노력하지 않습니다. 책을 읽어도 기억에 남지 않는다며 TV나 스포츠에 빠져버리고요. 종교나 봉사활동을 권유받아도, 나 하나 먹고 살기도 빠듯하다며 사양합니다. 바로 이런 태도들이 정체되어 있다는 증거입니다.

인생은 길지 않습니다. 특히 중년이 지나면, 곧 노년이 찾아와 삶을 정리해야 합니다. 되든 안 되든 뭐라도 해본 인생이 아무것도 하지 않은 채로 머문 인생보다 훨씬 낫습니다. 일상적이고 상투적인 나날에서 벗어나, 뭔가 새롭고 흥미로운 활동을 해야 할 때입니다.

8단계_ 통합성 vs. 절망감(65세 이상)

후회 없이 인생을 잘 마무리하고 싶습니다

통합성Integrity **vs. 절망감**Despair

통합이란 자신의 삶을 생산적이고 가치 있는 것으로 받아들이고, 그 과정에서 중요했던 사람들을 꼭 필요한 존재로 여기게 될 때 느끼는 만족감을 특징으로 합니다. 통합성을 획득한 사람은 인생의 순환에서 자신의 위치를 인정하고, 죽음이 임박한 것을 참을 수 있는 여유를 가집니다. 통합 시도가 실패하면, 희망을 잃고, 죽음을 두려워하며, 절망감을 느끼게 됩니다.

나이 먹는다는 걸 받아들여야 하는데, 쉽지가 않네요. 쉽게 피곤해지고, 여기저기 아프고, 문득 거울을 마주하면 거울 속 내 모습이 보기 흉하게 느껴집니다. 누구도 나를 거들떠보지 않고 이루어놓은 것도 없는 것 같아 과거의 삶이 후회스럽기도 하고요. 먼저 세상을 떠난 친구들 소식을 듣게 되면서 삶이 헛된 것 같고, 죽음이 이제는 남의 일만은 아니라는 생각에 부쩍 두렵기도 합니다. 이런 상황을 잘 받아들이려면, 어떤 마음가짐이 필요할까요?

나이 든다는 것은 대부분 사람들에게 부정적인 의미로 다가옵니다. 영화 〈수상한 그녀〉를 보면, '노인' 하면 연상되는 것이 무엇이냐는 질

문에 학생들이 '주름' '검버섯' '냄새 난다' '뻔뻔하다' '느리다' '답답하다' '눈치 없다' 등 부정적인 말만 꺼내놓는 장면이 나옵니다. 그런가 하면 "난 죽는 것은 무섭지 않은데, 늙는 건 무서워" 같은 이야기들도 주변에서 흔히 들을 수 있습니다. 이런 이미지를 더욱 확대하는 것은 바로 각종 매체입니다. 그 속에서 노화는 화장품이나 건강식품, 약으로써 방어해야 하며, 더 나아가 이제는 수술(성형)을 해서라도 막아야 할 공공의 적이 되고 있습니다.

하지만 노화는 긍정적으로 평가받아야 할 인생의 한 과정입니다. 이를 뒷받침하는 실험들도 있습니다. 젊은 세포와 노화세포를 대상으로 독성 자극을 주었을 때, 젊은 세포는 반응하다 결국 죽어버리지만 늙은 세포는 반응이 낮은 대신 살아남는 결과를 보입니다. 또 복강에 독성물질을 투입해 간 조직의 손상을 비교한 실험에서도, 젊은 동물보다 늙은 동물의 간 조직 손상이 훨씬 덜했습니다. 이 연구들이 의미하는 바는 노화는 죽음으로 가는 전 단계가 아니라, 실제로는 생명체가 생존을 위해 적응하고 투쟁하는 과정 중 하나라는 것입니다.

나이 듦은 무조건적인 악이나 열등함을 의미하지 않습니다. 예로부터 어른을 공경해야 한다고 했던 것은 단지 연장자에 대한 대우 차원에서가 아니라, 연장자로서의 경험이 젊을 때는 가질 수 없던 지혜와 현명함과 신중함, 판단력 등을 키워주었기 때문입니다. 10보다 20이 더 우월한 숫자가 아니듯이, 60도 20보다 그 자체로 더 열등한 숫자가 아닙니다. 법륜 스님은 〈나이 듦의 장점〉이라는 글에서, 나이가 들면서 "홀가분하게 살 수 있고" "보지 못했던 아름다움도 느낄 수 있고"

"앞날을 예측할 수 있는 장점"을 가지게 된다며 긍정적인 측면을 부각시켰습니다. 삶의 목표를 어디에 두느냐에 따라 전혀 다른 장점을 볼 수 있는 것입니다.

좋은 일도 많았고 후회되는 일도 많았던 수십 년의 삶을 한두 마디 말로 정리하기는 어려운 일일 것입니다. 그렇지만 자신이 인생 전반에 걸쳐 이룬 성취가 손주들이나 다음 세대에게 도움이 되었다는 데 만족감을 느끼고 자신의 삶에 의미를 부여하면서, 최선을 다해 살아온 자신을 인정해야 합니다. 또한 자신의 부모나 조부모가 누구인지, 그들의 삶은 어떠했는지 이해하고, 인생의 순환과정 안에서의 자기 위치를 받아들여야 합니다. 지금껏 나와 함께해준 소중한 사람들을 기억하면서 내 삶을 가치 있는 것으로 받아들여야 합니다. 이런 과정을 거친 사람은 삶의 통합을 이루고, 눈앞에 닥친 죽음을 여유롭게 바라볼 수 있게 됩니다. 자신의 삶을 의미 있는 것으로 통합하는 데 실패하면, 외부세계에 대한 혐오감과 자신에 대한 절망감을 느끼게 될 뿐입니다.

노년기의 통합과정은 이전 단계까지 건강하게 발전해온 과정의 연속선상에서 이해해야 합니다. 청년기에 건강한 자아정체성을 이루지 못한 사람은 성인이 되어 주변사람들과 깊이 있는 친밀감을 느끼기 어렵고, 생산적인 삶을 이뤄내기도 힘듭니다. 마찬가지로 노년기에도 이룬 것이 없다는 허망함을 느낄 뿐, 통합을 이루지 못합니다.

앞 사례의 주인공은 노년기의 갈등상황에 놓여 있는데요. 노년기는 수십 년간 애쓰며 이뤄온 것들의 가치를 재발견하는 시기이므로 자신이 이룬 긍정적인 성취들을 재조명해볼 필요가 있습니다. 험한 세상에서 가정을 지키며 자식을 낳았고, 한 분야에서 어느 정도 성취를 이뤄 주변에서 인정받았고, 책임 있게 가사를 돌보아왔습니다. 결코 누구에게도 부끄럽지 않을 정도의 삶을 살아온 것이죠. 특히 아등바등 자식을 키워 사회에 내보낸 세월은 결코 쉽지 않았습니다. 이처럼 우리 삶은 우리에게서 끝나는 것이 아니라 먼 옛날부터 다음 세대까지 계속해서 이어지는 것임을 잊지 말아야 합니다.

2부

가족심리백과

아침에 눈을 떠 하루를 시작해서 다시 잠자리에 들 때까지 우리는 많은 사람을 만나고 다양한 관계를 맺습니다. 우리는 누군가의 배우자이자, 내 아이의 부모이고, 부모 앞에서는 자녀이며, 직장에서는 직원이자 동료이기도 합니다. 매 순간 주어진 무대에서 다양한 역할을 맡아 등장하는 배우 같은 삶을 살고 있지만, 이 모든 역할을 완벽하게 소화해내는 사람은 참 드뭅니다. 모범적인 직장인이지만 자녀에게는 소홀한 아빠일 수도 있고, 남편에게는 사랑스러운 아내이지만 시어머니에게는 못된 며느리일지도 모릅니다. 이렇듯 우리는 우리에게 주어진 여러 관계 가운데 특히 애를 먹이는 관계에 대해 고민하게 마련입니다.

또한 아무도 모르는 고민거리를 끌어안고 전전긍긍하기도 합니다. 성장과정에서 얻은 마음의 상처가 치유되지 않은 채 남아 있을지도 모르고, 자신의 성격이나 능력에 대해 고민하거나, 누구에게도 털어놓을 수 없는 심리적인 문제로 앓고 있을 수도 있습니다. 인생을 펼쳐놓으면 소설책 한 권 분량은 나올 만큼, 누구나 무궁무진한 사연이 있는 법이죠.

막상 문제에 봉착한 사람은 자신의 문제가 잘 보이지 않습니다. 마치 뒤엉킨 실타래 같기만 해서 도대체 어디서부터 시작해야 할지 가늠조차 어렵습니다. 이런 상황에서 정신의학은 우리에게 마치 망망대해 위의 사람에게 필요한 나침반 같은 역할을 할 수 있습니다.

2부에서는 누구나 한 번쯤 고민해봤을 법한 심리문제들을 다룹니다. 숙련된 장인이 잘 벼린 도구들을 적재적소에 사용하듯이, 프로이트의 정신분석이론에서부터 최첨단 뇌과학에 이르기까지의 여러 이론이나 학문을 적용해 문제를 분석하고 해결책을 찾아보려 했습니다.

인생에서 우리가 맡은 다양한 역할은 분석정신의학의 창시자인 C. 융C. Jung이 말한 페르소나Persona 같은 것입니다. 우리는 여러 가면을 쓰고 이 무대 저 무대를 옮겨다니지만, 하나의 역할에만 빠져 다른 역할을 소홀히 한다면 결코 성공한 인생이 될 수 없습니다. 완벽하지는 않더라도 최소한 균형 잡힌 관계를 유지하려는 노력과 아울러, 내면에 간직한 자기 고유의 목소리를 들으려 애쓰는 과정에서 우리는 더 성숙해질 수 있을 것입니다.

1장

어린아이와 부모의 문제

1

아이를 키우는 부모의 고민

아이를 키우는 게 이렇게 힘든 일인 줄 몰랐어요

100일 된 사내아이를 키우고 있는 엄마입니다. 아이 하나 키우기가 얼마나 힘든 줄 아느냐는 이야기를 듣긴 했지만, 막상 닥치고 보니 너무 힘이 드네요. 첫아이라 그런지 어떻게 해야 할지도 모르겠고, 주변에 물어봐도 사람들마다 얘기가 다 달라요. 시어머니는 아이 하나 갖고 뭘 그리 쩔쩔매는 거냐며 못마땅해하시는 눈치고, 남편마저도 잘 도와주지 않아요. 너무 준비 없이 아이를 낳은 건 아닌지 조금 후회되기도 해요.

아이를 키워본 세상 엄마들 중에 육아가 쉽다고 말하는 사람은 아마 거의 없을 것입니다. 10개월의 임신 기간 동안 고생한 것은 차치하더라도, 아이를 낳고 나선 오죽하면 차라리 아이가 뱃속에 있을 때가 편했다는 말까지 할까요. 스스로 아무것도 하지 못하는 상태로 엄마의 전적인 보살핌에만 의지하는 갓난아이는 예쁘고 사랑스럽지만, 한편으로는 커다란 부담감과 막막함을 안겨줍니다.

만약 인간도 다른 동물들처럼 새끼가 태어난 지 얼마 되지 않아 스스로 걷고 먹을 수 있다면, 육아가 이토록 힘들진 않을 겁니다. 인류가 더 나은 생존을 위해 선택한 방식은 두 손을 사용하기 위한 직립보행과 더 큰 두뇌였습니다. 직립보행의 결과로 엄마의 골반은 변형이 되어 산도가 좁아진 한편 아이의 머리는 더 커지는 불균형이 생겨난 것인데요. 이를 해소하기 위해 엄마는 아이 머리가 더 커지기 전에 미숙한 상태의 아이를 세상에 내놓게 되었습니다. 이렇게 미숙하게 태어난 아이를 돌보려다 보니 부모는 몇 년간 양육에 많은 노력을 기울일 수밖에 없게 되었습니다.

인간도 동물인지라 육아에 대한 남자와 여자의 태도는 근본적으로 차이가 있을 수밖에 없습니다. 우선 아이를 낳는 데 투자하는 에너지 측면에서 여자는 남자보다 월등히 많은 시간과 노력을 쏟습니다. 남자는 임신 및 출산에 관여하는 데 있어 사정하는 것으로 끝이지만, 여자는 10개월 동안 뱃속에서 아이를 키워낸 뒤 고통스러운 출산과정을 겪어야 합니다. 또한 포유류 공통의 특징이기도 한데, 암컷은 뱃속에서 키운 새끼가 자신의 아이임을 확신하지만, 수컷은 그런 확신이 약합니다. 게다가 임신과 출산 전후로 증가하는 도파민과 옥시토신 등의 호르몬은 어미로 하여금 자식을 더욱 사랑하도록 유도합니다. 이런 이유들로 인해 양육은 주로 엄마의 몫이 되죠.

이때 엄마들의 마음은 한결같습니다. 엄마인 내가 감당해야 할 몫이라는 것을 알지만, 자신의 노력을 주변에서도 알아주고 인정해주었으면 하는 것입니다. 특히 첫아이를 낳았을 때는 어느 엄마나 기대도 크고, 잘하고 싶은 마음도 큽니다. 가족의 도움 없이 혼자 육아를 전담해야 하는 경우라든가, 병치레가 많고 자주 우는 까다로운 기질의 아이를 둔 경우에는 더 힘이 듭니다. 육아 때문에 어쩔 수 없이 일을 그만둬야 하거나 혹은 중요한 시점에 출산으로 인해 커리어에 차질이 생기는 경우도 생기죠. 워킹맘으로서 두 가지 역할을 다 해야 하는 것에 대한 부담감이 클 수도 있고, 충분한 시간 동안 아이를 돌봐주지 못한다는 생각에 자책감과 미안함이 들 수도 있습니다. 특히 의존적이거나, 열등감이 크고, 자기 탓을 하는 부정적인 성격의 엄마들일수록, 이런 심리적인 괴로움이 큽니다. 심한 경우, 산후우울증이나 육아우울증의 위험까지 생겨납니다.

이러한 육아의 어려움에서 벗어나기 위해서는 몇 가지 기본적인 마음가짐을 가질 필요가 있습니다. 첫째, 너무 완벽하게 육아를 할 필요는 없습니다. 정신분석학자 D. 위니콧D. Winnicott은 '충분히 좋은 엄마Good-Enough Mothering'라는 용어를 사용한 바 있는데요. 이는 충분히 적당한 정도로 아이를 돌봐주면 되는 것이지, 완벽하고 결함 없는 엄마가 될 필요는 없다는 의미입니다. 오히려 엄마가 너무 완벽하게 아이를 돌봐주려다 보면, 아이는 좌절을 경험할 기회가 없어 커나가며 이 험한 세상을 살아가는 데 더 큰 어려움을 겪게 될지도 모릅니다.

둘째, 육아에는 엄마의 자신감이 중요합니다. 처음부터 육아를 잘하는 엄마는 없습니다. 엄마가 실수를 통해 배우고 성장하듯이, 아이 역시 그렇게 커나갑니다. 너무 잘하려고 불안해하는 모습보다는 잘하지 못하더라도 계속 배워가려는 믿음직한 엄마의 모습이 아이에게 더 큰 안정감을 줍니다.

셋째, 모든 것을 혼자서 감당하려 하지 않아야 합니다. 아이의 아빠가 육아에 참여하는 것은 당연한 일이며, 친정부모나 시부모의 도움을 받는 것 역시 잘못된 일이 아닙니다. 이모나 친구, 이웃이 도와줄 수도 있고, 돌보미를 고용할 수도 있고요. 아동심리학자 M. 블룸퀴스트M. Bloomquist는 육아로 인한 부모의 스트레스를 줄이는 구체적인 행동지침으로 다음에 나오는 10가지 방법을 제안한 바 있습니다.

- 다양한 방법으로 긴장을 이완한다.
- 자녀나 가족에게서 벗어나 자신만의 시간을 갖는다.
- 부부만의 시간을 갖는다.
- 사회적 지지를 구한다.
- 외식이나 여행 같은 즐거운 일을 계획한다.
- 건강에 도움이 되는 습관을 만든다.
- 효과적인 문제 해결방식을 활용한다.
- 좀 더 정확하고 합리적인 방식으로 생각한다.
- 분노를 조절하는 방법을 배운다.
- 자녀와 함께하는 특별한 시간을 갖는다.

아이를 키우는 것에도 나름의 요령이 있으며 많이 알고 경험할수록 육아는 더 쉬워지지만, 미숙함 때문에 생기는 아이와의 서툰 상호작용이 오히려 육아에 좋은 영향을 줄 수도 있습니다. 조부모들이야 아이의 반응에 따른 적절한 대응법을 더 잘 알고 있겠지만, 육아에 대한 지식이 적은 젊은 부모들은 서툴기 때문에 해결책을 찾아가는 과정에서 아이를 좀 더 면밀히 관찰하게 될 수도 있고, 아이 역시도 자신을 표현하기 위해 더 능동적인 움직임을 보이려고 애쓰기도 합니다.

육아와 관련해서 모르는 것은 가족이나 주변엄마들에게 묻거나, 관련서적, 인터넷카페, 모임 등을 통해 정보를 공유할 수 있지만, 육아에 정답은 없으므로 여러 조언들을 참조하되 자신이 내린 결정에 대해서는 일단 긍정적으로 생각해야 합니다. 자신의 양육법에 대한 자신감을 높이기 위해 '내가 오늘 아이를 위해 …을 잘했어!'라며 스스로를 칭찬하는 것도 방법이죠.

엄마가 아무리 정성들여 아이를 키우더라도 아이들은 엄마의 뜻대로만 커가지는 않습니다. 이런 경우, 엄마들은 좌절하며 자신의 양육방식에 대한 자신감을 잃어버립니다. 또한 이를 만회하려는 엄마의 노력은 종종 아이와의 마찰을 불러일으킵니다. 아동심리학자인 R. 버클리R. Berkley는 이런 경우, 과거에 엄마 자신이 맺은 대인관계를 기억해보라고 제안합니다. 특히 함께 일했던 윗사람 중에서 좋았던 사람과 나빴던 사람을 골라 그 사람들의 특성을 생각해보고, 당시 자신이 어떤 감정을 느꼈는지를 되돌아보라고 말합니다. 바로 그때의 기분이 지금 현재 아이의 기분이며, 자기가 아이를 대하는 방식이 대개 나빴던 윗사람의 특성과 비슷하다는 것을 느낄 수 있다는 것이죠.

아이를 키운다는 것은 부모도 함께 성장한다는 의미입니다. 아이를 위해서는 모든 것을 희생할 수 있다는 마음으로, 육아의 어려움을 묵묵히 인내하며 극복해나가야 합니다. 그런 괴로움을 자신의 것으로 받아들이면서 부모 역시 어른이 되어가는 것이니까요.

직장, 육아, 살림을 다 하려니 너무 힘들어요

아침에 정신없이 아이를 챙겨 어린이집에 보내고는 그 길로 출근을 해서 온종일 힘들게 일하죠. 퇴근하자마자 아이를 찾아 집으로 돌아오면 집안은 엉망이고, 저녁식사를 준비해야겠는데 아이는 보채고, 남편은 또 늦는다고 하니 정말 미칠 지경이에요.

요즘 엄마들이 겪는 또 하나의 어려움은 육아와 직장생활의 병행입니다. 그중에서도 엄마들을 곤혹스럽게 만드는 큰 문제가 바로 살림입니다. 대가족제도가 깨져 집안에서 부양해야 할 가족의 숫자가 급격히 줄어들었고, 가사를 도와주는 각종 문명의 이기들이 쏟아져나와 살림하기가 훨씬 수월해졌다지만, 그만큼 사람들의 기대수준 또한 높아져버렸습니다. 사람들은 매일 깨끗한 옷을 입고 항상 청결한 환경에서 생활하려 하며, 끼니마다 맛깔스러운 음식을 먹어야 만족합니다. 그러다 보니 해야 할 살림은 체감상 줄어든 것 같지 않고, 힘들여 해놔도 별로 티가 나지 않는 상황이 된 것입니다.

문화의 과도기에 겪게 되는 한국적 상황들도 있습니다. 아빠들은 집안일을 하는 것이 남성적이지 못하다고 생각하는 면이 강하며, 그렇지 않다 하더라도 직장문화가 육아나 가사를 분담하기 어렵게 하는 측면이 있습니다. 우리나라 회사들은 야근이 통상적이며 회식이 잦습니다. 집에 일이 있어 일찍 들어가봐야 한다고 말하면, 상사나 동료들이 한심하다는 듯 눈치를 주기도 하죠.

엄마들 역시 자식에 대한 애착과 투자가 과도한 편입니다. 아이가 성공하지 못하는 것은 엄마의 잘못 때문이라 느끼며, 아이가 제대로 크지 않으면 아무리 직장에서 승승장구해도 꼭 죄인이 된 듯한 기분을 느낍니다. 아이를 뒷받침하기 위해 항시 대기하고 희생해야 한다는 사회 분위기는 서점 한쪽을 육아 관련 책들로 가득 채우고, 엄마들이 교육 관련 방송들을 챙겨보고 반별 학부모 모임에 빠지지 않도록 만듭니다. 실험에서도 우리나라 엄마들의 이러한 열성은 그대로 증명이 되는데요. 미국엄마들과 비교했을 때 한국엄마들은 자기 자신이 이득을 얻었을 때보다 아이가 높은 점수를 받았을 때 보상뇌Reward Brain가 더 많이 활성화되는 것으로 나타났습니다.

현재 상황에서는 누군가의 도움을 받는 것이 무엇보다 절실합니다. 과테말라의 출산병동에서 시행된 연구에서, 한 집단은 진통과 출산 과정을 혼자 겪도록 한 데 반해 다른 집단은 입원에서부터 퇴원까지 산모를 도와주는 일반인을 곁에 두게 했습니다. 비교 결과, 도움을 받은 경우에 진통시간이 짧아지고 출산 후에 산모가 깨어 있는 시간도 더 많아졌다고 합니다. 그 결과, 엄마는 아기를 쓰다듬고, 미소 지으며 아기에게 말을 거는 행동을 더 많이 할 수 있었습니다. 도와주는 누군가가 있을 때 엄마는 더 편해지고, 그러면 아기도 더 행복해지는 것이죠.

엄마의 곁에서 함께할 일차적인 책임자는 아빠입니다. 아기가 절반의 유전자를 아빠에게서 물려받은 만큼 아빠는 아기에 대한 50퍼센트 책임자입니다. 아무리 아기에 대한 투자가 엄마보다 적고 자식에 대한 확실성이 부족하다 하더라도, 그것이 문화와 의료가 발달한 현대사회에서까지 통할 이야기는 아닌 것입니다. 부부는 서로 육아와 가사를 분담하는 것을 당연시해야 합니다. ▶'남자인 제가 육아에까지 꼭 신경을 써야 합니까'(77페이지) 참조

남편과 일을 나눌 때에는 요령이 필요합니다. 무작정 힘들다고 해서는 효율적으로 일을 처리할 수 없습니다. 오히려 서로의 감정만 상하기 쉽죠.

먼저 무엇이 문제인지를 객관적이고 분명하게 정리해야 합니다. 여러 가지 일들을 다 하기에 시간이 모자라는 것인지, 도와줄 사람이 없는 것인지, 돈으로 해결할 수는 없는 일인지 등을 하나하나 되짚어보세요. 그러고는 내가 하루 동안 여러 가지 일들에 각각 얼마만큼의 시간을 할애하는지 계산해봅니다. 직장에서 몇 시간을 보내는지, 집안일을 하는 데 몇 시간이 필요한지, 아이는 얼마만큼의 시간 동안 돌보고 있으며, 나 자신을 위해 보내는 시간은 어느 정도인지 등을 적어보는 겁니다. 그러고 나면 어디에서 시간이 모자라는지가 좀 더 명확해질 것입니다. 만일 수면시간이 너무 부족한 것으로 나온다면, 주말만이라도 남편에게 밤에 아이를 돌보라고 이야기하고 마음 놓고 편하게

푹 잘 수 있어야 합니다.

문제점이 정리되었다면, 두 번째로 자신이 맡은 일들이 얼마나 중요한지를 순서대로 나열해봅니다. 집안일, 직장일, 아이와 놀아주기, 자기계발과 휴식 가운데 우선순위를 적어보세요. 그러고 나면 내가 꼭 해야 하는 일이 무엇인지가 좀 더 명확하게 드러납니다. 아이와의 시간이 더 중요하다고 생각하면서도 집안일이나 직장일에 대한 불안으로 순서를 지키지 못하는 것은 아닌가 생각해봅니다. ▶'자꾸 손톱을 물어뜯어요'(129페이지) 참조

셋째, 남편에게 일을 맡길 때 남자가 잘할 수 있는 일을 맡겨야 합니다. 요령 있게 일을 시켜야 효율적이라는 것입니다. 남자들은 목표 지향적이어서 원인과 결과가 없으면 곤란해합니다. 여자들의 수다에 짜증을 내는 것도 이런 이유 때문이죠. 자신이 주도적이길 바라며, 시작과 끝이 자기 계획 하에 있다 싶으면 엄청난 힘을 발휘합니다. 반대로 아이가 무얼 바라는지 읽는 능력이 상대적으로 부족하고, 자신이 잘 모르는 육아에는 관심이 적습니다. 따라서 일을 분담할 때는 집안일보다는 아이를 데리고 공원에 나가 놀게 하는 것이 좋습니다. 집안일을 시킬 때는 구역을 정해주고 알아서 계획 하에 일을 끝내도록 하는 것이 효과적입니다. 남편이 무언가를 수행했을 때 "당신이 아이를 데리고 나가 놀아준 덕분에 밀린 일들을 다할 수 있었어요. 고마워요"라고 말해주면, 남편은 자신의 행동이 아내의 문제를 해결해주었다는 생각에 성취감과 만족감이 생길 것입니다.

넷째, 일을 너무 정확하게 반반씩 나누려고 하지 않아야 합니다.

"빨래는 내가 했으니, 청소는 당신이 하는 게 당연하고 공평해"라고 주장한다면, 이는 다시 누가 더 힘드냐를 따지는 싸움으로 이어질 뿐입니다. 사람과 협업할 때에는 내가 훨씬 더 많이 하고 상대방에게는 양보한다고 생각해야 실제로는 공평하다고 보아야 합니다. 집안일과 육아는 내 담당인데, 남편은 그래도 많이 분담하는 편이라고 생각해야 적당한 합의점을 찾을 수 있다는 것이죠. 이것은 남편 입장에서도 마찬가지입니다. 내가 많이 참여한 것 같아도 사실은 여전히 아내가 더 많은 가사를 떠맡고 있을 것이기 때문입니다.

다섯째, 엄마 곁에는 남편만 있는 것이 아닙니다. 친정부모나 시부모에게 도움을 요청할 수도 있고, 자매나 이웃, 친구가 도움이 될 수도 있습니다. 정 안되면 사람을 고용할 수도 있죠. 다시 강조하지만, 엄마가 편해야 아이가 행복해집니다. 다만 남편이든 부모든, 내 마음을 다 헤아릴 수는 없는 만큼 그들에게 명확하게 내가 필요로 하는 바를 알리는 것이 중요합니다. "엄마, 오늘 나도 야근이 있고 김서방도 늦는다는데, 저녁에 애들 좀 봐주면 안 돼요? 이번 주말에 맛있는 거 사드릴게요!" 충분히 받아들일 만한 제안입니다.

마지막으로, 그렇게 해도 부족한 부분에 대해서는 마음을 비워야 합니다. 아이를 위해, 살림을 위해, 없는 시간을 억지로라도 짜내는 것은 결국 끝도 없는 과도한 책임에 스스로를 얽매는 일일 뿐입니다. 집안일보다 중요한 것은 잠시 동안이라도 자기만의 시간을 갖는 것임을 명심하세요.

남자인 제가 육아에까지 꼭 신경을 써야 합니까

요즘 남자들이 얼마나 힘든지 아시잖아요. 직장에서 온갖 힘든 일을 해내고 상사들 눈치 보느라 진이 다 빠질 지경입니다. 그런데 퇴근해서 집에 들어오면, 집사람은 곧장 아이 좀 보라고 투덜댑니다. 쉬는 날 친구라도 만나려고 하면, 아이랑 놀아주지 않고 어딜 나가냐며 화를 내죠. 이렇게 힘든 제가 아이까지 봐야 합니까?

남자들 역시 밖에서 일하고 돌아오면 피곤합니다. 그저 쉬고만 싶죠. 그런 남자들이 아이 좀 보라는 말을 들으면 적지 않은 부담감을 느낍니다. 심지어 그런 투의 말은 마치 남자가 밖에서 놀다 들어오기라도 했다는 듯이 들려 감정을 상하게 만들기도 합니다.

아이를 돌본다는 것은 보통의 남자들에게 익숙하지 않은 과제입니다. 남자들은 육아가 엄마의 몫이며, 여자들이 잘하는 일이라고 생각하는 경향이 있습니다. 이렇게 된 데는 우선 생물학적인 이유가 있습니다. 여자는 1개월에 한 번만 배란이 되고 임신과 수유 기간에는 생리를 하지 않기 때문에 낳을 수 있는 자식의 숫자가 한정되어 있습니다. 그렇다 보니 자기가 낳은 자식에 대한 애착이 강해 열심히 돌보려

합니다. 반면 남자들은 언제든지 사정을 할 수 있으므로 한곳에 정착하지 않고, 여러 곳에다 씨를 뿌리는 편이 번식성공에 더 유리합니다. 더구나 자기가 직접 아이를 낳지 않았기 때문에, 그 아이가 진짜 자기 자식인지 확신할 수 없죠. 이를 '부성불확실성'이라고 합니다. 영어농담에 "Mother's baby, Father's maybe"(엄마의 아이, 아빠는 글쎄)라는 표현이 있을 정도입니다. 그렇다 보니 근본적으로 남자들은 자기 자식에 대해 상대적으로 무관심합니다.

남자들이 육아에 익숙하지 못한 심리적·사회적인 요인들도 있습니다. 근본적으로 남녀의 결혼관계는 아동기 감정양식의 반복인 경우가 많아, 남자들은 어머니에게 그러했듯 아내에게 의존하려는 경향이 있습니다. 육아에 있어서도 마찬가지여서, 남자들은 아기를 두고 넋을 놓은 채 아내가 해결해주기를 바랍니다. 마치 엄마에게 의존했던 아동기 심리로 퇴행하는 것과 같죠. 여기에 더해 아빠들이 성장해오며 가정에서 배웠던 남녀역할에 대한 구시대적 가르침, 즉 '남자는 나가서 돈만 잘 벌어오면 되고, 아내는 살림 잘하고 아이를 잘 돌봐야 한다'는 메시지도 그 원인 중 하나입니다.

그러나 아이가 커가는 과정에서 아빠가 갖는 중요성은 매우 이른 단계에서부터 확인됩니다. 엄마, 아빠 모두와 안정적인 애착관계를 맺고 있는 아이들은 자신감 있고 유능했으나, 둘 중 한 부모하고만 안정된 애착을 맺고 있는 아이들은 이보다 못했고, 어느 부모와도 안정적인 관계를 맺지 못한 아이들은 가장 자신감이 없었습니다. 아이의 성장발달에 아빠가 끼치는 영향을 강조하기 위해 아빠효과Father Effect

라는 용어를 사용하기도 합니다. 친절하고 칭찬을 잘 해주며 곁에서 자주 도와주는 아빠를 둔 아이들이 그렇지 않은 아이들보다 지능과 어휘력에서 높은 점수를 얻는 것으로 나타났는데요. 이는 아빠와의 상호작용이 아이의 좌뇌를 발달시켜 논리적이고 이성적으로 생각하게끔 도와준다는 뜻이기도 합니다. 1958년생 17,000명을 대상으로 33년간 추적연구를 한 옥스퍼드대학교의 대규모 조사에서는 어린 시절 아빠와 많은 시간을 보낸 사람일수록 학창시절에 성취욕과 사회성에서 높은 점수를 받았고, 성인이 되어서도 행복한 가정을 꾸릴 확률이 더 높았다고 보고되었습니다.

아빠효과
아이의 발달에 엄마가 끼치는 영향과 다른 방식으로, 아빠 또한 어떤 영향를 끼친다는 것으로 캘리포니아대학교 심리학과 R. 파크R. Parke 교수가 개념화한 용어다.

따라서 아빠들은 육아문제에 대해 다음과 같은 마음가짐을 가질 필요가 있습니다.

첫째, 아빠가 육아에 참여하는 것은 자녀에게 매우 유익한 일입니다. 엄마뿐 아니라 아빠와도 상호작용을 하면서 아이는 엄마의 역할과 아빠의 역할을 균형 있게 체험하게 됩니다. 그렇게 차츰 인격이 형성되면서 아이의 자아에는 건강한 여성성과 남성성이 동시에 자리 잡을 수 있습니다.

둘째, 육아에 대한 개념을 변화시킬 필요가 있습니다. 육아란 단지 먹이고, 입히고, 재워주면 되는 것이 아니라, 어루만져주고, 책을 읽어주고, 함께 뛰어놀며 교감하는 것 모두를 포함합니다. 아빠가 기저귀를 갈아주고, 목욕을 시켜주며, 함께 뛰어놀 때, 스킨십이 이루어지며 아이에게 친밀감과 안정감이 전해집니다.

마지막으로, 관계도 가꾸어나가야 발전하는 것이라고 생각해야 합니다. 아무리 내 피를 나눈 자식이라 하더라도, 아빠가 관심과 애정을 보이지 않는다면 그 관계는 소원해지게 마련입니다. 이미 서먹해진 아빠와의 관계는 아이가 다 큰 뒤에 만회하려 해도 쉽게 회복되지 않는 법입니다.

아빠들은 아이를 돌보는 것에 대해 자신감을 가져야 합니다. 엄마도 처음부터 아이를 잘 돌본 것은 아닙니다. 자꾸 하다 보면, 조금씩 요령도 생기고 편해집니다. 실제로 어린아이들은 신체적 활동과 관련된 놀이를 할 때 엄마보다 아빠와 함께하는 것을 더 즐거워합니다. 특히 아들의 경우 이런 경향이 더 뚜렷해, 아들은 가장 좋아하는 놀이 친구로 아빠를 꼽는 일이 많습니다.

어떤 아빠는 종종 어떻게 해야 아이와 잘 놀아주는 것인지를 너무 고민한 나머지, 놀이 자체를 지나치게 힘든 일로 받아들이곤 하는데요. 아이와 게임할 때 져주어야 하는 건지 아니면 진짜로 온힘을 다해야 하는 건지 난감해하기도 합니다. 이런 경우에는 내가 어른으로서 좋은 롤모델이 되어주겠다는 마음가짐이 필요합니다. 예를 들어, 아이가 게임에서 질 때마다 짜증을 너무 낸다면, 아빠는 일부러 져줄 것이 아니라 묵묵히 게임을 함께해주다 아이가 지고 있어도 짜증을 내지 않은 그 순간에 칭찬을 해주면 됩니다. 즉, 아이의 행동 하나하나에 맞춰 반응하기보다는 어른다운 모습을 유지하면서 아이로 하여금 보고 배우게 만들어야 합니다. 이런 식으로 하다 보면, 아이와 놀아주는 일이 생각보다 어렵지 않습니다.

아빠가 육아에 참여하도록 하는 데는 엄마의 역할 또한 매우 중요합니다. 아빠도 엄마와 똑같은 몫의 육아를 담당해야 한다고 주장한다면, 서로 감정만 상하게 될 가능성이 큽니다. 전업주부의 경우에는 엄마 자신이 육아의 일차적 책임자라는 사실을 인정해야 합니다. 자신이 집에서 아이를 돌보느라 얼마나 힘든 줄 아느냐며 항변하는 것은, 남편이 직장에서 얼마나 고생하다 들어왔는지에는 관심이 없다는 논리와 다를 바 없습니다. 육아를 함께하고 싶다면, 퇴근 후 쉬지 못하고 아이를 돌보는 남편에게 고마워해야 합니다. 물론 맞벌이부부라면, 육아와 살림에 대해 두 사람 모두 받아들일 수 있는 적절한 합의점을 찾아야 할 것입니다.

또한 엄마는 과감히 아빠에게 아기를 맡겨보아야 합니다. 처음에는 아빠가 아이를 땅에 떨어트리기라도 할 것처럼 불안해 보일 것입니다. 그렇다고 자꾸 시키지 않으면, 아빠의 양육 노하우는 생겨날 수가 없습니다. 아이와 함께 논 아빠에게는 성심껏 칭찬을 해주세요. 밖에서 뭘 했기에 아이가 이렇게 더러워졌느냐고 화내고, 왜 애를 울렸냐며 신경질을 낸다면, 아빠는 다시는 아이와 놀아주고 싶지 않을 겁니다. 어떤 부분에서는 아빠가 엄마보다 육아를 잘하는 경우도 있습니다. 그러니 아이와 놀아주는 것에 대해 일일이 가르치려들지 않는 것이 좋습니다.

또한 지시하듯이 아이를 맡기기보다는, 육아를 하고 싶은 마음이 들게끔 만들어야 합니다. 하루 정도 온전히 아이를 남편에게 맡겨보세요. 아이를 돌보는 일과가 어떤 과정을 거치고, 얼마나 고된가를 남편 스스로 느낄 수 있어야 합니다. 이후 남편은 어떤 때에 무엇을 해야 좋을지 스스로 깨우치게 될 것입니다.

마지막으로, 아이에게 아빠의 존재가 반드시 필요한 시기가 있음을 부부가 함께 이해하는 것이 중요합니다. 특히 엄마와의 양자兩者 관계에서 벗어나 남자로서 혹은 여자로서의 동일시과정이 일어나는 4세 전후의 오이디푸스 단계와, 남성과 여성의 정체성이 확고해지는 청소년기에는 아빠의 역할이 매우 중요합니다. 바쁘더라도 이 두 시기만큼은 아빠들이 적극적으로 자녀를 위해 시간을 내고 관심을 기울여야 합니다.

더 알아보기

남자와 여자, 어떻게 다를까

남자들은 자신이 터프하고 냉담하게 구는 모습을 여자들이 좋아할 것이라고 짐작합니다. 하지만 이런 선입견을 뒤집는 심리실험이 있습니다. 심리학자 P. 라 세라P. La Cerra는 240명의 여자들에게 여러 장의 남자사진을 보여주면서 가장 호감이 가는 남자가 누구냐고 묻는 실험을 했습니다. 여자들이 가장 많이 선택한 사진은 다정한 미소로 아이를 바라보는 남자의 사진이었습니다. 반면, 우는 아이를 옆에 두고도 무심히 서 있는 남자의 사진이 가장 인기가 없었습니다. 남자의 신체적 힘이 세상을 지배하지 않는 문명화된 현대사회에서는 당연한 결과일 수 있겠죠.

재미있는 것은 남자들에게 똑같은 실험을 하자, 완전히 다른 결과가 나왔다는 점입니다. 남자들은 여자와 아이의 상호작용에는 전혀 관심이 없었고, 무조건 예쁜 여자를 선호했다고 합니다.

아이를 누군가에게 맡기는 것이 너무 불안합니다

직장을 다니느라 아이를 2살 때부터 어린이집에 맡겼습니다. 퇴근이 늦어지는 날엔 친정엄마가 아이를 찾아와 저 대신 돌봐주셨죠. 그러다 보니 제가 아이를 보는 시간은 얼마 되질 않습니다. 그래서인지 아이가 저를 별로 찾지도 않고, 말도 늦는 것 같아 걱정입니다.

엄마가 직장을 다니느라 양육을 전담하지 못하는 상황은 흔합니다. 이런 경우, 엄마는 아이에게 필요한 것들을 충분히 제공해주지 못할까 봐 걱정하게 됩니다. 엄마 이외의 다른 사람이 돌보는 것이 아이에게 나쁜 영향을 주지는 않을지, 아이의 영양과 위생상태는 괜찮은지, 어디가 아프지는 않은지, 아플 때 제때 보살펴주지 못하는 것은 아닌지 늘 노심초사합니다. 걷고 말하고 대소변을 가리는 등의 발달문제도 제때 이루어지고 있는지 신경 쓰이며, 읽고 쓰고 계산하는 학습능력 또한 뒤처지지 않을까 걱정입니다. 정서적으로 안정되지 못해 대인관계나 사회성에 문제가 생길까 봐 불안하고요. 이러한 걱정은 아빠들 역시 갖고 있습니다.

특히 완벽주의 경향을 가진 엄마들은 불안감이 더 큽니다. 이들은 자신이 직접 하지 않은 일은 성에 차질 않습니다. 그래서 아이를 누구에게 부탁해놓고서 마음을 놓지 못하고 늘 확인하고 체크합니다. 결국 책임감은 더 막중해지고 삶은 점점 더 고단해집니다. ▶'직장, 육아, 살림을 다 하려니 너무 힘들어요'(72페이지) 참조

아이를 다른 사람 손에 맡긴 엄마들이 느끼는 또 다른 흔한 감정은 죄책감입니다. 자존감이 낮은 엄마일수록 죄책감이 더 큰 법입니다. 자신이 아이를 직접 돌보지 못하게 된 상황을 전체적으로 조망하지 못하고, 그저 자기 탓으로만 돌립니다. 아이가 아프거나 잘못되기라도 하면, 모든 것이 자기 잘못인 것처럼 느껴집니다. 이런 걱정 탓에 직장생활에도 무력감을 느껴 성공적으로 업무를 수행해내지 못합니다. 결국 육아와 직장이라는 2마리 토끼를 다 놓쳤다는 생각에 죄책감은 더 커지며 우울해지기까지 합니다.

엄마 자신이 어렸을 적 키워진 방식도 자식에 대한 양육태도에 영향을 줍니다. 자신의 엄마가 직장에 다니느라 자신을 직접 돌봐주지 못했다거나 아이에게 관심 없고 냉담한 편이었다면, 자신도 육아에 무관심할 수 있습니다. 육아에 대해 양가감정Ambivalence을 갖게 되는 경우도 많아서, 말로는 자기 몫이니 열심히 해야겠다고 하면서도 의외로 아이에게 살갑지 않은 거죠. 실제로 영국에서 실시한 어느 연구에서는, 임신한 여성들을 대상으로 자기 부모와의 애착관계를 분석한 다음 아이를 낳고 기를 때의 모습과 비교해보니, 자식과의 애착

양가감정
동일한 대상에 대해 사랑과 증오 또는 친근감과 적대감 등과 같은 상반되는 심리적 감정 및 태도가 동시에 존재하는 정신상태.

형태의 일치도가 무려 70퍼센트에 이르는 것으로 나타났습니다. 내가 나의 부모에게 가졌던 애착의 정도가 내 자녀가 나와 맺는 애착관계 사이에서 그대로 재현될 확률이 그만큼 높다는 이야기입니다.

불안감이든 죄책감이든 분노감이든, 아이를 맡긴 엄마들의 마음은 복잡합니다. 불안이 높은 엄마들은 자신의 육아방식에 대한 확신이 없어 아이를 대하는 태도가 일관되지 못합니다. 그러다 보니 아이까지도 위축되고 불안해져 사회성이 떨어집니다. 또한 아이 때문에 직장을 그만두었다는 사실에 화난 엄마들은 대개 아이에 대한 기대치가 높으며, 아이한테 화도 잘 냅니다. ▶'아이가 너무 소심해서 걱정이에요'(162페이지) 참조

문제는 엄마가 죄책감과 우울함을 가지는 것이, 아이를 돌봐주지 못하는 것보다 오히려 더 아이에게 안 좋은 영향을 끼칠 수 있다는 것입니다. 가족문제전문가 J. 가트맨J. Gottman 박사에 따르면, 우울증 어머니와 같이 있는 아이들은 엄마의 슬픔을 직감적으로 알아차린다고 합니다. 이 아이들은 우울하지 않은 엄마를 둔 아이들과 비교했을 때 힘이 없고, 잘 놀지 못하며, 쉽게 화를 내고, 짜증을 잘 내는 것으로 조사되었습니다. 엄마의 우울증이 1년 이상 지속되는 경우에는 아이의 성장과 발달이 지연됐으며, 특히 출생 후 3~6개월간에 있었던 엄마의 우울증은 아이의 신경조직발달에 큰 영향을 주어 6개월이 되었을 때 아이의 신경발달과 감정표현이 현저히 낮았다고 합니다.

> **우울증**
> 의욕저하와 우울한 기분을 주증상으로 하여, 여러 가지 다양한 신체증상이나 인지증상을 나타내 일상생활에 지장을 주는 질환. '마음의 감기'라는 표현처럼 살면서 누구나 걸리기 쉬운 병으로, 전체 인구의 약 15퍼센트, 특히 여자들은 25퍼센트 이상이 일생에 한 번 이상 치료를 요할 정도의 우울증을 앓는 것으로 보고된다.

하지만 다행스럽게도 본인의 노력에 따라 자녀의 성장과 애착형성

은 충분히 건강하게 이루어질 수 있습니다. 이때 명심할 것은 양육에 있어 중요한 것은 시간의 양이 아니라 돌봄의 질이라는 사실입니다. 실제로 많은 연구에서 어머니의 직업은 아이의 성장에 큰 영향을 미치지 않는 것으로 밝혀졌습니다. 엄마가 무조건 하던 일을 중단하고 종일 아이를 돌보는 것이 답이 아니라, 아이와 함께 있는 시간 동안 양육의 질과 애착 정도를 높이는 게 핵심이라는 이야기입니다. 아이는 인지적인 과정을 통해 엄마와의 관계를 판단하는 것이 아니라, 느낌으로 엄마의 관심과 애정을 알아채고 반응합니다. 엄마가 자신과 몇 시간 같이 있어주었느냐가 아니라 자신과 얼마나 재미있게 놀아주었느냐가 아이에게는 더 중요한 것이죠. 엄마가 바깥일을 통해 자신감을 갖고 여유를 갖는다면, 퇴근 후 저녁에 잠깐 아이와 놀아주더라도 그 짧은 시간을 충분히 효율적으로 사용할 수 있습니다. 대신 이 시간만큼은 최선을 다해 아이와 상호작용을 해야 합니다.

가능하면 매일 규칙적인 시간에 일정한 시간 동안 꾸준히 돌봐줌으로써 아이와 신뢰를 쌓아야 합니다. 또한 그 시간은 공부나 학습이 아닌 놀이시간이어야 합니다. 아이의 발달단계에 맞춰 이루어지는 놀이가 중심이 되어야 하죠. 아직 언어를 통한 의사소통이 서툰 아이들은 대화로 모든 정보를 얻기가 어렵습니다. 대신 함께 노는 동안 아이가 보이는 태도라든가 우연히 나오는 한두 마디의 단서를 통해 아이의 상태가 어떠하며 그날 아이에게 무슨 일이 있었는지를 짐작할 수 있습니다. 그림을 그리거나 책을 읽어주다가 관련된 주제, 예를 들어 친구나 선생님에 관한 이야기 또는 유치원에서 있었던 일 등에 대해 자연스럽게 질문할 수도 있습니다.

양육 시에 제3자의 도움을 받는 것이 좋은지 나쁜지에 대해서는 이론적으로 명확하게 입증된 바가 없습니다. 다만, 엄마가 없는 시간 동안 양육을 맡아준 사람이 아이를 보살피는 질만큼은 중요한 것으로 밝혀졌습니다. 그러므로 자신을 희생해가며 전적으로 양육에 매달리기보다는 최선의 대리양육자를 선택하는 편이 아이를 위한 더 현명한 방법일 수 있습니다. 신뢰할 만한 기관을 고르고, 선생님이 어떤 사람인지 수시로 점검하세요. 도우미를 고용한다면, 아이를 키워본 경험에 대해 묻고 그 사람의 성격 등을 잘 살펴봐야 합니다. 도우미를 대할 때는 '아줌마'보다 '이모'나 '할머니'처럼, 도우미를 존중해주면서도 아이 역시 친숙해할 수 있는 호칭을 사용해야 합니다. 도우미에게 아이의 성향이나 생활스타일에 대해 꼼꼼히 메모해서 알려주고, 엄마가 직접 만든 아이의 '매일생활체크표'를 적도록 해 함께 의견을 나누는 것도 좋습니다. 도우미의 식사에 신경을 써주고, 명절이나 생일 때 간단한 선물을 챙기는 것도 필수입니다.

요즘은 조부모가 아이를 돌봐주는 경우도 많습니다. 아이를 아끼는 마음이야 누구 못지않은 분들이지만, 이때도 몇 가지 고려해야 할 점들이 있습니다. 첫째, 아이를 돌봐줄 의사가 있는지 어른들의 뜻을 확실히 알아보아야 합니다. 내키지 않음에도 불구하고 자식을 위해 부탁을 들어주는 어른들도 많습니다. 둘째, 어른들의 나이와 건강상태를 객관적으로 고려해야 합니다. 셋째, 아이를 돌봐주는 것에 대해 구체적이고 현실적인 보상을 반드시 해드려야 합니다. 넷째, 조부모가 주양육자가 될 수는 있을지 몰라도 주애착자가 되어서는 안 됩니다. 불가피하게 많은 시간을 조부모가 봐주더라도 저녁 이후로는 되도록 엄마 아빠가 직접 돌봐야 합니다. 마지막으로, 아이에 대한 중요한 판단과 결정은 엄마 아빠가 내려야 하며, 엄마 아빠가 최종 책임자라는 마음가짐이 필요합니다.

이 규칙들을 지킨다면 엄마가 아이를 계속해서 돌보지 못한다 하더라도 큰 문제는 없을 겁니다. 아이가 많은 시간을 도우미나 할머니와 보내다 보니 행여 엄마보다 주양육자를 더 좋아하게 될까 봐 걱정하는 엄마들도 있는데요. 아이에게 애착대상이 반드시 1명일 필요는 없습니다. 아이는 엄마도 좋고, 할머니도 좋을 수 있습니다. 하지만 대부분의 아이들은 짧은 시간을 함께하더라도 엄마를 잘 알아보며, 대개 엄마를 제일 따릅니다. 엄마는 아이의 울음소리에 훨씬 더 민감하게 반응하며, 자기 아기를 바라볼 때 동공이 더 많이 확장되어 사랑한다는 눈빛을 전해줄 수 있습니다. 엄마는 자식을 돌보기 위한 특별한 능력을 선천적으로 갖고 있는 셈이죠. 잠시라도 규칙적으로 따뜻한 눈빛으로 아이를 돌봐준다면, 그 아이는 아무 문제없이 잘 커나갈 겁니다.

더 알아보기

할머니 이론을 아시나요

외할머니나 친할머니가 엄마 대신 아이를 돌봐주는 경우가 많습니다. 아이가 아주 어리거나, 어린이집 같은 보육기관에 맡기길 망설이는 경우나, 도우미를 고용하기엔 경제적으로 여유가 없는 경우, 할머니들이 종종 육아를 맡게 됩니다. 하지만 꼭 엄마가 아이를 돌볼 수 없을 때에만 할머니들이 육아에 참여하는 것만도 아닙니다. 옛날 대가족제도에서는 엄마가 집에 있더라도 종종 할머니들이 아이들을 키워주곤 했고, 이런 풍습은 대부분의 문화권에서 공통적으로 관찰됩니다.

후세를 잇고 인류를 번성시키는 데는 할머니들의 역할이 중요했습니다. 남자는 아주 나이가 들어서까지 큰 변화 없이 어느 정도 생식력이 유지되지만, 여자는 폐경이라는 독특한 과정을 겪습니다. 건강한 난자를 제공하기 힘든 나이가 되면 몸이 스스로 난자생산을 중단하는 것인데, 이는 생식 대신 다른 역할을 담당하게 하는 편이 종족번식에 더 유리하기 때문이기도 합니다. 그리하여 폐경 후 여자들이 맡게 되는 역할이 바로 손자돌보기라는 이론이 있습니다.

할머니는 육아경험이 많아서 엄마보다 더 능숙하게 아이를 돌봅니다. 살면서 쌓아온 삶의 지혜를 바탕으로 육아에 대한 조언과 정보를 제공해 단란한 가정이라는 틀을 잘 유지하게끔 도와줍니다. 그래서 여자들은 해야 할 역할이 있기 때문에 생식력이 정지되는 폐경 후로도 한동안 오래 산다는 얘기도 있습니다. 결국 나이 든 할머니에게 아이를 맡긴다는 것이 순리를 거스르거나 자연스럽지 못한 상황은 결코 아닙니다. 오랜 세월 동안 우리 인류는 그렇게 살아왔습니다.

아이 교육을 어떻게 시킬지 걱정입니다

이웃집 아이는 비싼 영어유치원에 수학학원까지 보내면서, 수영이다 바이올린이다 별걸 다 배웁니다. 달랑 유치원 하나만 보내고 있는 제가 아이교육에 너무 무관심한 건가요? 이대로 괜찮을지, 제가 어디까지 관여해야 할지 모르겠어요. 남편은 괜히 유난 떤다면서 핀잔만 줘요.

우리나라의 교육열은 전 세계적으로도 유명한데요. 보통은 아빠보다 아이양육에 일차적인 책임을 지고 있는 엄마들의 열의가 훨씬 강한 편입니다. 요즘은 치맛바람보다 바짓바람이 더 세다는 말도 나오긴 하지만, 그래도 전반적인 분위기는 엄마가 열을 올리고, 아빠는 이를 자제시키는 양상입니다. 그러다 보니 엄마와 아빠 사이에 충돌이 일어나는 경우가 종종 발생합니다.

자식을 위해 궂은일도 마다 않는 엄마와 달리, 가정의 재정을 책임져야 하는 아빠는 교육비에 대한 부담이 큽니다. 게다가 엄마가 아이한테 신경 쓰느라 남편은 뒷전이다 보니, 부부 사이가 소원해지는 일도 많습니다. ▶'기러기아빠로 지내는 것이 너무 외롭고 힘듭니다'(724페이지) 참조 아이를 열심히 교육시키는 것이 결코 잘못된 일은 아닙니다. 교육과 학습은 아이의 잠재력을 계발시켜 아이가 더욱 발전되도록 만들어 줍니다. B. 스키너B. Skinner를 효시로 한 행동주의자들은 일정한 방식의 보상과 강화를 통해 인간의 모습을 어떠한 형태로든 원하는 대로 만들어낼 수 있다고 주장하면서 전후세대를 풍미했습니다. 이는 엄격하게 이루어지는 계획적인 교육만이 아이를 성공시킬 수 있다는 믿음으로 이어졌으며, 이것은 개인의 발전과 국가재건이 필요했던 우리나라 전후세대들에게 영향을 주어 교육지상주의 열풍으로까지 연결되었습니다. 1997년 이중언어구사자를 대상으로 한 기능성자기공명영상fMRI 검사결과는 이런 믿음을 뇌과학적 차원에서 뒷받침해주었는데요. 어린 나이에 외국어를 습득한 사람은 12세 이후 외국어를 학습한 사람들에 비해 외국어를 구사할 때 뇌세포를 더 효율적으로 활용한다고 합니다. 이런 주장들은 조기교육과 선행학습에 대한 이론적 근거가 되었습니다. ▶'영어공부는 언제부터 시키는 것이 좋을까요'(180페이지) 참조

하지만 아이마다 갖고 있는 본성과 그 나이의 아이들이 감당할 수 있는 인지적 단계 등을 무시한 채 무조건 아이를 다그치듯 교육시키는 것은 위험할 수 있다는 주장 또한 만만치 않습니다. 아동교육학자 M. 몬테소리M. Montessori는 아동에게는 일정한 시기가 되면 무언가를 배우고, 스스로 독립적으로 문제를 해결하며, 자신의 능력을 발휘하려는 내적 동기가 있음을 발견했습니다. 따라서 아이들에게 공부를 가르치고 지시를 하는 것이 아니라, 아동의 내적 욕구에 맞는 환경을 제공해주는 것이 어른들의 역할이라고 했습니다.

이런 개념은 심리학자 L. 비고츠키L. Vygotsky가 제안한 근접발달영역Zone Of Proximal Development이라는 개념을 통해서도 다시 한 번 확인되었습니다. 아이가 감당할 수 있는 학습수준은 두 가지 수준으로 구분되는데요. 첫째는 아이가 타인의 도움 없이 스스로 깨달을 수 있는 수준의 과제인 '실제적 발달수준'이고, 둘째는 어른이 도움을 주어야 문제를 해결할 수 있는 수준의 과제인 '잠재적 발달수준'입니다. 아이를 교육할 때에는 이 두 수준 사이에서 적당한 접점을 찾는 것이 중요합니다. 아이가 혼자서 충분히 해결할 수 있는 과제를 교사가 일일이 가르쳐주려 하면, 아이는 쉽게 흥미를 잃습니다. 그렇다고 어른의 도움으로도 해결이 힘든 너무 높은 잠재적 발달수준의 과제를 제시한다면, 아이는 회피할 가능성이 큽니다. 결국 어른이 옆에서 약간 도와주면, 아이가 적절한 긴장을 느끼면서 스스로 문제를 해결하여 성취감을 맛볼 수 있는 수준이 가장 효과적인 수준의 학습지도인 것입니다.

근접발달영역
'발달'은 아이가 자기 혼자만의 잠재력으로 점차 발전해나가는 것을 의미하는 데 반해 '학습'은 누군가가 가르쳐주고 인도해주어야 습득이 가능한 것을 말한다. 이런 의미에서 비고츠키는 스스로 발달할 수 있는 능력보다 바로 위 가장 근접한 능력수준에 맞춰 학습을 시켜주는 것이 가장 효과적이라고 주장했다. 이를테면 아이에게 처음부터 어려운 책을 읽어줘봤자 이해하지 못하므로, 아이가 충분히 알아들을 수 있는 수준보다 약간 더 어려운 책을 읽어주면서 점차 수준을 높여가는 방식을 써야 한다는 것이다.

비고츠키의 이론을 전승한 J. 브루너J. Brunner 등은 발판화Scaffolding라는 개념을 창안했습니다. 발판은 원래 건축공사 때 재료를 운반하고 작업을 진행하기 위해 건물외벽에 설치해놓는 것을 일컫는 단어인데요. 브루너는 올바른 교육이란 아이가 커나갈 수 있도록 선생이나 부모가 공부에 힌트를 주고

발판화
근접발달영역 내에서 아이가 무언가를 배울 수 있도록 주변환경이 지지대 역할을 하여 도와주는 것을 말한다. 아이가 그 기능을 충분히 배워 더 이상 발판의 도움 없이 스스로 할 수 있게 되면, 이제 그 발판은 해체되어도(누군가가 옆에서 도와주지 않아도) 된다.

학습동기를 고취시키는 발판이 되어주어야 한다고 주장합니다.

결국 교육열 자체가 나쁜 것이 아니라, 부모가 어느 정도의 수준으로, 어떤 방식으로, 어디까지 개입하느냐가 문제인 셈입니다. 학습이란 아이 스스로가 관심을 갖고 알고 싶은 바람에 의해 하나씩 무언가를 배워나가는 과정인데, 과도한 조기교육과 선행학습은 아이로 하여금 공부에 대한 동기를 상실하게 만듭니다. 따라서 아이에게 적절한 동기를 유발시켜주면서 스스로 공부를 계획해가도록 하는 자기주도학습이 필요합니다. 초등학생 때까지 아이들은 자기가 좋아하는 엄마를 기쁘게 해주기 위해 묵묵히 시키는 대로 공부를 합니다. 초등학교 성적은 엄마성적이라는 얘기까지 있을 정도죠. 하지만 사춘기가 되어 부모에게서 심리적으로 독립하기 시작하면서 아이들은 부모가 시켜서 하는 공부를 억지로 어쩔 수 없이 하는 것이라고 받아들이게 됩니다. 여기에 반감이라도 생긴다면, 아이들은 가장 쉬운 반항법으로 공부를 아예 놓아버리는 길을 택합니다.

아동의 인지발달에는 대개 일정한 순서와 단계가 있습니다. 보편적인 가이드라인을 말씀드리면, 먼저 유치원부터 초등학교 저학년 정도까지는 언어발달이 활발히 이루어지는 기간이므로 이 시기에는 영어교육에 초점을 맞추는 것이 좋습니다. 구구단을 외우고 논리적 개념이 어느 정도 형성된 이후인 초등학교 고학년 때에는 수학공식의 원리들을 깨우치게 하면서 사고할 줄 아는 힘을 키워주는 것이 좋습니다. 이 시기를 놓치면, 아이들은 생각하는 힘이 강해지질 못해 중학교에 가서는 그저 기계식으로 공식을 외우는 방법밖에 할 줄 모르게 됩니다. 따라서 아이의 이러한 인지적 특성을 고려해서 영어에 주로 집중할 시기와 수학에 집중할 시기를 잘 가려내는 것이 아이도 지치지 않게 해주고 장기적인 학습결과도 좋아지게 이끄는 요령입니다.

아이에게 가르쳐줘야 할 것은 학습 외에도 너무나 많습니다. 우선 정서발달이 매우 중요합니다. 아이는 자기감정을 제대로 표현하고 다른 사람의 감정을 적절히 헤아리는 방법을 배워야 합니다. 정서적 교감이 충분하면, 공부 또한 스스로 열심히 하고자 하는 동기가 생겨납니다. 놀이를 통한 창의성의 발달 또한 중요합니다. 아이들이 재미있어하고 실제로도 잘 하는 것은 공부가 아니라 바로 놀이입니다. 잘 노는 아이들이 나중에 공부도 잘합니다.

사회성 발달도 중요합니다. 주변사람들에게 관심이 있어야 동일시도 이루어지는데요. 동일시는 아이가 어른으로 성장하기 위해 없어서는 안 될 중요한 요소입니다. 열심히 일하는 아빠를 보고 동일시를 해야 아이도 공부를 열심히 하게 되는 것이죠. 또래와의 관계도 무척 중요합니다. 친구나 형, 동생들과 부딪히고 어울리면서 아이는 열등감도 느껴보고 성취감도 맛봅니다. 이 과정을 통해 아이는 노력하는 법을 배우고, 인생의 목표를 세웁니다. 마지막으로 체력과 건강 또한 중요합니다. 건강하지 못하면 이 모든 것들은 다 소용없을 것입니다. 그러므로 학습과 공부만 강조할 것이 아니라, 아이와 정서적으로 교감하고, 함께 놀아주며, 이웃이나 친척들과 많이 교류하고, 친구들과 많이 어울리며 열심히 뛰어노는 것이 진짜 육아고 양육입니다.

아이의 성적만으로 엄마가 대리만족하거나 보상받으려는 것은 어리석은 일입니다. 아이의 성적 말고도 엄마가 아이를 키우면서 만족감을 얻을 수 있는 길들은 많습니다. D. 레빈슨D. Levinson은 엄마가 자녀에게 베푼 보살핌에 대해 다음 3가지 방식으로 '보상'을 받을 수 있다고 말합니다.

첫째는, 아이를 보살피면서 느꼈던 아이와의 유대감입니다. 아이와 서로 애정을 나누면서 엄마는 아이가 나의 분신이며, 나에게 뿌리를 둔 존재임을 확인하게 됩니다. 이는 엄마가 느끼는 가장 기초적인 감정이며, 이로써 엄마라는 역할에 대해 커다란 만족감을 갖게 됩니다.

둘째는, 아이를 돌보느라 지친 몸과 마음에 대해 남편에게서 받는 위로입니다. 남편은 아내가 아이교육에 대해 집착이 심하다고 타박할 것이 아니라 자식을 위해 노력하는 엄마의 마음을 먼저 인정해주어야 합니다.

셋째는, 모성의 재경험Remothering입니다. 이는 아이를 키우는 모든 부모에게 매우 중요한 개념으로, 엄마 자신이 어렸을 적 자기 어머니에게서 충분히 받지 못했던 사랑과 보살핌을 자식을 돌보며 뒤늦게 경험하는 것을 말합니다. 엄마가 되고 나서야 자기 어머니를 이해할 수 있게 되는 한편, 아이에게 사랑을 베푸는 동안 마음속으로 자기 어머니의 모습을 재구성하게 되는 것이죠. 심지어 부모가 이미 돌아가셔서 그 관계를 회복하기 불가능한 상황이어도, 내 자식에게 애정을 베풀고 아이에게서 사랑받음으로써 자기 내면에 자리 잡은 부모의 애정을 재생산해낼 수 있는 것입니다.

2

부모와 아이 사이

아이의 발달

아이가 밥을 안 먹어요

6세 남자아이를 키우고 있는데, 아이가 편식이 너무 심해 자기가 좋아하는 음식만 조금 먹고 다른 음식은 거들떠보지도 않습니다. 아이가 크지 않을까 봐 걱정이에요.

엄마는 숟가락을 들고 한 입만 먹으면 장난감을 사주겠다며 애원하고, 아이는 식탁을 벗어나 거실로 도망을 다니고, 음식을 억지로 받아먹고 나서도 뱉거나 씹지 않는 아이를 엄마가 혼내는 모습은 가정에서 흔히 볼 수 있는 풍경입니다. 엄마는 직접 음식을 아이 입에 넣어주다 '언제까지 음식을 먹여주어야 하나' 하는 고민을 하게 됩니다.

아이가 9~10개월이 되면 아이의 운동능력이 발달하면서 스스로 먹는 게 가능해집니다. 9~18개월은 분리개별화 시기로, 아이가 무언가를 스스로 할 것이냐 의지해 할 것이냐를 놓고 갈등하는 때인데요. 이때 아이 입에 누가 숟가락을 넣을지의 문제로 기싸움을 벌이는 것입니다. ▶'제가 이렇게 된 것이 세상 탓인 것

분리개별화
정신과의사 M. 말러 M. Mahler는 어린 시절 엄마와 아이의 관계 발달을 3단계로 나누었다. 먼저 출생부터~2개월까지 자기에게 몰입되어, 관계보다 생존 자체에 관심을 갖는 자폐적 시기Normal Autistic Phase, 이후 6개월까지 아이가 자신의 연장선상에서 엄마의 존재를 아는 공

생기Normal Symbiosis, 엄마가 독립된 사람임을 알게 되면서 독립할 것인지 의지할 것인지를 갈등하며 놀다가도 엄마에게 돌아오고 엄마와 떨어지면 우는 분리개별화 시기가 그것이다. 이를 거쳐 엄마가 없어도 마음속의 엄마상을 통해 위로를 받는 대상항상성Object Constancy을 만 3세경에 확립하게 된다고 한다.

같아 화가 나요'(852페이지) 참조

만약 아이가 아프거나 슬퍼하는 신호를 읽지 못하고 '배가 고픈가 보다'라는 생각에 아이에게 억지로 음식을 먹이면, 아이는 커서 스트레스 해소 방편으로 음식을 찾거나 음식에 대해 부정적으로 생각할 수 있습니다. I. 차투어I. Chatoor는 아이가 예민하고 고집스럽고 호기심 많고 배고픔을 잘 느끼지 못하는 편이거나, 엄마가 어린 시절 과하게 엄격하고 공감해주지 않은 부모 밑에서 자란 경우 아이에게 일관되게 한계를 설정하기 어려워지면서 식사전쟁이 잘 일어나게 된다고 했습니다. 드물지만 부모의 관심을 받기 위해 음식을 거부하거나 계속 먹으려고 하는 경우도 있습니다. ▶ '아이가 너무 까다로워요'(141페이지) 참조

식사문제에서 있어 엄마가 단호하지 못하게 행동하는 경우가 많은데요. "밥을 안 먹으면, 밥상을 다 치울 거야"라고 말을 하면서도 막상 그러지 못하는 엄마와 이를 잘 알고 있는 아이 사이에서 문제가 생겨납니다. 엄마는 한계설정을 잘 하지 못하고, 식사문제 스트레스로 다른 문제에 대해 더 화내고 잔소리를 합니다. 아이는 '늦게 해도 돼. 엄마는 항상 안 된다고 하지만, 봐주는걸'이라고 생각하고는 식사뿐 아니라 게임, 이 닦기 같은 일상에서도 "조금만 있다가"라고 말만 하고 실행하지 않습니다.

아이가 애걸복걸하더라도 시간이 되면 단호하게 식탁을 치우고 떠먹여주지 말아야 합니다. 아이가 처음에는 떼를 쓰겠지만, 곧 '엄마는

말하면 꼭 실행하는 사람'이라 생각하고 엄마의 지시를 따르게 될 것입니다. 그렇게 되면 엄마의 잔소리도 줄고, 엄마와 아이의 관계가 향상되는 것이 당연지사입니다.

무엇보다 명심할 점은 식사는 전쟁이 아니라는 것입니다. 식사시간은 힘 겨루는 시간이 아니라 즐거운 시간임을 기억하세요. 그렇지 않으면 아이는 식사시간이 엄마에게 혼나는 시간이라고 느껴 하루 중 가장 싫은 때가 됩니다. 게다가 엄마에게 이기고 싶다는 분노감이 커지거나 엄마와 음식으로 거래하려는 잔머리만 발달하게 되죠. 내 아이가 다른 아이보다 체격이 작은 경우 엄마가 예민해지는 것은 이해가 가지만, 사소한 영양균형에 대한 집착으로 아이와 정신적 갈등이 생기는 것은 더 피해야 할 일입니다. '밥 몇 끼 굶는다고 문제는 안 생긴다'라는 마음으로 아이와 즐거운 식사시간을 가져보세요.

다음은 아이와 식사문제를 겪고 있는 엄마들에게 도움이 될 만한 몇 가지 팁입니다.

· 즐거운 식사시간을 만들자

식사시간은 가족들이 모여 유치원, 회사, 집에서 있었던 일을 서로 이야기하는 즐거운 시간이라고 생각하게 해야 합니다. 편식하는 아이들은 식탁에서 많이 혼나기 때문에 식사시간만 되면 위축되거나 짜증을 내는데요. 다 먹으라고 강요하지 말고, 좋아하는 음식 위주로 먹다가 천천히 음식 수를 늘려가도록 도와주세요.

· 음식을 떠먹여주지 말자

음식은 누구를 위해 먹어주는 것이 아니라 나 자신을 위해 먹어야 하는 것임을 느끼도록 해주어야 합니다. 유치원이나 학교에는 아이에게 음식을 떠먹여줄 사람이 없으므로, 집에서 연습해야 합니다. 숟가락, 젓가락질을 하면 소근육도 좋아지고요.

· 밥 먹는 동안 TV나 스마트폰을 보지 않고 제자리에서 먹게 하자

주의를 다른 곳에 빼앗기면, 식사시간도 길어지고 가족끼리 대화도 사라집니다. 일방적인 훈계는 피하고, 대신 아이가 충분히 이야기하도록 배려합니다. 이를 통해 아이의 감정을 파악할 수 있습니다.

· 식사시간이 지나면 음식을 치우자

아이에게 언제까지가 식사시간이라고 알려준 후, 시간이 되면 단호하게 음식을 치웁니다. 30분 정도의 시간을 주고 알람을 해두어도 좋습니다. 빈둥거리던 아이가 시간이 다 되어 애원하고 엄마는 이런 아이의 모습이 안쓰러워 시간을 더 준다면, 다음 식사에서도 떼쓰기가 반복될 것입니다.

· 아이와 같이 요리를 해보자

아이 스스로 요리를 하게 되면, 자기 요리에 애착이 생겨 더 잘 먹기도 하고 엄마와 아이 사이에 교감도 일어납니다. 아이는 엄마와 요리 후 요리과정에 대해 이야기하면서 기억력이 좋아지거나 말하기 실력이 늘어날 수 있습니다.

· 간식을 많이 주지 말자

식사를 적게 하는 아이를 보면, 간식을 과하게 먹는 경우가 많습니다. 간식을 먹으면 배가 불러 식사를 잘 하지 않게 되며, 특히 단 음료는 식욕을 떨어뜨릴 수도 있으니 조심해야 합니다.

· 낮에 뛰어놀게 해주자

운동량이 많아지면 배도 더 고파지고, 밥이 더 맛있어집니다.

· 아이와 같이 영양소에 대해 공부해보자

아이와 함께 그림을 그리면서 "비타민이 많이 들어 있는 음식은 무엇일까?" "고기는 단백질이 많아서 먹으면 근육왕이 될 거야" 같은 이야기를 해보세요. 실제로 유치원에서 영양소에 대해 공부한 후 편식하는 습관이 개선된 아이들이 많습니다.

· 아이의 기질을 인정하자

기질적으로 촉감, 후각, 미각 등에 예민한 아이들이 있습니다. 이런 아이들은 특정 음식을 피하거나 새로운 음식에 적응하는 데 오래 걸립니다. 이런 점이 관찰된다면, 적응할 때까지 기다려주어야 합니다.

아이의 발달

말이 늦어요

아이가 지금 3살인데, 또래 아이들보다 유독 말하는 게 늘지 않는 것 같아요. 원래 남자아이가 여자아이보다 늦게 말문이 트인다고 해서 그런가 보다 했는데, 그래도 3살짜리가 문장으로 말하지 못하면 문제가 있는 것 아닐까요?

N. 촘스키N. Chomsky는 언어란 유전적으로 타고난 고유한 본능이라 했습니다. 모든 인간은 언어능력을 타고나며, 언어능력의 발달에는 공통적 단계가 있습니다. 그러므로 부모는 이야기를 많이 걸어주어 언어경험이 깨어나게 해주기만 하면 됩니다.

아이는 젖을 빨고 옹알이를 하면서 혀와 입 주변 근육을 훈련을 하여 발음을 연습합니다. 9~10개월에는 가족의 이름과 '안 돼'의 의미를 압니다. 12개월에는 70개 단어를 이해하며, 6개 단어를 표현합니다. 12~18개월까지는 새로운 단어 습득이 천천히 진행됩니다. 그러다 아이가 50개의 단어를 말할 수 있게 되는 순간, "물 줘"와 같이 두 단어를 연결할 수 있게 되고 이때부터 폭발적으로 어휘가 증가합니다. 2~6세까지는 하루에 8개 정도의 새로운 단어를 습득합니다.

36개월에는 순서는 맞지만 조사, 전치사 없이 밋밋하게(마치 전보처럼) 말합니다. 48개월 이전에는 명사, 동사 등 문장성분 차이를 구별하고, 유창하게 말합니다.

아이가 말을 배우도록 도와주는 방법은 다음과 같습니다.

첫째, 아이에게 말을 많이 합니다. 말은 사회와 소통하기 위한 대표적인 의사소통 방법으로, 서로 말을 주고받는 것이 중요합니다. TV가 아닌 부모가 직접 눈을 맞추고 그 상황에 있는 것들에 대해 여러 가지 이야기를 해주면 언어가 발달합니다. 둘째, 아이가 표현할 때까지 기다립니다. 엄마가 너무 친절하여 아이의 표정, 행동을 보고 미리 아이가 원하는 것을 들어주면 아이는 말할 필요가 없어집니다. 아이가 요구할 때까지 느긋하게 기다려야 합니다. 셋째, 아이가 한 말에는 엄마가 약간 살을 붙여 말해주는 것이 좋습니다. "우유"라고 하면 "우유 줄까? 맛있는 우유? 목말랐나 보구나" 하는 식으로 덧붙입니다. 넷째, 아이가 하는 행동을 보고 엄마가 말해줍니다. 아이가 노는 모습에 대해 스포츠경기를 중계하듯 이야기해주는 건데요. "자동차가 부릉부릉 가네. 뛰뛰빵빵 빠르게 가네" 하는 식입니다. 다섯째, 약간의 단어를 바꾸어 언어를 확장시킵니다. 아이가 "차"라고 이야기하면 엄마는 "빨간 차, 파란 차, 작은 차, 느린 차" 등으로 꾸미는 단어를 바꾸거나, "풍선"이라고 이야기하면 "큰 풍선, 크고 노란 풍선, 크고 노란 풍선이 하늘로 날아가네" 같은 식으로 문장으로 늘려 길게 이야기해줍니다.

우리 아이가 말이 많이 늦는 건 아닐까 걱정하는 부모들이 많습니다. 말이 몇 개월 늦는 정도는 문제가 되지 않지만, 6개월 이상 또래보다 늦다면 문제가 있지 않나 의심해보아야 합니다. 미국 아동청소년 정신과협의회에서 추천하는 진단기준은 아래와 같습니다.

· 6개월: 뒤에서 소리가 나도 고개를 돌리지 않는다.
· 10개월: 이름을 듣고도 쳐다보지 않는다.
· 15개월: "안 돼" "안녕" 같은 단어를 이해하지 못한다.
· 18개월: 할 수 있는 말이 10가지 이하다.
· 21개월: 간단한 지시를 따르지 못한다.
· 2세: 신체부위를 가리키지 못한다.
· 2세 6개월: 아이의 말을 가족이 알아듣지 못한다.
· 3세: 간단한 문장으로 이야기하지 못하고, 질문하지 않고, 낯선 사람은 아이 말을 못 알아듣는다.
· 3세 6개월: 아이가 일관되게 받침을 발음하지 못한다.
· 4세: 자주 말을 더듬는다.
· 연령에 상관없이 높낮이가 없는 어투나 적당하지 않은 어조로 말한다.

이런 경우라면 전문가와 반드시 상의해야 합니다.

언어발달이 늦을 경우, 먼저 파악해야 하는 것은 모방기능, 소근육 대근육 운동, 눈손 협응력 같은 다른 발달수준들이 정상적인가 하는 것입니다. 말이 늦고, 앉기, 서기, 걸음마 같은 운동기능도 늦고, 색깔, 숫자, 한글을 열심히 알려주는데도 익히지 못하는 아이들은 지능에 문제가 있을 수 있습니다. 언어에서도 알아듣기만 늦는 수용성 언어문제인지, 말하는 것만 늦는 표현성 언어문제인지 구별하는 것이 중요하며, 상호작용이 잘 안 되는 자폐의 문제, 청력의 문제 등도 확인해야 합니다. 발음을 정확하게 하지 못하는 조음장애도 있습니다. 연령에 적합하게 발음하지 못하고 발음을 생략하거나 다른 소리로 대치하는 경우입니다. 36개월에 80퍼센트, 48개월에 100퍼센트 정확하게 발음하므로, 4세 이후에도 발음이 부정확하여 의사소통이 되지 않으면 전문가와 상의해야 합니다.

급격하게 언어가 늘면서 3~4세에 일시적으로 말을 더듬는 아이가 꽤 많습니다. 하지만 자라면서 이런 경향은 점차 사라집니다. 말을 더듬는 것은 유전적 영향, 형제간의 경쟁, 부모가 아이의 말에 심하게 간섭하는 경우, 정서적 불안정, 말이 너무 빠른 경우, 스트레스 등에 의해 나타날 수 있는 현상이죠. 이때 아이를 도와주려면, 부모가 먼저 천천히 쉬어가며 이야기해야 합니다. 말을 더듬는 것은 빠르고 급하게 이야기하려다 생기므로, 부모가 먼저 시범을 보여야 하죠. 더듬는다고 해서 혼내거나, 다시 발음해보라고 하지 마세요. 높낮이가 있으면 말을 더듬지 않으므로, 같이 노래를 부르며 아이의 자신감을 올려줍니다. 아이와 같이 천천히 번갈아 책을 읽는 것도 좋습니다. 이때 단어의 일부를 여러 번 반복하거나(과-과-과-과-과자), 불규칙하게 급하게 반복하거나(이있-있있-있잖아), 고조, 억양, 세기의 변화가 있을 때 아이가 긴장하여 얼굴을 찡그리는 증상을 지속적으로 보이면 전문가와 상의합니다.

그 외 4~7세 아이와 언어발달을 위해 함께할 수 있는 놀이로는 다음과 같은 것들이 있습니다.

· 분류하기

가전제품 이름 대기, 부엌에서 쓰는 물건 이름 대기, 과일 이름 대기 등을 놀이처럼 합니다. 그림을 이용해 사과, 배, 바나나, 차 그림을 보면서 "차는 과일이 아니야"와 같은 방법으로, '아닌 물건 찾기'를 합니다. "~는 ~이 아니야"라는 식으로 연습합니다.

· 끝말잇기

단어 기억을 어려워하는 아이와 끝말잇기를 하면, 단어를 떠올리는 데 도움이 됩니다.

· 역할놀이

아이와 역할놀이를 하면서 황당한 사건을 만듭니다. 예를 들면 가게놀이를 하다 물건을 산 엄마가 "돈을 안 가지고 왔는데요" 등으로 말하여 주인역할인 아이가 상황에 대처하게 합니다. 문제 해결과 언어발달에 도움이 되는 놀이입니다.

· 스피드 퀴즈

아이에게 단어를 설명하게 하여, 어휘의 중요한 부분을 요약하고 설명하는 능력을 발달시킵니다.

· 그림일기 쓰기

저녁에 그림을 그리고, 이를 바탕으로 언제, 어디서부터 설명을 하게 하면서 일과를 이야기해봅니다.

· **순서대로 이야기하기**

가정생활(세수, 목욕, 생일파티 등)에서 일어나는 일을 순서대로 말하게 합니다. 예를 들어 '양치질'에 대해서는 '칫솔과 치약을 준비한다' '칫솔에 치약을 짠다' '구석구석 이를 닦는다' '물로 입을 헹군다' '칫솔과 치약을 제자리에 정리한다'로 말할 수 있겠죠. 이 놀이는 원인과 결과를 파악하게 하는 효과가 있습니다.

· **번갈아가며 이야기 만들기**

엄마와 아이가 번갈아 한 문장씩 주고받으면서 이야기를 만들어보다가 "끝" 하면 끝을 냅니다. 좀 더 흥미롭게 해주려면, 처음에 엄마가 약간 길게 이야기한 후 그다음부터 한 문장씩 주고받아도 좋습니다. 예를 들면, "한 아이가 살았어"라는 말에 "아이가 혼자 시장에 갔어" "시장에 가서 무, 파, 오이를 샀어" 하는 식으로 이어나가는 것입니다.

더 알아보기

정상행동발달표

	영아기(0–12개월)	걸음마기(12개월–4세)	학령전기(4–7세)
운동	머리 가누기(3개월) 뒤집기(6개월) 기기(8개월) 혼자 앉기(10개월) 혼자 서기(12개월)	걷기(13개월) 던지기(15개월) 공차기(2세) 세발자전거 타기(3세)	한쪽 발로 뛰기 줄넘기 가위질
적응	움직이는 물체 따라서 보기(4개월) 장난감 흔들기(7개월) 엄지와 집게로 물건 잡기(12개월)	낙서하기(15개월) 동그라미 그리기(2세) 십자가 그리기(3세)	사각형 그리기(4세) 다이아몬드 그리기(6세) 사람을 머리, 몸통, 다리로 그리기(4세)

언어	옹알이(3-4개월) 숨겨진 물건 찾기(8개월) '엄마'라고 말하기(12개월) 손가락질하기 "안 돼"같은 1~2단어 말뜻 알아듣기	"~ 가져와" 같은 간단한 지시 따르기(18개월) 2~3단어 이용하여 문장 만들기, 200단어 정도 알고 있음(2세) 자기 성과 이름 말하기(3세)	또박또박 자기 이야기 잘하기(4세) 원인과 결과 이해하기(5세) 언어가 급성장해 상상과 공상 많아짐
사회성	눈맞춤하기(1개월) 사람 보고 웃기(2개월) 낯선 사람 보고 울기(7개월) 엄마와 애착을 형성하기(12개월) 또래들 옆에서 장난감 가지고 혼자 놀기(12개월)	엄마와 떨어져 주변을 탐색하며 엄마가 있는지 확인하기(2세) 내 것이라는 소유욕 생김(2세) 비슷한 장난감 가지고 각자 놀기(24-30개월) 같은 놀이를 하며 약간 이야기하기(30-36개월) 자기주장이 세지고 엄마와 힘겨루기를 함	서로 의논하여 역할을 정하여 놀고 협력하기 귀신, 괴물, 도깨비를 무서워함 가치관을 습득함

아이의 발달

눈을 잘 맞추지 않고 불러도 대답을 잘 안 해요

30개월 남자아이인데 눈맞춤을 안 하고, 아직 '엄마' '아빠' 등 몇 단어만 말할 수 있습니다. 필요한 것이 있으면, 엄마를 끌고 가서 달라고 합니다. 이름을 불러도 보지 않고, 어린이집에서도 혼자 놀고, 다른 아이들에게 관심이 없다고 하네요. 큰일입니다.

갓 태어난 아기는 매우 연약해서 전적으로 타인에게 생존을 의지하며, 자신과 타인을 구분하지 못합니다. 생후 2개월이면, 의미 없는 미소인 사회적 미소를 짓게 됩니다. 엄마와 애착이 일어나면서 낯선 사람을 보면 우는 낯가림Stranger Anxiety이나 엄마와 떨어질 때 불안해하는 분리불안이 7개월부터 나타나기 시작하여 1년째가 되면 최고조에 이릅니다.

낯가림
아기는 2~3개월 때 엄마뿐 아니라 어떤 사람이나 사물 모두에게 미소 짓는 사회적 반응을 보이다가, 5~6개월이 되면 엄마 얼굴을 알아보게 되면서 선택적으로 미소를 보인다. 6~7개월에는 엄마와 다른 사람을 구별해 엄마에게 매달리고 모르는 사람을 무서워하는데, 이를 낯가림이라 한다.

이런 반응들이 부족한 경우 자폐 관련 장애를 의심해볼 수 있습니다. ▶'아이가 저한테서 떨어지려 하질 않아 너무 힘들어요'(22페이지) 참조 자폐성이 있는 아이는 12개월까지 엄마가 안고 얼러주어도 미소를 짓지 않거나, 팔을 들

자폐
의사소통과 언어, 사회성, 행동영역 등 여러 분야에서 전반적 발달장애가 있을 때 진단한다. 대개 지능이 떨어지면서 눈맞춤을 못 하고, 다른 사람에 대해 관심이 적어 관계를 맺지 못하며, 일상적인 대화가 어려운 편으로 사회성이 심하게 떨어진다. 앵무새처럼 뜻 없는 말과 행동을 반복적으로 하며, 융통성이 없고, 유별난 집착이 심해 일상에 심한 지장을 주곤 한다.

합동주시
두 사람이 같은 사물을 보고 의도Intention를 나타내는 비언어적 의사소통수단. 다른 사람에게 자신이 관심 있는 물건을 손가락으로 가리키거나 쳐다보아 다른 사람이 관심을 가지게 하거나, 다른 사람의 손가락질이나 쳐다보기에 반응하여 다른 사람과 관심을 공유하게 된다. 언어와 사회성 발달에 매우 중요한데, 자폐증 아동은 합동주시가 부족해 내가 보고 있는 것을 다른 사람이 보고 있다는 믿음이 없어 손가락질 대신 사물이 있는 곳까지 끌고 간다.

어 안아달라고 요구하지 않습니다. 24개월이 되면 모든 아이들은 합동주시joint attention, 즉 손가락질을 하는데요. 자폐성이 있는 아이는 원하는 것이 있으면, 부모를 끌고 가서 요구합니다. 아주 시끄러운 소리에는 반응을 안 하지만, 과자봉지를 뜯는 등 자기가 좋아하는 소리에는 반응하며, 어른의 말을 앵무새처럼 따라 하지만 상황에 맞지 않는 곳에서 반복하기도 합니다. 또한 비언어적인 의사소통인 몸짓, 표정의 뜻을 이해하지 못하고, 늘 같은 길로 가야 하며 변화가 생기면 떼를 씁니다. 공공장소에서 소리를 지르거나 아무 데서나 옷을 벗기도 하고, 다른 사람이 들으면 기분 나쁠 이야기를 큰소리로 하여 부모를 당황시킵니다. 어떤 아이는 음악, 계산, 숫자, 놀라운 기억력 등의 특별한 재능Servant Skill을 드러내기도 하며, 지하철 등 한정된 관심에 몰두하는 경우도 많습니다.

생물-유전적 이상이 있는 아이는 엄마의 뱃속에서부터 뇌신경 발달의 문제를 보여 출생 후에도 첫 발달과정인 엄마와 아이의 애착에 문제를 드러냅니다. 사회적 발달, 정서발달 및 인지-언어발달에도 나쁜 영향이 있습니다. 뇌신경세포(뉴런)가 발달할 때 상대방의 의도를 추측할 수 있는 거울뉴런Mirror Neuron 영역이 제대로 발달하지 못하

거울뉴런
직접 행동하지 않고 관찰하거나 다른 간접경험을 할 때 마치 직접 행동하는 것처럼 반응하는 신경세포. 뇌 전체에 분포하며 인간의 사회적 상호작용에 중요한 역할을 한다.

면, 지능과 상관없이 다른 사람에 대해 무관심해집니다. 자폐 관련 장애가 의심되면 전문가의 진단을 받아보아야 합니다. 청력장애 여부, 지적장애나 언어발달지연, 주의력결핍과잉행동장애Attention Deficient Hyperactive Disorder, ADHD, 양육방식의 영향 등을 구별할 필요가 있으므로, 어린아이를 섣불리 자폐증이나 아스퍼거증후군Asperger Syndrome 등으로 결론 내리는 것은 곤란합니다. '아이가 눈치가 없는 것 같아요'(281페이지) 참조 일단 자폐증으로 진단되면, 적극적인 상호작용을 높이기 위한 놀이치료, 언어치료, 인지치료, 통합 어린이집 형태의 어린이집, 조기교실 등을 통해 집중적인 치료를 받는 것이 중요합니다.

주의력결핍과잉행동장애

주의력이 짧고 멍하게 있으며 쉽게 싫증을 내는 주의산만함Inattention, 부산스럽거나 꼼지락거리는 등의 과잉행동Hyperactivity, 참을성 없는 충동적 행동Impulsivity의 3가지 주된 특징적 행동이 나타난다.

아스퍼거증후군

고기능 자폐, 비언어성 학습장애와 혼용되어 사용되기도 한다. 특정 사안에 대해서는 관심이 많고 이야기하지만 일상적 수다는 어렵고, 표정을 읽는 등의 비언어적 의사소통을 하지 못하며, 다른 사람의 감정을 이해하는 능력이 부족해 또래관계에 문제가 많은 질환이다.

아이의 발달

언제부터 따로 재워야 하나요

7세 남자아이를 키우는데, 계속 엄마와 자겠다고 합니다. 떨어져 자면 무섭다고 울고요. 따로 재워봤는데 도저히 안 됩니다. 나중에 커서도 마마보이가 되지 않을까 걱정입니다.

태어나자마자 아이를 따로 재워야 한다는 서양의 양육서들이 유행하면서 이를 따라 하려는 부모가 많아졌습니다. 그렇게 하지 않으면 우리 아이만 뒤처질 것 같아 불안해하죠. 하지만 이는 부모의 개인생활을 중시하는 서양의 가치관에서 나온 방법일 뿐입니다. 요즘은 서양에서도 아이를 어릴 때부터 따로 재우는 것이 과연 좋은지에 대해 논란이 있습니다.

아이는 9개월 정도가 되면 78~90퍼센트가 밤에 깨지 않고 아침까지 잡니다. 엄마가 한번 재워주면, 잘 일어나지 않아 혼자 자는 게 가능해지죠. 그러나 돌 이전에는 엄마와 애착이 많이 일어나기 때문에, 항상 엄마와 같이 자는 것이 좋습니다. 대상항상성Object Constancy이론에 의하면, 36개월까지는 엄마가 보이지 않으면 아직 아이가 불안해하는 시기이므로 따로 재우지 않기를 권합니다. 3~5세 아이들은 낮에 본 무서운 장면을 떠올리거나 괴물, 도둑이 있다는 생각에 잠자리에 들기 어려워하고 악몽을 꾸다가 잠에서 깨곤 하는데요. 이럴 때도 같이 자는 것이 좋습니다. 따로 재우는 시기를 언제로 잡아야 할지에 대해서는 논란이 많지만, 최소 36개월까지는 데리고 자고, 그 이후에는 아이들이 언제든 결심만 하면 혼자 잘 능력이 되므로 천천히 시도해보는 게 좋습니다. ▶'아이가 저한테서 떨어지려고 하질 않아 너무 힘들어요'(22페이지), '무조건 떼쓰는 아이를 어디까지 허용해야 하나요'(29페이지), '겁이 너무 많아요'(189페이지) 참조

대상항상성이론
아이가 엄마와 자신을 완전히 구별하고 엄마에 대한 상을 마음속에 그리게 되어 엄마가 없을 때에도 마음속 엄마상을 통해 감정적으로 위로를 받게 된다는 이론.

자연스러운 잠자리 분리가 일어나려면 첫째, 아이의 수면을 위해 어려서부터 '잠자기 의식'을 만들어주는 것이 좋습니다. TV를 보는 아이에게 갑자기 자라고 하면 말을 듣지 않죠. 잠잘 시간이라고 이야기해준 뒤, 이 닦기, 책 읽기, 잘 자라고 하고 포옹해주기를 하여 수면 시간에 대해 아이가 포근하게 느끼도록 해줘야 합니다. 상상력이 풍부한 시기라 괴물 책을 읽어주면 무서워할 수 있으므로, 잠자기 전 편안한 일상동화를 읽어주거나 그날 있었던 일들에 대해 이야기를 나눠야 합니다. 둘째, 나중에 잘 자는지 보러온다고 약속하고 꼭 지킵니다. 셋째, 엄마의 대체물로 아이가 아끼는 인형, 담요 등 중간대상Transitional Object을 가지고 자게 해줍니다. 넷째, 아이에게 잠자다 무서우면 엄마 방으로 오라고 말해줍니다. 이를 절대 안 된다고 하면 불안해하지만, 가능하다고 생각하면 오히려 안심이

중간대상
D. 위니콧은 아이가 자라나면서 자신도 다른 사람도 아닌 중간상태의 대상관계가 있다고 했다. 소아에게는 인형, 담요조각, 성인에서는 음악, 창조성, 종교 등이 해당하는데, 이는 엄마가 없을 때의 불안을 극복하기 위해 이용된다.

되어 엄마를 찾아오는 횟수가 적어집니다. 다섯째, 형제가 있으면 아이들이 같이 자도록 해줍니다. 여섯째, 특정한 계기에 의해 혼자 자기로 결심하는 아이들이 많으므로, 미리 아이의 방을 만들어주고 꾸며 둡니다.

아이의 발달

대소변 가리기가 심리적으로 왜 중요한가요

아이가 30개월인데 대소변을 가리지 못해 계속 기저귀를 채우고 있습니다. 변기를 싫어하고 꼭 기저귀를 채워주어야 구석에 가서 대변을 보고요. 이제 곧 어린이집을 보내야 하는데 어떻게 해야 할지 모르겠습니다.

시간에 맞추어 적절한 장소에서만 대소변을 보도록 아이를 훈련하는 과정이 바로 대소변 가리기입니다. 이때 아이는 원래대로 기저귀에 대소변을 보고 싶어하고, 엄마는 편한 시간, 편한 장소에 대소변 보기를 강요하면서 엄마와 아이의 충돌이 일어납니다. ▶'무조건 떼쓰는 아이를 어디까지 허용해야 하나요'(29페이지), '아이가 짜증을 잘 내고 떼를 많이 써요'(125페이지) 참조

프로이트는 18개월에서 3세까지를 항문기라고 했는데요. 이때는 대소변 가리기 훈련을 중심으로 해서 엄마와 아이의 관계가 형성되는 시기입니다. 아이는 자신이 만들어낸 큰 대변을 자랑스러워하기도 하고, 대변을 참을 수도 배출할 수도 있다는 생각을 하면서 처음으로 획득한 신체의 자율성Autonomy을 시험하고 기뻐합니다. 부모는 대소변 가리기 훈련을 시키면서 이러한 아이의 자율성과 충돌하게 됩니다.

이 시기에 너무 일찍 대소변 가리기 훈련을 하거나, 아이가 실수한다는 이유로 가혹한 처벌을 하면 아이의 마음속에 부모에 대한 분노와 공포가 생겨 투쟁적 관계가 형성되기도 합니다. 아이의 성격은 두 방향으로 발달할 수 있는데, 엄마에게 심한 두려움을 느끼고 복종의 길을 선택하면 청결, 질서, 정돈, 복종, 정확성에 집착하는 항문기 강박적 성격이 되고, 반대로 반항을 선택하면 대변을 가지고 놀아 부모와 맞서다가 불결, 고집, 신뢰성의 결여 등이 수반되는 항문기 폭발적 성격이 됩니다. ▶'무조건 떼쓰는 아이를 어디까지 허용해야 하나요'(29페이지) 참조

항문기 강박적 성격
프로이트는 항문기의 갈등과 이후의 성격형성이 관련이 많다고 했다. 자율성이 생기는 시기에 대소변 가리기와 청결에 대한 훈련을 엄격하게 시키면, 겉으로는 순종적이지만 무의식적으로는 반항하는 양가감정을 가지게 된다. 성인이 가진 지나친 단정과 정돈은 반대로 더럽고 어지럽고 싶은 소망을 나타내며, 해결되지 않은 권위(부모)와의 갈등을 초래한다. 질서정연함과 지저분함, 인색함과 관대함, 순종과 반항은 항문기에 고착된 사람의 이중적인 갈등으로, 이들은 겉으로 보기엔 지나치게 순종적으로 보이는 성격이다.

항문기 폭발적 성격
겉으로는 항문기 강박적 성격과 반대로 보인다. 권위에 대한 불만에 반항하여 일부러 더럽히고 지저분한 행동을 하며 무책임하고 고집스럽다.

아이가 대소변을 참았다가 적당한 시기와 장소에 배설하려면, 신체적 · 신경계적 성장이 충분히 이루어져야 합니다. 21개월이면 대변신호를 미리 알릴 수 있습니다. 27개월이면 낮 동안 대변, 30개월이면 낮 동안 소변, 33개월이면 밤 동안 대변을 가릴 수 있습니다. 소변은 60개월 이전, 대변은 36개월 이전에 가리면 별 문제가 되지 않죠. 빨리 가리는 것이 중요한 게 아니라 아이의 발달 차이 등을 감안해 일정시기가 지났는데도 못 가리고 있을 때 문제라고 생각해야 합니다.

대소변 가리기 훈련과정은 칭찬을 통해 즐거운 놀이처럼 만들어주어야 합니다. 대변을 봤을 때 엄마가 "지지, 더러워"라고 말하기보다 "시원하게 응가 잘 했네"라고 말해주어 아이가 대

변이 더러운 것이 아니라고 느끼게 해주어야 합니다. 아이가 변기와 친밀해질 수 있도록 유아용 변기를 보이는 곳에 두며, 일정시간에 옷이나 기저귀를 입힌 채 3~4분가량 변기에 앉아 있게 하고, 낮에 집에 있을 때는 기저귀를 빼고 팬티만 입혀줍니다. 부모가 변기에 앉아 있는 모습을 보여줘도 좋습니다.

아이는 얼굴이 붉어지거나 힘주는 행동, 조용한 구석을 찾아가는 행동으로 대변을 보고 싶다는 신호를 부모에게 보냅니다. 이때 변기에 앉겠는지 물어보고, 그러겠다고 하면 변기에 앉혀 대변을 보도록 해줍니다. 억지로 앉히지 마시고요. 성공하면 가볍게 칭찬하고, 실패해도 실망하는 표정을 짓지 않아야 합니다. 기저귀에만 대변을 보겠다고 고집 부리는 아이는 화장실로 데려가 기저귀를 입은 채 대변을 보게 한 후, 대변을 변기에 버리는 모습을 아이가 볼 수 있게 합니다.

대소변을 가려야 할 시기인 5세가 지나도 소변을 가리지 못하는 것을 유뇨증, 4세가 지나도 대변을 가리지 못하는 것을 유분증이라고 합니다. 유뇨증은 5세에 약 3~7퍼센트, 10세 이상에서 약 2~3퍼센트가 발견되는데요. 너무 일찍 대소변 가리기 훈련을 받았거나, 일방적인 강요 혹은 무관심 속에서 성장한 경우, 이혼이나 동생 출생 같은 스트레스를 받은 경우에 많이 생깁니다.

이를 예방하기 위해서는 먼저 아이의 죄책감을 줄여주고, 충분히 좋아질 수 있다는 자신감을 심어주어야 합니다. 표를 만들어 소변을 잘 가린 날을

유뇨증
만 5세 이상의 아이가 의도적이든 아니든 옷이나 침대에 소변을 보는 것으로, 3개월 이상 1주일에 2회 이상 지속될 때 진단한다.

유분증
만 4세 이상에서 의도적이든나 아니든 옷이나 방바닥 같은 부적절한 장소에 대변을 보는 것으로, 최소 3개월 동안 월 1회 이상 나타날 때 진단한다.

표시해 칭찬해주고 그 징표로 스티커를 준 다음, 정해진 수 이상의 스티커를 모으면 보상을 해주어도 좋습니다. 저녁시간에는 수분섭취를 줄이며, 자기 전에는 꼭 화장실에 가게 해줍니다. 깊은 잠을 자는 아이를 완전히 깨워서 화장실에 가게 하는 훈련만으로도 효과를 보는 경우가 많습니다. 이러한 방법으로 좋아지지 않을 때는 약물을 사용해도 됩니다. 이 경우에도 가장 중요한 목적은 아이가 소변을 조절하는 데 자신감을 갖게 하는 것임을 잊지 마세요.

유분증은 항문 괄약근 수축 이상이 있거나, 부모·자녀 관계에 심각한 문제가 있어 아이가 부모에 대한 불만을 간접적으로 표현하려 할 때 생기는 경우가 많습니다. 이는 ADHD 아동이 뒤늦게 화장실에 가려다 대변을 지리는 것과 구별해야 합니다. '아이가 너무 산만해요'(231페이지) 참조 이 증상이 있는 아이들은 자존감이 떨어져 있는 경우가 많으므로 격려를 해주고, 나쁜 습관 때문이 아니라 장기능 조절이 잘못된 부분임을 설명하여 아이를 안심시켜야 합니다. 그다음 변비약을 이용해 장을 깨끗이 비워주고, 하루 2번 화장실에 가서 5~10분간 대변을 보도록 유도해야 합니다. 섬유소가 많이 함유된 음식이나 요구르트를 먹여 대변이 잘 나올 수 있게 해주세요. 앞서와 마찬가지로 행동에 대한 도표를 만들어 성공할 때마다 스티커를 주는 것도 좋은 방법입니다.

아이의 발달

TV와 스마트폰 동영상을 너무 많이 봐요

저희 집은 할머니, 할아버지가 아이를 키워주시는데요. 아이를 일찍 언어에 노출시키면 좋다면서, 6개월부터 영어 DVD와 만화를 많이 보여주셨습니다. 이후 아이가 스마트폰 동영상만 보면 몰입하고, 끄려고 하면 짜증을 냅니다. 친구들과 노는 것보다 동영상 보기를 더 좋아해요.

스마트폰은 과연 언어발달 및 학습에 도움이 될까요? 언어의 의미는 일방적으로 자기가 하고 싶은 말만 하는 데 있는 것이 아니라 상황에 맞게 다른 사람과 의사소통을 하는 데 있습니다. 어린아이들은 자신과 직접 관련 있는 말만 알아듣고, 상황과 아무 관계없는 TV 내용은 받아들이지 못합니다. 30개월 이전의 아이는 TV나 비디오보다 사람과의 상호작용을 통해 언어가 더 많이 발달한다는 보고가 있으며, 부모가 아이에게 직접 말을 걸어 현재 상황과 연관 있는 내용을 이야기해줄 때 아이의 언어가 더 잘 발달한다고 봅니다.

아이들은 빠른 속도로 말하는 타인의 말보다 높은 톤, 강한 억양, 느린 속도로 말하는 부모의 말을 더 좋아하므로, 부모는 아이의 언어발달을 위해 그저 이야기를 많이 나누기만 하면 됩니다. 스마트폰은 글자를 빨리 익히는 데는 도움이 되지만, 수학적·과학적 사고력에는 오히려 좋지 않은 영향을 준다는 보고가 있습니다. 블록으로 건물만들기 같은 놀이가 스마트폰보다 감각-운동, 시각-운동 기술개발, 수학, 과학개발에 더 좋은 것이죠. ▶'말이 늦어요'(102페이지), '영어공부는 언제부터 시키는 것이 좋을까요'(180페이지) 참조

그렇다면 아이를 매체에 노출시켜도 되는 시점은 언제쯤일까요? 18개월 이하의 아이에게는 〈세서미 스트리트Sesame Street〉 같은 교육프로그램조차 나쁜 영향을 준다는 보고가 있습니다. 미국소아과학회에서는 24개월 이하의 아이에게 TV를 보여주지 말라고 권고하고 있습니다. 6~7세가 되어야 교육 DVD, 전자책, 학습앱 등이 단어와 읽기에 도움을 줄 수 있다고 합니다.

매체에 의한 자극은 엄마와 아이의 상호작용보다 매우 빠른 속도로 지나가므로, 아이는 훨씬 빠른 속도의 알아들을 수 없는 말들을 일방적으로 보고 듣게 됩니다. 매체에 비해 일상은 느리고 변화가 없습니다. 일상보다는 매체가 훨씬 재미있으니, 다른 사람과 놀 필요도, 주변세상을 탐색하고 싶은 지적 호기심도 느끼지 못합니다. 게다가 아이가 울거나 짜증낼 때마다 엄마가 위로나 공감 대신 스마트폰을 주는 상황에서는 아이가 상호작용을 통해 정서를 조절하는 방법을 배울 수가 없습니다. 자기조절능력의 발달 역시 원활하지 못할 것입니다.

실제로 병원에는 너무 이른 나이에 DVD에 많이 노출되어 문제가 생긴 아이가 종종 내원하는데요. 이 아이들은 눈을 맞추지 못하고, 무

척 예민하며, DVD에 나오는 대사들을 이상한 어투로 앵무새처럼 똑같이 말하지만, 정작 질문에는 적절하게 답하지 못합니다. 그런 경우, 부모에게 언어를 익히는 데는 의사소통과 상호작용이 중요함을 설명합니다. 동영상을 끊고 아이와 적극적으로 놀아주고 이야기해야 하죠. 물론 동영상만으로 이런 상태가 되는 것은 아니며, 기질적 문제와 양육방식이 복합적으로 작용할 수 있습니다.

현대를 살면서 다양한 매체를 거부할 수만은 없습니다. 다만 몇 가지 규칙은 고려해볼 수 있죠.

첫째, 매체를 굳이 보여주어야 할 때에는 혼자 보게 하지 말고 옆에서 같이 보며 이야기를 해줘야 합니다. "와아, 저 괴물 너무 무섭다"와 같이 이야기를 해주면, 아이는 엄마가 옆에 같이 있다는 것을 인식하고, 무서운 장면이 나와도 상대적으로 편안하게 영상을 볼 수 있습니다.

둘째, 매체를 사용해도 되는 시간과 장소를 정해두어야 합니다. TV, 컴퓨터, 스마트폰의 총 사용시간을 정해주세요. 알람을 해두고 "몇 분 남았다"라는 식으로 사용을 끝낼 준비를 시켜주는 겁니다. 연령에 따라 알기 쉽게 "게임은 딱 한 번만 하자" 등으로 정할 수도 있습니다. TV를 계속 틀어놓지 마시고, 아이가 좋아하는 만화 1~2편을 정해 그 시간에만 보여주세요. 장소는 거실 등 가족들이 같이 볼 수 있는 곳이 좋습니다.

셋째, 부모도 TV와 스마트폰 보기를 줄여야 합니다. 그렇지 않으면 나중에 아이를 설득할 명분이 사라지겠죠.

넷째, 매체를 대체할 수 있도록 부모가 아이와 같이 놀아주어야 합니다. 너무 고민하지 말고 매체나 책에서 본 영웅물, 용사놀이를 해도 좋습니다. 아빠가 악당이 되고 아이는 지구를 지키는 용사가 되어 상황을 만들고 문제를 해결해보세요. 아이는 또 다른 이야기들을 창조해낼 것입니다. ▶ '동생이 생기자 부쩍 어리광을 부려요'(131페이지) 참조

아이의 발달

아이가 자꾸 고추를 만져요

6세 남자아이를 키우고 있는데요. 어느 순간 아이를 보면, 자기 방에 들어가 엎드려서 바닥에 자기 성기를 비비다 얼굴이 붉어집니다. 아이가 벌써 성에 눈뜬 것 같은데, 어떻게 해야 할까요?

아이가 고추를 만지고 몸에 힘을 주는 것을 우연히 본 부모들은 내 아이가 조숙해 성에 관심을 갖고 지속적으로 자위행위에 집착하게 되지는 않을까 걱정에 빠집니다. 하지만 2~7세 아이들이 성기를 종종 만지는 것은 정상적인 발달과정의 일부입니다. 이 시기 아이들의 절반 정도가 성性과 관련된 놀이를 하고, 자위행위를 하며, 성기에 많은 관심을 갖습니다. 우연히 성기를 건드리거나 만졌는데 자극이 되자 신경학적 반응으로 기분 좋은 경험을 하는 수준이죠.

이런 행동은 초등학교에 갈 무렵이면 자연스럽게 좋아지므로, 일시적일 경우 모른 척 지나가는 것이 좋습니다. 이를 두고 지나치게 야단을 치거나 혼내면, 성은 창피하고 더러운 것이라는 부정적인 생각을 갖게 되어 오히려 성인기에 죄책감을 느낄 수 있습니다. "고추는 소중한 곳인데 많이 만지면 병균이 들어가서 아플 수 있단다" "고추는 소중한 곳이니까 다른 사람에게 보여주면 안 돼" 정도로 말해주세요. 또한 아이는 주로 심심할 때, 혼자 있을 때, 잠잘 때 자위행위를 많이 하는데요. 대부분의 아이들은 이에 몰입하지 않으므로, 엄마가 재미있게 놀아주거나 잠들 때까지 같이 있어주면서 다른 놀이를 함께해주면 자위행위를 잊게 됩니다.

유치원 같은 공공장소에서 자위행위를 하는 경우에는 첫째, 아이에게 자위행위는 공개적인 행동이 아니므로 자기 방에서만 할 수 있다고 알려주어야 합니다. 둘째, 아이가 손으로 할 수 있는 그림 그리기, 종이접기 같은 놀이를 제공합니다. 셋째, 불안하여 자위행위를 하는 것 같으면 좋아하는 장난감을 가지고 다니도록 해줍니다. 넷째, 운동 등을 통해 에너지를 다른 곳에 쓰게 해야 합니다. 다섯째, 친구들은 모르는 비밀암호를 만들어, 자위행위를 하면 선생님이 아이에게 암호를 보낼 수 있게 합니다. 여섯째, 가족 내 애정욕구, 정서적 문제를 세밀하게 살펴봅니다.

혹시 초등학교에 들어간 이후에도, 아이가 다른 사람이 있는 곳에서 눈에 띄게 자위행위를 한다면 전문가의 상담을 받아야 합니다. 아이에게 자위란, 손가락을 빨듯 자기를 위로하는 행동인데요. 이것이 지속되는 것은 아이에게 혼자 해결할 수 없는 문제가 있어 도움이 필요하다는 신호일 수 있습니다. 아이가 스트레스 받는 일이 있었는지 알아보고, 안심시켜주어야 합니다. 친구관계에 문제가 있는지, 가족 내 문제가 있는지, 큰 충격을 받은 일이 있었는지 잘 살펴보세요.

가족 내 갈등

아이가 짜증을 잘 내고 떼를 많이 써요

5세 남자아이를 키우고 있는데요. 마트만 가면 장난감을 사달라며 바닥에 누워 떼를 써서 너무 창피합니다. TV를 끄라고 하면 화를 내며 징징거리거나, 자기 뜻대로 안 되면 머리를 콩콩 박아서 머리가 나빠질까 봐 걱정입니다.

떼를 쓰는 것은 일종의 자기표현이라 볼 수 있습니다. 아이가 돌이 되어 걷기 시작하면, 고집을 부리며 부모 말을 안 듣기 시작합니다. 엄마 등에 업혀 수동적으로만 세상을 경험하다 직접 자기 발로 세상을 탐험하면서 자립심이 생겨나지만, 호기심을 조절할 수 있는 능력이 없어 마음대로 하려는 고집스러운 모습을 보이기도 하죠. ▶'무조건 떼 쓰는 아이를 어디까지 허용해야 하나요'(29페이지) 참조

또한 유창하게 자기 생각을 말할 나이가 아니므로, 울거나 팔짝거리고 뛰는 행동으로 자기주장을 보충합니다. "철수네 집에 갔을 때, 철수가 치사하게 자기 로봇에 손도 못 대게 해서 너무 속상했어. 나도 로봇 가지고 자랑하고 싶어. 비싸지만 사주면 안 될까?"라고 표현할 수 없으니 "로봇 사줘"란 말과 발 구르기를 반복하는 겁니다. 그러나

이런 자기주장이 사회적으로 어떻게 받아들여지는지는 부모의 반응을 통해 깨닫게 됩니다. ▶'아이가 화를 못 참아요'(156페이지) 참조

떼쓰는 행동이 늘어나는 이유는 부모의 일관성Consistancy이 부족하기 때문입니다. 공공장소에서 아이가 심하게 떼를 쓰면, 부모는 창피하다거나 아이가 다칠 것을 염려해 아이의 요구를 들어주곤 합니다. 아이는 떼를 쓰면 부모가 말을 들어준다고 느끼며, 보상받은 경험에 의해 떼쓰는 행동이 더 강화됩니다.

아이가 자기통제를 배우고 자기의견을 적절한 방식으로 표현하기 위해서는 부모의 일관성 있는 태도가 중요합니다. 안 되는 행동은 받아들여주지 말고 야단치거나 벌을 주어야 하며, 좋은 행동은 받아들이고 칭찬해주는 훈육방식이 아이의 행동마다 일정해야 하죠. 부모의 기분에 따라 기준이 바뀌면, 아이는 옳은 행동을 한 후에도 부모의 눈치를 보거나, 자기 마음대로 하기 위해 힘겨루기를 하거나 공격적인 태도를 취합니다. 들어줄 일이면 빠른 시간 내에 들어주고, 안 된다고 했으면 아이가 어떤 행동을 해도 단호하게 들어주지 말아야 하며, 나중에 해주겠다고 한 일은 아이가 잊고 있어도 꼭 기억해두었다가 해주어야 합니다. 내가 아이를 잘못 키워 문제가 생겼으니 사랑으로 대해주면 아이가 좋아질 거라는 그릇된 기대나 죄책감은 도리어 방해가 될 뿐입니다.

버릇없고 나쁜 행동을 하면, "네가 나쁜 짓을 하는데, 엄마는 관심이 없어. 엄마 간다"라고 말하고 아이의 행동을 무시한 후 자리를 피하세요. 아이가 아직 작을 때는 아이를 꼭 안고 있다가 진정되면 놓아

주세요. 아예 아이를 안고 다른 장소로 가버리면 이동하는 동안 아이가 자신이 왜 떼를 쓰고 있었는지 잊어버리기도 합니다. 또한 아이가 자신과 타인의 안전에 해를 끼치는 행동을 할 때는 단호하게 금지시켜야 합니다.

평소 부모는 아이의 행동을 잘 관찰하고 분석해놔야 합니다. 아이 행동에 어떻게 반응할지 생각해두지 않으면, 즉흥적으로 행동하게 돼 일관성이 떨어지게 마련입니다. 아이가 자주 하는 행동목록을 만들되, 바람직하고 좋은 행동, 버릇없고 나쁜 행동, 금지해야 할 문제행동 등 3가지로 나누어보세요. 각각 칭찬하기, 무시하기, 개입하여 금지시키기 등 3가지로 반응하기로 미리 결정한 후 각 행동에 대해 즉각적·효과적으로 반응합니다. 다음은 예시입니다.

바람직하고 좋은 행동	버릇없고 나쁜 행동	금지해야 할 문제행동
스스로 세수를 한다	칭얼거린다	어린 동생을 때린다
엄마 말을 곧바로 듣는다	머리를 콩콩 박는다	차도에서 자전거를 탄다
해도 되는지 묻고 한다	형제와 말다툼한다	허락받지 않고 외출한다
친구와 사이좋게 논다	말대꾸한다	침을 뱉는다
→ 칭찬하기	→ 무시하기	→ 개입하여 금지시키기

아이가 바람직하고 좋은 행동을 할 때 칭찬해주고 관심을 보여주며 아이와 다정한 관계를 맺는 것이 가장 중요합니다. 도표에 나오는 좋은 행동은 너무나 당연해 평소 칭찬하고 있다고 생각할 수도 있지만, 실제로는 이런 모습을 보고도 고개만 끄덕거리고 지나가는 경우가 많습니다. 전화할 때 아이가 조용히 장난감을 가지고 노는 모습을 보고, 수화기를 막고 조용히 해주어 고맙다는 말을 해본 적 있나요? 문제행

동을 혼내는 데는 익숙하지만, 착하고 바람직한 태도에 관심을 보이는 데는 의외로 익숙하지 않은 부모가 많습니다.

문제를 일으키는 상황을 예상하고, 아이와 같이 준비하는 것도 좋습니다. 예를 들면 '마트에 갔을 때 장난감을 사달라고 한다' '친구가 집에 오면 물건을 안 빌려주려 하고 소리를 지른다' 등을 미리 적어두세요. 그리고 첫째, 문제가 생기기 바로 전에 아이에게 규칙을 직접 말로 따라 해보게 하세요. 둘째, 말을 잘 들을 때는 가벼운 보상을 미리 정해두고 실행합니다. 가끔 원하는 물건을 사줄 수도 있습니다. 셋째, 말을 듣지 않았을 때는 벌칙을 정합니다. 넷째, 아이에게 엄마를 도울 일이나 책임을 부여합니다.

예를 들어볼까요? 마트 바로 앞에서 다음과 같은 순서로 말하는 겁니다.

"엄마가 뭐라고 그랬지? 그렇지. 엄마 옆에 붙어다니고 사달라고 조르지 않기로 했지?"

"말을 잘 들으면 가져간 과자를 주고 (가격이 저렴한) 장난감 사줄게"

"대신 엄마 말을 안 들으면 장난감은 없겠지?"

"그럼 엄마랑 같이 물건을 찾아볼까? 네가 쇼핑 카트를 밀어줄래?"

가족 내 갈등

자꾸 손톱을 물어뜯어요

우리 아이는 무척 산만합니다. 지금 7살인데요. 매일 손톱과 그 주변 살을 뜯어요. 이제는 깎을 것도 없이 손톱이 짧아져버렸습니다. 피도 나고, 위생상으로도 안 좋고, 손톱도 흉측해져 보는 제가 더 아플 지경입니다. 혼도 내보고 화도 냈지만, 고쳐지지 않습니다.

D. 위니캇은 손톱을 뜯는 이유가 충동적인 행동으로 엄마의 관심을 받고 사랑을 확인하고 싶어서라고 했습니다. 프로이트는 구강기에 입으로 자신의 몸이나 주변사물을 확인하며 즐거움을 느끼는데, 구강기가 지난 이후에도 손가락 빨기, 손톱 물어뜯기 등의 고착증상이 나타난다고 했습니다. 한편 스트레스로 긴장하게 될 때 손톱이나 입술을 물어뜯으면, 치아자극과 함께 일종의 신체훼손이 일어나게 되어 뇌에 자극이 되기 때문에 긴장이 해소되기도 합니다. 아이들의 학습량이 많아지고 책상에 앉아 있는 시간이 많아지면서 어린이집에서도 손톱 뜯는 아이들을 많이 볼 수 있습니다.

이는 살이 파여 고통이 심해도, 엄마가 혼을 심하게 내도 잘 고쳐지지 않는 습관장애입니다. 의지만으로 조절하기 어려운 강박적 성향을 띠고 있죠. 아이도 고치고 싶지만, 강박적 행동이므로 쉽지 않습니다. 이때는 야단치지 말고 손톱을 짧게 깎아준 후 기다려주는 것이 좋습니다. 잠들기 전 손톱을 짧게 깎아주고 갈아서 매끈하게 해주고 로션을 발라주세요. 손으로 만졌을 때 걸리는 부분이 없으면 덜 뜯게 되고, 사랑하는 엄마가 자기 손톱에 관심이 많다고 느끼므로 입에 들어간 손을 빼려는 경향이 생깁니다.

아이가 언제 어떤 상황에서 손톱을 뜯는지 살펴봐서 긴장하는 이유를 파악하는 것도 중요합니다. 그러고 나서 원인을 차단해주세요. 그 다음 손으로 하는 물놀이, 찰흙놀이, 모래놀이, 종이접기 등을 하도록 해주세요. 손이 입으로 덜 가게 되고, 정서적 안정도 꾀할 수 있습니다. 손톱을 예쁘게 칠해주면, 망치지 않으려고 조심하기도 하고요.

손톱 물어뜯기와 비슷한 습관성 문제행동이 엄지손가락 빨기입니다. 이는 흔히 2~3세에 심하다가 3~4세가 지나면 없어지거나 다른 습관으로 바뀝니다. 이때 손가락을 빨지 못하도록 혼내기보다는 다른 행동으로 바꿀 수 있도록 도와주어야 합니다. 불안을 줄이기 위해 공감해주고, 힘든 부분을 말로 표현할 수 있도록 유도해주세요.

가족 내 갈등

동생이 생기자 부쩍 어리광을 부려요

아이가 현재 어린이집에 다니고 있는데요. 그간 특별히 문제가 없었는데, 동생이 태어난 다음부터 떼를 많이 쓰고 소변도 못 가려요. 가끔 동생을 때리기도 합니다.

퇴행Regression은 말 그대로 자기 나이보다 더 어린 나이의 행동으로 돌아간다는 의미입니다. 동생이 태어나면서 큰아이가 퇴행행동을 보이는 경우는 흔합니다. 큰아이는 태어나면서부터 부모를 비롯한 가족의 사랑과 관심을 독차지하다가 동생이 태어나면서 부모의 사랑과 관심을 빼앗겼다고 생각합니다. 그래서 동생처럼 행동하면 사랑을 다시 얻을 수 있지 않을까 하는 생각에 대소변을 가리지 못하는 상태로 돌아가거나, 아기흉내를 내기도 하죠. 이는 부모에게 '나에게도 사랑과 관심을 보여달라'는 신호입니다. 이때 일시적 퇴행은 받아주면서 아이에게 사랑을 표현해야 합니다. ▶'제가 왜 그런 생각과 행동을 하는지 이해가 되지 않아요'(820페이지) 참조

퇴행
스트레스 상황에서 스트레스와 관계없는 이전의 어린 단계로 되돌아가는 방어기제. 소변을 잘 가리던 아이가 동생이 태어난 후 소변을 못 가리게 되는 경우 등이 해당된다.

C. 브레너C. Brenner는 동생이 생긴 2살 아이는 동생이 엄마의 사랑을 빼앗아갔다고 생각해 없어져버렸으면 좋겠다고 생각하는데, 이 적개심을 엄마가 알게 되어 역으로 사랑을 잃을까 두려워한다고 했습니다. 결국 아이는 적개심을 억압하고 반대로 동생을 사랑하는 행동을 하며, 엄마와 자신을 동일시해 엄마의 행동을 모방하게 된다는 것입니다. ▶'형제들끼리 너무 싸워요'(136페이지) 참조

동생을 임신하면 큰아이에게 일찍 이야기해주고, 엄마 몸에서 아이가 자라고 있다고 설명해준 후 태동을 느끼게 해주세요. 출산 후 쓸 아기물건을 같이 준비하고, 엄마가 출산하러 갈 때 돌보아줄 사람과 만나게 하여 관계를 만들어주어야 합니다. 그리고 대소변 가리기나 다른 방에서 재우기처럼 큰아이에게 스트레스를 줄 수 있는 일은 출산 직전에 시도하지 않는 것이 좋습니다.

동생이 태어난 후에는 첫째, 하루에 15~20분이라도 큰아이하고만 시간을 가지셔야 합니다. 충분히 사랑과 관심을 받고 있다고 느끼면, 아이들은 심리적으로 편안해져 퇴행행동이 줄어듭니다. 둘째, 큰아이에게 동생 돌보는 역할을 하게 합니다. 동생을 괴롭힌다고 꾸짖으면 큰아이는 동생을 질투하고 미워하며 동생 때문에 야단맞는다고 생각합니다. 그 대신 동생 분유를 타게 하거나, 기저귀를 버리는 것을 도와달라고 해보세요. 셋째, 부모 스스로 자신이 편애를 하고 있는지, 아이들도 편애한다고 느끼는지 살피셔야 합니다. 동생 가까이에만 가면 엄마가 놀라며 큰아이를 밀치고 근처에도 못 오게 하는 경우가 있는데요. 아기를 보호하려는 의도는 이해하나, 큰아이는 외톨이

가 된 기분이 들어 우울해할지 모릅니다. 넷째, 동생에게 로션을 발라 주거나 목욕을 시킬 때 엄마가 먼저 큰아이에게 "너도 해줄까?" 하면서 물어봐주시고, 해달라면 해주세요.

아이들이 조금 자란 다음에는 동생과 비교하지 않아야 합니다. 동생보다 못하다고 이야기를 하거나 둘을 경쟁시키면, 아이들은 서로를 경쟁자로 받아들여 이기려고만 듭니다. 큰아이에게 동생보다 네가 더 위라고 강조해주세요. 더 잘하니까 동생을 봐주어야 한다고 말해 열등감을 갖지 않게 해야 합니다. 그리고 서로 협동해야 더 잘할 수 있는 일들을 알려주세요. 장난감 정리, 이불 개기, 무거운 것 들기 등 혼자 하기 힘든 일을 같이 하도록 해 서로가 도움이 되는 존재라고 느낄 수 있게 해야 합니다.

더 알아보기

아이와 특별한 놀이시간 갖기

1. 효과

아이가 바람직한 행동을 했을 때 관심을 보여 좋은 행동을 증가시키는 방법입니다. 처벌이 아닌 칭찬을 해줌으로써 부모와 아이의 관계가 개선될 수 있습니다. 또한 시간을 정해 아이와 부모가 같이 놀면 함께하는 시간이 늘어날 수 있습니다.

2. 놀이방법

먼저 아이에게 이제부터 부모와 노는 시간을 갖자고 이야기합니다. 아이와 노는 시간을 한 번에 15~30분 정도씩 매주 2번 정도 정해 달력에 표시합니다. 만약 약속을 못 지키게 되면, 다른 시간으로 변경하여 꼭 해주세요. 이때 다른 형제는 참여시키지 말고 1명하고만 놉니다. 그다음 아이에게 무엇을 하고 싶은지 물어봅니다. 아이가 선택하지 못하면, 여러 가지를 제시하고 선택하게 할 수 있습니다. TV 시청, 게임 등 혼자 하는 놀이는 배제하고, 산책, 축구, 블록 쌓기, 보드게임, 자전거 타기, 인형놀이, 소꿉놀이, 자동차 놀이, 로봇 놀이, 요리하기, 대화하기 등을 제시합니다. 부모는 느긋하고 편안한 마음으로 다른 잡생각은 하지 않고 아이의 활동에만 관심을 두어야 합니다. 놀이시간이 시작되면, 아이가 하는 행동을 라디오중계하듯 흥미진진하고 상세하게 이야기해주세요. 아이는 부모가 자신이 하고 있는 사소한 일에도 관심을 갖는다고 생각할 겁니다. 아이에게 아무런 질문과 지시도 하지 마시고, 놀이 중 마음에 드는 행동을 하면 칭찬하고 피드백을 해주세요.

3. 놀이시간에 해야 할 일들

· **말로 칭찬하기**

"난 네가 ~일 때 좋아." "정말 훌륭한데!" "멋진데!" "정말 많이 컸구나." "대단하다." "최고야!" "짱!" "이따 ~가 오면 네가 얼마나 잘했는지 이야기해주자." "네가 ~한 것은 정말 대단했어."

· **설명하기**

"공을 잡았구나." "무척 만족스러워 보인다." "블록을 위에 올렸네." "네 말이 내 말보다 앞에 갔구나."

· **비언어적 칭찬**

껴안기, 어깨 두드려주기, 머리 쓰다듬기, 엄지손가락 치켜세워주기, 아이 어깨에 팔 두르기, 미소 지어주기, 윙크, 하이파이브.

4. 놀이시간에 하지 말아야 할 것들

· **질문하기**

"왜 화가 났니?" "무슨 모양을 만들려고 하니?" "왜 말을 거기에 놓지 않니?"

· **명령조로 말하기**

"블록을 옆으로 놔." "주사위 던져." "너는 쳐, 나는 던질게."

· **비난하기**

"다음에는 좀 열심히 해라." "이번에 잘했다. 그런데 저번에는 왜 그렇게 못했니?" "이렇게 하면 어떻게 하니." "내가 시범을 보여줄게."

가족 내 갈등

형제들끼리 너무 싸워요

7살, 9살 남자아이 2명을 키우는데요. 둘이 너무 많이 싸웁니다. 큰아이가 자꾸 동생을 놀리고 때리니까 작은아이는 울면서 하소연을 합니다. 아무리 큰아이를 야단쳐도 좋아지질 않네요. 작은아이가 스트레스를 받아 성격이 나빠질까 봐 걱정입니다.

신화나 소설에 등장하는 형제갈등은 보통 부정적으로 묘사됩니다. 하지만 A. 아들러A. Adler는 사람이 경쟁심을 키우고 자신감을 갖는 데 형제간 경쟁의식Sibling Rivalry이 중요한 역할을 한다고 했습니다. 무력하게 태어나는 인간은 열등감을 극복하기 위해 우위를 차지하고 싶어합니다. 동생은 일찍 출생한 형보다 우위를 차지하고 싶은 마음에 많은 노력을 기울이고 결국 조숙해집니다. ▶'열등감을 극복하고 싶어요'(848페이지) 참조

형은 처음 태어난 아이이다 보니, 부모는 물론 주위 모든 사람의 관심을 받습니다. 때문에 불안감이 크고, 쉽게 좌절하며, 권위적으로 규칙을 내세워 상대방을 얽매려고 합니다. 부모는 양육경험이 부족해 큰아이가 부담스러운 한편, 아이에게 기대를 많이 합니다. 동생은 형에게 집중된 사랑을 빼앗아와야 하는 위치로, 경쟁적이며, 애교스럽

고, 형을 보고 배워 영리합니다. 부모도 둘째부터는 양육에 자신감이 생겨 작은아이가 편하고 조금만 잘해도 좋아 보입니다.

부모의 기대는 아이가 자라 결혼한 후에도 영향을 미칩니다. M. 보웬M. Bowen에 따르면, 형은 부모가 기대를 많이 해 부모와 갈등이 많고, 독립된 생각을 갖고 행동하기 어렵습니다. 결혼해서도 배우자와 감정적으로 밀착되어 갈등이 많고, 자신의 문제를 자녀에게 투사하기도 합니다. 반면 동생은 부모가 별로 기대하지 않아 자기 생각대로 행동하여 독립적이고, 결혼 후에도 배우자나 자녀와 갈등이 적습니다.

> **투사**
> 견딜 수 없는 자신의 문제나 결점의 원인을 상황이나 다른 사람에게 돌리는 방어기제. 자신이 누군가를 미워할 때, 그 사람이 나를 미워해 나도 그 사람을 미워한다는 식으로 생각하는 것이다.

자녀들 사이의 갈등을 조정할 때는 첫째, 아이들끼리의 다툼을 모두 중재하고 싶은 마음을 버려야 합니다. 부모는 공정한 판사가 되어 아이들 사이를 좋게 만들고 싶어 하지만, 그럴 경우 아이들은 내면에 서운함을 쌓아갈 수 있습니다. 아이들 스스로 해결하도록 문제 해결능력을 키워줘야 합니다.

둘째, 아이들끼리 큰 싸움으로 이어질 법한 말다툼이 시작되려 할 때, 가볍게 "어어…, 이러다 싸울 것 같은데" 정도로 개입해 큰 다툼을 예방합니다. 치고받는 싸움이 되면, 싸움을 말리고 각자 다른 방으로 보내세요. 누구 편도 들지 마시고, 아이들 흥분이 가라앉으면 그때 시시비비를 가리세요.

셋째, 동생의 고자질로 형을 혼내지 않아야 합니다. 둘이 같이 있을 때 형을 혼내면, 동생이 형을 무시할 수도 있습니다. 작은아이에게 고자질하지 말라고 이야기한 후, 아이들끼리 해결할 수 있도록 해줘야 합니다.

넷째, 부모가 은연중에 형보다 동생을 더 사랑하는 걸 느끼게끔 하지는 않는지 들여다봅니다. 동생이 더 예쁜 마음이 드는 경우는 많습니다. 하지만 각자의 특성을 이해하고 편애하지 않으려 노력해야 합니다. 아이들 스케줄을 달리하여 동생은 없고 형만 있는 시간을 만들어 형하고만 놀아주세요. 엄마는 아이의 장점을 보게 되고, 아이는 엄마를 오랜만에 독차지하게 되어 행복합니다.

다섯째, 부모의 갈등이 아이에게 투사되진 않는지 살펴봅니다. 아이에게 시어머니, 남편의 비슷한 모습, 친정엄마의 사랑을 받았던 언니/오빠의 모습이 투사될 수 있습니다. 그 사람에게 가진 감정이 아이에게 투사되어 아이를 질투하거나 심하게 야단치게 되는 건 아닌지 따져보아야 합니다.

가족 내 갈등

엄마, 아빠가 성관계 갖는 걸 아이가 봤어요

아이가 자다가 깨서 엄마, 아빠가 성관계하는 것을 보고 말았어요. 너무 놀라 멍해졌고, 아이에게 어떻게 말해야 좋을지 몰라 당황했습니다. 아이의 정서에 문제가 없을까요?

엄마, 아빠가 성관계를 하는 것을 아이가 보게 되면, 부모는 너무 당황하고 창피해 아이가 못 보았을 거라고 부정하며 회피하려 합니다. 또한 부모가 고함을 치거나 혹은 죄지은 것처럼 가만히 있으면, 아이는 성에 대해 부정적인 가치관을 갖게 되죠.

아이가 부모의 성관계를 보았을 때의 생각은 연령에 따라 다릅니다. 3~4세 아이는 그것을 성적으로 보기보다는 일종의 '싸움'이라고 생각합니다. 아이는 엄마에게 의존적이어서 '아빠가 엄마를 아프게 한다' '아빠가 엄마를 때린다'고 믿고 아빠에 대한 두려움을 느낄 수 있습니다. 5~6세 이상의 아이들은 이를 성적인 의미로 받아들이고 혼란스러워할 수 있고요.

가장 좋은 것은 부모가 성관계를 할 때 문단속을 철저히 해 아이에게 들키지 않는 것입니다. 하지만 아이가 보았다면, 회피하려 하지 말고 아이와 이야기를 해야 합니다. 먼저 아이의 놀란 마음에 공감해줍니다. "엄마, 아빠를 보고서 많이 놀랐지?"라고 다독이며, 본 일에 대해 아이가 어떻게 느꼈는지 들어봅니다. 너무 자세하게 사실적으로 이야기할 필요는 없습니다. 3~4세 아이에게는 아빠가 엄마를 때린 것이 아니라, 서로 사랑을 표현한 것이라고 이야기해줍니다. 5세 이상의 아이에게는 책에 나오는 수준으로 말해주세요. 결혼한 사람은 서로 사랑해서 사랑을 나누고, 그래서 아이가 생기는 거라고 간략하게 이야기해줍니다. 너무 세세히 이야기해주면, 아이가 더 혼란스러워합니다. 아이들은 간혹 자신이 본 성관계를 흉내 내보는 경우가 있는데요. 이에 대해서는 혼내지 않아도 조금 지나면 하지 않습니다.

아이들에게 간단한 성교육 동화를 읽어주는 것도 좋습니다. 알맞은 동화책으로 《엄마가 알을 낳았대》, 《내 동생이 태어났어》, 《나는 여자, 내 동생은 남자》, 《소중한 나의 몸》 등을 추천합니다.

가족 내 갈등

아이가 너무 까다로워요

3세 아이를 키우는데, 아이가 사소한 문제로도 짜증을 내고 화를 많이 내요. 야단치면 화를 못 이겨 씩씩거리고요. 어려서부터 밤에 잠도 잘 안 자고, 조그만 소리에도 몇 번이나 깨서 악을 쓰고 웁니다. 키우기가 너무 힘들어요.

"아이가 참 순하네요" "까탈을 많이 부려요" "아이가 너무 굼떠요" 같은 말을 많이들 하는데요. 이는 기질에 대한 이야기입니다. 기질은 아이의 타고난 행동과 정서적 특징으로, 아이가 태어난 후 몇 년간 세상에 어떻게 반응할지를 결정합니다. 어떤 기질이 건강하지 않다는 의미가 아닙니다. 다만 이를 바꿀 수는 없으므로, 아이의 기질을 인정하고 이에 맞추어 적절하게 양육해야 합니다.

'활동을 많이 하는가?' '밤에 잘 자나?' '빨리 적응하는 편인가?' '사소한 일에도 예민한가?' 등의 문제는 기질과 연결됩니다. A. 토머스 등은 이러한 요소들을 분석해 3가지 기질, 즉 '순한 아이' '느린 아이' '까다로운 아이'로 나누었습니다. ▶'아이가 저한테서 떨어지려 하질 않아 힘들어요'(22페이지) 참조

'순한 아이'는 잘 웃고, 잠도 잘 자고, 규칙적인 아이로, 대부분의 아

이가 여기에 속하는데요. 이런 아이는 상대적으로 키우기 쉬운 대신, 아이가 요구하지 않아도 부모가 아이에게 반응하면서 놀아주어야 합니다. '느린 아이'는 시간이 한참 지나고 여러 번 반복해야 겨우 적응하는 아이입니다. 이런 아이를 키운다면 여유를 가지고 기다려주어야 하며, 무엇이든 천천히 단계적으로 시도해 성취감을 느낄 수 있도록 해야 합니다. '까다로운 아이'는 음식을 가리고, 잠이 불규칙하며, 많이 울고, 적응을 어려워해 가장 다루기 어렵습니다. 이런 기질에 대해 이해하지 못하면, 아이가 혹시 병이 있는 것이 아닐까 걱정하고, 부모가 양육을 잘못했나 싶어 죄책감을 가지게 되죠. 그러나 기질을 이해하고 적절한 양육을 하면, 행동문제가 없는 아이로 성장시킬 수 있습니다. 인내심을 갖고 아이의 상태에 민감하게 반응해야 합니다. 성급하게 화내고 처벌 위주로 대하는 부모를 만나면, 이런 아이는 더 저항적으로 변합니다.

까다로운 아이를 다루기 위해서는 첫째, 아이의 기질을 인정해야 합니다. 사실 이런 기질을 가진 아이는 스스로가 제일 피곤하고 힘듭니다. 그런 상황을 자연스럽게 받아들이고 죄책감을 버린 후, 양육에 대한 자신감을 가져보세요.

둘째, 아이가 자기감정을 조절하여 표현할 수 있도록 도와주어야 합니다. 아이가 화났을 때의 해결방법을 알려주어야 합니다. 아직 어린아이라면, 운동하기, 세수하기, "그만" 하고 말해보기, 장난감 정리하기, 혼자 있어보기 등을 권해보세요.

셋째, 아이 기질의 장점을 살펴봅니다. 아이가 몸을 가만히 두지 않고 여기저기를 뒤지면 호기심이 많다고 생각하고, 같이 탐색을 도와주세요. 위험할 때만 주의하면 됩니다.

넷째, 간단하게 지시하고, 단호하게 말합니다. "~은 규칙이야"라는 식으로요. 2~3가지 중요한 규칙부터 지키게 합니다.

다섯째, 아이에게 심한 벌을 주지 않아야 합니다. 처벌이 심하면 아이도 감정적으로 폭발하게 되므로 행동에 대해서만 벌을 줍니다.

여섯째, 엄마도 감정을 잘 조절해야 합니다. 아이는 엄마의 문제대처법을 보고 배웁니다. '평생이 아니라 몇 년의 문제다. 힘을 내자'라고 다짐해보세요.

대인관계

사회성을 키워주고 싶어요

우리 아이가 지금 5살인데요. 친구도 별로 없고, 다른 사람을 배려하지 않고 제멋대로 행동하려 합니다. 나중에 커서도 자기 마음대로 하려고 해서 외롭지는 않을지 걱정이에요. 사회성이 좋은 아이로 키우고 싶은데 어떻게 해야 할까요.

사회성이란 다른 사람과 관계를 맺고, 즐거움을 나누며, 이를 잘 유지할 수 있는 능력입니다. 좋은 사회성을 가지기 위해서는 화가 나도 참을 줄 아는 자기조절능력, 규칙을 지키고 착한 행동을 할 수 있는 능력, 인지적인 학습능력을 가지고 있어야 합니다. 사회성은 엄마와 자신이 다른 독립체임을 깨달으면서, 자기중심적인 아이가 점차 타인의 마음을 이해하려고 노력하는 과정을 거치며 발달합니다.

사회성에 처음 영향을 주는 것은 아이의 타고난 기질입니다. 아이마다 조금씩 행동양상이나 정서상태가 다르고, 심지어 체질이나 신체적 반응도 달라서, 비슷한 환경에서도 제각각 다르게 반응합니다. 까다로운 아이의 육아로 엄마가 짜증이 나고 자신감이 없어지면, 이런 부모의 태도가 아이의 기질을 강화시킬 수 있습니다. 기질의 패턴이 유지되면, 유치원 적응이 어렵고 짜증을 내거나 공격적일 수 있죠. 하지만 초기기질은 부모의 양육패턴에 의해 이어지기도 하고 없어지기도 합니다. ▶ '아이가 저한테서 떨어지려 하질 않아 너무 힘들어요'(22페이지) 참조

세상에 태어나 처음으로 부여받는 과제인 애착은 모든 대인관계와 사회성의 기초가 됩니다. 애착은 아이가 자기를 돌봐주는 사람과 정서적 유대관계를 갖는 것입니다. J. 볼비는 안전기지(애착대상인 엄마)는 원정부대(아이)가 출발하는 곳이자 후퇴할 때 돌아오는 군기지 같은 곳이라고 했습니다. 기지의 역할은 뒤에서 기다려주는 것임에도 불구하고 매우 중요합니다. 아이는 안전기지가 안전하며 자신을 환영해주리라는 확신이 있을 때에만 부대를 이끌고 나가는 위험을 감수하기 때문이죠. 정서적으로 안정된 사람은 자녀의 독립성을 격려하면서도 필요할 때는 도움을 제공하는 부모 밑에서 성장한 경우가 많습니다. 반면 엄마와의 애착이 불안정하면, 다른 사람과의 관계가 불안정하고 사회성에 문제가 생깁니다.

아이들은 놀이를 통해 사회성을 키웁니다. A. G. 월트먼A. G. Woltman은 아이가 놀이를 통해 세상을 이해하고, 받아들이며, 알아간다고 했습니다. 이론적으로 노는 방법을 알고 있다고 해서 다른 사람과 잘 어울려 노는 것은 아닙니다. 실제로 계속 부딪혀보며 자신의 놀이방법을 바꾸어나가야 합니다. 놀이는 말로써 전략을 세우고 문제를 해결하므로, 언어인지 및 지각추론능력을 발달시키는 데 도움이 됩니다. 또한 다른 사람의 역할을 해봄으로써 그 사람의 기분과 관점을 이해하게 됩니다. 서로 협동하거나 싸움을 해결해가면서 성인이 되어가

는 준비를 할 수도 있습니다.

1살 때는 '까꿍놀이'를 통해 엄마가 눈앞에서 사라져도 어딘가에 있다는 개념이 생깁니다. 걷기 시작하면서부터는 엄마를 쫓아가고 따라오게 하는 놀이를 하며 엄마와 떨어지는 연습을 합니다. 2살이 되면 '가장놀이Pretend Play(~체 놀이)'가 가능하져 인형놀이를 하고, 막대기를 총처럼 쓰기도 합니다. 만 3살이 되면, 자신이 전지전능하고 마술을 부릴 줄 안다고 믿습니다. 6살이 되면, 자기중심적인 세계관에서 벗어나 다른 사람을 배려하고 행동하는 법, 공격적 감정을 조절하는 법, 목표를 세우는 법 등 해야 할 일을 알게 되면서 초등학교에 진학할 준비를 합니다.

다른 사람 마음을 읽을 수 있어야 사회성이 발달할 수 있는데요. 마음이론Theory Of Mind에 따르면, 어린아이들은 다른 사람 입장에서 생각하지 못하고 오로지 자기 시각으로만 판단을 하다가, 점차 성장하면서 상대방의 마음을 읽는 능력이 생긴다고 합니다. 대표적인 실험으로 '잘못된 믿음 테스트'가 있습니다. A, B가 같이 있다가 B가 밖으로 나갔을 때 공을 다른 상자로 옮깁니다. "공을 어디에서 찾을까?"라고 A에게 물어봅니다. 이때 공이 옮겨졌다는 사실을 자신은 알지만 B는 모른다는 점을 A가 생각할 수 있는지 알아보는 실험입니다. 4세 이하의 아이는 대부분 틀린 대답을 하지만, 점차 커갈수록 정답을 맞힙니다. 'B는 밖에 있었기 때문에 공이 옮겨지는 것을 보지 못했다'는 타인의 마

> **마음이론**
> 다른 사람이 어떻게 생각하며 자신과 다른 나름의 마음을 가지고 있다는 것을 이해하는 능력. 다른 사람의 과거행동, 경험 등을 기초로 어떤 바람과 믿음을 가질지 생각하여 그 사람의 행동을 예측할 수 있다는 이론이다. 이는 잘못된 믿음 테스트, 합동주시, 거울뉴런 등을 통해 설명하며, 사회성 발달에 중요한 역할을 한다.

음을 읽어낼 수 있게 된다는 것이죠. 이 능력을 갖춘 이후의 아이들은 놀라운 속도로 주변과 상호작용하면서 학습하고 발전해나갑니다.

상대방 입장에서 생각하는 사회적 조망능력은 중요합니다. 친구와 같이 떠드는데 선생님이 들어옵니다. 친구는 말을 멈추었고, 나는 계속 말하고 있습니다. "선생님은 누구를 혼내실까?"라는 질문에 눈치 없고 사실만 중요한 아이는 "둘 다"라고 답합니다. 이렇게 다른 사람 입장에서 생각하지 못하는 아이는 자기만 억울하다 생각하고 화가 나 피해의식이 많아집니다.

뇌 영역에서 살펴보면, 사회적인 지각과 관련 있는 사회적 뇌Social Brain라는 개념이 있습니다. 이는 다른 사람의 표정을 보고 감정을 알아내고 자신의 정서를 조절하며, 다른 사람의 의도와 성향을 파악하여 대처하게 하고, 칭찬과 보상을 받으면 행동이 늘어나도록 하는 뇌 영역입니다. 편도핵, 전전두엽의 일부인 안와전두엽, 측두엽 부위가 여기에 해당되는데요. 사회적 뇌는 만 3세까지 가장 많이 성장하며, 부모의 사랑을 듬뿍 받고 좋은 경험들을 많이 하게 되면 해당 뇌 영역이 자극을 받아 사회성이 좋아지게 됩니다. 3세 이전에는 자기중심적이라, 자신의 생각을 다른 사람도 알고 있고, 내가 좋으면 다른 사람도 좋을 거라고 생각합니다. 그러나 사회적 뇌가 잘 발달되면 다른 사람을 존중하고, 다른 사람의 마음을 배려할 수 있는 따뜻한 마음을 가진 사람이 됩니다. ▶'눈을 잘 맞추지 않고 불러도 대답을 잘 안 해요'(109페이지) 참조

사회적 뇌
사회생활에서 대인관계를 주관하는 뇌. 표정을 통해 타인의 감정을 이해하고 정서를 조절하는 편도, 사회적 강화 및 보상과 관련된 안와전두피질, 타인의 몸짓, 시선, 표정을 보고 심리상태와 성향을 해석하는 측두엽(위관자고랑) 이외에 사람 얼굴을 구별하는 후두피질 등이 있다.

아이의 사회성은 나이에 따라 점차 발달합니다. 부모는 1세까지는 아이의 모든 행동을 사랑으로 받아주어야 하지만, 1~3세까지는 일관성을 가지고 규칙을 이해하게 해야 합니다. 이후 4~7세 시기에는 사회성이 폭발적으로 발달하지만 자기조절능력은 미숙해, 다른 아이와 놀 기회를 많이 주는 한편, 부모가 약간의 도움을 주면서 사회성을 발달시켜야 합니다.

물론 발달단계는 모든 아이들에게 일률적으로 적용되지 않습니다. 언어를 비롯한 인지발달의 미숙, 사회성 발달 자체의 미숙 등으로 문제행동이 생길 수도 있으므로, 융통성 있는 접근이 필요합니다.

대인관계

자꾸 자기 마음대로 하려고 해요

아들이 5살인데요. 친구와 놀면서 말도 안 하고 장난감을 빼앗아오고 무조건 마음대로 하려고 해서 걱정입니다.

아이가 원하는 요구를 다 들어주고 "맞지 말고 때리고 와라" "도움이 안 되는 아이와는 놀지 마라"라고 이야기하는 부모가 늘고 있습니다. 이로 인해 아이의 자아존중감은 올라갔을지 모르지만, 아이가 다른 사람을 존중하는 마음은 줄어드는 것이 현실입니다.

맥코비Maccoby와 마틴Martin은 '통제'와 '수용'을 기준으로 부모유형을 아래와 같이 나누었는데요.

· **권위 있는 부모**Authoritative

아이에게 관심과 애정이 많고 아이의 말을 잘 들어가며 의견을 존중하는 부모로, 일관성 있게 규칙을 제시합니다. 이런 부모를 둔 아이는 안정적이고, 쾌활하고, 호기심이 많습니다. 또한 자기통제를 잘 하고, 다른 사람을 신뢰하며 지냅니다.

· **권위주의적 부모**Authoritarian

부모의 말이 곧 법으로, 아이에게 요구를 많이 하고 무조건 복종시키면서 규칙을 지키라고 하며, 칭찬보다는 처벌을 합니다. 이런 부모를 둔 아이는 벌 받기를 무서워하고 자신감이 부족하여 소심하거나 분노, 불만이 많습니다. 반항적하고 자기통제를 잘 하지 못해 공격적인 성향을 띠기도 합니다.

· **익애적/허용적 부모**Indulgent/Permissive

아이를 친구처럼 대하고 아이가 주도권을 갖도록 합니다. 아이 말이면 무조건 들어주어 규칙이나 제한이 없습니다. 이런 부모의 아이는 이기적이며 의존적이고 책임감이 없어 버릇없는 아이로 자라거나, 비행청소년이 될 수 있습니다.

· **방임적 부모**Neglectful

정서적·신체적 방임을 하는 부모로, 이런 부모의 아이는 타인과 애착을 맺기 어려우며, 버려진 느낌을 가져 우울한 성격이 됩니다.

자신의 아이가 중심인 익애적/허용적 부모는 아이 스스로 해야 할 일을 부모가 대신 해줍니다. 세상이 아이를 위해 존재한다고 생각하며, 타인에 대한 배려를 가르치지 않죠. 당연히 아이는 버릇없고, 이기적이며, 자기밖에 모르는 사람으로 자랍니다.

다른 사람을 존중하기 위한 시작은 '허락받기'입니다. 집단생활과 대인관계에서 제일 중요한 사회성인데요. "~해도 되나요?" 혹은 "~해도 돼?"라고 말하는 것이 시작입니다. 내 것에 대한 개념이 생기는 만

2세 이후 집에서 훈련을 시켜야 하죠. 다른 사람 물건을 쓰거나 용무가 생겼을 때 먼저 물어보는 습관은 이 시기에 필히 익혀야 하는 습관입니다. 공공장소에서 아이가 "화장실 가도 되나요?"를 묻지 않고 혼자서 그냥 가면, 아이가 안 보여 난리가 날 수 있습니다. 친구와 놀면서 그냥 친구의 장난감을 빼앗아버리면 친구는 울어버립니다.

"엄마, TV 봐도 되나요?" "놀이터에 가서 놀아도 되나요?" "누나, 연필 써도 돼?" 등의 허락받기 연습을 시켜주고, 꼭 해도 된다는 상대의 대답을 듣고 나서 행동하도록 지도해주세요. 말없이 그냥 행동하면, 아이 손을 잡고 물어봐야 한다고 이야기해주세요. 이는 아이와의 놀이에서도 연습할 수 있습니다. 자동차 놀이를 하다 말없이 아빠가 가지고 있던 자동차를 가져가면, 꼭 물어보고 가져가도록 훈련시킵니다. 허락받기는 아이를 예의바르게 보이도록 만들어줍니다.

"~해도 되나요?"와 "~해도 돼?" 같은 말이 꼭 습득해야 하는 필수 습관이라면, 부수적인 언어도 있습니다. 바로 허락을 구할 때 하는 "죄송하지만~" 혹은 "미안하지만~" 같은 양해의 표현, 물건을 가지게 되거나 다른 사람이 무엇을 해줄 때 하는 "감사합니다"라는 말이 그것입니다. 엄마가 먼저 모범을 보여주면, 아이도 따라 하게 되어 있죠.

예절을 지키고 상대를 존중하는 말에는 그다지 많은 미사여구가 필요하지 않습니다. 영어에서도 "Thank you" "Please" "I'm sorry" "Excuse me" "Would you mind" 정도의 단어로 충분히 예절을 지킬 수 있듯이, 중요한 것은 반복적인 표현에 있습니다. 이러한 표현을 어릴 때부터 훈련시키는 것이 매우 중요합니다.

대인관계

친구를 자꾸 때려요

아이가 6살인데요. 자꾸 다른 아이를 건드리고 때리고 자기 마음대로 하려고 합니다. 사소한 일로 화를 내기도 하고, 짜증이 유독 많은 것 같아요.

돌이 되기 전까지는 아이에게 젖을 먹이다 빼면, 아이는 화를 내고, 울고, 발로 차기도 합니다. 2살이 되면, "내 꺼야"라는 말을 하면서 자기 물건에 대한 소유욕이 생깁니다. 3~6살에는 직접 싸우기보다 놀리거나 위협을 합니다. 아무 이유 없이 다른 아이에게 상처를 입히려고 하고, 집에서 받은 스트레스를 다른 사람에게 풀기도 하고, 다른 아이의 장난감을 괜히 빼앗기도 합니다. 하지만 점차 다른 사람의 기분을 이해할 수 있게 되면서 충동성을 억제하고, 공격적인 행동과 말을 자제해야겠다고 생각하죠. 여전히 충동적 행동을 하며 기쁨을 느끼지만, 이를 억제하려 하는 것입니다.

아이의 도덕성은 어떻게 발달할까요? 프로이트는 인간이 성적 충동(리비도Libido)과 공격적 충동Aggression을 가지고 태어나며, 구강기에 젖을 빨아 느끼는 쾌감과 더불어, 깨물며 느끼는 쾌감이 추가된다고 했습니다. 이는 처음으로 공격적 충동이 나타나는 것이며, 이후 동성 부모를 동일시하려는 과정을 통해 초자아가 발달하여 공격성을 자제할 수 있게 된다고 보았습니다. J. 피아제에 의하면, 인간은 어릴 때 결과에 의해서만 상황을 판단하다가 점차 의도, 동기를 고려하게 된다고 합니다. 어릴 때는 일부러 컵을 1개 깬 아이보다 실수로 여러 개를 깬 아이가 벌을 더 받아야 한다고 생각합니다. 그렇게 규칙을 만든 사람들(부모, 신, 선생님)은 전지전능하여 그 규칙을 어기면 처벌을 받는다고 생각하다가, 점차 규칙은 바뀔 수 있다고 생각하는 융통성이 발달하게 된다는 것입니다.

아이가 공격적인 경우, 가장 먼저 생각해야 할 부분은 가정 내 육아의 적절성입니다. 아이가 스트레스에 노출되어 있지 않은지, 양육이 불안정하지 않은지, 규칙이나 제어가 부족한 환경에서 살고 있지 않은지 등을 확인해야 합니다. 부모가 절제를 가르치지 못하는 것도 문제가 되겠지만, 아이의 작은 공격성에도 너무 불안해하는 부모 역시 문제가 됩니다. 예를 들어 아이가 친구를 때린 걸 두고 엄마가 너무 심하게 놀라거나 어쩔 줄 몰라 하면, 아이는 그 행동을 엄마를 조절하는 수단으로 여기고 되풀이할 수 있습니다. 그다음 할 일은 아이가 발달이 느려 공격을 통해 자기표현을 하고 있지 않은지, 기질적으로 산만함, 과활동, 자폐성을 갖고 있진 않은지 확인하는 것입니다.

아이가 부모에게 순종하고 공격적인 행동을 하지 않게 하기 위한 방법이 있습니다. 먼저 긍정적 관계를 만들고 나서 처벌을 하는 것입니다. 이때 처벌만 강조하거나 처벌을 먼저 하면 역효과가 납니다.

1단계는 부모와 아이의 관계를 향상시키는 것입니다. 부모는 공격적 아이가 조용히 있을 때 '잠자는 사자의 코털을 건드리지 말라'는 생각으로 말을 걸지 않습니다. 또한 어떤 행동이 나올지 두려워하여 아이를 피하고, 같이 있는 시간을 줄이는 경향이 있죠. 하지만 먼저 아이와 특별한 시간을 가져 관계를 좋게 만들어야 합니다. 아이와 특별한 놀이시간을 가지면 아이의 좋은 면들을 볼 수 있습니다. ▶'동생이 생기자 부쩍 어리광을 부려요'(131페이지) 참조

2단계는 아이가 일상에서 바람직한 행동을 하면 칭찬해주는 것입니다. 의외로 칭찬에 인색한 부모들이 많은데요. 미심쩍으시면, 자신의 주머니에 동전을 넣고 아이에게 칭찬을 할 때마다 오른쪽에서 왼쪽 주머니로 동전을 옮기는 등의 간단한 방식을 활용해보세요. 예상보다 본인이 칭찬을 자주 하지 않는다는 사실을 깨닫게 될 것입니다. 아이와 함께 칭찬목록표를 만든 다음 항목 2~3개를 정해 아이가 잘할 때마다 칭찬해주며 스티커를 붙여주세요. "네가 ~해서 엄마, 아빠가 기쁘다"라는 말을 덧붙이면서요. 처음에는 스티커를 어느 정도 모으면 보상으로 간단한 상을 줍니다. 그러다 점차 칭찬으로만 대체합니다.

3단계는 아이에게 효과적으로 지시하는 것입니다. 간단하고 짧게, 한 번에 많은 지시를 하지 않습니다. TV를 꺼서 방해물을 줄이고, 아이의 눈을 쳐다보며 지시하세요. 아이에게 지시내용을 반복해 말해보라고 하여 제대로 들었는지 확인해야 합니다.

4단계는 아이가 말을 안 들으면 타임아웃을 하는 것입니다. 타임아

웃은 정해진 시간 동안 생각의자에 앉히는 일종의 처벌방식입니다. 앞의 3단계가 충분히 실행된 후에야 시도해볼 수 있습니다. 처음에는 기싸움이 되는 경우가 많으므로, 집에서 마음의 여유와 시간이 있을 때 시도하는 것이 좋습니다. 아이의 나이에 1~2분가량을 곱한 시간을 의자에 앉아 있게 하는데요. 시간이 되면, "이제 시킨 대로 하겠니?" 하고 묻습니다. 다시는 그러지 않겠다고 약속하면, "엄마, 아빠 말대로 해주어 고맙다"라고 말해주면 됩니다.

대인관계

아이가 화를 못 참아요

TV를 못 보게 하면, 아이가 심하게 화를 내고 울어버립니다. 사소한 일에 물건을 던지기도 하고, 다른 사람을 때리려고 해서 고민입니다.

아이는 생후 4~6개월에 화난 얼굴보다 행복한 얼굴에 더 주목하고, 12~18개월에는 낯선 사람이 다가오면 엄마의 표정을 보고 나서 낯선 사람에게 다가갈지 멈출지를 판단합니다. 3~4세에는 기쁨, 슬픔, 분노, 놀람 같은 단순한 감정을 자신의 경험을 통해 판단하며, 5세 이후에는 다른 사람의 표정, 상황 등을 판단할 수 있습니다. 7세에는 질투, 죄의식에 대해 알게 되는 등 점차 여러 감정들을 알게 되면서 상황을 잘 파악하게 됩니다.

자기 마음대로 되지 않았을 때 본인과 다른 사람에게 느끼는 분노를 어떻게 통제할지 배우는 것은 중요합니다. 분노를 제대로 통제하지 못하면 폭력적인 성향을 갖게 되는 반면, 2~3살짜리의 자기주장과 부정적 태도는 상황을 원하는 방향으로 이끄는 긍정적 추진력이 되기도 합니다. 어려서 심하게 통제를 당해 적당한 수준의 공격성을 잃으면, 추진력이 없고 자기주장을 못하며 생활력이 떨어지는 사람이 됩니다. 반면 통제력이 부족하고 공격성이 강한 사람은 반사회적 행동을 하거나 대인관계에서 남들에게 피해를 주어 원만한 사회생활을 할 수 없습니다. 결국 공격성 자체를 없애는 것보다는 적절히 조절하고 통제하면서 건설적으로 사용하는 방법을 아는 것이 중요합니다.

아이가 분노를 적절히 조절할 수 있도록 도와주는 방법이 있습니다.

첫째, 아이에게 "나 화났어"라고 말로 표현하게 합니다. 아이의 언어수준에 따라 표현할 수 있는 정도는 다르지만, 감정을 표현하면 화는 누그러듭니다. 표현을 잘하면 "~해서 화났어"라고 하도록 합니다.

둘째, 감정을 표현하는 어휘를 연습시킵니다. 5~6세에는 기분이 "아주 나빠" "나빠" "보통이야" "좋아" "아주 좋아"라고 표현하고, 평소에 표를 만들어 그날의 기분에 대해 표시할 수 있습니다. 얼굴표정 스티커를 그날 달력에 붙이는 것도 좋습니다. 6~7세에는 감정표현하는 언어를 벽에 붙여두고 그날의 기분과 점수를 이야기해보게 합니다. 평소 감정표현을 쉽게 하는 연습이 필요한데요. 기본적인 감정용어로는 '실망한, 무서운, 화난, 수줍은, 지루한, 조심스러운, 자신감 있는, 질투하는, 즐거운, 외로운, 비참한, 예민한, 후회하는, 만족한, 겁난, 놀란, 황홀한, 행복한, 좌절한, 슬픈, 의심하는' 등이 있습니다. 먼저 부모부터 여러 번 읽어보고 이를 적절히 사용해봅니다. 부정적 감정도 아이가 많이 표현하도록 격려합니다. 감정의 강도를 아는 것도 중요한데요. 감정을 수치화하면 소통이 됩니다. 어린아이들에게는 매우, 보통, 조금 정도로 표현하게 하고, 7세 정도가 되면

0~100 또는 0~10으로 표현하게 합니다. "화가 나"보다는 "지금 화가 50정도 나"라고 하면, 아직 폭발할 정도는 아니며 조절할 정도라고 인식합니다.

셋째, 아이에게 나쁜 감정을 말로 표현하는 것은 칭찬받을 일이지만, 행동으로 하는 것은 나쁘다고 알려줍니다. 아이들은 나쁜 감정을 표현하면 혼난다고 착각하므로 "~해서 화가 났겠구나. 그런데 물건을 던지는 것은 안 돼"라고 구분을 해줍니다. 샌드백이나 베개를 쳐서 화를 풀 수 있게 도와줄 수도 있습니다.

넷째, 엄마가 감정표현의 모범이 되어줍니다. 아이는 엄마의 행동을 모방하며 배웁니다. 화가 났을 때 말로 표현하고, 소리를 지르거나 폭발하지 않습니다. "네가 ~해서 엄마가 지금 화가 났어"라고 나 전달법I-message을 사용해보세요.

나 전달법
자녀와의 대화법에 대해 T. 고든T. Gordon 박사가 주장한 의사소통방식. '나'로 시작하는 표현이 '너'로 시작하는 말보다 의사소통에 훨씬 효과적이라는 것이다. 즉 '너'로 시작하는 표현은 상대방의 잘못을 질책하는 느낌을 주어 방어적이 되게 만들지만 '나-전달법'은 상대방(너) 때문에 발생한 상황일지라도 그에 대한 감정의 책임은 '나'에게 있음을 수용하려는 태도를 내비치는 것이므로 한결 건설적인 대화방식이 된다.

다섯째, 아이에게 공감해줍니다. 아이의 표정이나 말투를 보고 엄마가 먼저 "화가 많이 났구나"라고 개입합니다. 아이는 엄마가 자신을 이해해준다고 느끼고, 자기감정을 알게 될 것입니다.

여섯째, 아이가 감정을 표현하면 격려해줍니다. "네가 ~해서 화났다고 이야기해줘서 고마워. 엄마도 고칠게"라고 말입니다.

더 알아보기

감정조절을 위한 놀이

어린아이라면 얼굴 그림과 감정을 써둔 종이를 붙여두고 지금의 기분을 고르게 합니다. 초등학생이라면 감정을 잘 이해하기 위해 감정 용어를 이용하여 언제 그 기분을 느꼈는지 글짓기를 시켜보거나, 잡지에 나온 사람 사진을 보면서 표정 알아맞히기 놀이를 하거나, 감정 단어를 넣어 문장 짓기 놀이를 해볼 수도 있습니다.

화 다루기 심화과정

1. 화가 어느 정도 났는지 측정한다(0~100점)

자신이 조절할 수 있는 정도인지, 폭발할 정도인지를 인식하고, 대처 방법을 생각해보는 것이 중요합니다. 말로 정도를 표현하게 합니다.

2. 화가 날 때 일어나는 신호를 포착한다

화는 폭발단계가 되면 막기 어려우므로 그전에 신호를 알아채야 합니다. 연령에 맞춰 간단하게 설명해주세요. "화가 났을 때 어떤 일이 벌어질까?"라고 아이에게 물으며 이야기해주면, 아이는 더 쉽게 이해합니다.

신체신호	사고신호	행동신호
호흡이 빨라진다. 두근두근한다. 땀이 난다. 얼굴이 붉어진다. 근육이 뻣뻣해진다. 목소리 톤이 올라간다.	엄마가 나를 화나게 한다. 친구를 때릴 것이다. 친구가 죽었으면 좋겠다. 엄마가 너무 밉다.	목소리 톤이 올라간다. 화난 표정이 된다. 화난 자세가 된다. 말대꾸를 한다. 끼어들어 방해한다.

3. "앗! 멈춰. 마음속으로 3까지 세자"라고 말한다

화가 정말 폭발할 것 같으면 잠시 흥분을 가라앉혀야 좋은 방법을 생각할 수 있습니다. 우선 자리를 피하도록 합니다.

4. 긴장을 풀도록 가르친다

평소 아이에게 이완할 수 있는 방법을 알려주세요.

· 심호흡

· 편안한 장면 상상하기

자기가 좋아하는 장면에 대해 기억해보고, 화가 나면 그때 일을 생각해보자고 합니다. 예를 들면, 수영장에 누워 있기, 우주선에서 둥둥 떠다니기, 밤에 누워 별 바라보기 등이 있을 수 있습니다.

· 체계적 근긴장이완법 사용하기

아이에게 거북이 놀이를 하자고 합니다. 거북이가 등껍질 안으로 움츠린 자세를 10을 셀 때까지 유지하다 풀어주는 놀이를 반복합니다. 근육수축과 이완 시의 차이를 느끼게 하는 준비운동입니다. 자세한 순서는 다음과 같은데요. 먼저 아이에게 오른팔에 힘을 주어보라고 합니다. 5까지 센 후 힘을 빼보라고 하여 근육이 긴장했을 때와 이완했을 때의 차이를 느껴보게 합니다. 그다음 동시에 왼팔과 오른팔에 힘을 주었다 빼보기를 하게 합니다. 순서대로 얼굴과 턱에 힘을 주고, 목은 거북이처럼 움츠리며, 팔다리와 배에 힘을 주는 것을 각각 연습한 후, 마지막에 이 모든 것을 한꺼번에 합니다. 10을 셀 동안 숨을 참고 자세를 유지하다가, 숨을 내쉬면서 힘을 모두 빼고 처진 상태로 만듭니다. 이완이 잘 되면, '편안한 장면

상상하기'와 같이 하게 합니다.

5. 자기암시에 적응하도록 가르친다

어떤 자기암시를 했을 때 제일 좋은지 아이에게 물어봅니다. 스트레스를 받으면, 혼자 자기암시를 하여 위로하도록 합니다. 예를 들어, '편안하게 생각하자' '곧 괜찮아질 거야' '포기하지 말자' '이 친구가 아니면 다른 친구와 놀면 되지' 등의 말을 되뇌게 하는 것입니다.

6. 효과적인 문제 해결방법을 가르쳐준다

누구나 평소 곤란한 상황이 닥치면 논리적인 해결방법을 찾습니다. 이 과정이 무의식적으로 일어나기 때문에 당연하게 느껴질 뿐이죠. 이러한 논리적 해결방법을 단계를 나누어 의식적으로 연습하면, 자신이 잘 파악하지 못하던 사회성, 대안 찾기, 문제 해결하기에 도움이 많이 됩니다. 논리적 해결방법의 단계는 아래와 같습니다.

· 어떻게 하면 될까?(가능한 여러 방법 생각하기)
· 선택하여 해보자(선택하여 실행하기)
· 잘 되었나 볼까?(실행 후 평가하기)

만약 꽃 그림에 색칠을 한다면, 테두리부터 그려놓고 색칠하기, 배경부터 색칠하기, 꽃 가운데부터 칠하기, 꽃잎부터 색칠하기 등 여러 방법을 강구한 후(가능한 여러 방법 생각하기), 이중 테두리부터 먼저 그리기를 선택하여 색칠합니다(선택하여 실행하기). 색이 번지지 않고 잘 되었는지 보고(실행 후 평가하기), 마음에 들지 않는다면 '가능한 여러 방법 생각하기' 단계로 돌아가 다시 시행하도록 합니다.

대인관계

아이가 너무 소심해서 걱정이에요

올해 6살 된 여자아이를 키우고 있는데요. 아이가 어린이집에서 사소한 문제로 울고, 자기주장도 못 하고, 활동에도 잘 참여하지 못해 걱정입니다. 집에서도 동생에게 꼼짝을 못합니다. "누가 때리면 맞지만 말고, 너도 때려. 엄마가 다 책임질게"라고 말해주는데, 이 방법이 맞나요?

아이가 소심하고 걱정이 많은 경우 부모는 답답하게 느끼기 쉽습니다. 어린이집에서 다른 아이가 뭐라고 해도 그냥 울기만 하여 자기 것도 못 챙기고 살 것 같아 걱정되기도 하죠. 고쳐보려는 마음에 야단을 치거나 압박을 해 아이가 부모 앞에서도 주눅 들고 더 소심해지기도 합니다.

부모는 소심함의 가장 큰 요인이 타고난 기질임을 알아야 합니다. 참고로 C. R. 클로닝거C. R. Cloninger는 여러 다양한 자극이 주어졌을 때 아이들이 반응하는 방법에 따라 기질을 다음의 4가지로 분류한 바 있습니다.

· **자극추구형**Novelty Seeking

호기심이 많아 새로운 자극을 탐색합니다.

· **위험회피형**Harm Avoidance

위험한 자극에 위축되어 조심성이 많고, 안전을 택합니다.

· **사회적 민감형**Reward Dependence

다른 사람의 칭찬에 예민하고, 다른 사람의 감정을 잘 알아내어 대응합니다.

· **인내형**Persistence

당장 결과가 나오지 않아도 좋은 결과가 있었던 경험이 있으면 꾸준히 지속합니다.

소심한 아이는 단정하고 예의바르며 스스로 자기 할 일을 알아서 하는 장점과 함께, 걱정이 많아 새로운 일을 할 때 두려움이 많은 단점을 갖고 있습니다. 이렇듯 아이의 기질을 먼저 인정하고 장점을 우선하는 태도가 중요합니다.

기질적 문제 외에도 아이를 소심하게 만드는 몇 가지 원인이 있습니다.

첫째, 부모의 과잉보호입니다. 엄마가 감기 정도에도 집에만 있게 하거나, 다른 아이에게 맞을까 봐 놀이터에 데리고 가지 않거나, 작은 일도 엄마가 모두 해결해주는 경우가 여기에 속합니다. 이런 경우 아이는 세상은 위험한 곳이고, 혼자서는 아무것도 할 수 없다고 느껴 소심해질 수 있습니다.

둘째, 부모의 불안이 전달되는 것입니다. 아이들은 부모의 모든 행동, 가치관을 스펀지처럼 흡수합니다. 부모가 불안해하며 걱정하는 말을 하거나 회피하는 행동을 하면 아이도 똑같이 따라 합니다.

셋째, 부모의 갈등, 질병, 무서웠던 경험 등에서 오는 스트레스입니다. 소심한 아이들에게 엄마들이 저지르는 실수들이 있는데요. 먼저 엄마는 아이에게 "다 괜찮다" "무서워할 것 없다"라며 지나치게 아이를 안심시킵니다. 일방적으로 안심시켜주기보다는 아이 스스로 해결책을 생각해보도록 도와주어야 하는데 말이죠. 엄마가 아이를 대신해 모든 일들을 처리해주는 것도 문제입니다. 이럴 경우 아이는 위험을 인지한 순간 멍해져서 엄마에게 모든 해결을 미루게 됩니다. 또한 아이가 불안한 일들을 회피하려 할 때 허용해주게 되면, 아이에게 인기 있는 부모는 될 수 있지만 아이는 못 하는 일이 많은 사람이 됩니다. 인내심을 잃고 화를 내서도 안 됩니다. 많은 정성을 들였는데 변화가 없으면 아이가 조금만 하면 될 것 같다는 생각에 화가 날 수 있습니다. 그렇다 해도 아이가 스스로 하고 난 후 성취감을 느낄 수 있도록 옆에서 지켜봐주는 것이 부모의 일입니다.

다행히도 소심한 아이를 다루는 좋은 방법들이 있습니다.

첫째, 아이가 용감한 행동을 하면 칭찬합니다. 칭찬을 받으면 아이는 더 열심히 해보려고 노력합니다. 처음에는 사소하게 용감한 행동을 해도 칭찬해주세요. 그리고 점차 도전할 만한 행동을 하도록 격려하고 칭찬해줍니다.

둘째, 아이가 불안해하고 소심한 행동을 보이면 무시합니다. 아이에게 왜 무시하는지를 이야기해주고 관심을 주지 않아야 합니다.

셋째, 회피하지 않도록 격려합니다. 위험하다고 생각하는 일들을 아이가 해보지 않으면 불안이 더 커져 점점 하기 어려워집니다. 아이가 할 수 있을 정도로 천천히 점진적으로 도전하게 하여 성취감을 갖게 해주세요.

한편 소심한 아이에게 "맞지만 말고, 너도 때려"라는 말을 해주면 어떨까요? 이 말은 비난받는다는 느낌을 주어 아이가 혼나는 듯한 기분을 갖게 만들 수 있습니다. 그냥 "그 아이는 너무 폭력적이다. 못됐어. 너 정말 속상하겠다" 정도로 이야기하는 게 맞습니다. 그러면 아이는 엄마가 내 편이라는 생각을 하게 될 것입니다.

대인관계

어떻게 하면 집단생활에 잘 적응하게 할 수 있을까요

우리 아이가 처음으로 집단생활을 하게 됩니다. 적응을 잘할 수 있을지, 친구와 잘 놀지 걱정이 많이 됩니다. 어떻게 준비를 시키면 좋을까요?

아이를 유치원에 처음 보낼 때, 부모는 아이가 적응은 잘할까, 친구들과는 잘 지낼까, 선생님들은 아이에게 친절할까 등 여러 가지를 걱정합니다. 이런 부모의 불안은 아이에게도 전해집니다. 따라서 부모와 떨어지게 된 아이를 믿어주고, 부모가 먼저 의연해져야 합니다.

쉬운 단계에서 성공을 맛보면 자신감을 갖고 조금 어려운 단계에 도전하게 되는 게 사람의 심리입니다. 아이도 마찬가지여서, 새로운 환경에 적응할 때 느낄 수 있는 불안과 공포의 대상 및 상황을 단계적으로 노출하는 훈련이 아이에게 도움이 될 수 있습니다. ▶'겁이 너무 많아요'(188페이지) 참조

집단생활을 하기 전에 준비를 시켜주세요. 1단계, 낯익은 가까운 친척들을 집으로 불러 아이와 같이 놉니다. 2단계, 가까운 친척 집에 부모와 같이 가서 놉니다. 3단계, 1명의 친구를 집으로 불러서 놉니다.

운동경기를 할 때 홈그라운드에서 경기를 하면 다른 구장에 가서 경기할 때보다 이길 확률이 높습니다. 또한 3명이 되면 2명이서 놀고 1명이 외톨이가 되는 경우가 많으므로, 처음에는 꼭 1명만 부르세요. 4단계, 친한 친구 집에 가서 놉니다. 5단계, 일주일에 한 번 엄마와 같이 또래가 있는 문화센터 같은 소규모 집단에 다녀봅니다. 6단계, 조금씩 소규모집단 시간을 늘려봅니다. 아이가 잘 놀고 적응하면, 집단생활을 할 준비가 되었다고 생각하세요.

집단생활을 하는 곳으로 보낸 후에는 이렇게 해보세요. 첫째, 아이가 어릴수록 천천히 집단생활 시간을 늘려줍니다. 부모와 분리되는 것은 아이나 부모 모두에게 아직 힘든 일입니다. 초등학교에서도 신입생들은 초기적응을 위해 1~2시간씩 노는 수업을 하다가 1개월 후에야 정규수업을 받습니다. 만 3세 이하에서는 하루에 1시간가량씩 부모와 같이 놀이방이나 어린이집에서 지내다가 돌아가는 시간을 천천히 늘려줍니다. 아직 부모에 대한 대상항상성이 형성되지 않아 빨리 떼놓으려 하면 불안해합니다. 아이를 살펴보면서 천천히 시간을 늘려주어야 합니다. 둘째, 아이가 좋아하는 장난감을 가져가게 허락해줍니다. 앞에서도 설명한 것처럼, 담요나 장난감을 가지고 있으면 아이가 안정감을 느낍니다. 막상 가져가서 잘 꺼내보지 않는 경우도 있긴 하지만요. 셋째, 아이와 헤어질 때 엄마, 아빠와 왜 떨어져야 하는지, 엄마, 아빠가 그동안 무슨 일을 할지, 엄마, 아빠가 언제쯤 데리러 올지, 버스를 어디서 기다릴지 등을 분명하게 이야기해주고 약속을 꼭 지킵니다.

넷째, 아이가 울까 봐 걱정되어 아이를 어린이집에 데려다주고 몰래 빠져나오지 않습니다. 몰래 나오면, 아이는 엄마, 아빠가 언제 사라질지 몰라 엄마, 아빠 옆에 붙어 떨어지질 않습니다. 아이들은 대부분 엄마, 아빠와 떨어질 때는 심하게 울다가 어린이집이나 유치원에 들어가면 곧 그치고 신나게 놉니다. 보통 1~2개월이면 적응하여 잘 다니니 크게 걱정하지 않으셔도 됩니다.

대인관계

걱정이 너무 많아서 유치원에 가지 않으려고 해요

아이가 갑자기 엄마가 교통사고로 죽을 것 같다면서, 유치원에 안 가고 엉엉 울며 불안해합니다. 어떤 날은 유치원 갈 시간이 되면 배가 아프다고 울기도 하고요. 제가 바로 집 앞에 쓰레기를 버리러 간다고만 해도 아이가 울면서 제 곁을 떠나지 않으려 하네요. 무엇이 문제인가요?

대부분의 아이들은 유치원을 잘 다니고 적응을 잘 합니다. 부모하고만 놀다가 친구와 놀기 시작하면서 재미를 느끼고, 아직 엄마, 아빠가 제일 좋지만 유치원도 좋다고 합니다. 하지만 유치원에 지속적으로 적응하지 못하거나 잘 다니던 유치원을 안 가겠다고 투정을 부리면 부모는 당황하게 됩니다.

새로운 곳, 새로운 학기에 부모와 떨어지게 되면서 아이가 어느 정도의 불안을 느끼는 일은 흔합니다. 생후 6개월이 되면 아이는 낯선 사람, 낯선 물건에 대해 두려움, 즉 낯가림을 보이기 시작합니다. 1~2세의 아이는 새로운 곳, 새로운 사람을 만나면 엄마에게 붙어 떨어지려 하지 않고, 엄마와 떨어지면 심하게 울고, 일어나자마자 엄마를 찾습니다. 부모와 같은 애착대상에게서 떨어지거나 그런 상황이 예상될 때 느끼는 분리불안은 정상적인 현상입니다. 36개월 즈음에는 엄마가 옆에 없어도 어딘가에 있다고 생각하고, 엄마의 모습을 마음속에 그릴 수 있는 대상항상성이 형성되면서 엄마와 자연스럽게 떨어질 수 있게 됩니다.

그러나 불안의 정도가 심해 바깥에 나가거나 유치원, 학교를 가는데 방해되는 일이 4주 이상 지속되는 경우에는 '분리불안장애'라고 진단할 수 있습니다. 유치원에 갈 시간이 되면, 배가 아프다, 선생님이 무섭다, 친구들이 나를 안 좋아한다 등과 같은 핑계를 대고 가지 않으려 합니다. 두통, 복통을 호소해 병원에 가보지만, 별 문제는 없습니다. 아이는 엄마와 떨어지면 다시는 보지 못할 것 같고, 엄마에게 교통사고나 질병 같은 나쁜 일들이 생길 것 같아 불안해합니다. 자신이 유괴되어 엄마를 만나지 못하게 되는 상상을 하기도 하죠. 엄마가 없으면 잠을 못 자고, 엄마의 신체를 만지면서 자며, 엄마와 헤어지는 꿈을 꿉니다.

원인으로는 먼저, 엄마와 아이 사이에 불안정한 애착이 형성된 경우가 많습니다. 엄마가 아이의 요구를 들어주다가 들어주지 않다가 하면서 일관적으로 대하지 않아 아이가 엄마를 믿지 못하는 것이죠. 아이는 엄마를 안전기지로 삼아 새로운 세계로 자유롭게 탐험을 떠나야 하는데 그럴 경우 아이는 탐험을 떠나지 못합니다. 심하게 표현해야 요구를 들어준다는 생각에 감정적으로 분노하는 경우도 많습니다.

다른 원인은 과잉보호를 하는 경우입니다. 부모가 간섭을 심하게 하면, 아이는 의존적 성향을 갖게 됩니다. 아이 자체가 새로운 상황에 대해 회피하는 기질을 타고나거나 어려서 병치레가 많았을 때도 마찬가지죠. 부모가 소심하고 불안해하며 아이양육에 지나치게 예민하거나 걱정을 많이 하는 경우도 있습니다. 동생출생, 부부싸움, 최근 엄마가 아팠던 스트레스가 있는 경우에도 그럴 수 있습니다.

간혹 외동아이의 경우, 형제가 있는 아이보다 부모와 지내는 시간이 더 많아 부모·자식 관계가 더욱 친밀하고 부모도 가는 곳마다 아이를 데려가는 등 한시도 떨어지지 않는 경우가 있는데요. 부모와 외동아이가 지나치게 가까운 이러한 형태를 가리켜 삼총사신드롬Three Musketeers Syndrome이라 부르기도 합니다. 이런 경우에도 아이는 분리불안을 느낄 수 있습니다. ▶'겁이 너무 많아요'(188페이지) 참조

삼총사신드롬
부모와 외동아이가 매우 밀착되어 모든 일을 같이 하려고 하는 형태. 이런 경우 어린 시절 과제인 또래 사귀기를 배우지 못하고, 복잡하게 얽힌 어른세계를 일찍 접하면서 이를 통해 살아가는 방식을 배우게 된다. 이런 아이는 항상 관심받으려 하고 자기중심적이며 거만하고 거짓말이나 사기 등 행동 문제를 일으킬 수 있다. 또한 친구 및 배우자와의 관계에서 어려움을 겪을 수 있다.

아이가 느끼는 불안을 줄이기 위해서는 먼저 아이가 왜 불안해하는지를 이해하는 것이 중요합니다. '내가 없을 때 불이 나서 엄마가 죽을 것 같다' 또는 '엄마가 마트에 다녀오는 길에 건널목에서 차에 치여 다칠 것 같다'와 같은 부정적이고 왜곡된 생각이 문제라면, "집에 불이 나는 경우는 극히 드물고, 화재가 나면 화재경보기가 울릴 거야" "건널목에서 차에 치일 확률은 매우 낮고, 사고가 난다 해도 사람들이 도와줄 거야"라는 말을 계속 해주어 아이가 이성적이고 현실적인 생각을 하도록 이끌어주어야 합니다.

또한 아이 혼자 유치원에 가라고 강요하지 말아야 합니다. 일부러

아이를 떼어놓거나, 아이를 혼자 놔두고 숨어서 지켜보거나 해서도 안 됩니다. 외출할 때도 먼저 같이 가자고 말해 아이와 같이 다니면서 천천히 단계를 높여가야 합니다. 그러면서 평소 엄마를 잃지는 않을까 하는 걱정이 어디서 오는지를 아이와 같이 이야기해보세요. 유치원에 있는 동안은 선생님께 부탁해 중간에 엄마에게 전화하게 하고, 끝나는 시간에 맞춰 데리러 갑니다. 심한 경우에는 엄마가 아이 옆에서 괜찮다고 할 때까지 유치원에 같이 있어주면서 천천히 거리와 시간을 늘리는 것이 방법입니다.

기질적으로 불안수준이 높고 자신감이 부족한 아이들은 평소 자기주장을 할 수 있는 기회를 주고, 독립심을 기를 수 있는 활동, 즉 캠핑 같은 단체생활을 해보게 해야 합니다. 불안한 아이들은 조용하고, 순종적이며, 칭찬받으려고 노력하기 때문에, 어른들이 아이의 어려움을 알아채지 못할 수도 있습니다.

아이의 불안 외에 엄마의 불안도 파악할 수 있어야 하는데요. 가족이나 친구에게 물어보는 것이 가장 쉬운 방법이겠으나, 대인관계의 역동으로 인해 솔직한 이야기를 듣기가 쉽지는 않습니다. 전문기관에서 정식검사를 의뢰하여 객관적인 평가를 듣는 것이 더 빠를 것입니다.

아이 교육

한글 교육은 어떻게 시키나요

아이가 6살인데, 아직 한글을 못 읽고, 쓰는 건 더 싫어합니다. 요즘 아이들은 초등학교에 들어가기 전에 이미 글도 술술 읽고 쓰기도 잘한다는데, 어떻게 해야 할까요?

옆집 아이가 한글을 술술 읽는 모습을 보면 부모의 마음은 타들어갑니다. 이러다가 우리 아이가 학교에 가서 꼴찌나 하지는 않을지, 정말 멍청한지, 빨리 학습지 선생님을 불러 한글공부를 시켜야 하는 건 아닐지 온갖 생각에 잠이 오질 않습니다.

결론부터 말씀드리면, 너무 조급한 마음을 갖지 않아도 됩니다. 국어를 잘한다는 것은 그냥 글을 잘 읽는 것만을 의미하지 않습니다. 글을 읽고, 내용을 이해하고, 줄거리를 요약하고, 지은이의 뜻을 생각해보고, '만약 나라면?' 이라고 생각해보는 일련의 모든 것들이 국어학습에 포함됩니다. "여, 우, 가, 두, 루, 미, 네, 집, 에, 놀, 러, 왔, 습, 니, 다"라고 스스로 읽은 아이와, 엄마가 "여우가~ 두루미네~ 집에~ 놀러~ 왔습니다"라고 읽어주는 것을 들으며 책의 그림도 같이 본 아이

가운데 어느 아이가 글의 내용을 파악하는 데 더 유리할까요? 아이가 잘 읽지 못하더라도 엄마가 같이 책을 읽어주면서 이야기를 나누면 한글을 빨리 익힌 아이와 별 차이가 없어집니다. 또 약간 늦게 한글공부를 시키면, 어릴 때 시키는 것보다 빠른 시간 내에 끝낼 수 있습니다.

한글학습은 이론적으로는 만 2세가 되면 시킬 수 있습니다. 이때 방법은 아이가 통으로 글자를 외우게 하는 것입니다. 이 방법은 접근은 쉽지만, 수많은 글자형태를 기억해야 하므로 시간과 에너지가 많이 들어 아이가 한글을 어렵다고 느낄 수 있습니다. 현재는 만 5세쯤에 자음과 모음의 결합을 가르쳐 받침을 익히도록 하는 지도방법이 대세입니다.

한글, 숫자 학습은 아이의 발달수준에 따라 시기를 정해야 합니다. 한글은 아이가 문자에 관심을 가지게 되었을 때 시작하면 좋습니다. 책, 간판, 자동차 번호판(남자아이들은 자동차를 좋아하여 이에 관심을 많이 보입니다)을 보면서 아이가 무슨 글자인지 물어보거나 책을 읽으려는 시늉을 하는 게 시작신호입니다. 읽기와 쓰기를 꼭 병행하지 않아도 됩니다. 글쓰기는 아이의 운필력(연필을 잡아 쓸 수 있는 능력)이 생겨야 할 수 있습니다. 선 긋기도 겨우 하는 아이에게 쓰기를 시키면 좌절감을 느껴 한글 자체를 싫어하게 됩니다. 손힘이 약하면, 찰흙 놀이, 종이 찢기, 종이접기 등을 통해 손의 힘을 키운 후 쓰기를 시작합니다. 길을 걸을 때에는 간판을 보며 "우리가 약국까지 왔네" "문방구까지 왔네"라고 말해줄 수 있고, 집안에 냉장고, 우유, 물, 텔레비전, 선풍기 등의 단어카드를 붙여 놓고 익숙하게 만들 수도 있습니다.

본격적인 한글 익히기는 한글의 원리인 자음과 모음의 결합을 배우는 데서 시작합니다. 자음과 모음 읽기를 하고, 가, 나, 다, 라 조합을 가르치고, 단어에서 '가 찾기' 등의 놀이를 합니다. 각, 낙, 닥, 락… 등의 음절을 읽게 하여 받침 있는 글자를 익히도록 지도합니다.

각각의 글자를 익힌 다음에는, 어절단위(띄어쓰기)로 읽어야 문장의 의미를 알게 됩니다. 어절로 읽어야 내용파악이 쉽습니다. 어절 단위로 읽는 방법으로는 어절 끝을 올려 읽는 방법, 어절마다 동그라미를 쳐서 읽게 하는 방법 등이 있습니다. 그러면 시각적으로 어절단위가 보여 뜻을 쉽게 알 수 있습니다.

이후에는 내용의 흐름을 파악하도록 합니다. 글의 줄거리 요약을 시켜보는 것이 좋은데, 제일 단순한 방법은 책을 읽은 후 책장을 넘기면서 간단하게 줄거리를 말해보라고 하는 것입니다. 4컷 만화 그리기 같은 방법을 쓸 수도 있습니다. 아이가 직접 4컷에 기승전결을 나타내는 그림을 그리고, 이야기를 붙이게 합니다. 일기를 쓸 때도 1장 그림보다 4컷 일기가 더 좋습니다. 자신의 하루를 말로 적고, 다시 그림으로 그리게 해주세요. 아이가 말한 청각적인 소리들이 이미지화되므로 오래 기억에 남으며, 요약하는 능력 및 원인과 결과 추론, 사회성 증진에도 도움이 됩니다. 아래의 도표를 참고하세요.

누가?			
언제?			
어디에서?			
누구와?			
무엇을 했나요?			
기분이 어땠나요?			
4컷 만화로 그려보세요.			

말을 배우는 이유는 다양하고 깊은 사고를 하기 위해서입니다. 글의 내용을 파악하고 '주인공이 왜 그렇게 했을까?' '만약 내가 주인공이었으면 어떻게 했을까?' '지은이는 이 글을 통해 무슨 이야기를 하고 싶었을까?'에 대해 생각을 확장하도록 유도해보세요.

아이 교육

책을 좋아하게 하려면 어떻게 해야 하나요

아이가 7살이라 곧 학교에 들어가는데, 책을 잘 안 보려 하고 그림만 본 다음에 다 읽었다고 내려놓습니다. 혼내면 더 책을 안 읽을까 봐 지적도 못하고 있어요.

책 읽기는 글을 읽으며 즐겁게 상상을 하고, 새로 알게 된 지식에 성취감을 느끼는 활동이 되어야 합니다. 어린아이가 독서를 즐겁게 생각하도록 만들어주는 방법들이 있습니다. 첫째, 아이가 혼자 책을 읽을 수 있어도, 엄마, 아빠가 아이에게 몇 권의 책을 읽어줍니다. 특히 잠자기 전 시간에 침대에서 책을 읽어주면 엄마, 아빠와 아이의 정서적 유대감도 좋아집니다. 둘째, 자신이 좋아하는 책을 읽어야 즐거우므로, 읽는 책은 아이가 고르게 합니다. 셋째, 아이들은 좋아하는 책을 반복해서 몇 번씩 읽으므로, 책의 권수에 너무 연연할 필요는 없습니다. 한 종류의 책을 읽게 하다 다른 것들을 궁금해하면, 그때 다른 책으로 넘어가도 됩니다. 아이의 눈에 잘 띄는 곳이나 책꽂이에서 꺼내기 쉬운 쪽에 다른 종류의 책을 넣어두어도 좋고, 엄마, 아빠가 책을 읽어줄 때 다른 책을 읽어줘도 됩니다. 아이가 그림만 본다고 혼낼 일도 아닙니다. 아이는 처음엔 그림만 보면서 상상을 하다 나중에는 글을 읽으며 자신의 상상과 책의 내용을 비교하는데, 이것도 좋은 독서방법입니다. 넷째, 엄마부터 책을 읽는 것이 가장 중요합니다. 아이는 생후 28주만 되어도 엄마의 말이나 행동을 흉내 내는데요. 이는 부모의 행동이 아이에게 영향을 끼친다는 의미입니다.

책 이외의 매체도 관리해야 합니다. 좋아하는 TV 프로그램을 2개 정해서 그 시간에만 TV를 켜고 보게 해주세요. 그다음 아이와 잠자는 시간에 책을 2권 정해 엄마, 아빠가 읽어줍니다. 처음에는 아이 스스로 읽게 하는 것보다 엄마, 아빠가 읽어주고 차차 아이가 읽는 분량을 늘려주세요. 내용, 주제에 대한 질문은 흥미가 생기기 전까지는 하지 말아야 합니다. 이렇게 했더니 실제로 TV만 보던 아이가 점차 책에 관심을 보이며 독서량이 늘어나는 것을 관찰할 수 있었습니다.

더 알아보기

연령별 책 읽어주기

· 3세: 아이를 안고 아이가 책장을 넘기게 하며, 글자보다 문장을 짧게 잘라 읽어줍니다.

· 4세: 동요나 동시, 의성어나 의태어가 들어간 동화를 읽어줍니다. 동화책 그림을 보며 아이와 자유롭게 이야기해봅니다.

· 5세: 글자만 읽어주기보다 아이가 이해할 수 있는 수준으로 줄거리를 이야기해줍니다.

· 6세: 동화의 글자를 손가락으로 짚어가며 읽어주다, 쉬운 문장 1~2개를 아이에게 읽게 하고 칭찬해줍니다.

· 7세: 아이가 한글을 읽을 수 있어도 하루에 책 1권 이상은 엄마, 아빠가 읽어줍니다. 내용에 대해 혹은 '내가 주인공이라면' 등의 주제에 대해 이야기해봅니다.

· 8~10세: 내용이 길어지면서 흥미를 잃을 수 있습니다. 엄마, 아빠가 어느 정도의 분량을 읽어주어 흥미를 유지시키면서 독서수준을 올려줍니다.

아이 교육

영어공부는 언제부터 시키는 것이 좋을까요

요즘 영어노출, 집중듣기, 흘려듣기 등 너무 말들이 많아서 어떻게 해야 할지 모르겠습니다. 영어학습 DVD는 많이 보여주어도 되는지, 늦게 시작해도 되는지 고민입니다.

영어유치원을 보내야 할지 말아야 할지, 언제 영어에 노출시켜야 할지, 어떻게 하면 영어를 원어민처럼 하게 할 수 있을지, 부모들은 생각이 많습니다. 아이가 클수록 이 사람 말을 들어야 할지 저 사람 말을 들어야 할지, 학원에서 해주는 얘기가 맞는 건지 틀린 건지 혼란스럽기만 합니다.

2중 언어를 사용하는 아이들이 단일언어를 사용하는 아이들에 비해 언어사용능력, 개념형성능력, 다양한 사고력 면에서 우수하다는 연구들이 있는 것은 사실입니다. 그러나 이 연구들은 프랑스어와 영어같이 유사한 언어 두 가지를 사용할 때의 이야기이고, 학습을 통해서가 아니라 일상에서 자연스럽게 습득시켰다는 특징이 있습니다. 하지만 우리나라의 영어조기교육은 아이들에게 매우 이질적인 언어

체계를 주입하는 방식으로, 아이에게 스트레스를 준다는 점에서 문제가 있습니다. 2중 언어의 장점, 유리한 점만 생각할 일이 아니라, 현실적인 실행상의 한계를 고려해 교육해야 할 것입니다.

영어교육은 언제 시작하면 좋을까요? 뇌발달영역을 통해 유추해 볼 수 있습니다. 대뇌의 측두엽에 위치한 '베르니케 영역Wernicke Area'은 언어를 듣고 이해하는 과정을 담당하며, 대뇌의 전두엽에 위치한 '브로카 영역Broca Area'은 언어를 구사하는 과정을 담당하여 문법적 기능을 수행합니다. 베르니케 영역은 2살이 되면 활성화되지만 브로카 영역은 4~6세가 되어야 활성화됩니다. 아이의 뇌는 6~7세 전에 문법의 규칙과 논리를 최대한 흡수했다가 이후 사춘기까지는 문법을 익힐 수 있는 능력이 점점 감소합니다. 즉 언어경험에 대한 결정적 시기는 6~7세 이전입니다. 최근 연구에서 공부를 오래할수록 베르니케 영역의 가지돌기가 더 길어진다는 사실이 밝혀졌습니다. 결국 외국어를 6~7세 이전에 접해야 자연스럽게 문법을 익힐 수 있으며, 계속해서 공부해야 어휘력이 지속된다는 것입니다.

집에서는 어떻게 영어교육을 시키면 좋을까요? 먼저 부모가 영어로 말을 걸어주거나 CD를 사용하여 운Rhyme (Twinkle Twinkle Little Star 등과 같이 비슷하거나 같은 소리의 단어를 반복)이 많은 마더구스Mother Goose(미국 동요)를 들려주는 게 가장 좋습니다. 단, DVD는 최소한 2세까지는 보지 못하도록 해주세요.

아이 교육

수학은 어떻게 가르치죠

아이가 수학에 대한 개념이 없습니다. 말로는 1, 2, 3이라고 하는데, 더하기, 빼기를 못합니다. 유치원 아이에게 수학을 어떻게 가르쳐야 할지 모르겠습니다.

1, 2, 3이라는 숫자를 읽을 수 있다고 좋아하는 엄마들이 많습니다. 하지만 이는 좌뇌의 언어중추를 통해 숫자를 그저 읽는 것일 뿐입니다. 수학이 되려면, 공간 등을 이해하는 우뇌까지 모두 발달해야 합니다. 수학적 개념을 받아들이는 데는 다른 인지영역과 마찬가지로 시기와 순서가 있습니다. J. 피아제는 인지발달이 환경과 대뇌와 신경계의 성숙이 다 결합되어야만 나타나며, 아이가 본 것과 이해한 것이 일치하도록 새롭게 생각할 수 있는 방법을 알게 되면서 이루어진다고 했습니다. 4세 때 안 되던 분류가 5세가 되면 가능해지는 것입니다. 이렇듯 인지는 시기가 되어야 단계적으로 발달하므로, 충분한 자극을 주고 기다려야 합니다.

피아제에 의하면 2~7세는 전조작기 단계로, 머릿속으로만 생각해서는 이해를 하지 못하고 직접 봐야만 알 수 있는 단계입니다. 3~4세 아이들에게 똑같은 물건들을 모아놓은 것과 흩어놓은 것을 두고 어느 것이 더 많은지 물으면, 보기에 많아보이는 '흩어놓은 물건'이라고 대답합니다. 4~5세가 되면 아이들이 일대일 대응이 가능해져, 모아놓은 물건들과 흩어놓은 물건들의 수가 같다고 대답합니다. 수 가르기, 모으기를 통해 숫자가 일정하다는 개념이 생기는 것이 초기 수 학습에서 중요합니다. 즉, 형이 사탕을 2개 가지고 있다가 동생이 1개를 더 주면 3개가 되지만, 동생이 1개를 도로 가져가면 원래 2개로 돌아간다(2+1=3, 3-1=2)는 수 보존을 이해할 수 있어야 수 개념이 생기는 것입니다. 이 개념을 통해 더하기, 빼기를 하는 것이죠.

아이가 아직 수의 의미를 잘 모르는 상태라면, 먼저 '많다/적다'의 개념부터 익히게 해주세요. 실물인 우유, 과자, 과일 등을 이용해 우유를 2개의 컵에 따라 놓고 "어느 컵에 우유가 더 많아?"라고 물어봅니다. 저 높은 건물, 여기 낮은 건물, 키 큰 아빠, 키 작은 엄마 등의 개념들에 대해 실물로 예를 들어 이야기해봅니다. 그다음 색깔/모양 등으로 분류하기와 하나씩 세어보기를 하면, 수 개념이 늘어납니다. 물건을 하나씩 통에 담으면서 "하나, 둘, 셋" 숫자를 세어봅니다.

아이가 "일, 이, 삼, 사"라고는 셀 수 있는데 "하나, 둘, 셋, 넷"으로는 셀 수 없다면, 수학은 수 개념이므로 "일, 이, 삼"으로 개념을 먼저 잡고 나중에 대응을 시키면 됩니다. 다음으로 가르기, 모으기를 합니다. 실제 과일, 숟가락, 콩, 사탕, 과자 등을 가지고 가르기, 모으기를 놀이처럼 하면, 자연스럽게 덧셈, 뺄셈의 개념이 생기곤 합니다.

정서

자다가 놀라고 악몽을 꿉니다

아이가 6살인데요. 잘 자다가 갑자기 1시간쯤 후에 일어나서는 소리를 지르고 땀을 흘리며 무서워하다 다시 쓰러져 잠들어버립니다. 아침에 일어나 물어보면 기억이 안 난다고 하고요.

정상 수면상태에는 두 가지 다른 형태가 있습니다. 수면 중 급속도로 안구가 움직이는 것이 관찰된다 해서 명명된 REM(Rapid Eye Movement, 급속안구운동) 수면은 활동적 수면입니다. 잠을 자고 있지만 뇌는 활동적이어서 대부분의 명백한 꿈들이 나타나는 시기로, 신경차단이 일어나 몸을 움직이지 않으며, 호흡과 심장박동은 불규칙적입니다. Non-REM(비급속안구운동) 수면은 고요한 수면으로, 깊은 단계에서는 근육으로 가는 혈액공급이 증가하고, 에너지가 재충전되며, 성장과 발달에 중요한 호르몬들이 분출됩니다.

소아와 성인의 수면은 서로 다른 특징이 있습니다. 신생아는 3~4시간에 한 번씩 깨며 하루 평균 16.5시간을 잡니다. 3개월이 되면 주/야간의 구별이 생기고, 6~9개월이 되면 야간에 충분히 잠을 잘 수 있게 됩니다. 2세 아이는 13시간 동안 수면을 합니다. 3세가 되면 1주일에 6일, 4세가 되면 1주일에 5일, 5세가 되면 1주일에 4일 정도로 낮잠 횟수와 시간이 줄어 전체수면시간이 줄어들고 수면주기가 완성되어갑니다. REM 수면 비율도 변화합니다. 신생아 시기에는 고요한 수면과 활동적 수면을 50퍼센트씩 경험하며, 두 수면을 오가는 간격은 약 50분입니다. 생후 6개월 정도면 REM 수면은 수면의 30퍼센트를 구성하게 됩니다. 6세 정도가 되면 두 수면을 오가는 간격이 약 90분으로, 성인과 비슷한 주기가 됩니다. 한편 유아기 수면에서 주기가 뚜렷한 성인수면으로 변하면서 일시적으로 수면문제들이 생기기도 합니다.

위의 사례는 야경증으로, 소아수면에서 일시적으로 보이는 독특한 현상입니다. 야경증에 걸린 아이는 밤에 자다가 갑자기 깨서는 소리를 지르고 땀을 흘리며 매우 겁에 질린 듯이 보이고, 이름을 불러도 대답하지 못하는 증세를 보입니다. 몇 분 뒤, 멈추고 잠자는 행동도 흔히 보입니다. 아침에 일어나 물어보면, 거의 기억하지 못하고 괴물에게 쫓겼다는 정도의 간단한 장면 이야기만 합니다. 피곤, 불안, 스트레스, 수면부족, 고열 등이 그 원인으로 알려져 있습니다. 3~16세 아동 가운데 1~3.5퍼센트에게 발생하며, 크면 저절로 좋아집니다.

야경증
첫 Non-REM 수면에서 갑자기 놀라 깨어나는 일이 반복되는 질환. 비명을 시작으로 강한 공포, 동공확장, 가슴 두근거림, 빠른 호흡, 땀이 나는 자율신경계 각성증상이 나타난다.

아이가 이러한 증상을 보일 때 깨우려고 흔들면 더 심해지므로, 안아주고 달래는 말을 해주어야 합니다. 그다음, 아이가 벽이나 창문에 부딪히지 않도록 부드럽게 잡아 침대로 가게 해줍니다. 평소에는 아이를 피곤하게 하지 않아야 합니다. 일정시간 동안 자게 하고, 낮 시간에 너무 과격하게 움직이지 못하도록 해줍니다.

야경증은 수면 중 경기(경련발작)와 구별해야 합니다. 침을 흘리고 경직되는 모습을 보이거나, 수면 중 일정한 패턴으로 야경증이 반복되거나, 30분 이상 증상이 지속될 때, 그리고 낮 시간에도 공포를 느끼거나 가끔씩 정신이 나간 것처럼 깜빡깜빡하며 물건을 놓치는 경우에는 병원에 가서 상담을 받으셔야 합니다.

야경증과 비슷한 다른 수면장애들도 있습니다. 대표적인 것이 악몽인데요. 악몽을 꾼 아이들은 새벽에 울며 잠꼬대를 하거나 깨기도 하는데, 정작 아침에 일어나면 운 것은 기억하지 못합니다. 물어보면, 괴물이나 귀신이 나오는 꿈을 꾸었다고 하고 꿈의 줄거리를 이야기합니다. 초등학생, 중학생 가운데 9.7퍼센트 정도에게서 나타나는 증상으로, 스트레스나 심하게 혼난 일 같은 과거의 충격적 사건이 원인인 경우가 많습니다. 그렇기 때문에 아이의 불안감을 해소시켜주어야 합니다.

다른 수면장애로는 몽유병이 있습니다. 6~16세 아동의 40퍼센트에서 한 번 정도는 나타나는 것으로 알려져 있으며, 12세에 가장 흔하게 발생한다고 합니다. 몽유병이 있는 아이들은 잠자리에 든 후 1~2시간 사이에 침대에서 일어나 약간 당황한 얼굴로 방 안을 걷거나 부모 방으로 걸어오기도 합니다. 아침에 일어나면, 이런 일들을 기억하지 못하죠. 이때 다치지 않을 정도로 도와주면, 아이들은 스스로 잠이 듭니다.

야경증이나 악몽 등 수면장애가 있는 아이가 있으면, 우선 낮에 스트레스가 없었는지 확인해보아야 합니다. 아이의 스트레스는 누군가가 괴롭힌다든가 힘들게 하는 것보다 부모의 양육부재가 원인인 경우가 많으니 폭넓게 살펴보셔야 합니다. 원인을 제거했는데도, 잘 조절되지 않으면 전문가와 상담해보세요.

정서

겁이 너무 많아요

10살 여자아이를 키우는데요. 아이가 개를 너무 무서워해서 길거리를 다닐 때면 주변을 살피며 지나치게 조심스럽게 걸어다닙니다. 개 짖는 소리만 나도 엄마 뒤로 숨거나 다른 길로 돌아서 가려고 하고요. 외출이 너무 힘듭니다.

공포란 어떤 위기상황에서 자신을 보호하고 다가올 위험을 미리 예상하여 피하게 하는 자기방어수단입니다. 인간은 살면서 여러 가지 공포를 느끼는데요. 이 공포감이 정상인지 비정상인지를 따지기보다는 불안 정도가 심해 일상생활에 영향을 미친다면 치료를 고려하는 것이 바람직합니다.

생후 3~4개월 때는 아무에게나 미소를 짓던 아이가 6~8개월이 되면 낯을 가려 낯선 사람이 자기를 안으면 웁니다. 1~2세에는 엄마에게 붙어서 떨어지지 않으려는 분리불안 증세를 보입니다. 3세가 되면 대상항상성이 생겨 엄마가 눈에 안 보여도 내가 위험에 처하면 나타날 것이라는 믿음으로 엄마와 떨어질 수 있게 됩니다. ▶'언제부터 따로 재워야 하나요'(112페이지) 참조

4~5세에는 TV에서 무서운 장면을 보거나 동물, 벌레, 천둥소리 같은 무서운 자연현상, 엄마와 아빠에게 혼날 것 같은 공포, 도깨비, 귀신, 괴물 등 동화책 속 상상의 캐릭터를 실제라 여기며 공포를 느끼고, 이에 관한 꿈도 꿉니다. 초등학교에 입학하면 학교에 대한 공포를 느끼며 대상이 좀 더 추상적으로 변하죠. 10세가 되면 죽음 이후 다시는 세상에 돌아올 수 없다고 하는 죽음의 비가역성에 대해 알게 되면서 부모 및 자신의 죽음, 질병과 상해에 대한 공포가 생깁니다. 초등 고학년이 되면 타인에 대해 인식하기 시작하고 남과 비교를 합니다. 경쟁심리, 인정받고자 하는 성취욕구, 공부를 못해서 당하는 창피함이나 친구들의 놀림에 대한 걱정들이 생겨납니다. 이는 청소년기가 되면서 최고조에 이르러, 자신에 대한 타인의 평가나 비난에 대한 두려움, 또래의 압력을 느끼게 됩니다.

연령에 따른 아이의 공포는 일시적으로 생겨났다 사라집니다. 하지만 정도가 지나치면 병이 될 수 있습니다. 특정 상황이나 대상을 두려워해 회피하려는 행동이 지나쳐 생활에 어려움이 생기면 특정 공포증으로 진단할 수 있죠. 여기에는 동물공포, 자연현상에 대한 공포, 신체손상에 대한 공포 등이 포함되며, 이는 어린아이들에게서 흔히 발견됩니다. 아이들은 특이하게 귀신에 대해 심한 공포를 느끼면서도 귀신영화를 좋아하는 등 행동이 불일치하기도 하며, 자신의 과도한 걱정이 비합리적이라는 사실을 느끼지 못합니다. 이러한 부분은 나이가 들면서 자연스럽게 해결되므로, 아이가 두려워하는 대상을 아이에게 점진적으로 천천히 노출시키는 것이 좋습니다. 사회공포증은

사회공포증
특정 상황에서 얼굴이 붉어지거나 손이 떨려 창피했던 경험을 하고 난 후, 대화하기, 발표하기, 음식 먹기 등 다른 사람이 쳐다보는 상황에 대해 심각하게 불안해하는 증상. 자신이 긴장한 모습을 남들이 눈치 챌까 봐 극도로 두려워하고 그 상황을 회피하려 하여 사회생활에 지장이 생긴다.

초등 고학년 이후 다른 사람이 자신의 행동을 주시한다는 두려움에 남 앞에서 말하기, 읽기, 음식 먹기 등의 일상을 이어가지 못하는 것으로, 미취학 아동에게는 거의 없는 증상입니다.

위의 사례처럼 개를 너무 무서워하여 외출이 어려운 경우도 있는데요. 아이는 '개를 만나면 나는 끝장이 날 거야'라고 생각하고 두려워하지만, 대체로 아이는 자신이 무슨 생각을 하고 있는지 깨닫지 못합니다. 이런 아이에게는 "개를 만나면 생길 수 있는 나쁜 일은 무엇일까?"라고 물어보세요. 아마 아이는 막연하게 '끝장'이라고 생각하겠지만, 실제로는 '크게 짖어서 놀란다' 정도가 실제로 생길 수 있는 일입니다. 아이는 이런 문답을 통해 불안감이 결과를 과대평가하게 만드는 오류를 낳는다는 사실을 어렴풋이 깨달을 수 있습니다.

R. 라피R. Rapee는 아동기불안인지행동치료의 한 기법으로 '탐정처럼 생각하기'를 제안합니다. 먼저 부모는 아이에게 "네가 걱정하는 것이 뭘까?"라고 묻습니다. "우린 이제부터 탐정이 되어 걱정스러운 생각에 대한 증거를 찾으려고 해. 걱정이 생기면 증거를 찾아보고 이런 걱정이 사실인지 결론을 내려보자" "전에도 이런 일이 있었니?" "그때 무슨 안 좋은 일이 생겼니?" "네가 아는 친구가 같은 일을 겪은 적이 있니?" "보통은 어떤 일이 생기니?" "어떤 다른 일이 생길 수 있니?" 등의 질문도 던져보세요. 이를 근거로 "증거를 보았을 때, 네가 생각하는 일이 일어날까? 다른 생각은 없을까?" 하고 물어봅니다.

개에 친숙하지 않은 아이는 미지의 생물이 어떻게 반응할지 예측되지 않기 때문에 두려워하므로, 점차적인 접근이 필요합니다. 이런 경우 이에 대해 단계적으로 실행해보는 점진적 노출기법Systemic Desensitization이 있습니다. 아이에게 "처음에는 쉬운 것부터 해보고, 나중에 천천히 어려운 일까지 해보자"라고 말해줍니다. 쉬운 단계를 성공하면, 다른 문제에 도전할 자신감을 얻게 됩니다. 따라서 개 그림 바라보기, 장난감 강아지를 가지고 놀아보기, 새끼강아지 만져보기, 엄마와 같이 큰 개 옆에 가보기 등의 순서로 점차 아이를 개에 노출시켜주세요.

정서

유치원에서 아이가 말을 안 해요

7살 여자아이를 키우고 있는데요. 집에서는 무척 활발한데, 이상하게 유치원에서는 말을 한마디도 안 합니다. 얼마 전에는 걱정이 되어 상담을 받으러 갔는데, 치료실에서도 안절부절못하면서 엄마 옆에 붙어 있고, 묻는 말에는 전혀 대답도 안 하더라고요.

부모, 형제 같이 가까운 사람과는 집에서 말을 하는 데 아무 문제가 없지만, 일단 밖으로 나가면 전혀 말을 하지 않는 것을 선택적 함구증이라고 합니다. 충분히 말할 수 있는 아이가 말을 안 하기 때문에, 사람들은 아이가 대화를 거부하는 것으로 오해하게 됩니다. 그러나 이는 말하기를 '거부'하는 것이라기보다는 말하기에 '실패'한 것으로, 낯선 사람 앞에서 불안이 심해 말을 '못 하는 것'이라고 보아야 합니다.

선택적 함구증
말을 잘할 수 있는 능력을 가진 아이가 학교나 말하기가 요구되는 특정상황에서는 지속적으로 말을 하지 못하는 증상이 1개월 이상 지속되어 생활에 지장을 주는 소아불안증.

T. L. 헤이든T. L. Hayden은 선택적 함구증을 '공생적' '수동공격적' '반응성' '언어공포증적'이라는 4가지 유형으로 나누었습니다. 공생적

함구증은 가장 흔한 형태로, 엄마와 강력한 유대를 가진 아이들의 특징입니다. 자신의 요구에 따르게 하기 위해 엄마에게 매달리면서, 수줍어하고, 예민하게 반응하는 유형입니다. 엄마는 지속적으로 아이의 요구를 들어주고, 아이가 다른 사람과 관계를 맺으면 질투하기도 합니다. 이런 아이의 부모는 주로 지배적이고 말 많은 엄마(혹은 아빠)와 수동적이고 부재 상태인 아빠(혹은 엄마)로 구성된 경우가 많습니다. 엄마는 아이가 반항할 때는 반응을 보이지 않다가 아이가 침묵할 때 반응을 보입니다. 수동공격적 유형은 아이가 말하는 것을 반항적으로 거부하여 침묵을 무기로 삼아 주변을 적대시하는 타입입니다. 반응성은 가족 전체가 우울하고 위축되어 있는 경우로, 학교 입학이나 사고로 다친 이후에 이런 증상이 나타나곤 합니다. 언어공포증적 타입은 '남들이 내 목소리를 듣고 이상하다고 생각할 것'이라는 걱정에 말하지 못하는 경우입니다.

선택적 함구증은 엄마와의 공생적인 관계에서 오는 경우가 많으므로, 첫째, 엄마와의 유착관계를 깨서 점차 다른 사람과 아이가 관계를 갖도록 유도해야 합니다. 아이가 독립심을 키우는 것이 중요하죠. 엄마가 갑자기 관심을 끊으면 아이가 힘들어하므로, 아이가 편안해할 수 있는 존재를 점차 아빠, 삼촌, 이모 또는 평소 조금 어색한 사람 정도로 늘려나갈 수 있도록 도와주세요.

둘째, 아이가 말하지 않는다고 비난하면 안됩니다. 갑자기 힘든 장소에서 말하게 하면 좌절하여 말하기가 더 어려워집니다. 쉬운 것에서부터 어려운 것으로 천천히 시도해야 하는데, 예를 들면 제스처나

쓰기 같은 비언어적 의사소통법 사용하기, 속삭이기부터 시작해 보통 목소리로 말해보기, 질문에 "네" "아니오"로 답하기, 질문에 조금 더 길게 대답하기, 어른이나 또래 중 상대적으로 편한 사람과 대화 시작하기 등의 순서로 시도합니다.

셋째, 6개월 이상 계속 말을 안 하는 경우에는 빨리 치료하는 것이 좋습니다. 이런 증세가 오래 지속되면, 학업문제, 따돌림, 의존적인 또래관계 등 말을 하지 않음으로 오는 결과가 점점 강화되기 때문입니다. 이럴 때는 친밀한 사람에서 점차 친밀하지 않은 사람으로 천천히 대화를 확대시켜나가는 놀이치료 및 불안감을 감소시키는 약물치료가 도움이 됩니다.

2장

초등학생 자녀의 문제

1

정서

어린애가 자꾸 스트레스를 받는다며 투덜대요

4학년밖에 안 된 녀석이 조금만 잔소리를 하면 말끝마다 "스트레스 받아"라며 투덜댑니다. 숙제를 하라고 하거나 방정리를 하라고 해도 스트레스 받는다고 합니다. 아이들도 정말 스트레스를 받나요? 어떻게 하면 좋을까요?

어른들은 아이들을 보며 애들이 무슨 걱정이 있겠냐 생각하지만, 실은 전혀 그렇지 않습니다. 매일 새로운 지식을 익히고 새로운 것을 경험해야 하기에 아이들도 당연히 스트레스를 받습니다. 매일이 새로운 모험인 아이들이 숙제, 쉬지도 못하고 학원을 가야 하는 상황, 친구와 비교하는 이야기들, 엄마의 잔소리 등을 다 소화해내기는 쉽지 않죠. 한국청소년정책연구원에서 조사한 바에 따르면, 아이들은 스트레스의 원인으로 학업, 또래관계, 가정불화 등의 문제를 꼽았다고 합니다. 아이들의 말로 풀자면, 학습지를 할 때, 친구가 장난으로 자신을 칠 때, 좀 놀고 싶은데 부모님이 못 놀게 할 때, 내 말을 안 들어줄 때 스트레스를 받는다는 것입니다.

부모는 다른 아이들이 배우는 것들을 내 아이에게 똑같이 경험시켜주고 싶은 마음에, 아이들을 재촉해서 빨리, 많이 가르치고 싶어합니다. 그 탓에 아이들은 초등학생 때부터 경쟁이 보편화된 환경에서 살아야 하고, 자기가 해야 할 것이 너무 많다고 느낍니다. 초등학교 때부터 입시준비를 하고, 커진 사교육 시장에 눌려 온갖 종류의 공부를 해야 하는 게 오늘날의 초등학생들입니다. 예전 같으면 동네골목이나 놀이터에서 놀이로 했을 줄넘기조차 학원에서 배워야 하는 공부로 변했으니, 스트레스를 풀어주는 수단이 오히려 스트레스를 가중시키는 도구로 변질된 것입니다.

아이들이 스트레스받을 일이 없다고 생각해 어른들이 그만큼 배려해주지 못하는 데서 발생하는 스트레스도 있습니다. 아이는 자기만의 여러 가지 생각과 의도를 가지고 있지만, 그 내면까지 알아주는 부모는 그렇게 많지 않습니다. 아이 앞에서 부부싸움을 하는 경우도, 상상 이상으로 아이들에게 큰 스트레스를 줍니다. 부모 자신이 어릴 때 집안에 별 일이 없어서 모르겠다는 경우도 많고, 원래 감정에 무딘 경우도 많죠. 이혼 같은 심각한 갈등상황에도 부모가 자신들의 부정적인 감정에 사로잡혀 아이들의 불안이나 슬픔 등을 의도적으로 무시하거나 축소하는 경우도 있습니다.

적당한 스트레스는 아이의 발전을 위한 자극제가 되지만, 아이의 능력을 벗어나는 스트레스는 오히려 성취를 방해하고 의욕을 꺾는 역할만 합니다. 아이들은 자신의 마음상태를 언어로 제대로 표현하기 어려워해서 자신의 마음상태를 제대로 전달하지 못하는 경우가 많습니다. 부모는 언제나 아이의 보내는 신호에 안테나를 바짝 세우고 있어야 합니다. 역치를 넘어선 스트레스에 아이들은 SOS 신호를 보내는데, 이는 대개 평소와 다른 일련의 행동들로 나타납니다. 유뇨증, 지나친 군것질, 손톱 물어뜯기, 두통, 가슴 답답함 등의 신체신호나 지나친 투정, 울기, 부모와의 언쟁, 의존하기, 급격한 집중력 저하 등의 심리적 신호를 보일 때는 부모가 아이의 어려움을 알아차리고 대처해야 합니다.

아이가 스트레스를 받는다는 신호를 보내면, 부모는 먼저 스트레스의 이유를 찾아내야 합니다. 가장 먼저 아이의 일상 스케줄에서 아이가 견디기 힘들어하는 일은 없는지, 예를 들어 많은 환경이 한꺼번에 변하거나, 나이에 비해 과한 것을 해야 하지는 않는지, 학교에서 대인관계를 잘 유지하고 있는지, 가족 내부의 사소한 갈등이 아이에게 부담이 되지는 않는지, 자존감은 잘 지키고 있는지 등을 잘 살펴보세요. 아이의 꽉 찬 일과가 문제라면 해야 할 일을 줄여서 감당하기 힘들지 않도록 하는 배려가 필요합니다. 그다음으로, 아이의 불안감을 덜어낼 수 있도록 아무리 사소한 일이라도 아이가 노력했을 때나 성공했을 때 칭찬해주세요. 무슨 일을 하든 더 나아질 거라는 꿈을 가질 수 있게 용기를 북돋아주세요. 마지막으로, 잠깐 쉬거나 좋아하는 일을 하도록 격려하고, 불편한 감정을 표현하도록 의사소통을 하는 것이 필요합니다. ▶'사춘기가 빨리 찾아온 아이를 어떻게 대해야 하나요'(209페이지) 참조

외동아이는 정말 사회성이 부족한가요

외동아이가 이번에 학교에 들어갑니다. 학교에서 아이들과 잘 어울릴지 걱정인데요. 외동아이는 정말 사회성이 부족한가요?

여러 통계가 보여주듯, 우리 주변에서 외동인 아이들을 보는 건 이미 드문 일이 아닙니다. 급격하게 감소하는 우리나라의 출산율을 고려하면, 앞으로도 외동아이 비율 증가폭은 가속화될 것으로 예상되는데요. 이렇게 가구형태가 변화하고 외동이 늘어나면서, '아이가 혼자 자라면 외롭다' '외동아이는 이기적이고 사회성이 떨어진다'는 걱정어린 시선이 늘고 있습니다.

일반적으로 외동아이는 자라면서 부모의 관심을 독차지하며, 자기만의 시간을 가지는 경우가 많기에 간섭받기를 싫어합니다. 가정 내에서 누군가와 경쟁해본 경험이 없고 주로 어른인 부모와 상호작용을 많이 하기 때문에 수평적인 상호작용인 또래관계에 능숙하지 못한 편입니다. 그래서 친구들에게 지기 싫어하거나 갈등해결에 익숙하지 않아 본격적인 사회생활을 시작하는 초등학교 시기에 문제에 부딪히기도 하죠. 외롭고 심심하다며 동생을 낳아달라거나 강아지를 사달라고 요구해 부모가 난감해하기도 합니다. 반면 부모의 관심과 사랑을 충분히 받을 수 있고, 형제자매들과의 비교와 경쟁에서 자유롭다는 점은 축복입니다.

미국 오하이오주립콜럼버스대학의 D. 보빗제하D. Bobbitt-Zeher와 D. 다우니D. Downey 박사 연구팀은 2004년 연구에서, 유치원 연령의 외동아이들이 형제자매가 있는 아이들과 비교해 다소 사회성이 부족하다는 결과를 발표했습니다. 이 흥미로운 연구결과는 청소년기까지 그 결과가 지속되는지 보기 위한 2010년 후속연구로 이어졌는데요. 7~12학년 청소년을 대상으로 친구들이 몇 명인지, 또래 사이에서 얼마나 인기가 있는지를 분석한 결과, 형제자매의 유무는 청소년기의 사회적 능력과 상관이 없는 것으로 밝혀졌습니다. 연구자들은 아이들이 학교에서 친구들이나 선생님들과 상호작용을 하고 사회적응력을 키우는 능력을 키우는 기회를 통해 어릴 때 보이던 차이가 사라진다고 결론 내렸습니다. 텍사스대학 토니 팔보Toni Falbo 교수팀이 리더십, 성숙도, 사회성, 유연성, 안정성 등 16가지 항목에서 외동아이와 형제가 있는 아이를 비교한 결과, 두 그룹 간의 차이가 없었고 성취동기와 자존감에서는 오히려 외동아이의 점수가 더 높은 것으로 나타나기도 했습니다. 저널리스트 L. 샌들러L. Sandler는 2010년 이런 결과들을 바탕으로 미국 시사주간지 〈타임*Time*〉에 외동아이에 관한 고정관념이 얼마나 잘못되어 있는지를 기고하며 큰 반향을 불러일으켰죠.

형제 수에 대한 학계의 논의는 크게 두 가지 모델을 제시합니다. 먼저, 부모가 아이에게 책을 읽어줄 수 있는 시간이나 관심, 신체적·정서적 에너지를 하나의 자원으로 봤을 때, 이런 자원들은 형제 수가 적을수록 집중되므로 외동자녀가 더 좋은 성과를 낼 수 있다는 '자원희석모델Resource Dilution Model'이 있습니다. 그리고 형제관계는 아동에게 결정적인 학습경험을 제공하기 때문에 외동은 형제의 부재로 인한 불이익을 가진다는 '결핍모델Confluence Model'도 있죠. 이런 상반된 가설에서 짐작할 수 있다시피, 결국 아이의 성격, 사회적응도, 정서적 문제는 아이가 외동이냐 아니냐보다 아이를 키우는 부모의 양육방식에 달렸다고 볼 수 있습니다.

외동아이를 키우는 부모는 먼저 아이에게 한계선을 가르쳐야 합니다. 아이가 원하는 것을 모두 하게 해주는 한계선 없는 육아는 또래관계에서 문제를 가져올 수 있습니다. 너무 멀지도 가깝지도 않은 거리에서 부모에게 의존하지 않도록 한 발짝 떨어져 지켜봐주세요. 또한 다른 사람에 대한 배려를 키우고 갈등을 해소하는 방법을 가르쳐주어야 합니다. 이를 위해 또래나 사촌과의 접촉을 늘리고, 사교성을 키워주는 것이 필요합니다. 음식을 친구들과 나눠먹거나, 애완동물을 키우는 것도 방법입니다. ▶'애완동물을 사주는 것이 아이들 정서에 좋을까요'(206페이지) 참조

외동아이의 부모 역시 다양한 아이의 성격을 관찰할 기회가 적으므로, 또래부모나 어른들과 어울리면서 양육정보를 얻는 것이 좋습니다. 또한 아이에 대한 기대를 한 단계 낮추세요. 양가 조부모와 부모에게서 오는 지원과 관심을 한몸에 받는 아이는 좋은 점도 있겠지만, 과다한 교육열과 지나친 기대는 자칫 아이를 짓누를 수도 있으니까요.

나쁜 일이 생겼을 때 아이에게 어떻게 설명해야 하나요

얼마 전 아이와 자동차를 타고 가다가 뒤에서 어떤 차가 우리 차를 들이받아 사고가 난 적이 있습니다. 많이 다치진 않았지만, 이후 아이가 극도로 불안해하네요. 차 타는 것도 무서워하고요.

아이들도 자라면서 여러 가지 원치 않는 상황들을 겪게 됩니다. 아이들은 유아기를 지나면서 점차 모든 일이 마음처럼 되진 않는다는 사실을 알게 되죠. 나쁜 일이 생기면, '왜 나한테 이런 일이 생기지' 하는 생각이 들고 불안해집니다. 한편 인지발달단계에 따라 아이들이 상황을 이해하고 받아들이는 정도도 다릅니다. 초등학생 아이들은 자기가 컵을 깨트려 엄마에게 야단맞은 날 천둥이 칠 경우, 천둥이 치는 과학적 원인에 대해 배웠음에도 자신의 잘못 때문에 하늘이 벌을 준다고 생각할 수 있습니다. 거짓말을 많이 해서 나쁜 일이 생겼다거나, 착한 일을 하면 이미 일어난 일이 없어질 거라고 생각하기도 하죠. 이 시기에는 자기중심적으로 상황을 받아들이는 편이기 때문입니다.

세월호 사건 당시 우리 모두가 경험한 것처럼, 사건 당사자가 아니더라도 재난을 목격한 사람이나 구조에 참여한 사람, 심지어 TV나 신문을 통해 간접경험을 한 사람에게도 외상후스트레스장애Post Traumatic Stress Disorder, PTSD가 나타날 수 있습니다. 이를 대리외상증후군Vicarious Trauma이라고 합니다. 미국 9·11 테러 당시 TV를 본 미국 전역의 시청자들 중 약 50만 명에게서 외상후스트레스장애가 발병했다는 보고도 있을 정도입니다. 아이들은 특히 이야기를 전해 듣거나 상상하는 것만으로도 직접적인 사고를 겪은 것만큼의 영향을 받을 수 있는데요. 이처럼 충격적인 사건과 관련해 아이들이 보일 수 있는 이상신호는 슬픔, 우울, 불안, 두려움, 짜증 등의 정서적 불편감, 잠들기 힘들거나 악몽을 꾸는 등의 수면문제, 두통, 메스꺼움, 피로감 등의 신체적 불편감, 평소보다 어리게 행동하거나 엄마에게서 떨어지지 않으려고 하는 등의 행동변화 등이 있습니다. ▶'충격적인 사건이 자꾸 떠올라 너무 괴로워요'(570페이지) 참조

외상후스트레스장애
외상성 사건(생존에 위협이 될 정도의 심각한 트라우마)를 경험한 후 발생하는 불안장애. 심리적·무의식적으로 사건의 기억에서 벗어나지 못하고, 대신 다른 인지기능 및 감정상태의 혼란이 야기되어 일상생활에 장애가 나타나는 것.

대리외상증후군
사건 사고의 당사자가 아닌 간접경험에도 사건을 마치 눈앞에서 벌어진 일처럼 생생하게 경험하며 트라우마를 겪는 증상.

나쁜 일이 생겼을 때 부모가 먼저 해야 할 일은 아이들과 함께 사건에 대해 솔직하게 이야기하는 것입니다. 부모가 느끼고 생각하게 된 부분에 대해 아이에게 이야기하는 것이 좋습니다. 아이를 보호하려고 또는 아이가 받을 충격을 걱정해 감추려 한다면, 아이는 직감적으로 부모의 설명과 실제상황이 다르다는 것을 알고 의문을 갖거나 궁금해하게 되어 부정확한 정보를 사실로 믿게 될 수 있습니다. 물론 아

이에게 모든 것을 다 알릴 필요는 없으며, 연령에 맞게 아이가 이해할 수 있을 만한 범위에서 이야기를 나누면 됩니다. 아이들은 불안, 공포, 분노와 같은 부모의 반응을 그대로 느끼거나 학습할 수 있으므로 사건을 해석해 전달하는 부모의 역할이 무척 중요합니다.

아이가 작은 사고 이후에 지나치게 불안해한다면, 그 사고가 많이 두려웠는지, 그런 일이 있을 때 어떻게 하면 좋을지, 더 큰 사고가 날 수 있었는데 이 정도인 게 얼마나 다행인지 등 사건에 대한 생각과 감정을 아이와 이야기하며 불안감을 이겨낼 수 있게 해주어야 합니다. 또한 나쁜 일이 생겼을 때 슬퍼하기만 할 것이 아니라, 기분이 좋아질 수 있는 일을 찾아보도록 도와줍니다.

이런 여러 가지 시도에도 불구하고 아이의 행동이 걱정되거나 아이가 사건에 대해 잘 대처하지 못한다는 생각이 들면, 정신건강전문가와 상담해야 합니다. 기본적으로 불안이나 우울, 스트레스와 같은 감정들은 겉으로 잘 드러나지 않는 문제들입니다. 그렇기 때문에 아이들은 속으로는 힘들더라도 겉으로 봤을 때 잘 지내는 것처럼 보일 수 있습니다. 문제가 심각해질 때까지 겉으론 이상신호가 나타나지 않을 수 있다는 것이죠. 따라서 아이들을 잘 살펴보고, 아이에게 이상신호가 나타난다면 도움을 요청해주세요. 부모는 좋은 일에서나 나쁜 일에서나 아이들의 보호자로서 최선을 다해야 합니다.

애완동물을 사주는 것이 아이들 정서에 좋을까요

아이가 키우던 강아지가 죽었습니다. 우리 부부가 맞벌이에다 아이가 외동이어서 강아지를 많이 좋아하고 동생처럼 아꼈는데요. 그래서 그런지 무척 속상해하고 종일 우네요. 뭐라고 해줘야 할지, 다시 애완동물을 사줘야 할지 고민입니다.

아이들은 강아지, 병아리, 물고기 등 애완동물을 키워보는 경험을 1~2번은 하게 됩니다. 애완동물을 키우는 것은 정서적인 면에서도, 책임감을 형성하는 면에서도 긍정적인 부분이 많습니다. 애완동물과의 포근한 접촉은 아이의 마음을 안정시킵니다. 또한 자신을 전적으로 따르는 강아지와 이야기를 속삭이며 갖는 친밀한 관계는, 후에 다른 사람과 신뢰를 주고받는 대인관계를 형성하는 데 도움이 됩니다. 애완동물을 다루는 방법을 깨우쳐가며 사회적 기술Social Skill을 배우기도 하죠. 그래서인지 진료실에서 만난 우울한 아이들이 강아지를 키우며 밝아지거나, 학교에 안 가겠다고 난리치던 아이가 애완동물을 키우면서 학교에 성실하게 다니는 경우를 자주 볼 수 있습니다. 자폐증 아이들을 대상으로 동물과의 정서적 교류를 통해 이들의 의사소통

능력 및 사회적 상호작용이 향상될 수 있도록 다양한 '동물매개치료 animal assisted psychotherapy'를 시도하고 있습니다.

물론 애완동물을 데려온 건 좋았는데, 엄마 혼자 키우거나 아이가 동물을 괴롭히는 상황이 벌어지기도 합니다. 만 4세 미만의 어린아이들은 자신의 공격성이나 충동을 조절하기 어려워서, 어른의 감독 하에 애완동물을 키워야 합니다. 초등학생 아이들에게도 동물 역시 사람처럼 규칙적인 음식, 활동 등이 필요함을 알려줘야 합니다. 이 과정에서 아이들은 책임감을 배우게 됩니다.

아이들은 애완동물이 죽을 때 처음으로 상실의 경험을 하게 되는 경우가 많습니다. 자신이 아끼는 강아지나 고양이를 잃었을 때 아이들의 반응은 다양합니다. 어떤 아이는 몹시 슬퍼하고, 어떤 아이는 거의 무심한 듯 행동하다가 1주일이 지나서야 시무룩해하기도 하고, 악몽을 꾸기도 합니다. 이런 경우 당황한 부모는 아이에게 괜찮다고 섣부른 위로를 하면서 다른 애완동물을 구해주기도 하고, 그깟 애완동물이 죽은 일에 과한 반응을 보인다며 아이의 감정을 대수롭지 않게 여기기도 합니다.

하지만 죽은 애완동물이 다시 살아나길 바라는 마음이나 애완동물이 죽은 후에도 계속 아파하고 있는 건지 궁금해하고 불안해하는 마음을 아이가 갖는 것은 모두 정상입니다. 5세 미만의 어린아이들은 만화영화의 주인공처럼 동물이나 사람이 죽었다가 다시 살아날 수 있다고 믿습니다. 만 7~8세경 아이들은 죽음에 대해 어른과 비슷한 개념을 가지게 되지만, 이때도 자신의 부모만큼은 죽지 않을 거라고 믿습니다. 가까운 사람의 죽음을 인정하지 않고 자신과 가까운 곳에는 죽음이 없다고 믿는 것이죠. 그렇기에 아이들은 애완동물의 죽음을 경험하면서 일찍 찾아오는 죽음을 어떻게 받아들여야 하는지 서서히 알게 되는 것입니다.

애완동물이 죽었을 때 아이의 슬픔을 달래준다며 이미 일어난 일을 무시하고 다른 애완동물을 구해주는 것은 해결책이 아닙니다. 오히려 애완동물의 죽음을 충분히 슬퍼해도 괜찮으며 부모도 함께 슬퍼하고 있다는 것을 아이에게 알려주면서 슬픔을 공유하는 것이 좋습니다. 아이와 함께 간소한 장례식을 치르거나 편지 같은 글로 작별인사를 하면서 아이의 상실감을 존중해주세요. 죽음에 관해 궁금한 게 있으면 언제든지 이야기하라고 알려주면서요. 애완동물과 같이 찍은 사진을 보며 즐거웠던 추억을 이야기하거나, 아이만 알고 있는 애완동물의 비밀을 이야기하면서 서서히 상실감을 희석시켜야 합니다. 좀 더 어린아이들에게는 죽음이 잠드는 것이 아니라는 점도 분명하게 이야기해야 합니다. 그렇지 않으면 아이가 자기도 죽게 될까 봐 잠자기를 싫어할 수도 있습니다. ▶'부모님이 돌아가셔서 마음이 너무 아픕니다'(756페이지) 참조

사춘기가 빨리 찾아온 아이를 어떻게 대해야 하나요

초등학교 4학년에 올라가는 남자아이를 키우고 있습니다. 아이 성격이 따뜻하고, 순진하고, 부드러운 편인데요. 최근 들어 기본적인 말과 행동이 좀 달라진 것 같아 많이 당황스러워요. 별 일 아닌 것에 짜증을 내고, 꾸중을 해도 듣는 둥 마는 둥 천연덕스럽게 말대꾸를 합니다. 사춘기가 온 걸까요?

초등학교 4학년쯤 되면서 달라지는 아이들 모습을 보며 엄마들은 흔히 '삼춘기'가 왔다고 합니다. 삼춘기는 과연 이른 사춘기일까요? 이 질문에 대한 답부터 이야기하자면, 아닙니다! 진정한 사춘기는 아직도 멀었습니다.

물론 초경연령이 당겨지는 등 신체발달이 날로 빨라지고, 성적 · 인지적 자극도 많아져서 부모가 보기에는 예전보다 사춘기가 빨리 오는 것 같기도 할 겁니다. 이 무렵 아이들은 사소한 일에 짜증을 내거나 감정기복이 심해지고, 졸리고 피곤해하며, 세상에 불만 많은 사람처럼 매사에 부정적이고, 야단을 쳐도 대들기만 하고, 미안함이나 반성의 기색이 없는 것처럼 보입니다. 아이들은 이 시기에 체계적이고 논리적인 사고능력이 발달합니다. 이전과 달리 추상적인 사고가 가능해지면서 인지발달이 빠른 아이는 초등학교 고학년에도 사춘기와 비슷한 사고나 행동을 보일 수 있습니다. 그렇기 때문에 진정한 사춘기가 왔다기보다는 강한 의견이 생겨나고 있다고 보시면 됩니다.

아이가 성장하면서 부모의 말을 듣지 않는 것은 자연스러운 자아발달과정의 일부이지만, 부모 입장에서는 아직 마음의 준비가 안 된 상태에서 맞게 되는 아이의 반응이 당혹스럽기도 하고 서운하기도 합니다. 그래서 아이가 내 마음대로 행동하지 않을 때마다 '사춘기'라는 단어를 자꾸 붙이는 것입니다.

이 시기 아이들은 자아가 강해지면서 고집이 세지고, 자기 일을 주도적으로 해결하려고 합니다. 충분한 경험이 없어 매번 바른 판단을 내리지는 못하지만, 자신의 행동을 주도하고 싶어합니다. 그러다 보니 초등학생 특유의 미숙함을 가지고 있으면서, 다 큰 아이처럼 행동해 부모와의 대화에서 한계를 드러내곤 하죠. 그 과정에서 아이들은 조화와 균형을 배웁니다. 인지, 정서, 도덕성, 사회성 등 모든 영역에서 균형 잡힌 발달이 이루어질 때까지 부모는 아이를 기다려주어야 합니다. 그렇지 못한 부모의 경우, 이런 아이의 행동변화를 '엄마에 대한 불만' 혹은 '아빠에 대한 반항'으로 오해하기도 합니다.

점차 자아가 형성되고 분명한 의견이 생기기 시작하는 이 시기 자녀들과의 갈등을 예방하기 위해서는 무엇보다 아이와 충분히 대화하는 것이 필요합니다. 식사시간이든 간식시간이든 아이가 하는 이야기에 덧붙여 아이의 관심사를 공유하고, 부모의 생각을 나눠주세요.

예를 들어 아이가 야구 얘기를 하면, 부모가 한 술 더 떠 야구선수들의 뒷얘기, 옛날 유명했던 야구스타들의 이야기 등 알고 있는 것들을 총동원해서 아이의 이야기에 살을 붙이고 아이가 원하는 대화를 적극적이고 풍부하게 하는 것이 좋습니다. 공부 얘기, 성적 얘기는 할 상황이 아니면 하지 않는 것이 낫습니다.

잔소리를 최소화하는 것도 필요합니다. 잔소리를 하지 않고 자식을 키울 수 있는 사람은 없습니다. 하지만 잔소리도 필요한 타이밍이 있고, 어떻게 어느 정도로 하는지가 중요합니다. "머리가 왜 그 모양이니" "옆집 아이는 할 일을 알아서 한다는데, 넌 엄마가 숙제까지 챙겨야 하니" "말 좀 예쁘게 해라" 등 아이의 말과 행동, 해야 할 일에 대해 모두 참견하다 보면 진짜로 부모의 훈계가 필요한 순간에 하는 이야기도 아이는 잔소리로 치부하게 됩니다. 시도 때도 없는 연속적인 잔소리는 아이에게 아무런 영향력을 미치지 못하죠.

잔소리를 하는 데도 원칙이 있습니다.

첫째, 잔소리는 1분을 넘기지 않습니다. 둘째, 말하다가 아까 한 얘기라고 느껴지면 하지 말아야 합니다. 아이가 내 말을 귀 기울여 듣지 않는 것 같으면 분노가 올라와 계속해서 같은 이야기를 하게 되는데요. 그럴수록 아이들도 지겨워 더 들으려고 하지 않습니다. 마지막으로, 아이들의 성장에 발맞춰 새로운 모습을 보여주어야 합니다. 여전히 아이를 어린애 대하듯 하진 않는지 되돌아보며, 아이를 강압적으로 대하기보다 자율성을 존중한다는 생각으로 대하세요. 아이의 자기주장을 바른 길을 벗어나는 것, 반항하는 것, 바로잡아야 할 것으로 여기지 말고, 자연스러운 성장과정의 일부로 받아들여야 합니다. 부모 자신의 어릴 적 모습을 떠올려보는 것도 도움이 됩니다.

아이들의 자연스러운 행동발달에 중2병, 초6병이라고 이름붙인 것은 어른들입니다. 아이들의 성장통이 낯설고 번거로운 어른들이 아이들의 변화에 '병'이라는 이름을 붙이면서 정상인 아이들을 이상한 아이들, 아픈 아이들로 만들고 있는 건 아닐까 고민이 필요한 시점입니다. ▶'사춘기 자녀와 대화를 나누고 싶습니다'(320페이지), '더는 아이에게 필요 없는 존재가 된 것 같습니다'(327페이지), '아이에게 효율적인 훈계를 하려면 어떻게 말해야 할까요'(324페이지) 참조

성교육,
어떻게 시작해야 할까요

초등학교 4학년인 아들이 요즘 들어 부쩍 외모에 신경을 씁니다. 좋아하는 여자아이가 생긴 건지 여동생에게 여자들이 좋아하는 게 뭐냐고 묻기도 하고, 공부한다면서 방문을 꼭 닫고 들어가는 모양새가 무언가 숨기는 것 같기도 합니다. 성교육을 해줘야 할 것 같은데, 무슨 말부터 꺼내야 할지 모르겠어요.

초등학생 시기에 외모나 이성에 대해 관심을 갖는 것은 여자아이들에게서 먼저 나타납니다. 초등학교 고학년만 되어도 작은 가방을 화장품 가방처럼 가지고 다니면서, 쉬는 시간이나 점심시간에 거울을 보며 파우더와 틴트를 바르죠. 이는 자연스러운 현상으로 아이의 화장품 가방을 빼앗고 화를 내기보다는 아이가 외모에 집착하는 이유를 물어보아야 합니다. 아이들이 외모에 대해 관심을 가지는 이유는 좋아하는 이성친구에게 잘 보이고 싶어서, 다른 친구들과의 대화소재가 필요해서 등인데요. 이성친구에게 잘 보이고자 하는 아이의 마음을 알아주는 것, 아이들과 어울리고자 하는 마음을 알아주는 것이 아이의 행동을 비판하는 것보다 도움이 됩니다.

한편 불과 몇십 년 전만 해도 성적인 문제에 무심해서 초등학교 2~3학년 때까지도 엄마가 아들을 데리고 여탕에 가서 씻겨주는 게 특별한 일이 아니었습니다. 하지만 이제는 대중목욕탕도 키 100센티미터 이상은 남녀를 구분해 입장시킵니다. 2차 성징이 나타나는 시기부터는 혼자 목욕하게 하고, 아빠가 아들의 목욕을, 엄마가 딸의 목욕을 돕는 것이 좋습니다. '초등학생이 뭘 알아'라고 생각하며 무심코 한 행동이나 말이 아이의 성적 호기심을 자극할 수도 있으니 조심해야 합니다.

2차성징이 나타나면서, 더욱 올바른 성교육이 필요합니다. 아이들은 부모세대가 어릴 때 그랬던 것처럼, 친구들이나 인터넷을 통해 매우 쉽게 음란물을 접하게 됩니다. 아이가 공부한다고 하고 방문을 잠근다거나, 참견하는 엄마에게 화를 내고 방에 못 들어오게 한다거나, 친구들과 우르르 몰려다닌다거나 한다면, 아이를 잘 살펴보아야 합니다. 음란물에 대처하는 가장 원론적인 방법은 적절한 성교육을 하는 것인데요. 성교육이 제대로 되어 있다면, 음란물을 보더라도 옳고 그름을 판별할 수 있는 눈을 갖게 되어 음란물의 악영향에서 멀어질 수 있습니다.

초등학생 아이들을 대상으로 성교육을 할 때는 있는 사실을 그대로 알려주되, 단어선택에 신중해야 합니다. 구체적으로 알려주되 아이가 이해하고 받아들일 수 있는 만큼만 설명하는 것이 좋습니다. 저학년의 경우, 남녀의 모습과 성기의 차이 등을 설명한 과학책이나 동화책 등을 이용하여 정자와 난자의 만남, 뱃속에서 아이가 자라는 모습

등을 보여주고 임신의 과정이나 엄마와 아빠의 역할을 설명할 수 있습니다.

고학년의 경우에는 호기심과 탐구열이 강해 부모가 머뭇거리거나 얼렁뚱땅 넘어가려고 하면 만족하지 못하고 성에 관련된 단어에 집착하여 책이나 인터넷을 기웃거립니다. 인터넷에 'sex'라는 단어를 검색한 아들에게 경악하는 어머니를 보는 일이 드물지 않습니다. 아이가 야한 장면을 보고 있는 모습을 의도치 않게 목격한 경우, 당황하지 말고 가능한 한 성에 대해 자연스럽게 이야기합니다. 아이가 부모 외의 다른 경로로 성에 눈뜨게 되면, 자연스럽게 성에 대해 부정적인 인식을 갖게 됩니다. 이는 가치관 형성에도 좋지 않고, 앞으로 성에 관한 문제를 부모에게 숨기게 되는 원인이 될 수 있습니다. 진지하고 편안한 분위기에서, 성에 대한 관심은 인간이 가진 기본적인 욕구이고 자녀를 낳고 양육하는 것과 관련된 중요한 일이며 나쁜 일이 아님을 설명하여 음지가 아닌 양지에서 주제를 다루는 것이 필요합니다.

아이가 자꾸 거짓말을 해요

아이가 사소한 거짓말을 계속 합니다. 내일 숙제가 없다면서 게임을 하기도 하고, 동생 장난감을 망가뜨리고도 금방 들통 날 거짓말을 태연하게 하는데, 왜 그러는 걸까요?

낮은 점수가 나온 성적표를 보지 못하게 감추고 성적표가 안 나왔다고 부모에게 거짓말을 하는 것. 이 글을 읽는 어른들도 한두 번 정도는 해봤을 거짓말입니다. 하지만 아이가 너무도 천진난만한 얼굴로 "나 학원 갔다 왔어"라고 했는데 알고 보니 거짓말일 때, 부모 입장에서는 큰 충격을 받고 아이에게 실망하게 됩니다.

아이가 거짓말을 하는 이유는 나이에 따라 다릅니다. 만 5세 이전의 아이들은 현실과 환상을 구별하는 능력이 부족해서 뻔한 거짓말을 합니다. 우유를 엎지른 아이에게 누가 그랬냐고 물으면 "곰 인형이 그랬어"라고 대답합니다. 이 시기 아이들은 인지발달이 충분히 이루어지지 않아 착한 어린이는 나쁜 행동을 하면 안 된다는 흑백논리로 생각합니다. 이에 따라 자신의 행동을 쉽게 부정하거나 누가 봐도 보이는 거짓말을 합니다. 만 7~8세 정도가 되면, 진정한 거짓말의 의미와 그에 따른 부정적인 결과를 이해하게 됩니다. 즉, 가끔 거짓말을 해 상황을 모면할 수는 있지만, 결국 그렇게 하는 것이 부모가 자신을 못 믿게 하고 더 큰 손해를 가져온다는 걸 알게 되는 것이죠.

이렇게 거짓말의 의미를 알게 된 초등학생들은 나쁜 짓일 줄 알면서도 왜 거짓말을 할까요? 그리고 우리는 아이들의 거짓말을 어떻게 다루어야 할까요?

이 시기의 아이들은 혼나기 싫어서, 책임지기 싫어서, 또래의 환심을 사기 위해서 거짓말을 합니다. 때문에 한두 번의 거짓말을 가지고 부모가 고민할 필요는 없습니다. 오히려 아이의 거짓말에 흥분하지 말고 침착한 태도로 '거짓말은 나쁜 것'이고, '같은 상황에서 어떻게 행동했어야 하는지'를 알려주어야 합니다. 당장 상황을 모면하기 위해 한 거짓말이니만큼 가르쳐서 개선시켜주어야 하는 것이죠. 접시를 깨트리거나 물건을 고장냈을 때 아이가 거짓말을 했다면, 평소 아이가 자기 실수를 솔직히 말했던 걸 칭찬해주고, 실수를 인정하는 것을 불안해하지 않도록 안심시켜줍니다. 추궁을 하더라도 퇴로를 남기고 추궁해야 아이의 자존감에 영향을 주지 않습니다.

초등학교 저학년 아이에게는 거짓말을 했을 때의 처벌에 비해 거짓말을 하지 않았을 때 얻을 수 있는 긍정적인 요인을 가르쳐주어 거짓말을 하지 않도록 유도해야 합니다. 고학년 아이들 중에는 분명한 이득을 노리고 거짓말을 하는 아이들이 제법 많은데요. 이때는 거짓말의 이유를 물어 원인을 분석한 후 아이에게 공감해주면, 이후 아이는 굳이 거짓말을 할 필요가 없다고 느낍니다.

그런데 거짓말을 반복적으로 계속 한다면, 다음과 같은 문제행동이 동반되는지 살펴볼 필요가 있습니다.

첫째, 아이의 뇌는 아직 충동을 제어하기 어렵습니다. 특히 ADHD 아동들은 이런 문제가 있을 가능성이 더 큽니다. ▶'아이가 너무 산만해요'(231페이지) 참조

둘째, 거짓말이 반복되는 원인이 정서적인 데 있는 건 아닌지 살펴봐야 합니다. 거짓말이 잘못되었다는 사실을 알고도 할 만큼 아이에게 나름대로의 심각한 갈등이 있을지 모릅니다. 예를 들어 아이가 친구에게 먹을 것을 사주느라 돈을 훔쳤다면, 교우관계를 선물로 해결하고 있지 않은지 확인해봐야 하고, 몰래 장난감을 샀다면 부모가 아이가 원하는 물건을 제대로 사주고 있는지 생각해봐야 합니다.

셋째, 아이가 항상 숨기는 것 없이 부모에게 모든 것을 사실대로 이야기해야 한다고 가르치거나 거짓말만은 안 된다며 '거짓말하는 행위'에만 초점을 맞추는 경우, 아이는 처벌이 무서워 거짓말을 하는 악순환을 저지르게 됩니다. 거짓말을 하지 말라는 협박이 계속되면, 아이는 자신이 저지른 행동을 마음속에서 정리할 시간이 부족하고, 자기만의 도덕관을 형성하기 어렵습니다. 나이가 든 후에도 식사 여부부터 취직시험 합격 여부까지 거짓말을 반복하는 청년이 내원하는 경우가 있는데, 십중팔구 부모 중 한 명이 매우 권위적이고 엄한 편입니다. 이들을 치료할 때는 거짓말을 악순환시키는 부모에게서 정신적으로 독립하는 것을 목표로 해야 하죠.

그런 면에서 보면, 오히려 아이의 사소한 거짓말을 허용하는 융통성도 필요합니다. 영화 〈라이어 라이어Liar Liar〉에서는 숱한 거짓말로 승리해오던 양심불량 변호사 짐 캐리가 거짓말을 못하게 되면서, 법정에서 패배하고 사람들과의 관계가 악화되는 장면이 나옵니다. 거짓말이 지나쳐도 문제지만, 거짓말이 없어져도 일과 인간관계 모두 오히려 불편해질 수 있는 모순을 보여주는 셈인데요. 진화심리학에서는 다른 사람에게 자신을 실제모습보다 더 나은 사람으로 보이기 위한 수단이 바로 거짓말이며, 더 좋은 인정을 받아 생존에 유리해지는 고등동물 특유의 적응전략으로 봅니다. 아이가 거짓말을 한다는 것은 상대의 입장을 유추할 수 있는 능력이 생겨났으며, 추상적 · 논리적으로 생각할 수 있는 '생각의 힘'을 키우게 된 것으로 보아야 합니다. 차라리 적절한 상황에서 남들에게 설득력 있는 거짓말을 할 수 있는 편이 낫다는 겁니다.

더 알아보기

L. 콜버그L. Kohlberg의 도덕발달단계

"죽어가는 아내를 위해 돈 없는 남편이 약을 훔쳤다. 이 남편의 행동은 도덕적으로 정당한가"라는 질문에 대한 10대 아이들의 답변을 연구한 유명한 실험입니다. 콜버그는 행동의 정당성 여부를 묻는 게 아니라 왜 그렇게 생각하는지 물어보고 그 대답에 따라 도덕발달단계를 6단계로 나누었습니다.

"남편의 행동은 나쁘다, 그러면 경찰이 잡아가니까"라는 대답은 1단계로, 복종과 처벌 지향의 단계입니다. "아내를 아낀다면, 훔칠 수도 있다"라는 2단계는 상대적 쾌락주의에 해당합니다. 3단계는 착한 소년/착한 소녀 지향단계로, "아내를 살리려 한 남편은 착한 사람이므로 훔친 행동은 옳다"라는 답변이 여기에 해당됩니다. 4단계는 사회질서 및 권위유지 단계로, "사회질서가 유지되려면, 어떤 이유에서든 훔치는 것은 나쁘다"라는 답변입니다. 5단계는 민주적으로 용인된 법의 단계로, "이런 딱한 사정은 사람들도 이해해줄 것이다"라는 답변이 해당됩니다. 마지막 6단계는 "법적으로는 나쁜 짓일지 몰라도 이 행동에 대한 판단은 상황에 따라 달라질 수 있다"라는 보편적 원리에 의한 답변이 해당되죠.

이 연구에서 10세 이전의 아이들은 대부분 1~2단계 수준의 도덕성을 보였지만, 초등학교를 마칠 무렵이 된 아이들은 3~4단계 수준에까지 이르렀습니다. 5~6단계에 이르는 사람은 어른 중에서도 많지 않았습니다. 이런 연구결과를 보면, 거짓말도 아이들 눈높이에서 이해해야 함을 알 수 있습니다.

매일 스마트폰 때문에 전쟁을 합니다

5학년 아이와 매일 스마트폰 전쟁입니다. 스마트폰을 사주기 전에는 정해진 사용 시간을 잘 지키겠다고 몇 번이나 다짐을 받았지만, 실제로는 전혀 지켜지지 않네요. 어떻게 해야 할까요?

아이들이 미디어나 IT 기기에 노출되는 것에 따른 문제는 이미 전 세계적인 이슈가 되었습니다. 미국의 비영리 민간건강단체인 카이저 가족재단의 보고에 따르면, 8~18세 사이의 미국 아이들은 하루에 7시간 28분 동안 미디어를 사용한다고 합니다. 전 세계 11개국 2,200명의 엄마들을 대상으로 한 조사에서는 2~5세 아이들 중 70퍼센트가 컴퓨터 게임을 편하게 했지만, 겨우 11퍼센트만이 신발끈을 묶을 수 있는 것으로 밝혀졌습니다. 우리나라의 경우도 크게 다르지 않은데요. 2014년 5월 대한소아청소년정신의학회가 발표한 자료에 따르면, 우리나라 아동과 청소년의 스마트폰 보급률은 초등학생 50퍼센트, 중고등학생 80퍼센트로 급격히 늘고 있습니다. 미래창조과학부가 2013년 발표한 '인터넷 중독 실태조사'에 따르면, 만 10~19세의 스마트폰중독률은 18.4퍼센트로 성인(9.1퍼센트)의 2배 수준이고, 스마트폰중독 위험군도 25.5퍼센트로 2011년 11.4퍼센트에서 급증 추세였습니다.

호모 모빌리쿠스Homo Mobilicus(휴대폰이 생활의 일부가 된 현대사회의 새로운 인간형)라는 말이 사전에 오를 만큼 이미 스마트폰은 일상생활과 긴밀하게 결부되어 있습니다. 따라서 이를 아이에게 무조건 멀리하라고 하는 것만이 능사는 아닙니다. 게임이 아이의 스트레스를 해소하는 대안이 될 수 있고, 스마트폰은 아이가 친구들과 소통하는 또 다른 창구가 될 수도 있습니다. 그러나 아이가 스마트폰에 집착하기 시작하면, 문제가 심각해집니다. 아이들과의 스마트폰 전쟁에서 승기를 잡으려면, 먼저 아이의 세상을 인정해주려는 노력이 필요합니다. 아이가 게임과 스마트폰을 오락으로 즐기려는 이유는 또래친구들과 교감하려는 이유가 큽니다. 아이들이 주로 즐기는 게임이 여러 친구와 함께 경쟁하는 형태인 것도 같은 이유에서입니다. 아이가 즐기는 게임의 소재는 아이의 관심사일 수 있으며, 스마트폰을 활용한 의사소통은 친구와 물리적으로 함께할 공간이 없기 때문일 수 있습니다.

그렇다면 스마트폰은 아이들에게 언제쯤 사주는 것이 좋을까요? 2014년 11월 대한소아청소년정신의학회가 실시한 '아동 · 청소년 스마트폰 사용관련 전문의 인식도 조사'에 의하면, 전문의들이 권고한 스마트폰 사용 시작연령은 중학교 1~2학년이었습니다. 중학생이 되기 전에는 스마트폰을 주지 않는 게 좋다는 것이죠. 만약 초등학생이 스마트폰을 사용한다면 하루 55분 정도로 제한하는 게 좋고, 중학생은 1시간 40분, 고등학생도 2시간을 넘지 않는 게 좋다고 합니다. 사용제한이 필요한 이유는 자기조절능력 혹은 통제력 부족, 과다사용이나 중독 위험, 유해자극이나 위험상황 노출, 근골격계 질환 등이었습니다. 무엇보다 또래관계 등 직접 상호작용을 통해 형성돼야 할 여러 가지 신경발달이 충분히 이뤄지지 못하는 것에 대한 우려가 가장 컸습니다. ▶'아이가 온종일 게임만 해요'(351페이지) 참조

현실적으로 스마트폰을 초등학생 자녀에게 사줘야 하는 상황이라면, 반드시 사용규칙을 정해 첫 단추를 잘 꿰는 것이 필요합니다. '몇 시까지만 이용할 수 있다'는 시간통제보다는 자녀와 스마트폰을 일정 상황에서 떨어트려놓는 물리적(공간) 통제가 더 효과적입니다. 예를 들어, 잠잘 때는 거실 등 가족공용장소에 스마트폰을 충전해놓고 방에 들어가게 하거나, 식사시간에는 가족 모두의 스마트폰을 식탁 위에 모아놓는 방법이 있을 수 있습니다.

부모가 스마트폰 사용법에 있어 아이보다 뒤처져선 곤란합니다. 애플리케이션 다운로드나 구매에 제한을 둔 스마트폰을 구입하거나, 게임 아이템 구입 과정에 비밀번호를 설정해두고 자주 바꾸는 것도 필요합니다. 아이 스스로 특정 시간이나 요일에 특정 앱 잠금을 설정하게 하여 계획적으로 이용하도록 하는 기능이나, 부모나 교사가 아이들의 스마트폰 사용을 관리해주는 앱도 있습니다. 물론 스마트폰 사용을 제한하려면, 항상 아이와 힘겨루기를 해야 하고, 때에 따라 아이의 자율성이나 프라이버시를 제한해야 하기에 아이와 충분한 의사소통을 해야 합니다. 아이를 한 사람으로 인정하고 함께 게임과 스

마트폰 활용규칙을 세우는 것이 중요한 것이죠. 무작정 금지하는 것이 아니라 아이 이야기를 들어주고 함께 해결하겠다는 의지를 보여주어야 합니다. ▶'아이가 온종일 게임만 해요'(351페이지), '요즘 애들의 문화는 도무지 이해가 안 돼요'(348페이지), '잠시라도 스마트폰이 없으면 너무 불안해요'(640페이지) 참조

눈을 자꾸 깜빡여요

아이가 자꾸 눈을 깜빡거리고 헛기침을 해요. 비염이 낫지 않는 것 같아 이비인후과에 갔더니 '틱'이라고 하는데, 그게 뭔가요?

틱Tic은 비교적 흔하며 아이가 보이는 모습만으로도 쉽게 알아차릴 수 있는 질환 중 하나입니다. 자신의 의지로 조절되는 것이 아니기에 야단을 친다 해도 고쳐지지 않으며, 잠시 참을 수는 있지만 곧 다시 증상이 나타납니다.

틱
내 의지와는 상관없이 신체 일부분이 갑자기 일정하게 반복적으로 움직이거나 소리를 내는 현상

틱은 나타나는 양상에 따라 근육 틱과 음성 틱으로 표현되며, 한 가지 틱만 하는지 여러 가지 틱이 함께 나타나는지에 따라 단순형과 복합형으로 나뉩니다. 대부분은 눈 깜빡거림, 고개 비틀기, 코 찡긋하기와 같은 근육 틱이나 헛기침, 코를 킁킁거리는 소리, 휘파람 소리 내기와 같은 음성 틱의 단순한 형태로 나타납니다. 흔히 눈을 깜빡거리는 증상으로 시작해 시간이 지나면 한 가지 증상이 사라지고 다른 증상이 새로 나타납니다. 수일 혹은 수개월에 걸쳐 저절로 증상이 생겼

다가 없어졌다 하죠. 이런 단순 틱은 불편하긴 해도 일상생활에 그다지 큰 영향을 끼치지는 않습니다.

그러나 틱이 복합 형태로 나타나면 이야기가 달라집니다. 어깨 으쓱하기, 다른 사람이나 물건 만지기, 행동 따라 하기와 같은 운동 틱이나 같은 말 반복하기, 욕설 내뱉기처럼 자기도 모르게 상황에 맞지 않는 말을 하는 현상도 나타날 수 있습니다. 대화 도중 욕이 튀어나오기도 해 모두를 당황시키기도 합니다.

이러한 양상을 기준으로 틱은 정신의학적으로 크게 3가지, 즉 잠정적인 일과성 틱, 만성 틱, 뚜렛병Tourette Disorder으로 분류합니다. 일과성 틱은 4주 이상 1년 이내의 기간 동안 틱을 보이는 경우로, 전체 아이들의 10~20퍼센트에서 나타날 수 있습니다. 만성 틱은 1년 이상의 기간 동안 음성 틱이나 운동 틱 중 한 가지를 하는 경우로, 약 1.5퍼센트의 빈도로 나타납니다. 뚜렛병은 1만 명 중 1~6명 정도의 빈도로 나타나는데요. 1년 이상 음성 틱과 운동 틱을 동시에 하고, 반드시 틱으로 인해 생활에 뚜렷한 문제가 있어야 진단이 가능합니다. 이런 틱은 7~11세에 가장 많이 나타납니다.

뚜렛병
다양한 근육 틱과 한 가지 이상의 음성 틱이 나타나는 틱 장애의 일종.

틱의 종류를 증상과 기간에 따라 구분하는 이유는 질병의 특성 차이도 있지만 그로 인해 예후나 치료방법도 차이가 나기 때문입니다. 일과성 틱이나 만성 틱은 청소년기를 지나면서 대부분 증상이 사라집니다. 따라서 눈 깜빡임이나 헛기침 등의 단순 틱이 일시적으로 나타나는 경우에는 일단 안심하고 경과를 지켜볼 필요가 있습니다. 하지만 뚜렛병의 경우 틱 이상의 문제가 있습니다. 스스로 조절하기 어렵기 때문에, 아이가 학교에 가기 싫어할 정도로 친구들이 놀리거나 왕따를 당하기도 하고, 이로 인해 우울증이 오기도 합니다. 진료실을 방문한 어느 아이는 음성 틱 소리가 학업에 방해된다는 이유로 전학을 권유받았다고 했습니다.

틱이 왜 생기는지 그 생물학적 이유가 밝혀지기 전까지는, 심리적 갈등이 신체로 표현된다는 주장이 대세였습니다. 하지만 현재는 뇌의 피질-기저핵-시상피질 회로의 이상이 가장 중요한 원인으로 여겨집니다. 뇌에 위치한 이 회로에서 운동신경을 관장하는 경로가 과활성화되어 원하지 않는 움직임이나 소리를 내게 되고, 반대로 원하지 않는 움직임이나 소리를 조절하는 뇌 영역은 활동이 감소하여 틱이 통제되지 않는다는 것입니다. 또 다른 원인으로는 틱이 전조충동에 대한 반응으로 나타난다는 것인데요. 전조충동이란 틱을 하기 전에 느끼는 불편감을 말하는데, 무언가 해야만 할 것 같은 기분이나 조이는 느낌 등이 해당됩니다. 흔히 재채기가 나오려고 할 때 코가 간질거리는 느낌이 드는데요. 시원스레 재채기를 하고 나야 후련한 느낌이 드는 것처럼, 틱을 하고 나면 불편감이 사라지고 후련한 느낌이 들기 때문에 하게 된다는 것이죠. 틱을 할 때는 뇌의 감정중추가 활성화되는데, 이런 뇌의 변화는 틱 행위가 심리적 불편감을 해소하는 특성, 즉 안도감을 느끼게 되는 것을 반영한다고 여겨집니다.

대부분의 심하지 않은 틱은 경과를 지켜보며 생활 속에서 관리하는 것이 중요합니다. 틱에 대해 의도적으로 무시하거나, 아이와 부모가 괜한 걱정을 하지 않는 것이 필요한데요. 무조건 틱을 하지 말라고 윽박지르면, 아이가 스트레스를 받아 오히려 증상이 악화될 수 있습니다. 반대로 틱이 긴장하거나 스트레스를 받을 때 나타난다고 해서 숙제처럼 일상생활에서 꼭 해야 하는 일들을 하지 않게 내버려두는 등 과보호를 하면, 이런 이차적 이득으로 인해 틱 증상이 지속될 수 있습니다. 오히려 "해도 괜찮아"도, "하지 마"도 아닌 의도적인 무시가 틱 증상을 완화할 수 있습니다. 불필요하고 해로운 불안감을 감소시키기 위해 틱에 대해 잘 아는 것이 필요하죠. 틱을 하는 아이가 정서적으로 불안정하면 틱이 심해질 수 있지만, 틱이 심해졌다고 아이가 정서적으로 불안정하다는 것은 아닙니다.

틱 증상을 완화하는 방법으로는 '습관 뒤집기'가 효과적인데요. 틱을 하기 전의 느낌과 틱의 양상을 스스로 인식하고, 틱 동작에 대한 경쟁적 반응을 하는 것입니다. 예를 들어 입을 벌리는 근육 틱이 있다면, 이를 꽉 다무는 동작으로 틱 동작과 반대되는 행동을 합니다. 음성 틱의 경우 복식호흡으로 틱의 반복되는 회로를 차단하는 이완요법을 활용할 수 있습니다(소아청소년정신의학회 홈페이지www.kacap.or.kr의 이완요법 참고).

틱은 그 자체로 문제가 되기도 하지만, ADHD나 불안 증상, 우울증 등의 다른 정신과적인 문제가 같이 있는 경우가 많으므로, 아이가 다른 어려움을 가지고 있지는 않은지 살펴보는 것이 필요합니다. 아이가 스스로 느끼는 스트레스가 높거나, 심하지 않더라도 틱이 1년 이상 지속되는 경우, 틱이 학교생활이나 또래관계에 영향을 미치는 경우, 틱과 관련된 다른 문제가 있는 경우에는 병원을 찾아 상담하는 것이 필요합니다.

단, 모든 틱이 치료가 필요한 것은 아니며, 만성 틱이나 뚜렛병처럼 증상이 심한 경우에는 약물치료와 행동치료를 병행해야 합니다. 약물에는 도파민을 차단하는 약물 혹은 항우울제, 항불안제가 사용되며, 최근 새로운 약물이 등장해 효과 및 부작용 면에서 큰 진전을 보이고 있습니다.

더 알아보기

틱이 오히려 장점?

근래 틱과 뚜렛병은 다큐멘터리나 드라마의 소재로 많이 사용되면서 널리 알려졌습니다. 뚜렛병에 대해 대표적으로 언급한 학자는 뉴욕대학교 의과대학 올리버 색스Oliver Sacks 교수입니다. 그는 자신의 책 《아내를 모자로 착각한 남자》에서 '익살꾼 틱 레이'라는 환자를 통해 틱의 양면성을 소개했습니다. 레이는 오랜 기간 뚜렛병으로 일상생활이 힘들었지만, 충동성과 불규칙한 틱을 이용한 드럼연주는 수준급으로 인기를 모았고, 남들보다 매서운 반사신경으로 탁구에서 빛을 발했습니다. 그러나 치료를 통해 점차 '정상적인' 상태가 되어갈수록 레이는 평범해졌죠. 즉, 그의 틱 증세는 치료가 진행됨에 따라 점차 약해졌지만, 동시에 그의 드럼연주 또한 특유의 에너지가 줄어들고 말았습니다. 그렇기에 그는 병이 "자신에게 재능인지 저주인지 도무지 모르겠다"라고 말했습니다. 그렇다고 해고의 원인이 되는 질병을 내버려둘 수도 없는 일. 저자와 환자의 결론은 '주중엔 약물 투여, 주말엔 중지'였습니다. 레이는 이후 평일엔 '진지하고 차분한 시민'으로, 휴일엔 '경박하고 열광적이고 영감에 가득 찬 인물'로 이중생활을 합니다.

틱 장애를 가진 유명한 운동선수들도 있습니다. 2014 브라질월드컵에서 놀라운 선방으로 미국의 골문을 지킨 팀 하워드Tim Howard 역시 초등학교 때부터 틱과 강박증으로 아이들의 놀림을 받았지만, 자신이 빠르게 움직일 수 있는 이유 중 하나로 뚜렛병을 언급한 바 있습니다.

아직까지 뚜렛병 환자가 일반인보다 음악적 감각이나 운동능력이 뛰어난지 여부는 명확하게 밝혀지지 않았습니다. 하지만 시각을 이용한 문제풀기, 문법에서 오류찾기, 시간을 인식하고 조절하기처럼 인지기능을 요하는 과제에서는 뚜렛병을 가진 사람이 일반인보다 더 뛰어난 결과를 보였습니다. 이는 틱이 어느 정도 억제가 가능한 만큼, 증상이 심할수록 틱을 더 많이 줄이려 노력한 결과 움직임을 통제하는 인지기능과 연관된 뇌영역이 발달하기 때문으로 알려져 있습니다.

아이가 너무 산만해요

학기 초, 공개수업에 갔다가 깜짝 놀랐습니다. 집에서는 얌전한 아이가 한시도 가만히 있지 못하고, 선생님이 이야기하시는데도 불쑥 끼어들어 자기 이야기를 하네요. 우리 아이가 혹시 ADHD인가요?

산만한 아이의 모습을 목격할 때, 혹시 우리 아이가 ADHD는 아닐까 걱정하는 부모들이 많아지고 있습니다. 진료실에 찾아와 "우리 아이가 ADHD 아닌가요?"라며 아예 진단명을 직접 문의하는 경우도 많아졌습니다. ADHD는 주의력결핍과잉행동장애의 줄임말로, 학령기 아동의 5~10퍼센트에게서 나타나는 비교적 흔한 문제입니다. 초등학교 한 학급에서 1~2명은 ADHD 문제로 인한 도움을 필요로 합니다.

ADHD가 어떤 문제인지 이야기하기 전에 먼저 짚고 넘어가야 할 것은 집중력Concentration과 주의력Attention 개념입니다. 만화책 읽기, 게임하기 등 한 가지 일에 몰두하는 능력이 집중력이라면, 주의력은 집중력을 잘 분배하는 능력을 의미합니다. 수업시간에 "자, 여기 보세요"라는 말을 들었을 때 선생님 말씀에 '주의'를 기울이는 능력이 주의력인 셈이죠. 흔히 산만한 아이들 중에는 자신이 좋아하는 만화책이나 블록 만들기엔 1~2시간 이상씩 잘 집중하지만, 숙제를 하려고 책상에 앉아서도 엄마 말에 참견하고 동생이 하는 것을 기웃기웃하느라 정작 자신이 해야 할 숙제에는 주의를 기울이지 못하는 아이가 많습니다. ADHD를 가진 아이들은 이런 주의력을 오랜 시간 유지하거나, 주변의 다양한 자극에도 자기 것에 집중하는 데 어려움이 있습니다.

아주 어릴 때 대부분 아이들은 집중력이 부족하고 참을성이 없는 것이 당연합니다. 문제가 될 정도의 산만함은 대개 5~6세 정도가 되면서 눈에 띄기 시작하고, 초등학교에 입학하면서 두드러지는 경우가 많습니다. 가장 흔히 보이는 모습은 교실에서 제자리에 앉아 있지 못하고 계속 몸을 꼼지락거리거나 수업 도중 돌아다니는 것입니다. 수업 중에 떠들고, 질문이 끝나기 전에 대답을 하거나, 다른 친구가 이야기하는 도중 불쑥 끼어들기도 하죠. 그렇기에 학기 초 공개수업에 갔던 엄마가 집에서는 보지 못한 아이의 모습에 놀라 동영상을 찍어 병원을 방문하기도 합니다. 이런 아이들은 선생님의 지시사항을 곧바로 따르지 못하고 미적거리며, 숙제 및 준비물을 제대로 준비하지 못하는 경우가 많습니다. 쓰고 이해해야 하는 국어를 싫어하고, 생각을 많이 해야 하고 복잡한 문제는 귀찮다며 대충대충 읽고, 글씨도 엉망입니다. 수업시간뿐 아니라, 친구들과의 사이에서도 다양한 문제를 일으킵니다. 점심시간에 줄서기를 할 때 차례를 지키지 않고 중간에 끼어들거나 쉽게 화를 내 친구들과 자주 다투기도 합니다. 이런 문제로 자존감이 떨어져 아이들 사이에서 위축되기도 하죠. 부산스러운 남자아이와 달리, 수업 중에 딴 생각을 하거나 혼자 낙서를 하는 등 부산한 행동 없이 주의력 문제만 있는 여자아이들의 경우 문제를 알아차리기조차 어렵습니다.

이런 아이들은 엄마가 지키고 있지 않으면 학습지 1~2장도 하기 어려울 만큼 집중시간이 짧습니다. 게다가 무척 충동적이어서 즉흥적인 행동이나 말이 많죠. 숙제를 했느냐고 물으면, 했다고 합니다. 그래서 가져와보라고 하면 실은 안 했다며, 10분 후면 들킬 거짓말을 하기도 합니다. 공부도 시험 때만 벼락치기로 하고 학습계획을 스스로 세우기 어려워합니다. 머리가 좋은 아이는 초등학교 3학년까진 학습의 어려움이 잘 나타나지 않지만, 이후에는 노력을 꾸준히 하지 못해 성적이 점차 떨어지는 모습을 보이는 경우가 많습니다.

ADHD는 언급된 양상처럼 주의력이 짧고 끈기가 없어 쉽게 싫증을 내는 주의산만, 심하게 부산스럽거나 꼼지락거리는 등의 과잉행동Hyperactivity, 참을성 없고 감정변화가 많은 충동적 행동Impulsivity의 3가지 주된 특징적 행동이 나타날 때 진단합니다. 초등학교 저학년 때는 과잉행동이 두드러지지만, 고학년이 되면 부산한 모습은 보기 어렵습니다. 대신 끈기가 없고 집중하지 못하는 것, 욱하는 충동성은 계속 문제가 되죠. 이처럼 산만함 자체보다는 집중의 효율성 저하나 반응억제의 어려움(충동성)과 같은 실행기능Executive Function의 저하가 더 큰 문제로 지적됩니다. 행동에 대해 실행지시를 내리는 전두엽의 기능 이상으로 인해, ADHD 아이들은 눈치가 없거나 고집이 세고 자기 스타일을 고수하는 등의 행동을 하게 돼 또래관계에 문제가 생기고, 주변의 부정적인 피드백을 많이 받아 성격이 부정적이거나 냉소적이 되기도 합니다. 매사에 조급하고 참을성과 인내심이 부족하며, 중요한 일보다 당장 눈앞의 일만 생각하며, 자신의 행동문제가 무엇인지 모르죠. 이는 성인이 되어서까지 문제를 일으키는 경우가 많습니다. 이처럼 인지, 정서, 행동조절과 관련된 전반적인 부분에서 어려움을 보이는 것이 ADHD 증상들입니다.

ADHD는 일반적으로 생각하는 것처럼 훈육의 부족, 어릴 때의 충격 등이 영향을 미치는 정도가 사실 비교적 적습니다. 그보다는 유전적 요인, 뇌의 신경생물학적 요인이 더 결정적인 역할을 하죠. 70퍼센트가량은 선천적 요인, 30퍼센트가량은 심리-환경적 원인과 관련되어 있습니다. 때문에 그간의 연구결과를 바탕으로, 2013년 개정된 미국 정신의학회의 공식진단체계에서도 ADHD를 '행동장애'에서 '신경발달장애'로 바꾸어 지칭하고 있습니다.

ADHD를 제대로 이해하려면, 뇌의 앞쪽 부분에 해당하는 전두엽의 역할에 대해 잘 알아야 합니다. 이마의 안쪽에 위치한 전두엽은 오케스트라의 지휘자 역할을 하는 부위로, 사람을 가장 사람답게 만드는 실행기능을 담당합니다. 계획을 세우고, 일의 우선순위를 정해 처리하고, 시간을 관리하고, 충동과 감정을 조절하는 등 다양한 역할을 하죠. 전두엽은 20대 중반까지 꾸준히 발달하는데요. ADHD는 충동뇌와 이성을 담당하는 전두엽의 연결이 별로 좋지 못합니다. 즉, 충동이 올라올 때 전두엽이 제 역할을 하지 못해 억제나 조절을 하기 힘든 것이죠. '먹고 싶다'와 '먹으면 혼나니까 안 돼'라는 생각이 동시에 존재할 때, 이 두 가지가 타협을 제대로 보지 못합니다. 그래서 두 가지 생각이 여전히 공존한 채로 마음껏 먹고 나서 혼나는 건 그다음 문제가 됩니다. 그러고는 "왜 먹었어?" "먹고 싶어서" "혼나는 거 알아 몰라?" "알아" "근데 왜 먹었어?" "먹고 싶어서"와 같이 반복적이고 의미 없는 대화를 합니다.

전두엽의 문제 외에 유전적인 소인도 ADHD의 원인과 관련이 됩니다. ADHD 아이의 30퍼센트 정도는 그 형제에게도 ADHD가 있으며, 부모가 ADHD인 경우 50퍼센트 정도에게서 자녀에게도 ADHD가 나타날 수 있습니다. 환경적인 요인으로는 조산과 난산, 저체중에 의한 두뇌발달의 문제나 뇌손상, 환경호르몬, 정서적 학대나 방임이 원인으로 여겨집니다.

아이가 이런 여러 가지 어려움을 보인다면, 병원을 찾아 정확한 진단을 받고 치료를 하는 것이 필요합니다. 아이가 ADHD 진단을 받게 되면, 아이의 상황과 문제의 우선순위에 따라 치료를 하게 되는데요. 주눅 들고 우울한 게 주된 문제라면 이를 먼저 치료하고, 아이의 양육환경에 문제가 있다면 그 점을 먼저 다룹니다. 가장 중요한 것은 ADHD 아동이 어떠한지 가족들이 잘 이해하는 것이고, 그에 따라 효율적인 양육방법을 찾은 후 약물치료를 병행해야 한다는 것입니다.

ADHD 아이들이 가진 특성으로 인해 여러 가지 동반된 문제가 생긴 경우에는 이를 함께 다루어주어야 합니다. ADHD 아이의 약 70퍼센트에게서 불안장애, 틱, 적대적 반항장애, 비행문제, 우울 등의 문제가 동반됩니다. 훈육의 어려움으로 인해 부모와 자녀 간의 관계문제가 동반되기도 하고, 학교적응에 어려움을 보이기도 하고요. 그렇기 때문에 적절한 시기에 치료하는 것이 무엇보다 중요하지만, 우리 현실에서는 여러 가지 편견과 이해부족, 정신건강의학과에 대한 오해 또는 낙인의 문제로 인해 치료를 미루는 경우가 많습니다. 그러는 사이에 아이들의 문제는 더 악화되기 쉽죠. 사춘기 문제행동의 50퍼센트에서 ADHD 문제가 발견된다는 보고도 있고, 꼭 이런 문제가 아니라 하더라도, 아이의 ADHD 증상으로 인한 부정적인 경험이 성인의 성격형성과 생활에 안 좋은 영향을 끼칠 수도 있습니다. 고집이 너무 세고 남의 입장을 고려하지 않게 돼 사회적으로 고립되거나 가족 내부에서 문제를 일으키기도 하는 것입니다. ▶'너무 집중을 못 해 혹시 성인 ADHD 아닌가 싶어요'(586페이지); '아이가 학교에서 애들을 심하게 괴롭힌대요'(371페이지) 참조

일단 아이가 ADHD 진단을 받게 된다면, 부모는 ADHD를 가진 아이들의 특성을 잘 이해하고, 다양한 방법들을 활용해 아이들을 도와야 합니다. 학습지도 면에서, 산만하고 집중하지 못하는 아이에게는 조금씩 나누어 공부를 하도록 이끄는 것이 효과적입니다. 1시간을 15분 단위로 끊어서 국어, 영어, 수학, 사회, 과학을 차례로 공부하게 해 점차 공부하는 습관이 몸에 밸 수 있게 해주세요. 성취감을 높이기 위해 자기수준보다 조금 쉬운 단계의 학습지를 매일 3장씩 풀게 하는 것도 좋습니다. 아이가 대충 빨리 하고 놀려고 할 때에는 '공부는 속도가 아닌 정확도'가 중요하다는 것을 계속 주지시켜주세요. 또한 시간을 어떻게 보낼 것인지를 물어 아이 스스로 계획을 세우게 합니다. 처음부터 무리하게 계획을 정하기보다는 다소 기대에 미치지 못하더라

도 실천 가능한 계획을 세워야 합니다. 세운 계획을 아이가 지켰을 때는 원하는 보상을 제공하여 성취감과 재미를 느끼도록 하고, 계획을 지키지 못했다면 혼내기보다 미리 약속된 손해를 보게 함으로써 약속의 중요성을 강조하면서 스스로 깨닫게 하는 것이 필요합니다. 잘한 행동에 대해서는 칭찬과 보상을 주어야 합니다. 아이에게 이야기할 때는 눈맞춤을 하고 짧고 간결하게 이야기하고, "엄마가 지금 뭐라고 했지?"라고 다시 물어 엄마가 이야기한 내용을 잘 들었는지 확인하는 것이 좋습니다. 아이의 강점을 키우기 위한 보상방법과 문제행동을 고치기 위한 타임아웃을 시행하는 것도 필요하죠. 무엇보다 아이의 행동을 변화시키기 위해서는 최소한 5~6개월의 시간이 필요하므로, 꾸준하고 일관성 있는 태도를 가지는 것이 중요합니다. 잔소리를 줄이고 아이의 감정과 마음을 읽기 위해 노력해주세요. ▶'아이가 짜증을 잘 내고 떼를 많이 써요'(125페이지), '친구를 자꾸 때려요'(152페이지) 참조

이러한 접근과 함께, 약물치료가 필요한 경우도 많습니다. 약물치료는 ADHD를 치료하는 가장 중요하고 효과적인 방법입니다. 2002년 미국 국립보건원 연구 결과, 약물치료와 행동치료를 같이 할 경우 ADHD의 치료성공률은 68퍼센트, 약물치료만 단독으로 했을 경우는 56퍼센트, 행동치료만 단독으로 할 경우는 34퍼센트의 치료성공률을 보였습니다. 물론 약물치료가 ADHD의 유일한 치료방법은 아니고, 약물치료를 한다고 해서 꼭 상태가 더 심각하다는 의미도 아닙니다. 앞에서 언급한 것처럼, 다양한 방법으로 접근을 한다고 생각하는 편이 맞습니다. 그럼에도 불구하고, 전문가들은 약을 먹는 이유를 두

고 '생물학적 안경'이라는 표현을 쓰곤 합니다. 아이 눈이 나쁘면 칠판글씨가 안 보여 수업에 지장이 있는데요. 도수에 맞춰 안경을 쓰면, 칠판글씨가 잘 보이고 수업태도가 좋아지며 성적이 오르기도 합니다. ADHD 약은 뇌신경에 안경을 씌우는 것과 같습니다. 약을 먹으면 아이의 시야가 맑아지고 주의집중력이 향상되어, 선생님 말씀이 잘 들리고, 칠판내용이 머리에 잘 들어오는 것이죠.

약물치료는 기능이 떨어진 뇌신경회로에서 신경전달물질이 잘 분비되도록 하는 작용을 합니다. 뇌신경세포에 작용해 선택집중력이나 집중력유지에 관여하는 신경전달물질인 도파민, 노르에피네프린 등에 영향을 미쳐 이들을 활성화시키고, 장기적으로 신경발달을 촉진시킵니다.

노르에피네프린
신경전달물질의 하나로 각성과 관련이 있으며, 공포반응, 스트레스반응에 관여한다. 우울증 약 중 일부는 노르에피네프린의 재흡수를 차단하거나 대사를 억제해 작용하기도 한다.

현재 우리나라에서 사용할 수 있는 약물은 '메틸페니데이트Methylphenidate'와 '아토목세틴Atomoxetine'입니다. 중추신경자극제인 메틸페니데이트는 1차적 치료제로서 가장 많이 사용되고 있으며, 오랜 경험과 많은 연구를 통해 그 안정성과 효과가 입증되었습니다. 대뇌의 도파민을 활성화함으로써 치료효과를 나타내는데, 사용자의 70~80퍼센트가량이 효과를 봅니다. 우리나라는 아이에게 약을 먹인다는 것에 대해 부모들이 걱정을 하고 거부감도 심한 편인데요. 이 약물은 향정신성의약품으로 분류되어 있지만, 아이들이 복용할 때 중독이나 금단증상을 보이는 경우는 드물며, 간혹 식욕 저하나 구역질, 복통 같은 위장증상과 두통, 수면 저하, 심장 두근거림 등의 부작용이 나타날 수 있지만, 약한 부작용들은 약물을 사용하다 보면 적응적인 기전에 의해 사라지는 경우가 대부분입니다. 다만 최근 연구에서는 도파민이나 노르에피네프린과 관련된 유전자의 형질에 따라 약물의 효과나 부작용 정도가 달라진다는 보고가 많았습니다.

약물과 관련해 부모들이 궁금해하는 점들이 워낙 많은데요. TV 프로그램과 뉴스에서 ADHD 치료제가 향정신성약물이라든지 여러 부작용을 가져올 수 있다는 보도가 나올 때면, 한동안 진료실에서 반복되는 해명을 해야 하는 경우가 많습니다. ADHD 치료제를 치료 목적이 아닌 다른 용도로 과다 사용할 경우 기억력 손상과 같은 부작용으로 이어질 수 있으니 처방 없이 함부로 남용하지 말 것을 제안한 연구결과는, ADHD 치료제가 기억력을 떨어뜨린다는 오해로 변질돼 회자되곤 합니다. 한편 해당 약물이 단기간 내 암기능력을 향상시켜 시험 전날 벼락치기 공부에 요긴하다고 알려진 후 미국 등지에서는 이 약이 남용되고 있는데요(도파민과 세로토닌 수준이 낮은 ADHD 환자의 경우 이 농도를 증가시키면 전전두엽 인지기능이 향상되지만, 도파민과 세로토닌 수준이 정상인 사람은 이 약제를 복용하면 인지기능이 향상되지 않고 오히려 저하될 수 있습니다). ADHD라 해도 쉬쉬하며 치료받지 않는 아이들이 더 많은 우리나라에서는 상상도 못 할 일입니다. 오히려 여러 오해로 인해 약물치료에 대해 잘못된 인식을 갖고 치료를 주저하거나 시기를 놓치는 경우가 많아 안타까울 따름이죠.

ADHD 약물치료의 경우, 통상 1~3년가량 치료를 하고, 6개월~1년마다 재평가하여 약물치료의 장점이 더 크다고 판단되면 치료를 지속합니다. 1980년부터 2010년까지 진행된 351개의 ADHD 연구들을 분석한 결과, 2년 이상 약물치료를 꾸준히 한 경우 학업, 자존감, 직업, 사회적 기능, 운전습관, 중독 성향 등 여러 영역에서 더 좋은 결과를 보였습니다.

부모양육상담과 적절한 약물치료에도 정서적 어려움이나 학습부진 등의 어려움을 보일 때는 놀이치료나 미술치료 등의 심리치료, 인지학습치료 등을 추가적으로 해야 합니다. 사회기술훈련을 하기도 하죠. 이는 또래친구들과 잘 어울리도록 하기 위한 것으로, 친구와의 대화에서 자신의 감정을 표현하는 법, 상대의 입장을 고려하는 법 등을 연습시킵니다. 약을 먹이고, 아이 성적이 오르고, 학교에서 평가가 좋아지는 것만으로도 많은 치료효과를 볼 수 있지만, 아이와의 대화를 늘리고 아이가 매사에 호기심을 갖도록 유도함으로써 부모는 반드시 아이의 사고가 성장하도록 만들어주어야 합니다. ADHD 아이는 생각이 짧기 때문에 한 가지 사안에 대해 깊게 생각할 수 있도록 도와줘야 하며(이들 중 부모의 도움으로 위인이 된 대표적인 사례가 바로 아인슈타인과 에디슨입니다), 이로써 아이가 성인기에 대인관계 문제를 겪지 않도록 해주어야 합니다.

더 알아보기

주의력결핍과잉행동장애의 진단기준
(<정신장애의 진단과 통계를 위한 매뉴얼DSM-5>, 미국정신의학회, 2013)

A. 다음과 같은 증상이 발달수준에 맞지 않고, 부적응 기간이 6개월 이상 지속될 때

(1) 주의산만 증상들(6개 이상)

· 학업, 일, 기타활동 중 세심한 주의를 기울이지 못하거나, 부주의한 실수를 자주 한다.

· 과제수행이나 놀이 중 주의집중을 지속하는 데 어려움을 자주 겪는다.

· 대놓고 이야기하는데도 듣지 않는 것처럼 보일 때가 자주 있다.

· 지시를 따라오지 않거나, 학업, 심부름, 업무를 끝내지 못하는 수가 자주 있다.

· 과제나 활동을 조직적으로 하는 것에 곤란을 자주 겪는다.

· 지속적으로 정신을 쏟아야 하는 일을 피하거나, 싫어하거나, 거부하는 경우가 자주 있다.

· 과제나 활동에 필요한 것(숙제, 연필, 책 등)을 자주 잃어버린다.

· 외부자극에 의해 쉽게 주의가 산만해진다.

· 일상적인 일을 자주 잊어버린다.

(2) 과잉행동(1~6)/충동성(7~9) 증상들(6개 이상/17세 이상인 경우 5개 이상)

· 손발을 가만히 두지 않거나, 자리에서 꼼지락거린다.

· 가만히 앉아있어야 하는 상황에서 자주 자리를 뜬다.

· 적절하지 않은 상황에서 지나치게 달리거나 혹은 기어오른다(성인은 '안절부절감').

· 조용하게 놀거나 레저활동을 하지 못하는 수가 자주 있다.
· 쉴 새 없이 활동하거나 혹은 마치 모터가 달린 것처럼 많은 행동을 한다.
· 자주 지나치게 말을 많이 한다.
· 질문이 끝나기도 전에 대답해버리는 수가 자주 있다.
· 차례를 기다리는 것이 자주 어렵다.
· 자주 다른 사람이 하는 것을 중단시키거나 무턱대고 끼어든다.

B. 이러한 증상들이 12세 이전에 있어야 한다.

C. 적어도 두 군데 이상(학교, 가정 등)에서 이러한 증상이 존재해야 한다.

D. 사회활동, 학업, 직업 기능을 방해 혹은 질적 저하의 명백한 증거가 있어야 한다.

E. 조현병의 경과 중이거나 혹은 기분장애, 불안장애, 해리장애, 성격장애, 물질급성중독 혹은 금단에 의한 것이 아니어야 한다.

뇌의 성장

초등학교 시기 아이들은 엄청난 성장을 합니다. 생후 첫 해를 제외하면, 가장 많은 변화를 보이는 시기죠. 키와 몸무게뿐 아니라 뇌의 변화도 엄청납니다. 불과 20~30년 전만 해도 태어날 때 뇌세포가 생기면 평생 그대로 유지되며 머리를 부딪히거나 꿀밤이라도 한 대 맞으면 뇌세포가 죽어 머리가 나빠진다는 말을 공공연한 사실로 받아들였습니다. 하지만 최근 연구들에서는 뇌의 성장이 생후 20년 이상 지속된다는 사실이 밝혀졌죠. 실제로 뇌세포는 어떻게 성장할까요?

미 국립정신건강연구소NIMH의 J. 기드J. Giedd 박사는 3~25세의 아동·청소년 2,000여 명을 대상으로 2년마다 뇌를 MRI로 촬영해 그 변화를 분석했습니다. 이 연구 전까지는 만 6세가 되면 뇌의 95퍼센트가 성장한다는 것이 통념이었죠. 그러나 MRI 분석 결과, 뇌의 크기는 6세까지 무럭무럭 자라지만, 크기와 함께 뇌가 성숙하는 것은 아니라는 사실을 알게 됐습니다. 뇌 크기의 성장도 중요하지만, 뇌세포 간의 연결이 세밀해지는 '성숙'이 더 중요하다는 것이었습니다.

뇌세포는 시냅스라는 세포 간의 전기적 신호를 통해 활동하는데, 아동 · 청소년기에는 효율적인 시냅스(네트워크)를 형성하기 위해 이미 형성된 연결선이 없어지기도 하고 새로운 네트워크가 생기기도 합니다. 이는 뇌가 효율적으로 일하기 위한 필수과정입니다. 10대 때 가장 왕성하게 가지가 뻗어나가며 불필요한 연결은 끊어져 가지를 정리하는 성숙의 과정이 일어나는 것입니다.

대뇌의 앞부분인 전두엽피질은 25세까지 성장하고 사춘기에 가장 왕성하게 성숙합니다. 특히 판단력과 결정력을 담당하는 전전두엽은 뇌에서 가장 마지막으로 성숙하죠. 아이들의 뇌가 이처럼 변화 중이라는 사실이야말로 다 컸다 싶은 아이들이 즉흥적인 판단을 하고 앞뒤가 맞지 않는 행동을 하는 이유라고 할 수 있습니다. 지속적으로 공사 중인 뇌세포 간의 연결로 인해 아이들은 인지감정 판단력과 자제력, 충동조절이 들쑥날쑥한 것입니다. ▶'아이가 학교에서 애들을 심하게 괴롭힌대요'(371페이지) 참조

어린아이한테도 우울증이 오나요

아이가 학교에만 가면 배가 아프다고 합니다. 병원에 가보니 별다른 이상은 없다고 하고 스트레스 때문일 수 있다네요. 그러고 보면 요새 말수도 적어지고 부쩍 침울해 보이는데, 무슨 문제가 있는 걸까요?

아이들은 그저 밝아서 우울증이 없을 거라 생각하기 쉽습니다. 그러나 아이들도 어른과 마찬가지로 어떤 일에 좌절하거나 상실감을 느낄 때 우울증이 나타날 수 있고, 이런 일은 의외로 성인이 겪는 것만큼 흔합니다. 우울의 문제가 일시적인 증상이라면 큰 문제가 아닐 수 있지만, 지속적이라면 소아우울증을 의심해볼 필요가 있습니다. 우울한 사고는 아동의 성격 일부가 될 수 있고, 치료받지 않은 소아의 우울증은 만성적으로 성인기까지 장기적인 영향을 줄 수 있어서 빠른 진단과 치료가 매우 중요합니다.

소아, 청소년의 10~15퍼센트는 우울증상을 경험하고, 7~12세 사이 아동의 2퍼센트는 우울증을 앓습니다. 우울증을 가진 청소년의 절반가량은 술, 담배, 약물에 손을 댑니다. 그리고 알려진 바대로 청소년 사망원인 1위인 자살은 우울증이 가장 큰 원인입니다. ▶'갑자기 공부도 안하고 멍하고 무기력해 보여요'(337페이지), '아이가 죽고 싶다고 해서 너무 놀랐어요'(339페이지) 참조.

아동기의 우울증을 말할 때는 먼저 우울증의 기준부터 좀 다르게 생각할 필요가 있습니다. 성인기에는 갑작스러운 스트레스 혹은 지속적인 대인관계문제와 성격문제가 있을 때, 지친 뇌가 분노, 자책 등의 과정을 거쳐 우울감을 보일 때 우울증이라고 하는데요. 아동의 경우 장시간 스트레스에 노출되었거나 성격문제로 인해 우울증이 오기도 하지만, 타고난 기질 혹은 부모나 주변가족들 간의 갈등이 관련된 경우가 많습니다. 성인우울증의 주된 증상은 온종일 우울한 기분이 지속되고 거의 모든 활동에 대해 흥미와 즐거움이 현저하게 저하되는 것인데요. 초등학생의 경우 아이가 평소와 달리 시무룩하거나, 동생을 괴롭히거나, 사소한 일에도 짜증을 내는 등의 모습으로 나타나 부모가 알아차리기 어렵습니다. 같은 반의 약한 아이들에게 폭력을 휘두른다거나, 부모 돈을 훔쳐서 아이들에게 무언가를 사주거나, 숙제를 안 하고 거짓말을 한다거나, 게임하는 시간이 늘어나는 등 아이가 평소와는 다른 행동을 할 경우 그리고 두통이나 복통 같은 신체증상을 호소할 경우, 일단 우울증과 같은 정서적 스트레스를 겪고 있는 것이 아닌지 의심해볼 필요가 있습니다. 너무 많이 자거나 너무 많이 먹기도 하고, 멍하고 행동이 느려지거나 지나치게 초조해하기도 하고, 성적부진 등의 문제를 보이기도 하죠. 따라서 부모의 세심한 관찰이 중요합니다. 특히 등교를 거부하거나 친구들과 잘 어울리지 못한다면, 반드시 전문의의 상담을 받아야 합니다.

아이의 변화는 제3자가 더 정확히 포착할 수도 있습니다. 얼마 전, 풀죽은 모습으로 수업시간에 엎드려 있고 과제를 제때 해내지 못하는 등 수업태도와 수행에 문제를 드러내던 한 여학생이 담임선생님의 권유로 어머니와 함께 내원한 적이 있습니다. 면담과정에서, 이 여학생의 부모가 남편의 외도로 인해 최근 이혼했음이 밝혀졌습니다. 어머니 또한 매우 우울한 상태였죠. 이 여학생은 외동딸로 평소 어머니와 밀착된 생활을 해왔는데, 최근의 변화와 더불어 무기력한 엄마의 모습에 크게 불안해했습니다. 이 경우, 어머니는 아이의 변화를 눈치 채기 힘들며, 주변사람들의 조언을 거부하기도 합니다.

이 경우에서 볼 수 있는 것처럼 아이의 우울증을 알아채기 어려운 것은 그 양상이 겉으로 드러나지 않는데다 부모문제와 관련된 경우가 많기 때문입니다. 아동기의 정서적 문제를 평가할 때 가장 난관이 되는 부분은 사실 그 부모라 볼 수 있습니다. 모든 문제에 앞서는 것이 아이의 기본기질과 부모의 양육태도인데, 부모 입장에서는 자신의 문제점을 자각하기가 쉽지 않기 때문이죠. 우울감의 원인으로 신경전달물질의 불균형에 의한 생화학적 원인, 유전적 원인, 환경적 원인 등이 논의되지만, 아이들의 경우 그중 환경적인 요인이 중요하며, 가족 간의 갈등, 학업부진, 학교부적응, 친구들과의 갈등 등이 관련된 경우가 많습니다.

자녀의 우울증을 조기에 발견하고 치료하려면, 부모는 평소 자녀의 심리상태에 관심을 기울이고 행동변화에 민감하게 대처해야 합니다. 건강한 신체에 건강한 정신이 깃들죠. 충분한 수면과 운동이 필요하고, 학교나 집에서의 긍정적 유대감이 필요합니다. TV 같은 매체 시청을 줄이고 다른 아이들과의 관계를 강화하는 신체활동을 격려해주세요. 아이가 자신의 기분을 잘 표현할 수 있는 가정 분위기를 만드는 것 또한 매우 중요합니다.

아이가 우울해한다면, 부모는 아이의 바람직한 행동을 강화하고, 처벌적이고 강압적인 방법을 덜 사용해 긍정적인 환경을 만들어야 합니다. 아이에게 '나는 좋은 사람이다'라는 긍정적 메시지의 이야기를 자주 해주고, '부모는 나를 사랑하고 나에게 관심이 많다'는 점을 전하기 위해 가족단위의 놀이를 하는 것도 좋습니다. 문제에 대해 빨리 해결책을 내려 하지 말고, 아이 이야기에 고개를 끄덕이며 호응해주세요. 아이를 비난하지 말고, 공감하며 경청하는 것이 필요합니다.

우울증에 효과적인 인지치료기법을 아이에 맞게 사용하는 것도 도움이 됩니다. 아이가 일상경험이나 미래를 부정적으로 보는 경향을 완화시키기 위해, "다른 식으로 생각해볼 수 있지 않을까?" "그렇게 생각하는 이유는 무엇일까?" 등의 질문을 던져 아이 스스로 자신의 부정적 사고경향을 느끼게 하고, 이를 현실적 · 긍정적인 사고로 변화시키는 것이 필요합니다. 예를 들어 친구에게 인사했는데 친구가 인사를 받지 않을 때, 아이는 '친구가 나를 무시하는 게 분명해'라고 생각할 수 있습니다. 이때 "혹시 다른 이유는 없었을까?" "다른 방식으로 생각해볼까"라는 질문을 던져주세요. 친구가 인사하는 소리를 못 들었을 수도 있고, 엄마에게 혼이 나 기분 나쁜 상태라 인사를 제대로 받지 못했을 수도 있는 거니까요. 친구가 나를 무시한다고 생각했을 때는 기분이 나쁘고 화가 나겠지만, 단순히 친구가 인사하는 소리를 못 들은 거라면 그럴 이유가 사라집니다. 친구가 기분 나쁜 상태라 인사를 못 받은 거라면, 오히려 친구의 기분을 위로해주고 싶어질 거고요. 이런 감정반응 후에는 친구에게 다시 말을 걸면서 "아까 내가 하는 말 못 들었어?" 하고 물을 수도 있고, 우울감에 빠지지 않은 채 하던 일을 계속 할 수도 있을 겁니다.

우울증을 부정적인 진흙 속에서 빠져나오지 못하는 상태라고 하면, 이 진흙에서 빠져나오려고 할 때 붙잡고 있는 진흙괴물을 상상하게 하고, 진흙괴물에게 말대꾸하기를 하여 긍정적 자신감을 형성하도록 하는 것도 도움이 됩니다. 아이에게 자신의 강점을 써보게 하는 것도 좋습니다.

더 알아보기

아이의 자존감을 올리는 방법

"옆집 ㅇㅇ는 또 상을 받았다더라." "△△은 벌써 영어책을 술술 읽던데." 엄친아와의 비교는 어린 나이부터 시작됩니다. 무엇이든 다 잘하는 친구, 얼굴도 예쁘고 공부도 잘하는 짝꿍을 보고 아이들은 자신이 남보다 못하다는 느낌, 자신이 아무것도 아닌 것 같은 생각에 자신감을 잃기 쉽죠. 아이들이 자기가 남보다 못하다는 느낌 때문에 고민하는 이유에는 여러 가지가 있는데요. 그중에는 진짜 심각한 이유도 있고, 사소한 이유도 있습니다. 어떤 경우든 아이의 그러한 고민을 진지하게 받아들일 필요가 있습니다. 그냥 어깨를 으쓱하면서 "별 어리석은 소리를 다 하는구나" 혹은 "너도 노력하면 될 거야"라고 말해준다고 끝이 아닙니다. 아이는 자신이 결코 남들에 비해 부족하지 않다는 점을 스스로 알 필요가 있습니다.

자존감은 냉정한 것이어서 아이 스스로 미흡하다고 생각하면 아무리 옆에서 북돋아줘도 결코 높아지지 않습니다. 어떤 아이는 자신의 목표나 이상을 설정하지 못하고 자아도취에 빠지기도 하고, 반대로 무한한 기대치 때문에 자신이 열등하다는 생각에 빠지기도 합니다. 기질적·환경적 문제로 어린 나이부터 자존감의 차이가 있는 것처럼 보일 수도 있지만, 사실 자존감은 후천적으로 성취되는 것에 가깝기에 나이가 들기 전까지는 사회적 맥락 속에서 자신의 온전한 가치를 느끼기는 힘듭니다. 자존감은 처음엔 부모나 친척들의 평가에 의해 형성되지만, 초등학생이 되고 나면 점차 친구나 주변어른들의 평가가 중요해지며, 얼굴이 예쁘거나 공부를 잘하거나 부모가 부자이거나 하는 요인이 영향을 끼치기도 합니다. ▶'너무 남들의 평가에 신경 쓰며 사는 것 같아요'(858페이지) 참조

본인의 인식과 시기도 중요해서, 부모에게서 독립하지 못했을 때는 부모의 재산이 자존감이 될 수 있지만 나이가 들수록 그것은 자신의 것이 아니라는 것을 깨닫기도 합니다. 자존감은 항상 유동적으로 증감을 반복하는 개념입니다. 그래서 어른들은 아이가 과연 지금의 상태로 자존감을 유지할 수 있을 것인가를 생각해야 합니다. 누군가는 돈, 학력, 외형 등을 자존감의 필수요소로 들겠지만, 누군가는 도덕, 예술, 창의, 믿음 등을 들 수도 있습니다. 전자보다는 후자가 영속적이고 쉽사리 무너지지 않는 경향이 있죠.

아이의 자존감을 키워주려면, 아이의 현재모습을 구체적으로 격

려하고 칭찬해주어야 합니다. 어른들은 말로 표현하지 않아도 감정을 읽을 수 있지만, 아이들은 숨은 언어를 읽는 능력이 아직 없습니다. 그러므로 돌려서 말할 것이 아니라 직접적으로 아이의 장점을 짚어가며 칭찬해주세요.

2

가족 내 갈등

아이에게 어떤 아빠가 되는 것이 바람직한가요

아들이 아빠인 저를 무서워합니다. 요즘은 친구 같은 아빠가 대세라고 하는데, 아들과 가까워질 방법이 없을까요?

실제로 아이 발달에 있어 본격적으로 아버지 역할이 중요해지는 시기는 초등학생 이후라고 할 수 있습니다. 이 시기에는 발달적으로 남녀 특성이 좀 더 구체화됩니다. 성의 구별이 더 분명해지고 같은 성끼리의 결집력이 강화되면서, 남자아이들은 남자아이들끼리, 여자아이들은 여자아이들끼리 다른 종류의 관심사를 갖게 되고 다른 종류의 놀이를 하게 됩니다. 프로이트는 이 시기가 성적으로는 비교적 '고요한 잠복기'로 성에 대한 관심이 없을 때라고 했지만, 실제로는 이 시기에 아이들은 이성끼리 서로 부끄러워하며 남성다움이나 여성다움에 좀 더 신경을 쓰게 됩니다. 이런 발달과제와 관련해 남자아이는 아버지, 여자아이는 어머니와의 동일시Identification가 더 강력하게 일어나는데요. 그런 면에서 동성부모의 역할이 중요해집니다. 이 시기의 발달단계를 거치며 남자아이는 아버지를 무서운 존재로 여기기도 하지만,

적절한 권위 상Authority Figure이 형성되지 못하면 아버지를 만만하게 보기도 합니다.

아버지의 양육참여가 아이의 사회성, 정서 및 성격발달, 인지발달과 성취에 긍정적 영향을 미치고, 아버지의 심리적 성숙과 조화로운 부부관계 및 친밀한 아버지-자녀 관계형성에 긍정적이라는 점은 확실합니다. 보스턴대학 M. 코텔처크M. Kotelchuck 교수의 연구에 따르면, 아빠가 양육에 많이 참여할수록 아이가 낯선 사람에게 맡겨졌을 때 불안감을 덜 보였다고 합니다. 반면 아빠의 손길을 덜 탄 아이는 활동이 매우 적은 것으로 나타났습니다. 이 연구는 아빠와 접촉이 많은 아이일수록 낯선 상황에 더 잘 대처한다는 점을 보여줍니다. 실제로 낯선 상황에서 엄마는 아이를 감싸지만, 아빠는 아이에게서 조금 떨어져 아이가 어떻게 하는지 지켜보는 경향이 있습니다. 엄마가 안전기지라면, 아빠는 아이가 활동할 수 있는 넓은 운동장의 울타리인 것이죠.

하지만 부모가 아이의 친구일 수만은 없습니다. '친구 같은 부모가 되어야 한다'는 말은 자녀를 잘 이해하고 의사소통을 원활히 하는 부모가 되라는 것이지, 진짜로 아이의 친구처럼 행동하면서 아이를 친구인 양 대하라는 뜻은 아닙니다. 부모는 아이가 잘 자랄 수 있게 보호하고, 가르치고, 사랑하고, 중요한 순간에는 적절한 결정을 내려야 합니다. 잘못된 행동은 제지하고, 잘못을 바로잡아주기 위해 상벌도 내려야 합니다. 유아기를 거치며 아이가 부모에게 얻는 가장 중요한 가치가 '어떠한 순간에도 엄마 아빠는 내 편'이라는 믿음과 애착이라면, 그 이후 부모는 아이가 '이 세상을 독립적으로 잘 살아가도록' 가르쳐주어야 합니다. 세상에 나가 사람들과 부딪히지 않고 함께 어울려 살아갈 수 있도록 인도하는 역할을 아버지가 해주어야 합니다. 자상하고 격 없는 부모가 나쁘다는 것이 아니라, 한 걸음 떨어져 아이를 지켜보면서 아이가 잘할 때는 격려하고 아이가 잘못했을 때에는 야단치는 부모가 되어야 한다는 이야기입니다.

아버지가 초등학생 자녀와 좋은 관계를 만들어가는 데는 다양한 의사소통 방식이 필요한데요. 이때 소통방식은 신체적 · 비언어적 요소로도 얼마든 가능합니다. 시간을 쪼개 학교행사에 참석해 아이의 모습을 지켜봐주거나, 아이의 친구가 누구이고 아이 의견은 어떤지 관심을 표하는 것도 좋습니다. 목욕탕이나 이발소를 가는 등 둘만의 시간을 보내는 것도 좋은데, 남자들은 대개 관심 있는 일 외엔 서툰 편이므로 아이가 어릴 때부터 취미를 공유하는 것이 좋습니다. 아이와 함께 캠핑이나 스포츠를 즐기는 것이야말로 가장 좋은 의사소통이라 할 수 있는 것이죠.

이혼을 계획하고 있는데 아이는 괜찮을까요

남편과 성격 차이로 이혼을 하려고 합니다. 서로 큰 다툼 없이 진행 중인데, 한 가지 걱정은 초등학생인 아이입니다. 아이가 큰 충격을 받지는 않을지 염려스럽습니다.

어른에게도 아이에게도 이혼은 아주 큰 변화를 가져오는 힘겨운 경험입니다. 하지만 어른들의 애정 어린 보살핌이 있다면, 아이들은 이 시기를 이겨내기가 한결 쉬워질 겁니다. 부모가 만나 결혼하고 아이를 낳고 가정을 꾸려가는 데도 지켜야 할 원칙이 있는 것처럼, 이혼을 할 때도 마찬가지입니다. 특히 아이들에게 적절한 설명을 해주는 것이 필수입니다.

첫째, 솔직하게 대할수록 아이들은 위안을 받습니다. 먼저 아이들을 모아놓고 두 사람이 헤어지기로 결정했다고 말해주고, 그것이 무엇을 의미하며, 언제 일어날 일인지 알려주어야 합니다. 아이들은 앞으로 일어날 일을 정확히 알고 있을 때 훨씬 더 잘 대처할 수 있으며, 더 나쁜 상황을 상상하게 되지도 않을 것입니다. 많은 것이 한꺼번에 바뀌는 혼란 속에서 아이가 걱정하는 것과 궁금해하는 것들에 대해 아이가 이해할 수 있을 정도로 솔직하게 설명해주세요. 또한 아이들의 행복이 가장 중요하다는 것을 확인시켜주고, 엄마, 아빠가 결혼했을 때는 서로를 사랑했으며 아이가 태어났을 때 무척 기뻤다는 이야기를 해주어, 아이 스스로 자신이 환영받는 존재라는 확신을 갖게 해주어야 합니다.

둘째, 아이가 자기감정을 표현할 수 있도록 해주어야 합니다. 부모가 먼저 지금 상황이 심각하다는 것을 알리면, 아이들도 자기 마음과 속상함을 표현할 수 있습니다. 초등학교 고학년만 되어도 아이들은 부모를 보호하기 위해 자신의 느낌을 숨기려고 합니다. 영화 〈메이지가 알고 있었던 일What Maisie Knew〉을 보면, 이혼과 관련한 아이의 감정이 잘 드러나는데요. 이혼을 앞둔 부모의 양육권 다툼 과정에서 어른들은 아직 어린 딸이 아무것도 모를 거라 생각합니다. 그러나 아이는 무표정하게 행동하는 것일 뿐이지, 실제로는 그 상처를 제대로 표현하지 못하는 것입니다. 아이도 어른과 똑같이 자신에게 일어나고 있는 일들에 대해 별별 생각이 들고, 기분이 복잡해질 수 있습니다. 그것이 어떤 기분이든 그런 기분이 드는 건 당연한 일이며, 그 기분을 있는 그대로 받아들이고 온갖 복잡한 느낌을 모두 정리하는 데 시간이 걸린다는 점도 알려주어야 합니다. 이혼하려는 부부라면 서로에게 부정적 견해를 갖는 것이 당연하겠지만, 아이들 앞에서 상대 배우자에 대한 부정적인 감정을 표현하는 것은 자제해야 합니다.

셋째, 이혼을 하는 이유가 무엇이건 간에 아이 탓이 아님을 알려주어야 합니다. 진료실에서 만난 아이들은 자기가 공부를 더 열심히 했다면, 엄마, 아빠 말을 더 잘 들었다면 이혼을 막을 수 있었을 것이라고 흔히들 이야기합니다. 어떤 아이들은 앞으로 누가 자신을 돌봐줄 것인지에 대해 걱정하고 불안해하기도 하고, 옳은 행동만 할 것이라 기대한 부모의 행동에 혼란스러워하기도 합니다. 청소년기가 되면, '엄마, 아빠가 실패했으니 나도 내 마음대로 할 거야'라는 식으로 마음먹기 쉽고, 때로는 자신이 부모를 재결합시켜 가정을 지켜야 한다고도 생각합니다. 이런 엉뚱한 생각을 하지 않게 하려면, 아이에게 이혼에 대한 책임이 없다는 것을 명확히 말해주어야 합니다.

넷째, 아이들에게 기분이 나쁠 때 할 수 있는 일을 알려주는 것도 좋습니다. 속상할 때 우는 건 창피한 일이 아니며, 울고 나면 기분이 좋아질 수도 있으니, 기분을 감추지 말고 가까운 사람에게 털어놓으라고 해주세요. 엄마나 아빠에게 이야기하기 어렵다면, 할머니, 할아버지나 선생님과 이야기를 해보라고 할 수도 있습니다. 그림을 그리거나 좋아하는 장난감을 가지고 노는 등 좋아하는 일을 해보라고 권해줘도 좋습니다.

마지막으로, 아이들에게도 부모의 이혼이 가져다주는 급격한 변화에 적응할 시간이 필요합니다. 이혼은 가족 모두에게 고통스러운 일이지만, 그렇다고 가족을 영원히 황폐화시키는 일은 아닙니다. 아이는 엄마가 사는 집과 아빠가 사는 집을 오가며 살 수도 있고, 그럴 땐 양쪽 집에 아이가 좋아하는 장난감이나 인형 등 아이에게 특별한 물건을 하나씩 마련해두면 적응하기 더 쉽습니다. 엄마와 있는데 아빠가 뭘 하고 있을까 궁금할 수도 있고, 아빠와 있는데 엄마가 보고 싶어질 수도 있습니다. 같이 있지 않은 부모님이 걱정될 수도 있고, 어떤 때는 부모 중 한 명을 빼고 재미있는 시간을 보내는 것이 미안할 수도 있습니다. 이런 죄책감을 품는 아이에게 즐겁고 행복한 시간을 보내는 것은 미안한 일이 아니라 당연히 괜찮고 필요한 일이라고 알려주어야 합니다.

한부모 가정에서 자라는 아이에게 별 문제는 없을까요

남편과 헤어지고 혼자 아이를 키우고 있습니다. 일을 하고 있어 외할머니가 아이를 돌봐주시고, 아이는 아빠에 대해 전혀 언급을 안 하는데 친구들에게는 아빠가 외국에 계신다고 이야기한다는 것을 알았습니다. 아이가 벌써 마음의 짐을 지게 된 건가 싶어 미안하기도 하고, 제가 잘 키울 수 있을지도 걱정됩니다. 엄마 혼자 아이를 키워도 큰 문제는 없겠죠?

한부모 가정에서 아이가 잘 클 수 있는가 하는 문제는 어찌 보면 확률 문제입니다. 그 아이의 기질, 집안의 경제적 상황, 같이 성장하는 친척(조부모, 고모, 이모 등)의 지원, 한부모의 정신적 안정상태, 헤어진 부모(있다면)의 지원 여부에 따라 다르기 때문이죠. 이는 비단 한부모 가정뿐 아니라 모든 가정에 해당되는 것으로, 이와 같은 문제가 해결이 안 되면 당연히 아이는 잘 크지 못할 것입니다.

그럼, 먼저 한부모가 아이를 키울 때 생길 수 있는 문제를 생각해봅시다. 이혼으로 인해 혹은 미혼모가 되어 엄마가 혼자 아이를 키우는 경우, 경제적인 어려움이 있으면 주로 외할머니가 아이를 돌보는 경우가 많습니다. 엄마가 아이를 키울 경우, 정서적으로는 아빠보다 나은 편입니다. 그러나 아이에게 혹시 문제가 있을까 봐 지나치게 걱정하고 간섭하는 엄마의 경우, 아이와 갈등을 빚기도 합니다. 한편 엄마가 너무 힘들어하는 경우, 아이가 엄마의 눈치를 보며 매우 순종적이지만, 애어른이 되어 겉으로는 엄마를 위로하는 반면, 내면에는 우울감과 분노를 키울 수도 있습니다.

아빠가 주양육자가 되는 경우, 대부분 생업에 종사하는 아빠 대신 할아버지와 할머니가 주양육자가 되어 아이를 키우게 됩니다. 아이가 안쓰러운 조부모는 손주의 요구를 다 들어주어 아이를 버릇없게 키울 수도 있습니다. 혹은 아이가 정서적으로 불안한 것을 버릇없다고 여겨 심하게 야단을 쳐서 더 비뚤어진 아이로 만들기도 합니다. 한편 아버지는 아이와 친근한 관계라 해도 아이 내면을 잘 알아차리지 못하는 편인데, 아이는 저녁에야 돌아오는 아버지에게 내면을 숨기고서 좋은 말, 좋은 얼굴로만 아버지를 대해 '아버지 앞에서만 잘하는 아이'가 되기도 합니다. 이런 경우 새엄마가 아이의 이중성을 알게 되면, 이 문제로 갈등이 생기기 쉽죠.

아빠가 해외출장을 장기간 간다든지, 부모가 주말부부라 아빠가 일주일에 한 번만 아이를 볼 수 있다든지 하는 경우에도, 아빠라는 롤모델이 필요한 초등학생 시기에는 영향이 클 수 있습니다 ▶'아이에게 어떤 아빠가 되는 것이 바람직한가요'(252페이지) 참조

이혼가정에서는 사춘기 아이와 양육자 사이에 갈등이 있을 때, 아이가 자신을 키워준 부모를 비난하고 상대편 부모를 옹호하기 쉽습니

다. 이때 배신감을 느낀 부모가 상대에 대한 분노까지 아이에게 투사하면, 아이와의 갈등은 더욱 심해집니다. 사춘기 때 아이가 심한 반항을 하더라도 절대 하지 말아야 할 말이 "너 그럴 거면 아빠(엄마)한테 가!"입니다. 아이는 자신을 키워준 부모가 자신을 짐처럼 여겼다고 느끼거나, 같이 살고 있지 않은 부모가 자신을 버렸는데 이제 자신을 키워준 부모조차 자신을 버린다고 생각할 수 있습니다.

아이가 자신을 키워준 부모를 떠나 다른 부모에게 가는 경우, 처음에는 좋은 대접을 받기도 하지만 시간이 지날수록 그렇지 않은 분위기가 될 수 있습니다. 특히 재혼가정의 경우 적응과정을 겪어야 합니다. 예민한 10대에 부모를 전전하며 정신적 불안정을 겪는 아이는 30대가 될 때까지 같은 문제가 지속되는 경우도 많습니다.

한쪽 부모와의 정서적 연결고리가 끊어졌다고 하더라도, 다른 한쪽과의 고리를 튼튼히 하면 보상이 될 수 있습니다. 아이와는 솔직하게 감정과 느낌을 서로 이야기할 수 있어야 합니다. 또한 아이가 어느 정도 심적 부담을 안고 살 것이라는 사실, 아이에게 적절한 관심과 애정 그리고 훈육과 절제라는 2명의 역할을 다 하기 힘들다는 사실을 인정하는 것도 좋습니다. 아이와도 이러한 점을 나누고, 주변의 도움과 피드백도 적극적으로 받아들여야 합니다. 상대가 아이에게 악영향을 끼치는 경우를 제외한다면, 이혼했다 하더라도 상대와 최소한 긍정적인 관계를 가지고 지내는 것이 좋습니다. 부모가 적대적인 경우 아이가 바른 정체성이나 이성관을 갖기 어려울 수 있으니까요.

새아빠, 새엄마랑 잘 지내도록 도와주고 싶어요

얼마 전 재혼을 했습니다. 아이에게는 새엄마가 생긴 것인데, 둘 사이가 아직은 서먹합니다. 서로 가깝게 지내도록 하려면 어떻게 해야 할까요?

초등학교 시기의 아이들은 부모가 이혼한 후에도 부모의 재결합을 꿈꾸므로, 새부모가 마음에 들지 않는 경우가 대부분입니다. 새부모와 잘 지내면 친부모를 배신한다는 느낌을 갖기도 하는데요. 이러한 느낌은 새로운 가족과 협력적인 관계를 형성하는 데 장애가 되기도 하죠.

따라서 자녀를 가진 부모가 재혼을 계획하고 있다면, 결혼 전부터 아이와 천천히 만나게 해 새로운 가족구성원이 될 새 배우자와 아이가 친해지도록 유도하는 것이 좋습니다. 또, 재혼을 해도 친부모와 아이와의 관계는 여전할 것임을 확신시켜주어야 합니다. 이 모든 것을 받아들일 때까지는 시간이 걸립니다. 10대 아이들은 어린아이보다 더 시간이 걸리는 경우도 많습니다.

'새엄마'라는 존재에 대해서는 주변사람들, 심지어 배우자조차도 아이에게 잘해주지 않을 거라는 색안경을 끼고 있어 문제가 되기도 합니다. 아빠, 친할아버지, 친할머니가 아이를 끼고서 새엄마가 아이에게 잘하는지 체크하는 것은 아이와 새엄마의 새로운 유대를 방해할 수 있습니다. 새엄마의 친자식이 같이 살게 될 경우에는 내 아이가 차별당할까 봐, 아이를 키워본 경험이 없는 새엄마가 들어올 경우에는 양육경험이 없어 시행착오를 겪을까 봐 걱정합니다. 하지만 우선은 새엄마에게 친엄마처럼 권한을 주고 먼저 친해질 기회를 주는 등 전적인 믿음이 필요합니다.

사춘기를 바로 앞둔 초등학교 고학년 아이의 경우에는 아빠와 살게 된 젊은 새엄마를 보고 시샘하거나 질투할 수도 있습니다. 새아빠와 살게 된 경우, 새아빠가 자상하고 경제적으로도 안정적이라면 긍정적인 관계가 마련될 수 있지만, 사춘기 직전에는 상당히 적대적이고 공격적일 수 있죠. 재혼가정의 경우 이런 여러 가지 감정의 문제가 생길 수 있지만, 가족 구성원 모두가 협조한다면 빠르게 가정의 안정을 이룰 수 있습니다. 부모와 자녀의 관계는 새로운 부부의 관계보다 먼저 있었습니다. 부모와 자녀의 관계는 재혼가정에서도 단단한 연결고리를 형성하므로, 새아빠 또는 새엄마와의 관계는 서로가 의식적으로 발달시켜야 합니다.

재혼 후 새아빠나 새엄마를 진심으로 친부, 친모로 받아들이라고 요구하는 경우도 잦은데요. 이는 친부모나 이제 막 가정에 편입된 새부모 내면의 불안을 반영하는 것으로, 어른의 부담감을 아이에게 떠넘기는 것과 같습니다.

이 경우 부모는 아이가 감당하기 힘든 정신적 과제, 즉 착하게 행동할 것, 절대 거짓말하지 말 것, 진심으로 부모를 사랑할 것 같은 추상적 과제를 요구하기도 하는데, 이것이 심해지면 학대에 가깝다고 볼 수 있습니다. 처음에는 적당한 선을 유지하는 것이 더 낫습니다.

혹시 새아빠나 새엄마가 자녀를 괴롭히거나 학대한다면, 친부모는 문제를 회피하지 말아야 합니다. 또다시 이혼을 하게 될까 하는 두려움에 문제를 회피하거나 아이에게 인내를 강요한다면, 결국 아이도 잃고 파트너도 다시 잃게 될 것입니다. 재혼가정을 지키기 위해서는 아이가 자신의 마음을 표현하도록 도와야 합니다.

3

대인관계

친구를 잘 사귀게 하고 싶어요

아이가 학교에 들어갔는데, 친구들을 잘 사귀지 못하고 겉도는 느낌입니다. 어떻게 하면 친구들과 잘 어울리게 도와줄 수 있을까요?

초등학교 아이들이 상담을 받는 주된 문제는 학업과 또래관계에서의 어려움이 대부분입니다. 어려서부터 유치원, 피아노, 태권도 등 예체능학원 등에서 친구들을 만나기는 하지만, 동네놀이터에서 놀이를 하면서 자연스럽게 사귀는 과정이 아니고 부모에 의해 친구관계가 형성되는 경우가 많다 보니 학년이 바뀌면 친구를 사귀기 어려워하는 경우가 제법 있습니다. 또한 적은 수의 형제나 외동아이, 부모가 아이에게 부족한 것 없이 많은 것을 해주려고 하는 물질적·정서적 풍요로움, 개인주의적인 양육스타일로의 변화 등과 같은 이유가 또래관계의 어려움을 가져옵니다.

아이들은 친구와 어울리고 싸우고 화해하면서 사회성을 발달시킵니다. 편을 갈라 놀이를 하면서 자기들끼리 정한 규칙을 지켜야 하며, 다른 아이들과 협동해야 한다는 것을 배우게 됩니다. 사회적 능력과 규칙을 배우는 것이죠.

또 아이들은 놀이과정에서 다른 사람의 감정을 공감하고 배려하게 됩니다. 아이들은 타인의 관점을 이해할 수 있게 되면서 눈치, 즉 사회적 맥락Social Cue을 해석할 수 있게 되고, 또래들의 인정이나 수용에 민감해집니다. 이처럼 또래집단 내에서 작은 사회를 겪은 경험이 어른이 되었을 때 사회생활의 중요한 밑거름이 되는 것이죠. ▶'좋은 친구들과 어울리게 하려면 어떻게 해야 하죠'(359페이지) 참조

아이가 학년이 올라갈수록 학교생활에서 친구가 차지하는 비중은 더 커지고 관계도 자연스럽게 넓어집니다. 점차 부모에게서 독립해서 또래집단과 더 많은 시간을 보내려고 하죠. 가족여행이라도 다녀오면, 기다렸다는 듯이 친구들에게 연락을 해서 약속을 정하는 아이의 모습을 보고 처음에 부모들은 당황합니다. 이처럼 아이의 생활에서 친구는 중요한 부분을 차지하게 되며, 점차 아이는 가족보다 친구의 영향을 더 많이 받습니다. 고학년이 되면 특히 여자아이들은 분명한 그룹을 형성하고, 공부와 친구관계 중에서 친구관계가 우위를 차지하게 됩니다.

이처럼 아이들은 또래와 충분한 시간을 갖고 경험을 쌓아야 하는데, 여러 학원을 전전하기에 바빠 또래와 어울리지 못하고 나이에 맞는 사회경험이 자연스럽게 이루어지지 않게 되면 적절한 사회적 기술을 발달시키지 못하게 됩니다. 또래와의 부적절한 상호작용으로 인해 따돌림을 당하기도 하고, 자신과 사회에 대해 부정적인 개념을 형성하기도 합니다. 이로 인해 청소년기와 성인기에 들어서면 대인관

계에서 정신건강상의 위험을 겪게 될 수도 있습니다.

친구를 사귀는 방법에 정답이 있는 건 아니지만, 흔히 아이들이 생각하는 좋은 친구가 어떤 친구인지 생각해보면 그에 대한 답을 알 수 있습니다. 초등학교 저학년 시기의 아이들을 보면 대개 동성친구들과 어울리며, 자신의 의견을 분명하게 잘 전달하는 아이가 리더 역할을 하게 됩니다. 처음 학교에 입학을 했거나 전학을 간 경우에는 자녀가 좋아하는 친구 몇 명을 초대하여 같이 놀게 하는 것이 도움이 됩니다. 남자아이들은 축구 같은 운동이나 취미활동을 통해 공감대를 형성하기 때문에, 함께 어울려 놀이를 할 수 있는 활동에 참가시키는 것도 좋습니다. 여자아이들은 관심사가 같은 친구들끼리 모이기 때문에, 친구의 관심사를 귀 기울여 잘 들어주고, 작은 일에도 관심을 표현하도록 독려하는 것이 좋습니다. 학기 초에 친구들과 함께 나눠 쓸 수 있게 준비물을 넉넉히 챙겨주어 빌려줄 수 있게 하는 것도 방법입니다.

아이가 친구를 사귀는 데 어려움을 겪는다면, 부모가 다음 몇 가지 원칙들을 알려줄 수 있습니다. 첫째, 아이 스스로가 자신이 어떤 성향인지 잘 알아야 합니다. 조용한 편인지 활동적인지, 좋아하는 것은 무엇인지, 잘하는 것은 무엇인지 말입니다. 자신과 공통점이 있는 친구가 친해지기 쉬우므로 자신에 대해 자신 있게 표현하는 것이 좋다고 조언해줄 수 있습니다. 둘째, 배려하는 마음이 필요함을 알려줍니다. 예컨대 친구에게 "너하고 썰매를 타서 진짜 재미있었어"라고 말하고, 동생이 공주 흉내를 내며 배우라도 된 듯 뽐낼 때 비웃지 않고, 엄마 대신 음식을 만든 아빠에게 맛없다고 투정하지 않고 감사인사를 하는 것 등이 배려임을 알려줍니다. 셋째, 단체생활의 규칙을 알려줍니다. 순서를 잘 지키고, 자기중심적으로 행동하지 않도록, 구체적 상황을 예로 들어 설명해주는 것이 도움이 됩니다.

아이가 친구 사귀기를 어려워한다면, 과연 우리 아이가 어떤 아이인지 생각해보는 것도 필요합니다. 그에 따라 부모가 도와줄 수 있는 방식이 달라지기 때문입니다. 성격이 튀고, 공격적이거나, 자기중심적이어서 배려를 하지 못하다 보니 '잘 어울려 노는' 방법을 모르는 아이인지, 불안수준이 높아서 거절을 예상하고 먼저 손을 내밀지 못하는 아이인지, 아니면 어울릴 필요를 못 느끼거나 대인관계의 감각이 부족한 아이인지 말입니다. 뒤이어서 이 시기 아이들이 친구관계에서 가질 수 있는 문제들을 좀 더 세분화하여 다루어보겠습니다.

친구를 자꾸 괴롭히고 자주 싸워요

아이가 친구들과 이야기할 때 자기 의견을 굽히지 않아 자주 다투네요. 어떤 때는 자꾸 친구들에게 심한 장난을 하고 친구들을 괴롭히는 것 같아요. 어떻게 해야 하죠?

예전 어른들은 아이들은 싸우면서 큰다고 했습니다. 실제로 아이들은 가정이라는 보호적 환경에서 벗어나 학교라는 '사회'에 적응하고, 나와 다른 생각을 가진 친구들과 어울려 협동과 경쟁을 하면서 다른 사람의 의도와 생각을 더 잘 이해하게 됩니다. 이렇게 '남의 관점에서 생각해보는 경험'을 통해 사회적 관계에 중요한 마음 읽기 능력을 높여가죠.

다중지능이론
교육심리학자 H. 가드너H. Gardner가 제안한 개념. 인간지능은 서로 다른 종류의 능력으로 구성되어 있어서 개개인이 특정 분야에서 어떻게 능력을 발전시키고 활용하는지에 따라 가치 있는 결과를 도출할 수 있으며, 이러한 결과를 생산하는 능력으로서의 재능이 지능이라는 이론이다.

다중지능이론에서 이야기하는 인간친화지능(대인관계지능)도 다른 사람들과의 사회적 관계를 많이 가지면서 노력을 통해 높일 수 있다고 합니다. 그 기초를 초등학교 시기에 잘 다져주어야 청소년기에 더 발전하여 원활한 대인관계를 유지하는 성인이 될 수 있습니다.

의견 차이로 잦은 다툼을 하는 아이들에게 부모가 가르쳐주어야 할 중요한 몇 가지 사항이 있습니다. 첫째, 친구들과의 다툼은 대화를 통해 해결책을 찾아야 한다는 것입니다. 강요당하는 환경에서 자란 아이는 친구들과의 사이에서도 위압적이며 강압적으로 행동할 수 있습니다. 포용적인 환경에서 자란 아이인지 비판적인 환경에서 자란 아이인지는 그 아이의 사회생활에서 그대로 드러납니다. 초등학교 시기는 이야기를 할 때 일방적으로 자신의 이야기만 하지 않고 타협하는 것을 배우는 시기입니다. 친구와의 다툼에서 화가 나는 점, 기분이 나빴던 점을 말로 표현하게 하고, 친구의 입장도 들어보라고 하는 것이 중요합니다.

둘째, 실수했을 때도 자기 자신을 너그럽게 여기라고 가르쳐줍니다. 그래야 친구가 실수했을 때도 배려해줄 수 있기 때문입니다. 어른들이 먼저 아이의 잘못을 이해하고 용서해주는 모습을 보여주어야, 아이는 남을 배려하는 든든한 친구가 되어준다는 것이 무엇인지를 알 수 있습니다.

셋째, 남의 입장에서 생각하는 태도를 키우도록 도와주어야 합니다. 친구를 놀리는 아이에게는, 적절한 때에 "네가 친구를 놀리면 그 아이 기분이 어떨까?" 같은 질문을 해서 상대의 감정이나 생각에 대해 이야기를 나누면, 아이들은 타인의 관점을 인정하고 받아들이기 시작합니다. 그다음에는 "다음에 또 그렇게 화가 나면 어떻게 하면 좋을까?" 하는 질문이 바람직합니다. 다른 사람을 존중한다는 것은, 바로 다른 사람이 자신에게 해주기를 바라는 대로 다른 사람에게 행동하는 것입니다.

이 시기 아이들이 시간이 지나도 여전히 자주 친구들과 싸운다면, 다음의 경우를 생각해볼 필요가 있습니다.

먼저, 나이보다 언어적인 표현이나 생각이 어려서 또래와 어울릴 때 적절히 반응하지 못하고 화를 내는 경우라면, 아이의 부족한 발달, 인지, 언어적인 문제를 교정해주어야 합니다.

둘째로 부모가 공격적이고 아이의 감정을 억압하거나, 반대로 지나치게 허용적이어서 아이의 행동이 제어가 안 되어 거만하거나 타인의 입장을 헤아리지 못하는 경우가 있을 수 있습니다. 이럴 때는 아이와 부모의 관계가 어떤지 살펴보고 개선해나가야 합니다.

셋째로, 아이가 성격이 급하고 앞뒤를 안 가리거나, 눈에 띄게 공격적이고 짓궂은 장난을 친다면, 평소에 공격성을 해소할 수 있도록 해주어야 합니다. 이때는 샌드백을 사주거나 축구나 수영 등 활동적인 운동을 시키는 것이 도움이 되며, 혹시 ADHD나 다른 행동문제 등이 있는지 살펴봐야 합니다.

마지막으로, 대인관계지능의 문제로 사회적 눈치가 부족하여 친구들의 행동을 오해하거나, 지나치게 옳고 그름에 대해 집착하는 원칙주의적 성향을 가졌다면, 아이들에게 또래집단과 생활하면서 일어날 수 있는 여러 상황들을 미리 알려줄 필요가 있습니다. 예컨대 '학교 복도에서는 뛰어다니지 않습니다' 또는 '바른 말을 씁니다'라는 규칙을 문장 그대로 지켜야 한다며, 친구들이 복도에서 뛰거나 거친 말을 쓸 때마다 매번 이를 지적하고 선생님에게 이른다면 아이는 고자질쟁이, 융통성 없는 아이 취급을 당하기 쉽습니다. 아이가 상대방의 마음을 잘 이해할 수 있도록 더 적극적으로 노력해야 합니다. ▶'아이가 눈치가 없는 것 같아요'(281페이지), '아이가 학교에서 애들을 심하게 괴롭힌대요'(371페이지) 참조

아이가 학교에서 괴롭힘을 당하는 것 같아요

우리 아이는 순하고 착한 편인데, 어느 날부터 친구들이 놀린다며 울면서 집에 옵니다. 벌써 몇 번째인지 모르겠어요. 요즘 학교에서 왕따문제가 심각하다는데 혹시 우리 아이가 왕따를 당하고 있는 건 아닐까요?

괴롭힘Bullying은 한 학생이 반복적이고 지속적으로 1명 이상의 학생들이 가하는 부정적인 행동에 노출되는 현상을 말합니다. 초등학생 시기에 아이들의 놀림이나 괴롭힘은, "친구들이 나보고 잘난 척을 한다고 해요" "별명을 부르며 놀려요" 등의 호소로 시작되는 경우가 많습니다. 초등 고학년, 특히 여학생들은 노골적으로 집단행동을 하여 한 친구를 따돌리기도 합니다.

왜 아이들 사이에서 따돌림 같은 문제가 벌어질까요? 이 시기는 발달학적·뇌과학적으로 따돌림 행동이 쉽게 나타날 수 있는 취약한 시기입니다. 사춘기의 왕따 문제는, 많은 경우 '공격성'이 약한 친구에게 표출되어 나타납니다. 반면 초등학생 아이들의 따돌림은 이 시기 아이들이 충동조절기능과 실행기능을 담당하는 전두엽의 성숙이 덜 이루어져 다른 사람을 향한 충동조절이 충분하지 못하고, 다른 사람 입장에서 생각하지 못하는 미숙함을 보이는 것과 관련이 있습니다. 아이가 적절한 자기표현을 못 하거나, 친구들 무리와 어울리려 하지 않거나, 사회적 상황에 대한 파악이 부족한 경우에도 또래 아이들에게 괴롭힘을 당하기 쉽죠.

아이가 평소와 다르게 시무룩해 보인다거나 부모에게 무언가를 숨기는 것처럼 보인다면, 아이에게 무슨 일이 있는 건 아닌지 살펴볼 필요가 있습니다. 편안한 분위기에서 "오늘 미술시간에는 뭘 만들었니?" "너희 조는 4명인데 여자아이들과 남자아이들이 의견이 다르지는 않니?"처럼 아이가 대답하기 쉬운 학교생활에 대한 질문을 시작으로 "혹시 다른 아이들이 싫어하는 장난을 하는 친구는 없니?" 하는 친구관계에 대한 질문으로 옮겨가면서 아이가 마음을 터놓을 수 있게 합니다. 아이가 주로 이야기하는 친한 친구들의 이름을 평소에 알아두는 것이 좋습니다.

아이가 학교에 가기 싫어하거나 두려워할 정도의 어려움이 있는 경우에는 즉시 담임선생님과 상의해 어떤 문제가 있는지 파악하고, 그 정도까지는 아니지만 놀림을 받는다면 부모가 도움을 줄 수 있는 방법을 생각해볼 수 있습니다.

지나치게 예민하고, 화를 많이 내고, 지저분하고 정돈이 되지 않는 아이들도 따돌림의 대상이 되기 쉽습니다. 친구들이 요구하는 것을 거절하지 못하거나 자기주장을 하지 못하는 경우에는 다른 아이들이 얕잡아볼 수 있고요. 이런 경우에는 "나도 보고 있는 책이라 지금은 빌려주기 어려워" 또는 "다 같이 놀려면 딱지치기보다는 잡기 놀이를 하는 게 좋을 것 같아"처럼 아이에게 자신의 의견을 분명하게 표현하라고 알려주는 것이 좋습니다.

또 대화를 독점해 자기 이야기만 하거나, 지나치게 자기 뜻대로 하려는 경우에도 따돌림의 대상이 되기 쉽습니다. 이럴 때는 자기중심적인 태도나 '나만 안다'고 잘난 척하는 행동 등 다른 아이들이 싫어할 수 있는 말과 행동을 고치도록 알려줍니다. 어려운 말을 써서 잘난 척한다고 놀림받는 아이의 경우에는 친구들 사이에서는 그런 말을 쓰지 말고 수업시간에 발표할 때만 쓰라고 알려줍니다. 또한 잘난 척하는 행동은 오히려 다른 부족한 부분을 감추기 위한 마음이 나타나는 것인 경우가 많으니 이런 점을 아이에게 설명해주어야 합니다.

또 친구들이 놀리는 경우에는 얼굴에 화난 표정이 드러나지 않도록 하고, 싫다는 의사를 부드럽지만 단호하게 표현하도록 가르쳐야 합니다. 예를 들면, 키가 작다고 놀리는 친구에게는 재미없다는 표정으로 "그래, 나 키가 작아. 근데 그게 뭐? 재미없거든?" 하고 상대의 말을 그대로 인정해버려 할 말이 없게 만드는 것도 방법입니다. "김씨여서 김치라면"이라고 놀림을 당한다면 화내지 말고 "그럼 넌 된장라면이지"라고 받아치라고 하는 등 구체적인 대처법을 알려주는 것이 좋습니다.

또한 다른 친구가 괴롭힘을 당하고 있을 때 방관하지 않도록 가르쳐야 합니다. 침묵하는 행동이 암묵적인 동의임을 알게 해주는 것이죠. 따돌림의 문제는 서로를 이해하고 분노를 자제할 수 있음을 배우는 과정이 제대로 이루어지지 않아 생기는 것으로, 당사자만의 문제가 아닌 것입니다. 부모는 '약한 친구를 놀리는 것은 부끄러운 행동이며, 도움을 요청하는 것은 고자질과 다르다'는 사실을 자녀들에게 교육해야 하고, 학교에서는 반 구성원 모두가 자신감을 가질 수 있도록 도와주어야 합니다. ▶'아이가 학교에서 왕따래요'(362페이지), '아이가 학교에서 애들을 심하게 괴롭힌대요'(371페이지) 참조

초등시기의 심한 놀림이나 왕따 경험은 이 시기에 흔히 겪을 수 있는 문제라고 치부하기에는 여파가 큰 경우도 많습니다. 사회생활을 처음 시작하는 시기에 겪은 좋지 않은 경험으로 이후 성인기가 되어서까지 대인관계에서 위축될 수 있으므로 적절히 대처하는 것이 필요합니다.

아이가 부끄러움이 많고 소심해 친구 사귀기를 어려워해요

아이가 다른 아이들에 비해 유독 낯을 많이 가리고 수줍어해요. 나중에 어떻게 사회생활을 해나갈지 걱정입니다.

수줍음이 많고 대인관계 불안이 높은 아이들이 있습니다. 이런 아이들은 친구에 대해 이해하고 파악하기까지 긴 시간이 필요하다는 점을 이해하고, 이를 존중해주어야 합니다. 처음 사람을 사귈 땐 시간이 조금 걸리지만, 시간이 지나면 친구를 깊게 사귀고, 오래된 친구가 많아집니다. 이런 타고난 기질의 영향을 무시하고 많은 친구를 빨리 사귀라고 강요하면, 아이는 친구를 사귀는 기쁨을 놓치고 당황스러워합니다.

또한 인간의 본성이 그렇듯이 대인관계에서 부끄러움이 많은 아이도 내적으로는 인정받고 남 앞에 서고 싶은 욕구가 있다는 점을 이해해야 합니다. 그런 마음이 있으면서도 자신이 긍정적으로 보이지 않을 것이라고 지레짐작하는 경우가 많습니다. 자존감이 낮아서 아무도 자기랑 노는 걸 좋아하지 않는다는 생각에 우울해하거나, 사람들에게 버림받고 창피를 당할까 봐 불안해서, 익숙하지 못한 사람을 몹시 불편해하다 보니 지나치게 엄마에게 의존을 하거나, 자기는 혼자서도 괜찮다고 자기위안을 합니다.

부끄러움을 타는 아이를 돕는 데는 2가지 원칙이 있습니다. 아이가 점차적으로 사회활동을 늘리게 도와주는 것, 그러면서도 매우 심하고 커다란 두려움이 생길 정도로는 강요하지 않는 것입니다.

아이가 새로운 환경에 적응하기 어려워한다고 과잉보호를 하기보다는, 적절한 정도로 좌절과 스트레스를 주는 경험을 통해 새로운 것에 대한 예민함을 극복할 수 있게 해야 합니다. 억지로 바꾸려는 강압적인 태도 역시 해롭습니다. 부끄러운 걸 고치려고 하다가 더 내성적으로 바뀔 수도 있기 때문입니다. 두 극단 사이에서 아이의 마음을 잘 읽으며 대처하는 것이 관건이죠.

아이는 불안을 이겨내면서 자꾸 어울려볼수록 자신감이 생기고 상황을 극복하게 됩니다. 성향이 잘 맞는 아이 1~2명을 집에 초대해서 아이가 안정감을 느끼는 상태에서 친구를 사귈 수 있도록, 친구들과의 상호작용 기회를 늘릴 수 있는 환경을 조성해주는 것이 좋습니다.

어릴 때부터 병원놀이, 학교놀이 등의 놀이를 통해 낯선 상황을 가상으로 만들어 대처할 수 있게 적응시키는 것도 추천합니다. 병원에 가기 전에는 가서 일어날 일을 미리 설명해주고, 학교생활을 시작하기 전에는 학교를 미리 방문해보는 등 새로운 경험에 대해 준비를 시키면 아이가 낯선 상황을 좀 더 편안하게 시작할 수 있을 것입니다.

또 이런 아이들의 경우, 원하는 것을 분명하게 주장하면 충분히 칭찬해주어 바람직한 행동을 강화하는 것이 좋습니다. 부모 스스로는 자신들이 대인관계의 폭이 좁거나 사람들을 대할 때 불안해하지는 않는지, 그로 인해 아이의 부끄러워하는 면을 방조하는 양육태도를 가지고 있지는 않은지 살펴볼 필요가 있습니다. ▶'겁이 너무 많아요'(188페이지) 참조

아이가 눈치가 없는 것 같아요

아이가 초등학교 5학년인데요. 친구들과 어울리는 것보다 혼자 그림을 그리거나 종이접기하는 걸 더 좋아합니다. 이와 관련된 상도 많이 받고 똘똘하다는 이야기도 듣긴 하지만, 친구들과는 항상 부딪히고 자기감정을 잘 표현하지 못해요. 융통성도 없고요. 왜 그런 걸까요?

아이들 중 유달리 눈치가 없고, 문제상황에 대처하는 능력이 부족한 경우가 있죠. 이 아이들은 흔히 사람 간의 상호작용보다는 기계나 물리적 현상에 더 관심을 보이고, 타인의 입장에서 상황을 이해하거나 그 마음상태를 짐작하는 데는 약합니다. 역지사지가 어려운 것이죠. 사회성은 좀 부족하지만 공부를 곧잘 하던 아이가 고학년이 되면서 또래아이들과 관계를 맺는 것이 어려워 진료실을 찾는 경우도 왕왕 있습니다.

아이가 눈치가 없고 사회성이 유달리 부족해 보일 때 생각해볼 수 있는 몇 가지 경우가 있습니다. 가장 먼저 환경적인 스트레스나 우울 같은 정서문제가 있습니다. 이로 인해 날이 서 있는 아이들은 타인의 마음을 이해하는 공감능력을 발휘하기 어려워 문제가 생길 수 있죠. 양육문제로 사회적 상호작용을 해보지 못해 독불장군처럼 행동을 하다 보니 문제가 생기는 경우도 있고요. 이런 문제들은 주변의 관심이나 엄격한 훈육으로 조절될 수 있습니다. 그러나 아이가 가진 기질적 문제로 인해 사회적인 관계 형성에 어려움이 있는 경우도 있습니다.

더 진보된 생물학적 연구들을 바탕으로 2013년에 새로 개정된, 미국정신의학회에서 발행하는 〈DSM-5〉에는 '사회적 의사소통장애Social Communication Disorder'라는 진단명이 처음으로 추가됐습니다. 이는 인사나 감정공유 같은 사회적 목적의 의사소통을 맥락에 맞게 사용하지 못하고, 말을 문자 그대로 해석하는 것을 말합니다. 예컨대 "안녕히 주무셨어요?"라는 인사가 잘 잤는지에 대한 답변을 들으려는 질문이 아니고, "만나서 반갑습니다" 또한 의례적인 인사라는 것을 이해하기 어려워하는 것이죠. 또한 듣는 사람이 어른인지 아이인지에 맞추어 의사소통하기 어려워하기도 합니다. 명백하지 않은 추론이나 관용어, 유머, 비유 등을 이해하기 어려워하기도 하고요. 다른 사람의 생각이나 감정을 잘 파악하지 못하고 자신의 감정도 잘 표현하지 못합니다. 친구들과 놀다가 돌발행동을 하거나, 분위기에 맞지 않음에도 본인 위주로 이야기하기도 합니다.

사회적 의사소통장애
언어적·비언어적 의사소통기술의 사회적 사용에 지속적인 어려움을 나타내는 경우.

흔히 말하는 아스퍼거증후군은 그 극단에 있는 경우라 할 수 있습니다. 아스퍼거증후군을 가진 아이가 일상생활에서 흔히 경험하는 상황을 살펴봅시다. 아이가 쉬는 시간에 친구에게 고려의 성립부터

태조 이성계 이야기, 당시 중국의 상황 등에 대해 장황하게 이야기합니다. 그러면 친구는 쉬는 시간에 왜 그런 말을 하는지 이해가 되지 않지만 처음에는 귀를 기울여주죠. 아이는 친구가 어떤 마음인지, 친구가 자신을 어떻게 생각하는지 관심이 없는 채로 역사 설명을 계속합니다. 친구 입장에서는 관심이 없다는 뜻을 내비쳤는데도 눈치를 채지 못하니 할 수 없이 일방적으로 말을 끊고 다른 친구와 이야기를 시작해버립니다. 그럼 아이는 시무룩해지죠.

이런 아이들에게 나타나는 두드러진 특징으로는 사회적응력 부족, 다른 사람과의 대화를 이끌어가는 능력의 부족, 그리고 특정 사안에 대한 과도한 관심이 있습니다. 사람들의 신체언어Body Language를 알아채지 못하고, 상대를 당황하게 만들 수 있다는 점을 감안하지 못한 채 눈에 보이는 대로 다른 아이를 지적하기도 합니다. 그런가 하면 여러 능력들이 들쭉날쭉하여, 관심사를 다룰 때는 특출한 집중력을 보이지만, 교실의 다른 아이들이 관심을 가지는 개그 프로그램이나 아이돌 가수에 대해서는 관심이 부족할 수 있으며, 운동신경이 미숙한 경우도 있습니다. 평상시 대화할 때도 상대방을 바라보지 않고 이야기한다든지, 표정이 다양하지 않아 감정을 파악하기 어렵기도 합니다.

평범하고 큰 문제가 없어 보이는 아이가, 어떤 설명할 수 없는 이유로 또래아이에게 기대되는 수준만큼의 이해력을 지니지 못하거나 다른 사람과의 사회적 관계를 형성하지 못한다는 사실을 대개는 초등학교 고학년이 되어서야 알아차리게 됩니다.

이렇게 사회적 의사소통에 문제를 겪는 아이를 둔 부모는 아이가 어설프게 말하거나 말을 잘 알아듣지 못해도 비난하거나 무시하지 말아야 합니다. 아이는 일부러 그러는 게 아니라 사회적 소통의 중요성이나 필요성을 모르거나, 알더라도 효과적인 표현을 못해서이기 때문입니다. 이를 이해하지 못하고 '말을 똑바로 하라'는 식으로 대한다면, 아이는 자존감이 낮아지고 부정적인 정서문제를 겪을 수 있습니다. 따라서 아이가 의사소통에 있어 어떤 문제를 겪고 있는지에 대한 정확한 인식이 우선돼야 합니다. 꼭 장애가 있는 것이 아니더라도 가정에서 올바른 의사소통이 이뤄지지 않거나 의사소통의 중요성이 무시되는 집안 분위기가 있다면, 아이가 성장하면서 의사소통의 문제를 겪거나 타인과 관계를 맺을 때 갈등을 빚는 경우가 있을 수 있습니다.

이런 아이들은 자신의 감정을 정확히 이해하고 표현하는 연습이 필요합니다. 구체적으로 감정을 표현하는 단어들을 정리하여 어떤 상황에서 이러한 단어들을 사용하는지 연습해야 합니다. 예컨대 일상생활에서 감정을 표현하는 단어를 자주 활용하거나 아이에게 이런 상황에 적합한 단어는 무엇인지 물어보며 그 단어에 익숙해지게 하는 방법도 있습니다.

또 친구를 밀치면 안 되지만 자기 자리로 들어가기 위해 줄을 선 친구와 몸이 닿는 정도는 괜찮다는 차이를 자세히 설명해주거나, 그래도 잘 이해하지 못할 때는 다른 친구들이 하는 행동 중 기분 나쁘지 않아 보이는 걸 따라 하는 방법을 가르쳐줄 수도 있습니다.

책을 통해 다른 사람의 마음이 어떠할지 공감하고 이해시키는 연습을 꾸준히 하는 것도 좋습니다. 동화책을 읽으면서 대사에서 느껴지는 감정이나 주인공의 감정이 어떨지 이야기하고 왜 이런 감정일까 의견을 나누는 것입니다.

특히 부모는 아이에게 "너는 다른 아이들과는 조금 다르지만, 매우 매력적인 장점이 있어"라고 알려주어야 합니다. "너희 반에 친구 ○○가 읽기는 잘 못하지만 수학은 잘하고 친구도 많은 것처럼, 너는 다른 사람의 생각을 아는 데 어려움이 있어. 하지만 너는 좋은 기억력을 가졌고, 컴퓨터를 잘하고, 특정 주제에 대해 많이 알고 있잖아"라는 식으로 말입니다.

비슷하지만 조금 다른 어려움으로, 비언어성 학습장애 문제를 가진 아이들도 있습니다. 비언어성 학습장애란 지능검사에서 시지각 또는 시공간적 정보를 입력하고 분석하는 인지기능인 동작성 지능Performance IQ이 언어적 정보를 다루고 대뇌에서 정보를 처리하는 인지기능인 언어성 지능Verbal IQ보다 15포인트 이상 떨어지는 경우를 말합니다. 시각적으로 입력된 정보를 대뇌에서 지각하여 정보를 처리하는 시/공간 지각 능력Visual-Spatial Perceptual Capacity, 글씨를 쓰거나 젓가락을 사용하는 데 필요한 시각-운동 협응 능력Visual-Motor Integration, 학습을 하거나 과제를 수행할 때 얼마나 빨리 정보를 처리하는가를 판단하는 정신-운동 속도Psycho-Motor Speed 등에서 현저한 저하를 보입니다. 이로 인해 주어진 상황을 조직화하고 계획하는 능력이 떨어져서 능동적으로 상황을 파악하여 문제를 대처하고 해결하는 능력이 부족합니다. 특히 이런 아이들은 새롭고 익숙하지 않은 상황에서는 어떻게 문제를 풀어야 할지를 몰라 당황하고, 사회적 맥락에서 상황을 연결하여 파악하고 인과관계를 이해하여 결과를 예견하는 등의 상황판단력이 떨어져서 사회적 관계 형성 능력이 떨어집니다. 운동신경이 떨어져서 일반적인 체육이나 스포츠 활동을 싫어하여 회피하는 학생들도 꽤 있습니다. 또한 손의 소근육 운동기능Fine Motor Skills이 떨어져 젓가락질이나, 연필을 쥐고 글씨를 쓰거나 모사하는 능력이 부족하기도 합니다. 이는 ADHD 아이들에서도 많이 나타나는 현상입니다. 이런 경우에는 우뇌 기능을 발달시키는 놀이로, 종이접기, 보드게임, 소근육 운동(젓가락으로 콩 옮기기, 실로 구슬꿰기) 등이 도움이 될 수 있습니다.

4

아이 교육

초등학교 공부, 어떻게 시켜야 하나요

아이가 공부를 왜 해야 하느냐고 물어봅니다. 공부를 못해도 돈만 잘 벌면 되지 않느냐, 어차피 사회에 나가면 학교에서 배운 내용은 쓸모가 없지 않느냐 하는 말을 서슴없이 합니다. 이럴 땐 뭐라고 대답을 해줘야 할지 모르겠어요.

공부를 잘해야 한다, 공부를 잘했으면 좋겠다는 바람은 세대를 막론하고 우리 사회가 가진 공통된 생각이죠. 하지만 가만히 살펴보면 그 이유는 입장에 따라 좀 다릅니다. 부모들은 아이가 자신보다 나은 위치에 이르기를 바라는 마음으로, 공부를 잘하면 어떤 일을 하든 선택의 기회가 많다는 믿음 때문에, 또는 학벌이 여전히 큰 영향력을 미치는 사회 분위기를 보며, 아이가 공부를 잘하기를 기대하고 때로는 강요합니다. 반면 아이들은 부모에게 칭찬을 듣기 위해, 부모가 좋아하는 모습을 보기 위해 공부를 하는 경우가 많죠.

아이들은 '지금' 공부를 해서 '먼 훗날' 훌륭한 어른이 되는 것보다 '지금' 게임을 한 번 더 하는 '당장의 즐거움'을 선택합니다. 아이들이 공부의 필요성을 느끼지 못하는 가장 큰 이유는 목표가 없고 동기부여가 되지 않아서입니다. 공부를 왜 해야 하는지를 아이가 충분히 이해해야 목적을 가지고 학습할 수 있습니다. 좋은 성적에는 지적인 잠재력과 적절한 환경적 요인 이외에도 학습동기나 의욕, 적성, 공부하는 습관 및 학습전략, 부모의 태도 및 부모와의 관계 등이 복합적으로 관련되어 있습니다. 아이가 스스로 공부를 잘 하게 하려면, 공부에 대한 동기를 부여하는 장기적인 목표와 함께 성취를 했을 때의 기쁨을 경험하게 해주는 것이 좋습니다.

아이들의 동기부여에 관한 지연보상(참을성) 실험이 있습니다. 바로 '마시멜로 실험'입니다. 이는 1960년대에 미국 스탠퍼드대학교의 월터 W. 미셸W. Mischel과 그의 동료들이 4세 아이들을 대상으로 시행한 '즉각적 유혹을 견디는 학습'에 대한 실험으로 다음과 같은 방식으로 진행되었습니다.

먼저 유치원 선생님이 마시멜로가 1개 있는 접시를 놓아두고서 아이 혼자 방에서 15분 정도 기다리게 합니다. 아이에게 '언제든지 원할 때 마시멜로를 먹어도 되지만, 선생님이 방으로 돌아올 때까지 마시멜로를 먹지 않으면 돌아와서 하나를 더 먹을 수 있다'고 알려주고 아이를 기다리게 했습니다. 그러자 몇몇 아이들은 15분 동안 마시멜로를 먹지 않고 기다려서 2개의 마시멜로를 먹었고, 몇몇 아이들은 기다리지 못하고 마시멜로를 먹었습니다.

그리고 15년 후에 이들을 추적조사했을 때, 15분을 기다린 아이들은 그러지 않은 아이들에 비하여 미국 대학수학능력시험의 점수가 더 높았고, 사회성이나 대인관계가 좋았다고 합니다. 또한 15분을 기다린 아이들 중에는 과체중이나 마약 남용 등의 문제를 가진 경우가 적었다고 합니다. 이 실험결과는 어릴 때의 만족 지연Delayed Gratification 능력이 어른이 되었을 때 삶의 질을 결정함을 보여줍니다.

이 실험의 후속연구는 더욱 흥미롭습니다. 아이들이 기다리는 동안에 조건을 다르게 설정한 것입니다. 예를 들어서, 마시멜로를 그냥 접시에 올려두고 기다리게 하거나, 덮개로 접시를 덮어서 마시멜로를 가린 상태에서 기다리게 하거나, 기다리는 동안에 재미있는 생각을 하고 있으라고 하거나, 혹은 기다린 이후에는 2개의 마시멜로 사탕을 받을 수 있다고 얘기해주거나 하는 조건들을 설정했습니다. 그 결과, 접시를 덮개로 덮은 채 기다린 아이들이나, 기다리는 동안에 다른 생각을 하도록 지시받은 아이들 중에서 15분을 잘 기다린 아이들이 더 많이 나왔습니다. 15분을 잘 참고 기다릴 수 있는 전략이나 방법을 알려준 경우에 아이들은 더 잘 기다릴 수 있었다는 것입니다. 이 연구결과는 15분을 기다리고 참는 능력은 타고난 의지력과 통제력도 중요하지만, 기다리는 전략을 학습하고 노력하는 것도 영향을 미친다는 것을 의미합니다.

아이가 처음부터 스스로 알아서 공부를 하는 건 어려운 일입니다. 따라서 공부라는 걸 처음 해보는 아이들에게 부모가 약간의 가르침을 주는 것이 도움이 됩니다. 예를 들어서 가장 집중이 잘 되는 아침시간이나 저녁식사 이후 조용한 시간에 부모가 책이나 신문을 보면서 그 동안 아이가 숙제나 공부를 하도록 시간표를 함께 짜는 것도 방법입니다. 또 집중에 방해가 되는 요인을 제거하는 등 부모가 아이와 의논

해서 공부나 숙제에 가장 효율적인 상황을 만들어나가면 아이도 공부하는 법을 배울 수 있습니다.

또 학습동기를 유발하고 동기를 계속 유지시키기 위한 방법으로 J. 켈러J. Keller는 주의집중Attention, 관련성Relevance, 자신감Confidence, 만족감Satisfaction이라는 4가지 요건을 제안한 바 있습니다.

먼저, 학습과목에 대한 호기심을 자극하여 학습에 주의가 집중될 때 제대로 학습이 이루어집니다.

다음으로는 학습의 필요와 목적에 대해 인지해야 합니다. 왜 이것을 배우는지 이유를 찾지 못하면, 학습은 지루하고 쓸모없는 것으로 느껴집니다. 계속 학습을 이끌어가기 위해서는 자신감이 중요한데, 학습결과에 대해 학습자가 확신을 가지고 있는 만큼 성공에 대한 자신감과 긍정적 기대를 가질 수 있습니다.

마지막으로 만족감은 학습에 대한 동기를 유지하게 하는 힘으로, 성취에 대한 보상은 학습동기를 강화하고 자기통제가 가능하게 합니다.

그런가 하면 성공하려는 동기가 너무 강하거나 약한 것도 학습에는 불리합니다. 연구에 따르면, 아이가 초등학교 때부터 점수만 중시하게 되면 학습동기가 기형적으로 형성돼 시야가 좁아지고, 조급한 성공과 눈앞의 이익에만 급급하게 되어 학습에 흥미를 잃게 됩니다. 아이에게 100점을 원한다면 100점을 요구하지 말아야 합니다. 이러한 역설은 학습동기가 자신감과 만족감의 영향을 받기 때문입니다.

초등학생 아이가 현관에 들어서면서부터 "엄마 나 95점 받았어!"

하고 자랑을 할 때 "잘했어. 다음에는 더 잘해서 100점 받자"라고 하면, 아이는 신났던 기분이 싹 사라지고 자존감도 떨어집니다. "잘했어"라고 말한 뒤에 솔직하게 하고 싶은 말은 안으로 삼키는 것이 좋습니다. 초등학교 시기에는 좋은 점수를 받는 것보다, 효과적인 격려와 칭찬으로 아이에게 이제 막 생기기 시작한 자신감을 잘 유지하도록 하는 것이 더 중요합니다.

부모와 아이가 틈틈이 대화를 나누는 것도 필요합니다. 성인들 역시 왜 이 일이 하고 싶은지, 인생의 목표가 무엇이었는지 곰곰이 생각해보면 반복된 일상이 달리 보이고, 일에 대한 의욕이 생기는 것처럼 아이들도 마찬가지입니다. 어떤 일을 하고 싶은지, 어떤 노력이 필요한지에 대해 인지적으로 생각하는 것도 도움이 됩니다.

더 알아보기

시간 관리하기

- 스스로 일과표를 만들게 한다. 그럴 경우 의외로 쉬는 시간이 많다고 느끼게 된다.
- 시간표를 보이는 곳에 붙여놓는다.
- 전날 밤에 부모와 같이 읽어 다음날 할 일을 상기시킨다.
- 요일별, 시간별로 표를 만든다.

	월	화	수	목	금	토	일
오전 7–8시							
8–9시							
9–10시							
10–11시							
11–12시							
12–1시							
오후 1–2시							
2–3시							
3–4시							
4–5시							
5–6시							
6–7시							
7–8시							
8–9시							
9–10시							
10–11시							
11–12시							
12–1시							
오전 1–2시							
2–3시							
3–4시							
4–5시							
5–6시							
6–7시							

공부습관 만들기

· 꼭 해야 할 공부 한두 가지를 정한다.

· 노트에 매일 날짜와 할 페이지를 적는다.

· 매일 밤 엄마와 아이가 같이 체크한다.

· 잘했으면 엄마가 크게 칭찬해준다.

· 일주일이 지나면 통계를 내본다.

· 절대 많은 분량을 정하지 않는다.

· 아이가 습관을 잡는 것을 목표로 한다.

· 안 했다고 혼내지 않는다. 아이와의 관계가 멀어지면 공부도 멀어진다.

· 원래 하고 있던 학습지를 써도 된다.

2월 25일

수학문제지 24~25페이지 (실제 실행 24페이지 △)

학교숙제 (수학 익힘 55~56 페이지 ○)

* 알림장 관리(가정훈련)

· 집에서 화이트보드에 대표적인 3가지 숙제 내용을 적는다.

· 아이와 함께 숙제 내용을 천천히 읽는다.

· 아이 혼자서 큰소리로 읽는다.

· 아이가 각 숙제 내용을 받아적는다.

· 아이가 적은 내용과 칠판 내용을 대조하여 읽는다.

아이 스스로 책을 많이 읽었으면 좋겠어요

아이가 학교 가기 전에는 그래도 책을 좀 보더니, 요새는 너무 책을 안 읽습니다. 독서가 중요하다는데 여러 가지로 걱정이 큽니다.

아이교육에 있어 영어, 수학만큼 독서의 중요성이 강조되면서 어딜 가나 책 읽기를 권하고, 읽어야 할 책의 목록은 넘쳐나지만, 정작 아이들은 마지못해 책을 읽는 경우가 많습니다. 독서가 '또 하나의 공부'가 되어버린 것입니다. 초등학교에서는 '독서 골든벨' '독서왕 선발대회' 같은 이름으로 책을 많이 읽은 학생을 뽑아 상을 주거나 책 내용에 대한 퀴즈로 아이들의 독서를 평가하는데, 이 역시 아이들의 독서를 오히려 방해합니다.

아이에게 책을 많이 읽히고 싶다면, 부모가 책 읽는 모습을 자주 보여주는 것이 좋습니다. 쉽진 않겠지만 가장 중요한 부분입니다. 아이들은 부모를 모방하여 성장하므로 이보다 좋은 방법은 없습니다. 또 책과 친해질 수 있는 환경을 만들어주는 것이 중요합니다. 매일 정해진 시간에 가족 모두가 15분간 책을 읽거나, 장난감보다 책 구매 비중을 늘리거나, TV를 없애는 등의 방법이 있습니다. 신문을 구독해서 집 안에 언제나 신문이 굴러다니게 하고, 곳곳에 흥미로운 책을 꺼내 놓는 것도 좋습니다. 아이들도 신문의 기사제목 정도는 볼 수 있게 해주어야 합니다.

부모와 함께 책을 사러가거나 도서관에 자주 가는 것도 방법입니다. 특히 스스로 책을 찾아보고 고를 수 있게 해주면 더 효과가 좋습니다. 또 필요한 책을 모두 사서 구비할 수는 없으니, 주기적으로 도서관에 가서 다양한 장르의 책들을 빌려와 집 안 곳곳에 놓아두는 것도 괜찮습니다. 부모가 매우 부지런해야겠지만 아이가 그렇게 놓아둔 책들을 들추어본다면 보람 있는 일이 될 것입니다.

물론 책을 싫어하는 아이를 붙잡고 읽으라고 하는 건 서로 괴로운 일입니다. 이럴 때는 만화형식으로 된 책도 도움이 될 수 있습니다. 책에 대한 거부감을 줄이고 읽는 행위에 익숙해지면, 점차 글이 많은 책으로 확장해나가는 것입니다. ▶'책을 좋아하게 하려면 어떻게 해야 하나요'(177페이지) 참조

아이의 연령과 학년에 따라서 접근방법을 달리해볼 수 있습니다. 초등학교 1, 2학년까지는 혼자서 책 읽는 습관을 들이는 것이 중요하므로, 짧은 전래동화처럼 재미있는 내용의 책을 손이 닿는 가까운 곳이 두는 것이 좋습니다. 3, 4학년의 경우 사고가 확장되는 시기로, 모험과 상상의 이야기, 다양한 인물위인전 등을 통해 많은 것을 경험하는 것이 좋고요. 5, 6학년은 지적 호기심이 커지고 논리적인 사고를 하게 되므로, 책을 읽을 때도 '주인공은 왜 이렇게 했을까?' '나라면 어떻게 했을까?' 하고 생각의 폭을 넓힐 수 있게, 부모가 함께 책을 읽

고 이야기를 나누는 것이 폭넓은 독서에 도움이 됩니다.

그런데 이렇게 해도 책 읽기가 잘 늘지 않는, 읽기에 뚜렷한 어려움을 가진 아이들도 있습니다. 이럴 때는 학습장애의 한 유형인 읽기 장애를 의심해볼 수 있습니다. 간혹 부모들 중 "우리 아이가 난독증이 아닌가요?" 하고 진료실을 찾는 경우가 있는데, 흔히 난독증이라고 알려져 있는 발달성 읽기 장애Reading Disorder는 산만해서 학습 외의 행동문제가 있는 ADHD나 학습부진과는 다른 문제입니다. 코넬대학교 A. 템플A. Temple 박사의 연구에 따르면 난독증의 근본문제는 언어의 소리를 처리하는 데 있어서 글자의 소리를 인식하고 의미를 파악하는 데 어려움이 있는 것이라고 합니다. 뇌영상 연구에서는 대뇌 측두엽의 언어와 관련된 영역에서 비정상적인 대칭적 양상이 관찰되었는데, 이는 난독증이 뇌 기능 장애와 관련이 있다는 것을 보여줍니다.

> **발달성 읽기 장애(난독증)**
> 뇌가 자극을 처리하는 데 어려움이 있는 경우에 발생한다. 글 읽기가 매우 느리고 읽을 때 글자를 빼먹거나 순서를 뒤바꿔 읽는 것이 가장 두드러진 특징이다. 친숙하지 않거나 심지어 글씨체가 달라지면 읽는 데 어려움이 있는 경우도 있다.

우리 어른들도 처음 영어를 배울 때 'b'와 'd'를 헷갈려본 경험 정도는 있을 것입니다. 아이들이 한글을 익히는 과정에서도 'ㄱ'과 'ㄴ'을 헷갈려하거나 'ㄷ'을 거꾸로 쓰는 경우가 있습니다. 아이의 뇌가 발달하는 과정에서 정보처리에 오류가 생기는 것입니다. 난독증은 이런 오류가 수정되지 않고 지속되는 경우로, 듣고 말하는 데는 별 다른 지장을 느끼지 못하지만 단어를 정확하고 유창하게 읽거나 철자를 인지하지 못하는 증상입니다.

난독증은 뇌가 기능하는 방법에 문제가 있는 것이지만, 지능과는 관련이 없습니다. 사고하고 개념을 처리하는 능력에는 영향을 미치지 않고, 문자를 판독하는 것 외에 듣고 말하는 것에는 어려움이 없죠. 오히려 난독증을 가진 사람이 암산능력이나 기계조작에 능한 경우도 있습니다. 이런 아이들에게는 아이가 효과적으로 글씨를 학습할 수 있는 새로운 방법을 찾아내 읽기에 적용할 수 있게 도와주는 학습치료를 진행할 수 있습니다. ▶'아무리 공부를 시켜도 따라가질 못해요'(299페이지) 참조

아무리 공부를 시켜도 따라가질 못해요

얼마 전 학교에 상담을 갔더니 담임선생님이 아이가 교과학습을 따라가기 어려워 한다고 하네요. 6학년인데 맞춤법도 틀리고 수학은 포기상태이긴 합니다. 그렇다 해도 막상 이런 이야기를 들으니 무척 당황스럽습니다.

학교에 상담을 갔을 때 아이가 수업에 집중을 하지 못한다거나 교과학습을 따라가지 못한다는 이야기를 들으면, 어느 부모든 당황스럽게 마련입니다. 잘 지내는 것 같은데 왜 공부를 제대로 못 따라가는지 걱정이 되기도 하고, 도대체 우리 아이가 얼마나 부진한 건지 불안하기도 하죠.

아이가 학습에 어려움을 보일 때는 먼저 원인이 무엇인지 파악해야 합니다. 부모와 아이는 열심히 공부를 한다고 생각하는데 실제로 많이 하는지, 공부하는 방법을 잘 모르는 건 아닌지, 지능이나 집중력, 정서문제 등이 있는 것인지를 고려해 그 이유를 찾아야 합니다.

초등학생 학습부진의 경우 가장 먼저 확인해야 할 문제는 지능문제입니다. 아이가 자기 학년 공부를 따라가기에 많이 부족하고, 또래보다 어린아이들과 어울리기를 좋아하며, 적절한 의사표현을 하지 못하는 등의 어려움을 보인다면, 부족한 인지기능 때문은 아닌지 의심해보아야 합니다.

지능은 학습량에 따라 변하기도 하고 성적에는 성실함이 더 중요하게 작용하긴 하지만, 지능이 학습을 더 용이하게 하는 중요 요인인 것은 사실이죠. 그런데 부모들은 일반적으로 아이의 능력에 대한 기대심리가 있기 때문에, 아이의 인지능력에 대해 정확하게 파악하기 어려운 경우가 많습니다.

부모는 우리 아이가 인지적으로 부족하지 않다고 느끼는데, 막상 지능검사를 해보면 정신지체나 경계성 지능인 경우가 종종 있습니다. 정신지체란, 자기 나이에 알맞은 인지기능과 적절한 행동발달이 이루어지지 못한 상태를 말하며, 지능검사에서 낮은 점수를 보입니다. 지능지수 70 이하의 정신지체 아동은 전체 아동의 약 1퍼센트이며, 지능지수 70~80 정도의 경계선에 있는 아동도 전체 아동 중 약 5~7퍼센트가 됩니다. 이 아이들은 흔히 학습에 문제가 있는 것과 동시에, 또래아이들과의 놀이에서 적응력이 부족하거나 상황에 맞는 적절한 대처를 하지 못하기도 합니다.

쉽지는 않겠지만 아이가 지능에 문제가 있다면, 부모는 아이의 학습부진 문제를 받아들이고, 기대를 현실적인 수준으로 바꾸는 것이 필요합니다. 아이가 학습부진으로 인하여 자존감이 떨어지지 않도록 빨리 다른 재능(자연친화능력, 대인관계능력, 신체운동능력, 음악, 미술 등)을 찾아야 합니다. 또 직업이나 기술에 너무 집착하지 않고, 삶을 사는

데 정신적 안정을 꾀할 수 있는 예술이나 취미 등에도 신경을 써야 하는데, 이는 부모의 가치관과 많이 관련됩니다. 인지학습치료를 시도하거나, 집중력이 부족하다면 약물치료도 고려할 수 있습니다.

아이가 학습에 어려움을 보일 때 또 고려해볼 문제는 ADHD가 아닌가 하는 것입니다. 이런 아이들은 쉽게 주의가 산만해지며 선택적으로 집중해야 하는 상황에서 어려워합니다. 동작이 어설프고 꼼꼼하지 못하는 등 시각-운동 협응능력이 떨어집니다. 지능이 좋은 경우 초등학생 때까지는 드러나지 않는 경우가 많습니다. 또 잔실수가 많은데, 특히 수학에서 실수로 문제를 틀리거나 똑같은 계산을 반복하기도 하며, 암기하는 것을 매우 싫어하기도 합니다. 그러나 수학의 특성상 일단 법칙만 파악하면 얼마든지 풀 수 있다는 자신감이 생겨나 오히려 더 열심히 할 수도 있습니다. 자기 자신이 잘하거나 재미있다고 생각되면 남들보다 더 열심히 집중하는 것이 ADHD의 중요한 특성이기 때문입니다. ▶'아이가 너무 산만해요'(231페이지) 참조

우울이나 불안 같은 정서적 문제도 고려해보아야 합니다. 아이는 누적된 학습실패로 자신감이 떨어지고, 노력을 해도 성적이 안 나온다고 생각하기에 학습을 게을리하게 되고, 그 결과 성적이 나쁘게 나오는 악순환을 반복하게 됩니다.

1968년 미국 초등학교에서 전교생을 대상으로 지능검사를 한 후, 검사결과와 상관없이 무작위로 한 반에서 20퍼센트 정도의 학생을 뽑아 그 명단을 교사에게 주어 지적능력이나 학업성취의 향상 가능성이 높은 학생들이라고 믿게 한 후, 8개월 후 같은 지능검사를 실시

한 적이 있습니다. 그 결과 명단에 포함되었던 학생들의 평균점수는 향상되었고 학교성적도 크게 향상되었습니다. 이는 지능과 상관없이 아이에 대한 선생님의 기대, 격려만으로 결과물이 좋아졌다는 증거라 할 수 있습니다. 이처럼 아이의 정서적 안정감이 학업에 주는 영향은 막대합니다.

고려해볼 다른 상황은 학습장애를 가진 경우입니다. 이는 정상 지능을 가진 아동이 잠재적 학습능력과 실제 성적이 심각하게 불일치하는 경우를 말합니다. 학습장애는 읽기 장애(낱말 읽기, 문장독해 문제), 쓰기 장애(맞춤법, 글짓기 문제), 산술 장애(계산, 도형, 추리 및 문제 해결 문제) 그리고 여러 학습문제가 동시에 나타나는 중복장애로 나뉩니다.

읽기 장애를 가진 아이들은 같은 내용을 반복해서 읽어도 내용을 파악하지 못하거나 글자의 형태를 헷갈리기도 합니다. 산술 장애는 덧셈이나 뺄셈의 자릿수 맞추기를 어려워하고 수십 번 설명해주어도 이해하지 못하는 경우를 말합니다. 이런 문제로 인해 특정한 과목에서 자신의 연령, 지능, 학년에서 기대할 수 있는 수준보다 낮은 학업 성취도를 보이죠.

이런 학습장애를 가진 아이는 뇌 기능은 정상이지만 읽기, 쓰기, 셈하기 등의 기능을 담당하는 뇌의 특정 부분의 기능이나 세포 간의 연결이 잘못되어 정상아동들보다 저조한 기능을 보입니다. 물론 이런 학습장애는 ADHD나 정서적 어려움보다 빈도가 높지 않고, 그 외의 다른 문제가 없을 때 진단이 됩니다. ▶'아이 스스로 책을 많이 읽었으면 좋겠어요'(295페이지) 참조

여기에 가족불화와 같은 환경적 문제, 교육기회 부족 등의 이유가

있을 수 있습니다. 직장인에게 회사에서의 생활이 삶의 대부분이듯, 아이들에게는 학교에서의 생활이 삶의 많은 부분을 차지합니다. 아이가 보이는 '학습부진'이라는 빙산의 일각 아래에는 지능이나 ADHD나 정서적 문제 등 커다란 문제들이 숨어 있는 경우가 많습니다.

더 알아보기

지능지수에 대한 오해들

우리는 흔히 지능과 학습을 많이 연관 짓습니다. "우리 아이는 머리가 좋은데 공부를 안 해, 지능검사IQ Test를 했는데 3퍼센트 안에 드는 영재래"라는 식의 말을 들어본 적 있을 것입니다. 하지만 정확히 얘기하자면 IQ는 지능과 같은 의미가 아닙니다. 지능의 사전적 의미는 '계산이나 문장작성 따위의 지적 작업에서, 성취 정도에 따라 정해지는 적응능력'입니다. 다른 정의로는 '지혜와 재능을 통틀어 이르는 말'입니다. 즉, 특정한 지능검사 결과만으로 한 사람의 적응능력이나 지혜와 재능을 모두 평가할 수는 없다는 것입니다. 좀 더 정신과적인 정의로는 '새로운 대상이나 상황에 부딪혀 그 의미를 이해하고 합리적인 적응방법을 알아내는 지적 활동 능력'이라 정의할 수 있습니다.

지능에 대해 우리가 가지고 있는 오해 중 하나는, 지능은 타고난 능력이라는 생각입니다. 지능이 유전의 결과인지, 환경의 산물인지에 대해서는 아직도 논란이 있기는 하지만, 대체로 유전과 환경의 복합적인 결과라는 쪽으로 결론이 나고 있습니다.

그렇기에 지능지수는 변하지 않는다는 속설도 옳지 않습니다. 아이들의 발달과정에서 지능지수도 변하며, 유아기에 더욱 그런 경향이 두드러지지만, 초등시기 이후에도 유의미한 변화가 생길 수 있습니다.

또한 지능지수가 높다고 모든 과목의 성적이 높은 것도 아닙니다. 일반적으로 지능지수가 상위 2~3퍼센트에 드는 경우를 영재라고 하는데, 지능지수만으로 후일의 천재성을 설명할 수는 없습니다. 실제로 미국의 심리학자 L. 터먼L. Terman의 관찰연구 결과, 지능지수 140이 넘는 '영재' 아이들이 후일 큰 업적을 남긴 경우보다, 지능지수 125 정도의 '우수한' 지능을 가진 아이들이 성공한 경우가 많았다고 합니다.

다중지능이론에 의하면, 인간의 지능은 서로 다른 종류의 능력으로 구성되어 있으며, 이때 지능이란 개개인이 특정 분야의 능력을 발전시키고 활용하여 특정 분야에서 '가치 있는 결과를 생산하는 능력'으로서의 재능입니다. 언어지능, 논리수학지능, 공간지능, 신체운동지능, 음악지능, 인간친화지능, 자기성찰지능, 자연친화지능 및 종교적 실존지능이 그것이죠. 이런 맥락에서 김연아 선수는 신체운동지능 면에서의 영재, 첼로와 지휘에 뛰어난 재능을 보이는 장한나는 음악지능 면에서의 영재인 것입니다. ▶'지능지수가 높지 않다는데 공부를 포기해야 할까요'(406페이지) 참조

아이에게 어떤 취미활동을 시키는 것이 좋을까요

다른 엄마들이 초등학교 저학년 때 예체능을 해두어야 한다고들 하는데요. 피아노, 미술, 태권도 같은 걸 다 시켜야 할까요?

악기연주가 아이의 성장에 긍정적인 영향을 주는 것으로 알려지면서 자기 아이에게 악기를 배우게 하는 부모가 적지 않습니다. 악기뿐 아니라 미술, 태권도, 수영 등의 다양한 예체능 활동을 마치 당연히 패스해야 하는 스펙으로 취급하고 있는 것도 사실입니다. 그런가 하면 아이 취향과 상관없이 혹은 아이가 하고 싶다면 뭐든지 가르치다가 1~2년 후 결국 국영수학원에 아이를 밀어넣는 경우도 비일비재합니다.

사실 취미는 자신이 좋아하는 것에 몰두하고 성취감을 느낌으로써 사회생활에 적응해갈 수 있게 하는 방편이라 할 수 있습니다. 아이들은 자유로운 놀이를 통해 창의력, 자유로운 사고, 독립성, 대인관계 등을 배우는데, 취미는 그 연장선인 것입니다. 진정한 취미는 평생 그것만 하라고 했을 때 정말 그렇게 해볼까 고민할 정도로 좋아하는 일이며, 그 정도가 되어야 후일 세상의 스트레스에 견딜 수 있는 힘이 됩니다.

초등학생 시기에 다양한 분야의 예체능 교육을 받는 것은 아이들이 이 시기의 발달과제(근면성)를 성취하는 데에도 도움이 됩니다. 에릭슨의 발달이론에서 초등학생 시기는 성공적인 경험으로 인해 근면성을 얻게 되기도 하고, 실패할 경우에는 열등감에 빠지게 되는 시기입니다. 아이들은 예체능 교육을 받으면서 좌절도 해보지만 극복하는 경험을 통해 좌절 감내력을 키우게 되고, 이는 삶의 밑거름이 됩니다.

또한 다양한 예체능 활동은 시각적·청각적·감각적 자극과 같은 여러 자극들을 통해 뇌가 제대로 발달할 수 있게 하는 효과도 있습니다. 우리의 뇌는 연산과 추리만을 위해 만들어진 게 아닙니다. 이처럼 오감을 자극하는 다양한 활동이 아이들의 발달에 긍정적인 영향을 준다는 점은 뇌영상 연구결과로도 증명되었습니다.

미국 버몬트대학교 아동정신의학 연구팀이 6~18세 아이들의 뇌영상을 통해 분석한 결과에 따르면, 악기를 배우는 아이의 대뇌피질이 그렇지 않은 아이보다 두꺼운 것으로 나타났습니다. 대뇌피질 외피가 두꺼워진 부분은 근육운동과 협응, 시공간능력, 감정처리, 충동조절 등에 관여하는 곳이었습니다. 이는 다시 말해, 음악교육이 두뇌발달을 촉진하고 그 결과 근육조절능력과 시지각능력뿐 아니라 돌발적인 충동을 억제하고 감정을 제어할 수 있도록 돕게 된다는 것입니다. 예를 들어, 피아노를 치면 눈으로 악보를 읽고 동시에 손가락으로 연주를 하며 귀로 자신이 치는 피아노 소리를 듣는 등 다양한 감각을 사용하게 됩니다. 이에 눈, 귀, 손을 동시에 사용하는 통합적인 능력이 발달합니다. 또한 더 풍부한 감정처리능력과 정서적인 안정감이 생깁니다.

구태의연한 이야기일 수 있지만, 취미는 학원에서 배우는 것이 아닙니다. 또 억지로 시킨다고 되는 일도 아니죠. 결국 내 아이에게 가장 잘 맞는 취미는 아이가 가장 좋아하는 것, 아이가 즐겨 하는 일입니다. 종이접기나 풍선아트 같은 것은 짧게 배우는 것도 괜찮겠지만, 음악, 미술, 운동 등은 시작한 후 최소한 5~6년 이상 꾸준하게 배우는 것이 더욱 중요합니다.

아이가 싫다는데 남들이 다 한다고 사교육부터 시키기보다는, 아이가 음악, 미술, 운동을 좋아할 수 있는 환경을 만들고 하고 싶어하는 것을 배우게 하는 것이 효과적입니다. 아이의 관심사와 경험이 폭넓어지는 시기의 다양한 취미활동은 장려해야 하지만, 의무감에 너무 많이 시키지 않도록 주의해야 합니다. 또 아이가 책을 읽거나 그냥 쉴 수 있는 시간도 충분해야 합니다. 예컨대 수영레슨 시간은 공부가 아니라 놀이 시간으로 치는 부모들이 많은데, 이런 생각은 좋지 않습니다. 아이의 창의력은 어른들이 보기에 무의미해 보이는 시간에 발달합니다.

시험 때만 되면 아이가 너무 걱정을 해요

아이가 간단한 쪽지시험만 본다고 해도 지나치게 긴장을 하는 것 같습니다. 시험 전날 화장실을 들락거리고 어떨 때는 배가 아프다고도 하네요. 너무 소심해서 그런 걸까요?

시험 때에는 누구나 '스트레스'를 받죠. 시험의 사전적 의미는 '재능이나 실력 따위를 일정한 절차에 따라 검사하고 평가하는 일'이라고 합니다. 배움 자체가 즐거운 일이라면 그 정도를 평가하는 시험도 새로운 모험이고 습득한 지식을 알릴 기회이므로 즐거워야겠지만, 실상은 그렇지 않죠. 누구는 아는 만큼 실력 발휘를 하지 못할까 봐, 누구는 별로 아는 것이 없다는 것이 드러날까 봐 걱정을 합니다. 이렇듯 시험이란 누구에게나 부족한 점을 알려주는 것이어서 1등조차도 시험을 보며 열등감을 피할 수 없습니다.

시험 스트레스가 심할 때 보이는 반응과 행동은 사실 어른이라고 다르지 않습니다. 어떤 경우에는 시험과 관련된 상황에서 극도로 불안해하는 '시험 공포증'이 나타나기도 하죠. 시험을 앞두고 적당히 긴장하고, 그 긴장감과 불안감으로 공부하고, 시험을 잘 보기 위해 시험시간에 집중한다면 필요한 수준의 스트레스지만, 시험시간에 종이가 하얗게 보일 정도로 극도의 긴장을 하거나, 시험 전에 화장실을 들락날락하고, 시험 중에도 복통을 호소할 정도라면 문제인 것입니다.

아이가 시험에 대한 걱정이 많다면, 긴장하는 요인이 무엇인지 생각해봐야 합니다. 아이가 시험뿐만 아니라 다른 사소한 일이나 자극에도 심하게 걱정을 한다면, 최근 그럴 만한 사건이 있었는지 등을 먼저 파악하고, 기질적으로 불안수준이 높은 아이인 경우 전반적인 불안감을 해소해주어야 합니다. ▶'아이가 너무 소심해서 걱정이에요'(162페이지) 참조

부모도 자신을 돌이켜봐야 합니다. 부모가 아이의 성적을 자신의 성취로 여겨 압박하거나 은근히 시험을 잘 보기를 기대하고 부담을 준다면 아이는 시험이 두려울 수밖에 없습니다. 부모가 아이의 시험을 부모능력에 대한 평가로 여기는 것은 아닌지 생각해봐야 합니다. "시험을 못 보면 아빠 엄마가 얼마나 창피하겠니" "공부를 못하면 나중에 어른이 되어서 구걸하고 다녀야 한다" 같은 한마디가 아이의 정신세계에 커다란 영향을 줄 수 있습니다.

이럴 때는 시험 전에 심호흡을 하여 불안할 때 나오는 신체적인 반응을 억제하는 법, 근육의 힘을 빼고서 이완하는 방법을 아이에게 알려주는 것도 도움이 됩니다. 저학년의 경우 불안감을 없애줄 거라는 상징적 의미를 담아 걱정을 담아두는 '걱정 주머니'나 '용기 팔찌' 등을 지니게 하는 것도 도움이 될 수 있습니다. 그래도 잘 조절이 되지

않는다면, 기질적 문제나 부모의 문제가 교정되지 않은 경우일 수 있으니 병원을 찾는 것이 좋습니다.

교육을 위해 아이를 외국에 보내도 될까요

요즘 조기유학이다 뭐다 말이 많은데요. 아이를 외국학교에 보내는 건 어떨까요? 그 정도는 아니더라도 방학 때 단기어학연수 프로그램에 참여하게 하면 아이에게 도움이 될까요?

교육부가 집계한 우리나라 유학생 수는 2014년 21만 9천여 명으로 전년보다 3.3퍼센트 줄었습니다. 2011년 26만 명으로 정점을 기록한 뒤 3년 연속 줄어든 상태이고, 특히 초중고 조기유학생은 2006년과 비교할 때 40퍼센트 수준으로 급감했다고 합니다. 2000년대 너도나도 기러기아빠가 되고 조기유학이 붐이었던 때와 비교하면 현저한 감소세입니다. 조기유학의 인기가 줄어든 데는 영어교육 환경 및 입시정책의 변화, 경제적인 이유 등 다양한 원인이 있겠지만, 조기유학을 갔던 아이들이 귀국 후 국어를 이해하는 데 어려움을 보이는 것과 더불어 문화적인 차이로 인하여 적응하는 것에 어려움을 겪은 사례가 많았던 영향도 있습니다.

조기유학 또는 단기영어연수는 아이들에게 어떤 도움이 될까요?

득보다 실이 많을까요? 조기유학의 경우도 마찬가지지만, 영어 '공부'를 위한 단기연수는 지양하는 것이 좋습니다. 영어 자체를 '학습'하기에는 한국만 한 곳이 없습니다. 우리나라의 학구열과 학습체계는 미국 대통령도 부러워하는 실정이니까요.

아이를 외국에 보낼 때는 무엇보다도 보내는 목적을 분명히 해야 합니다. 남들이 다 간다고 따라가면 시간과 비용만 낭비할 뿐입니다. 하지만 여러 나라의 새로운 문화와의 조우, 낯선 곳에서의 새로운 경험이 아이에게 미치는 영향을 생각한다면 긍정적인 부분이 분명 있습니다. 언어를 배우기 위해서가 아니라, 아이가 재미있게 읽었던 책에 나오는 나라와 도시를 탐방하기 위해, 아이가 좋아하는 화가의 그림을 직접 보기 위해 가는 여행이라면 권유할 만합니다.

다시 말하자면, 언어를 배우는 것에는 큰 도움이 되지 않더라도 외국여행은 다양한 면에서 도움이 됩니다. 아이가 영어의 필요성을 느껴 공부를 해야겠다고 동기부여되기도 하고, 진로에 있어서 선택의 폭이 넓어질 수도 있습니다. 다양한 경험이 아이의 내면을 풍부하게 하기도 하죠. 어학연수를 다녀와 자신감이 높아지는 아이도 있고요. 따라서 언어를 이해하는 면이나 정서적인 면 등 여러 가지 것들을 고려해야 합니다. 한국의 높은 교육열로 인해, 외국에서 지내는 시기 동안 학습에 공백이 생기는 부분은 분명히 있고 경제적 부담 등 아이를 외국에서 돌보면서 부모가 치러야 할 대가가 여러 가지 있으니 득과 실을 잘 따져볼 문제입니다. ▶ '기러기아빠로 지내는 것이 너무 외롭고 힘듭니다'(724페이지) 참조

3장

중고생 자녀의 문제

1

가족과의 관계

사춘기가 되니 아이에게 거리감이 느껴집니다

큰딸과 어릴 때부터 친하게 지내왔습니다. 여자애라 나름대로 거리를 두며 존중해 주려고 하는데도, 아빠가 하는 말이라면 괜히 심술을 부리고 짜증을 내서 당황스럽습니다. 저도 가끔은 화가 나고, 이러다가 딸과 사이가 멀어지지는 않을까 걱정되기도 합니다.

사춘기에 진입할 때 가장 두드러진 변화는 신체적 발육과 함께 2차 성징이 나타나는 것으로, 이 시기에는 남자도 여자도 생식이 가능한 육체로 변하게 되어 성적 충동과 호기심이 증가합니다. 뇌의 변화, 정서적 변화도 중요하지만, 무엇보다 성적 성숙이 일어나고 성욕을 자각하는 시기라는 것이 핵심입니다.

이러한 성욕의 발달은 이성과 자신의 몸에 대한 호기심으로 변하게 되는데, 이때 청소년들은 여태껏 자연스럽던 부모와의 신체적 접촉도 쑥스러워하게 됩니다. 이는 부모에 대한 자신의 애정이 성욕과 겹치는 것은 아닐까 하는 불안에서 오는 것입니다. 부모와 거리를 두려는 시도는 자아를 형성하기 위한 것이기도 하지만, 혹시나 모를 근친상간적 감정에서 자신을 보호하기 위한 것이기도 합니다.

동물의 경우 성적 발달이 일어나면 부모에게서 분리되어 독립하는 것이 당연한 일인데, 인간은 오랜 시간을 군집하여 사는 동물이기 때문에 이런 문제가 발생하는 것일 수 있습니다. 아이가 사춘기에 진입했을 때 부모들은 성적 연상이 가능한 가슴, 배, 등, 엉덩이 등의 신체 부위 접촉은 줄이는 것이 좋습니다. 그러다 아이가 자신의 성욕을 조절할 수 있다는 자신감을 갖기 시작하면, 부모와의 신체접촉에 다시 안정감을 느끼게 될 것입니다.

만약 사춘기 초기에 부모가 이런 감정을 무시해버리거나 부모가 아이의 행동이나 감정을 일일이 조절하려고 들면, 당장은 아이가 부모와 친근한 관계를 유지하는 것처럼 보일 수 있을 것입니다. 하지만 청소년기 아이는 근친상간적 불안에서 벗어나고자 자신의 성욕을 억압하게 되므로, 성적으로 자신이 없는 성인으로 자라나거나 아니면 성욕이 없는 아이 같은 상태로 남을 가능성이 있습니다.

주변에서 어머니가 극성으로 성인기까지 간섭한 남자나, 위에 누나가 많은 막내 남동생이 쉽게 결혼을 하지 못하는 경우를 볼 수 있을 겁니다. 근친여성들과의 지나치게 가까운 관계가 남성으로서의 성적 태도를 억압하게 되는 것이죠. 여성의 경우에도 독선적인 아버지 밑에서 자라나 자아정체성이나 성적인 면이 모두 억압되어 불감증이 있거나 평범한 결혼생활에 적응하지 못하는 경우를 볼 수 있습니다. 그렇다고 해서 자연스러운 포옹, 손잡기, 볼에 하는 입맞춤 등의 신체접촉 모두를 성적인 것으로 해석하는 것은 신경증적 반응이라 할 수 있습니다.

청소년기에는 어릴 때처럼 부모와 뽀뽀하고 포옹하고 싶다는 생각과, 독립심이 커지면서 신체접촉을 하려고 하지 않는 생각 사이에서 갈등합니다. 이에 따라 친구들이 보는 앞에서는 부모와의 스킨십을 원하지 않지만 집에서는 원하는 이중적 감정을 가지기도 합니다. 부모의 사랑과 애정을 제대로 받지 못한 청소년은 사랑에 몹시 굶주려서 애정욕구가 지나친 사람으로 성장할 수도, 반대로 냉담해져서 배우자나 자녀에게 애정표현하는 것을 힘들어하는 사람이 될 수도 있습니다. 청소년들에게는 격려, 이해, 신뢰, 사랑 같은 내적 지지와 함께 포옹, 외식, 선물 등의 외적 지지가 모두 필요합니다. 부모는 어렵더라도 아이의 감정을 잘 읽고 적절하게 접근하려 노력해야 합니다.

또 앞서 잠깐 얘기했듯이, 사춘기의 특성은 반드시 신체적 변화에서만 오는 것은 아닙니다. 아동도 아니고 성인도 아닌 중간자로서 부모에게 의존하고 싶은 욕구와 부모로부터 독립하고 싶은 욕구가 동시에 존재하는 데서 오는 정체성의 혼란이 이 시기의 심리적 특성입니다.

혼자 힘으로 걸으려는 아기가 부모의 손을 뿌리치고 발걸음을 떼는 것처럼, 사춘기 아이들은 혼자 힘으로 생각하고 느끼려고 부모의 정서적인 지지나 조언을 뿌리치는 것이라 할 수 있습니다. 이때 아이가 시행착오를 겪을 수 있도록 사적인 영역을 인정해야 합니다. 여기에는 부모의 인내가 필요한데, 부모가 뒤에서 조용히 지켜보며 지지하고 있다는 사실을 아이들도 이해할 수 있게 해야 합니다.

이 과정에서 부모는 덩달아 화가 나기도 하고, 아이를 어떻게 통제해야 할지 혼란스럽기도 합니다. 그럴수록 부모로서 가지고 있는 가장 중요한 가치관이 무엇인가를 명확히 하는 것이 중요합니다. 예의나, 성실, 정직 같은 주제들을 구체적이고 단순명확하게 설명하고, 자신들도 그것을 엄격히 지키는 것을 보여주면, 아이들의 반항적 행동이나 충동을 조절할 수 있는 최소한의 마지노선을 제시하는 효과가 있습니다. 이렇게 함으로써, 부모·자식 간의 가치관이 일치될 수 있기 때문에 서로의 갈등에 제약을 거는 것입니다. 이런 과정을 통해 사춘기 초반에 부모의 인내와 통제가 균형을 잘 이룬 경우, 늦어도 10대 중반 이후 관계가 긍정적으로 발전될 가능성이 높습니다.

더 알아보기

사춘기의 대뇌변화

청소년기에 이르러서는 어린 시절 여러 경험과 학습을 통해 형성된 신경세포들이 어느 정도 정리가 되기 시작합니다. 이 시기에 뇌에서는 새롭게 돋아나는 가지들을 가지치기Pruning를 하는 과정과, 신경세포의 축삭돌기를 지방질덩어리가 에워싸는 수초화Myelination 과정이 일어나는데, 이 과정 중에 신경의 신호전달 속도가 100배가량 빨라지는 등 대뇌의 급격한 변화가 생깁니다.

한편 기억과 사고와 판단을 담당하는 전두엽은 새롭게 재구축되기 시작합니다. 이는 건물 리모델링에 비유될 수 있는데, 이때는 시냅스들이 제대로 연결이 안 된 채로 새로이 적응해나가는 단계이므로 다면적 사고를 하기가 힘들며, 미리 예측하여 계획을 세우는 것이 어렵습니다. 제어를 담당하는 전두엽과 충동을 담당하는 뇌간의 발달속도에 차이가 있기 때문에, 어떤 시기에는 우울한 것처럼 보이고 어떤 시기에는 과도하게 흥분하고 충동을 조절하지 못하는 것처럼 보입니다.

청소년기는 감정을 담당하는 편도체 조절이 힘들어 공격적이고 충동적으로 보입니다. 남학생의 경우 남성호르몬인 테스토스테론이 여자보다 10배가량 많이 나오며, 충동을 조절하는 세로토닌 분비가 더 적어 공격적으로 보이죠. 여학생의 경우 직접적이지는 않으나 남을 헐뜯거나 수다로 공격성을 표현하고, 감정을 주체 못 하면 쉽게 우는 등 감정변화도 심해집니다.

이 시기의 특징 중 하나는 사람의 표정에 대한 해석이 부정확하다는 점입니다. 다른 표정의 같은 사람을 찾아내는 테스트에서 실패하는 경우가 많다는 보고가 있으며, 놀란 표정의 사람의 감정을 물어보면 '화가 났다' '혼란스럽다' '슬프다'는 식으로 오해하는 경우가 많다는 보고도 있습니다.

상대방의 표정을 볼 때도 성인과 달리 뇌 영역에서 전전두엽보다는 편도체가 많이 활성화되는 것으로 관찰됩니다. 분노, 공포 같은 1차적인 감정을 담당하는 편도체는 즉각적으로 반응하게 되지만, 이성적인 판단을 담당하는 전전두엽은 미숙하여 합리적 대처가 미숙할 수밖에 없는 것입니다. 따라서 대화할 때 상대방의 표정과 말투에서 느껴지는 미묘한 뉘앙스를 이해하는 것이 쉽지 않은 시기라 할 수 있습니다.

사춘기 자녀와 대화를 나누고 싶습니다

아이와 친하게 지내려고 많은 대화를 해온 편입니다. 평생 아이에게 친구 같은 부모가 되고 싶었는데 중2가 된 아이는 요즘 저희를 피하는 것 같습니다. 친구들과 노는 것을 더 좋아하는 건 당연하지만, 아빠, 엄마와는 대화가 되지 않는다며 지루해하는 아이의 표정을 보면 가슴이 아픕니다.

'중2병'이라는 말이 있습니다. 사춘기가 시작될 무렵에는 자신이 굉장히 중요한 인물인 것처럼 느끼기도 하고, 자신이 모든 슬픔을 짊어진 듯 괴로워한다거나, 어른들의 말은 무가치하게 느껴져서 우습게 여기는 등의 모습을 보이는데, 중2병은 이때 보이는 과장된 모습을 일컫는 신조어입니다.

사춘기가 되면 여태까지 부모의 말에 순순히 따르던 아이들이 갑작스럽게 부모를 무시하고 마음을 닫기 시작하는데, 이는 아이가 부모에게서 분리되어 독립된 '자아'를 만들어가기 위함입니다. 코헛의 양극성이론Double Axis Theory을 보면 아이들은 자아발달과정에서 두 가지 목표지점을 형성하는데, '나는 옳다, 나는 최고다' 같은 건강한 야망을 품어 과대한 자기를 만들어내는 한편, 이상화된 부모상에 완벽성을 부여하여 '부모처럼 되어야 한다'라는 목표를 만들어낸다고 합니다.

이 과정에서 부모에게서(또는 주변사람에게서) 공감과 호의적인 반응을 받으면서 '과대한 자기'는 건강한 야망과 자존감을 유지하고 발달할 수 있고, 또한 부모 또는 주변의 중요한 어른을 보며 이상적인 가치를 모방하면서 자아는 한 단계 더 성장할 수 있다고 코헛은 말합니다. 다시 말하면 현실과 이상 사이에서 적절한 긴장이 이뤄질 때 인간은 올바른 방향으로 성숙하는데, 만약 이 과정에서 공감을 얻어내지 못하거나 목표를 상실하면 자아가 제대로 발달하기 힘들다는 것이죠. ▶'너무 남들의 평가에 신경 쓰며 사는 것 같아요'(858페이지) 참조

한편 청소년기에는 부모가 아닌 또래친구, 가끔은 선배나 연예인을 이상화시켜 자기의 목표로 삼는 것도 특징입니다. 친구의 말에 무조건적인 신뢰를 보내며, 가족이 아닌 다른 타인들의 속성을 자기 것으로 흡수하기 시작합니다. 부모의 간섭에 대항하는 동시에, 타인에 의해 흔들리는 자아를 방어해야 하므로, 아직은 제대로 형성되지 않은 공허한 자기를 부풀릴 필요가 있죠. 중2병이라는 것은 이때 생겨나는 과대한 자아형성이라고 볼 수 있습니다.

또한 이 시기엔 추상적 사고가 가능해지면서 이론을 먼저 설정한 후 이를 실제사건으로 진행하는 가설설정능력이 발달하게 되는데요. 이는 순수한 이상주의로 확장되면서 자신의 이상과 일치하지 않는 모든 것들을 비판하는 양상으로 나타나기도 합니다. 이런 맥락에서 부

모의 의견이 옳지 않다고 느껴지면 곧 반기를 드는 것입니다.

아이는 사춘기에 관심사가 크게 변하는 데 반해, 부모들은 초등학생 때 아이를 대하던 방식에서 아직 탈피하지 못한 것도 문제입니다. 청소년은 부모가 자신을 대하는 방식이 유치하다고 생각하고, 자신과 생활을 공유하는 또래들과 의사소통하는 것이 더 가치 있다고 느낄 수밖에 없습니다.

이때 부모가 해야 할 일은 다음과 같습니다. 첫째, 아이의 태도를 폄하하거나 무시하지 않는 것입니다. 이는 부모의 불안을 아이에게 전가하는 것으로, 건강한 자아가 형성되는 것을 방해합니다. 함부로 판단하거나 너무 길게 설교하지 말고, 있는 그대로 인정해주고, 불안정한 기분변화를 이해해주며, 아이의 언행이나 취향에 찬성하지는 않아도 수용할 수 있어야 합니다.

둘째는 아이의 관심사를 공유하려 노력해야 한다는 것입니다. 아이에게서 아이가 즐기는 게임, 춤 등을 어느 정도는 배운다는 생각을 가질 필요가 있습니다. 소통은 일방적 관계가 아니라 대등한 관계에서 이뤄지므로, 부모가 아이와 평생 친한 관계를 유지하고 싶다면 10대 이전부터 아이의 말을 들으려는 태도를 가져야 합니다.

셋째, 여전히 부모는 아이에게 존경받는 존재임을 보여주어야 합니다. 부모 자신이 독서, 공부, 일, 취미 등에서 자신만의 취향이 있어 아이가 궁금해하고 물어보고 싶은 부분이 있어야 합니다. 그래야 아이 역시 대화를 하고 싶을 것입니다.

넷째, 아이가 부모에게서 벗어나기 위해 일부러 부모를 무시하거나, 반대로 부모의 그늘에서 벗어나기 위해 과장된 자기를 더 강화시키는 경우도 있는데, 이런 반응은 경계해야 합니다. 아이가 부모를 어떻게 느끼는지 깊게 탐색할 필요가 있습니다.

부모가 이 시기의 아이를 바라볼 때 섭섭할 수는 있지만, 아이 내면의 성장이라는 관점에서 바라본다면 그저 섭섭하기보다는 대견한 면도 있을 것입니다. 섭섭함을 표현하기에 앞서, 부모는 '이 아이는 나에게서 출발된 것이다'라는 자신감을 먼저 가져야 합니다. 아이가 지금은 이해하지 못하더라도 시간이 지나고 나면 부모의 장점을 다시 보게 될 것입니다.

아이에게 효율적인 훈계를 하려면 어떻게 해야 할까요

공부를 제대로 하지 않는 아이에게 한참 훈계를 하다 보면, 아이는 제발 같은 말 좀 그만하라고 합니다. 심지어 남편도 저에게 30분째 같은 소리만 하니 이제 그만하라고 합니다. 제가 좀 심했나 싶기도 하지만, 저라도 말을 안 하면 누가 이 아이를 바로잡나 싶습니다.

잔소리와 관련된 문제는 모든 부모가 안고 있지 않을까 싶습니다. 잔소리의 특징은 같은 내용, 같은 어휘를 사용한 훈계가 여러 번 반복되는 것인데, 이는 통제가 제대로 실행되지 않을 것 같은 불안을 반영합니다. 안타깝게도 반복되는 훈계를 통해 아이가 좋은 방향으로 바뀔 수 있다면 좋겠으나, 실제로는 그렇지 않다는 연구결과가 많습니다.

14세 청소년들에게 자기 어머니의 잔소리를 녹음한 것을 들려준 후, 부정적 감정을 처리하는 대뇌변연계, 감정조절에 관련된 전두엽, 타인의 관점을 이해하는 두정엽과 측두엽 접합부의 3개 영역 활성도를 측정한 연구결과가 있습니다. 그랬더니 잔소리를 듣는 동안 대뇌변연계 등의 활성도가 증가하는 것은 당연했으나 동시에 전두엽, 두

정엽과 측두엽 접합부 활성도가 떨어지는 것이 확인되었습니다. 이는 잔소리를 듣는 아이들이 부모의 입장을 이해하는 것이 아니라 오히려 방어하고 거부하는 것으로 해석할 수 있습니다.

아이에게 효율적으로 의사를 전달하기 위해서는 명료성이 중요합니다. 예컨대 단순히 "방 정리 좀 해라"라고 말하지 말고 "방금 벗은 옷을 옷걸이에 걸어놓아라"라는 식으로 구체적으로 말하고, 최소한의 것을 순서대로 지시하는 것이 좋습니다. 이때 첫 지시에 반응하지 않는다고 하여 짜증을 내거나, 다른 지시로 옮기지 않는 것이 중요합니다. "네가 엄마가 시킨 일을 할 때까지 기다리고 있는 중이야"라고 말한 뒤 조금 기다려주는 것이 더 좋죠. 하고 싶은 말이 너무 많은데 어떻게 그렇게 하나씩 이야기할 수 있겠느냐는 생각이 든다면, 속도가 느린 컴퓨터가 다운로드하는 모습을 상상해보는 것도 좋습니다. 아이의 뇌가 받아들일 수 있는 용량은 제한되어 있는데 부모가 전달하고 싶은 것이 오히려 너무 과하지 않은지 돌이켜보아야 합니다.

'나'를 주어로 하여 자신의 감정을 먼저 표현하는 방식도 도움이 됩니다. 이는 나 전달법이라는 대화법입니다. 부모가 잔소리를 할 때 "너는 ~하다" "너 ~를 해야 한다"는 식의 어법을 쓰기 쉬운데, 이는 상대의 잘못을 지적하고 비난하는 내용이기 쉽습니다. 이보다는 "나는 너의 행동에 대해 이렇게 느낀다" 혹은 "나는 이러이러했을 때 매우 기쁠 것 같다"는 식으로 대화를 하는 것이 더 부드럽게 들립니다.

훈계 시 부정적 감정을 실어 비난하거나 짜증을 내면 당연히 듣는 사람 입장에서 좋게 들을 수 없습니다. 비꼬거나 상대의 마음에 상처를 내려는(대개는 부모가 무시받았다는 느낌을 받고 분노한 경우지만) 말투를 쓰지 않는지 생각해보아야 합니다.

만약 부모 자신이 어떻게 대화하는지 감이 잘 오지 않는다면, 하교 시간 혹은 저녁식사 시간에 몇 분가량 본인의 대화를 녹음해보는 것도 방법입니다. 자신의 말을 들을 때 상대의 기분이 어떠할지를 충분히 상상한 후 잘못된 말투, 어휘의 사용 등을 고치도록 노력해야 합니다. 일단 잔소리를 줄이기 위해서는 아이에게 훈계하는 시간 자체를 살펴보아야 합니다. 의외로 시간이 길지 않겠지만 3분 정도 훈계를 하더라도 듣는 사람 입장에서는 매우 길게 느껴진다는 점을 명심할 필요가 있습니다. ▶'사춘기가 빨리 찾아온 아이를 어떻게 대해야 하나요'(209페이지) 참조.

더는 아이에게 필요 없는 존재가 된 것 같습니다

아이가 고등학생이 된 후 공부하느라 바쁩니다. 밤늦게야 만나지만 공부 열심히 하란 말 외에는 할 말도 없고, 아이도 방에 들어가 자버립니다. 이해는 하지만 속상합니다. 부모는 이제 아이에게 의미가 없는 것일까요?

사춘기가 되어도 부모는 여전히 아이의 인생에서 중요한 역할을 하고 있습니다. 다만 "너도 열심히 공부해서 이다음에 훌륭한 사람이 되어야지" 같은 말은 아이에게 너무 먼 이야기입니다. 아이에게는 당장 학교에 적응하는 것이 더 절실하기 때문이죠. 아이 입장에서 어릴 때는 부모가 세상의 전부였다면, 10대에는 세상의 전부였던 부모를 딛고 세상을 향해 일어선 상황이라 할 수 있습니다. 부모는 그저 배경이나 바닥처럼, 보이지는 않는 아이의 버팀목으로서 기능하고 있는 것입니다.

그러나 위 경우처럼 공부나 성적 외에는 대화거리가 별로 없고 부모 스스로도 별로 할 말이 없는 것같이 느낀다면, 가족관계를 재검토해볼 필요가 있습니다. 아이는 성장하여 관심사가 진지해져 있는데 부모가 따라가지 못하는 경우도 있고, 아이 입장에서는 부모의 생각이 자신의 이상과 거리가 있어서 이해받지 못한다고 느끼는 경우도 있습니다.

대화가 단절되는 것은 꼭 할 얘기가 없어서가 아니라, 자식들이 적극적으로 거부해서일 수도 있습니다. 아이에게 부담만 주거나, 자신의 불평불만만 늘어놓는 부모를 둔 경우가 그렇습니다. 이런 경우 아이가 어릴 때는 별 문제가 없을 수 있지만, 10대가 되어 친구를 통해 사회적 관계망을 만들고 나면 부모가 필요 없어질 수도 있습니다.

흥미로운 것은, 실제 임상에서 만나는 이른바 '문제 청소년'의 부모들 대부분은 큰 문제가 있는 사람들이 아니라는 점입니다. 오히려 성실하고 대인관계가 좋은 경우가 많습니다. 그러나 자세히 살펴보면 대개의 경우 융통성이 없거나, 아이의 마음을 제대로 읽지 못하고 피상적으로 파악하거나, 아이의 문제를 알아도 깊게 대안을 마련하지 못하고 그러지 말라는 단순한 훈계만 반복하는 문제점을 가지고 있습니다.

올바른 양육을 하는 것을 넘어 '올바른 인간관계'를 만들려면 사람의 마음을 읽으면서 그때그때 반응해야 하는 것인데, 사회에서 익숙해진 대로 매뉴얼화된 인간관계를 아이들에게도 반복하는 경우, 아이들은 부모가 그렇게 나쁘다고 느끼는 것은 아니지만 '무언가 부족하다'는 감정을 느끼기 쉽습니다. 이런 경우 '나와 그렇게 큰 상관은 없다'는 느슨한 유대감을 형성하게 되므로, 굳이 부모와 적극적으로 대화할 필요성을 느끼지 못하게 됩니다.

그러다 아이가 부모의 상상범주 이상의 비일상적인 행동을 저지르는 경우, 이런 부모들은 대처방법을 잘 모르기 때문에 아이를 야단만 치거나, "나는 그렇게 크지 않았다"라며 이해하지 못하겠다는 식의 말만 반복하다가 아이의 상태를 더 악화시키곤 합니다.

10대 자녀를 둔 부모와 이야기를 하다 보면 마치 아이의 인생이 20살에 끝날 것처럼 생각하는 경우가 많은 것을 볼 수 있습니다. 인간적 유대관계는 이후로도 수십 년 이상 이루어져야 할 일이므로, 언제나 늦은 때는 없습니다. 쑥스러워하지 말고 적극적으로 관계를 개선하면 수년 뒤에는 만족스러운 결과를 얻어낼 수 있는 것입니다.

취미생활을 같이 하고 싶은데 아이가 따라오지 않습니다

저는 운동을 참 좋아하는데 아이는 그렇지 않습니다. 같이 해보려고 산에도 데리고 가고 축구공도 사줘봤지만, 전혀 흥미를 느끼지 못하네요. 속상합니다.

부모라면 당연히 자신의 취향을 자식들이 공유하기를 바랄 것이며, 실제로도 유전성향 때문에 부모·자식은 비슷한 취향을 가지기도 합니다. 그러나 부모 양쪽의 유전자가 섞이기도 하고, 세대를 넘어서 격세유전되는 경우도 있으며, 어떤 성장과정을 가지느냐에 따라 취향은 크게 변하는 것이기 때문에 부모의 관심사를 그대로 재현하지는 않습니다. 전혀 이어받지 못하거나 부모가 인정하기 힘든 재능과 취향을 가지고 있는 경우도 있죠.

아이가 만약 부모의 취향이나 재능을 이어받지 않았다면 두 가지 이유를 생각해볼 수 있습니다. 첫째로, 아이와 내가 기질적으로 재능의 영역이 서로 다른 경우입니다. 부모 입장에서 나는 운동을 너무 좋아해서 아이를 선수로 키울 생각까지 있는데, 아이가 책 읽기만 좋아한다면 실망스러운 것이 사실입니다. 반대로 같이 책을 읽으며 음악을 즐기고 싶은데, 아이가 운동만 좋아한다면 이 역시 탐탁지 않을 수 있습니다. 자녀의 재능이 부모와 분명하게 다른 경우, 부모 입장에서는 그다지 기쁘지 않기 때문에 시큰둥하게 반응할 수 있습니다. 자신의 취향이 혹시 아이의 장점을 방해하고 있지 않은지, 나도 모르게 내 입장만 주장하고 있는 건 아닌지 의심해보아야 합니다.

둘째는, 부모가 자연스럽게 같이 하는 것이 아니라 강제성을 띠는 경우입니다. 우리는 유명한 음악가나 스포츠 선수들을 키운 부모들의 전설을 익히 들어 알고 있습니다. 아주 어릴 때부터 혹독한 훈련으로 최고의 천재들을 키워내는 데 성공했다는 이야기들이죠. 그러나 이들은 재능과 강제적 노력이 조화를 이룬 드문 경우라는 것을 명심해야 합니다. 이런 전설에 심취한 나머지 아이를 혹독하게 훈련시킨다면 아이에게 부정적 감정만 유발시켜버려 관심을 잃게 만드는 경우가 흔합니다.

운동을 좋아하는 아버지가 일방적으로 운동을 시키는 바람에 정작 아이는 운동이라면 질색을 하는 경우도 있습니다. 또 공부를 정말 좋아하고 잘하는 어머니지만 아이와 같이 책을 읽은 경험이 거의 없고 자기 혼자 공부하기 바쁜 사람도 있습니다. 이런 경우 아이가 부모의 취향이나 장점을 흡수하기 힘들죠.

사실 부모와 같은 취향이나 재능을 가지는 것은 자질보다는 가족들이 얼마나 많은 시간을 보냈는지, 얼마나 같이 기뻐했는지에 달려 있습니다. 부모와 달리 아이가 운동을 싫어하는 경우 굳이 무리하게 운동을 시키기보다는, 공을 옆에 두고 항상 만지게 하거나, 운동장에 직접 가서 구경을 하거나, 관련 영화나 만화 등으로 친근감을 느끼게 하는 것이 먼저입니다.

또 앞서도 강조했지만 아이가 책을 읽게 만들려면 부모부터 책을 읽는 모습을 자주 보여야 합니다. 처음부터 필독서 리스트에 나오는 책만 고르지 않고, 아이가 호기심을 느낄 만한 흥미 위주의 책이나 만화 등을 섞으면서 호기심을 끌어내는 것이 좋습니다. 가족이 같은 곳을 보며 걸어가기를 꿈꾼다면, 같이 걷기부터 먼저 시작해야 할 것입니다.

아이가 자꾸 화를 내서 매번 다투게 됩니다

아이와 크게 싸웠습니다. 온종일 아무 일도 하지 않고 뒹굴어서 "너 이런 식으로 하려면 차라리 집을 나가라"라고 했더니 갑자기 소리를 버럭 지르면서 욕을 하더군요. 어릴 때부터 말 잘 듣고 순종하며 자라온 아이가 이런 모습을 보이자 너무 충격을 받았습니다. 사춘기라고 넘어가기엔 너무나 괴롭습니다.

10대들은 예측하기 힘든 상황에서 분노하곤 합니다. 부모 입장에서는 어떤 논리적 이유가 있어서 그럴 것이라 생각하기 때문에, 불만이 있는지, 고민이 무엇인지 자꾸 묻게 되지만, 언어능력이 잘 발달되지 않은 아이 입장에서는 그 질문조차도 짜증이 날 뿐이죠. 아이가 이러한 충동적인 감정을 드러내는 데는 이유가 있습니다.

먼저 사춘기가 되면 성인의 신체상태를 갖추기 위해 호르몬에 변화가 생기는데, 특히 성호르몬의 변화가 급격해서 남자아이의 경우 남성호르몬 분비량이 100배나 증가할 정도입니다. 이 테스토스테론이 영향을 주는 부분 중 하나인 편도체는 분노와 공포를 담당하는 곳으로, 남자아이들은 이 부분이 너무 과활동되어 별일 아닌 일에도 쉽게 공격적 태도를 취합니다. 여자아이들은 상대적으로 이런 점은 덜하지만, 여성호르몬인 에스트로겐이 기억을 담당하는 해마를 자극하여 자신에게 상처가 된 한마디를 잊지 못하고 기억한 채 공격적으로 대하는 모습을 보이기도 됩니다.

사춘기에는 호르몬 외에도 뇌의 신경전달물질에 큰 변화가 일어나, 기분을 안정적으로 유지하는 세로토닌, 활력과 에너지를 주는 노르에피네프린, 기분 좋은 감정을 주는 도파민 등이 급격하게 변동하며, 이성적 판단을 담당하는 전전두엽이 아직 제대로 발달하지 못해 순간의 판단이 미숙한 경우도 많습니다. 사소한 자극이나 변화에도 극단적인 분노가 발생할 가능성이 크므로, 부모들은 아이들의 특성을 잘 이해할 필요가 있고, 분노 뒤에 있는 어떤 의도나 부정적인 감정을 과도하게 상상할 필요는 없습니다. ▶'우울증에 걸리는 이유는 무엇인가요'(593페이지) 참조

예상하지 못할 정도로 아이가 크게 분노하는 경우 가장 적절한 대처법은 '화내지 않는 것'입니다. 마음의 평정은 모든 종류의 분노에 대처하는 가장 좋은 방법입니다. 아이들이 분노할 때는 분노 자체보다는 그 이후가 더 중요합니다. 부모가 꾸짖을수록 아이는 분노한 상대방이 자신에게 화내는 것을 보면서 '역시 나는 사랑받을 자격이 없다'라고 생각하거나, '엄마, 아빠가 나를 미워하니까 나는 이제 내 마음대로 살겠다'라는 정당성을 부여하게 되어, 아이의 잘못된 의도가 더 강화되고 사태는 더 악화되기도 합니다.

상대가 분노할수록 이쪽은 침착하게 대응하여 상대방의 페이스를

누그러뜨려야 합니다. 분노 자체가 약자가 강자에게 대항하기 위하여 일시적으로 흥분상태에 빠지는 것이므로, 부모가 강자로서 아이를 이기려는 것이 아님을 보여주고, 찬찬히 상대를 설득하려고 해야 합니다.

만약 아이의 분노가 너무 심해 도망치는 경우에도 "너 거기 서지 못해? 오늘 집에 못 들어올 줄 알아!" 같은 말은 삼가야 합니다. "화가 풀리면 들어와라. 너를 괴롭히려는 게 아니니까" 정도가 좋습니다. 임상에서도 다혈질의 아버지가 화를 내면 낼수록 아이는 "아버지가 무서워서 집에 들어갈 수 없었다"라며 가출에 가출을 반복해서 1~2년 뒤에는 부자, 부녀 관계가 회복되기 어려워지는 수준으로 악화되는 경우를 흔히 볼 수 있습니다.

분노가 해결된 직후에는 아이에게 짧지만 단호하게 어떤 방식으로 감정을 처리했으면 좋겠는지 조언을 하고, 부모도 감정이 그렇게 좋지 않다는 것을 설명해주는 것이 좋습니다. 약간의 경고를 덧붙이는 것도 나쁘지 않습니다. 이후 아이의 여러 가지 사전신호에 예민할 필요가 있습니다. 아이는 행동, 말투 등에서 사전에 불쾌한 감정을 자주 여러 번 표현하고 있으나, 부모가 그를 무시하고 있는 경우도 많기 때문입니다.

부모도 사람이기에 화를 내지 않는다는 것은 매우 어려운 일입니다. 아마 불가능하다고 생각하는 사람도 있을 겁니다. 그러나 분노는 자신이 예측하지 못한 불합리한 상황에서 나오는 것입니다. 아무리 기분 나쁜 상황이라도 미리 예측하고 있다면 인내하는 것이 아주 어렵지는 않습니다. 이는 심리적 훈련 같은 것으로 아이가 나에게 어떻게 행동할지, 나는 그에 어떻게 대처해야 할지 평소에 상상으로 대비를 해두는 것이 필요합니다. 사춘기는 부모가 감정조절하는 법을 가르치는 시기이기도 한데, 부모가 온화한 통제를 통해 모범을 보이게 되면 처음에는 직접적 효과가 나지 않는다 하더라도, 장기적으로는 아이가 이를 모방하고 학습하게 될 것입니다. ▶'짜증이 많아지고 화가 나면 분노조절이 안 돼요'(557페이지) 참조

갑자기 공부도 안 하고 멍하고 무기력해 보여요

아이가 평소와 달라 보입니다. 짜증을 내는가 하면 시무룩해하고, 자기 방에만 들어가 있습니다. 우울증이 아닌가 걱정됩니다.

아이에게 갑작스러운 정서적 변화가 왔다면 원인이 있을 수밖에 없습니다. 사춘기는 우울증이 잘 생기는 시기이며, 특히 이런 우울증은 여학생에게서 더 많이 나타나는 편입니다. 청소년기의 우울증은 성인과는 다른 양상을 띱니다. 우울감보다는 불쾌감, 짜증 등이 더 특징적이며, 감정이 감춰진 형태인 가면성 우울증Masked Depression으로 무단결석, 게임중독, 인터넷 중독, 성적 문란, 물질 남용, 가출, 비행 등의 행동문제로 나타나거나 신체증상 호소, 성적 저하로 위장되는 등 다양한 증세로 표현되기도 합니다.

가면성 우울증
겉으로는 웃고 있는 가면을 쓰고 있으나 본 모습은 우울하고 힘들고 지친 모습으로, 외형상으로 드러나지 않는 우울증. 우울한 기분이 잘 드러나지 않는 대신 두근거림, 피로, 식욕저하 등의 신체증상이 많고, 알코올중독, 도박, 치매 등이 나타난다.

이러한 차이는 아직 사고와 언어능력이 완성되지 않아 자신의 감정이나 생각을 정리하고 외부로 표현하기가 힘든 데서 기인합니다. 스트레스에 대한 반응 외에도, 유전적 경향, 가족 내부의 갈등, 발달과정에서의 문제점 등에 의해 발현되기 때문에 만성적으로 진행되기도 하는 등 예후를 판단하기 어렵습니다.

흔히 아동기 우울증은 미래에 대한 걱정이 별로 없는 것이 특징이라고 합니다. 이는 아직 시간개념이 제대로 형성되지 않은 데서 기인합니다. 이에 반해 청소년기가 되면 시간개념이 형성되면서 미래에 대한 불안이 생기기 시작합니다. 그러나 경험이 축적된 성인처럼 대책을 충분하게 생각해내지는 못하기 때문에 훨씬 막연한 불안이 형성되어, 충동적으로 자살 같은 극단적 상황으로 가기도 하는 것입니다.

이 나이에 나타나는 우울증은 본인 스스로 호소하지 않는다 하더라도, 부모가 관찰하기에 평소와 다른 행동의 변화가 있을 때, 즉 성적이 갑자기 떨어진다거나, 늦게 자는 등 수면패턴이 변화한다거나, 가족에게 심술을 부리는 등의 모습을 보일때 의심해보아야 합니다. 이런 모습들은 대개 '야단을 맞아야 할 행동'으로 보이기 쉬운데, 지도하는 것을 포기할 필요는 없으나 우울증의 가능성도 고려해야 합니다.

해결책으로는 아이가 허심탄회하게 마음을 터놓을 수 있는 대상을 찾도록 하는 것입니다. 그것이 부모라면 가장 좋겠지만, 그렇지 못한 경우 아이가 평소 믿고 따르던 어른(친척, 선생님)을 찾아보고, 딱히 없다면 학교나 보건소 등에서 상담가를 찾을 수 있습니다. 상담만으로 해결이 안 된다고 느껴지거나 정도가 심하다고 생각되는 경우, 정신과에 빠른 시간 내에 내원하여 정확한 평가를 받는 것이 좋습니다.

아이가 죽고 싶다고 해서 너무 놀랐어요

아이가 친구와 "죽고 싶다"라는 메시지를 자주 주고받은 것을 알게 되었습니다. 아이에게 다그쳐 물으니 가끔씩 그런 생각이 들어서 얘기한 것뿐이라고는 하지만, 걱정이 많이 됩니다. 사춘기의 일시적인 감정일 뿐인 걸까요?

청소년이 "죽고 싶다"라고 말하는 것은 일단 "지금 많이 힘들다"라는 표현으로 이해할 수 있습니다. 학교나 가정 내에서의 어려움을 피하고 싶다는 감정, 부모, 선생님, 친구 등에 대한 분노로 인한 보복심리, 자신의 무능함에 대한 징벌심리, 간혹 죽은 친구나 부모를 만나고 싶은 심리 등이 배후에 있다고 알려져 있습니다.

자살에 대한 언급이 있다고 꼭 자살로 이어진다고만은 할 수 없으나, 실제행동으로 취하게 될 가능성이 큰 신호는 확인할 필요가 있습니다. 먼저 언어신호가 있습니다. "내가 없어진다면 모두가 좋아질 것이다" 혹은 "내가 죽더라도 아무도 관심 갖지 않을 것이다" 같은 내용의 일기나 메시지가 그것입니다.

그다음은 행동신호로, 급작스러운 행동변화(분노, 짜증 외에 친절, 웃음도 해당), 성적 저하, 자신이 소중히 생각하던 물건을 버리거나 남을 주는 행동 등이 포함됩니다. 또 환경적인 변화신호로는 최근에 직계가족의 사망으로 중요한 대인관계에 파괴가 오거나, 사업곤란, 이사, 이민 등의 급격한 가정환경 변화 등이 생긴 것을 꼽을 수 있습니다.

청소년기 우울증상은 성인기의 증상과 다르기 때문에 오랜 시간 부모가 눈치 채지 못하고 지나치는 경우가 많습니다. 따라서 은폐된 우울증이 악화되어 실제행동으로 진행되는 경향이 있습니다. 자살사고 자체는 우울증과 연관되어 있으며, 우울증 상태의 소아청소년 중 70퍼센트가 자살을 시도한다고 합니다. 특히 청소년기는 충동성이 높아 순간적인 자살 기도율이 가장 높은 시기이므로 더욱 주의가 필요합니다.

이를 조기에 발견하려면 부모들은 평소 자녀의 심리상태에 관심을 가져야 합니다. 행동변화를 세심하게 파악하며, 피상적인 대화에서 멈추지 않고 깊은 생각까지 나눌 수 있게, 먼저 아이가 부모와 대화하는 것을 어려워하지 않는 분위기를 만드는 것이 중요합니다.

선진국에서는 청소년 자살이 감소하는 데 반해 한국에서는 증가하고 있는 중이며, 특히 여자아이들 사이에서 증가폭이 크다고 합니다. 이를 예방하기 위해 많은 노력이 필요한 때입니다.

2

일상 관리

밤에 뭘 하는지 잠을 안 자요

아이가 밤에 휴대전화만 붙잡고 있느라 아침에 일찍 일어나질 못해요. 학교가 코앞인데 만날 지각을 하니 이 버릇을 어떻게 고쳐야 하나요.

청소년기의 수면은 성인기의 수면과는 다른 특징을 가집니다. 급격한 신체의 변화와 활동량으로 피로가 많이 누적되어 있기 때문에, 또 수면 중에 뇌에서 정보의 정리와 시냅스의 연결이 일어나기 때문에 수면시간이 더 많이 필요한 것입니다. 원칙적으로는 9시간 반 정도의 수면이 필요하다고 합니다. 또 다른 특징으로 위상지체Phase Delay가 일어나 수면에 필요한 멜라토닌Melatonin의 분비가 많게는 2시간까지 늦춰져 늦게 자는 경우가 흔하죠.

위상지체
시간이 늦어져 일정한 주기가 뒤로 밀려나는 현상. 수면위상지체Sleep Phase Delay는 이런 맥락에서 수면과 관련된 하루 생체주기가 뒤로 밀려나는 현상을 말한다.

멜라토닌
뇌의 송과선에서 분비되는 호르몬으로, 밤과 낮의 길이를 감지하며 일주기리듬과 같은 생체리듬과 관련이 있다.

한국 질병관리본부의 조사에 의하면 우리나라 중학생의 평균수면시간은 6시간 45분에서 7시간 반 정도, 고등학생이 5시간 15분(고3)에서 5시간 50분(고1) 정도입니다. 반면 2015년 미국 국립수면재단NSF이 발표한 청소년의 권장 수면시간은 14~17

세 8~10시간이며, 7~11시간은 적당한 시간, 7시간 이하나 11시간 이상은 부적당하다고 발표했습니다.

우리나라 10대들은 유독 학습량이 많은 편인데, 실제 이 나이에 생리적으로 필요한 수면량을 생각하면 분명 문제가 있습니다. 심한 경쟁 속에서 많은 경우 늦은 밤까지 공부를 하고, 스트레스를 풀기 위해 취미생활 등을 하게 되면 수면시간이 줄어들 수밖에 없는 것입니다. 이로 인하여 수면주기가 뒤로 밀려나 늦게 일어나게 되므로 낮의 수행능력이 떨어지는 악순환이 일어나죠.

그렇다고 자연스러운 욕구를 무시한 채 억지로 자게 한다고 해서, 수행능력이나 삶의 질이 좋아지는 것은 아닙니다. 빨리 잠들라고 재촉을 하기보다는 뇌가 충분히 쉴 수 있는 편안한 환경을 제공해야 합니다.

자녀의 수면주기가 뒤로 밀려 있다면, 먼저 최근 스트레스로 지쳐 있지 않은지부터 확인하고 휴식을 취하게 해야겠으나, 지친 뇌는 원하지 않는 자극은 차단하고 자극적인 쾌감을 추구하려 한다는 것을 알아두어야 합니다. 지친 뇌 때문에 청소년은 빛이나 주변의 소음이 적은 밤을 선호하는 경향이 생기며, 자유시간이 주어졌을 때 게임, 동영상, 채팅 등의 자극으로 스트레스를 풀려고 하는 것입니다. 하지만 스마트폰, TV 등은 밝은 빛으로 시각을 자극하여 수면에 드는 것을 방해하므로 악순환이 일어납니다.

그렇다고 이를 일방적으로 막게 되면 부모·자식 간에 갈등이 일어남은 물론, 자녀의 스트레스를 가중시킬 수 있습니다. 전자기기 사용

시간은 아이와 '합의 하에' 엄격하게 정해놓는 것이 좋으며, 될 수 있으면 자극이 적은 취미로 전환하도록 격려해야 합니다. 머리맡에 간단한 조명을 놓고 책이나 만화책 정도를 허용하거나, 음악감상을 하면서 잠들게 하는 것도 좋습니다. 이때 책은 당연히 교과서가 아닌, 자극적이지 않은 종교, 인문, 취미 관련 서적이나, 어릴 때부터 자주 읽어서 내용을 잘 알고 있고 마음이 편해지는 오래된 만화책 혹은 간단한 소설책 등이 좋을 것입니다.

방 정리는커녕 일상생활 관리조차 안 해요

아이가 평소에 늘 더럽습니다. 방 청소를 안 하는 건 그렇다 치고요. 학교에 다녀오면 옷을 아무데나 벗어놓고, 정리를 안 해요. 치워주려 하면 화를 내고요. 씻는 것도 싫어하고 양치도 잘 안 해 냄새가 나요.

부모 입장에서 보면 아이들이 더러운 것이 사실입니다. 특히 청소년기 아이들은 수면부족 등의 이유로 지쳐 있고, 전두엽의 미발달로 계획적인 실행이 힘들어서, 치워야겠다고 생각만 할 뿐 실제로 행동하지는 못하는 경우가 많습니다. 그런가 하면 이 시기 아이들은 심리적으로는 아직 유아적이어서 독립적인 공간은 가지고 싶지만 사소한 일들은 부모에게 의존하고 싶어하죠. 그런데 부모들은 아이들에게 커진 몸만큼 책임감을 기대하거나, 어른들의 몫에 대해서까지 짜증을 내는 경우도 많습니다. 이런 어른들의 태도는 아이들의 심리에 반작용을 일으킬 뿐입니다.

위의 사례처럼 위생상의 고민은 대개 어머니들의 몫입니다. 아이의 건강 혹은 어머니의 정신건강을 위해서라도 당연히 지도를 하는 것이 옳겠으나, 위생문제로 인한 아이와의 갈등은 다른 면에서 살펴볼 필요가 있습니다.

먼저 지도하는 방식입니다. 상담을 온 어머니들은 대부분 정확하게 무엇을 고치고 싶다고 하기보다는, 위처럼 모든 문제들을 동시에 토로하곤 합니다. 자기관리능력을 키운다는 의미에서 훈육하는 것은 좋으나, 그 내용이 너무 복잡하고 모호하면 아이뿐만 아니라 상담자조차도 그 요구를 다 이해하기 힘듭니다. 상대의 요구를 듣고 자신의 행동을 바꾸는 데는 많은 사고과정들이 필요한 법인데, 아직 발달이 덜 된 자녀에게 많은 것을 요구하면 아예 포기해버리게 됩니다.

이런 경우에는 가장 중요하다고 생각하는 하나만을 제시하는 것이 좋습니다. "인간적으로 머리는 이틀에 한 번은 감자"라든가 "다른 건 모르겠는데 교복 벗은 건 옷걸이에 걸자"라는 식으로 하나만 고치자고 해야 합니다. 물론 이를 말하는 동안 다른 문제에 대해서는 언급하지 말아야 하며, 아이에게도 '당분간은' 다른 문제는 지적하지 않겠다고 설명해야 합니다. 그래서 1~2개월 이후 문제가 수정이 되면 자연스럽게 다른 사항, 예를 들어서 "학교에 이는 닦고 가자"나 "변기 물은 꼭 내리자" 등으로 나아가는 것이 좋습니다.

훈육과 자율성 사이에 균형을 잡기 위해서는 융통성 있게 중간이행단계를 거쳐야 합니다. 예컨대 빨래바구니를 방에 넣어줘서 스스로 빨랫감을 담게 한 후에 어머니가 치워주거나, 씻어야 하는 요일을 정해서 어머니는 해당 날짜를 통고만 하는 정도를 유지하다가 서서히 본인의 몫을 늘리는 것입니다.

공간을 제한하는 방법도 있습니다. 자신의 방은 어질러도 괜찮지만 공동생활 공간에는 아무데나 옷을 벗어두면 안 된다, 식탁 위나 화장실 같은 여러 곳을 동시에 어지르는 것은 안 된다고 정하고, 대신 하루에 한 번 자기 전에는 방 정리를 한다는 식으로 말입니다. 이는 반복되는 잔소리를 줄일 수 있으므로 아이와의 관계를 개선하는 데 도움이 될 수 있습니다.

한편으로는 아이와 소통하는 방식을 체크해볼 필요도 있습니다. 맞벌이나 양육으로 지쳐 우울해진 어머니들의 경우, 아이들과의 대화가 "공부해라"와 "치워라" 외에는 없는 경우도 많습니다. 사춘기 자녀와의 대화가 훈계와 지적뿐이라면, 아이도 받아들이기가 쉽지 않을 것입니다. 공부까지는 어쩔 수 없다 하더라도 위생상의 문제로 아이들과 나쁜 감정을 만들 필요는 없을 것입니다. 즐거운 대화를 많이 하고 친해질수록, 아이도 부모의 지도를 쉽게 들어준다는 사실을 명심해야 합니다.

요즘 애들의 문화는 도무지 이해가 안 돼요

아이가 폭력적인 게임을 너무 좋아해요. 옆에서 보면 끔찍하기 짝이 없습니다. 주말이면 온종일 태블릿PC로 일본 애니메이션만 보고 있는데다가, 요즘은 코스프레를 해본다고 옷까지 만들고 있네요.

아이들은 어른들 눈엔 한심해 보이는 것만 붙잡고 있다지만, 지금 부모들도 팝송, 만화, 비디오를 즐기고, 오락실, 당구장에서 살았던 경험들을 다 가지고 있을 것입니다. 물론 그땐 그랬지만 지금은 다 잘되지 않았느냐는 논리는 아니고요. 어쩌면 그때 그렇게 살았던 세대들이 이제 기성세대가 되어서 현 사회의 좋은 면과 나쁜 면들을 다 만들었겠구나 하는 생각을 해봅니다. 그런 의미에서 지금 청소년 세대들의 문화도 긍정적인 면과 부정적인 면을 모두 고려해보아야 할 것입니다.

위의 사례는 중독수준까지는 아닌, B급 문화에 몰두하는 청소년을 어떻게 볼 것인가 하는 문제로 파악해야 합니다. 어른들이 걱정하는 것은 두 가지죠. 첫 번째는 아이들이 즐기는 문화 콘텐츠가 폭력적이고 선정적이라 유해하고, 허무맹랑하여 무익하다는 것이고, 두 번째는 이런 것들에 너무 많은 시간을 몰두하느라 할 일을 하지 않는다는 것입니다.

첫 번째 경우에는 특히 게임이나 만화, 영화가 문제가 되는 경우가 많습니다. 폭력적이고 선정적인 매체들은 특히 시각적 자극에 예민한 남자 청소년들 사이에서 남용되는 경우가 많으며, 이런 자극들이 사춘기 시절의 뇌나 사고방식에 안 좋은 영향을 미치는 것을 부정할 수 없습니다. 그러므로 당연히 규제가 필요하며, 평소 아이가 매체의 내용과 현실을 구분할 수 있도록 지도할 필요가 있습니다.

그러나 이때 부모는 아이가 즐기는 것을 일종의 예술로 취급해야 합니다. 그 매체가 나쁘다고 생각하기 전에, 왜 아이가 그런 내용에 반응하는가 생각해봐야 합니다. 자아정체성은 자기가 좋아하는 것들로 이뤄져 있습니다. 아이가 보고 즐기는 것은 그의 내면과 같은 것이어서, 불만족스러운 현실세계를 대체하고 내면의 부정적 감정을 비춰줄 무언가를 찾는 것입니다. 예술과 현실은 항상 상호보완적입니다.

청소년기의 게임, 영화, 만화, 음악 등은 단순한 욕구해소 수준을 넘어서 정체성, 감정의 확인 등을 통하여 정상적 인성발달의 도구로 쓰입니다. 영화 주인공의 멋있는 모습을 자신이 본받아야 할 모습으로 여기고, 짧은 대사 한마디에 미래를 그리기도 합니다. 어린 시절 한 편의 영화, 스타의 말 한마디가 지금의 부모 자신에게 얼마나 큰 영향을 미쳤는지 되새겨보면 쉽게 이해할 수 있을 것입니다.

두 번째로 게임이나, 만화, 소설 등에 아이가 너무 많은 시간을 투자하는 경우에는, 정확히 아이가 무엇에 시간을 보내고 있는지 알아볼 필요가 있습니다. 조금 전에 말했듯 아이가 좋아하는 것은 아이의 내면을 반영하는데, 다양하고 복잡한 것들을 즐길수록 그 내면도 다양하고 복잡할 것이고, 단순하고 조잡하다면 그 내면도 그러한 것입니다.

게임을 예로 들자면, 고등학교 1학년이 초등학생이나 즐길 법한 게임만 즐기고 있다면 그 학생의 단조로운 정신수준을 걱정해야 합니다. 반대로 어렵고 복잡한 게임에 몰두하고 있는 중학생이 팀의 리더 역할을 잘 수행하고 있다면, 그 게임에서 얻는 가치관이나 대인관계의 지혜는 긍정적으로 해석할 수 있습니다. 이 경우는 부모가 게임중독 같다며 치료해달라고 내원하더라도, 게임을 끊는 것이 아니라 이를 통하여 아이의 사고를 확장시키고 적당한 시간 동안 즐길 수 있도록 자제를 시키는 쪽이 더 효과적입니다. ▶'아이가 온종일 게임만 해요'(351페이지) 참조

가끔 자녀가 영화만 본다, 소설만 읽는다, 혹은 음악만 듣는다며, 이를 끊게 해달라는 부모들도 보게 됩니다. 하지만 아이가 자신이 소비하는 장르에 대한 이해가 잘 되어 있고 깊이가 있는 경우라면, 오히려 이 활동을 지지해주어야 합니다. '쓸데없는 것만 붙잡고 있다가 인생 망칠까 봐 걱정'인 것도 이해되지만, B급 문화라 해도 열정적으로 깊이 있게 소비하는 아이라면 후에 이런 것만 붙잡지 않고 인생을 잘 살아가도록 설득하기도 쉽기 때문입니다.

아이가 온종일 게임만 해요

아이가 온종일 게임만 합니다. 못 하게 해도 계속해서 게임 생각만 하는 것처럼 보입니다. 어떻게 하면 게임을 못 하게 할 수 있을까요?

게임은 놀이의 일종입니다. 네덜란드의 문화학자 J. 하위징아J. Huizinga는 호모루덴스Homo Ludens, 즉 유희적 인간이라는 용어를 통해 인간은 본질적으로 유희를 추구하며, 놀이를 통해 인간문명을 성취해나간다고 말했습니다. 그런가 하면 R. 카이와R. Caillois는 놀이를 규칙과 의지/운을 기준으로, 경쟁놀이, 우연놀이, 모방놀이, 현기증놀이로 분류했습니다. 경쟁놀이는 규칙과 당사자의 의지가 중요한 것으로, 장기, 체스, 스포츠 경기를 예로 들 수 있고, 우연놀이는 주사위나 카드게임처럼 규칙은 있지만 의지보다는 운에 의해 결과가 결정되는 놀이를 말합니다. 모방놀이는 의지는 있지만 규칙이 느슨한 형태로, 소꿉놀이, 연극, 연기 등을 예로 들 수 있습니다. 역할수행게임Role Playing Game, RPG도 이런 성향을 가지고 있죠. 현기증놀이는 의지도 규칙도 없으며, 그네, 미끄럼틀, 롤러코스터처럼 신체적 쾌감을 바탕으로 한 형태라 볼 수 있습니다. 현대의 컴퓨터 게임은 이런 요소를 모두 충족하고 있습니다.

게임에서 문제가 되는 것은 우연놀이와 같은 요소들인데요. 이는 노력과 의지의 요소가 적고 불확정 요소에 의존합니다. 대뇌는 무언가를 기대할 때 쾌감물질인 내인성 마약물질을 분비하므로 중독성이 두드러지게 되는 것입니다. 현대의 게임은 자발적인 생성이라기보다는 기업의 이윤창출을 위해 디자인되는 면이 강해서, 아이템 뽑기 같은 도박적 요소가 강화된 면이 있죠. 이로 인해 무의미한 반복, 중독성 등을 이유로 비난을 받는 것입니다. 실제로 인터넷 혹은 게임중독에 빠져 있는 사람은 도박중독에 빠진 사람과 비슷한 두뇌상태를 보인다는 결과가 있습니다. 2012년 한 연구에서는 도박을 하는 상황에서 정상인의 경우에는 불안과 공포를 담당하는 편도체와 해마옆이랑이 활성화되는 데 반해, 인터넷 중독 집단에서는 어떤 보상을 기대할 때 발현되는 부위인 전반띠이랑이 활성화되는 것으로 밝혀졌습니다. 또 알코올중독자들이 술을 볼 때 나타나는 대뇌현상이 게임중독자에게서도 비슷하게 나타난다는 연구결과도 있습니다.

이러한 문제점들과 더불어 게임이나 인터넷의 복잡한 특성 등의 영향으로 게임문제는 쉽게 해결하기가 힘듭니다. 우선 인터넷, 컴퓨터 등이 끊임없이 진화하고 있어 어디까지가 건전한 것이고 어디까지가 병적인 것인지 파악하기가 어렵기 때문입니다. 영화나 TV가 처음 나왔을 때 사람들의 반응을 상상하면 이해하기 쉬울 것입니다. 통신과 매체는 1년이 멀다 하고 계속 바뀌기 때문에 전문가도 일관적인 기준을 만들기가 매우 힘들어 서로 다른 의견을 가진 경우가 많습니다.

이런 상황을 고려하여 우선 게임 이용시간을 제한해볼 수 있습니다. 적당한 인터넷(게임, SNS 포함) 이용시간은 하루에 30분~1시간 30분 혹은 일주일에 4~10시간 내외 정도라고 할 수 있습니다. 고등학생은 욕구나 충동조절이 더 쉽겠으나 해야 할 공부 양이 많은 편이고, 초등학생은 욕구를 조절해야 하는 때이므로 이용시간을 제한하는 데 더 엄격해야 합니다. 따라서 융통성 없는 막연한 시간제한은 큰 의미가 없다고 봅니다.

부모는 현실적으로 게임을 하는 데 시간이 얼마나 드는지 또 자녀가 얼마나 많이 하고 싶어하는지 알아본 후 자녀와 논의해 결정할 필요가 있습니다. 예를 들어 반 친구 모두 A라는 게임을 하는데 이 게임 한 판에 1시간이 걸린다면, 아이는 적어도 2~3판은 하고 싶어할 것입니다. 이런 경우 2~3시간 정도를 허용해주지 않는 것은 현실성이 없죠. 다만 너무 많은 시간을 허용할 수는 없으므로 일주일에 1~2회 정도로 제한을 하는 것이 더 낫습니다. 반대로 초등학생이 10분 걸리는 게임을 즐기는 경우에는 해당 시간을 줄일 수 있습니다.

다음으로 왜 아이가 게임에 몰두하는지는 여러 가지 원인을 생각해 볼 수 있습니다. 많은 스트레스로 지쳐 현실을 회피하는 경우, 게임에서 승리하는 것에서 정체성을 획득하고 있는 경우, 중독성향이 높아 게임의 단순한 세계관에 몰입하는 경우, 현실에서의 불만족을 게임의 폭력성으로 해결하는 경우 등 여러 가지 배경이 있는데, 해당 문제를 해결하지 않고 억지로 게임을 제한해서는 효과를 보기 어려울 것입니다.

일시적인 스트레스로 인한 것이라면 휴식 혹은 현실에서 잠깐 도피하는 것에 가까우므로, 대부분 아이들도 게임시간을 조절하고자 하는 의사가 있습니다. 이런 경우 부모가 허용적인 태도를 갖고 아이의 관심을 점차 다른 곳으로 돌려주면 원상복귀가 가능합니다. 그러나 아이가 게임만 반복하며 부모와 대화가 단절된 상황이라면, 게임을 부모에 대한 분노나 자신을 방어하는 수단으로 삼고 있는 것일 수도 있습니다. 이런 경우 전문기관의 도움을 받아 가정 내 환경을 재검토해보아야 합니다.

인지기능이 부족하거나 대인관계 곤란 등의 문제로 자신이 잘할 수 있는 쉬운 자극에 매달리고 있어 게임에서 벗어나지 못하는 아이도 많습니다. 적절한 호기심과 동기를 부여해 정상적인 발달을 유도해야 할 시기에 단순한 자극만을 반복해 경험하는 이런 아이들은 예후가 좋지 못합니다. 따라서 게임을 엄격하게 제한하고, 전문가를 찾는 것이 좋습니다.

마지막으로, 자녀가 하는 게임과 관련된 정보를 알아보는 것입니다. 이를 통해서 아이가 즐기는 문화와 아이의 내면을 이해하는 기회를 가질 수 있습니다. 2015년 현재 우리나라 청소년들의 대세 게임은 '리그 오브 레전드'(약칭 롤)입니다. 수년 전만 해도 다양한 게임들을 하는 경향이 강했는데, 지금은 많은 수의 학생들이 이 게임을 주로 하고 있습니다. 마치 과거 '스타 크래프트'의 열풍을 보는 듯합니다.

게임의 경우, 어떤 게임을 즐기는지 보면 아이의 성향을 판단할 수 있는 정보를 얻을 수 있습니다. 예를 들어 '롤'은 AOS Aeon of Strife 혹은 MOBA Multiplayer Online Battle Arena라는 장르로 팀원들 간의 역할분담, 사회적 소통이 승리의 중요한 요인이며, 역할이 다양하게 정해져 있습니다. 이에 게임할 때의 공격성이나 적극성에 따라 청소년의 평소 대인관계방식도 짐작할 수가 있습니다.

모두 다 '롤'만 하고 있는데 '카운터 스트라이크'나 '서든 어택' 같은 1인칭 슈팅게임(FPS)을 주로 한다면, 자녀가 타인들의 취향에 다소 둔감하거나 아이들과의 밀접한 소통이 불편한 것은 아닌지 생각해봐야 합니다.

그런가 하면 자녀가 그 나이 또래들이 잘 하지 않는 게임을 하는 경우도 있습니다. '메이플 스토리' 같은 게임은 초등학생부터 중학생 전반까지 아이들이 많이 하는 게임이지만, 중고등학생인데도 이것 외에는 즐기는 게임이 없거나, 혹은 플래시 게임 같은 단순한 형태만 즐기고 있다면, 대인관계 및 자아발달에 문제가 있지 않나 의심해봐야 합니다. 10대인데도 동화나 어린이용 만화만 보고 있다거나 단순한 액션영화 줄거리조차 파악하지 못한다면, 이는 취향의 문제로 넘길 것이 아니라 다른 데 문제가 있다고 보아야 합니다. 마찬가지로 게임도 아이의 내면을 평가하고 파악할 수 있는 도구로 간주해야 합니다.

성교육을 어떻게 해야 할지 난처해요

아들이 자위를 하는 것 같습니다. 야한 동영상도 보는 것 같고요. 남편은 정상적인 것이라며 신경 쓰지 말라고 하는데, 엄마인 제 입장에서는 제 아들이 그런 행위를 한다는 것이 너무 괴롭습니다. 어떻게 해야 할까요?

청소년기의 자위행위는 자신의 신체를 이해하고, 성적으로 어떻게 반응하는지 알게 해 성적 정체감을 발달시키는 역할을 합니다. 부정적 측면은 행위 자체가 아니라, 청소년 자신이 자위행위가 해롭고 나쁜 것이라 걱정하면서 갖는 죄책감, 불안이라 볼 수 있습니다. 청소년의 성적욕구는 정서적 욕망에 의해 자주 일어납니다. 애정을 얻고 싶고, 외로움을 덜고 싶고, 성적 정체감을 확인하거나, 자존감을 높이고, 분노를 표현하고, 지루함에서 벗어나고 싶다는 등 여러 가지 목적을 가지고 있습니다.

위의 경우에는 크게 신경 쓰지 않는 것이 좋습니다. 이는 부모가 성교육을 실시하는 것과는 다른 문제로, 어머니가 아들의 성생활까지 간섭하기 시작하면 아들에게 성적 콤플렉스를 안기게 될 가능성이 있기 때문입니다. 자위행위는 남고생의 90퍼센트, 여고생의 16퍼센트, 남중생의 72퍼센트가 행하는 것으로 나타나며, 결혼 후에도 남자의 70퍼센트, 여자의 50퍼센트 이상이 하는 것으로 나타났습니다. 이는 자연스러운 일에 더 가깝습니다. 아들에게는 어머니보다는 아버지가 정식으로 기본적인 지식을 알려주고, 자위행위가 가족들에게 쉽게 노출되지 않도록 해주어 이에 대해 아들이 불안감, 수치감이 들지 않게 조치해주는 것이 좋습니다.

부모 자신이 성은 나쁘고 불결하다고 교육을 받았거나, 자녀에게 알려줄 만한 상식이 없거나, 아이와 성적인 이야기를 나누는 것 자체를 불편해한다면, 아이를 나이보다 어리거나 순진하게 평가하여 적절한 성교육 대신 야단을 치거나 규제를 하게 되어 좋지 않은 결과를 가져올 수도 있습니다.

야한 동영상, 포르노를 자주 보는 것은 규제가 필요할 것입니다. 야한 동영상을 보는 것 자체는 자연스러운 것으로 어느 정도 묵인할 필요가 있으나, 포르노에서 나타나는 여성에 대한 왜곡된 시선, 잘못된 성지식, 변태적 성관계 등에 대한 조언이 필요합니다. 성관계의 핵심은 상대방에 대한 존중이라고 할 수 있습니다. 어떤 상황에서도 합의와 배려를 바탕으로 이루어져야 한다는 것을 자녀에게 주지시켜야 합니다.

3

친구관계와 학교 적응

좋은 친구들과 어울리게 하려면 어떻게 해야 하죠

아이가 중학교를 들어간 뒤 사귀는 친구 때문에 걱정입니다. 제가 보기엔 너무 가벼워 보이고 까불기만 하는 아이 같은데 저희 아이는 좋다면서 따라다니네요. 어떻게 하면 좋은 친구를 사귀게 할 수 있을까요?

청소년 시기에는 공통의 관심사를 공유할 수 있는 사람들과 관계를 형성하고자 합니다. 대개 아이들은 무척 인기 있는 사람, 친구가 많은 사람이 되고 싶어합니다. 학교에서 중심 역할을 하는 리더로서, 멋있는 스타일로 매력을 어필하고, 다른 인기 있는 친구들과 어울리고, 다른 아이들에게 영향력 있는 사람이 되고자 하는 것입니다.

그러나 훌륭한 사회성을 가졌다 하더라도 인품이 언제나 좋은 것만은 아닙니다. 아이들 역시 이를 잘 알고 있으며, 인기 있는 집단에 소속되길 원하지만 동시에 그들을 건방지고 비열하다고 생각하는 경우가 많습니다. 인기 있는 아이들이 자신의 위상을 높이기 위해 다른 아이에 대한 거짓말을 퍼트리거나 그 아이를 몰아세우도록 친구들에게 요구하고, 그것이 실패하면 다른 아이들이 그들에게 비슷한 행동을 취하기도 하는 일이 벌어집니다. 이런 일들이 부모로 하여금 자녀의 친구관계에 대해 혼란스럽게 생각하게 만듭니다.

"우리 아이는 정말 착한데 만나는 아이들이 별로예요. 나쁜 영향을 받을까 봐 걱정이 됩니다"라고 걱정하는 부모들이 꼭 알아두어야 할 점은, 부모 눈에는 자기 자식만 좋은 아이로 보인다는 것입니다. 예컨대 집중력이 부족한 ADHD 아동의 경우, 생각을 길게 하지 않고 집중 시간이 짧기 때문에 진지하거나 느린 아이들과 만나면 지루해하는 경향이 있습니다. 중학교 진학 이후 새로운 아이들과 만나게 되는 경우, 자신과 유사한 성향과 사고방식을 가진 아이들끼리 금세 친분을 쌓게 됩니다. 즉 우리 아이는 착한데 다른 아이만 나쁜 것이 아니라, 서로 유사한 점으로 인하여 끌리게 된다는 것입니다.

부모들이 생각하는 좋은 친구는 대개 공부 잘하고, 타의 모범이 되는 아이겠으나, 그런 좋은 아이라는 개념 자체가 어른의 입장에서 나온 것이라 볼 수 있습니다. 그런 친구들이 항상 옆에 있는 것도 아니고 꼭 내 아이와 맞다고 볼 수도 없습니다. 친구관계는 서로 유사점이 있으면서 서로의 다른 점이 퍼즐의 요철처럼 잘 맞을 때 만들어지는 것이므로, 이런 인간관계를 부모가 쉽게 통제할 수 있는 방법은 없습니다. 통제하기보다는 친구들의 장단점을 아이가 파악할 수 있도록 도와주고, 갈등이 생길 때 조언을 해주는 정도가 좋습니다.

물론 서로 나쁜 영향을 끼치는 관계에는 부모가 개입할 필요가 있죠. 아이들끼리 서로를 모범으로 삼고 자극을 주고받기도 하지만, 이런 친분이 서로의 나쁜 점을 서로 증폭시키는 경우도 많기 때문입니다. 상대 아이가 술, 담배 등을 남용한다거나, 늦은 귀가나 외박을 종용하거나, 폭력사건에 동조하게끔 하는 경우, 이 명백한 부정적 관계는 단절시켜야 합니다.

단 주의할 것은 애매한 경우에 섣부른 판단으로 개입을 하면 부모와 자식 간의 관계가 나빠질 수 있다는 것입니다. 이런 경우 아이들끼리만 있는 시간을 줄이고, 부모가 간식이나 선물 등을 이유로 같이 만나거나, 가족여행이나 나들이에 동행을 시키면서 부모의 영향력을 개입시킬 수 있습니다. 물론 평소 아이와의 관계가 탄탄해야 가능한 일입니다. 가끔 아이에게 술, 담배를 사다 주는 부모들도 있으나 이는 당연히 좋은 방법이 아닙니다.

'너는 도덕관이나 가치관이 분명하게 세워진 가정 안에 있다'는 것을 아이에게 주지시키는 것이 가족을 지키는 강한 힘이 됩니다. 이는 오히려 아이 친구들이 우리 가족에게서 좋은 영향을 받게 되는 계기가 될 수도 있습니다.

아이가 학교에서 왕따래요

아들이 반에서 괴롭힘을 당한다고 합니다. 내성적인 편인데, 거친 친구들에게 아무 말도 못하고 당하는 것 같습니다. 그중 한 명이 특히 아이를 괴롭히는 것 같고요. 학교에 고발해놓은 상태입니다만, 어디까지 처벌을 요구해야 할지 고민입니다.

중학생이 친구들과의 문제로 병원에 내원하면 전문가가 아니라도 무슨 문제로 왔는지 금방 알아낼 수 있습니다. 보통 남자아이들은 "폭력을 가했다" 아니면 "당했다"이고, 여자아이들은 "A가 저에게 B 욕을 해서 나는 아무 말도 안했는데, 나중에 B가 A와 같이 와서 제가 자기를 욕했다면서 저를 따돌렸어요" 하는 식입니다.

사춘기는 인간이 가지고 있는 동물적 특성이 노골적으로 드러나는 때입니다. 유인원들의 특징 중 하나는, 수컷들은 성적 발달이 일어나면 자신의 힘을 과시하고 상대보다 자신이 우위에 있음을 과시하는 것이고, 암컷들은 서로 의사소통을 통하여 관계상 자신이 우위에 있음을 보이려 한다는 것입니다. 이는 원숭이뿐만 아니라 인간에게서도 분명하게 나타납니다.

이런 이야기를 하는 이유는 사춘기 아이들 간의 잔인해 보이는 차별, 따돌림 같은 문제들이 동물적 본능에서 출발한다는 것을 명시하기 위해서입니다. 사회 분위기에 따라 정도의 차이는 있겠으나 이 현상 자체가 사라지기는 힘들다는 것을 알아야 합니다. 절대 일어날 수 없는 부도덕한 일이 일어났다고 생각하기보다는, 사춘기의 통과의례를 어떻게 하면 큰 상처 없이 넘어갈 수 있을까 생각해봐야 합니다.

왕따 문제로 부모들이 병원에 내원할 때 곧잘 오해하는 부분이, 바로 병원과 법원을 착각하는 것입니다. 병원은 누가 옳고 그른지 판단하고 정의를 실현하는 곳이 아닙니다. 피해자와 상담을 할 때는 당연히 처음에는 위로와 공감이 우선이겠으나, 어느 정도 시간이 지나고 나면 해당 아이의 문제점이나 가해청소년의 상태에 대해서도 자세한 논의가 이뤄져야 합니다. 아이가 피해를 입었다는 사실에 분노하여 상황을 객관적으로 보는 데 실패하면 본질을 다루기가 힘들어진다는 것을 명심할 필요가 있습니다.

자녀가 심각한 따돌림을 당한 경우, 상처받은 아이의 마음을 공감하고 위로하는 것이 최우선입니다. 아이는 친구들에게 따돌림을 받아 극도로 외로워진 상태로, 부모와 상담자 모두 그의 편이며 최선을 다해 그를 보호할 것임을 보여주어야 합니다. 선생님이나 학교에 문제를 시정해줄 것을 공식적으로 요구해야 함은 물론입니다. 이 과정에서 선생님과 보조를 맞추는 것이 중요한데, 급한 마음에 강한 조치를 취하거나 고발부터 하게 되면 오히려 피해학생이 아이들 사이에서 고립되는 경우도 생길 수 있습니다. 사건의 전후를 파악하고 전문가와 논의를 하여 결정하는 것이 좋습니다.

피해청소년이 어느 정도 정서적으로 안정되면 그다음에는 왜 따돌림을 당하게 되었는가를 분석하고 수정해나가야 합니다. 먼저 정신적·육체적으로 약하거나 의사표현을 못 하여 우습게 보이는 경우가 있고, 대인관계 감각이 부족하여 눈치가 없거나 아이들의 분위기를 따라가지 못하는 경우가 있습니다. 또 특별한 이유 없이 사소한 일로 찍히거나, 올바른 생활을 하고 있는데 반 아이들의 공연한 질투로 왕따를 당하는 경우도 있을 수 있습니다. 여기에 최근에는 SNS 활동으로 인해 문제가 생기는 경우가 많아졌습니다.

먼저 정신적·육체적으로 약하거나 의사표현을 못하는 경우, 운동을 통하여 신체능력을 키우거나 대화로 자신의 감정을 표현할 수 있도록 도와야 합니다. 특히 남자아이의 경우 신체적인 조건이 중요합니다. 물론 선천적으로 키가 작거나 왜소한 것은 어쩔 수 없죠. 하지만 적어도 격투기 훈련이나 운동을 통하여 통제된 상황에서 힘과 폭력을 경험할 수 있어야 하며, 결과적으로는 스스로를 조절하는 방법을 배워야 합니다.

또 남녀 모두 자신의 생각을 정확하게 표현할 수 있는 능력이 중요한데, 이는 타인을 대등한 시선으로 볼 수 있는 내면의 힘을 필요로 합니다. 즉, 다른 아이와 비교해 "나도 충분히 강하다"라는 자신감이 필요하다는 것입니다. 이 '강하다'라는 느낌은 비단 육체적인 것만이 아니라 학습능력, 예술이나 상식, 남들이 잘 못하는 기술이나 경험 등 "나는 남과 다른 무언가가 있다"라고 말할 수 있는 자아정체성 개념에 가깝습니다. 따라서 대화를 통하여 자기의 감정을 표현하려면, '표현할 수 있는 자기'가 먼저 형성되어야 합니다. 피해 청소년들은 이러한 정신적 요소에 약점을 가진 경우가 많으므로 독서, 취미, 운동, 여행 등 다양한 경험을 하도록 권합니다. ▶'요즘 애들의 문화는 도무지 이해가 안 돼요'(348페이지), '학교도 그만둔 채 외톨이가 되어버렸어요'(390페이지) 참조

대인관계 감각이 부족한 경우에는 조금 더 치밀한 노력이 필요합니다. 눈치가 없다는 것은 뜬금없는 말을 하거나 답답한 소리를 하는 것 외에도, 말투가 어눌하거나, 용모가 지저분하거나 바보스러운 표정을 짓는다거나, 옷이 너무 튄다거나 하는 특성을 모두 가리킵니다. 이럴 때는 아이가 다른 사람들에게 어떻게 보이는지 설명해주고, 다른 아이들과 공유할 수 있는 화젯거리에 관심을 가질 수 있도록 합니다. 눈치가 없는 것은 기질에서 비롯됐을 가능성이 크므로 남들은 쉽게 이해하는 것도 논리적으로 하나씩 꾸준하게 알려줄 필요가 있습니다.

다음으로 특별한 이유가 없는 경우는, 주로 가해자 쪽에 문제가 있기 때문에 피해자를 평가할 것이 많지는 않습니다. 다만 사소한 일로 왕따가 된 경우는 초기 대처가 잘못됐을 가능성이 큽니다. 애매한 상황에서 첫 번째 경우와 마찬가지로 자기표현을 정확히 못 하다가 상황이 악화된 것이죠. 왕따를 당하는 친구의 편을 들거나 그와 같이 다닌다는 이유로 왕따를 당하는 경우도 자주 있습니다. 이런 경우는 당연히 선생님의 도움에 따라 가해학생에 대한 징계 혹은 친구들과의 관계개선이 뒤따라야 할 것입니다. 또한 아이에게 잘못한 것이 아니다'라는 지지를 보내야 할 것입니다.

마지막으로 SNS 활동이 있는데요. 글로만 의사소통을 하게 되면 감정노출의 부담을 줄일 수 있고, 더 복잡한 논리를 펼 수 있다는 장점이 있지만, 본질을 숨기고 의견을 조작하는 것이 훨씬 쉬워지므로 문제점도 많이 드러나게 됩니다. 흔히 보는 경우가 대화방에서 누군가의 뒷담화를 하다가 감정이 증폭되어 "앞으로 우리 걔랑 놀지 말자"라며 결론짓는 것입니다. 이런 경우 SNS의 특성상 선동자가 뚜렷하지 않으며, 본능적이고 극단적인 의견이 전체의견으로 유도되기 쉽습니다. 이때 피해자는 영문을 모르고 당하다가 그 사실을 알고 SNS에서 자신을 증명하려고 하지만 대개 실패합니다. 가벼운 일이라면 현실에서 직접 얘기하고 해결하는 것이 좋겠지만, 문제가 큰 경우에는 선생님의 도움을 요청하는 것이 좋습니다.

때로는 피해자가 SNS와 현실을 혼동하는 경우도 있습니다. 자신이 한 말을 주체하지 못하고 변명하다가 자멸하는 경우도 있고, SNS에서의 사소한 말투, 분위기에 예민하게 반응해 자신이 따돌려지고 있다며 스스로 위축되어 상황을 악화시키는 경우도 있죠. 이런 청소년에게는 SNS에 너무 관심을 두지 말고 시간제한을 두라고 권유함과 동시에, 글에서 나타나는 상대방의 감정이 어떠한 것인지 충분히 토의해보는 것이 도움이 됩니다. ▶'학교를 안 다니겠다며 고집을 부려요'(385페이지) 참조

고등학생 아이가 친구와 문제를 일으킵니다

고3인 딸이 최근 너무 얄밉게 구는 애가 있다며 다른 친구들과 몰려가 그 아이의 뺨을 때린 일이 있었습니다. 다행히 뺨 맞은 아이가 크게 다친 것은 아니고 고3이기도 하니 용서해주겠다고 하여 간신히 징계는 피했는데요. 딸은 여전히 반성 없이 그 애가 나쁘다며 불평하고 있습니다.

청소년들 사이에서 벌어지는 갈등들은 학년에 따라 일정한 패턴이 있습니다. 먼저 중학교 1학년 1학기에는 아이들 사이에서 탐색이 일어나기 때문에 아직 왕따 등이 활발하게 일어나지는 않다가, 2학기부터 조짐이 나타나기 시작합니다. 2학년이 되면 서로에 대한 파악도 어느 정도 된 상태이고, 아이들 간에 패거리도 형성된 상태여서 따돌림, 괴롭힘 등의 현상이 활발하게 나타나기 시작합니다. 3학년이 되면 이런 현상이 고착화되지만 그렇다고 더 악화되지는 않는 평형상태를 유지하죠.

고등학교 1학년 1학기는 아직 중학생 때의 분위기를 벗어나지 못한 때입니다. 중2병 같은 과장된 모습이 여전히 나타나고, 선생님이

나 선배들에게 어이없는 반항을 하기도 하죠. 그러다 2학기가 되어서야 점차 안정된 대인관계를 보이기 시작합니다. 고등학교 2학년부터는 왕따나 친구들 사이에서 괴롭힘을 당하는 일이 급격히 줄어들기 시작합니다. 공부할 사람은 공부하고, 놀 사람은 놀고, 화가 나더라도 함부로 표출하지는 않는 나이가 된 것입니다. 특히 고등학교 3학년이 되면 따돌림, 폭력 등의 일로 병원에 오는 경우는 손에 꼽을 정도가 됩니다.

평소 학교에서 대인관계를 잘 해오다가 중학교 1학년 혹은 고등학교 1학년에 진학한 후, 갑작스레 대인관계에 적응을 못 하는 경우도 자주 볼 수 있습니다. 아이들은 학년이 올라감에 따라 정신적으로 점점 성숙해지는데, 상위 학교로 진학하게 되면 어릴 때 통용되던 대인관계 방식이 더는 통하지 않고 유치하게 느껴지기 때문입니다. 예를 들어 중학교 때 독선적이고 과감한 성격으로 대인관계에서 성공한 청소년이 고등학생 1학년 때에도 비슷한 방식으로 친구들을 대하면, 이제는 커버린 주변아이들이 그를 부담스러워할 수 있는 것이죠.

초등학생 때에는 아직 자아가 충분히 완성되지 않아 취향이나 행동패턴이 아이들 간에 크게 다르지 않습니다. 이질적 집단의 아이들도 잘 섞이는 편이며, 아직은 공격성, 충동성이 높지 않아 서로를 배려하고 우호적인 편입니다. 리더십이 좋고 인기가 좋다고 알려진 아이가 알고 보니 공감력이 부족하거나 고집이 센 것이었으며 다른 아이들이 그런 성격에 맞춰주고 있던 경우도 흔히 볼 수 있습니다.

그러나 중학생이 되면 일단 공부패턴이 크게 바뀝니다. 벼락치기는 통하지 않고 이제는 성실성이 중요한 요인으로 등장합니다. 이 시기의 아이들은 서로가 서로를 견제하거나 패거리를 만들어 주도권을 잡으려고 하기 때문에, 신체적 조건이 우월하거나 공격적인 아이가 관계를 리드하는 경우가 많습니다. 협조성, 차분함, 바른 예절 같은 초등학교 때의 장점들이 중학교에 들어와서는 따분한 것처럼 취급받을 수 있습니다.

고등학생이 되면 좀 더 성인에 가까워집니다. 학습이 관심의 중심에 서기 시작하고, 서로를 존중하고 적당한 거리를 둘 줄 알며, 친구들의 내적인 면들에 끌리기 시작합니다. 아이들이 진지해진 만큼, 불성실하거나 이기적으로 관계를 맺는 친구들은 영향력이 점차 떨어지게 됩니다.

앞 사례는 사실 그렇게 심각한 일로 볼 수는 없습니다. 중학생 때 벌어진 일이라면 주의를 주고 넘어갈 수도 있을 수준이죠. 그런데 고3 때 이런 일이 벌어졌다면 이는 부적절한 현상으로 볼 수 있습니다. 고3이 하기에는 다소 유치하고 미성숙한 행동으로 보이기 때문입니다. 따라서 학생의 성격이나 기질적 특성, 정서상태 등에 문제가 있지 않은지 평가해볼 필요가 있지요. 똑같은 따돌림이나 괴롭힘 같은 부정적인 문제라 하더라도, 청소년의 나이에 따라서 때로는 허용적인 시선으로, 때로는 엄격한 시선으로 보아야 할 때가 있습니다.

앞 사례와 같은 청소년을 실제로 평가해보면 미숙한 정신세계나 매우 좁은 시야 등이 드러날 수 있습니다. 그렇다면 이런 아이가 어떻게 다른 아이들을 이끌고 다닐 수 있을까 하는 의문이 생길 수 있습니다. 그 이유는 10대 후반까지는 다소 미숙하더라도 독단적인 성격, 이기적인 태도가 오히려 친구들에게 카리스마적으로 보일 수 있기 때문입니다. 그러나 자아가 발달하여 성숙해지면 그런 태도를 계속 견디기가 어렵죠. 나이가 들어도 미숙한 대인관계 방식을 고수하고 있으면, 20대 초중반에 이르러 갑자기 친구 사이에서 소외되어버리기도 합니다.

아이가 학교에서 애들을 심하게 괴롭힌대요

저희 아이가 학교에서 친구들을 괴롭힌다는 사실을 알게 되었습니다. 덩치가 커서 맞고 다니지는 않겠구나 막연히 생각했는데, 최근 반 친구들 여럿이 아이를 고발했습니다. 가정교육이 많이 부족했다고 생각하며 반성했는데요. 이번 일로 아이도 상처를 받은 것 같습니다. 어떻게 해야 할까요?

가장 원색적이고 충동적인 사춘기 시기의 폭력은 참 애매한 문제입니다. 청소년사이버상담센터의 분석에 의하면, 가장 많은 학교폭력 사례는 집단따돌림에 관한 내용이었으며, 경찰청 연구에서도 구타나 금품갈취보다는 집단따돌림이 더 심각한 학교폭력인 것으로 나타났습니다. 꼭 물리적 폭력이 아니더라도 심리적 타격이 더 큰 상처를 남기는 것입니다. 아이들은 또래집단 내에서 서로 영향을 주고받으며 자신이 어떤 사람인가를 재확인하면서 정체성을 형성하는데, 이에 부정적인 영향을 받게 되는 경우 피해자는 성인이 되어서까지도 지속적인 고통을 받습니다. 가해자 역시 발달과정에서 문제가 생기는 경우가 흔합니다.

문제는 피해자와 가해자 모두 발달과정에 있다는 것입니다. 피해자가 큰 상처를 받았다 하더라도 가해자 역시 무엇을 잘못했는지 잘 모르는 10대 중반의 아이인데다, 가해자가 알고 보면 그전까지는 피해자의 위치에 있었거나, 가해청소년이 피해자보다 더 열악한 상황에 처해 있는 경우도 흔합니다.

앞에서 얘기했듯이 가해자의 징계나 처벌은 정신과에서 다룰 문제가 아닙니다. 물론 폭력이나 집단따돌림에 대해서는 초기에 엄격하게 다루고 자신이 큰 잘못을 저질렀음을 명백히 하는 것이 원칙이지만, 다시 가해행동을 저지르지 않도록 유도하기 위해서는 이 아이도 일종의 피해자라는 시선을 가지지 않으면 대화를 시작하기조차 어렵고, 문제가 해결되지 않습니다. 자신이 저지른 행동에 기가 죽은 아이든, 자신을 지키기 위해 아무에게나 적대적인 태도를 취하는 아이든, 일단은 애정과 공감의 자세로 대하지 않으면 사람의 마음을 열 수가 없다는 것을 명심해야 합니다.

타인을 괴롭히는 청소년의 경우, 3가지 부류로 나누어 대처해야 합니다. 첫 번째는 우울증 상태인 청소년입니다. 이런 아이들은 대부분 가정환경이 좋지 못한데, 부모의 불화나 비일관적인 양육으로 인하여 스트레스가 매우 높은 상태이며, 쌓여 있는 분노를 주변의 어른이나 아이들에게 풀어버리는 것이라 할 수 있습니다. 이러한 아이들은 적절한 공감을 해주면 생각보다 빠르게 학교나 교우에게 협조적인 상태로 변하기도 합니다. 병원에서 약물치료를 할 수도 있습니다.

오히려 이때 아이의 발목을 잡는 것은 부모들입니다. 아이가 우울한 상태라면 부모도 비슷한 상태인 경우가 많은데, 이때 자신의 책임이나 아이의 문제를 생각하기 힘들기 때문에 증거가 명백해도 부모는 상대편의 탓을 하곤 합니다. 또 가족의 문제라고 생각하기보다는 아이가 별나서 자신이 고생한다고 생각하고 아이를 비난하는 부모도 흔합니다. 부모가 비협조적인 경우 치료자나 선생님의 지속적인 관심이 그나마 도움이 되겠으나, 결국은 부모가 자신의 책임을 얼마나 잘 감당하느냐가 치료의 예후에 중요하게 작용합니다.

타인을 괴롭히는 청소년의 두 번째 부류는, 집중력장애나 행동장애에 속하는 청소년입니다. 우선 산만한 사람들은 생각을 깊게 하지 않고 충동적이며, 위험에 쉽게 접근한다는 특징이 있는데, 범죄를 저지르는 10대의 50퍼센트 이상이 집중력장애가 있다는 보고도 있으며, 이들은 또 성인기에 반사회적 행동을 보일 확률도 더 높은 것으로 알려져 있습니다. 이들은 도덕심이 부족하다기보다는 전반적으로 장기적 목표도 없고 생각 자체가 깊지 않아서, 충동적 행동을 저지르고 자신도 당황하는 경우가 많죠. 이런 경우 진지하게 대화로 문제를 풀어나가는 것이 어려우므로, 약물투여와 함께 장기적인 상담이 필요합니다.

행동장애는 특히 도덕심 결여, 공격성 조절 곤란이 심할 때 내리는 진단으로, 기질적인 특성이 관련있습니다. 행동장애는 집중력장애보다 더 조절하기가 힘들기 때문에, 10년 이상을 내다보며 꾸준하게 그들이 가지고 있는 장점을 지지해주면서 충동을 조절하도록 조언하는 것이 중요합니다. 10대 시기를 주변에서 굳건한 지지로 잘 넘긴 경우

나이가 들었을 때 여전히 좀 거칠긴 해도 무난하게 사회의 일원으로 살아가는 것을 볼 수 있습니다. ▶'자꾸 나쁜 짓을 반복해서 지도하기가 힘듭니다'(397페이지) 참조

세 번째 부류는 공감능력이 부족하고 자아도취적인 면이 강한 청소년입니다. 최근 반에서 모범생으로 알려진 아이가 알고 보면 약한 친구를 괴롭히는 주동자였다는 식의 사건을 자주 보게 되는데, 이들을 상담해보면 성적이 좋은 것 외에 도대체 어디가 모범적인 것인지 알 수 없는 경우가 많습니다. 무엇보다 이런 아이들은 타인의 감정이나 자신의 솔직한 감정에 둔감합니다. 공부라든가 자신에게 이득이 되는 행동은 재빠르게 판단할 수 있지만, 좀 더 복잡한 상황이나 사람들 사이에서의 감정, 사회성, 도덕, 가치 등의 주제에 대해서는 평균 이하의 모습을 보입니다.

이들은 자신이 가지고 있는 능력에 도취되어 타인을 조종하는 것에 만족을 느끼고 자존감을 유지하는 스타일로 볼 수 있습니다. 이런 경우 먼저 이들이 가진 방어적 태도를 파고들어 왜곡된 대인관계 방식을 이해하도록 해야 하나, 이들의 부모가 자기 자식은 문제가 없다고 판단할 가능성이 더 큰 게 문제입니다. 부모는 아이가 잘못한 부분을 빠르게 인정하고 지도하되, 아이가 좋은 방향으로 변할 수 있다는 긍정적 믿음도 동시에 주어야 합니다. ▶'친구를 자꾸 괴롭히고 자주 싸워요'(270페이지) 참조

무엇보다 예방이 가장 좋은 방법입니다. 청소년들은 자신에게 무엇이 부족한지를 깨닫고 자신과 다르다고 느끼는 아이들에게서 다양성과 관용성을 배워야 하는데요. 이런 기회가 지속적으로 주어지는 것이 중요합니다.

더 알아보기

중고등학생 시절에서의 ADHD

중고등학생 때는 ADHD 증상이 상당부분 호전된다고 알려져 있습니다. 실제로 초등학생 때 가장 두드러졌던 과활동증상은 거의 사라지는 것이 보통이나, 미묘한 내적 집중곤란은 계속 남아 있는 경우가 많으며(70~80퍼센트가 청소년기까지 지속), 검사를 해도 복잡한 집중능력을 파악할 수 없어 호전되었다고 오해할 수 있습니다. 집중력검사는 확진검사가 아닌 참조자료로 보는 것이 좋습니다.

초등학생 때는 선생님도 한 명이고 학업도 비교적 일관성이 있었지만, 중학생이 되면 갑자기 여러 선생님들에게 적응을 해야 하며, 과목 수가 크게 늘고 방과 후 스케줄도 더 복잡해집니다. 대처해야 할 상황의 양과 종류가 크게 늘어나기 때문에 ADHD 학생은 청소년기에 더 힘든 시간을 보낸다고 합니다.

ADHD 학생의 문제점은 간단히 얘기하자면 '생각이 짧다'는 것입니다. 장기적 목표를 두고 인내하거나 복잡한 계획을 만들고 수행하는 능력이 부족하기 때문에, 순간적인 재치나 퀴즈풀이에는 탁월한 재주를 발휘하지만 꾸준한 학업수행, 안정된 대인관계를 만드는 것에는 약한 편이죠. 또 성격이 단순하여 쉽게 생각하고, 경험한 후에야 깨닫는 경우가 많습니다.

이런 면 때문에 10대 시절 우울증, 자존심 저하, 대인관계 문제 등을 겪을 가능성이 더 높습니다. 이 아이들의 26퍼센트에게서 반사회적 행동이 관찰되며, 50퍼센트 정도에게서 충동성, 만성적 거짓말이나 싸움, 욕설 등의 행동문제가 있다는 보고가 있습니다. 물질남용의 가능성도 보통 아이들에 비해 2배 더 높다고 합니다. 성적인 충동조절도 힘들어 최초 성체험 연령이 더 빠르며, 파트너 수도 더 많은 경향이 있고요.

따라서 ADHD 아동을 다루는 목표를 학업증진 혹은 부모의 지시에 잘 따르는 데 두는 것은 잘못된 것입니다. 타인의 의사나 행동을 더 면밀하게 관찰하고, 장기적 목표 하에 사고능력을 확대시키며, 지시에 따르더라도 자율적인 판단 아래 자기행동의 의미를 깨닫게 하는 것이 중요합니다. 아이가 ADHD인지 쉽게 확인해보려면, 아이와 하나의 주제로 길고 진지하게 토론을 해보세요. 이것이 가능한지 보는 것도 한 방법입니다.

자꾸 전학시켜달라고 해요

중학교 2학년 여자아이를 키우고 있는데요. 친구들이 마음에 안 든다며 자꾸 전학시켜달라고 해서 무리를 해가며 전학을 시켜줬는데, 일주일도 안 되어 다시 원래 학교로 보내달라고 합니다. 차라리 전 학교가 나았답니다. 어떻게 해야 할까요?

학교생활을 중단하고 싶은 아이들과는 긴 이야기가 필요합니다. 우선 이런 아이들의 이야기에는 3가지 유형이 있습니다. 첫 번째가 "전학하고 싶습니다"이고, 두 번째가 "자퇴하고 싶습니다. 빨리 사회에 나가서 돈을 벌겠습니다" 혹은 "자퇴해서 검정고시를 보고 빨리 대학에 가겠습니다"입니다. 세 번째는 "밖에 나가고 싶지 않습니다. 사람 만나기가 싫습니다"입니다. 은둔형 외톨이가 이에 해당하죠.

청소년 문제의 최고봉은 따돌림이나 폭력보다도 전학, 자퇴, 은둔형 외톨이가 아닐까 생각될 정도로, 이런 아이들은 치료하는 것이 매우 어렵습니다. 부모와 아이와의 잠재적 문제, 부모 자신들의 문제, 아이 자체의 성격적 문제, 사춘기 때의 충동성이 어우러져 웬만한 치료자들조차 감당하지 못하는 경우가 많죠. 이런 경우 단순한 학교적

응의 문제라고 생각하지 말고 빠른 시간 내에 전문가와 상담할 것을 권유합니다. 어설프게 보고만 있다가 너무 많은 세월을 허비하여 상처만 깊어지는 일이 허다하기 때문입니다.

흔히 아이들의 전학 요구는 중학교 1학년 때부터 시작되는데, 남자아이들보다 여자아이들이 그러한 요구를 더 많이 하는 듯합니다. 여자아이의 경우, 초등학교 때부터 대인관계가 좋지 못하던 아이가 중학교에 진학한 후 여자아이들 간의 복잡한 관계를 더는 견디지 못하고 전학을 요구하는 경우가 있죠. 또 초등학교 때는 다소 독선적으로 아이들과의 관계를 유지할 수 있었으나 중학교 이후 아이들이 자신의 요구를 잘 들어주지 않자 학교를 옮겨서 새로 시작하려는 경우도 생각해볼 수 있습니다.

먼저 전자의 경우는 아이의 성격이 내성적이거나 자신감이 부족하기 쉽습니다. 이럴 때는 부모가 자신감을 북돋워주고 아이들과 관계하는 방법을 구체적으로 알려주어야 합니다. 본인도 자기가 소심하다는 것을 이해하기 때문에 적절한 조언자만 있다면 협조도 잘 되는 편입니다.

문제는 후자로, 중학교 이후 달라진 대인관계에 적응하지 못하는 아이들입니다. 이런 아이들은 대개 성격적으로 미성숙한 경우가 많아 본인 위주로 아이들을 대하다 보니 관계가 잘 되질 않습니다. 흔히 "애들이 내 말을 안 들어"라든가 "아, 몰라, 몰라. 그냥 전학시켜달란 말이야" 같은 말을 하죠. 이런 경우 자기 자신도 변해야 하는 부분이 있다는 말을 잘 받아들이지 못해 좋지 못한 결과로 가기가 쉽습니다.

이때는 부모와 치료자 모두 힘을 합쳐 아이를 잘 통제해가면서 정신적 발달을 유도하는 수밖에 없으며, 여기에는 기간이 오래 걸리기 때문에 한두 번 정도의 전학은 각오해야 합니다.

흔히 전학시켜달라는 요구는 중학교 1, 2학년 때 최고조에 이르고, 중학교 3학년이 되면 줄어듭니다. 그리고 다시 고등학교 1학년 때 증가하게 되고, 고등학교 2학년 이상이 되면 거의 나타나지 않습니다. 당연한 이야기인데 중학교 3학년이나 고등학교 2학년의 경우 이미 학교에 적응을 한 상태이기 때문에 학생들도 알아서 무리한 전학요구는 잘 하지 않습니다. 고등학교에 들어와서는 남자아이들이 전학, 자퇴요구를 더 많이 하는데, 이는 남녀 간의 인성발달이 2년 정도 차이가 나는 데서 기인하지 않나 생각됩니다.

고등학교 1학년 때 전학요구가 다시 늘어나는 것은 중학교 때 만들어진 인간관계 스타일을 발달시키지 못했기 때문인 것으로 보입니다. 중학교 때 최고학년을 맛보고 중2병 같은 과대한 자아를 가진 채 고등학교에 입학한 친구들은 학교생활을 하면서 당황하게 됩니다. 학업량은 엄청나게 늘어났고, 선생님들은 중학교 때처럼 봐주지도 않고, 학교에서는 선배들에게 '밟히는' 신세가 되었기 때문입니다. 이때 탈출구를 찾기 위해 중학교 때 친구들이 있는 학교로 전학을 요구하기도 하고, 무작정 학교가 마음에 안 든다고 그만두겠다고 하기도 합니다. 이에 따라 이 무렵이 되면 전학보다도 자퇴요구가 더 문제가 되기 시작합니다.

어떤 경우든 전학은 처음부터 쉽게 허용하지 않는 것이 좋습니다.

아이들은 학교를 바꿔서 새로운 출발을 하면 모든 것이 달라질 것이라 생각하는데, 대개 그 근거는 "그 동네 애들은 착하대"라든가 "나랑 친한 ○○이 그 학교 갔으니까 걔랑 놀면 돼" 같은 것들입니다. 아이들은 자기 자신에게도 원인이 있다는 사실을 모르는 데다, 초등학교 때의 인간관계가 지속되지 못한다는 것도 아직 이해하지 못합니다. 전학해봐야 같은 문제가 반복되거나, 옛 친구들이 예전 같지 않다는 것을 깨닫고 얼마 지나지 않아 다시 전학을 요구하기 쉽습니다.

특별한 사유 없이는 같은 교육청 소속 내에서 전학허가가 나지 않기 때문에, 학군을 바꾸기 위해 많은 돈을 들여서 이사를 해야 하는 경우도 있지만, 이런 부모의 입장을 고려하는 성숙함은 대개 아이들에게서 찾아볼 수 없습니다. 이런 식의 전학요구가 3회 정도 반복되면 학생 스스로 '학교에서는 답이 없다'라는 결론을 내리고 고등학생이 되기도 전에 자퇴를 요구하곤 합니다.

그렇다고 해서 설득도 않고 무조건 거절만 하면 아이는 계속 전학시켜달라고 조를 것이기 때문에, 부모는 일단 전학을 할 수도 있다고 생각하고 전학방법에 대해 알아보는 게 좋습니다. 그리고 전학 이전에 본인 행동을 올바르게 할 것, 무조건 조르지 말 것, 정말 학교를 바꾸고 싶다면 스스로 가고 싶은 학교와 절차 등을 알아볼 것 등의 조건을 내걸어야 합니다. 아이가 실천하지 않으면 부모도 협조하지 않는다는 원칙을 절대 어겨서는 안 될 것입니다.

그런데 왜 그 '착하고 말 잘 듣던' 아이들이 중학교에 들어가면서 부모를 힘들게 만드는 것일까요? 그 이유는 우선 아이가 초등학교 때와 달라진 것이 없기 때문입니다. 아이가 정신적 발달을 이루지 못하고 유아적 성향에서 벗어나지 못한 채 몸만 자라고 있는데, 부모가 보기에 큰일 없이 무난하게 지내면 그냥 넘어갔던 탓도 있죠. 아이가 변해갈 때 부모의 정신적 발달도 동시에 진행이 되어야 하는 것입니다.

갑자기 외모에 집착하며 학교에 적응하지 못합니다

중3인 딸이 있습니다. 원래 친구도 잘 사귀고 활발한 아이였는데, 남들보다 좀 늦게 사춘기가 왔는지 중3이 되면서부터 좀 우울해하더라고요. 그러다가 여름부터 살을 뺀다고 방학 내내 예민하게 굴더니, 오히려 폭식을 해서 살이 더 쪘죠. 2학기 들어서는 성형수술을 시켜주지 않으면 학교를 가지 않겠다고 난리를 치더니, 실제로 며칠 결석도 했습니다. 친구들과 싸웠냐고 물어봐도 그렇지 않다고 합니다.

발달심리학자 D. 엘킨드D. Elkind는 청소년기에는 자아중심성이 강하여 착각하는 경향이 있다고 했습니다. 나는 특별한 존재이고 내 감정과 경험은 타인의 것과 근본적으로 다르다는 개인적 우화를 형성하고, 나는 연극의 주인공이며 타인들은 나만 바라보는 관객으로 느끼는 상상적 청중을 만드는 경향이 있다는 것이지요. 따라서 이 나이에는 자신이 남에게 어떻게 보여지는가에 대한 관심이 고조되어 있는 경우가 많습니다.

그러나 이 과정에서 지나치게 외모와 식이조절에 대한 집착을 보이는 경우가 있습니다. 가장 먼저 생각해야 할 것은 거식증이나 폭식증 같은 식이장애를 감별하고, 최근 스트레스를 많이 받고 있지 않는지, 가정 분위기가 너무 외모를 중시하지는 않는지, 대인관계는 최근 어떠한지 등의 여러 가지 문제를 탐색해야 합니다. 이 과정은 전문기관의 도움이 필요할 것입니다.

앞 사례는 멀쩡해 보이던 여학생이 갑작스럽게 학교에 적응을 하지 못하는 경우인데, 이 경우 '갑작스럽게'에 초점을 맞춰야 합니다. 산만하거나 좀 덜렁거리는 여자아이들의 경우, 중학생이 되었을 때 다른 여학생에 비해 좀 어려 보이는 느낌이 있습니다. 다른 친구들은 이미 남자아이들 눈치도 보고 몸가짐도 신경 쓰는 반면, 이들은 속옷이 보이건 말건 남자애들과 복도를 뛰어다니며 까불고 다니죠. 사춘기의 중요과정 중 하나가 타인이 자신을 어떻게 보는가 하는 것을 깨닫는 것인데, 이 학생들은 이 과정이 다른 학생보다 늦은 편이며, 늦은 만큼 그 자각이 갑작스럽게 찾아옵니다.

이렇게 아직 자아가 굳건하지 못한 상황에서 자신의 모습을 상상하게 되면 수치심이 듭니다. 이브가 선악과를 먹고 부끄러움을 알게 되는 것과 같다고 할 수 있죠. '다른 여자애들은 다들 얌전히 있었는데, 나 혼자 설치고 다닌 것 같다. 남자애들이 얼마나 나를 추하게 봤을까? 여자애들이 얼마나 나를 우습게 생각했을까?' 같은 생각을 하는 겁니다.

이때, 아이들이 가장 먼저 집착하는 것은 자신의 외모입니다. 타인이 나를 어떻게 보느냐는 외모 외에도 행동, 표정, 적절한 반응, 흥미로움, 인성, 재산, 능력 등 여러 가지 정보가 결정하는데, 미성숙할수록 여자는 외모에, 남자는 육체적 강함에 가치를 두게 됩니다.

"살을 빼지 못하거나 예뻐지지 못한다면 학교에 안 갈 거야"라는 말은 이런 상황에서 나오는 것이므로, 단순히 식사습관이나 다이어트에 초점을 맞추면 그 의미를 잘못 읽는 것입니다. 원하는 대로 수술, 시술, 약물 다이어트 등을 시켜줘도 아이는 만족은커녕 10대 내내 이런 시도와 실패를 반복할 가능성이 큽니다.

이러한 경우 전문적 치료가 필요합니다. 처음에는 아이의 외모에 대한 집착을 어느 정도 받아주는 것이 좋지만, 그것은 치료의 시작점을 만들기 위한 것으로 부모와의 적절한 타협선이 필요합니다. 피부관리나 다이어트, 운동 등은 상관없지만, 성형수술 쪽은 신중해야 합니다. 비가역적인 변화를 일으키기 때문에 나중에 재수술 요구, 사회적응 곤란 등의 문제를 일으키는 경우가 많기 때문입니다.

이후에는 타인 혹은 자신을 바라보는 시선을 정교화시킬 필요가 있습니다. 이들은 대개 외모, 외양 외에 자신과 타인을 바라보는 시선에 별다른 평가기준이 없기 때문에, 독서, 놀이, 여행 등 다양한 경험을 제공하여 시각을 다각화할 수 있도록 도와주어야 합니다. 이 과정 중에 자신을 보는 시각도 달라지는데, 외모 외의 본인의 장점이 무엇인지 스스로 깨닫고 구축할 수 있게 됩니다. 실제로 남들은 자신을 그렇게 혹독한 시선으로 보지 않으며, 자신이 또래집단에서 올바로 서 있을 수 있다는 자신감이 들면, 사회의 일원으로 진입할 수 있는 자격이 주어진다고 볼 수 있습니다.

학교를 안 다니겠다며 고집을 부려요

고등학교 1학년 남자아이인 우리 애가, 갑자기 학교를 다니지 않겠다고 합니다. 그동안 공부도 잘해서 전교에서도 수위권에 들었는데, 친구를 잘 만들지 못하면서 학교적응이 힘들다고 하더니 검정고시로 공부하겠다고 하네요. 지금 하지 않으면 자기 인생을 망칠 것 같다고 합니다. 당연히 아이의 자퇴 결정은 반대하고 있습니다만, 아이가 너무 고집을 부려서 어떻게 해야 할지 모르겠습니다.

자퇴요구는 앞서 살펴보았던 전학요구와 맞물려 있습니다. 전학을 자주 요구하다가 자퇴로 가게 되는 경우가 많아 같은 맥락에서 생각해야 합니다. 자퇴요구는 전학요구와 달리, 대개 중학교 3학년 때부터 시작해서 고등학교 1학년, 조금 늦게는 고등학교 2학년 1학기까지 나타납니다. 중학교 1, 2학년의 경우 아직 학교에 적응이 되지도 않은 데다 자신도 벌써부터 학교라는 울타리를 떠난다는 데 불안을 느끼는 편이고, 고등학교 2학년 1학기를 넘어가면 굳이 자퇴를 하는 것보다 그냥 다니는 것이 더 효율적이라 생각하기 때문입니다. ▶'자꾸 전학시켜 달라고 해요'(377페이지) 참조 전학문제에서는 대인관계가 힘들다는 것이 중요한 원인이지만, 자퇴문제는 이미 대인관계는 부정적인 쪽으로 고정이 된 상태라 볼 수 있습니다. 전학이 나름대로 개선을 하려는 자구책이라면, 자퇴는 자신감의 결여로 현실에서 도피하려는 시도인 것입니다.

이들은 3가지 타입으로 분류할 수 있습니다. 첫 번째 타입은 역시 대인관계가 문제입니다. 따돌림이나 폭력의 피해자라거나, 반대로 자신의 충동성을 이기지 못해 자퇴를 원하는 경우도 생각해볼 수 있습니다. 맞는 아이도 때리는 아이도 모두 '저 자신도 어쩔 수 없어요. 내가 적응 못 하는 이곳을 빨리 떠나고 싶어요'라는 마음을 가지고 있는데, 이들은 부정적인 마음의 깊이가 상당하죠.

먼저 피해청소년은 성격적으로도 소심하고 성적이 낮거나, 부족한 외모나 체형 등으로 또래에게 인정받지 못한 기간이 어릴 때부터 이어져 오래된 경우가 많습니다. 가해청소년도 신체적으로 우위에 있을 뿐 분노가 크고, 사회나 가정에서 인정받지 못하여 자존감이 바닥인 것은 같습니다. 둘 다 안정된 대인관계를 이룰 수 있는 가능성을 제시해주어야 하는데, 이는 병원 등 전문가의 도움이 필요합니다.

두 번째는 대인관계에는 큰 문제가 없는데 자존감이 많이 저하된 학생들입니다. 집안환경이 불우하거나, 경제상황이 좋지 못하고, 성적도 좋은 편이 아니라 '학교에서 기대할 것이 별로 없는' 상태인 것이죠. 이런 학생들은 고등학교는 마치는 것이 좋다고 생각은 하지만, 경제상황이 좋지 않은 경우 '빨리 돈이나 벌어서 가족에게도 인정받고 친구들에게도 인정받고 싶다'라는 욕구가 있습니다. 부모가 장기적인 목표를 제시하고 믿음을 주는 것이 중요한데, 사실 그럴 수 있는 상황이면 자퇴를 생각하지도 않을 겁니다. 이런 경우 자퇴를 하게 되더라도 사회에 적응할 때까지 주변사람 중에 자신을 지지해줄 수 있는 사람을 찾아야 합니다. ▶'학교도 그만 둔 채 외톨이가 되어버렸어요'(390페이지) 참조

세 번째는 최근 들어 급증한 케이스로, 학교수준이나 성적이 본인 기대에 못 미치는 경우입니다. 앞의 경우들과 달리 성적이 우수한 학생들에게서 주로 볼 수 있습니다. 외고, 과학고, 평판이 좋은 학교 등에 진학하고 싶은데 원하던 학교가 아닐 때 실망하거나, 외고 등에 진학했다 하더라도 상대적으로 성적이 잘 나오지 않는 경우입니다. 원래 전교 10등 안에 들던 아이가 전교 100등이 되어 우울하다는 식이라, 남들이 보기엔 배부른 소리로 보이지만 당사자에겐 심각한 이야기일 수 있습니다.

이런 경우 상담을 해보면 관심사가 성적과 주변의 평가밖에 없는 듯 보이곤 합니다. 학교를 쉴 때 쉬더라도 취미, 놀이, 친구관계 등을 논의할 수 있어야 하는데, 빨리 학교를 그만두고 나갈 생각밖에는 없어 보입니다. 원래 자신감이 넘치던 학생들이 자존심에 상처를 입은 터라 매우 고집스러워 때로는 건방지게 보이기도 하고, 부모들도 아이에게 동조하고 있는 경우가 많아 설득을 하기 어려운 것도 사실입니다. 그렇지만 이 경우 학습방식을 바꾸거나, 목표 대학이나 진로에 대해 세심하게 논의를 하여 자신의 기대와 현실 간 조정이 잘 이루어지면 다시 학교에 적응할 수 있습니다.

무리하게 자퇴를 한 학생들이 장기적으로 겪는 문제점은, 첫째로

대인관계가 소멸되어버린다는 것이고, 둘째로 다시 주류의 삶으로 들어오는 것이 매우 힘들다는 것입니다. 아이는 지금 옆에 있는 친구들이 계속 같이 있어줄 것이라 생각하지만, 일상을 같이하지 않기 때문에 1년 안에 사이가 멀어지게 됩니다. 일반적인 아이인 경우에도 고등학교를 졸업하고 나면 인간관계의 변화가 크게 온다는 것을 아직 알지 못합니다. 또 학교를 떠나면 시간이 여유로우니까 마음만 먹으면 공부나 시험준비를 충분히 할 수 있을 것 같다는 생각이 들지만 이 역시 쉽지 않습니다.

그래서 진료실에서는 자퇴를 원하는 학생에게 가장 먼저 하는 질문이, 학교를 그만둔 뒤 무엇이 가장 기분 좋고, 무엇이 가장 아쉬울까 하는 것입니다. "시원하다" "마음이 편안할 것 같다"라고는 하지만, 무엇이 아쉬워질지는 잘 모르고 있는 경우가 대부분이죠.

현실적으로는 중간단계로 대안학교나 학원에 적응할 것을 권유할 수 있습니다. 대안학교의 경우 학생과 잘 맞으면 좋은 결과를 볼 수 있으나, 입학절차가 까다롭기도 하고 특히 최근에는 공부나 종교적 목적을 갖고 설립된 학교가 많아져 선택지가 복잡한 편입니다. 또 내부에서 다시 발생되는 부정적 인간관계로 그만두게 되는 경우도 잦죠.

검정고시 학원이나 입시학원의 경우, 학습에만 몰두하는 등 분위기가 기존 학교와 다르고 대인관계가 그다지 없다는 점에서 적응하지 못하는 학생도 많습니다. 그러므로 어느 경우든지 해당 청소년의 심리적 치료가 동반되어야 합니다.

이른 자퇴는 경험적으로 볼 때 좋은 결과보다는 나쁜 결과가 많아서, 웬만하면 못 하게 하는 편이 낫다고 봅니다. 그러나 자퇴 이후의 자기가 어떻게 될지 혹은 이후 1~2년간 어떻게 할지 학생 스스로 구체적으로 생각하고 있을 때는 인정해주어야 합니다. 자퇴를 하고 싶은 이유가 음악을 하기 위해서인데 자기 스스로 학원등록도 마쳤고 매일 연습도 빼먹지 않는다거나, 지금 학교를 그만두면 아마 많이 외로울 것이고 까딱 잘못하면 은둔형 외톨이가 되어버릴까 봐 매일 아침 일찍 일어나 운동을 하고 독서실에 나간다고 하는 학생이라면, 치료자는 오히려 부모를 설득할 수 있습니다. 이 정도로 마음의 준비를 제대로 하고 독립심이 있는 학생이라면 믿어볼 만한 가치가 있다는 말입니다.

학교도 그만둔 채 외톨이가 되어버렸어요

고등학교 1학년인 아이가 학교에 가질 않습니다. 밤새 게임만 하다가, 아침에는 도저히 못 일어나겠다며 결국 12시쯤 일어납니다. 학교를 가도 재미가 없다고만 하고, 친구들하고는 거의 사귀지 못합니다. 학교를 그만두고 싶냐고 물어보면 그건 또 아니라고 하고, 전학을 가겠냐고 해도 아니라고 합니다. 학교에선 계속 무단결석을 반복하면 퇴학시킬 수밖에 없다고 하는데, 아이는 여전히 잘 모르겠다고만 합니다.

이번에는 히키코모리, 즉 은둔형 외톨이에 대한 이야기입니다. 우리나라에는 약 20~30만 명이 존재한다고 하며, 최근 10여 년간 증가추세에 있습니다. 은둔형 외톨이는 전 세계적으로 나타나는데, 과도한 개인문화 발달, 사회적응 곤란, 세계적인 경기침체 등이 그 원인으로 알려져 있습니다.

이들은 흔히 학교생활을 그만두는 것에서부터 시작합니다. 정규교육을 받지 않거나 거부한 뒤에야 칩거하는 '비정상'적인 모습을 보일 수 있죠. 자퇴를 강행한 뒤 일부는 대인관계를 거부한 채 자신이 감당할 수 있는 관계나 가족 정도만을 상대합니다.

일본의 히키코모리들이 가족과도 단절되어 게임이나 애니메이션에 집착을 보이는 반면, 우리나라 은둔형 외톨이들은 '학교공부는 하며' '가족들과 산책 정도는 나가는' 경향이 있다고 합니다. 게임만 하더라도 일본은 콘솔형이나 PC게임이 우세해서 혼자 하는 경우가 많은데, 우리나라는 네트워크 게임이 우세해서 인간관계를 완전히 끊지는 않고 게임친구 정도는 만나곤 합니다. 전반적으로 대인관계가 어느 정도는 유지되는 분위기죠.

또 일본은 감정을 억제하는 특유의 문화적 배경, 고도발전 이후 저성장 시대라는 시점, 혼자서 즐기고 생활할 수 있는 상품이 잘 구비된 사회라는 특징이 있는 데 반해, 우리나라는 아직 사회적 인정이나 대인관계에 대한 욕구가 살아 있어서 막연하게 공부계획이나 다소 비현실적인 미래계획을 세우고 있는 경우가 많습니다.

자퇴한 이후에도 사회관계는 필요합니다. 인간은 주변사람들의 평가를 통해 자신을 확인하는 동물인데, 학교라는 인간관계에서 벗어나는 경우 이들은 자신 내부의 부정적인 자기평가에 몰입되어 계속되는 자기비난, 자존감 저하, 우울감에 시달리기 쉽습니다. 평소 친구들, 그리고 가족과의 관계를 공고히 하고 학원이나 새로운 조직 등에서 좋은 관계를 만들어가야, 자신이 사회 내에서 존중받는 사람이라는 감각을 유지할 수 있습니다. 언제나 그렇듯 가족이 모든 것의 기본이라, 은둔형 외톨이라 해도 가족관계가 좋은 경우 결국 치료결과도 좋습니다.

일단 부모들은 부모 자신의 문제를 탐색해야 합니다. 아이가 고집이 세거나 기질적인 문제를 가진 경우도 있겠으나, 부모가 아이와 소통하는 데 서툴 가능성이 더 큽니다. 아이는 '외롭다' '재미가 없다' '강하지 못해서 부끄럽다' 같은 다양한 감정을 표현하고 있으나, 부모가 답을 몰라 방임했을 수 있습니다. 이런 문제를 깨닫지 못하면 당연히 치료가 힘들죠.

또 아이들이 편협함에서 벗어날 수 있도록 도와주어야 합니다. 집에서 은둔하는 청소년들은 시야가 매우 좁습니다. 사회가 알려주는 가장 기본적인 개념들인 돈, 승리, 성적, 착함, 성실 등의 기본적인 가치관 외에는 매우 미숙합니다. 다양한 시야를 획득하기 위해서는 경험 자체를 늘려야 합니다. 진료를 볼 때 종종 아이들에게 재미있는 일이 있거든 상담할 시간에 차라리 거기 가서 놀고 오라고 하기도 하는데, 공허한 대화나 약물치료보다도 '강한 감정을 동반한 경험을 한 후 무언가를 하고 싶다는 동기를 가지는 것'이 훨씬 더 중요하기 때문입니다.

은둔형 외톨이의 경우, 처음에는 일단 방 안에서 나오는 데 중점을 두는 것이 좋습니다. 가벼운 쇼핑이나 산책, 등산이나 헬스 정도에는 협조적인 경우가 많죠. 범위를 넓히기 위해서는 본인이 선호하는 물건(게임, 야동이라 할지라도)을 거래하는 장소나 관련 행사장소(코스프레, 벼룩시장 등)를 알아보고 자녀가 이에 대해 호기심을 갖게 해줍니다.

물론 이런 아이들은 자기 취향을 쉽게 얘기해주지 않기 때문에 시간이 많이 걸릴 수 있습니다. 그러나 일단 찾게 되면 그것을 사게 하거나 찾아가서 보게 하는 등 그들이 가진 최소한의 동기를 자극해서 자의로 방을 떠날 수 있게 합니다. 물론 이에 저항할 가능성이 큽니다. 이들은 세상에서 받은 상처에 압도되어 있어 공원산책도 힘든 경우가 많기 때문입니다.

아이를 방 밖으로 내보낸다는 것이 물리적인 공간을 이야기하는 것만은 아닙니다. 정신적인 부분도 있습니다. 게임, 공부 정도에 머물러 있는 협소한 관심을 넓히기 위해, 작은 관심사라도 놓치지 말고 계속 대화를 시도하고 자극해야 합니다. 음악에 관심이 있다면 새로운 장르의 명곡을 소개해주거나 악기연주를 권유할 수 있으며, 판타지소설에 관심이 있다면 라이트 노벨, 유명 만화, SF영화 등을 보여줄 수 있습니다.

이때 줄 수 있는 정신자극 경험은 3가지 정도가 있습니다. 첫 번째는 예술입니다. 음악이든 영화든 춤이든 뭐든 좋습니다. 가장 쉽게 할 수 있고 효과도 좋으나 취향을 탈 수 있고, 부모가 취미가 없는 경우 시작하기 힘들다는 것이 문제죠. 두 번째는 종교입니다. 교회나 성당, 절 등은 청소년을 도울 수 있는 시스템이 잘 되어 있기 때문에, 일단 종교적 영감을 받게 되면 인생의 길을 제대로 잡을 수 있는 큰 동기가 될 수 있습니다. 사주, 점, 예언 등도 잘만 사용하면 아이에게 긍정적 암시를 주는 데 매우 좋습니다. 세 번째는 여행입니다. 여행을 통해 길러지는 독립심,, 자연이나 이색적인 도시에서 느낄 수 있는 압도적인 감정이 동기를 부여하는 데 가장 쉽고 효과가 좋습니다.

특히 대인관계에 문제가 있는 청소년은 여행을 통해 극적으로 변화하는 경우가 많습니다. 사람이 대인관계를 가질 때에는 충분한 자기애가 필요합니다. 나는 남을 상대할 수 있을 정도로 강하다는 감정을 가지지 못하면 남들과 관계를 가지기 힘들죠. 물론 사회적 기준인 공부, 운동, 다양한 재주, 직업 등에서 우수한 결과를 보여준다면 쉽게 강하다는 느낌을 받겠지만, 이는 누구나 얻을 수 있는 것은 아닙니다. 아직 정신적 깊이나 성숙도가 부족한 청소년에게 가장 쉽게 남들과 대항할 수 있는 강함을 부여하려면, '남들은 해보지 않은 경험'을 하게 만드는 것이 가장 쉬운 방법이죠.

이들에게 필요한 경험은 비교적 처음에 거부감이 없어야 하고, 호기심이 생겨야 하고, 부모에게 의존하고 싶은 마음을 깰 수 있어야 하고, 한번에 마음의 벽이 무너질 정도로 강렬해야 하며, 자신이 느끼는 타인의 부정적 시선을 중립적으로 생각할 수 있게 해야 하고, 경험 자체가 신기하여 남에게 자랑거리가 되어야 하며, 앞으로도 계속 경험하고 싶을 정도로 즐거워야 합니다. 여기에 잘 부합하는 것이 '외국을 여행하는 것'이죠. 스케줄을 잘 짜서 시행한다면 거의 80~90퍼센트의 경우가 효과를 볼 수 있습니다.

물론 국내여행도 나쁘진 않습니다. 유명한 도시나 일반적인 관광지 여행으로 효과를 보는 경우는 거의 없지만, 제주도, 지리산, 강원도 배낭여행 같은 다소 비일상적인 지역으로의 여행은 변화를 얻는 데 도움이 됩니다.

이런 '여행치료'에는 몇 가지 조건이 필요합니다. 일단 여행을 감당할 수 있는 기본적 상태가 되어야 합니다. 심각한 우울증 등은 약물치료가 우선이므로 외부의 강렬한 자극이 오히려 해가 됩니다. 또 성인인 동반자가 필요한데, 부모보다는 형제·자매 혹은 더 이질적인 친척이나 아는 사람이 좋습니다. 부모와는 외국에서도 평소와 같은 관계를 반복하기 쉽기 때문입니다.

기간은 부모와 같이 가는 경우 부모의 스케줄 때문에 4일에서 일주일 정도를 가게 되는데 장기간일수록 결과도 좋으므로 1~2주 정도를 추천합니다. 또 장소는 청소년이 가장 가고 싶은 나라를 선택하는 것이 좋습니다. 본인은 가고 싶지도 않은데 부모의 편의상 목적지를 정하면 효과가 떨어집니다. 우리나라와 비슷한 곳보다는 이질적인 문명권이 좋은데, 유럽이 추천할 만하지만 비용과 시간의 제한이 있으니 현실적으로 동남아시아의 나라들을 추천합니다. 위대한 고대문명, 다양한 음식과 인종, 안전 등의 면에서 효과가 좋은 편입니다.

주의할 것은 패키지여행은 절대 추천하지 않아야 한다는 것입니다. 배낭여행까지는 아니더라도 스스로 비행기표와 호텔, 이동수단을 예약하고, 직접 여행일정을 짜게 하는 것이 핵심입니다.

물론 아이가 기질적 문제가 있어 여행 내내 전혀 호기심을 보이지 않는 경우도 있고, 부모의 시도에 대한 저항으로서 복통이나 두통을 호소하면서 드러눕는 경우도 있습니다. 제일 흔한 것은 여행 중 부모와 심하게 싸워 사이가 더 나빠지는 것입니다. 이 경우 아이뿐만 아니라 부모의 책임도 생각해보아야 합니다. 부모 자신이 새로운 곳에 적응하느라 짜증이 많아진 상태에서 아이를 치료해야 한다는 사실을 잊어버렸을 수 있습니다. 아이에게 도움이 되는 방향으로 여정을 디자인해야 하는데, 은연중에 자신이 편한 쪽으로 끝내려고 했을 수도 있죠.

여행을 잘 마치고 돌아오면, 조금은 새로운 방식의 가족관계, 즐거움, 약간 들뜬 기분, 해당 국가에 대한 호기심 등을 갖게 됩니다. 사소한 것처럼 보일지라도 그전의 상황에서는 대단히 얻기 힘든 정신적 요소를 획득하게 되는 것이죠. 치료가 전혀 되지 않을 것 같은 아이가 여행 이후 학교를 다시 나가거나, 가족끼리 사이가 좋아지거나, 친구들을 다시 만나는 극적인 결과를 많이 볼 수 있습니다.

그렇다고 물론 여행이 만능 비법은 아닙니다. 먼저 이런 감정들은 평생 가는 것이 아닙니다. 대개 1~2개월 정도 지속되는 경우가 많죠. 부모는 조금만 지나면 긍정적 태도가 사라질 것을 각오하고 미리 다음 여행 혹은 다음의 긍정적 경험들을 준비해야 합니다. 이를 1~2년에 걸쳐 반복하는 것이 좋습니다.

임상에서 여행을 추천한 후 실제로 여행 가기까지 드는 시간은 생각보다 깁니다. 평균적으로 내원 이후 반 년 이상이 소요되죠. 부모 자신도 그런 경험이 없기 때문에 새로운 개념을 이해시키는 데 시간이 많이 드는데, 청소년의 치료는 어느 상황에서든 부모의 올바른 인식을 바탕으로 한 협조가 필수적입니다.

은둔형 외톨이를 치료하는 것은 시간과 노력이 무척 많이 필요한 것이어서 부모의 협조가 매우 중요하며 상담자도 굉장한 열의를 갖고 있어야 합니다. 최소 2~3년에 걸쳐 꾸준한 개입이 필요하다는 점을 명심해야 합니다.

자꾸 나쁜 짓을 반복해서 지도하기가 힘듭니다

아이가 너무 거칩니다. 초등학생 때부터 다른 아이들을 잘 때리고 말을 함부로 하는 편이었는데, 중학생이 된 이후에는 자전거를 훔치고, 차를 고장내고, 술, 담배를 하는 등 도저히 손댈 수가 없는 지경이 되었습니다. 사랑으로 잘 키우려고 노력했는데, 왜 이렇게 되었을까요?

아이들 중에는 아무리 지도를 해도 안 되는 아이가 있습니다. 인간이 사회성을 기르기 위해서는 타인을 모방하고, 타인의 감정을 이해하는 뇌의 기능이 필요한데 이런 부분이 부족한 사람도 있기 때문입니다. 이렇게 사회적으로 용납되지 않는 행동을 지속하는 경우 품행장애를 의심해볼 수 있습니다.

품행장애
사회규범과 규칙을 반복적으로 위반하고 타인의 권리를 침해하는 행동양상이 지속되는 장애. 흔히 청소년기에 진단하며, 성인이 되면 반사회성성격장애로 진행되는 경우가 많다.

품행장애의 진단기준으로는 다음과 같은 증상들이 있습니다. 먼저 사람과 동물에 대한 공격성이 어릴 때부터 강해서, 다른 사람을 쉽게 괴롭히거나, 싸움을 일으키고, 동물을 잔혹하게 대하며, 벽돌, 칼, 총 같은 무기를 사용하는 경우입니다. 또 타인의 재산을 파괴하거나 훔치는 경향이 있어 고의로 불을 지르거나, 차나 건물을 부수기도 합니다. 13세 이전부터 부모가 금지해도 밤늦게까지 귀가하지 않거나, 무단결석, 잦은 가출을 반복하는 경우도 있습니다.

이러한 행동이 3가지 이상 1년, 혹은 한 가지 증상이 6개월 이상 지속될 경우에만 품행장애로 진단할 수 있고, 거짓말 정도가 아닌 절도, 상해, 성폭행 등의 문제가 있는 경우 심각한 것으로 봅니다. 이는 남자아이들에게서 훨씬 자주 볼 수 있습니다. 여자아이들은 성적 일탈이 두드러진 반면, 남자아이들은 폭력적 성향이 강합니다. 이런 행동들이 어릴 때 나타날수록 예후가 좋지 않은데, 나이가 들수록 이런 반사회적 행동은 줄어드는 경향이 있습니다.

원인은 매우 다양한데, 먼저 알코올중독이나 반사회성 성격장애를 가진 부모에게 물려받은 유전적 요소와 가족환경적 요소가 함께 작용하는 경우를 들 수 있습니다. 이들은 화가 나거나 좌절을 하면 정상보다 코르티솔 분비와 심장박동이 크게 증가하는 경향이 있으며, 적은 단서로 판단하고, 마지막 말을 더 기억하며, 적대적 단어를 회상하는 경우가 많아 타인의 공격성을 과하게 느낀다는 연구결과도 있습니다.

반사회성 성격장애
다른 사람의 권리를 무시하고 침해하는 행동을 반복적으로 보이는 이들이 가진 성격장애. 보통 10대 중반 이후부터 이런 양상이 나타난다.

코르티솔
콩팥의 부신피질에서 분비되는 스트레스호르몬.

한편으로는 이 장애를 가진 아이의 가족들이 아이에게 모호하고 불명확한 지시를 하거나, 통제시 융통성이 부족하고 일관적이지 못하다거나, 아이의 행동에 대해 둔감하다는 점 등을 들 수 있습니다. 또 어머니가 아이가 저지른 잘못된 행동의 원인을 아이의 성격 탓으로 돌리는 경향이 높을 때 이런 장애가 나타난다는 의견도 있습니다.

품행장애 진단을 받은 경우, 아이를 상대하는 부모나 전문가는 태도가 엄격해야 합니다. 이 아이들은 어린 나이에도 불구하고 범법행위나 타인의 기대를 무너뜨리는 행동을 서슴없이 하며, 그러고 나서도 후회나 반성을 하지 않은 채 도리어 절망하거나 분노하는 경우가 흔합니다. 이런 아이들을 상대할 때 어른이 감정적으로 흔들리게 되면 치료하기가 힘들어집니다. 타인의 감정과 본인의 감정을 비교하고 이해할 수 있도록 지속적으로 언급하고, 잘못된 행동에 대한 결과를 본인이 이해하고 처벌이나 규제에 대해서도 받아들이도록 해야 합니다. 일방적인 엄격한 징계나 처벌은 효과가 없습니다.

이런 장애가 10세 이전에 발병했을 경우, 후에 반사회성 성격장애나 물질중독으로 바뀔 수 있기 때문에 예방이 무엇보다 중요합니다. 가정환경, 학교환경 등에서의 위험인자를 빨리 차단해야 합니다. 가정환경이 항상 안정되도록 해야 하며, 친구관계나 악화요인과 접촉하는 것을 줄이려고 노력해야 하는 것이죠. 학교, 가정, 전문치료기관 등 모든 곳에서 진로지도를 통해 아이의 적응을 도울 필요가 있습니다.

술, 담배를 하는 것 같아요

아이가 고등학생이 되더니 담배를 몰래 피우는 것 같습니다. 전에는 밤늦게 집에 왔는데 술 냄새가 나는 것 같기도 했습니다. 어떻게 해야 못 하게 할 수 있을까요?

부모 입장에서는 아이가 술, 담배를 하는 것을 무조건 금지하고 싶겠으나, 이는 쉬운 일이 아닙니다. 청소년기에 흡연이나 음주를 시작하는 가장 큰 이유는 또래의 영향 때문인데요. 동지의식에서 혹은 멋진 어른처럼 보이기 위해서가 가장 많죠. 흡연하는 청소년은 우울감을 갖고 있는 경우가 흡연하지 않는 청소년보다 1.5배 높고, 가족이 담배를 피우는 경우보다 친구가 피우는 경우 흡연율이 10배 이상 높아진다는 보고가 있습니다. 여기에는 스트레스로 인한 우울감과의 연계성이나, 친구들과의 동료의식이 영향이 있음을 알 수 있습니다.

최근 등장한 '챔픽스' 같은 약물은 효과가 좋아 담배를 줄이거나(90퍼센트) 끊기에 효과가 있으나(40퍼센트) 청소년에게는 잘 듣는다고 할 수 없으며, 약물치료는 아직 연구가 더 이루어져야 합니다. 또 앞서 말했듯이 담배는 동료의식의 매개물이거나 반항의 상징인 경우가 많아, 심리적 의미가 파악되지 않으면 약을 먹어도 끊기가 어렵습니다.

사회의 허용적 분위기도 문제인데, 청소년 스스로도 술, 담배 정도는 할 수 있다고 생각하는 분위기가 강하여 일방적인 훈육과 조절로는 끊게 하기가 쉽지 않습니다. 성인의 물질남용 문제에서 다양한 치료 기법과 약물보다는 가족 간의 단단한 유대가 가장 중요하듯이, 청소년의 술, 담배 문제에도 결국은 부모와의 유대관계가 중요하게 작용합니다. 술, 담배를 '해서는 안 되는 짓'으로 강하게 금지하면서, 아이의 이면의 감정을 잘 이해해주어야 합니다.

간혹 본드나 부탄가스를 흡입하는 청소년도 있습니다. 이런 아이들은 80~90년대에 가장 흔했지만, 이후 게임의 등장으로 사라졌다가 최근 스마트폰으로 꼭 PC방에 갈 필요가 없게 되자 다시 늘고 있다는 이야기가 있습니다. 여기에 마약이나 대마초를 하는 경우도 있는데, 다행히 우리나라는 드문 편이지만 미국 유학생을 중심으로 늘어가는 경향이 있으므로 역시 주의가 필요합니다.

술, 담배는 어느 정도 정상적인 맥락에서 생각해야 하나, 본드나 가스의 경우 심각하게 생각해야 하며 동반되는 다른 정신적 문제들도 고려해야 합니다. 친구의 권유로 시작해 수동적으로 술, 담배를 반복하는 아이들은 기저의 우울증이나 친구들과의 동료의식에 문제가 있는 경우가 많지만, 주도적으로 하는 아이들은 품행장애 가능성이 큽니다. 이러한 물질들은 뇌를 파괴하여 금단증상, 인지기능 저하, 환각 등 심각한 부작용을 낳기 때문에, 발견되면 매우 엄격하게 제한시키고, 입원, 약물치료 등 전문적 치료를 고려해야 합니다.

4

진로

아이가 미래에 대해 아무 생각이 없습니다

아이가 대학을 가지 않겠다고 합니다. 공부하는 것이 너무 힘들다면서 그냥 쉬고 싶다고 합니다. 학교를 그만두고 싶은 거냐고 물어봐도 모르겠다고 하고, 고등학교를 졸업한 뒤의 진로에 대해 물어봐도 모르겠다고만 합니다.

무엇을 물어보든 "잘 모르겠다" "좋아하지 않는다" "하기 싫다" 같은 부정적인 답변만을 하거나, 아예 말을 잘 하지 않는 청소년들이 있습니다. 일상적인 이야기는 잘하고 가벼운 대화에도 문제가 없기 때문에, 부모는 혹시 자신이 모르는 스트레스가 있어서 아이가 우울증에 빠진 것은 아닌지 궁금해하죠. ▶'갑자기 공부도 안 하고 멍하니 무기력해 보여요'(337페이지) 참조

그러나 위의 질문과 같은 경우에는 우울증이라기보다는 그냥 자신의 의견 자체가 별로 없는 경우가 많습니다. 우울증이 자신의 의도가 좌절된 나머지 분노로 자기 자신을 공격하는 것이라면, 무엇이든 부정적으로 대하는 태도는 자신의 의도 자체가 없는 것에 가깝습니다. 내가 무엇을 하고 싶다, 나는 이것을 좋아한다 같은 자신의 선택과 취향이 자아정체성을 이루는 것인데, 그것이 불분명하면 자신의 의견

은 없고 상대의 조언을 부정하기만 하는 것이죠. 아이가 아주 기초적인 질문에도 반응하지 않는다면, 대학이나 진로문제를 논의할 때가 아닙니다.

물론 인지기능이 부족하거나, 주의력 부족 등 기질적 문제로 자신의 선호 여부를 판단하기 어려운 아이도 있지만, 자신이 혼자서 결정할 수 있는 기회를 억제당한 아이들도 많습니다. 전자는 자신의 정체성을 깨달을 때까지 인내심을 가지고 천천히 접근해야겠으나, 후자는 대개 원인이 심하게 자식을 조종하려는 부모나, 동생을 무시하고 조종하려는 형제·자매들 때문인 경우가 많습니다.

이런 경우 가족구성원이 그런 역할을 하고 있다는 것을 잘 인식하지 못하므로 부모 혹은 제3자가 개입해 명확하게 할 필요가 있습니다. 이때 아이의 판단능력이 부족하다 느껴지더라도(당연히 청소년이니까 부족하죠), 그 부족한 판단 하나하나가 모여서 그 아이를 이뤄낸다는 생각으로 조용히 지켜봐줄 수 있어야 합니다.

이런 아이에게는 가장 기초적인 질문부터 해볼 수 있습니다. "너는 무엇을 좋아하니?" 같은 식으로 말입니다. 주관식에 잘 응답하지 못하면 객관식으로 할 수 있습니다. 어릴 적 "사과, 포도, 바나나 중에 넌 뭐가 제일 맛있어?"라는 질문을 주고받았던 경험은 사실 자아정체성을 만들어내는 기초훈련 같은 것이었습니다. "평양냉면과 함흥냉면 중 뭐가 좋니?"라든가 "이 자동차와 저 자동차 중에 뭐가 더 멋있니?" 같은 간단한 것부터 시작해서 남녀 차이에 대한 질문이나 "앞으로 어떻게 하면 돈을 벌 수 있을까" 같은 질문으로 수준을 높여나가봅시다.

한편으로는 아이가 나이에 걸맞은 자립심을 가질 수 있게 유도합니다. 아이 본인의 자발적인 의사로 직업이나 미래를 구상하는 것이 늦을 것이니만큼 이에 대해서도 가족들이 리드해줄 수 있습니다. 직업 관련 학원을 다니게 하거나 아르바이트를 추천하되, 그 일에서 금방 성취를 이루기보다는 새로운 환경에서 타인들과 적응하고 자극받는 것에 목표를 두어야 합니다. 이런 과정이 어느 정도 진행된 후에야 구체적인 삶의 목표에 대해 대화를 시작할 수 있을 것입니다.

지능지수가 높지 않다는데 공부를 포기해야 할까요

아이가 초등학교 시절 머리가 좋다고 생각했는데, 이번에 지능지수 검사를 받아보니 85가 나왔습니다. 공부는 포기해야 할까요?

지능지수에 대해 말하는 것은 항상 조심스럽습니다. 한 인간의 능력에 대해 완벽하게 평가하는 도구라는 것이 있을 수가 없는데, 현재의 지능검사는 과도한 신뢰를 받고 있기 때문입니다. 결론적으로 말하자면 지능지수와 학교성적은 정확히 비례하는 것은 아니지만, 그렇다고 해서 전혀 상관관계가 없다고도 말할 수 없는 것이 사실입니다.

현재 지능검사 중 지능지수IQ를 측정하는 웩슬러지능검사K-WISC라는 테스트가 세계적으로 법적 효력을 인정받고 있는데, 이는 지능지수 70 이하에 해당하는 정신지체장애를 판별할 수 있는 유일한 도구라는 의미입니다.

이 검사는 단순한 암기력이나 비교적 무난한 레벨에서의 어휘이해력들을 판별하여 즉각적인 두뇌의 작동방식과 속도를 파악하기에는 좋은 도구지만, 창의성이나 고차원적인 인간적인 기능, 장기간에 걸친 뇌 기능의 평가, 성격 같은 것은 평가할 수 없습니다. 학교에서 수행하는 학습은 언어기능과 논리기능 등을 필수로 하기 때문에 지능이 최하단에 머무르는 경우에는 높은 성적을 기대하기 힘들겠지만, 평균 정도의 지능에서는 지능이 학교성적과 정비례하지는 않습니다.

학교성적에서 지능과 노력 중 어느 것이 중요한지는 반복되는 논쟁거리입니다. 자신의 분야에서 최고가 되려면 재능보다는 1만 시간 이상의 노력이 중요하다는 말도 있고, 반대로 음악이나 스포츠 같은 영역에서는 노력이 미치는 영향이 20퍼센트 내외지만 공부에서는 4퍼센트에 불과하다는 결과도 있습니다. 그만큼 섣부른 판단은 곤란합니다.

적어도 우리나라에서 성적은 중학생 이후가 되면 지능보다는 '성실성'이라는 변수와 더 관련이 많은 것으로 보입니다. '공부를 열심히 한다'라는 개념은 지능, 동기, 순응도, 성실성, 정서적 안정성 등의 복잡한 조합의 결과이기 때문입니다. 공부에 대한 동기가 없는 경우에도 말을 잘 듣거나 성실한 학생인 경우 성적이 좋을 수 있으며, 지능이 부족한 경우에도 정서적으로 안정되어 있고 인정받고픈 동기가 강하면 성적이 좋을 수 있습니다.

이처럼 좋은 성적은 많은 조건들이 서로 상응할 때 나온다고 볼 수 있습니다. 따라서 부모가 아이에게 공부하고 싶은 동기를 제공했는지, 모범을 보였는지, 칭찬을 통해 정신적 안정감을 부여했는지, 성실함을 그 집안의 가치로서 보여주었는지 하는 부분들도 검토해야 합니다.

앞 사례는 다음 이야기가 "학교성적으로 인생이 결정되는데 그럼 우리 아이는 포기해야 하는 건가요?"라는 질문으로 넘어갈 가능성이 큽니다. 이는 애초에 핵심에서 비켜난 질문입니다. 인생에서 성공하려면 좋은 대학을 나오고 좋은 직장을 다녀야 한다는 답답한 상상력으로는 오히려 인생에서 성공하기가 힘들다는 답변을 할 수밖에 없습니다.

아이가 공부를 해도 성적이 잘 오르지 않습니다

아이가 지능검사를 해보면 평균보다 좀 위라고 하고, 아이도 나름대로 공부를 열심히 하려고 하는데 성적이 썩 좋지 않습니다. 부모로서 도와줄 방법이 없을까요?

앞에서 이야기했듯 학교성적은 지능, 동기, 순응도, 성실성, 정서적 안정성 등이 복잡하게 조합된 결과입니다. 공부를 잘 못하는 원인을 따져보면 지능문제와 동기부여문제를 제외하고, 먼저 학습에 요령이 없을 경우를 들 수 있습니다. 시간관리, 암기법이나 공부순서를 잘 모르는 경우라고 할 수 있죠. 이때는 아이에 맞는 학습지도, 전문학원이나 전문기관의 학습치료가 필요할 수 있습니다. ▶'초등학교 공부, 어떻게 시켜야 하나요'(288페이지), '아무리 공부를 시켜도 따라가질 못해요'(299페이지) 참조

두 번째로 목표의식이 강해서 긴장을 많이 하여 시험성적이 떨어지는 경우를 생각해볼 수 있습니다. 이런 경우에는 공부하는 목적 등을 재고해보고, 이완할 수 있는 다양한 휴식법을 익히는 것이 도움이 되며, 평소 실력에 비해 성적 차이가 매우 심하다면 이완약물 사용도 권장할 수 있습니다. 이때 사용하는 약물은 부작용이 거의 없고 효과는

매우 좋은데, 약을 먹고 어느 정도 시험에 자신감이 생기면 천천히 감량하여 끊도록 하는 것도 방법입니다.

세 번째는 자발성이 부족한 경우입니다. 특히 요즘 학생들에게서 많이 볼 수 있는데, 수동적인 학습을 반복하다 보니 스스로 공부해야 하는 상황에 당황하고 학원 등에 의존하게 되는 것입니다. 흔히 사교육은 시험점수를 높이는 데는 효과가 있으나, 배운 것을 자기지식으로 만들지 못하는 부작용을 낳기도 합니다. 아이들이 수업을 들을 때는 이해가 잘 된다고 느껴도 막상 다시 질문을 받으면 잘 대답하지 못하는 식이죠. 지식을 습득한 뒤에는 뇌에서 자신의 방식대로 재편집하는 과정이 있어야 하는데, 이를 간과하면 핵심원리를 파악하지 못한 채 단편적인 기억만 남게 되는 것입니다.

다중지능이론에 의하면 인간의 지능은 언어, 음악, 논리수학, 공간, 신체운동, 인간친화, 자기성찰, 자연친화라는 8개의 지능과 반 개의 종교적 실존지능으로 이루어져 있다고 합니다. 즉, 학교성적은 안 좋아도 음악천재, 뛰어난 비즈니스맨, 깊은 성정을 가진 종교인 등이 될 수 있다는 이야기입니다. 단순히 학교성적을 삶의 척도인 것처럼 여기며 이를 바탕으로 아이의 미래를 암울하게 보지 말고, 좀 더 시야를 넓히는 것도 필요합니다.

좋은 대학에 너무 집착을 합니다

우리 애가 이번에 3수를 해서 A대학에 붙었는데, 탐탁지 않아 다시 반수를 할까 고민하고 있습니다. 고1까지는 성적이 좋았던 아이니 한 번 정도는 더 시도해볼 만할 것 같은데, 제가 어떻게 조언해야 할까요?

어떤 대학에 가느냐 하는 것은 본인의 선택이죠. 어떤 사람은 재수나 3수를 통해서 더 좋은 결과를 내기도 하고, 어떤 사람은 시간만 허비하는 경우도 있으니 구체적으로 조언할 수 있는 어떤 기준은 없습니다.

한국사회에서 대학은 중요한 관문인 것이 사실입니다. 사회에서 계층을 가르는 기준처럼 쓰이는 면이 있는 것도 사실이고요. 문제는 청소년 스스로 대학에 따라 자신의 평생 위치를 정해버릴 정도로 여기에 과도한 의미를 부여한다는 것입니다.

자녀가 대학에 집착하는 경우, 먼저 막연한 동경을 가지고 있을 수 있습니다. 특정 대학이 가진 좋은 이미지에 몰두하면서 그 대학만 가면 소개팅도 많이 하고, 아름다운 학창시절을 보낼 것이라고 기대하기도 합니다. 그러나, 이들에게 졸업 후의 계획이나 미래에 대한 생각을 물어보면 답을 거의 하지 못합니다. 인생의 목표 자체가 대학에 고착되어 있는 경우로, 이 경우 부모 역시 아이와 삶의 목표에 대해 제대로 대화해본 적이 없는 경우가 많습니다.

또 그간의 실패에 대한 보상으로 높은 대학을 욕심내는 경우도 자주 봅니다. 8등급인데 내년에 서울대를 가겠다, 의대를 가겠다며 과도한 자신감에 넘쳐 있는 것이죠. 이젠 정신 차렸으니까 정말 잘해보려 한다, 왜 해보지도 않았는데 처음부터 못한다고 하느냐고 반문하는 아이도 있습니다. 이전까지 가졌던 열등감, 가족에 대한 죄책감에 대한 보상심리에서 그러는 것이죠. 말 그대로 시도해본다는 것은 좋겠지만 수년을 무의미하게 입시에 바치지 않도록 주의를 기울여야 합니다.

이러한 집착의 원인을 알려면 사실상 가족 내부의 문제를 검토해보아야 합니다. 이들에게 이유를 물어보면, "부모님의 기준이 높다"라거나 "친척들 사이에서 인정받고 싶어서"라는 말을 자주 들을 수 있습니다. 이들은 가족이나 친척들이 나온 학교가 명문이어서, 딱히 일부러 말하지 않더라도 부담감을 많이 느끼기도 합니다. 이런 경우 부모가 수동적인 태도로, "우리는 신경 안 쓴다"라거나 "꼭 좋은 데 안 가도 상관없다" 같은 애매한 말을 하는 것으로는 자녀를 안심시키기 힘듭니다. 가족이나 친척 사이에서의 인정이 중요한 것이 아니라 아이 자체가 가지고 있는 장점이 더 중요하다는 것을 확실하게 전달해야 합니다.

한편 부모가 자녀의 학력이나 성공에 집착하는 이유는, 일단 자식을 사랑하므로 부모보다 더 나은 삶을 살도록 도와주고 싶고, 노후에 경제적으로 서로 부담이 되지 않도록 하기 위한 것이겠으나, 때로는 부모 스스로 삶의 의미를 자식의 세속적인 성공과 동일시하기 때문일 수 있습니다. 그러나 잘 알려져 있듯이, 이러한 부모의 기준은 오히려 자식의 삶을 방해하는 경우가 많죠.

부모는 자식이 자신의 기대에 미치지 못한다 하더라도 인정할 수 있어야 하며, 자신의 삶을 나름대로 행복하게 사는 모습을 보여주어 모범이 될 수 있어야 합니다. 또 삶에는 사회적 성공 외에도 가족 간의 결속, 종교적 열정, 자기완성 등 수많은 가치가 있음을 적극적으로 가르쳐주어야 할 것입니다.

20대 초반의 성취가 인생에 직접적 영향을 주는 것은 채 10년을 넘기지 못합니다. 부모가 자식을 좋은 대학에 보내고 싶다는 생각을 가졌다면, 반복적인 수험공부가 20대 동안에 자녀들이 얻어야 할 여러 가지 것들과 과연 맞바꿀 만한 가치가 있는 것인지 꼭 저울질해보아야 합니다.

연예인이 꿈이래요

아이가 연예인이 되고 싶어합니다. 특별히 공부에 관심도 없고 노는 걸 좋아하는 녀석이라 노래를 부르겠다고 하니 그거라도 했으면 좋겠다 싶습니다만, 아무나 연예인이 되는 것도 아니고 걱정입니다.

청소년기에는 음악가, 댄서, 미술가, 스포츠 선수 같은 직업들에 끌리는 경우가 많습니다. 이런 일들은 성과가 뚜렷하게 보이고, 화려하고 재미있으며, 재능만 있다면 쉽게 빛이 나기도 하여 유혹적이지만, 최고가 되어야만 빛을 낼 수 있다는 것이 함정입니다. 그래서 예체능 계통의 일들은 재능(성실, 꾸준함도 재능으로 생각해야 합니다) 여부가 이 길로 가야 할지에 대한 주요 기준이 됩니다.

자녀가 예술이나 스포츠 등을 하겠다고 했을 때, 일단 부모는 지지해주는 것이 좋습니다. 10대에 형성된 이러한 취향들은 꼭 이 길로 가지 않는다 하더라도 삶의 가치관을 확립하는 데 매우 중요한 역할을 하게 되기 때문입니다. 부모는 이를 돈을 벌 수 있는 직업이라기보다는 아이의 정서를 개발하고 부모와 의사소통할 수 있는 수단으로 시작한다고 생각하고, 그런 생각을 처음부터 명확하게 아이에게 알리는 것이 좋습니다. 일단 자녀의 취향을 이해해야 하며, 스타가 아이들의 역할모델이자 또래집단 내에서 중요한 관심사임을 받아들여야 합니다.

부모와 청소년 모두 여유를 가지고 접근해야 하는데, 취미로서의 의미를 가지기 위해서도 2년 이상 꾸준한 학습이 필요합니다. 처음에 미숙하거나 기대만큼 되지 않는다 하더라도 어떠한 분야에서든 꾸준함은 가장 중요한 덕목이기 때문입니다. 긴 시간 한 분야에 몰두하게 되면 자신감, 호기심, 동기 등이 유발되어 꼭 그 분야가 아니더라도 다른 분야에서 이득을 보기도 합니다.

예컨대 간신히 그림만 그릴 줄 알던 학생이 꾸준하게 만화를 배우고 코믹월드 등에 참가하는 등의 경험을 해보다가, 자신이 스토리텔링이 부족함을 깨닫고 뒤늦게 독서나 공부에 몰두한다든가, 학습부진 등으로 따돌림을 당하던 학생이 연기학원에 다니다가 의외로 칭찬을 받으면서 자신감을 획득하여 학교생활을 안정적으로 하게 되는 등의 예가 많습니다.

문제는 아이가 아예 진로를 연예계 쪽으로 잡고 전문적으로 배워보겠다고 하면서 공부는 하지 않겠다고 하는 경우입니다. 이때 부모는 자녀와 함께 다음과 같은 것들을 논의해봐야 합니다.

첫째로, 취미를 일로 삼을 때 성공할 가능성이 얼마나 되는지, 과연 어떤 수준이 되어야 성공이라 말할 수 있는 것인지 등을 얘기해봅니다. 가령 "너는 가수를 꿈꾸고 있지만, 유명가수가 아니라 무명가수라도 상관없을까? 학원에서 노래를 가르치는 선생님은 어떨까?" 같은 질문이 필요하다는 것입니다. 아이는 현실을 도피하려는 마음이 클수록, "나 잘한다니까? 무조건 성공할 거야"라는 허황된 생각을 말하거나, "난 그런 거 몰라, 그냥 음악이 좋아" 같은 식으로 진지한 이야기를 회피할 수 있습니다.

둘째로, 실패할 경우 그 이후의 진로에 대해서도 얘기해보아야 합니다. 물론 수년 뒤의 일이므로 그런 문제까지 파악하고 있는 청소년은 거의 없지만, 자신이 실패할 수도 있다는 생각을 하고 준비하고 있는지, 그 여부 자체가 중요한 것입니다.

부모는 설사 지금 이 일이 취미로 끝나게 되더라도 자신이 하고 있는 것이 가치 있는 일임을 가르쳐주는 것이 좋습니다. 예술이나 운동이 단순히 크게 돈을 벌고 유명해지기 위한 수단이 아니라, 삶을 풍요롭고 아름답게 만드는 수단임을 가르쳐주어야 합니다. 예상 외로 부모가 이런 태도를 취한다면, 오히려 아이의 부담이나 과장된 기대를 가라앉힐 수 있을 것입니다.

셋째로, 부모도 당연히 알아봐야겠지만, 배우는 과정이나 학원 등을 자녀가 먼저 잘 알고 준비하는지 확인해봐야 합니다. "나는 노래만 하지 다른 건 몰라" 같은 의존적인 태도로는 꾸준하게 수련할 수 없기 때문입니다.

마지막으로, 재능의 문제입니다. 눈에 띄는 확실한 재능이 있다면 정말 좋겠지만, 대개의 사람들은 그렇지 않습니다. 물론 어릴 때 부족한 재능을 열정과 성실로 대신하거나, 타인의 조언을 경청하여 틀린 부분을 고쳐나가면서 성공하기도 하기 때문에 예측이 쉽지 않습니다. 그러나 분명한 것은 예술이나 스포츠 분야에서 살아남는 사람들은 정열이든 재주든 성실성이든 타인의 기대를 넘어서는 압도적인 무언가가 있다는 것입니다. 남들의 생각을 뛰어넘는 무언가를 소유하고 있어야 남들 위로 빛날 수 있다는 사실을 아이가 잘 알고 있어야 합니다.

무엇보다 진로를 빨리 정해야 한다는 조급함을 버리고, 다양한 시각을 가지고 아이를 기다려주는 태도도 중요할 것입니다.

4장

청년의 문제

1

대인관계

친구관계

친구에게 배신을 당했습니다

그 친구와 저는 학창시절부터 정말 친하게 지냈습니다. 함께 많이도 놀러다니고 힘들 땐 서로 위로해주기도 했었죠. 그러다가 이번에 같이 일을 해보자고 해서 돈을 모았는데, 어느 날 돈을 가지고 연락이 끊긴 채 1년이 지났습니다. 형편이 어려웠다는 뒷얘기는 들었습니다만 아무리 이해하려 해도 섭섭함에 화가 치밀어요.

사람들과 함께 살아가는 관계 속에는 믿음이 필요합니다. 하지만 여기에는 늘 배신이라는 문제가 뒤따르게 마련이죠. 친구에게 배신을 당했다거나, 배우자가 외도를 했다거나, 믿었던 자식이 실망을 시키는 등의 다양한 경우들이 해당됩니다.

인간관계에서 배신의 문제를 다룬 유명한 심리실험이 있습니다. '죄수의 딜레마Prisoner's Dilemma'라는 실험입니다. 함께 범죄를 저지른 것으로 의심되는 2명의 죄수가 있는 상황에서 경찰은 이 두 죄수에게 상대공범의 범행을 증언해준다면 그의 죄는 사면해주겠다고 유혹합니다. 죄수는 당연히 자신이 풀려나기 위해 공범을 배신(공범의 범행을 증언)하려 하지만, 공범이 역시 배신하여 자신의 범행을 경찰에 증언해버린다면 상황은 복잡해집니다. 둘 다 처벌을 받게 되는 최악의 상황이 되는 것이죠.

이 두 죄수는 자신이 배신을 하지 않았을 경우 공범도 자신을 배신하지 않을 것이라고 얼마나 확신할 수 있을까요? 배신을 해야 하나 아니면 서로 협력을 하여 둘 다 범행을 저지르지 않았다고 끝까지 부인해야 하나 고민스러울 것입니다. 더군다나 만일 이런 딜레마의 상황이 언제 끝날지 모르고 반복되는 환경이라면 어떤 선택이 가장 현명할까요?

이 실험과 유사한 상황을 우리는 실제로 종종 겪습니다. 한 40대 주부 A씨가 고교 동창의 권유로 오피스텔에 투자를 했다가 사기를 당했습니다. 분한 마음을 추스르지 못해 화병 증세까지 겪게 된 A씨는 문득 자신이 아무리 속을 태워도 되돌릴 수 없음을 깨달았습니다. 그 후 A씨는 다시 일상으로 돌아가 직장생활을 열심히 하여 그 손해를 만회해갔습니다. 하지만 사기를 친 동창은 친구들 사이에 소문이 퍼져 모임에도 나오지 못하게 되었고, 나중에는 그 역시 결국 부동산 업자에게 배신을 당해 아주 큰 낭패를 보게 되었습니다.

세상에는 늘 배신자가 있게 마련이지만, 그는 결국 사회에서 가장 소중한 가치인 평판을 잃게 되고, 또 다른 배신자를 만나기도 합니다. 배신은 자기 자신을 위해서도 결코 합리적인 선택이 아닙니다. ▶'자꾸 남의 험담을 하게 됩니다'(426페이지) 참조

이런 사실들을 알고 있음에도 배신이 일어나는 것은, 인간 사이에 서로 걸고 있는 기대가 어떤 것인지를 잘 모르기 때문이라고 볼 수 있

습니다. 앞 사례의 경우 이 사람은 돈 때문이 아니라, 친구가 자신과 나눈 친분과 믿음을 무시했다고 느껴서 화를 내는 것입니다. 의외로 둘 사이에서 상대는 그를 그렇게까지 친하다고 느끼지 않았다거나, 자신이 약자처럼 수동적으로 끌려다닌다고 생각해 은근히 반감이 있었을 수도 있습니다. 아니면 그저 그는 단순히 자신의 이득만을 생각하고 타인의 감정에 둔감한 성격일 수도 있고, 일시적인 감정에 휘말려 실수한 것일지도 모릅니다.

배신을 당한 쪽도 마찬가지입니다. 상대방의 말을 있는 그대로 믿어버리는 순진한 사람도 있고, 지능이 약간 모자라 속임수의 미묘한 낌새를 눈치 채지 못하는 사람도 있습니다. 거절을 못 해 상대에게 질질 끌려다니다가 결국 이용만 당하는 사람도 있으며, 심지어 피학적인 성향이니 자신이 손해를 보는 상황에 처해야 무의식적으로 안도감을 느끼는 사람도 있습니다.

예를 들어 상습적으로 바람을 피우는 남편을 번번이 용서해주곤 하는 부인에게는, 과거 부모에게 받은 학대 때문에 차라리 자신이 고통받는 상태가 더 편안하고 당연하게 느껴지는 심리가 있을 수 있습니다.

배신이라는 문제에 대처하기 위해서는, 우선 상대에 대한 분노는 살짝 옆으로 밀어두고 좀 더 이성적으로 두 사람 사이의 관계를 해석하는 것이 필요합니다. 상대가 나쁘다면 어떤 점이 나쁜 것인지, 나는 그것을 미리 알고 있었는지, 여태까지 나쁜 관계들이 반복되지는 않았는지 등을 확인하면서, 나에게 일어난 일이 아닌 양자 간에 일어난 일의 관점에서 상황을 해석해보는 것입니다.

예를 들어, 상대가 이기적인 친구라는 것을 알면서도 쉽게 사업을 논의했다든가 평소 자신이 사람을 잘 믿어서 낭패를 보곤 했었는데 이번에도 같은 일이 벌어졌다면, 자신의 대인관계 방식에도 문제가 있진 않은지 생각해봐야 합니다.

신뢰와 맹신은 다릅니다. 어느 정도 거리를 두고 상대의 행동을 객관적으로 예측하려 한다면 배신당할 일은 줄어들 것입니다. 자신이 어떤 사람에게 너무 큰 기대를 걸고 있는데 그 정도를 모르고 있다면 그것은 본인의 문제입니다. 사람들은 나를 사랑할 수도 나에게 피해를 입힐 수도 있고, 그저 지금은 나와 생각이 맞지 않을 수도 있습니다. 따라서 성숙한 성인이 되기 위해서는 인간관계에 대해 좀 더 냉정하게 이해하려는 태도가 필요합니다.

그런 다음에는 복수하고픈 유혹을 이겨내야 합니다. 흔히 복수를 하면 자신이 받은 고통을 보상받을 수 있고 내가 받은 만큼의 고통을 그에게도 안겨줄 수 있다고들 여기지만 복수는 생각만큼 달콤하지 않습니다.

이와 관련한 심리실험이 있습니다. 연구자들은 배신자에게 복수할 수 있는 기회를 준 집단(복수집단)과 달리 복수할 방도가 없는 집단(비복수집단) 그리고 복수할 기회가 주어진다면 어떻게 하고 싶은지 상상만 해보라고 한 집단(예측집단)으로 나누어 실험을 해보았습니다.

그 결과 복수집단은 비복수집단에 비해 훨씬 더 많은 부정적인 감정을 느꼈고, 지속적으로 분노감을 반추했으며, 시간이 갈수록 더 큰 분노를 느끼는 것으로 나타났습니다. 이런 결과는 복수를 상상으로

만 할 수 있었던 예측집단에 비해서도 마찬가지로 나타났습니다. 실제 복수행위는 기대만큼 마음에 위안을 주지 못했고, 오히려 배신자로 하여금 또다시 배신행위를 하도록 부추길 뿐이었죠.

복수보다는 관대함이 미덕이며, 차라리 용서하고 잊어버리는 편이 더 현명한 것입니다. 그렇다고 해서 압박감에 억지로 용서를 할 수는 없습니다. 위 같은 연구결과들을 이해하고, 상대방과 나와의 관계를 객관적인 입장에서 볼 수 있게 되면, 인간적인 분노와 복수심에서 한 걸음 떨어져서 삶을 볼 수 있게 될 것입니다. 이러한 마음을 가지는 데는 상당히 많은 시간과 노력이 필요하지만, 그 과정 자체가 삶을 사는 중요한 목표가 될 수 있습니다. 시간이 흐른 뒤 용서를 하게 된다면 이는 배신자를 위해서 한 것이 아니라 바로 자기 자신을 위해 한 것임을 알게 될 것입니다.

친구관계

자꾸 남의 험담을 하게 됩니다

친구들과 수다를 떨다 보면 자연스럽게 다른 친구 얘기가 나오는데 그때마다 자꾸 험담을 하게 돼요. 좋지 않은 버릇인 줄 알면서도 그런 얘기를 하지 않고서는 입이 근질근질해서 못 참겠어요. 계속 이런 식으로 행동하다가는 상대방한테 안 좋은 인상만 줄 것 같아 걱정이에요.

사람들은 둘만 모여도 남 얘기하길 좋아합니다. 그런데 그 내용을 들여다보면 칭찬은 별로 없고 대개 누군가에 대한 험담입니다. 험담을 하는 데는, 다른 사람은 모르는 그의 비밀을 나는 알고 있다는 것을 과시해 대화의 주도권을 잡기 위한 목적도 있고, 너와 나는 은밀한 이야기를 나눌 수 있는 동지라는 감정을 가지게 해 상대와 서로 결속력을 다지려는 목적도 있습니다. 어색한 사이에서 가장 쉽게 말을 틀 수 있는 주제가 유명인의 뒷얘기이듯, 험담은 적절하게만 사용하면 의사소통시 조미료처럼 쓰일 수 있죠.

최근 네덜란드 심리학자들의 연구에 따르면, 직장인을 대상으로 회사에 대해 불평불만하기를 즐기는 그룹과 아무런 말도 못 하는 그룹을 비교했더니, 의외로 불평불만을 함께 나눈 동료들 사이가 팀워크도 뛰어났고 업무성과도 우수한 것으로 나타났습니다. 이는 남에 대해 험담을 하는 동안 스트레스와 불안을 줄여주는 세로토닌이 증가되기 때문인 것으로 연구자들은 해석했습니다.

그러나 이런 험담이 도를 지나치면 문제가 되곤 합니다. 종종 남을 깎아내리려는 의도에서 한 험담은 도리어 자신의 평판이 나빠지는 결과로 되돌아오기도 합니다. 험담을 하는 사람들의 심리적 배후에는 일단 그 사람의 평판을 깎아내림으로써 상대적으로 자신의 가치를 올리고, 상대방의 동조를 통해 이를 재확인하려는 의도가 있기 때문에, 지나치게 되면 상대에 대한 시기심과 열등감이 드러날 뿐입니다. 이런 점에서 험담이란 평판을 둘러싼 일종의 생존게임과도 같습니다. 인간관계에서 필요악인 셈입니다.

'최후통첩게임'이라는 한 행동심리학 실험을 살펴보겠습니다. 실험자는 A에게 10만 원을 주고 10만 원 중 일부를 B에게 주라고 합니다. 얼마를 주든 상관없지만 만약 B가 금액이 적다고 거부하면 그 10만 원은 다시 몰수될 것이라고 덧붙입니다. 그러자 실험 결과, 서로의 눈치를 보던 A와 B는 평균 4만 원가량을 주는 쪽으로 합의를 보는 것으로 나타났습니다. A 입장에서는 B에게 1만 원만 주는 게 이득이며 B의 입장에서도 한 푼도 받지 못하는 것보다는 1만 원이라도 받는 것이 나을 텐데, 두 사람은 거의 절반에 가까운 금액인 4만 원을 주고받았습니다. 상대의 눈치를 보는 비용이 무려 40퍼센트나 된다는 것입니다. 이 실험은 사람의 마음속에는 이기적인 욕구와 좋은 평판을 받고 싶은 욕구가 공존하며, 이러한 욕구는 상대방의 반응보다 자신의 내적 기준에 반응한다는 것을 보여줍니다.

이렇게 좋은 평판을 받고 싶어하는 욕구가 있는데도, 또한 때로 자신의 평판이 안 좋아지는 결과로 되돌아올 수 있음을 알고 있음에도, 우리가 험담에 지나치게 몰두하는 이유는 무엇일까요? 먼저 내재된 열등감을 들 수 있습니다. 인간은 누구나 열등감을 갖고 태어나며 이러한 열등감을 극복하기 위한 노력이 삶을 살아가는 원동력이 되기도 합니다. ▶'열등감을 극복하고 싶어요'(848페이지) 참조

하지만 이런 열등감은 무의식 중에 작동하므로 자기 자신은 잘 모르는 경우가 많습니다. 그런데 상대방이 자신의 약점이나 단점을 자극하는 경우, 나도 모르게 타인에 대한 험담들을 늘어놓는 것입니다. 이렇게 하면 자신의 열등감은 감춰지고 대화가 훨씬 편해지는 것이죠. 노골적으로 열등감을 표출하는 경우도 많은데, 심하면 심할수록 대화의 대부분이 타인 혹은 사회의 단점, 문제점에 대한 지적으로 가득합니다.

물론 상대에 대해 개인적으로 감정이 좋지 않은 경우도 있습니다. 실제로 상대가 자신에게 피해를 입혔거나, 평소 태도가 마음에 들지 않는 경우들인데, 대개 그 사람에 대한 부정적 감정을 자제하기 힘들어 같은 험담을 반복하곤 합니다. 그러나 이 경우에도 알아두어야 할 점은, 자신의 마음에 깊이 들어오는 사람은 그의 속성이 나의 약한 부분, 즉 열등감을 자극하기 때문이라는 것입니다. 별일 없이도 이상할 정도로 상대방이 밉다면, 그것은 대개 자신이 가진 문제점과 똑같은

점을 그가 가지고 있기 때문이라는 것입니다.

그런가 하면 그저 불안수준이 높은 사람도 있습니다. 이들은 대화 시의 불안감으로 수다스러워집니다. 자신의 존재감이 사라질 것 같은 불안감 때문에 계속해서 말을 하며, 상대가 자신에게 주목하지 않을까 봐 비밀이야기나 독특한 주제를 계속 꺼내게 되는 것입니다. 그런데 이렇게 실컷 얘기를 하고 나면 자신의 애초 의도와는 달리 험담만 잔뜩 한 것처럼 느껴져 부끄러움이 밀려오고, 이후의 대인관계에서도 불안이 더 커져만 가는 악순환이 계속됩니다.

경쟁심이 강해도 험담에 몰두하기 쉽습니다. 평소에는 경쟁심을 드러내지 않다가 편하게 얘기하는 상황에서 속마음이 드러나기도 하고, 일상에서조차 경쟁심이 많아 누군가가 좋은 평가를 받는 것을 가볍게 넘기지 못하는 사람도 있습니다. 이런 사람들은 행여 자신이 부족하다는 평가를 받지는 않을까 불안하므로, 다른 사람을 은근히 폄하하고 싶은 심리를 갖고 있습니다. 자기애적인 사람들은 종종 자신이 잘났음을 과시하려 하거나 자신의 가치관만이 옳다고 고집하는 독선을 보이기도 하는데, 이들은 자신의 과시와 독선이 성공적으로 먹히지 않을 때 경쟁심리와 맞물려 분노를 드러내죠. 자신의 생각과 다른 사람이 있다면 이들을 경멸하고 헐뜯는 것입니다. ▶'내 위주로 이야기하지 않으면 불안해요'(489페이지) 참조

열등감이 험담으로 드러날 때, '투사'나 '합리화' 같은 미성숙한 방어기제를 사용한다면 오히려 본인의 평판에 해가 될 뿐입니다. '투사'란 자신의 문

방어기제
스트레스 및 불안 등의 위험신호가 발생했을 때 그 상황으로부터 자신을 보호하기 위해 또는 자신의 심리적 상태와 현실적 요구 사이에 균형을 맞추기 위하여 발동하는 자아의 대처양식.

제이지만 자기가 받아들이고 싶지 않을 때 이것을 외부의 다른 사람의 속성으로 돌리는 심리기제입니다. 속담으로 치자면 '똥 묻은 개가 겨 묻은 개 나무란다'와 비슷하다고 할 수 있습니다. '합리화'는 무의식적 동기에 의해 어떤 행동을 해놓고는 그에 대해 그럴싸한 이유를 꾸며내는 심리를 말합니다. 누군가가 부럽고 얄밉게 느껴지면 이런 감정을 합리화시키기 위해 그의 단점을 지적하게 되는 것입니다.

모든 방어기제는 스트레스 상황에 적응하도록 돕는 역할을 하는데, 이때 성숙한 방어기제가 사용된다면 그 상황에 적응하는 데 도움이 될 것입니다. 특히 유머는 성숙한 방어기제라고 볼 수 있죠. 험담이나 뒷담화가 적당한 선에서 유머감각과 함께 이루어진다면, 이는 사회적으로 용인되는 공격성의 표현 창구이자 평화적이고 현실적응적인 배설구로 사용될 수 있습니다. 이런 면에서 험담은 일종의 카타르시스를 불러일으키며 위트나 유머와도 통할 수 있습니다. ▶'제가 왜 그런 생각과 행동을 하는지 이해가 되지 않아요'(820페이지), '상대방의 말과 행동에 어떤 의도가 있는지 알아낼 수 있을까요'(825페이지) 참조

좀 더 건강한 방식으로 열등감이나 경쟁심, 과시욕 등을 적절히 해소하고, 과한 험담을 고치고 싶다면 다음과 같이 행동해보세요.

먼저, 자신의 열등감을 확인해봅니다. 그런 다음 자신이 남의 험담을 하게 되는 근본에는 자기 자신에 대한 불만이 있기 때문임을 인정해야 합니다. "사실을 말한 것뿐이지 열등감이 아니다"라고 변명할 수도 있지만, 자신감이 있으면 항상 여유가 있는 법이죠. 아들러의 지적대로 자신에게도 열등한 부분이 있을 수 있음을 받아들이고 이를 극복하기 위해, 내가 부러워하는 그 사람만큼 될 수 있도록 자기 자신을

위해 노력해야 합니다.

둘째로, 나도 모르게 남에 대해 험담을 하고 있는 자신을 발견하게 되면 그 순간 말하는 것을 잠시 멈추도록 합니다. 그런 다음 주변사람들이 나의 따분한 이야기에 지루한 표정을 짓고 있지 않은지 확인해 봅니다. 곰곰이 생각해보면 나 자신이 열등한 사람 혹은 자신의 행동을 눈치 채지 못한 채 남의 험담만 하고 다니는 사람이라는 나쁜 평판을 받을 위험성도 있기 때문이죠. 자신에게 악영향만 있다면 절대 험담은 하지 않겠다는 단호한 마음을 가져야 합니다.

셋째로, 다른 사람에 대해 긍정적인 말을 하려고 노력하는 것입니다. 이를 쉽게 할 수 있는 방법이 유머감각을 발휘하는 것으로, 상대방을 나쁘게 말하는 척 칭찬하기도 하고, 자기 자신을 일부러 폄하하거나 비꼬아서 분위기를 화기애애하게 반전시킬 수도 있습니다. 이런 감각이 부족하다면 안 좋은 얘기를 하다가 마지막에, 억지로라도 긍정적으로 끝맺음을 하는 것이 좋습니다. 결국 인간관계는 평판을 둘러싼 게임이므로 자신의 인상과 평판을 좋게 남기기 위해서라도, 다른 사람에 대해 좋게 말해주는 습관을 갖는 것이 바람직합니다.

마지막으로, 자신이 다른 사람들에 비해 시샘과 경쟁심이 많고 마음속에 눌려 있는 분노와 적개심이 큰 것 같다면, 이를 다른 형태로 해소할 수 있는 방법을 찾아보아야 합니다. 예를 들어, 게임이나 스포츠는 정해진 룰 안에서 공격성을 표출하고 경쟁심을 충족시키는 기능을 합니다. 자신이 좋아하는 팀의 경기를 응원하는 것도 좋고, 축구처럼 몸을 맞대며 실컷 땀을 흘리는 운동을 하는 것도 좋습니다.

친구관계

옛친구들과 점점 멀어지네요

학교 다닐 때에는 친구들이 최고였죠. 친구들과 있으면 얼마나 재미있고 든든했는지 몰라요. 그런데 저도 나이가 들어서인지 친구들과의 관계가 예전 같지 않더라고요. 만나면 다들 자기 자랑만 늘어놓으니 괜히 어색하고 거리감이 느껴져요. 우정도 변하나 봐요.

어른이 되면서 생기는 많은 고민 가운데 하나는 바로 외로움입니다. 우리는 직장이나 학교에서의 일상을 제외한 대부분의 시간을 혼자 보내곤 하죠. 함께 사는 가족이 있더라도 마찬가지입니다. 이제 다 컸으니 엄마, 아빠랑 놀 것도 아니고, 형제라고 해봤자 각자의 생활과 환경이 달라 공감대도 많지 않기 때문입니다.

그래서 쉬는 날이 되면 친구라도 만날까 생각하다가도 몸도 피곤하고 이내 귀찮아지고 맙니다. 만나봤자 별로 할 일도 없고 각자의 삶이 다르다 보니 공통의 관심거리도 없어 예전처럼 재미가 없기 때문입니다.

그나마 현재생활에서 알게 된 동료나 선후배가 차라리 편하게 느껴집니다. 관심사도 같고 서로 도움을 주고받을 수도 있기 때문입니다. 하지만 이들과의 관계 또한 거기까지일 뿐입니다. 나이가 들어서인지 옛날 학창시절에 친구들과 어울릴 때 느꼈던 그런 끈끈함과 친근감이 누구에게도 좀처럼 느껴지질 않는 것이죠.

인간은 누구나 외로움에 취약합니다. 생존에 유리하도록 사회를 이루며 살아왔기 때문에 혼자 있게 되는 상황을 본능적으로 불편해합니다. 사회로부터 고립되었다고 느끼는 상태는 우리를 심리적으로 불안하게 만들 뿐만 아니라, 뇌 기능에도 안 좋은 영향을 끼치며, 심지어 건강까지도 나빠지게 합니다. 면역력이 약화되고, 신체발육도 늦어지며, 치매 발병률을 높이고, 노화를 촉진하죠. 스트레스 조절 기능이 마비되어 심장질환까지 유발합니다.

이처럼 외로움이 우리의 몸과 마음에 나쁜 영향을 끼침에도 불구하고, 요즘 사람들에게 외로움은 이미 일상이 되어버렸습니다. 1985년 미국인들에게 "자기의 마음을 터놓고 얘기할 수 있는 친구가 몇 명인가?"라고 묻자 3명이라고 답한 사람이 가장 많았다고 합니다. 그런데 똑같은 질문을 2004년에도 해보았더니 가장 많은 답변이 0명이었습니다. 사람들은 갈수록 더 외로워지고 있는 것입니다.

하지만 어린아이들을 관찰해보면 전혀 다른 모습을 볼 수 있습니다. 옛날 아이들이 그러했듯이 요즘 아이들 역시도 여전히 밝고 천진난만합니다. 금세 누구와도 잘 친해지고 함께 어울려 놉니다. 외로움과는 전혀 상관이 없어 보이죠. 그런데 이런 아이들이 20살이 넘어 어른이 되면 외로움을 느끼기 시작하는 것입니다. 인간은 나이가 들면서 왜 이렇게 변하는 것일까요? 그 이유는 뇌의 변화에서 찾을 수 있습니다.

사람은 태어나서 한동안은 혼자 아무것도 할 수 없는 상태여서 전적인 보살핌을 받아야 합니다. 하지만 이런 아이의 뇌에도 엄청난 능력이 잠재되어 있는데, 그것은 바로 '배울 수 있는 능력'입니다. 처음에 아이는 엄마를 통해 세상을 배우기 시작하다가 차츰 아빠나 형제, 가족과 친척들을 통해 다양한 경험을 쌓습니다.

이렇게 누군가에게 무엇을 배울 때에는 '내가 아닌 다른 사람의 입장에서 세상을 바라보는 능력'이 반드시 필요합니다. 다른 사람들은 어떻게 행동하는지를 보고 배우면서 아이는 혼자가 아니라 여럿이 어울려 함께 사는 것에 익숙해져가는 것이죠.

이렇게 상대방의 마음을 읽어내는 능력은 마음이론에 따른 것으로, 대개 4세 즈음부터 발휘되기 시작합니다. 이런 능력이 가능한 것은 뇌의 특정 신경세포들 덕분으로 추정됩니다. 인간의 뇌에는 상대방의 행동을 관찰하기만 해도 그 행동을 수행할 때와 유사한 뇌반응이 관찰되는데, 이때 작동되는 신경세포를 거울뉴런이라고 부릅니다. 바로 이 거울뉴런 덕분에 인간은 학습이 가능하고 사회가 이루어진다는 것입니다. ▶'눈을 잘 맞추지 않고 불러도 대답을 잘 안 해요'(109페이지), '사회성을 키워주고 싶어요'(144페이지) 참조

어린 시절은 뇌세포가 많아지고 그 연결망도 폭발적으로 늘어나는 시기입니다. 거울뉴런을 통해 주변을 학습하면서 많은 기억과 문제해결능력 등이 뇌 속에 기록됩니다. 아이는 점차 가족 이외의 주변사

람들을 통해서 세상을 배워나가는데, 이때 중요한 대상은 비슷한 눈높이에서 함께 어울려 놀며 즐거움을 나눌 수 있는 또래친구들입니다. 단독으로 혹은 평행으로 각자 즐기던 놀이가 점차 연합놀이와 협동놀이로 발전하고, 10대에 이르면 이런 놀이와 친구를 통한 뇌의 성장은 최고조에 달합니다. 친구와 어울리며 어른들 몰래 나쁜 짓도 해보면서 동질감을 느끼기도 하고요. 믿고 의지했던 친구에게 실망도 해봤다가 다시 화해도 하면서 서로를 동일시하죠. 청소년기는 마치 친구가 내 몸인 것처럼 여길 수 있는 시기입니다.

하지만 20살이 넘어가고 나이가 조금씩 들어가면서 이런 폭발적인 성장은 수그러듭니다. 실제로 신경세포의 연결망들도 정리되기 시작하여 뇌에서는 '솎아내기' 과정이 일어나 불필요한 신경연결망들의 상당수가 제거됩니다. 생기 넘치고 발랄하던 청춘이 조금씩 차분해지고 밋밋해지는 것이죠. 친구들과 노는 것도 재미가 없어지고 모든 것을 이해해주던 우정도 서로 눈치를 보며 비교하기 시작합니다. 그리고 새로이 누구를 알게 되더라도 어린 시절처럼 쉽게 친해지지 못하고 이기적인 계산이 자연스럽게 뒤따르게 됩니다.

이는 정상적인 심리 발달과정입니다. 인간의 심리는 고정적이지 않기에 성장하면서 서로 다른 경험들을 하고, 어른이 되어서는 다양한 성격과 가치관들을 형성해 개인 간의 차이가 확연해지는 것입니다. 그러다 보니 어린 시절 공통점을 공유했던 친구 사이도 점차 벌어집니다. 우선 커가면서 각자 삶의 목표가 달라집니다. 10대 때에는 친구들 사이에서 인기가 중요하고, 20대는 연애가 관심사이지만, 30대가 되면 사회적인 지위라든가 돈이나 가족 같은 것이 중요해집니다.

이렇게 달라지는 삶의 목표를 두고 그 변화에 잘 적응해가는 사람이 있는가 하면, 여전히 10대와 같은 관심사에 머무는 사람도 있습니다. 그러면 차츰 이질감이 느껴지고 관계는 소원해지죠. 특히 어렸을 때는 친했지만 한동안 못 만나다가 몇 년 만에 만나는 친구 사이에서 이런 이질감이 많이 느껴집니다. 그 시간 동안 각자 경험한 바가 다르고 만났던 사람들도 각양각색이죠. 지금의 나는 10대 때의 나와 이미 다른 사람이 되어 있는 것입니다. ▶'자꾸 전학시켜달라고 해요'(377페이지) 참조

이처럼 외로움을 느끼는 것은 피할 수 없습니다. 뇌의 신경상태 또한 어릴 때와 달라 사람들과 쉽게 친해지기 어려우며 적응력도 떨어집니다. 대신 외로움을 최소화하고 잘 극복하는 방법을 찾는 것이 필요합니다. 먼저 스스로 자신이 현재 나이에 어울리는 가치관과 인생목표를 갖고 있는지부터 되돌아볼 필요가 있습니다. 여전히 너무 어린아이 같은 생각을 하고 있는 것은 아닌지 아니면 이미 세상을 다 산 듯이 목표나 열정도 없이 살고 있는 것은 아닌지 생각해봅시다.

반대로 자신이 어울리는 친구들이 본인의 발전속도를 따라오지 못해 이질감이 느껴질 수도 있습니다. 어른이 되었음에도 여전히 술이나 마시고 놀 생각만 한다든가 게임이나 이성 얘기만을 즐기는 친구라면, 함께 놀더라도 그 관계에서 허전함을 느낄 수 있죠. 또 서로 비슷한 점이 있음에도 실제로 이를 공유하지 않아 거리감이 드는 경우도 있습니다. 예컨대 나는 친구와 주말마다 등산을 함께 가고 싶은데 친구는 휴가 때 해외여행 갈 생각만 한다면, 서로 마음이 맞는 친구라

할지라도 그 친밀감이 예전처럼 유지되기는 힘들 것입니다.

이처럼 친구와 서로 차이가 나는 부분에 대해서는 어느 정도 받아들일 필요가 있습니다. 어차피 모든 것을 함께할 수는 없기 때문입니다. 대신 사소한 것 하나라도 공유할 수 있는 누군가와 새로운 관계를 맺기 시작할 필요가 있습니다. 전에는 그다지 친하지 않았던 친구와 가까워지는 계기가 생길 수도 있고, 직장이나 사회에서 사람을 새로이 알게 될 수도 있죠. 친해서 만나는 것이 아니라, 만나서 경험을 공유하다 보니 친해지는 것입니다.

외로움을 이겨내는 또 한 가지 방법은 친구 이외에 다른 유형의 사회적 유대감을 공고히 하는 것입니다. 옛 친구들과 서먹해졌다고 섭섭해하지만 말고, 대신에 이성을 사귄다거나, 가족들과 좀 더 특별한 시간을 갖도록 노력한다거나, 나이도 든 만큼 친척들과도 두루 안부를 물으며 어느 정도의 관계를 유지하는 방법도 좋습니다. 사람은 발달에 따라 접하는 인간관계의 폭이 점점 넓어지는 것이 당연합니다.

친구관계보다 좀 더 현실적인 다른 과제들에도 에너지를 쏟아보는 것 역시 중요합니다. 앞으로의 삶을 생산적이고 의미 있게 살아가기 위해 자신의 능력을 계발한다거나 폭넓은 사회활동을 경험해보는 것도 필요한 일입니다.

친구관계

결혼한 후로는 친구 만나기도 쉽지 않네요

결혼을 하니 아무래도 집에 눈치가 보여 친구들 얼굴 한 번 보기가 어렵네요. 친구들도 결혼하고 나서는 뭐가 그리 바쁜지 연락도 잘 없어요. 어쩌다 만나도 다들 애들 이야기뿐이라 재미도 별로 없고요. 무언가에 구속되어 살고 있다는 기분마저 들어요.

결혼은 한 사람의 삶에서 많은 것을 바꾸어놓습니다. 결혼하기 전에는 시간이 나면 취미생활도 하고, 늦게까지 친구들과 놀기도 하며, 할 일이 없을 때에는 종일 빈둥거리기도 합니다. 하지만 가정을 이루고 난 뒤에는 남자든 여자든 이런 자유로움이 상당히 많이 줄어들죠. 소속감이 생기고 책임감이 커졌기 때문입니다.

A. 매슬로A. Maslow에 따르면 인간은 선천적으로 여러 가지 욕구들을 갖고 태어나는데 그 욕구들에도 위계가 있다고 합니다. 다음 페이지에 나오는 삼각형 표를 보면 아랫부분은 낮은 단계의 본능적인 욕구들이며, 위로 올라갈수록 높은 수준의 욕구가 나타납니다.

매슬로는 낮은 단계의 욕구가 채워져야 비로소 그보다 높은 단계의

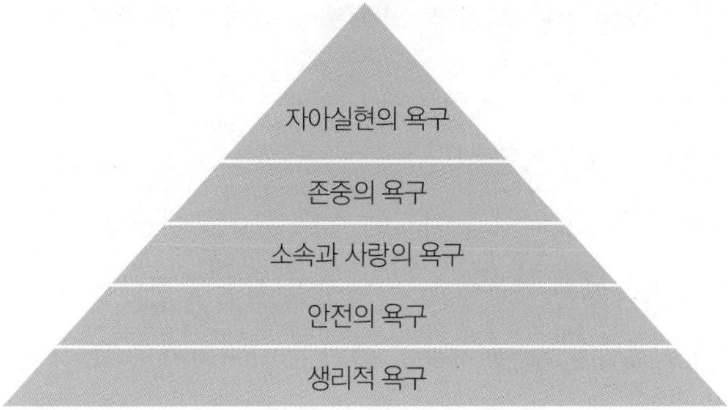

욕구를 원하게 되고, 높은 단계의 욕구를 추구하는 사람일수록 더 성숙하고 바람직한 사람이라고 했습니다. 사람마다 어느 수준까지 도달할 수 있는지도 차이가 나며, 각 욕구를 충족시키는 것에도 수준의 차이가 있다고 했죠. 이에 따르면 사람은 본능적인 욕구인 생리적 욕구와 안전의 욕구가 충족되고 나면, 자연스럽게 소속과 사랑의 욕구를 느낍니다.

소속에 대한 욕구 중에서도 친구관계는 비교적 도달하기 쉬운 단계입니다. 서로 성격이 잘 맞고 즐겁게 놀 수 있으면 친구 사이가 되기는 어렵지 않죠. 그런데 직장이라는 집단에서는 소속감을 성취하기 위해서 업무도 잘 처리해야 하고 동료들에게 인정도 받아야 하기 때문에 노력이 필요합니다. 양보나 인내도 필요하고요.

그런 면에서 보면 가족은 가장 어렵고 복잡한 소속집단일 수 있습니다. 먼저 여태까지 다른 삶을 살아온 두 사람이 아주 기초적인 것부터 같이 해야 합니다. 또 부부와 부모라는 관계에 소속되면서 평안한 소속감을 느끼는 반면 이에 수반되는 큰 책임 역시 뒤따릅니다. 내가 사랑받길 바라는 만큼 나 또한 가족들을 아끼고 위해야 합니다. 이러한 의무감이 커지다 보면 소속과 사랑을 넘어서 가정이 나를 구속하는 곳이라고 느낄 수 있습니다.

누구나 구속된 것처럼 느껴지는 상태에서 오랫동안 머물다 보면, 때로 벗어나고 싶은 마음이 들게 마련입니다. 오랜만에 친구를 만나 예전처럼 키득대며 맘껏 떠들고 즐기고 싶어지기도 합니다. 하지만 이런 욕구는 현실의 구속과 상충하게 되는데, 이런 갈등 속에서 과거로의 회귀와 퇴행을 선택하는 사람들이 있습니다. 결혼을 해서도 여전히 친구들과 많은 시간을 어울리길 바라며, 가정이라는 부담스러운 책임감을 외면하려는 것이죠. 이들은 새로운 정체성을 쌓아올리는 것을 부담스러워하는데, 한편으로 보면 외롭고 자존감이 낮은 셈입니다. ▶'남자인 제가 육아에까지 꼭 신경을 써야 합니까'(77페이지), '옛 친구들과 점점 멀어지네요'(432페이지) 참조

이들은 우선 친구가 자기를 불러내서 놀아야 마음이 편안합니다. 밖으로만 돌다 보니 대개 배우자들은 불만이 생기게 되고 부부 사이는 나빠지죠. 그러다 보니 집에서 가족과 보내는 시간이 점점 더 불편해지고 상대적으로 친구와 어울리는 것이 더 즐거워지는 과정이 되풀이됩니다.

이런 사람들의 문제는 종종 그 부모에게서부터 시작되는 경우가 많습니다. 특히 남자들이 이런 문제를 많이 겪는데, 그의 아버지 또한 그가 어렸을 때 가정에서 제대로 된 아버지의 모습을 보여주지 못했을 수 있습니다. 아버지가 친구를 좋아하고, 늘 늦은 시간에 귀가하며, 자녀에게 무심했던 것이죠. 이렇게 무관심 속에서 자란 사람은 자

존감이 강해지기 힘듭니다. 또한 좋은 아버지의 롤모델도 보지 못했기 때문에 결혼을 해서도 종종 손쉽게 외로움을 달래줄 친구에게로 달려가는 것입니다.

그렇다면 가정과 친구라는 두 소속 집단 사이에서 어느 정도의 균형을 유지하는 것이 바람직할까요? 그 접점은 사람마다 다르겠지만 몇 가지 원칙이 있습니다.

먼저, 가정에 대한 소속감이 더 중요하다는 점만은 확실히 해야 합니다. 가정은 단순히 소속과 사랑의 욕구를 채우는 공간에 그치는 곳이 아닙니다. 매슬로가 소속의 욕구보다 상위단계라고 말한 존중의 욕구가 달성될 수 있는 곳이기도 합니다. 예컨대 기혼남성의 경우, 가정에 헌신하고 가족에게 사랑을 베풀었을 때 남편으로서 가장으로서 아빠로서 존중받을 수 있게 된다는 것입니다. 그러므로 가정을 꾸려 나가는 지금의 고단함을 참고 견뎌내는 것이 현명합니다. 또 이렇게 인내해야 하는 기간은 그렇게 길지 않습니다. 자녀들이 어느 정도 성장하고 부부 간의 관계도 안정적으로 확고해지면 그때 다시 자유를 누리고 친구들과 어울려 편안히 즐길 수 있기 때문입니다.

두 번째로, 자신이 이런 고민을 하고 있듯이 친구들도 비슷한 처지라는 점을 알아야 합니다. 사실 밖에서는 센 척하지만 어느 가정이나 상황은 비슷할 것입니다. 남편이 친구를 만난다며 늦게 들어오는 것을 좋아하는 아내는 없으며, 아내의 잔소리가 구속처럼 느껴지지 않는 남편 또한 드뭅니다. 따라서 내가 가정 때문에 친구모임에 못 나가는 것을 속상해하지 말고, 친구가 그런 이유로 못 나오는 것을 두고 핀잔을 주어서도 안 될 것입니다.

물론 그렇다고 해서 소속감의 무게를 항상 짊어지고 있을 필요는 없습니다. 때로는 편안함을 느끼도록 긴장을 풀 수 있는 시간이 필요하죠. 이는 남녀 모두에게 해당됩니다. 부부가 번갈아가며 가끔씩 상대가 친구와 어울려 놀 수 있도록 배려해주는 것이 좋습니다.

이 외에 잠시 동안만이라도 부담스러운 소속감과 구속감에서 벗어나기 위해 혼자만의 편하고 자유로운 시간을 갖는 것도 좋습니다. 예컨대 하루 30분이라도 명상에 잠겨보거나 혼자 조용히 산책을 하는 것이죠. 아이들이 잠든 뒤 독서를 하면서 육신의 편안함과 심리적인 안정감을 느껴보는 것도 좋은 방법입니다.

마지막으로, 자유만이 모든 문제의 해결책이 아님을 깨달아야 합니다. 하고 싶은 대로 한다고 해서 마음이 편해지는 것은 아닙니다. 자유와 소속은 동전의 양면과 같이 긴장관계에 있습니다. 소속이 구속감을 느끼게 만드는 동시에 존재감을 발휘할 수 있게 해주듯이, 자유는 독립성을 안겨주지만 한편으로는 고립감을 느끼게 만들 수도 있죠. 그러므로 결혼 후에도 그저 자유롭게 친구와 어울리며 많은 시간을 즐기는 것은, 나중에 가족으로부터 소외되는 결과를 가져올 수 있다는 것을 명심해야 합니다.

연인관계

왜 애인이 생기지 않을까요

지금쯤이면 저한테도 애인이 생겨야 하는 것 아닌가요? 소개도 받아보고 여러 사람들이 모이는 자리에 나가보기도 하지만, 마음에 확 드는 사람도 없고, 저에게 호감을 보이는 이성도 없네요. 그냥 그렇게 청춘의 시간을 외롭게 흘려보내는 것 같아요.

흔히 "대학에 가면 애인이 생기니까 그때 마음껏 연애해라"라는 말을 들으며 사춘기를 보내지만, 그렇지 않다는 사실을 깨닫고 나면 "모태솔로" "안 생겨요" 같은 말을 입에 달고 살면서 동성친구들끼리 맥주나 주고받으며 20대를 보냅니다. 애인 있는 친구들이 부럽기는 하지만, 막상 이성을 만나면 어쩔 줄 몰라 하며 허둥대기 일쑤죠. 그런 자신이 초라하고 부끄럽게 느껴지기도 합니다.

20대는 아직 서툽니다. 이성의 복잡한 심리를 이해하지 못하고, 상대를 좋아하는 마음은 진실해도 배려하는 방법을 몰라서 상처를 주는 경우도 많습니다. 이성에 대한 욕구는 있지만 수줍어서 얼굴만 봐도 자신의 마음이 다 들키는 것 같아 긴장하기도 하고, "나는 여자를 잘 알아" 하며 자신 있어 하는 친구가 사실은 여자들 눈엔 매력이 없는 경우도 흔합니다.

애인이 잘 안 생기는 이유는 사람마다 다르고 또 다양하겠지만, 심리적 발달과정에서 해결되지 못한 오이디푸스콤플렉스 혹은 엘렉트라콤플렉스로 눈앞의 상대에게 부모에게나 바랄 수 있는 큰 기대를 걸어 본인이나 상대방이 실망하거나 질려버리는 경우가 있습니다. ▶'너무 남들의 평가에 신경 쓰며 사는 것 같아요'(858페이지) 참조

또 누군가와 감정적으로 너무 가까워지면 자신을 잃어버릴 것 같아 불안해져 연애를 못 하는 경우도 있죠. 자존감이 낮아 기회가 있어도 주저하게 되고, 결국은 자신은 사람을 사귈 자격이 없는 사람이라고 자책하는 경우도 있고, 반대로 자존감이 부풀려져 '나 정도면 이 정도 사람은 만나야지' 하며 마음을 열지 않는 경우도 있습니다.

사회 분위기도 한몫을 해서, 이제 외모를 우선적으로 따지는 것이 당연한 일이 되어버렸습니다. 먹고살기 힘든 세상이니 조건과 능력부터 따지는 것도 어색하지 않고요. 외모와 직업이 매력적이지 못하면 아무리 사람 됨됨이가 훌륭해도 만남의 기회가 많지 않은 것이 현실입니다.

사실 '어떻게 하면 애인을 만들 수 있을까?'라는 문제는 본질적으로 사랑에 관한 문제입니다. 정신분석학자 E. 프롬E. Fromm은 우리가 사랑이 무엇인지 잘 모른다고 진단합니다. 그는 사람들이 사랑에 대해 제대로 배우지 못하는 이유로 3가지를 들고 있습니다.

첫째로, 대부분의 사람들은 사랑을 자신이 누군가에게 '사랑을 받

는' 문제로 생각하기 때문이라는 것입니다. 이보다는 먼저 누군가를 '사랑할 줄' 아는 능력이 자신에게 있는지 생각해보아야 합니다. 둘째로, 사랑의 '대상'이 없다며 고민을 하지만, 정작 중요한 문제는 자신에게 아직 누군가를 사랑할 수 있는 '능력'이 없다는 사실에 있다는 것입니다. 마지막으로, 흔히 사랑을 한다고 말할 때 사랑을 '하고 있는' 지속적인 상태를 꿈꾸지만, 모든 일에는 시작이 있듯이 사랑을 '하게 되는' 그 출발점은 놓치고 있다고 말합니다.

사랑을 하고 애인을 만들려면 '감정'이 아니라 '이성理性'이 먼저 필요합니다. 이 조언은 모순처럼 들리고 상식에서 벗어난 말 같을 것입니다. 하지만 누군가를 사랑하기 위해서는 자기 자신에 대해 객관적으로 바라볼 수 있는 겸손한 태도를 먼저 갖춰야 합니다. 이것이 바로 이성입니다.

객관적이고 이성적인 생각을 통해 먼저 자아도취에서 벗어나야 합니다. 자기 자신만을 사랑하고 자기 자신만이 세상에서 제일 잘났다고 생각한다면 다른 누군가를 사랑할 수 있는 여지가 없습니다. 자기 자신에 대해 냉정하고 정확하게 알아야 그만큼 상대에게 맞춰줄 수 있습니다. 그리고 그만큼을 상대가 되돌려주어 나를 채워줄 수 있는 것입니다. 상대가 나를 채워줄 수 있다면 비로소 나는 그를 사랑할 수 있게 되는 것이고, 내가 그를 사랑하면서 그를 채워주면 그 또한 나를 사랑해주게 될 것입니다.

어른이 되어서 누군가를 사랑할 수 있게 되려면, 엄마, 아빠의 무조건적인 사랑을 받던 어린 시절의 추억에서 벗어나야 합니다. 나를 사랑해줄 누군가를, 특히 부모처럼 사랑해줄 누군가를 기다리다 보면 기약이 없습니다. 대신 내가 먼저 이 세상을 아름답게, 사랑스럽게 바라볼 수 있어야 합니다. 이에 대해 프롬은 심지어 '신앙'이라는 표현까지 쓰면서 확신을 갖고 매진해나가야 한다고 강조합니다. 나를 사랑해주는 애인이 생기지 않아 고민이라면 내가 먼저 누군가를 진심으로 아끼고 사랑할 수 있는 방법을 배우고 노력해야 할 것입니다.

연인관계

한 사람과 오래 사귀지 못하고 금방 헤어지곤 합니다

제 남자친구는 저보다 8살이 많습니다. 그래서인지 너그럽고 저를 잘 배려해주는데요. 때로는 저를 아이처럼 취급한다는 느낌을 받곤 합니다. 또 잔소리가 너무 심해서 자주 싸워요. 이젠 지쳐서 헤어져야 하나 싶습니다.

우리는 연애를 통해서 다시 한 번 성장합니다. 연애를 하는 두 사람의 심리적 거리는 매우 가깝습니다. 연애를 하는 과정에서 두 사람은 심리적으로 아기가 처음 엄마를 만나서 성장하는 과정을 반복합니다. M. 말러의 대상관계이론을 인용하자면, 연애를 처음 시작하는 두 사람은 유아기로 자연스럽게 퇴행하는 것이죠. 두 사람은 서로를 잘 알기 위해서 자신의 경계를 잠시 허물고 마치 두 사람이 한 사람인 것같이 느끼고 행동합니다(공생기와 유사한 시기). 이 시기는 서로에게 연인이라는 것을 허용하고 인정하는 단계라 할 수 있습니다. ▶'제가 이렇게 된 것이 세상 탓인 것 같아 화가 나요'(852페이지) 참조

길지 않은 시간이 지나면 두 사람은 퇴행상태에서 회복되어 각자가 독립된 성인임을 인식하고 분리개별화 과정으로 넘어가게 됩니다.

바로 이 시기가 중요한데, 두 사람이 자신의 특성과 상대의 특성을 탐색하고 받아들이는 과정이 필요하기 때문입니다. 또한 이 시기에 서로에게 애착과 신뢰가 형성되면서 서로 떨어져 있어도 불안하지 않고 사랑을 확신할 수 있게 됩니다. 즉, 서로에 대해 대상항상성이 형성되는 것입니다.

연애는 유아기의 심리적 성장과정을 재경험하는 것이라 할 수 있습니다. 어떤 이는 연애를 통해 어린 시절의 결핍이나 상처를 치유받기도 하고, 또 다른 어떤 이들은 어린 시절의 결핍이나 상처를 반복하여 경험하게 됩니다. 전자의 연애는 행복할 것이고, 후자의 연애는 힘겨울 것입니다. 이번 사례의 주인공이 하는 연애가 바로 힘든 경우입니다. 이 두 사람은 각자 자신에게 부족한 특성을 가지고 있는 상대에게 끌리지만, 시간이 지나면서 서로 다른 성격 때문에 상처를 받고 이별하게 되는 것이죠.

커플 중에는 매우 뜨거우면서도 서로를 미워하는 경우가 있습니다. 바로 강박성 성격장애와 히스테리성 성격장애의 결합입니다. 이 둘은 어떤 면에서는 남녀의 전형적인 성향을 대표하는 것으로 보이며, 이런 두 사람이 처음 만나면 천생연분처럼 사랑을 느끼는 경우가 많습니다.

강박성 성격장애
완고하고 세밀한 규칙에 집착하며, 융통성이 부족한 완벽주의자들에게서 보이는 성격장애 유형. 감정표현이 많지 않고 상대에게 쉽게 친근감을 느끼지 못한다.

강박성 성격을 가진 남자는 밝고 자신의 감정을 자극하는 히스테리성 성격의 여자에게 호감을 느낍니다. 그는 자신에게 감정적인 면이 부족하다는 것을 알고 있으므로, 그녀를 통해서 자신의 부족한 부분을 채울 수 있다고 생각하는 것이죠. 그러나 규칙에 집착하고, 융통성이 부족하고, 완벽주의적인 강박성 성격의 남자는 히스테리성 성격을 가진 상대가 즉흥적이고 계획 없이 행동하는 모습을 참지 못합니다. 그는 그녀를 하나하나 고치고 싶어하고, 이를 관심과 사랑이라고 착각합니다.

그런가 하면 또 히스테리성 성격을 가진 여자는 강박성 성격을 가진 남자의 성실하고 정직한 모습으로 인해 안정감을 느낍니다. 그녀는 자신에게 정확성이 부족하다고 생각하기 때문에 상대가 자신을 바로잡아주기를 바라고, 동시에 이상적인 아버지와 같이 자상하게 자신을 포용해주고 받아주기를 기대합니다. 하지만 강박성 성격을 가진 남성은 감정적인 표현이 부족하고 자상함은 없는 엄격한 아버지와 같은 역할을 하기 때문에 여자는 남자가 이기적이고 무관심하며 냉정한 독재자 같다고 느끼게 됩니다. 이들은 첫 만남에서는 상대의 특성에 반했지만 시간이 지나면서 바로 이 특성들 때문에 상대를 견디기 힘들어하는 악순환에 빠집니다.

반대로 남자가 히스테리성 성격을 가지고 있고, 여자가 강박성 성격을 가진 커플도 있습니다. 히스테리성 성격의 남자는 자신이 강한 남자라는 것을 보여주고 싶어하고, 많은 여자를 사귀고 싶어하며, 감정표현이 얄팍한 것이 특징입니다. 강박성 성격의 여자는 규범을 지키는 것이 중요하고, 완벽주의적인 특성을 가지고 있고요. 이 커플의 경우, 여자는 남자가 즉흥적으로 행동하거나 바람을 피우는 행동을 하면 그 상황을 힘들어하는 동시에 자신이 그를 변하게 할 수 있다고 믿으면서 남자에게 지속적으로 잔소리를 합니다. 이들은 사랑하기 때문에 그러는 것이라 믿지만 유사한 문제로 반복해서 싸우다가 결국 지치게 됩니다.

심리학적으로 살펴보면, 강박성 성격과 히스테리성 성격은 둘 다 어릴 적의 애정결핍에서 비롯된 것입니다. 부모의 관심과 인정을 받기 위해 '바르게' 행동하는 사람은 강박성 성격이 되고, 부모에게 더 많은 사랑을 받아내기 위해 '예뻐보이는' 행동을 발달시킨 사람은 히스테리성 성격이 된다고 할 수 있습니다. 이 둘은 만남이 지속됨에 따라 매력적으로 느끼던 상대방 성격의 이면에 자신과 똑같은 어두운 그림자가 있음을 차츰 알게 되고, 서로에게서 더 많은 애정을 받아내려 하다가 결국 파국적인 관계로 치닫게 되는 것입니다.

그런가 하면 한쪽은 부당하게 요구하고 다른 한쪽은 무조건 복종하는 커플 역시 문제가 있습니다. 이들은 심리학적으로는 경계성 성격장애와 의존성 성격장애의 결합이라고 할 수 있죠.

경계성 성격장애
감정변화가 심하고, 대인관계나 자아정체성이 불안정한 성격장애 유형. 반복적으로 타인을 이상화하고 평가절하하며, 충동적으로 행동한다. 경계선 성격장애라고도 한다.

의존성 성격장애
의지할 수 있는 대상이 자신을 돌보아주기를 바라는 성격장애 유형. 스스로 계획을 짜고 실행하는 것을 어려워한다.

경계성 성격을 가진 사람과 의존성 성격을 가진 사람은 모두 자기 내면을 살펴보는 능력이 부족하고 공허감을 자주 느끼는 것이 특징입니다. 경계성 성격은 상대를 자신이 원하는 대로 조정하려고 하지만 타인으로부터 버림받을 것에 대한 두려움을 가지고 있는 반면, 의존성 성격은 자신을 대신하여 결정을 내리고 의존할 수 있는 상대가 없으면 불안해합니다. 이렇게 상대를 조종하길 원하는 경계성 성격과 누군가가 자신을 대신해주길 바라는 의존성 성격이 만나면,

처음에는 마치 음양의 조화처럼 잘 어우러집니다.

연애 초기에 이들 커플은 경계성 성격을 가진 사람이 애인을 끔찍이 챙겨주고, 의존성 성격의 상대는 따르기만 하면 되므로 편할 수 있습니다. 그러나 시간이 지나면서 서로의 균형점이 깨지고 둘 사이에 위험한 관계가 형성됩니다. 한쪽은 자기 마음대로 하고, 다른 한쪽은 상대의 부당한 요구에도 무조건 복종하고 힘들어하면서도 그를 떠나지 않습니다. 극단적인 경우에는 상대에게 폭력적이고 착취적인 남자(혹은 여자) 그리고 맞거나 학대당하면서도 상대를 떠나지 않는 여자(혹은 남자)의 관계로 전락할 수도 있습니다.

이런 커플의 경우, 경계성 성격을 가진 사람이 충동적으로 행동하는 것 때문에 의존성 성격을 가진 사람이 불안을 느끼게 됩니다. 그때 의존성 성격을 가진 사람 주변에 더 안정적으로 의지할 수 있는 사람이 나타나면 그는 의존할 대상, 즉 애인을 바꾸려고 합니다. 그런가 하면 경계성 성격을 가진 사람은 애인이 자신을 떠날지도 모른다는 불안을 반복해서 느끼고, 이 불안 때문에 애인에게 이유 없이 화를 내거나, 또는 버림받는 것을 피하기 위해 자신이 먼저 애인에게 이별을 통보하기도 합니다.

다소 극단적인 사례를 들었지만, 실제 이와 유사한 관계가 많은 연인 사이에서 관찰됩니다. 부정적으로 묘사되었지만, 천생연분이라고 하는 커플들 역시 위와 같은 관계를 가지고 있는 경우가 많죠. 그렇다면 서로 성숙해지는 관계와 악연이 되는 관계의 차이는 무엇일까요?

전자는 성숙하고 독립된 두 사람이 만나서 연인으로 함께 성장하기 위해 자신을 변화시키려는 사람들입니다. 후자는 자신은 전혀 변하지 않으려고 하고 상대방의 좋은 점만을 일방적으로 취하려 하거나 상대방을 자기 취향에 맞게 바꾸려고만 하는 사람들이고요.

따라서 연애를 오래하지 못한다면, 자신의 성격이나 과거의 연애형태를 살펴볼 필요가 있습니다. 성숙한 사랑을 할 수 있는 준비가 필요한데, 이런 준비는 결국 성공적인 결혼, 즉 인생 중반과 후반을 위한 주요한 준비가 될 것입니다.

연인관계

왜 자꾸 나쁜 남자만 만나게 되는 걸까요

처음에는 남자친구의 매너 있는 모습에 끌렸어요. 자신감 넘치고, 결단력 있고, 그러면서도 늘 저를 배려하는 모습에 반했는데, 문제는 다른 여자에게도 그런다는 거였죠. 3년 사귀는 동안 다른 여자와 만난 적이 3번이나 됩니다. 처음엔 미안해하다가 나중에는 화를 내며 도리어 자기가 헤어지자고 하더라고요. 헤어져야겠다고 생각했지만 도저히 이 남자를 떠날 수가 없네요. 그냥 결혼해버리면 이 남자의 마음을 잡을 수 있지 않을까요?

드라마나 일상에서 매력적인 나쁜 남자에게 끌리는 여자의 모습을 흔히 볼 수 있습니다. 이들은 멋있는 외모를 가졌고 자신감이 넘쳐 보입니다. 처음 만나 여자의 마음을 얻을 때까지는 시간도 많이 투자하고 선물도 잘 하지만, 시간이 지나면서 관계가 조금씩 깊어져 서로의 심리적 에너지가 필요한 시기가 되면 이 남자의 나쁜 특성이 드러나죠. 동시에 힘들어하면서도 그를 떠나지 못하는 '나쁜 남자를 사귀는 여자'의 심리적 특성 역시 작동합니다.

D. 버스D. Buss는 사랑에 빠질 때 하는 가장 전형적인 행동으로 '상대

에 대한 헌신'을 꼽습니다. 즉, 다른 여자에게 관심을 주지 않고, 무리한 호의를 베풀며, 상대의 이야기에 귀 기울여주는 등의 행동들로, 여성은 이러한 헌신성을 남자의 진심을 확인하는 단서로 여긴다는 것입니다. 그런데 나쁜 남자들이 연애초기에 잘하는 것이 바로 이 헌신행동입니다. 처음과 끝이 다를 뿐이죠.

현실의 나쁜 남자는 매우 다양합니다. J. 락J. Rock은 나쁜 남자의 유형을, 여자를 철저히 통제하려는 남자, 자주 거짓말을 하고 부정을 저지르는 남자, 미성숙한 남자, 감정적으로 미숙한 남자 등 12가지 유형으로 분류했습니다. 이들은 기본적으로는 뛰어난 외모를 가진 경우가 많고, 감정표현이 화려해 유혹적이지만, 깊이가 없는 편입니다. 처음 만났을 때 쉽게 친근감을 줄 수는 있지만, 시간이 지나면 타인을 배려하지 못하고 자기중심적인 성향을 드러내며, 어떤 경우에는 착취적인 경향을 보이기도 합니다. 연인관계 또는 결혼에 대해서 애매한 태도를 보이는 남자, 바람을 피우고 거짓말을 많이 하는 남자, 여자에게 폭언이나 폭행 등을 하는 남자도 있습니다.

남자도 문제지만, 이런 남자와 만나는 여자는 왜 헤어지지 않는 걸까요?

가장 먼저 외형적 특징 때문일 수 있습니다. 이런 여자들은 잘생기고 멋진 남자와 함께 다니는 것이 자신의 자존감을 올리는 방법이라고 생각합니다. 그리고 자신이 진심과 정성을 다하면 이 남자가 바뀔 수 있다고 생각하고 남자에게 간섭하며 집착합니다. 하지만 나쁜 남자는 이를 이용해 여자를 통제하려 합니다.

바람을 피우거나 폭언과 폭행을 하는 나쁜 남자에게 벗어나지 못하는 여자는 남자친구에게서 어린 시절 기억에 남아 있는 아버지의 모습을 보고 있을지도 모릅니다. 여자의 아버지가 외도나 폭행이 잦았거나, 공감능력이 부족하고 자기주장이 강해 가족들을 지배하려는 경향이 강했을 수 있습니다.

이러한 여자들의 심리는 다양하게 설명될 수 있습니다. 어린 시절 아버지에게 사랑받고 싶은 욕구 또는 오이디푸스적 역동에 고착되어 아버지와 비슷한 이미지의 남자에게 집착하는 것이거나, 자신과 자신의 어머니를 동일시하여 똑같이 외도 또는 폭행을 하는 남자와의 관계를 지속하려 하는 것입니다. ▶'저도 제가 그 사람한테 왜 그러는지 이해가 안 돼요'(845페이지) 참조

여자는 아버지에게 분노함과 동시에, 아버지와 유사한 모습을 보이는 남자와 가까이 하면서 그를 좋은 사람, 자신을 보아주는 사람으로 바꾸고 싶다는 소망을 가지게 됩니다. 반복되는 남자의 잘못에 상처를 받고 슬퍼했다가 다시 용서하며, 혹시나 그가 좋은 남자가 되지는 않을까 하는 희망을 놓지 못합니다.

이 과정 중에 여자는 어린 시절의 분노와 불안을 재경험하며, 자신이 조정하지 못하는 상황에 대해 무력감과 죄책감을 느끼기도 합니다. 특히 자존감이 낮고 피학적인 성향을 가진 경우 무의식중에 자신을 반복적으로 처벌받는 상황에 두려고 하는데, 이런 문제들 때문에 나쁜 관계에서 벗어나지 못합니다.

또한 어렸을 때 경험한 불안이나 공포를 극복하려는 항공포적 행동Counterphobic Behavior으로 나쁜 남자의 옆에 머무른다고 해석할 수도 있습

항공포적 행동
불안이나 공포를 극복하기 위한 행동. 불안이나 공포를 회피하기보다는 오히려 적극적으로 경험하려는 행동으로 나타나는데, 주사를 무서워하는 아이가 병원놀이를 하는 것이나, 높은 곳을 무서워하는 사람이 높은 곳에 올라가는 등의 행동으로 나타난다.

니다. 항공포적 행동이란 공포의 대상을 오히려 가까이 하거나 그것에 보통 이상으로 몰두하는 행동을 말합니다. 주사를 맞고 온 아이가 집에 와서 병원놀이는 하는 것이나, 높은 곳을 두려워하는 사람이 높은 곳에 올라가는 것과 유사하죠.

이렇게 나쁜 남자의 특성과 그들에게 끌리는 여자의 심리적 특성을 고려하면, 이들의 관계는 결코 건강하다고 할 수 없습니다. 특히 이들의 관계가 시작되고 유지되는 이유는 그와 그녀의 결핍된 부분이 상호작용을 하기 때문인데, 그 결과 이들의 관계는 개선되지 않고 악순환이 반복될 뿐입니다. 앞 사례의 주인공 같은 경우, 행복해지기 위해서는 나쁜 남자에게 끌리는 심리적 고리를 끊어야만 합니다.

연인관계

애인에게 너무 집착하게 돼요

어릴 적 아버지의 외도로 부모님이 이혼을 하셨어요. 그래서인지 결혼 후에 절대 이혼하지 않을 남자를 만나고 싶습니다. 지금 만나는 남자친구와 그런 미래를 꿈꾸고 있는데요. 문득 남자친구가 바쁘다고 하는 날이면 혹시 다른 여자를 만나는 건 아닌지 불안해 미칠 지경입니다. 수시로 전화하고 문자메시지를 보내는데, 남자친구가 이런 저를 부담스러워해요. 저도 이런 제가 싫어요.

연애를 하다 보면 '연인이 나를 떠날까?' 또는 '다른 이성친구가 생기지 않을까?' 하며 두려운 마음이 들 때가 있습니다. 이 불안을 해결하지 못해 상대방에게 부담을 주다가 결국 이별을 맞는 사람도 있죠. 안타깝게도 이런 경우 현명한 답을 찾지 못하면 계속되는 불안과 집착의 악순환을 낳기도 합니다. 이런 경우에는 상대방의 행동보다 내 안에 원인과 답이 있음을 알아야 합니다.

이런 집착을 보이는 원인은 여러 가지가 있겠지만, 우선은 앞 사례처럼 부모와의 관계에 문제가 있는 경우를 생각해볼 수 있습니다. 여성에게 아버지는 모든 남성을 인식하는 근간이 되며, 남자친구와 남편에게서 그 아버지의 모습을 기대하고 찾곤 합니다.

앞 사례의 주인공은 아버지의 외도로 부모가 이혼한 경험을 했습니다. 그녀의 아버지는 어머니와 이혼을 한 것이지만, 어린 딸의 마음에는 아버지가 다른 여자 때문에 자기를 버린 것으로 기억되어, 그녀는 스스로를 아버지에게 버림받은 보잘것없는 여자로 인지하게 되었습니다. 성인이 되어서는 그런 고통스러운 경험을 하지 않기 위해 의식적으로 노력하지만, 자신을 버린 아버지의 기억에서 자유로울 수 없게 된 것이죠. 마치 금방이라도 아버지처럼 나를 버리고 다른 여자에게 갈 것 같은 느낌이 반복되니 괴로운 마음에 남자친구에게 자꾸 전화를 거는 것입니다.

두 번째로는 어린 시절 부모와의 불안정한 애착관계로 이 문제를 설명하기도 합니다. 어릴 적 부모와의 불안정한 애착관계를 타인과의 관계에서도 반복한다는 것입니다. 아인스워스의 낯선상황절차 실험이 보여주듯이, 안정된 애착을 가지고 있는 아이는 잠시 부모와 분리되는 것에 저항하지 않고 부모가 돌아왔을 때 쉽게 안정을 회복합니다. 마찬가지로 연인이 잠시 눈앞에 사라지거나 의심스러운 상황이 나타나더라도 안정된 애착을 가지고 있는 성인은 믿고 기다릴 수 있는 능력을 가지게 됩니다. 하지만 불안정한 애착을 가진 아이는 부모가 눈앞에서 사라지면 심각하게 스트레스를 받고 화를 내는데, 이런 현상은 성인에게도 적용되어 연인과 같이 있지 않으면 화를 내고 불안을 견디지 못하는 것입니다. ▶'아이가 저한테서 떨어지려 하질 않아 너무 힘들어요'(22페이지), '사회성을 키워주고 싶어요'(144페이지) 참조 이런 경향이 심한 경우 경계성 성격을 의심해볼 수도 있습니다. 이런 사람은 연인뿐만 아니라 모든 인간관계에서 비슷한 집착을 보이는데, 혼자 있는 걸 힘들어하고, 자신이 버림받을까 봐 두려워하며, 처음에는 친구나 연인을 극단적으로 좋아하다가도 어느 순간 극단적으로 나쁜 사람으로 몰며 분노합니다. 이때 상대방은 보통 초기의 극단적 사랑표현에 중독되어 관계에서 끌려가는 양상을 보이게 됩니다. ▶'자꾸 자해를 하게 됩니다'(486페이지) 참조

더욱 심각한 집착상태들도 있습니다. 오셀로증후군, 쉬운 말로는 의부증과 의처증이 그것입니다. 또 다른 상태는 스토킹으로, 이는 병적이면서 상대방에게 피해를 주는 범죄적 요소를 가지고 있습니다. 이시형 박사는 스토킹의 원인이 미숙한 자아에 있다고 정리한 적이 있는데, 여기서 미숙한 자아란 자기 본위의 자기애와 사랑을 거절당하는 것에 대한 공포를 가진 경우를 말합니다.

오셀로증후군
질투 혹은 망상을 뜻하는 말로, 명확한 근거 없이 배우자가 외도를 했다고 믿는 상태.

이런 집착의 원인이 부모의 이혼이나 애착관계 등 어린 시절의 경험 때문임을 안다는 것은 당사자에게 당혹스러운 일일 것입니다. 이미 결정된 운명처럼 벗어날 수 없을 것이라고 느껴지기 때문입니다. 하지만 이것은 습관적인 감정의 문제이고, 문제의 원인을 안다면 해결이 가능합니다. 단, 조금씩 천천히 진행하는 것이 중요합니다. 처음부터 다 뜯어고칠 수 있는 방법은 없습니다. 연인과의 관계를 고쳐나가고 유지하면서, 본인 내면에 내재화된 관계의 상이 바뀌기를 기다려야 합니다.

연인관계

꼭 결혼을 해야 하나요

요즘 제 주변에서는 제게 나이도 30살이 넘었고 애인도 있는데, 왜 결혼을 하지 않느냐는 말들을 많이 합니다. 하지만 왠지 저는 망설여져요. 결혼하면 직장을 그만둬야 할지도 모르고, 아이를 낳아 키우는 것도 부담스럽거든요. 게다가 시댁 눈치를 보는 것도 스트레스가 될 것 같고요. 결혼은 안 하고 그냥 사랑하는 사람과 함께 살면 안 될까요?

과거 제도적 결혼Institutional Marriage 시기에는 먹을거리를 생산해내고 쉴 곳을 제공해주며 주변의 위협으로부터 보호를 받을 수 있다면, 그것만으로도 결혼이 만족스러웠습니다. 조금 더 사회가 발전하여 우애 결혼Companionate Marriage 시기가 되자 남녀는 서로 사랑을 하고, 만족스러운 성관계를 맺으며, 감정적인 교감을 나눌 수 있는 결혼을 바라게 되었죠. 그러다 최근에 이르러서는 결혼을 자기표현의 기회Self-Expressive Marriage로 간주하는 방향으로 바뀌었고요. 결혼생활을 통해 자기를 발견하고, 자존감을 고취시키며, 개인적 성장이 이루어지길 바라는 것입니다. 이런 이유로 현대사회로 접어들수록 결혼에 대한 기대치는 점점 더 까다롭고 높아졌습니다.

결혼에 대한 기대치가 상승한 만큼, 젊은이들은 결혼에 대한 두려움이 앞서 이를 망설이게 됩니다. 이런 추세로 결혼하지 않는 젊은이들이 점점 많아지고, 결혼 연령도 늦어지며, 급기야 결혼한 부부들의 만족도 역시 시간이 흐를수록 떨어진다는 연구결과도 있습니다. 기대가 큰 만큼 실망도 큰 법이죠.

원시사회에서부터 현대사회에 이르기까지의 사회적 변화로 인해 결혼이 갖는 의미가 점차 달라지는 것 외에도, 지극히 개인적인 갈등 때문에 결혼을 망설이게 되는 경우도 있습니다. 결혼에 대해 기대치가 높거나 혹은 자아실현이 더 중요하다는 이유 때문에 결혼에 신중한 것이 아니라, 개인적인 성장배경과 가정환경 때문에 결혼을 머뭇거리는 사람을 주변에서 종종 볼 수 있죠.

결혼을 망설이는 여성 중에는 가정에 대해 안 좋은 기억을 갖고 있는 경우가 있습니다. 그들의 아버지는 대개 가정적이지 않고 이기적이며, 술을 먹고 집에 들어와서는 호통을 치다가 때로 폭력을 휘둘렀을 수 있습니다. 어머니는 자식들 때문에 어쩔 수 없이 피폐한 삶을 참고 살았을 수 있죠. 이런 모습을 보고 자란 여성은 남자에 대해 부정적인 시각을 갖게 되어, 세상 모든 남자들이 다 자기 아버지 같을 것이라고 생각합니다. 결혼이 자기 인생을 건 도박처럼 느껴져 굳이 그런 위험을 감수하고 싶지 않은 것이죠.

이와는 정반대인 상황도 있습니다. 아버지는 온화하고 가정적이며 특히 딸을 끔찍이 아끼는 반면에, 엄마는 냉담하고 잔정이 없으며 심지어 딸에 대한 아버지의 사랑을 시샘하기도 하는 경우죠. 이런 환경에서 자란 여성은 아버지에 대한 무한한 애정을 마음속에 품고 있으며, 세상에 그런 남자는 아버지밖에 없다고 생각합니다. 엘렉트라콤플렉스라고 불리는 이런 심리를 가진 여성들은 결혼을 회피할 뿐만 아니라 연애에 대해서도 다소 무관심합니다.

물론 남성들 중에서도 개인적인 갈등 때문에 결혼을 꺼리는 사람들이 있습니다. 의식적으로는 결혼 후 가정에 구속되는 것이 부담스럽다는 현실적인 이유를 들어 결혼을 회피하지만, 실제로는 무의식적 갈등 때문인 경우가 종종 있습니다. 어머니에 대한 오이디푸스콤플렉스가 작동을 하여, 여성과의 관계에 있어 다소 복잡한 심리가 작용하는 것이죠. 모성애를 확인하고 싶은 마음에 자신이 만나는 모든 여자들과 성관계를 가지려 하는 이런 돈후안주의자Don Juanism들은 일단 성관계를 갖고 난 후엔 그 여자에게 무관심해져버립니다. 성중독자처럼 보이는 이런 사람들은 연애는 곧잘 하지만 결혼에는 관심이 없습니다.

결혼 결심을 하기 전 신중히 생각해보아야 할 원칙이 몇 가지 있습니다. 첫 번째 원칙은 반드시 결혼을 해야만 한다는 강박관념에서 한 걸음 물러나 냉정하게 생각해봐야 한다는 것입니다. 실제로 여러 통계자료에서 결혼을 필수로 생각하지 않는 젊은이들이 점점 많아지는 추세이며, 결혼 연령도 늦어지고 있습니다.

우리는 주변에서 굳이 결혼을 하지 않고서도 자아실현을 해나가며 의미 있는 인생을 사는 사람들을 많이 볼 수 있습니다. 살면서 이루고 싶은 인생목표의 순서를 자기 자신에게 맞춰 직업적인 성취나 폭넓은 인간관계를 만들어가는 사람들이 그렇죠. 심지어 결혼은커녕 아예 이성을 사귀지 않는 독신주의자들도 있습니다. 이들은 자신의 에너지를 일이나 자기성취, 종교 등에 발산합니다.

에릭슨은 신부와 수녀를 예로 들면서 성직자들은 자신의 자녀를 기르는 권리를 포기하는 대신 다른 사람들의 자녀들을 위해 일하거나 그들에게 더 나은 세계를 만들어주는 데 기여함으로써 다음 세대를 돌보고 인도해준다고 말한 바 있습니다. 결혼을 하여 자식을 낳아 기르지 않더라도 생산성을 이루는 것은 여전히 가능하다는 의미입니다. ▶'이 나이 되도록 이룬 것이 없는 것 같아 마음이 무겁습니다'(49페이지) 참조

절대적인 기준은 될 수 없지만 노벨상 수상자 중에는 미혼인 사람이 훨씬 많다는 통계도 있습니다. 변화된 현대사회를 살면서 결혼에 대해 고민을 하는 젊은이들이 한 번쯤은 생각해볼 가치가 있는 이야기입니다.

그런가 하면 심리학자 E. 핑켈E. Finkel 교수의 최근 기고문에 따르면, 결혼 만족도에도 양극화가 일어난다고 합니다. 최근 이혼율이 증가하고 도덕성이 해이해진 것은 결혼생활이 점점 나빠지고 있다는 근거죠. 하지만 결혼생활을 유지하고 있는 부부들의 결혼생활 만족도는 오히려 더 높아지고 있다고 합니다. 앞서 말한 대로 결혼에 대한 기대치가 높다 보니 그 기대치가 충족되지 않으면 이혼으로, 기대치가 충족되면 행복한 결혼생활로 귀결된다고 설명할 수 있습니다.

핑켈 교수의 글에서 우리는 결혼 결심에 대한 두 번째 원칙을 발견

할 수 있습니다. 결혼에 대한 기대치를 현실적으로 맞추는 것입니다. 생존보장이라는 원시적인 욕구에서부터 자아실현이라는 고차원적인 욕구까지 모든 것을 충족해주는 결혼이란 쉽지 않습니다. 결혼 후 생활을 장밋빛 낙원으로만 꿈꾸고 있다면, 지금이라도 기대치를 수정할 필요가 있다는 말입니다.

결혼에 대한 기대치가 너무 높은 것도 문제지만, 결혼 후 그 기대치를 충족시킬 수 있는지의 여부도 중요합니다. 최근 조사 결과, 현대사회로 접어들면서 경제적으로 여유가 있을수록, 직장에서 보내는 시간이 짧고 부부가 함께 지내는 시간이 많을수록, 함께 여가를 보낼 기회가 많을수록 이혼은 줄어들고 결혼만족도는 높아지는 것으로 나타났습니다. 물론 소득만이 결정적인 요인은 아니며, 주어진 상황 속에서 부부가 같이 시간을 보내며 여유를 즐긴다면 결혼은 성공적일 수 있습니다.

최근 우리나라에 미혼남녀가 증가하고 출산율이 낮아지는 이유는 집값, 교육비 상승, 불안정한 직업 등과 같은 경제적 요인 때문인데, 여기에 단조로운 흥밋거리, 세속적 가치관, 올바른 부부관의 부재 같은 정신적인 문제는 없는지 진지하게 고려해야 할 것입니다. 진심으로 행복한 결혼생활을 이루기 위해 노력할 의지가 있는지의 여부가 결혼 결정에 대한 세 번째 원칙이라 할 수 있습니다.

네 번째 원칙은 갈등의 원인이 되는 개인적인 문제가 있다면 결혼을 결심하기 전에 먼저 풀어야 한다는 것입니다. 이런 갈등이 해결되지 않은 상태에서는 종종 자신에게 맞지 않는 상대를 선택할 수 있습니다. 결혼 후에도 남편과 아내라는 상대의 역할에 대한 기대치에 간극이 커 마찰이 빚어질 수 있죠. 다행히 결혼해 살면서 자신의 부모에게 받았던 상처를 배우자를 통해 치유받을 수도 있고 과거의 불행을 충분히 보상받는다 느낄 만큼 행복해질 수도 있습니다. 하지만 어느 정도 자신의 개인적인 문제점을 깨닫고 준비하는 과정 없이 덜컥 결혼하는 경우엔 그 결과가 좋지 않은 때가 종종 있으므로 각자의 노력이 필요할 것입니다.

결혼하고 싶은 상대가 나타나고 그 사람과의 결혼생활이 행복하리라 기대된다면 때론 과감한 결단이 필요합니다. 다만 결혼에 대해 남성들이 느끼곤 하는 부담감이나 책임감, 여성들이 느끼는 불안감을 스스로 얼마나 감당하고 극복할 수 있을지 생각해보아야 합니다. 결혼에 대한 과도한 기대치를 낮추고, 그 기대치를 충족시키기 위해 남녀가 함께 노력하면서 그 결과에 만족하고, 혹시나 있을 수 있는 개인적 콤플렉스를 슬기롭게 극복한다면 결혼은 매우 값진 삶의 한 과정이 될 것입니다.

연인관계

청혼을 안 해서 자꾸 결혼이 미뤄져요

연애를 한 지 5년이 되었습니다. 주변에서는 우리를 이미 부부라고 얘기합니다. 그런데 남자친구가 청혼을 하지 않습니다. 제 나이도 20대 후반이니 작년부터는 결혼을 해야 한다는 생각이 듭니다. 어떻게 해야 할까요?

당연한 말이지만, 연애와 결혼은 다릅니다. 결혼은 두 사람이 부부라는 이름으로 결합하여 가족이라는 새로운 관계를 시작하는 것입니다. 이제 두 사람은 부모에게서 심리적·물리적으로 독립하여, 같은 공간에서 생활하고, 시간이 지나 자녀를 낳고 부모가 될 것이며, 자녀를 키우고 희생하며 삶을 이어나가게 될 것입니다.

그런데 오랜 연애 끝에 결혼에 대해서 진지한 얘기를 꺼냈더니, 상대편이 결혼을 미루고 싶어하거나 원하지 않는 경우가 있습니다. 오래 사귄 여자친구가 있지만 결혼을 미루는 남자의 경우 몇 가지 유형으로 나누어 살펴볼 수 있습니다.

피터팬증후군
어른이 된 이후에도 성인 역할을 하지 않는 남자들의 유형을 일컫는 말. 이들은 여성을 이해하는 페미니스트로 보일 수도 있지만, 실제로는 여성에게 책임을 떠넘기려고 하고 의존적인 모습을 보인다. 사회적으로 독립하지 못하고 무능한 모습을 보이기도 한다.

첫 번째 유형은 피터팬증후군Peter Pan Syndrome인 경우입니다. 독립적이고 책임감이 있는 성인으로 성장하지 못한 것입니다. 이들 중 일부는 부모에게서 독립하기를 두려워하기도 하고, 또는 결혼에 대한 결정을 부모나 여자친구에게 미루기도 합니다. 후자의 경우에는 부모나 여자친구의 결정에 따라 결혼을 하더라도 배우자를 자신의 또 다른 보호자로 삼을 수 있죠. 이런 남자들은 의존성 성격 특성을 가지고 있습니다.

두 번째 유형은 아직은 다른 여자도 사귀고 싶은 바람이 있어서 결혼을 거부하는 경우입니다. 이런 남자는 연애를 하는 동안에도 바람을 피우는 일이 많을 것이고, 결혼을 하더라도 외도를 할 위험이 높습니다.

세 번째 유형은 부모가 불행한 결혼생활을 하고 있거나, 부모와의 갈등으로 결혼에 대해 부정적인 개념을 가진 경우입니다.

그렇다면 여자 입장에서, 위와 같이 남자친구가 결혼을 미루는 이유를 알게 되었을 때 어떻게 하는 게 좋을까요? 우선 앞에서 이야기한 것처럼 남자친구와 결혼에 대해서 구체적으로 얘기를 하는 것이 필요합니다. 그런 과정에서 두 사람이 결혼을 할 수 있을 만큼 성장하고 성숙할 수도 있습니다. 특히 세 번째 유형처럼 결혼에 대한 부정적인 개념이 있는 남자와는 이런 대화가 도움이 됩니다. 두 사람이 함께 이야기를 하면서 부모 이외의 행복하고 성공적인 커플/부부의 모습을 참고하여 결혼에 대한 새로운 개념을 만드는 것이 필요합니다.

첫 번째와 두 번째 유형의 남자에 대해서는 결정이 필요할 것입니다. 여자는 남자가 성장하고 변화할 때까지 기다릴 수도 있을 것이고, 또는 헤어지는 편을 택할 수도 있습니다.

연인관계

부모님에게서 독립하려니 두려움이 앞서네요

이제 곧 결혼하면 엄마, 아빠랑 떨어져 살게 될 텐데 여러 가지 고민이 많아요. 혼자서 살림을 제대로 할 수 있을지 걱정되기도 하고, 또 제가 없으면 엄마는 또 얼마나 쓸쓸해하실까도 걱정되고요.

인간은 너무나도 나약한 상태로 태어납니다. 혼자서는 아무것도 할 수가 없죠. 그래서 신생아 시기에는 한시도 빠짐없이 돌봐줄 보호자, 즉 엄마가 필요합니다. 하지만 신생아는 자신을 돌봐주는 엄마의 존재를 인식하지 못합니다. 엄마의 자궁에서 세상으로 나와 숨쉬고 배고픔을 해소하는 자기 자신의 존재감에만 몰입되는데, 이 시기를 정신분석가 말러는 '정상자폐기'라고 이름 붙였습니다. ▶'제가 이렇게 된 것이 세상 탓인 것 같아 화가 나요'(852페이지) 참조

아기는 배가 고파서 울면 먹을 것이 입으로 들어오고, 엉덩이가 찝찝해서 울면 금방 뽀송뽀송해지는 경험을 합니다. 하지만 아직까지 나 아닌 누군가(즉, 엄마)가 그렇게 해주는 거라고까지는 생각하지 못하죠. 아기가 자신과 엄마를 구분하지 못하는 이 시기를 '공생기'라고

부릅니다.

그러다가 점차 먹을 것을 주고 기저귀를 갈아주는 나 아닌 다른 누군가가 있음을 알게 되고, 그 누군가가 자기 마음대로 할 수만은 없는 타자他者임을 깨닫고는 실망하고 분노하는 때가 옵니다. 엄마는 나와 별개의 인간이라는 사실을 받아들인 뒤, 대신 엄마에 대한 영원한 이미지를 마음속에 간직하죠. 마음속의 엄마는 내가 필요로 할 때 언제든지 달려와줄 것이라 믿으면서 말입니다. 이 시기를 '분리개별화기'라고 하는데, 이런 첫 번째 개별화기는 만 3세까지 이뤄집니다.

그런데 이와 유사한 사건이 성인 초기에 한 번 더 일어납니다. 어른이 되어 부모에게서 독립하는 시기가 바로 그때인 것입니다. 첫 번째 개별화기 때는 단지 마음속으로만 엄마와의 분리가 이루어진 것입니다. 하지만 어른이 되어 맞게 되는 두 번째 개별화기 때는 실제로 몸까지 분리가 되어 진짜로 독립을 완성하게 됩니다. 성인으로서의 정체감을 공고히 하고, 부모에게서 독립해 자신의 미래를 준비하는 것이죠.

그런데 이 두 번째 개별화기를 잘 극복하지 못하는 사람들이 있습니다. 어른이 되어서도 부모의 도움을 받으려 하고, 부모와 떨어지는 것이 두려워 결혼을 망설이기도 합니다. 이렇게 된 이유는, 애초에 첫 번째 개별화기 때부터 분리가 잘 이루어지지 않았거나, 엄마가 너무 노심초사해서 아이를 곁에서 떼어놓지 못해서일 수도 있습니다. 이들은 진정한 심리적 자아를 찾지 못하고 자율성이 없어, 내가 원하는 것이 무엇인지를 알지 못하므로 삶의 방향을 잡지 못합니다. 나이가 들어서도 부모에게 의존하는 이런 유형의 '캥거루족'들은 말러의 표현대로라면 공생기에 머물고 있는 사람들이라 할 수 있습니다.

부모에게서 독립하는 것이 쉽지 않은 이유에는 심리적인 요인 외에도 사회경제적인 요인 또한 크게 작용합니다. 취업난과 부동산 가격 상승 같은 요인들 때문에 부모의 도움 없이 온전한 독립을 한다는 것이 현실적으로 상당히 어려워졌습니다. 이런 상황 때문에 부모에게 의지하고 싶은 퇴행심리가 정당성을 얻게 됩니다.

간혹 편모슬하에서 성장한 경우나 불안정한 가정에서 자라난 젊은이들이 '내가 떠나고 나면 엄마가 많이 외로워하실 텐데' 같은 걱정을 하는데, 대개의 부모들은 자신의 자식들이 '둥지를 떠나는 과정'을 기꺼이 받아들입니다. 원래 속했던 가족의 문제는 그 안에서 해결하기보다는, 밖에서 충분히 독립한 후에 더 쉽게 해결할 수 있음을 알아둘 필요가 있습니다. 부모가 걱정된다고 자신의 삶을 유예시키지는 말아야 합니다.

반대로 불안감 때문에 자식을 독립시키지 못하는 부모들도 있습니다. 이들은 자신들의 문제를 해결하지 못한 경우로, 적정한 나이에도 자식의 독립을 받아들이지 못하는 부모라면 어떻게 하더라도 안심시켜주기는 힘듭니다. 부모의 불안감은 과감히 그들 몫으로 남겨놓고 예정대로 독립을 진행해나가는 것이 좋습니다. '독립'은 말 그대로 상대방과 나는 다른 사람임을 선언하는 것입니다.

그렇다고 해서, 빨리 독립이 이루어지지 않는다고 조급해할 필요는 없습니다. 여성의 삶에 대해 장기간 추적관찰을 한 연구결과에 따르면, 젊은 여성들이 부모의 집을 떠나서 자신의 독립된 본거지를 형성하기까지는 보통 5~10년이 걸린다고 합니다. 따로 집을 얻어 나간다고 해서 순식간에 독립이 완성되는 것이 아니라는 것입니다.

가족과의 관계를 단절하기보다는 긴 기간에 걸쳐 서서히 아동기보다 어른다운 형태로 변형시켜나가는 것이 좋습니다. 지금까지 부모의 집에 살면서 취해왔던 부모와의 관계와 어린 아들/딸로서의 역할들 중 버릴 것은 버리고 유지할 것은 유지하면서, 그 자리를 사람들과의 새로운 관계, 세대주로서의 책임감 같은 자질로 채워야 합니다. 함께 살던 부모는 이제 내 마음속에 존재하는 든든한 후원자의 역할만 해주면 되는 것입니다. ▶'너무 남들의 평가에 신경 쓰며 사는 것 같아요'(858페이지) 참조

2

성격

제 성격이 이상하다고들 해요

사람들이 자꾸 저보고 성격이 이상하다는데 전 잘 모르겠어요. 고등학교 때부터 그런 얘기를 많이 들었는데 그렇다고 제가 왕따를 당하거나 한 것도 아닌데 말이죠. 특별히 불편한 것도 없고요. 친구는 몇 명 정도 있습니다. 하지만 자꾸 성격이 이상하다는 말을 들으니 조금씩 고민이 됩니다.

우리는 흔히 "거 참 성격 이상하네" "성격 더럽기는" "제 성격이 괴짜 같대요. 아니면 4차원?" "이게 그냥 성격인가요, 아니면 병인가요?"처럼 '성격'이라는 말을 자주 씁니다. 이 말은 흔히 사람이 하는 모든 사고와 행동에 확대되어 쓰이는 경우가 많습니다. 그리고 그것이 다른 사람과 다를 때 '이상하다'는 평가를 받곤 하죠. 간단히 말해, 앞 사례 같은 경우는 대부분 자신만의 개성이나 미숙함에 따른 서툰 행동으로 큰 문제가 되지는 않습니다.

반면, 기질적 문제가 있는 경우도 있습니다. 적절한 대화를 못 하는 사람들 중에는 언어감각의 부족으로 농담을 이해하지 못하는 사람, 반대로 사회성 지능이 부족해 눈치가 너무 없는 사람, 관심의 폭이 좁고 하나의 일에만 몰두하는 사람, 집중력 문제가 있어 남 얘기를 못 듣다 보니 괴짜라고 불리는 사람, 자폐적 성향이 있어서 사회성이 떨어지는 사람도 있습니다. 이런 경우도 우리는 쉽게 성격적 문제로 돌리곤 합니다. 감정적 문제도 흔한데, 우울증이 있어 항상 가라앉아 있는 사람이나 분노조절이 안 되는 사람, 조울증 문제가 있는 사람 등도 성격문제가 있는 것으로 오인되곤 하죠.

현대정신의학에서 진단되는 성격장애는 위 같은 기질문제나 정서문제가 아니라, 개인의 축적된 경험이나 행동이 사회에서 기대되는 것에서 너무 동떨어질 때 진단될 수 있습니다. 자기나 타인을 인지하는 방식, 기분변화, 대인관계에서의 기능, 충동조절에서 문제가 지속되는 경우에 해당합니다.

성격이란 한 개인의 고착된 행동 및 생각의 패턴을 말하는 것으로, 성격에 대한 평가 역시 그 목적에 따라서 다양합니다. 많이 알려져 있는 MBTI 같은 경우는 병적인 성격을 판단하기보다는 일반적으로 어떤 경향이 있는지를 판단하는 데 도움이 되는 방법입니다. 성격장애를 판단하는 기준, 즉 병적으로 성격에 문제가 있다고 판단하는 기준은 〈DSM-5〉에서 확인할 수 있습니다.

〈DSM-5〉에서는 성격장애를 10가지로 분류하여 제시하는데, 공통적인 요소가 많은 성격장애를 같은 범주로 판단합니다. 각 성격장애의 특징을 간단히 살펴보겠습니다.

성격장애 A군Cluster A은 괴상하고 편벽된 특징을 가지고 있는데, 이에 해당하는 것으로는 편집성 성격장애와 조현성 성격장애, 조현형

성격장애를 들 수 있습니다. 먼저 편집성 성격장애는 다른 사람의 동기를 항상 악의가 있는 것으로 해석하는 등 타인에 대한 전반적인 불신과 의심이 특징입니다. 조현성 성격장애는 사회적 유대관계에 관심이 없고, 감정표현이 매우 제한적인 양상을 보입니다. 한편 조현형 성격장애의 경우는 친분관계를 매우 불편해하고, 인지 및 지각의 왜곡, 괴이한 행동을 보이는 것을 특징으로 합니다.

성격장애 B군Cluster B은 극적이고 감정적이고 변덕스러운 것이 특징으로, 이에 해당하는 성격장애로는 반사회성 성격장애, 경계성 성격장애, 연극성 성격장애, 자기애성 성격장애가 있습니다. 반사회성 성격장애는 다른 사람들의 권리를 무시하거나 침해하는 행동을 지속하는 양상을 보입니다. 경계성 성격장애는 대인관계, 자아상, 정서의 불안, 심한 충동성을 특징으로 합니다. 연극성 성격장애는 감정이 과도하게 풍부하며 사람의 주의를 끄는 행동양상을 특징으로 합니다. 그리고 자기애성 성격장애는 과대성, 숭배의 요구, 공감의 부족 양상을 보입니다.

자기애성 성격장애
항상 주인공이 되려 하고 그것을 확인하려 하며, 경쟁에서 지거나 자신의 잘못을 지적당하면 유달리 못 견디는 성격장애 유형. 자신이 과대하고 훌륭하다는 생각을 지속적으로 가지고 있는데, 주변에서는 매우 이기적이고 잘난 척하는 사람으로 보지만, 정작 본인은 그것을 인지하지 못한다.

성격장애 C군Cluster C은 불안해하고 겁이 많은 것이 특징입니다. 회피성 성격장애와 의존성 성격장애, 강박성 성격장애가 이에 해당하는데, 먼저 회피성 성격장애는 사회관계의 억제, 부적절감, 그리고 부정적 평가에 예민한 모습을 보입니다. 의존성 성격장애는 돌봄을 받고 싶은 욕구가 복종적이고 매달리는 행동으로 나타나죠. 강박성 성격장애는 정돈, 완벽, 조절에 대한 지나친 집착으로 나타납니다.

'어떤 증상이 있으면 ○○ 성격장애다'라는 설명은 단지 범주적인 관념에 불과하며, 복잡한 성격장애를 이해하기에는 한계가 있습니다. 이에 대한 대안으로 〈DSM-5〉에서는 이전 〈DSM-4〉보다 다차원적인 성격장애 진단기준을 추가하며, 성격의 기능적 요소를 주요한 기준으로 제시했습니다. 성격의 기능적 요소란 '자기(내적 요소)'와 '대인관계(외적 요소)'로 구성되는데, 여기서 자기란 '정체성'과 '자기주도성'을 의미하며, 대인관계는 '공감'과 '친밀감'을 말합니다. 즉 내적으로 안정된 정체성과 일관적이고 생산적인 주도성을 가지며, 공감과 친밀감을 가지고 대인관계를 잘 해야 건강한 성격으로 볼 수 있고, 여기에 문제가 있으면 성격에 문제가 있는 것으로 해석하는 것입니다.

사실 성격장애는 어디서부터 어디까지 장애라고 딱 잘라 말하기 어렵습니다. 이는 유전적인 요소와 더불어 인간의 발달과정에서 영향을 받은 모든 요소를 총합해 나타난 결과물이며, 누구나 어느 정도는 문제적 요소들을 포함하고 있을 수 있기 때문이죠.

그렇다고 성격장애 문제를 해결할 수 없다는 말은 아닙니다. 어떤 요소든 하나씩 스스로 인식하고 바람직한 해결책을 찾는 과정을 시도하면서 꾸준한 훈련을 하면 교정될 수 있기 때문입니다. 상황에 따라서 필요하다면 약물치료를 병행하는 것도 좋은 방법입니다.

거절이나 싫은 소리를 못 하겠어요

주변사람들 때문에 너무 부담스러워요. 예전부터 가족이나 주변사람들이 사소한 일을 부탁하면 거절을 못 하고 모두 도맡아 해왔는데요. 그러다 보니 내 일은 뒷전인 경우가 많아지고, 결국 모든 일을 다 책임지지도 못해 곤란해진 적이 한두 번이 아니었어요. 이런 상황이 반복되니, 이제 정말 너무 힘들어요.

거절을 잘 하는 사람은 많지 않습니다. 특히 우리나라처럼 정에 기대는 인간관계에서는 거절을 잘 못하는 사람들이 많죠. 하지만 어떤 사람들은 그 때문에 사회생활이나 대인관계에서 곤란을 겪고, 이로 인해 관계 자체를 회피하기도 합니다. 앞 사례의 주인공은 고등학생 때 돌아가신 어머니를 대신해 아버지와 남동생이 있는 집안의 살림을 도맡아 해오는 상황이었습니다. 거기다 아버지는 음주문제가 심각해 어린 시절부터 집안에 시끄러운 일이 많았다고 합니다. 사람마다 다르겠지만 이렇게 불안정한 가정환경은 아무래도 성격에 영향을 미치게 됩니다.

우선 생각해볼 것은, 기질적으로 불안수준이 높아서 상대의 부탁을 거절할 때 생기는 불안을 감당하지 못하는 경우입니다. 가드너의 다중지능이론에 의하면, 인간은 언어지능, 논리수학지능, 공간지능, 신체운동지능, 음악지능, 인간친화지능, 자아성찰지능, 자연친화지능 등 여러 분야에 걸쳐 독특한 지능을 가지고 있는데, 공감능력이 너무 발달한 아이들은 상대방 마음이 다칠까 봐 부탁이나 싫은 소리를 못하는 상황에 처할 수 있다고 합니다.

이러한 기질들은 양육환경과 상호작용을 하게 되는데, 유년기 시절 아버지의 음주나 부모의 부부싸움으로 가정 내 분위기가 불안정하거나 부모와 자녀 사이가 너무 지배적인 관계로 형성되었다면, 자녀는 주변의 눈치를 보면서 자신의 욕구보다 타인의 욕구를 우선시하게 됩니다. 아버지 혹은 어머니의 부탁을 거절하는 경우 집안 분위기가 악화될 가능성이 있으니, 어린아이 입장에서는 묵묵히 부탁을 수행하는 것이 낫다고 생각하게 되는 것입니다. 거기에 '착하고 얌전한 아이'라는 칭찬을 보상으로 받게 되면 이런 대응은 더욱 강화되고 자신의 욕구는 깊이 숨어버려서 존재하는지조차 알 수 없게 되는 것이죠.

성장과정에서 이런 성격형성에 중요한 영향을 미치는 시기는 에릭슨의 발달단계 중 두 번째인 18개월~3세 사이의 유아기입니다. 3세경이 되면 아이는 어머니에게서 독립을 시작하여 자기주장이 많아지고 반항을 하기도 합니다. 이때 어머니가 버릇을 고쳐놓아야겠다는 생각으로 아이에게 너무 많은 제재를 가하고 통제만 하려고 하면 문제가 발생합니다. 이 시기가 자율성과 수치심이 생기는 시기이기 때문이죠. 잘 적응하면 자율적인 성격이 되지만, 과잉통제시 위축되고 수치심이 가득한 아이가 될 수 있습니다. 점점 자신감이 없어지고 자기주장을 내세우지 못하는 아이는 무조건 주변의 의견에 따르는 태도를 가지게 될 수 있습니다.

단호하게 거절하지 못해서 시간적·경제적 손해를 보는 일이 자주 발생하게 되면, 남의 요구에 순응만 하는 자신의 모습은 어느덧 스트레스가 됩니다. 이런 경우 자신의 모습을 못마땅해하다가 우울증이 나타나기도 합니다. 또 이들의 억압된 욕구가 어느 순간이 되면 억제되지 못하고 드러날 수 있습니다. 참다못해 분노를 폭발시키지만 주변사람은 그 분노상황을 잘 이해하지 못합니다. 분노조절장애로 나타나는 것이죠.

경우에 따라서는 자신도 모르게 은근히 맡은 일이 잘못되는 방향으로 상황을 끌고 가는 경우가 생길 수 있습니다. 어떤 과제가 부여되면 하겠다고 하고는 일을 착수하자마자 몸살이 왔다고 결근을 한다든지, 이런저런 핑계를 대면서 결국 일을 지연시키죠. 은연중에 상대로 하여금 죄책감을 느끼게 유발하거나 짜증과 답답함을 느끼도록 만드는 것입니다. 거절하지 못하는 수동적인 성격을 이렇게 간접적인 공격으로 해결하는 경우가 대인관계 전반에서 나타나면 수동공격성 성격장애로 진단할 수 있습니다.

수동공격성 성격장애
미루는 버릇이 심하고, 따지기를 좋아하고, 직장에서 일을 시원스레 끝내지 못하고 주춤거리며, 불평이 많아 투덜거리는 습관이 몸에 밴 유형. 중요한 임무에 태만하거나 잊어버리는 일이 잦으며, 본인이 내키는 일은 적극적으로 처리하지만 그렇지 않으면 미적거리는 편이다. 절대 거절의사를 표하지 않아 사람을 곤란하게 만드는 경우가 많다.

물론 부탁을 거절하지 못하고 자기주장을 펴지 못하는 성향을 한순간에 바꾸기는 쉽지 않습니다. 여태 그렇게 살아오기도 했거니와, 한편으로는 그게 자신에게 가장 안전한 방법이기 때문입니다. 하지만 그런 성향에서 벗어나고자 한다면, 먼저 그것이 아주 어린 시절 살아남기 위해 불가피하게 내린 선택이었을 뿐임을 충분히 인지해야 합니다. 자기주장을 하는 것이 무슨 큰 죄를 짓는 것 같고 무척이나 이기적인 행동인 것처럼 느껴지지만, 용기를 내서 자신의 감정을 읽고 표현해야 하는 것입니다.

거절이나 자기주장을 잘하기 위해서는, 우선 자신이 거절을 하더라도 실제로 상대가 화가 나거나 나에게 실망하는 것은 아님을 잘 알아야 합니다. 내가 부탁했다가 거절을 당했을 경우에도 기분이 그렇게까지 나쁘진 않다는 것도 인지해둘 필요가 있습니다. 또 오히려 자신의 의견을 제대로 표현하지 못하는 사람에 대한 평가는 어떠한지 곰곰이 생각해볼 필요도 있죠.

구체적으로 어떻게 거절해야 하는지 잘 모르는 경우에는 쓸 만한 대화법을 일일이 메모해두는 것도 좋습니다. "잘 모르겠습니다만" "나중에 해드릴게요" "글쎄요" 같은 애매모호하고 상황을 지연시킬 수 있는 관용구가 도움이 될 수 있습니다.

또 불안장애가 동반된 경우도 많으므로 전문가의 상담과 함께 거절하는 훈련 등의 치료를 하는 것도 좋겠습니다. ▶'모든 일을 혼자 떠맡게 됩니다'(519페이지) 참조

내가 혹시 사이코패스일까요

제가 혹시 사이코패스일까요? TV나 인터넷을 보면, 살인범들이 흔히 사이코패스라고 하더라고요. 공감능력이 부족하면, 사이코패스라던데, 전 아무래도 공감능력이 부족한 것 같아요. 분노와 복수심 같은 안 좋은 감정도 자주 느끼고요. 이러다 저도 모르는 사이에 무슨 사고라도 치지 않을까요?

요즘 사건 사고를 방송하는 뉴스에서 가장 많이 들을 수 있는 말이 성격장애, 바로 이 사이코패스Psychopath죠. 그도 그럴 것이 다른 사람의 권리를 무시하고 침해하는 행동을 반복적으로 하는 성격이니 당연히 범죄에 연루되는 경우가 많습니다. 영화 〈양들의 침묵〉부터 시작해 많은 범죄영화와 드라마의 단골소재로도 쓰이고요.

사이코패스, 소시오패스Sociopath, 반사회성 성격 모두 언론에서 자주 등장하는 용어인데, 사실 약간의 차이는 있습니다. 가장 포괄적인 용어는 반사회성 성격장애입니다. 사이코패스는 그중 극소수에

사이코패스
반사회성 성격장애를 가진 사람 중 일부에게 나타나며, 기질적 문제를 가지고 있어 윤리나 법적 개념이 거의 없고, 어려운 대화맥락을 이해하는 데 어려움이 있다. 공포반응이 느리고, 감정을 표현하는 데 미숙하다. 전두엽 이상과 세로토닌 기능의 이상으로 감정조절에 문제가 있어 충동적이다.

소시오패스
기질적으로는 정상이지만, 어린 시절 심각한 환경적 결핍으로 반사회

성 성격장애를 보이는 경우. 기질적으로는 정상이기 때문에, 감정조절을 잘 하고 타인의 감정을 이용하는 경향이 있다. 또한 충동적으로 끔찍한 범죄를 저지르는 사이코패스와 달리, 치밀하고 계산적으로 반사회적 행동을 하며, 윤리적 문제가 있다는 것을 인지하면서도 문제행동을 저지른다.

해당하며, 소시오패스는 사이코패스와 비슷하지만 그 원인과 양상이 약간 다른 경우입니다. 사실 사이코패스와 소시오패스라는 말은 이제 정식진단 용어로는 잘 쓰지 않는 단어입니다. 따라서 개념상 혼란이 올 수 있습니다.

반사회성 성격장애를 가진 사람은 충동적으로 행동하는 경향이 있으며, 사회적 규범을 지키지 못하고, 타인의 감정에 잘 공감하지 못하고, 죄책감을 느끼지 못합니다. 발달과정에서 도덕적 기준을 형성하는 초자아가 형성되지 않아 이러한 성격이 형성된다고 볼 수 있습니다. 또 ADHD와 관련 있으며, 범죄를 저지르는 확률이 높은 것으로 알려져 있고요. 사이코패스와 소시오패스는 반사회성 성격장애를 가진 사람 중 일부라고 보시면 됩니다.

언론에서 화제가 되다 보니 인터넷에서 사이코패스 자가진단 테스트를 해보고 결과가 안 좋으면 자신이 사이코패스가 아닌가 걱정하는 사람들이 있습니다. 일단은 이렇게 걱정한다는 것 자체가 본인이 사이코패스가 아니라는 거니 안심해도 좋습니다. 오히려 자신이 사이코패스가 아닌가 걱정할 정도로 스스로에 대한 자신감이 없다는 것이 문제라고 할 수 있죠.

사이코패스, 소시오패스 같은 반사회성 성격의 핵심적인 공통점이 타인에 대한 인간적인 공감과 애정이 없다는 것이라는 사실은 생각해 볼 거리를 던져줍니다. 이런 특성들은 보통 사람에게서도 찾아볼 수 있죠. 특히 인터넷상에서 쉽게 타인에게 상처를 주거나, 남의 불행을 조소하는 데서 쾌감을 느끼는 이들이 그러한 경우입니다. 도덕성의 부재는 멀리 있는 것이 아니며, 결과를 생각지 않고 저지르는 작은 행동이 누군가에게는 사이코패스처럼 느껴진다는 것을 알아둘 필요가 있습니다.

혹시라도 손해볼까 봐 일일이 따지는 사람 때문에 힘들어요

사사건건 따지고 의심하는 남편 때문에 정말 못살겠어요. 다른 사람 통해 전달한 부의금도 중간에 부탁받은 사람이 횡령하지는 않았나 의심을 하고, 걸핏하면 주변 사람이 자기한테 뭔가 가져가려 한다고 신경을 곤두세워요. 저까지 의심하고요. 하루 이틀도 아니고 결혼할 때부터 70 평생을 이렇게 살다 보니, 힘들어서 인생에 대한 회의까지 듭니다.

걸핏하면 소송을 거는 등 법원과 아주 가까운 사람들이 있습니다. 얼핏 보면 완벽하고 꼼꼼한 것 같지만, 속을 들여다보면 그 핵심원인은 따로 있는 경우가 많죠. 마음속에 불신과 의심이 가득해 누가 뭘 어떻게 하든 다 원망스럽고 못마땅한 것입니다.

이런 경우를 편집성 성격이라고 말할 수 있는데, 이들은 충분한 근거 없이도 다른 사람들이 자신을 착취하고 속인다고 의심하고, 타인의 성실성이나 신용을 밑도 끝도 없이 의심합니다. 자신의 말이 혹시 악용될까 봐 터놓고 얘기하기를 꺼리고, 사소한 말이나 사건 속에 자기를 무시하거나 위협하려는 의도가 숨겨져 있는지 찾으려 하고요.

모욕을 받거나 경멸을 당하면 오랫동안 마음에 담은 채 복수하려 하고, 이유 없이 배우자나 성적 상대자의 정절을 자꾸 의심하죠. 흔히 의처증이 있는 사람은 이 성격장애가 바탕에 깔린 경우가 많습니다.

이렇게 불신과 의심이 기저에 있어 성격적으로 문제가 되는 경우는, 아주 어린 시절에 불우한 경험을 했을 가능성이 큽니다. 타인에 대한 기본신뢰Basic Trust가 형성되는 것은 갓난아기 시절로, 에릭슨의 성격발달이론에 의하면 최초인 구강-감각 단계라 할 수 있습니다. 이 시기는 편안하게 자고, 먹고, 안락하게 배설하는 일상적 생활이 안정적으로 이루어져 기본신뢰가 쌓이는 시기입니다.

바꿔 말하면, 배고파서 울면 금방 젖을 먹이고, 졸려서 칭얼대면 금방 편안하게 재워주어, 누군가가 나를 지켜주는구나 하는 믿음이 자리 잡아야 한다는 것입니다. 이 시기에 충분한 양육을 받지 못하면 기본신뢰에 손상을 입게 된다는 것이죠.

이런 문제를 가진 사람들은 본인뿐 아니라 주변사람을 힘들게 합니다. 이들은 자신의 편견과 부정적인 관념이 사실임을 보여주려고 노력하고, 자신의 공포를 다른 사람에게 투사하여 악의적인 동기가 주변사람에게 있다고 확인하려 들기 때문입니다. 자신이 남을 못 믿는 것이 문제인데, 주변사람이 자신을 속인다고 주장하는 것이죠.

기본신뢰에 문제가 있으면 치료하기 매우 어렵지만, 결국 본인의 문제를 알 수 있도록 투명하고 꾸준한 자세로 도와주는 것만이 방법입니다. 조금이라도 남아 있는 기본신뢰가 커질 수 있도록 말입니다.

자꾸 자해를 하게 됩니다

남자친구가 속상하게 할 때마다 손목을 긋곤 해요. 남자친구가 떠날 것 같은 두려운 마음이 들면 견디기가 힘들어지거든요. 그럴 때 손목을 그으면 마음이 편해져요. 남자친구도 제가 원하는 것을 들어주고요.

자해는 자살과 좀 다릅니다. 자살은 자기를 살해하는 위험한 행동을 지칭하는 개념이고, 자해는 자살과 매우 가깝지만 죽을 만큼 괴롭다는 감정신호의 의미가 강합니다. 손목긋기Wrist Cutting 같은 것은 죽을 수도 있지만 죽지는 않는다는 것을 아는 상태에서 행해지는 것입니다. 다시 말해 자해는 자살과 달리 그런 행동 자체가 문제라기보다는 그런 행동을 할 정도로 감정상태가 악화되는 것이 더 근본적인 문제입니다.

웬만한 사람들은 아무리 화가 나도 겁이 나서, 또 통증이 두려워서 손목을 긋는 행동 같은 것을 하기가 힘들죠. 그러나 상습적으로 손목을 긋는 사람들은 통증을 잘 못 느끼며, 오히려 손목을 그으면서 쾌감을 느끼거나 긴장이 해소되는 기분을 경험한다고 합니다. 반복적인 고통은 대뇌에서 내인성 마약물질을 분비하기 때문에 마치 중독된 듯 자해를 되풀이하는 면도 있습니다. 하지만 그보다는 통증을 느낄 때만 자신을 재확인할 정도로 정체성이 뚜렷하지 않거나, 자신에 대한 분노를 자해로 해소할 정도로 감정이 아픈 상태라고 보아야 합니다.

이런 문제는 경계성 성격장애인 경우 많이 드러납니다. 경계성 성격장애는 불안정한 자아상과 대인관계, 감정적으로 변동이 심하고 충동적인 특징을 갖는 성격장애입니다. 먼저 자신과 대인관계의 대상에 대한 평가가 일관성이 없습니다. 이 사람들은 대인관계에서 버림받지 않으려고 처절하게 애를 쓰고, 상대방을 이상화했다가 평가절하하기를 반복하는데, 이런 평가는 자신에게도 마찬가지여서 때로는 스스로를 최고, 때로는 쓰레기로 묘사합니다.

이들은 감정 변동과 충동성으로 인해 자해나 자살행위도 자주 반복적으로 하는 편입니다. 또한 만성적인 공허감을 느끼며, 부적절할 정도로 심하게 화를 내거나 화를 조절하지 못하는 모습도 보입니다. ▶'애인에게 너무 집착하게 돼요'(457페이지) 참조

이들은 대인관계에서 상대가 마음에 들면 그를 이상화하여 자신의 모든 것을 이해해줄 것처럼 느끼고, 자신의 불안정한 감정을 계속하여 호소합니다. 그러다 상대가 관계를 끊으려고 하면 갑작스럽게 그를 평가절하하는 것도 모자라 그가 가해자라고 여깁니다. 그에게 버림받는 것에 대해 극심한 공포를 느끼고 이를 줄이기 위해 분노와 비난과 자해행동을 하는데, 이 행동으로 상대방은 죄책감을 느끼게 되고요. 기질적으로는 분노조절능력과 충동성이 취약한 상태로 알려져

있어, 극도로 빠른 시간을 주기로 하는 조울증의 한 형태라는 이야기도 합니다.

경계성 성격장애는 의존성 성격장애와 함께 임상적으로 흔히 볼 수 있는 성격장애입니다. 치료로는 약물치료와 더불어 꾸준한 정신치료를 하게 되는데, 치료자와의 관계에서도 특징적인 대인관계 패턴이 나타나기 때문에 환자가 지속적으로 치료를 받지 못하고 여러 곳을 전전하는 경우가 많습니다. 따라서 이 성격장애의 치료에서 관건은 위기 상황을 포함해 모든 상황에서 항상 꾸준하고 일정한 치료자-환자 관계를 인내심을 가지고 유지하는 것입니다. 환자와 치료자 모두가 그 점을 위해 노력하는 것이 무엇보다 중요한 것입니다.

내 위주로 이야기하지 않으면 불안해요

저는 25살 여자입니다. 이유 없이 종종 불안한데, 저도 왜 그런지 이해가 잘 안 돼요. 특히 여러 사람과 모여 있을 때 자기들끼리 이야기하면 불안하고 신경이 쓰입니다. 사실 그들 대부분이 나보다 능력이 없어서 의미 없는 이야기를 하는 거란 생각이 들기도 하는데, 그러면서도 계속 불안해요.

사람은 누구나 자신을 사랑하는 느낌, 즉 자기애를 가지고 있고, 특히 어린 시기에는 미성숙하고 과장된 자기상과 고양된 자기애를 가지고 있습니다. 어린 시절에 한 번쯤 대통령이 되겠다고 하거나 자기가 만화영화의 주인공이라는 환상에 빠질 수 있는데요. 이는 정상적인 발달과정입니다. 성장하면서 이 자기상은 한계를 수용한다거나 비판과 좌절을 경험하게 되는데, 이런 부정적인 경험을 견디면서도 긍정적인 자존감을 유지할 수 있어야 건강한 성격으로 발달할 수 있게 됩니다. 이런 건강한 발달과정을 거치지 못하면, 무의식적으로 자신을 여전히 과대하게 지각하고, 좌절이 느껴지면 심각하게 열등감을 느끼거나 앞 사례의 경우처럼 불안감을 느끼게 되는 경우가 있습니다.

여기서 중요한 것은 좌절에도 불구하고 긍정적인 자존감을 유지하는 것입니다. 자존감이란 자신에 대해서 어떻게 생각하는지에 대한 전체적인 느낌으로, 스스로를 존중하고 사랑하는 마음을 뜻합니다. 적당하고 긍정적인 자존감을 가진 사람은 자신의 존재가 소중하고 가치 있다고 믿습니다. 그래서 좌절이 와도 크게 흔들리지 않고 웬만한 비난이나 실수에도 평정심을 유지할 수 있죠. 긍정적인 자존감을 다른 표현으로 하면, 무슨 일이 있어도 '나는 괜찮은 사람이야'라고 생각하는 자기확신이라 할 수 있는데요. 이런 사람은 자신과 타인 모두를 소중히 여기고, 긍정적인 대인관계를 유지합니다.

자존감이 너무 높거나 낮은 경우, 모두 문제가 생깁니다. 자존감이 너무 높으면 다른 사람을 무시하는 경향이 강해집니다. 좌절을 경험하면 더 많이 실망하고 괴로워하거나, 심한 경우 그 사실을 인정하지 않으려 듭니다. 자존감이 너무 낮으면 항상 열등감에 시달립니다. 아무래도 타인의 시선을 많이 의식하게 되고, 매사에 자신감이 없이 주저주저하게 됩니다.

긍정적인 자존감의 발달과 자기애는 어린 시절은 물론 인생 전체에 걸친 중요한 화두입니다. 코헛의 자기심리학에서는 자기애를 중심으로 인간의 거의 모든 심리상태를 분석할 정도이니까요. 태어나자마자 엄마가 보내는 따뜻한 눈빛에서 긍정적인 자존감과 자기애가 발달하기 시작합니다. 성장하면서 경험할 수밖에 없는 적당한 좌절, '그럼에도 불구하고 넌 소중하다'는 사랑에 찬 격려는 긍정적인 자존감 형성의 기본입니다. ▶'너무 남들의 평가에 신경 쓰며 사는 것 같아요'(858페이지) 참조 반면 과보호와 지나친 칭찬, 너무 심한 좌절과 비난은 독이 됩니다. 칭찬에만 익숙한 사람과 칭찬받지 못한 사람 모두 나이가 들면 타인의 칭찬과 관심에 목말라하고, 그로 인해 다른 행동들이 왜곡됩니다. 이런 양상이 심한 경우 자기애성 성격장애라고 진단할 수 있습니다.

자기애성 성격장애를 가진 이들은 자신의 중요성에 대한 과대한 느낌을 가지고 있으며, 무한한 성공, 권력, 명석함, 아름다움, 이상적인 사랑과 같은 공상을 많이 합니다. 자신은 특별하다고 믿고, 과도한 숭배를 요구하거나 특별한 대우를 받기를 기대하죠. 대인관계에서는 착취적인 면이 있어서 자신의 목적을 달성하기 위해 타인을 이용하려 하고 감정이입이 부족한 경향이 있습니다.

자기애성 성격장애를 극복하는 방법은 자신이 1등이 되지 않아도 괜찮은 사람이라는 것을 받아들이는 것, 즉 적당한 좌절을 경험하고도 긍정적인 자존감을 유지하는 것입니다. 치료자 입장에서는 결국 스스로가 자기애를 포기할 수 있도록 도와주어야 하는데, 자기 성격에 문제가 있다는 것을 받아들이는 것도 자기애과 관련이 있어 어려워하는 경우가 많습니다. 보통 자신과 타인에 대한 과도한 이상화나 평가절하 문제부터 해결하기 시작하는데, 꾸준한 치료가 필요한 경우이니 치료자나 환자 모두 인내심을 가지는 것이 중요합니다.

3

직업

진로

다시 수능을 보거나 편입하고 싶어요

3수 끝에 대학에 갔는데 만족스럽지 않아요. 다시 편입을 해야 하나 싶기도 하고요. 어려서부터 서울대를 목표로 했던 터라 만족할 수가 없어서, 원래 성적에 맞춰 경기도 소재 대학에 갔다가 다시 입시공부를 시작했어요. 친구들은 다 명문대에 다니고 있고요. 저도 대학을 업그레이드시켜서 인생을 업그레이드해야 하지 않을까요? 이런 생각에 잠도 잘 오지 않아요.

인간이 우울증으로 고생하는 이유는 너무 많은 생각과 걱정 때문이라는 말이 있습니다. 그 걱정의 상당부분은 아직 벌어지지 않은 미래에 관한 것이죠. 사실 엄청난 속도로 급변하는 세상이다 보니, 앞으로 무슨 일이 벌어질지 두렵고 미리 대비하려는 불안한 마음을 갖는 것도 당연합니다.

20대 초반은 성인으로 책임 있는 삶을 시작하는 첫 단계이니, 불안한 마음이 가장 심한 때입니다. 게다가 불안한 미래를 해결하기에 부족하다는 느낌을 받은 지 얼마 안 되는 시점, 즉 대학에 실패했다고 깨달은 지 얼마 안 되는 시점입니다. 이런 경우 사람은 모든 걸 지우고 다시 시작하고 싶은 유혹을 받기 쉽습니다. 마치 리셋증후군Reset Syndrome처럼 말이죠. 게다가 어린 시절부터 대학이 인생의 전부이고 가장 중요하다는 이야기를 흔히 들어오던 터라 지금의 그림을 지워버리고 다시 그리고 싶은 마음이 드는 것은 더욱 당연합니다.

리셋증후군
컴퓨터에 오류가 있을 때 이를 초기화시키는 것처럼 현실세계에서도 잘못된 부분이 있으면 얼마든지 리셋이 가능할 것으로 착각하는 현상.

이렇듯 사회적으로 충분히 이해할 수 있는 상황이라 하더라도, 계속 대입에 매달리는 경우 자신의 마음을 돌아보는 과정이 필요합니다.

처음으로 생각해보아야 할 점은 자신이 실패와 좌절을 받아들이지 못하고 비현실적인 부정을 하는 것은 아닌지 돌아보는 것입니다. 비록 대입에서 불만스러운 결과를 얻었더라도 그것으로 인생이 불만족스럽게 끝난 것은 아닙니다. 그런데 마치 인생 전체가 끝난 것처럼 실망하고, 다시 매달리는 경우가 많습니다.

미국의 케네디 대통령과 같은 시기에 하버드대학을 졸업한 사람들을 몇십 년간 추적관찰한 연구가 있습니다. 3분의 1은 그 명성에 걸맞게 정치가나 유명한 사람이 되었지만, 3분의 1은 대학의 명성에 비하면 고개가 갸우뚱해지는 평범한 인생을 살았고, 나머지 3분의 1은 노숙, 자살 등 누가 봐도 실패한 인생으로 생을 마감했다고 합니다. 이 연구는 좋은 대학을 졸업했다는 것이 인생의 성공을 보장해주지 않으며, 고통과 어려움을 참고 인내할 줄 아는 능력이 가장 중요한 성공의 요소라고 결론지었습니다. 받아들이기 힘들지만, 실패를 인정하고 차분히 다음 단계를 준비하는 것이 궁극적인 성공과 행복에 가까운 길은 아닌지 돌아보아야 한다는 것이죠.

다른 한편으로 이렇게 대입에 매달리는 경우, 여러 가지 문제에 대해 효율적인 적응방법을 갖추지 못하게 됩니다. 만족스럽지 않더라도 대학생활을 시작한 경우에는 고등학교 때와 달리 대인관계나 여러 활동영역에서 주도적인 대응을 요구받게 되죠. 그런데 그런 다양한 상황들은 두렵고 피하고 싶습니다. 그러다 보니 적응을 잘 하지 못하게 되고, 결국 이것은 학교의 문제이니 '학교를 더 좋은 곳으로 가야겠구나' 하고 판단하게 됩니다. 대학생활 적응에 문제가 있는 것인데, 이를 대학수준의 문제라 판단하고 다시 대입에 매달리는 것입니다. 이는 결국 수능을 준비하는 단순한 수험생의 신분으로 자기 위치를 퇴행시키는 것입니다. 어려워 보이지만 훨씬 단순한 적응방법이기 때문입니다. 요즘은 취업난을 이유로 대학에서도 퇴행된 적응방식, 즉 고등학교 시절 수험생처럼 지내는 사람들이 많습니다.

눈앞에 보이는 대입이나 취직 등의 결과도 물론 중요합니다. 하지만 이 모든 것은 궁극적으로 사람들과 어울려 행복한 감정을 가지고 일하기 위한 과정입니다. 그래서 항상 자신을 돌아보고, 좌절에도 크게 흔들리지 않고 앞으로 나아가려는 태도가 중요한 것입니다.

진로

군대를 가려니 너무 걱정이 됩니다

다음 달 군입대 신체검사를 앞두고 있습니다. 평소 여린 성격인데다 중3 때 왕따를 당한 경험이 있어 막상 군대를 가려니 너무 무섭고 잠이 오지 않습니다. 군대에 가서 제가 잘 해낼 수 있을지 걱정이 됩니다.

어느 사회에서나 소년이 성인남성이 될 때는 입문식이라는 과정이 존재합니다. 이는 과거의 이기적인 어린아이에서 집단의 한 구성원으로서 성인이 되도록 하는 예식으로, 현대사회에서는 고도의 상징성을 통하여 과거의 자신이 죽음을 맞고 새로운 집단의 자아로 태어난다는 의미를 담고 있죠. 우리나라에서 한 사회의 일원으로 편입하는 입문식은 상징적으로 군입대라 볼 수 있습니다.

군대는 조직적 움직임을 훈련하는 곳이기 때문에 강제적이며 강압적인 경향이 있습니다. 이렇게 개인은 없고 오직 단체의 구성원으로서 움직이도록 하는 경험 자체가, 아직 인격이 완성되지 않은 청년에게는 조직사회를 이해하고 자신의 한계를 극복하며 자부심을 느끼게 하는 새로운 계기가 되기도 합니다. 반대로, 자기시간이 강제로 사라지고 이전의 취미나 활동으로부터 격리되면서, 청소년기와 폭력적인 단절이 이루어지는 계기처럼 여겨지기도 합니다.

의지로 이겨낼 수 없는 정신적 취약성이 의심된다면, 당연히 입대 전에 사전점검이 필요합니다. 최근에는 사회적으로 정신과적 문제에 대한 이해도가 높아져, 만성적 우울증, 조울증, 지능문제, 충동조절 곤란 및 집중력 곤란 같은 문제가 있는 경우 군생활에 부적합한 것으로 판정되는 경우가 늘어났습니다. 그런가 하면 입대 이후에도 상황에 따라 문제가 발생할 수 있죠. 이전에 사회생활을 할 때는 문제가 없었지만 엄격한 조직문화 내에서 적응문제가 드러나기도 하고, 학창시절부터의 왕따나 괴롭힘 등이 더욱 심각한 형태로 나타나 우울증, 불안장애, 불면증을 호소하는 경우도 많습니다. 얼마 전만 해도 이러한 문제들을 호소하면 정신상태가 불량한 것으로 취급받기 일쑤였고요. 하지만 최근에는 군에서 부대마다 정신과전문의와 전문상담원을 배치하여 도움을 줄 수 있는 시스템을 갖추어나가고 있습니다.

안타깝게도 군대생활을 하게 되는 20대 초반은 주요 정신과적 질병이 흔히 발병하는 시기입니다. 이런 질환으로 장기간 투병하는 사람들 중에는 군대에서 병을 얻었다면서 군대를 평생 원망하는 이들도 많습니다. 군대생활이 취약한 개인에게는 그 기간이 스트레스로 작용하는 일이 많지만, 이런 주요 정신질환들은 군복무를 의무적으로 하지 않는 다른 국가의 20대 초반 청년들 사이에서도 발병하는 경우가 많은 것으로 알려져 있어 꼭 군대 때문이라고 말하기는 어려운 것이 사실입니다.

진로

언제쯤이면 마음에 드는 안정된 직장을 구할 수 있을까요

현재의 직장에 만족할 수가 없습니다. 지금 하는 일이 제 능력을 발휘하기에는 적합하지 않은 것 같아서 이 회사를 계속 다녀야 하는지 고민입니다. 언젠가는 저에게 맞은 안정된 직장을 구할 수 있겠지요?

평생직장이라는 말이 있었죠. 일본 고도성장기에 주목받았던 개념으로, 사회생활을 처음 시작하면서 얻은 직장을 퇴직할 때까지 다니며 안정적인 삶을 유지할 수 있었던 때의 이야기입니다. 그러나 우리가 살고 있는 현재는 그렇지 않죠. 그렇기 때문인지 좀 더 안정적인 직장을 위해 이직하는 경우를 쉽게 볼 수 있습니다.

직장은 자신의 능력을 발휘하고 자아실현을 하는 기회를 제공하며, 이를 통해 개인은 자존감을 유지하고, 타인에게 인정받고자 하는 욕구를 충족합니다. 어떤 사람들은 현재의 직장에서 자신의 능력을 발휘할 수 없다고 생각하거나, 자신처럼 능력 있는 사람이 있기에는 지금의 자리가 적합하지 않다고 생각하고, 이 때문에 일에 대해 불만을 갖게 되어 이직을 생각합니다.

이런 모습은 특히 초기 성인기 또는 사회초년생에게 많이 발견됩니다. 이 시기에 사람들은 자신에게 어울리는 일을 찾고자 하는 바람이 클 뿐만 아니라, 자신의 능력을 발휘하여 인정을 받고자 하는 자기애적 욕구가 크기 때문이죠. 아직 많은 상처를 경험하지 않은 이 시기에 자신의 꿈과 능력에 대해 자신감과 긍정적인 기대를 가지고 있고, 그만큼 타인에게 인정받는 것에 많은 욕구를 가지게 되는 것은 당연하고 자연스럽고 권장할 만한 일입니다. 하지만 자기애적 욕구만 앞선다면 상황은 곤란해질 수 있습니다. 자신의 객관적인 능력이나 주변 여건을 잘 살피지 않고 욕구만 앞선 채로 이직을 하게 되면 새로운 직장에서도 같은 불만이 반복될 테니까요.

성공적인 이직을 위해서는 자신이 원하는 것 중에서 무엇이 가장 중요한 요소인지를 정확하게 알아야 합니다. 어떤 이들은 회사에 대한 대외적인 평가 또는 급여수준 등을 중요하게 생각하고, 또 다른 이들은 업무의 특성이 자신에게 잘 맞는지 여부를 중요하게 생각하기도 합니다. 자신에게 중요한 욕구가 무엇인지 알게 된다면, 그것이 건강한 욕구인지 확인하는 것이 필요합니다. 너무 남의 시선을 의식하고 보이는 것에만 신경을 쓴다거나, 자신의 의견과는 다르지만 부모님의 의견만을 전적으로 따른다거나, 불확실한 미래에 대한 불안감이 강하게 작용한 나머지 안정적인 것만을 기준으로 삼는다거나, 일 자체에는 전혀 흥미를 느끼지 못하고 지겨워하면서 보수에만 관심을 갖는 경우에는 결국 항상 불만족스러운 상황에 처하게 됩니다.

반면 건강한 욕구를 가진 사람은 자신의 정체성과 특징을 잘 파악하고 무엇보다 일 자체의 성취와 발전 가능성에 초점을 맞춥니다. 이런 경우에는 자신이 만족스럽다면 다른 사람에게 보이는 것도 크게 개의치 않으며, 때로는 보수 면에서도 두 보 전진을 위해 한 보 후퇴하는 용기를 보이기도 합니다. 미래를 막연히 걱정하기보다는 적당한 리스크를 감수하면서 도전적으로 생각하는 자기주도성을 가지고 있다면, 매우 건강하다고 말할 수 있습니다.

물론 욕구를 깨닫는다고 모든 문제가 해결되지는 않겠죠. 이런 욕구를 충족시키는 직장을 성공적으로 찾기 위해서는 여러 가지 추가적인 과정이 필요합니다.

먼저 자신의 능력에 대해 냉정하고 현실적으로 평가하고 인정해야 합니다. 그다음으로 자신의 눈높이를 조정해야 합니다. 대외적인 평가나 급여수준 등이 중요한 경우에는 특히 더 그렇습니다. 높은 눈높이에 맞는 직장이 많지 않기 때문이죠.

또한 관심사를 넓힐 필요도 있습니다. 다양한 분야에 관심을 가지고 필요한 능력을 쌓아가는 것이 미래에 도움이 될 수 있습니다. 이런 노력과 투자를 통해서 자기에게 맞는 일을 찾을 수 있을 것입니다. 특히 현재 하고 있는 일이 자신과 잘 맞지 않는다고 생각하는 이들은 이런 노력을 반드시 해야 합니다. 이런 고민을 하면서 아무런 노력도 하지 않는 이들도 생각보다 많습니다. 이렇게 되면 불평만 많고 게으른 사람으로 남게 될 뿐입니다.

진로

30살이 되니 마음이 괜히 심란해지네요

올해로 30살이 되었습니다. 좋은 직장은 아니지만 그래도 벌이는 하고 있고 사귄 지 몇 년 된 여자친구도 있습니다. 하지만 마음 한구석에선 내가 제대로 살고 있는 건지 괜히 쓸쓸한 기분도 느껴집니다. 이렇게 나이 들어가는 것인지 허무하고, 제 자신이 단지 이 세상 속 작은 부품들 중 하나일 뿐이라는 생각마저 들어요.

남자건 여자건 30살이라는 나이가 주는 느낌은 남다르죠. 혈기왕성하고 생기발랄하던 한창 때가 다 지나갔다는 의미로 다가올 것입니다. 20대가 지나면 그럴싸한 직장을 다니고 있고, 짝도 만나 어느 정도 안정적인 생활을 하게 될 것이라고 기대했지만, 막상 그 30살이 되고 나면 기대했던 것과 다르다는 기분을 지울 수가 없죠.

30살이 된다는 것은 '언덕을 넘는 것'이고 '늙어가는 것'입니다. 실제로 30살 무렵을 정점으로 해서 이후로는 대부분의 생물학적 기능들이 차츰 감퇴해갑니다. 그래서인지 이 나이 이후의 삶은 뭔가 예전 같은 에너지가 사라진 채 시간이 갈수록 쇠퇴해가기만 할 것처럼 느껴지는 것도 사실입니다.

D. 레빈슨은 다양한 계층의 남성 40명을 10년이라는 긴 시간 동안 꾸준히 추적관찰한 결과, 이들이 30살 무렵이 되었을 때 공통적으로 어떤 고비를 넘는다는 사실을 발견했습니다. 30살 즈음이 되니 그전과 다르게 사뭇 자신의 인생에 대해 심각하게 생각하기 시작하더라는 것입니다.

이 나이가 되면 사람들은 마치 지금 출발하지 않으면 너무 늦어버릴지도 모른다는 강박관념에 사로잡힌 듯이, 전보다 훨씬 더 현실적이 됩니다. 그래서 이런 '30대의 전환기'를 잘 넘기지 못하면 도리어 '30대의 위기'가 찾아올 것이라고 두려워하곤 합니다. 30살이 되어도 변변한 직장조차 구하지 못했다느니, 30살이 넘도록 결혼도 못 했다느니 하는 식으로 이 나이 즈음에는 직업이든 결혼이든 뭔가를 해내야만 한다고 생각합니다.

에릭슨에 따르면 사람은 20대 동안 '친밀감Intimacy'을 잘 다져야 40대가 되어서 건강한 '생산성Generativity'을 발휘할 수 있게 된다고 합니다. 이런저런 사람들과 어울리면서 사귀고, 앞으로 먹고살기 위한 기술이나 실력을 쌓는 것이 20대의 목표라면, 40대에는 그런 능력을 발휘하여 뭔가를 생산해내는 시기입니다. ▶'깊은 관계를 맺는 것이 두려워요'(46페이지) 참조

그런 점에서 그 중간에 놓인 30대는 과업의 적응단계라고 볼 수 있습니다. 20대에서 40대로 넘어가는 성인 전기의 발달에 핵심적인 시기라는 말입니다. 사회적 책임을 지는 위치로 변화되고 직장에서도 자리를 잡아 임무가 주어지죠. 그런데 이런 30대를 성공적으로 해결하지 못한 채로 40대를 맞게 되면 삶은 '침체Stagnation'되기 시작합니

다. 그래서 30살 무렵의 사람들은 자기가 혹시 앞으로 이런 침체의 늪에 빠지게 되는 것은 아닌지 불안해합니다. 직장을 다니고 있고 애인도 있지만 이게 맞는 것인지, 내가 제대로 살아가고 있는 것인지 의문이 듭니다. ▶'이 나이 되도록 이룬 것이 없는 것 같아 마음이 무겁습니다'(49페이지) 참조

이렇게 생각해봅시다. 당연하지만 29살에서 30살이 되었다고 갑자기 뭐가 달라지는 것은 아닙니다. 그 나이는 어린 시절에 대한 완전한 종결이자, 자기완결이라는 새로운 장으로 들어가는 심리적인 숫자에 가깝습니다. 고비를 넘는 것이 아니라 준비를 갖춰 시작하는 출발점인 것입니다. 너무 심각하게 생각하지 말고 밝은 희망을 품고서 하루를 열심히 살아가는 태도가 바람직합니다.

그래도 허전하고 씁쓸하다면, 이시기를 자신의 인생을 정리하는 계기로 인식하는 것도 방법입니다. 인생에 대해 아직 정확히 알지 못하지만, 지금 자신이 어디쯤에 있는지 확인해보는 것이죠. 레빈슨이 제안한 '30대 전환기의 과제들'에는 꿈을 만들고, 삶에 대해 배울 수 있는 스승을 만들고, 직업을 선택해 자신의 이력을 쌓고, 사랑하는 사람을 찾아 결혼하여 가족을 이룰 것 등이 포함됩니다. 사실 이 주제들은 인생의 모든 중요한 것을 다 담고 있어 비단 30대에게만 적용된다고 할 수는 없습니다. 그래도 자신을 돌아본다면, 이 내용을 기준으로 하는 것이 좋습니다.

내 꿈은 무엇이었고 지금은 무엇인지, 지금은 꿈을 향해 가고 있는 건지 생각해보는 시간을 갖는 거죠. 또 내 인생의 멘토나 스승은 누구인지 돌아보고, 없다면 자신의 자만과 부족함을 채울 방법을 고민해

보는 겁니다. 직업과 사랑과 결혼과 가정은 30살이 아니라도 항상 인생의 숙제입니다. 다만 30살이라는 나이에 이 주제들을 한 번쯤 다시 정리해본다면 좋을 것입니다. 이제 나는 풋풋한 20대가 아니고, 자신의 인생을 책임져야 할 단계로 넘어가고 있으니까요.

직장 내 갈등

직장에서 받는 스트레스를 견디기가 힘들어요

직장에서 계속 스트레스를 받습니다. 스트레스 없이 직장생활을 할 수 없다는 것은 알고 있지만, 그래도 잘 해결하는 방법이 없을까요? 친구들을 만나서 얘기하고 나면 좀 풀리는 것 같지만, 근본적인 해결이 안 되는 것 같습니다.

전 생애 동안 우리는 성취감이나 좌절을 경험하면서 성장하고, 이를 통해 '나는 누구다'라는 정체성을 만들어갑니다. 성인기가 시작되었다고 개인의 성격과 정체성이 모두 완성되는 것은 아닙니다. 성인기 초기까지는 자신의 성격과 주체성이라는 큰 틀을 형성하고, 그 이후 그 안을 이루는 내용물을 구체적인 모양으로 채워나가야 합니다. 성인이 된 이후에도 성격과 주체성은 성장하고 발달하는데, 그 주요무대는 직장입니다.

스트레스는 예상치 못한 일이나 예상했지만 준비가 덜 된 상황 등에서 발생합니다. 이를 잘 극복하기 위해서는 평소 스트레스를 해소하는 적절한 방법을 마련해야 합니다. 그 해소법은 사람에 따라 다양한데, 여러 번의 시행착오를 통해 자신에게 알맞은 스트레스 해소법을 찾아 익혀야 합니다. 주변사람이나 책 등에서 해소법을 찾아 그것을 무작정 따라 한다고 해도 그것이 자기 것이 되지는 않습니다. 다양한 방식을 경험해보고, 반복해서 연습하며, 자신에 맞게 수정해가는 과정이 필요합니다. ▶'짜증이 많아지고 화가 나면 분노조절이 안 돼요'(557페이지) 참조

스트레스 대처방식은 '정서중심적 대처방식'과 '문제중심적 대처방식'으로 나뉩니다.

정서중심 대처는 스트레스와 관련된 감정을 관리하는 방법입니다. 친구나 동료들과 얘기하면서 화가 나거나 짜증나는 감정을 해소하는 것이 이 방법에 해당하죠. 또 다른 방법은 스트레스의 원인을 나의 내적인 부분에서 찾기보다 다른 사람이나 환경 등의 외적 요인에 의해 발생한 것이라고 생각하는 겁니다. 쉽게 말해, 내 탓이 아니라 그저 남 탓이라고 생각하면서 위로하는 것이죠. 타인에게 위로받는 것이나 외부 탓을 하는 등의 정서중심적 대처방식은 스트레스로 인한 부정적인 감정을 비교적 짧은 시간에 해소하는 데 도움이 됩니다. 이는 우리가 급할 때 쉽게 사용하는 스트레스 해소법입니다.

문제중심 대처는 스트레스 상황을 객관적으로 살피고 그 원인을 찾아 해결하거나 적절한 대안을 찾아 대응하는 방법입니다. 이를 위해서는 스트레스 상황을 객관적으로 바라볼 수 있어야 하는데, 가장 쉬운 방법은 친구나 동료 같은 타인에게 스트레스 상황을 설명하는 것입니다. 그런 뒤에 마치 탐정처럼 원인을 분석해보고 이를 해소할 전략을 찾아봅니다.

정서중심적 대처방식과 문제중심적 대처방식은 서로 다른 방법 같

지만, 짝을 이루어 함께 사용했을 때 그 효과가 배로 나타납니다. 정서중심 대처는 스트레스로 인한 부정적인 감정을 해소해주면서 그로 인한 심리적 위축에서 회복되는 데 효과적입니다. 이렇게 기운과 에너지를 얻어서 그 힘으로 상황을 객관적으로 바라보고 원인과 해결전략을 찾는 것이죠. 문제중심 대처는 자꾸 반복되는 스트레스 상황이 반복되지 않게 하는 변화로 이어질 수 있습니다. 스트레스를 잘 해소하기 위해서는 이 두 가지 방법을 균형 있게 잘 사용할 필요가 있습니다.

직장 내 갈등

내 의견을 말하기가 너무 어렵습니다

2~3년 정도 먼저 입사한 직장선배가 자꾸 제게 짜증을 내고 잔소리를 하는데, 이때 막말도 자주 합니다. 부서 사람들은 제가 특별히 잘못한 건 없다고 하고요. 그 선배에게 최소한 막말은 하지 말라고 얘기하고 싶은데, 말이 안 나옵니다. 친구들과는 얘기를 잘 하는 편인데 말이죠.

어떤 사람, 어떤 장소에서든 누군가에게서 기분 나쁜 얘기를 듣는 것은 불쾌한 일입니다. 구체적으로 잘못한 것이 있는 상황에서도 잔소리나 욕을 들으면 기분이 나쁜데, 특별히 이유가 없는 상황에서 그런다면 더 불쾌할 것입니다. 자꾸 기분 좋지 않은 환경에 있으면 자신감이 저하되거나 기운이 없어지는 느낌을 받을 수 있고, 그런 상태에서는 누군가에게 공격받는 대상이 되기 더 쉽습니다.

먼저 현재상황을 분석해보아야 합니다. 우선 선배에게 잔소리와 막말을 듣고 자기 의견을 말하기 어려운 상황에 대해, 타인(선배)의 요인과 자기 자신의 요인을 분리하여 살피고 분석해보세요. 대인관계 문제에는 보통 타인과 개인의 문제가 동시에 작용하게 마련입니다.

선배의 요인부터 살펴볼까요. 일단 선배의 성격적인 특성과 개인적인 문제를 따져봅니다. 선배가 자신의 원칙이나 기준만 인정하고, 타인의 원칙이나 기준은 수용하지 않는 성격을 가지고 있을 수 있죠. 이런 성격을 가진 사람은 동료나 후배가 자신의 원칙이나 기준에 맞지 않을 때 그것을 실수라고 생각하여 지적하곤 합니다. 자기애성 성격 또는 강박성 성격을 가진 이들, 그저 짜증이나 화를 일상적으로 드러내는 경향의 사람들이 이런 문제를 갖고 있는 경우가 많습니다.

그다음으로 심리적 전이Transference 현상을 생각해볼 수 있습니다. 선배가 자신의 과거경험이나 가족 내에서의 갈등을 직장 내 대인관계에서 재경험하는 것이죠. 예를 들어, 가족 내에서 동생과 경쟁이나 대립으로 갈등이 많은 선배는 직장에서 후배를 보면 무의식적으로 동생과의 관계를 재경험하므로, 아랫사람만 보면 짜증을 내거나 경쟁상대로 느낄 수 있습니다.▶'저도 제가 그 사람한테 왜 그러는지 이해가 안 돼요'(845페이지) 참조

전이
과거 어떤 사람에게서 경험했던 감정이 현재 유사한 다른 사람에게서 재경험되는 현상. 정신치료과정에서 환자가 치료자에게 느끼는 감정이 대표적인 예이다.

이 같은 선배의 문제에 어떻게 대처하는 것이 좋을까요? 나 자신이 아닌 타인을 바꾸기는 매우 어려운 일입니다. 그렇다면 자기 자신을 타인으로부터 지키는 준비가 필요합니다. 먼저 앞에서 소개한 정서 중심적 대처를 먼저 사용하는 것이 좋습니다. 주변의 위로는 움츠러든 자신의 마음에 힘을 주는데, 이렇게 얻은 힘으로 다음 상황을 준비할 수 있습니다. 그리고 선배에 대한 정보를 수집하는 것이 필요합니다. 주변사람들에게 위로받으면서 선배에 대한 정보를 들을 수 있죠. 그러면서 선배가 어떤 성격인지, 개인의 문제에는 어떤 것이 있는지

알 수 있게 됩니다. 현재 상황이 선배에게 일어난 전이현상 때문이라는 것을 이해하게 되면, 마음의 부담이 감소할 수 있습니다. 마지막으로, 자기 자신을 지키기 위해 그 상황에 적절히 대처해야 합니다. 선배가 자기애성 성격 또는 강박성 성격을 가지고 있다면, 스스로 당당한 모습을 가져야 합니다. 자기애성 성격 또는 강박성 성격을 가진 사람들은 약하다고 느끼는 사람에게 쉽게 화를 내고 짜증을 내는 경향을 보이지만, 상대가 자기와 동등하거나 강하다고 느끼면 태도가 바뀝니다.

이제 자기 자신과 관련된 요인이 무엇인지 알아봐야 합니다. 자기 자신의 요인은 다양합니다. 먼저 자신에게 일어난 전이현상 때문에 선배가 어렵게 느껴질 수 있습니다. 아니면 원래 선배나 윗사람에게 자신의 감정이나 생각을 잘 표현하지 못하는 사람도 있죠. 이런 약점을 가지고 있는 사람이 준비되지 않은 상태에서 상대에게 의사표현을 하려고 하면, 특히 그 대상이 어려워하거나 무서워하는 선배인 경우라면, 아무 말도 못 하고 참기만 하거나 충동적으로 소리를 지르며 반항하는 극단의 모습을 보일 수 있습니다. 따라서 의사표현을 하기 위해 단계적인 준비를 할 필요가 있습니다. ▶ '무서운 상사가 있는데 눈도 못 마주치겠습니다' (512페이지) 참조

먼저 선배가 하는 말 중 심했다고 생각하는 것만 짚어서 얘기해보세요. 아직 의사표현을 하기 위해 충분한 준비가 되지 않았지만 꼭 얘기해야 한다면, 가장 주된 요점만 간단히 얘기하는 것이 좋습니다. 준비가 안 된 상태에서 장황하게 얘기하려고 하면, 결국은 자신이 하고

자 하는 말을 못 할 수 있습니다. 그다음에는 '대사 만들기'를 해보세요. 의사표현을 잘 하지 못하는 사람이 준비 없이 말하려고 하면 어렵기만 합니다. 준비의 첫 단계로 자신이 하고 싶은 말을 먼저 글로 적어봅니다. 빈번하게 벌어지는 상황을 3가지 정도 정리해보고, 그 상황에서 자신이 하고 싶은 이야기를 적어봅니다. 처음에는 생각나는 대로 다 적어보는 것도 좋습니다. 그다음으로는 그 상황에서 자신의 생각이나 의견을 전달할 수 있는 '대사'를 만들어보고, 그것을 보면서 말하는 연습을 합니다. 이때 목소리의 크기와 톤, 제스처, 시선처리 등에 대해서도 생각하며 연습합니다. 이렇게 연습하다 보면, 자신에게 어울리는 의사표현 방법을 찾을 것입니다. 자기표현은 한번에 되는 것은 아니지만, 계단을 올라가는 느낌으로 차근차근 준비하면 가능합니다.

직장 내 갈등

무서운 상사가 있는데 눈도 못 마주치겠습니다

무서운 직장상사가 있습니다. 다른 동료들은 그 상사가 좀 엄격하긴 하지만 무서울 것까지는 없다고 하는데, 저는 너무 무서워 눈 마주치는 것도 어렵고 말도 더듬습니다. 그 상사를 볼 때마다 어떤 장벽에 부딪치는 느낌을 받기도 합니다. 저에게 무슨 문제가 있는 것일까요?

우리는 살아가며 가정, 학교, 직장 등에서 무섭게 느껴지는 사람을 만나곤 합니다. 그런 사람과의 만남은 짧게 끝날 수도 있지만, 일정기간 동안 계속해서 이어지는 일도 있죠. 비이성적일 정도로 두려웠던 대상의 뿌리를 잘 찾아가보면, 그 끝에는 아버지, 어머니 또는 큰 형, 누나 등 가족과의 경험이 자리 잡고 있는 경우가 많습니다.

우리가 윗사람을 대하는 경험은 20대 초반까지 부모나 가까운 친척, 선생님 외에 별로 없죠. 특히 남자어른의 경우 아버지 외에는 그다지 밀접한 관계를 맺는 일이 많지 않습니다. 그러다 갑자기 군대나 직장에서 윗사람과 직접적인 관계가 시작되는 경우, 부모나 형제에게 과거에 느꼈던 감정이 현재의 관계에서 다시 경험되는 전이현상이 나타나곤 합니다. 이와 같은 전이를 이해하는 것은 대인관계에서 발생하는 감정적 어려움을 이해하고 해소하는 데 도움이 됩니다. ▶'저도 제가 그 사람한테 왜 그러는지 이해가 안 돼요'(845페이지) 참조

앞 사례의 주인공은 먼저 상사와 자신의 가족을 비교하면서 감정을 정리할 필요가 있습니다. 예를 들어 10살 연상의 까칠한 여자상사를 무서워하는 경우, 먼저 전이현상으로 자신의 현재 감정을 설명해봅니다.

'어렸을 때 실수하면 어머니는 불같이 화를 냈는데, 어린 시절에는 그런 어머니의 모습이 많이 무서웠다. 성인이 된 현재는 어머니가 더는 무섭진 않지만, 화내는 연상의 여자를 보면 나도 모르게 움츠러든다. 아직 어머니에 대한 감정이 완전히 해소된 것 같지가 않다.'

이렇게 무서운 마음이 든 이유를 이해했다면, 그다음으로 어머니에 대한 두려움이 해소된 과정을 살펴봅니다. 내가 성장하고 강해져서, 공부를 꾸준하게 해서, 어머니 기분 맞추는 법을 터득해서 등 어머니에 대한 이해가 늘어가며 그에 맞게 대처법도 알게 되었을 겁니다. 이런 과정을 거쳐 이제는 어머니가 무섭지 않게 되었다는 사실을 차근차근 정리해봅니다. 또한 이를 무서운 상사에게 적용해보면, 화내는 어머니를 이해할 때와 같이 여러 관점에서 상사의 행동을 해석할 수 있습니다.

물론 어머니와의 어려움이 성인이 된 현재도 해소되지 않은 채 지속될 수 있습니다. 이런 상황이라면 어머니 때문에 직장생활도 힘들어졌다며, 어머니를 더 원망할 수도 있죠. 그러나 전이를 이해하는 것

은 자기감정을 이해하고 해결하기 위한 것입니다. 상사와의 관계에서 어머니와의 관계를 유추해내 마음을 더 깊게 이해할 수 있는 것이죠. 경우에 따라서는 오히려 어머니 또는 부모와의 갈등이 상사와의 관계에서 일어나는 어려움에서 점차 벗어날 수 있는 기회가 될 수 있습니다.

상사가 원래 고압적이고 상대를 조종하고 싶어해 일부러 공포감을 형성하는 경우도 있습니다. 특히 일 잘하고 능력은 있지만, 아랫사람을 인격적으로 모독하고 자기는 높은 직위의 사람들하고만 말이 통한다고 느끼는 상사라면, 자기애성 성격을 가지고 있지 않나 의심해야 합니다. 이들은 주변사람을 자기보다 강한 사람 또는 약한 사람으로 나누는 경향이 있는데, 아랫사람이나 약한 사람은 무시하거나 착취하는 경향이 있습니다. 이 때문에 주변사람, 특히 약한 사람이 이를 따르지 않거나 인정하지 않으면, 분노하고 화를 냅니다. 이들은 이렇게 함으로써 자신의 나약함을 숨길 수 있다고 생각하거나 자기 가치가 인정된다고 느낍니다. 이들은 자신감이 없고 기죽은 태도를 보이는 이들은 더 무시하고 괴롭힙니다. 따라서 당당한 태도를 갖는 것이 필요합니다.

다른 사람은 문제없는데 나만 특정 상사가 불편하다면, 의사소통의 문제에 대해서도 고려해볼 수 있습니다. 사람과의 관계에서 가끔씩 이런 경우가 있는데, 의사소통하는 과정에서 서로 표현하는 방식이나 전달하는 방식이 달라 상대방이 말하는 의도를 잘못 해석하는 것입니다. 예를 들어, A상사가 '가나다'라고 얘기했는데, B는 'abc'라고 이해하고 일을 진행한다면, 두 사람 사이에는 계속 사소한 갈등이 쌓일 겁니다. 이럴 때는 주변에 A상사의 표현을 잘 이해하는 '통역사' 또는 '해설자'를 두는 것이 좋습니다. 처음에는 이들을 통해 해석을 듣고 이해하면 됩니다. 그러다 시간이 지나고 경험이 쌓이면, 점점 자신이 A상사의 표현을 이해할 수 있게 될 것입니다.

꼭 직장상사 문제가 아니더라도 흔히 '~에게 문제가 있다'라고 생각할 때는 현 상황의 불편함에 대해 그 원인을 파악하려는 것인지 또는 자신의 부적응을 단순히 남 탓으로 돌려 정당화하려는 것인지 살펴야 합니다. 인간이 가진 자기보호본능은 자신의 단점을 정확히 보는 것을 철저히 방해하기 때문에, 그 본능을 이겨내고 공정한 눈을 가지는 것이 사회에서의 성공에 있어서나 개인적 성숙에 있어서나 가장 중요한 요인이 될 것입니다.

직장 내 갈등

잦은 실수 때문에 지적을 받습니다

직장에서 사소한 실수를 자주합니다. 일정을 잘 관리하지 못하여 마감일까지 일을 끝내지 못할 때가 많습니다. 이런 실수는 직장생활에서뿐만 아니라 일상생활에서도 경험합니다. 가장 많은 실수가 자주 사용하는 물건을 어디에 두었는지 몰라서 찾거나 반복해서 구입하는 등의 일입니다. 일을 할 때나 책을 읽을 때 가만히 있지 못하여 주변사람들이 산만하다고 지적할 때도 많습니다.

직장에서 자주 실수하는 것에 대해서는 여러 가지 요인을 고려할 수 있습니다.

먼저, 현재 업무의 특성과 자신의 특성을 살펴보세요. 현재 하고 있는 업무가 자신과 잘 맞지 않을 수도 있고, 일이 너무 많을 수도 있으며, 회사의 업무구조가 문제일 수도 있습니다. 가능하면 일을 효율적으로 할 수 있도록 재조정하는 것이 필요합니다. 또는 현재 구조에서 실수를 줄일 수 있는 방법을 찾아볼 수 있습니다.

두 번째로, 집중력 저하로 인해 업무에 실수가 많아졌을 가능성을 고려해야 합니다. 일하는 데 시간이 오래 걸린다거나, 오래 앉아 있으면 계속 몸을 움직이게 된다거나, 약속이나 해야 할 일을 잊어버린다거나, 일을 체계적으로 진행하거나 마무리하는 것이 어렵거나 하다면, 성인 ADHDAdult ADHD를 고려할 수 있습니다. ADHD는 흔히 소아에게서 진단되지만, 이것이 성인기까지 지속되거나, 증상은 완화되었지만 잔여증상이 남아 있을 수도 있습니다. ▶'너무 집중을 못 해 성인 ADHD가 아닌가 싶어요'(586페이지) 참조

세 번째로, 실수가 최근 들어 더 많아졌다면 불안이나 우울 등의 문제가 있는지도 확인해야 합니다. 불안하거나 우울하면 일에 대한 의욕이 감소하거나 집중력이 저하됩니다. 이 때문에 실수를 할 수도 있고 어려움이 생길 수도 있습니다. 할 수 있다면 에너지를 보충하기 위해 잠시 휴식을 갖는 것도 좋습니다. 불안이나 우울이 수면장애를 동반하고 일상생활에 어려움을 많이 유발한다면, 이에 대해 치료가 필요할 수 있으니 전문의와 상담하는 것이 좋습니다.

마지막으로 최근 스마트기기나 SNS의 사용이 업무수행능력 저하의 주요 원인으로 부각되고 있습니다. 이는 주의력에 영향을 미칠 뿐더러 시간 가는 줄 모르게 해 시간관리에 문제를 유발하기도 합니다.

원인과 상관없이 집중력이 저하된 상황에 도움이 되는 간단한 전략이 있습니다.

우선 주로 일하는 장소의 환경을 단조롭게 정리해주세요. 일하는 동안 책상에는 일과 관련된 것들 이외의 것이 올라오지 않도록 정리합니다. 반드시 필요한 것이 아니라면, 스마트기기는 가방이나 서랍 등에 넣어두는 것이 좋습니다.

다음으로는 일정관리가 필요합니다. 직장에서는 여러 업무를 한꺼번에 처리해야 하는 경우가 많은데요. 이런 상황에서는 복잡한 일정 때문에 실수가 늘어나는데, 이를 줄이기 위해서는 일정관리가 도움이 됩니다. 산만하고 충동적인 경향을 가진 이들은 일정관리를 머리로만 하려고 합니다. 하지만 기억에 의존해 일정관리를 하다 보면 꼭 해야 할 일을 놓칠 가능성이 크므로, 반드시 기록하고 하루 중 일정시각에 확인하는 것이 좋습니다. 예를 들어 출근 직후, 점심식사 후, 퇴근할 때 등 고정된 시각에 할 일을 확인합니다.

마지막으로 각 업무의 우선순위를 정해보세요. 각 업무의 마감일이나 우선순위를 자기 입장에서 정할 수도 있고, 동료 또는 상사의 상황을 고려해서 정할 수도 있습니다. 이 전략이 단순해 보이겠지만, 꾸준히 지속하면 복잡한 일상을 잘 정리할 수 있을 것입니다.

직장 내 갈등

모든 일을 혼자 떠맡게 됩니다

직장에서 일하다 보면 많은 일들이 저에게만 주어지는 것 같습니다. 상사도 제게만 일을 주는 것 같고, 동료들도 자기 일을 저에게 미룬다는 느낌을 받습니다. 상사는 저에게 일을 맡기면 알아서 잘하기 때문에 마음이 편하다고 해요. 능력을 인정받는 것이니 기분이 좋기는 하지만, 한편으로는 일이 자꾸 쌓여 힘듭니다. 그래서 동료에게 일이 너무 많아 힘들다고 했더니, 그 동료가 "너는 일을 거절하지 못하잖아"라고 하더군요.

이 경우 우선 나에게만 일이 주어진다는 생각이 주관적인 것인지 아닌지 살펴볼 필요가 있습니다. 사람은 부정적 정보를 우선적으로 받아들여 판단하는 존재입니다. 사소한 일에도 자신과 타인을 비교하면서, 타인보다 자신이 손해를 보거나 이득이 적다고 판단하는 것은 인간의 본성에 가깝죠. 운전할 때 이상하게 내 차선만 밀리는 것 같아 자꾸 추월하는 이유도, 자신이 빨리 달릴 때는 주변을 보지 않지만 자신이 멈춰 있을 때는 앞서가는 다른 차선을 볼 수 있기 때문에 그런 것입니다. 이런 현상을 이해하지 못하면 무리해서 남을 추월하려 들거나, 자신의 처지에 분노하는 현상이 나타납니다. 타인과의 잦은 비교는 불만과 짜증 등의 부정적인 감정을 지속적으로 유발하기 때문에 오히려 자신감 저하 또는 수동적인 태도 등을 가져옵니다.

한편 일이 주어지면, 거의 항상 "네, 제가 하겠습니다"라고 일을 떠맡는 이들도 있습니다. 자기도 모르는 사이에 예스맨이 된 것인데, 두 가지 타입을 생각해볼 수 있습니다. 하나는 거절을 못 하는 성격을 가지고 있어서 일이 점점 많아지는 타입이고, 다른 하나는 내가 한 일만 믿을 수 있어서 다른 사람이 일을 하면 그 결과가 마음에 들지 않아 혼자 일을 다 해내려는 타입입니다.

먼저, 거절 못 하는 타입들은 거절을 상대방을 거부하는 것으로 생각하는 경향이 있습니다. 이들은 거절 이후에 상대의 기분이 상할 거라고 미리 생각하고, 이에 대해 과도하게 걱정하는 모습을 보입니다. 다른 사람이 자신의 부탁을 거절했을 때 반사적으로 '그/그녀가 나를 거절했으니, 나를 싫어하는 것'이라고 쉽게 느끼기도 합니다. 당연히 자꾸 일이 늘어나 처리를 못 하는 바람에 나쁜 평가를 받기 쉽습니다. 이들은 기질적으로 공감능력이 과하게 발달되어 있거나 불안수준이 높을 수 있으며, 유년기 시절 과한 통제를 받았거나, 불안정한 가정환경 등의 영향을 받았을 가능성이 있습니다. ▶'거절이나 싫은 소리를 못 하겠어요'(477페이지) 참조

이런 특징을 가지고 있다면, 먼저 거절이라는 행동에 대한 자신만의 의미 또는 정의를 점검해야 하며, 편견을 조정할 필요가 있습니다. 거절은 상대를 싫어한다는 제스처가 아니라 일종의 의사표현이며, 업무를 효과적으로 재분배하는 수단입니다. 물론 이런 분들은 대개

자신이 문제임을 알고는 있지만, 부탁이 들어오는 순간 거절할 수 없다고들 말합니다. 이는 상대가 짜증내지 않도록 긍정적인 표현으로 거절하는 방법이 본인에게 없다는 의미입니다. 이럴 때는 거절한다 해도 긍정적인 표현을 쓰세요. "싫어요" "안 되겠는데요"가 아니라 자신을 주어로 하여 "제가 몸이 아프다 보니" "오늘 정말 급한 일이 있네요" 등으로 거절의 이유를 먼저 말합니다. "잘 모르겠습니다만" "나중에 해드릴게요" "글쎄요" 같은 애매모호하고 결정을 유보하는 말투도 좋습니다. 물론 이 방법을 계속 쓰면 평판이 나빠지므로, 적절하게 자신의 의사를 표현할 방법을 찾아야 합니다.

두 번째로 내가 한 일만 믿는 이들은, 꼼꼼한 사람이거나 완벽주의를 추구하는 강박성 성격을 가지고 있는 경우가 많습니다. 이들은 항상 일이 과중한 경우가 많습니다. 다른 사람이 일하는 것이 미덥지 않기 때문에, 남에게 일을 주지 못하고 모든 일을 자신이 해야 합니다. 이들은 일을 열심히 하지만 동료를 불신하는 것처럼 보이므로 평가가 나빠질 수 있습니다. 이 경우는 자신이 모든 것을 통제하지 못하는 데서 오는 불안이 문제이므로, 가장 먼저 직장 내에서 자신의 업무영역이 무엇인지, 범위가 어디까지인지를 명확히 하고, 그 관심영역을 좁히도록 합니다. 내가 꼼꼼하게 할 수 있는 일의 범위는 '사무실 전체'가 아니라 '나의 반경 1미터 이내' '오늘은 서류정리와 메일 검토만' 정도로 하고, 그 외 영역에 대해서는 절대 관심을 두지 않는 것도 좋습니다. 목표는 어디까지나 업무의 효율이므로, 스스로 지쳐버리거나 남에게 부담감을 주지 않아야 합니다.

직장 내 갈등

직장을 그만두고 싶습니다

직장에서 스트레스가 너무 많습니다. 내가 이 직장을 왜 다니는지도 모르겠고, 일요일 저녁만 되면 '직장을 계속 다녀야 할까?' 하는 생각이 반복됩니다. 직장이 나에게 무언가 중요한 의미가 있는 것 같다는 생각은 들지만, 요즘은 너무 지쳐 직장에서 내가 어떤 것을 찾을 수 있는지도 잘 모르겠습니다. 이 직장을 계속 다녀야 할까요?

직장생활, 참 힘들죠. 하지만 이 직장을 그만두고 나면, 또 다른 직장을 찾을 겁니다. 다른 직장은 지금 직장보다 덜 힘들까요? 많은 직장인들이 어느 직장이나 비슷한 수준의 스트레스가 있다고 이야기합니다. 그렇다면 이 시점에서 필요한 것은 무엇일까요?

이런 고민에 대해 문제중심적 대처방식의 관점에서 크게 3가지 질문을 생각해보겠습니다. 이 질문들을 토대로 현재의 상황을 객관적으로 바라보고, 자기 생각을 정리할 필요가 있습니다.

첫째, 직장에서 힘들다고 느끼는 부분은 무엇인가요? 그 구체적인 상황을 종이에 10가지 정도만 열거해보세요. 그 중에서 우선적으로 해결되었으면 좋겠다고 생각하는 것 또는 쉽게 해결될 수 있는 것을 찾아보고, 바꿀 수 있는 방법이 있는지 생각해봅니다.

직장에서의 스트레스 원인을 정리해보면 대체로 다음과 같습니다.

· 일이 너무 많거나 자기 능력보다 버거운 경우 등 업무 자체의 문제
· 상사, 동료 그리고 후배 등과의 대인관계 문제
· 자아실현을 하거나 미래를 준비하는 등의 자기계발 문제
· 가정 내에서 스트레스나 의욕이 감소하는 등 개인적인 문제

업무의 양이나 질이 문제라면, 이런 업무를 재조정할 수 있는 방법이 있는지 고려해보고 같이 일하는 사람들과 상의해야 합니다. 또한 내가 잘할 수 있는 업무의 양이나 특성을 함께 생각해보는 것도 필요하죠. 직장에서의 대인관계 문제의 경우 자신과 상대의 특성에 대해 분석해볼 필요가 있습니다. 대인관계 문제는 자신과 상대의 성격적인 특성이 서로 상충되거나, 전이현상에 의해 감정이 충돌하며 발생하는 경우가 많으므로 이를 해결할 방법을 찾아야 합니다. 그렇지 않으면 현재 직장을 그만두고 이직하더라도 같은 문제가 반복될 수 있습니다. 자기계발의 문제가 있는 경우에는 자신이 실현하고자 하는 가치를 생각해보아야 하고, 직장을 그만두고 쉬는 동안 무엇을 할 것인지 구체적으로 생각해야 합니다. 끝으로, 개인적인 문제가 있을 때는 그것이 무엇인지 구체적으로 살펴야 합니다. 가정 내 문제인 경우에는 그것이 직장을 그만두고 집에 있으면 해결되는 것인지 혹은 직

장생활을 유지하며 풀어가야 할 문제인지 고려해야 합니다. 만약 의욕이 심각하게 저하되고 짜증이 늘었다면, 우울증을 의심해볼 수 있는데요. 이럴 때는 현재 일들이 힘겹게 느껴지기 때문에 그만두고 싶다는 유혹이 들지만, 회복된 이후에는 후회하는 경우가 많습니다. 이럴 때는 직장을 그만두는 것과 같은 중요한 결정을 우울증 회복 이후로 미루는 것이 좋습니다. 전문기관에서의 치료가 동반되어야 함은 당연한 일입니다.

둘째, 직장이 나에게 어떤 의미가 있을까요? 혹은 나는 어떤 직장을 원하나요? 자신이 어떤 옷을 입었을 때 멋있어 보이고 어떤 옷을 입었을 때 편한지를 잘 알고 있다면, 그런 옷을 찾아 잘 입을 수 있습니다. 직장을 선택할 때도 다르지 않죠. 나에게 어울리는 직장, 나를 행복하게 만들어주는 직장이 어떠해야 할지, 원하는 직장의 성향을 파악해보세요. 가장 좋은 방법 중 하나가 현재 직장의 '좋은 점'과 '좋지 않은 점'을 비교해보는 것입니다.

좋은 점 중에서 현재 자신에게 가장 필요한 것이 있는지, 자신을 성장시키거나 즐겁게 하는 것이 있는지 파악해봅니다. 또한 좋지 않은 점 중에서 현재 자신을 참을 수 없이 힘들게 하는 것이 있는지도 파악합니다. 이렇게 생각을 정리하는 과정에서 직장의 어떤 부분이 자신을 성장시키거나 행복하게 만드는지, 직장이 자신에게 주는 의미가 무엇인지 등을 알 수 있습니다. 직장에서 찾을 수 있는 무언가가 자신에게 좋은 의미를 갖고 있다면, 힘든 상황에서 직장을 다니더라도 그것이 버팀목이 되어줄 것입니다.

셋째, 직장을 그만둔 후 무엇을 할 건가요? 새로운 직장을 구하는 것만 생각할 것이 아니라, 쉬면서 무엇을 할지도 함께 계획해야 합니다. 막연하게 '놀겠다' 또는 '공부하겠다'가 아니라, '어떤 책을 보며 놀겠다' 또는 '수영을 배우겠다' 등 구체적인 계획이 있어야 합니다. 당장 생각이 나지 않는다면, 시간을 갖고 찾아보세요. 이런 계획은 다음 직장을 위한 준비가 될 수도 있고, 현재 자신에게 활력을 줄 수 있는 것을 찾는 기회가 될 수도 있습니다.

5장

중장년의 문제

1

정신 · 심리

불안

많은 사람들 앞에 서기가 너무 힘들어요

저는 외국계 회사에서 근무 중인데요. 사람들 앞에서 발표해야 할 상황만 오면 난감합니다. 내용에 자신이 없는 것도 아니고 어린 시절에는 발표도 곧잘 하곤 했는데, 입사 초기에 임원들 앞에서 발표하며 실수를 한 뒤로는 발표라는 것 자체가 너무나 두렵고 힘들게 느껴져요. 어떻게든 넘어가려 해도 안 되다 보니, 자꾸 발표기회를 동기에게 미루게 됩니다.

앞 사례의 주인공은 사회공포증 증상이 있는 것으로 보입니다. 사회공포증이 있으면, 다른 사람들에게 부정적으로 평가되는 행동을 하게 되는 것을 심각하게 두려워하는데요. 그것 때문에 사회적 상황을 피하려 하고, 피하지 못하면 극심한 공포와 불안을 경험하기도 합니다.

사회공포증
낯선 사람을 만나는 자리, 회식처럼 사람들에게 보이는 자리, 발표할 때처럼 관중이 보는 자리 등 남들에게 관찰될 수 있는 사회적 상황에 노출되는 것을 극도로 두려워하거나 불안해하는 질환.

사회공포증은 사회불안증, 무대공포증, 대인공포증, 마이크공포증, 발표 불안 등 여러 가지 용어로 표현되기도 합니다. 그러나 특정 대상이 있으므로 '불안'이 아니라 '공포'가 맞는 용어이고, 또한 꼭 무대에서만 나타나는 증상이 아니며, 대인공포라고 하기엔 진짜로 사람을 무서워하거나 기피하는 게 아니기 때문에 정확한 용어는 사회공포증이라고 할 수 있습니다. 사회공포증 환자들이 무서워하는 것은 무대나 사람 자체가 아니라 여러 사람의 시선이 자신에게 모이는 상황입니다. 또 다른 표현으로 공포증이라는 단어도 종종 사용하는데, 이는 자신의 얼굴이 빨개질까 봐 두려워하는 경우로 이 또한 사회공포증이라 할 수 있습니다.

공포증
특정 대상이나 상황, 즉 비행, 동물, 주사, 피 등이 있거나 그것을 예측하는 것만으로도 생기는 과도한 공포 증상.

사회공포증의 증상은 종종 10대 때 시작됩니다. 10대는 남들이 내리는 평가의 중요성과 의미를 이해하게 되는 시기입니다. 흔히 볼 수 있는 예가 중학교 수업시간에 증상이 시작되는 학생입니다. 선생님이 "일어나서 책 읽어 봐"라고 시켰을 때 말을 더듬는 바람에 반 친구들이 웃음을 터뜨렸던 기억, 이후 선생님이 또 시키시면 어떻게 하나 지레 긴장하며 얼굴부터 붉어졌던 기억이 마음속에 흉터로 남아 지속되는 경우죠. 앞 사례 속 주인공처럼 나이가 들어 사회적 책임이 커지고 남들 앞에 설 기회도 많아지면서 증상을 경험하는 경우도 많습니다. '이 나이쯤 되면 이제 긴장하지 않을 때도 됐는데' 하는 마음에 긴장하면 안 된다는 생각을 더 하게 되고, 이것이 오히려 증상을 악화시키곤 합니다.

이 문제로 진료실을 찾는 환자들은 종사하는 업무에 공통점이 있는 경우가 많습니다. 대학교수, 강사, 선생님, 컨설턴트 등 남 앞에서 강의해야 하는 직업을 가진 경우, 피아노나 성악 등을 전공해 시험이나 발표를 할 기회가 많은 경우, 대인관계가 비교적 좁고 IT업계 등 전문적인 일에 종사하다가 갑자기 사람들 앞에서 발표할 기회가 생긴 경우, 연예인이나 예술가 등 무대에 자주 서는 경우 등인데요. 이런 분들은 직업상 특징으로 인해 더 자주 이 문제로 곤란을 겪습니다.

진화론적 측면에서 본다면, 인간이 타인의 시선 앞에서 긴장하고 약한 모습을 보이는 것은 정상적인 모습이기도 합니다. 원래 인간은 타인의 눈을 똑바로 쳐다볼 때 긴장하는 것이 일반적인데, 이는 공격하겠다는 표현이 될 수 있기 때문이죠. 엘리베이터를 탔을 때 사람들의 행동을 관찰해본 실험에서도, 다른 사람 없이 혼자 엘리베이터 안에 있을 때 사람들은 자연스럽게 행동하지만, 중간에 누구라도 엘리베이터 안으로 들어오면 순간 무표정해지면서 애꿎은 층 번호 단추를 만지작거리거나 휴대전화를 들여다보는 것으로 나타났습니다. 시선 접촉Eye-Contact을 피하는 것입니다. 이는 무리생활을 하는 고등동물들에게 공통적으로 관찰되는 행동으로, 인간은 시선관리를 사회적 에티켓으로 간주합니다. 기질적으로 사회성이 부족한 사람들 중 상대의 눈을 빤히 쳐다보는 사람이 있는데, 이는 자폐증이나 아스퍼거환자, 정신지체, 조현병 환자들에서 흔히 관찰됩니다.

이렇게 봤을 때 여러 사람들 앞에 서면 얼굴이 붉어지고, 땀이 나고, 손을 떨고, 긴장하면서 마치 '겁먹은' 듯한 외형을 취하는 것 또한 진화론적으로 적응적인 반응에 속합니다. 그런데 문제는 이 적응반응이 지나쳐 사회공포증으로 악화되는 것인데요. 그 이유는 마음이론에서 찾을 수 있습니다. 마음이론은 쉽게 말해, 인간이 자신을 통해 남의 마음을 그

조현병
인지, 감정, 지각, 행동 등 전방우 측면에서 다양한 악화 소견을 초래하는 정신과 질환. 이전에는 정신분열병이라는 명칭으로 불렸다. 환청, 망상 등이 주요 증상으로 나타난다.

려낼 수 있는 능력을 타고났고, 그것을 통해 사회적 관계의 모든 것을 이해하고 배운다는 뜻입니다. 긴장되고 겁먹은 상태에서 타인의 시선과 평가를 과도하게 인식하게 되면, 그들이 모두 자신의 마음과 불안한 상태, 부족함과 모자람을 알고 있다고 착각하게 된다는 것입니다.

한편, 어린 시절에 부정적으로 경험한 대인관계가 이 질환의 위험을 증가시킬 수도 있습니다. 그들의 마음속에는 자신을 비판하고 놀리고 모욕함으로써 창피를 주었던 부모나 형제 등 주변 사람의 흔적이 남아 있을 수 있습니다. 소아기에 형성된 이러한 잔흔은 성인이 되어서도 주변사람에게 반복적으로 반영되어, 타인의 부정적인 평가에 민감해하는 상황을 만듭니다. 이들의 마음 이면에는 '타인의 거절과 비난에 대한 두려움'과 '완벽해야 한다'는 식의 비합리적이고 역기능적인 사고가 자리하고 있는 경우가 많습니다. 완벽하려는 생각을 버리는 것과 비난을 두려워하지 않는 용기가 이 질환을 극복하는 데 필수적인 요소입니다.

사실 이 질환의 극복에 가장 효과적인 것은 약물치료입니다. 증상이 가벼운 경우 위험상황에 처하기 직전 간단히 약물 1알을 먹는 것만으로도 큰 도움을 받을 수 있습니다. 사회공포증 증상은 자율신경계 교감신경의 항진으로 발생하는데, 약물은 일시적으로 이를 방해하여 극도의 불안상태까지는 가지 않도록 증상을 억제합니다. 괴로웠던 발표의 순간이 편안하게 넘어가는 것을 경험하면 자신감이 생기게 되는데, 이런 경험을 반복하여 이 정도면 얼마든지 할 수 있겠다는 자신감의 선순환 구조를 만들어가는 것이 중요합니다.

약물치료 외에 추천할 수 있는 유용한 방법은 광고요법과 역설의도기법입니다. 광고요법은 발표를 할 때 자신에게 사회공포증이 있음을 미리 알리는 것입니다. "제가 사람들 앞에만 서면, 너무 긴장을 해서요. 얼굴이 붉어지고 손을 떨더라도 이해해주십시오"라고 먼저 말해버린 뒤에 발표를 하면, 예상했던 것보다 덜 긴장되는 걸 느끼게 될 것입니다. 일단 그런 사전준비는 설령 내가 떨더라도 사람들한테 우스꽝스러워 보이진 않을 것이라는 안도감을 줍니다. 듣는 사람들 또한 수군거리는 등의 반응을 적게 보일 것이고, 발표 후에도 "별로 안 떨던데?" 하며 나를 격려해줄 수 있습니다.

역설의도기법은 두려워하는 상황을 머릿속으로 자꾸 떠올릴수록 두려움이 오히려 더 커진다는 사실을 역이용하는 것입니다. 발표할 때 땀을 흘리게 될까 봐 두려운 경우 아예 속으로 '오늘 발표 때 땀을 한 바가지로 흘리겠는 걸'이라며 계속 되뇌는 것입니다. 그렇게 하면 막상 발표에 들어가선 예상보다 땀이 덜 나는 걸 경험하게 됩니다. 누가 보는 앞에서 유난히 손을 떨어 글씨가 엉망이 되곤 하는 사람의 경우, 일부러 글씨를 엉망으로 휘갈겨버릴 수 있습니다. 그렇게 하려 할수록 글씨는 의외로 더 잘 써집니다. 말더듬이 있는 사람이 일부러 말을 더듬으려고 하면, 역설적으로 말을 덜 더듬게 되는 경우도 이와 비슷합니다.

불안

고소공포증이 너무 심해 불편합니다

저는 27살 남자인데 고소공포증이 유독 심합니다. 놀이공원에 가서 놀이기구 타는 것은 당연히 질색이고요. 평상시 육교도 피해 다닐 정도입니다. 그런데 이번에 취업한 회사가 말썽이에요. 출근길에는 항상 전망 엘리베이터를 타야 하고, 10층 높이 사무실이 통유리로 되어 있어 고개를 돌리기가 무섭습니다. 직장을 그만두어야 할지 고민이 될 정도입니다.

어린 시절엔 누구나 어둠을 무서워했던 것처럼 상황과 나이에 맞게 약간의 두려움을 갖는 것은 인간으로서 지극히 정상적인 일입니다. 하지만 두려움의 수준을 넘어 유달리 특정 대상과 상황에 대해 공포감을 느끼고 그로 인해 일상생활에 문제가 생긴다면, 이야기는 달라집니다. 특정 공포증이라는 진단을 받은 사람의 경우, 공포감의 정도가 심하고, 비합리적이며, 특정 대상과 상황에 대해 지속적이고 반복적으로 비슷한 공포심을 갖습니다. 당연히 이를 피하려 노력하지만, 회피가 실패

공황발작
극심한 공포와 고통이 갑자기 발생해 수분 이내에 최고조에 이르는 경우. 두근거림, 땀 흘림, 떨림, 답답함, 질식할 것 같은 느낌, 가슴과 배의 불편함, 어지러움, 감각 이상, 비현실감, 스스로 통제할 수 없는 두려움, 죽을 것 같은 공포 등의 증상 가운데 4가지 이상이 나타나면 공황발작으로 본다.

로 돌아가면 극심한 공포감과 불안, 심지어는 공황발작Panic Attack까지 경험하게 됩니다.

경험이 저마다 다르고, 살고 있는 환경도 다르지만 사람들이 공포증을 느끼는 특정 대상과 상황은 몇 가지로 정리할 수 있습니다. 특정 동물을 두려워하는 동물형 공포증의 경우 그 대상이 거미, 곤충, 개, 뱀 등입니다. 그다음 앞 사례의 주인공과 같은 고공, 폭풍, 물을 두려워하는 자연환경형 공포증도 있고, 병원에서 주사를 맞거나 피검사하는 것을 극단적으로 싫어하는 혈액-주사-손상형 공포증, 비행기나 엘리베이터, 밀폐된 장소에서 심각한 공포를 경험하는 상황형 공포증도 있습니다.

어린 시절 공포대상과 연관된 심하고 충격적인 사건을 경험한 것이 공포증의 원인이 되는 경우는 쉽게 이해할 수 있을 것입니다. 어렸을 때 옆집 강아지에게 물렸다거나, 동생과 장난치며 놀다가 장롱에 갇힌 기억이 있거나, 누군가가 익사하는 장면을 목격했거나, 비행기 추락에 관한 언론의 과도한 보도를 접했다면, 그와 관계 있는 공포증이 생기는 것은 어찌 보면 당연한 현상입니다. 누구나 다시는 그 상황을 경험하고 싶지 않을 것이고, 그 대상과 상황이 예측된다면 의식적으로 피하려 할 것입니다. '자라 보고 놀란 가슴, 솥뚜껑 보고 놀란다'라는 속담은 이 경우를 두고 하는 말입니다. 정신분석학에서는 오이디푸스콤플렉스와 거세공포가 내적 갈등을 유발해 이에 대한 경고로서 공포증이 나타난다고 보았고, 학습이론에서는 다른 사람에게서 공포반응 행동을 보고 배우거나, 부모가 위험하다고 경고한 것이 학습되어 공포증이 생긴다고 설명합니다.

흥미로운 것은 이 공포증들이 의외로 충격적인 외상의 기억이 없고, 가족력이 있는 경우가 많다는 것입니다. 가족들이 공통으로 공포증이 있는 경우가 많은데요. 그것도 같은 형태의 공포증을 가지는 경우가 많습니다. 이는 부분적으로 인간의 공포증이 유전적 경향을 내포하고 있다는 근거가 되기도 합니다. 현대사회에서 가장 무섭고 사고가 빈번한 것이 교통사고지만, 자동차공포증이란 병은 없습니다. 대신 평소 뱀을 구경하지 못한 사람도 뱀공포증을 가질 수 있죠. 인류 역사에서 가장 위협적인 존재 중 하나가 뱀이었고, 이런 뱀에 대한 공포는 생존을 위해 후세에게 전해질 필요가 있었기 때문입니다. 이 관점에서 보자면, 인간이 특정 공포증을 가지는 대상과 상황은 현대사회에서는 그렇지 않지만 원시시대 인간의 생존에는 치명적이라는 공통점이 있습니다. 거미, 곤충, 개, 높은 장소, 물, 폭풍, 뾰족한 것, 쉽게 도망치기 힘든 좁고 갇힌 장소 모두 원시시대 인간에게는 생존에 위협이 되는 꼭 피해야 할 것들이었습니다. 역설적으로 공포증이 있는 환자들은 생존에 유리한 좋은 유전자를 물려받았다고 해야 할지도 모르겠습니다.

실제 공포는 쓸모없는 해로운 감정이자 스트레스로만 생각되기 쉽지만, 사람에게 꼭 필요한 감정입니다. 생물학적으로 공포는 뇌에서 정가운데 자리 잡고 있는 아몬드 모양으로 생긴 편도체와 관련되어 있습니다. 동물에게서 편도체를 제거하면, 어떤 일이 일어날까요? 편도체를 제거한 쥐나 사슴은 공포를 못 느끼기에 용감해지겠지만, 쥐는 고양이를 무서워하지 않을 것이고 사슴은 사자를 두려워하지 않게 될 것이기에 살아남지 못하게 됩니다. 사람도 마찬가지입니다. 공포가 없다면 높은 데서 뛰어내리고, 뜨거운 불에 손을 넣고, 차들이 넘쳐나는 도로를 뛰어다니는 아이들이 넘쳐날 것입니다.

실제로 편도체가 손상된 후, 위와 같은 이상증세를 보이는 임상사례들이 보고된 바 있습니다. 예를 들어, 40대 한 여성은 편도체가 손상되기 전인 어린 시절에는 다른 사람들과 똑같이 공포감을 경험했었습니다. 하지만 희귀질환으로 인해 편도체가 손상되자 공포영화를 봐도 전혀 겁에 질리지 않고, 놀이기구를 타도 공포지수가 0이었으며, 뱀이나 거미를 좋아하지는 않지만 만지더라도 두려움을 느끼지 않았죠. 이와 비슷하게 난치성 간질로 좌측 편도체 제거 수술을 받은 남성이 의도치 않게 거미공포증에서 벗어난 임상보고도 있었습니다.

이렇듯 공포감이 있다는 것 자체는 문제가 아닙니다. 다만 앞 사례의 주인공처럼 현대사회를 살아가는 데 부적응을 초래하는 지나친 공포감이 문제인 것이죠. 이런 경우 정신과 진료실에서는 사회공포증과 비슷한 처방을 하게 되고, 치료반응도 좋습니다. 일시적으로 공포반응을 차단하는 약물을 복용하면서, 그 대상과 상황을 피하지 않고 반복적으로 자신을 노출하는 것입니다. 어느덧 스스로 안전하다는 인식이 쌓이고 신경이 무뎌지면 약물 복용을 그만둘 수 있습니다.

불안

흥분하면 숨이 안 쉬어지고 마비가 와요

이번에 입사한 회사에서 팀장이 저를 너무 괴롭힙니다. 나름대로 열심히 일하고 있고 성과도 괜찮은 편인데, 팀장이 자꾸 지적을 해요. 아버지뻘 되는 분이라 처음에는 좋게 듣고 넘겼지만, 시간이 갈수록 너무 억울하다는 생각이 듭니다. 며칠 전에는 팀장에게 들었던 얘기를 혼자 되새김질하다가 흥분해서 호흡이 가빠지고 어지럽고 쓰러질 것 같은 증상을 겪기도 했어요.

어떤 원인이든 과호흡으로 인해 앞 사례의 주인공 같은 증상을 경험하는 것을 과호흡증후군이라고 합니다. 폐의 질환, 갑상선기능항진증과 같은 호르몬 이상 또는 약물 부작용으로도 나타날 수 있기에, 처음 나타났을 때는 내과적인 문제가 있는지 점검해보는 것도 중요합니다. 앞 사례처럼 명확한 스트레스가 있고, 두근거리는 심계항진 증상과 손저림, 두통, 불안 등의 증상이 동반되며, 운동으로 인해 증상이 소실되는 경우라면, 내과적인 문제라기보다는 심리적인 문제인 경우가 많죠. 여기서는 스트레스로 인한 과호흡증후군에 대해서

과호흡증후군
평소보다 극도로 호흡해서 혈중 이산화탄소 농도가 낮아져 두통, 두근거림, 마비, 팔다리의 이상한 느낌 등이 나타나는 증상. 심한 경우 실신하기도 한다.

만 알아보겠습니다.

스트레스를 받아 흥분하게 되면, 우리 몸에서는 스트레스호르몬이 분비되고 교감신경이 활성화됩니다. 스트레스호르몬은 생존을 위해 도망치거나 움직여야 한다는 신호를 매개하는 호르몬으로, 호흡을 빨리 하도록 유도합니다. ▶'갑자기 죽을 것 같은 공포감이 엄습해 응급실에 내원하였습니다'(544페이지) 참조 심장근육과 달리 호흡근은 자발적인 의지에 의해서만 움직이는 근육이므로, 스트레스호르몬과 활성화된 교감신경은 우리가 조급함을 느껴 호흡운동을 빨리 하게 합니다.

급한 마음에 너무 빨리 호흡운동을 하게 되면 문제가 생깁니다. 우리 몸에 필요한 산소와 이산화탄소는 농도가 적당한 비율로 유지되어야 하는데, 실제 몸은 움직이지 않는 상태에서 호흡만 오르게 되면 산소의 농도가 올라가고 이산화탄소의 농도가 내려가는 비정상적인 상황이 초래되죠. 이러한 비정상적 농도는 전신에 영향을 미쳐 손발 저림, 어지러움, 감각 이상, 가슴 통증, 시각 이상, 근육 긴장 소실, 두통, 실신 등의 증상으로 나타납니다. 드라마에서 흔히 보는 장면으로 애지중지 키운 재벌집 아들이 마음에 들지 않는 며느릿감을 데리고 왔을 때 어머니가 뒷목을 부여잡고 기절하는 것도 바로 이런 이유로 발생하는 증상인 것입니다.

과호흡증후군은 불안해하지 않고 침착하게 대처하는 것이 가장 중요합니다. 우선 아무리 급한 마음이 들고 호흡에 대한 압박감이 느껴지더라도 천천히 호흡하도록 노력해야 합니다. 가능하면 호흡을 잠깐 멈추는 것이 증상 호전에 큰 도움이 됩니다. 한 유명만화에서는 과호흡증후군 상황에서 키스하는 장면이 나오는데요. 호흡을 일시적으로 멈추게 할 수 있으므로 낭만적이고 효과적인 응급처치가 될 수 있습니다.

자발적으로 호흡을 늦추는 것이 힘들다면, 마스크를 쓰거나, 손으로 입을 막거나, 비닐봉지에 대고 호흡하는 방법을 이용할 수 있습니다. 비닐봉지에 대고 호흡하면 자신이 내뱉은 이산화탄소를 다시 흡수함으로써 낮아진 이산화탄소 농도를 정상화시키는 데 도움이 됩니다. 다만 너무 오랜 시간 비닐봉지를 대고 있거나 봉지 주변의 압박을 심하게 하면 저산소증의 위험이 있으니 주의하셔야 합니다. 이때 급한 마음에 손발을 마사지하는 조치는 도움이 되지 않으며, 인공호흡을 하는 것은 오히려 상황을 악화시킬 수 있으므로 피해야 합니다.

과호흡증후군이 여러 번 반복된다면, 원인이 되는 스트레스의 관리에 대해 고려해야 합니다. 반복되는 증상을 방치하면 상황은 악화되게 마련이죠. 증상이 심해져 과호흡증후군이 공황발작이 되고, 결국 공황장애Panic Disorder로 진행되는 경우도 흔히 관찰되곤 하거든요.

공황장애
공황발작을 경험하고 난 후, 발작이 또 찾아오지는 않을까 하는 두려움에 발작이 일어날 것 같은 상황을 미리 피하려 할 때 공황장애로 진단한다. 평소 불안수준이 높거나 건강걱정을 많이 하는 경우 공황발작이 공황장애로 이어질 가능성이 크다.

스트레스 반응을 줄이는 약물치료는 효과가 좋은 편으로, 환자가 여유를 가지고 스트레스에 대처할 수 있게 해줍니다. 평소 복식호흡이나 명상, 요가 등에 관심을 가져 능동적으로 느리고 여유 있는 호흡을 하도록 훈련하는 것이 도움이 될 것입니다.

불안

사람 많은 곳에 가면 괜히 불안하고 어지러워요

제 소원은 7살 아들과 극장에 가는 것입니다. 언제부턴가 사람이 많은 백화점 같은 곳에 가면 괜히 불안하고 마음이 편하지 않았는데요. 극장은 상상만 해도 답답한 느낌이 들고, 무슨 일이 벌어질 것 같은 불안감에 갈 엄두가 나질 않습니다. 비행기는 아예 타지조차 못해서 휴가 때마다 고민하다 결국 해외여행을 한 번도 해보지 못했습니다.

공공장소에서 공포불안감을 느끼는 증상을 광장공포증이라고 합니다. 광장공포증에 걸리면 흔히 대중교통(버스, 기차, 배, 비행기), 열린 공간(백화점, 시장, 주차장), 밀폐된 공간(극장, 상점, 터널), 군중 속, 집 밖에 혼자 있는 상황 등에서 불안과 공포를 느낍니다. 5가지 상황 중 두 가지 이상에서 극심한 공포와 불안을 경험한다면, 광장공포증이라 진단받을 수 있습니다.

광장공포증
즉시 피하기 어려운 장소나 상황에 있다는 데 대한 불안증세.

사실 여러 사람의 시선이 의식되는 곳에서 불안감을 느낀다는 점에서는 사회공포증과 유사한 면이 있고, 밀폐된 공간에서 증상이 나타난다는 점에서는 폐쇄공포증과 경계가 불분명해 보입니다. 게다가 앞서 언급된 다른 공포증과 마찬가지로 광장공포증 역시 한번 불안과 공포 증상을 경험하면, 그런 상황을 회피하기 위해 노력하는 패턴을 동반합니다.

다만 광장공포증은 여러 상황에서 증상을 경험한다는 점이 차이이며, 무엇보다 불안의 이면에는 무슨 일이 생기면 도움받기 어렵거나 벗어나기 힘들 것 같다는 인지적 왜곡이 자리 잡고 있습니다. 이는 개인적 성향에 따른 것으로, 자신이 대처하기 힘들다고 느끼지 않으면 문제가 없을 수 있습니다. 창문 없는 버스를 두려워하는 사람은 버스에서 무슨 일이 생기면 나갈 수가 없는데 어떻게 하나 걱정하지만 지하철은 괜찮다고 안심하고, 지하철을 두려워하는 사람은 지하에서 무슨 일이 생기면 대책이 없고 날 도와줄 사람이 없다고 생각하지만 버스는 문제가 없다고 여기기도 합니다. 같은 광장공포증 환자라 해도 서로의 인식에 따라 증상이 다르며, 서로의 증상을 잘 이해하지 못하는 경우도 많습니다. 인지적 왜곡이 두려움을 악화시키는 요인이기 때문에 광장공포증 증상은 유달리 혼자 있는 것을 싫어하며, 믿을 만한 누군가가 옆에 같이 있을 때 증상이 경감됩니다. 이런 특징은 이 환자들이 어린 시절 애착관계에서 불안정한 경험을 했을 거라는 추측을 가능하게 합니다.

광장공포증의 불안발작은 공황장애로 발전하는 경우가 많습니다. 공황장애로 진단받은 환자 대부분이 공황장애 진단 전에 광장공포증을 경험하며, 공황장애의 경과 중에 광장공포증이 악화됩니다. 역으로 광장공포증 환자에서 공황장애나 발작이 있는 경우는 임상적으로 약 50퍼센트 정도입니다.

광장공포증의 치료는 다른 공포증과 같은 측면에서 이해할 수 있습니다. 약물의 도움을 받아 공포상황을 피하지 않고 반복적으로 상황에 노출되는 시도를 하는 것입니다. 하지만 보통 광장공포증은 공황장애와 동반되는 경우가 많아 좀 더 복잡한 치료가 필요한 편입니다.

불안

갑자기 죽을 것 같은 공포감이 엄습해 응급실에 내원했습니다

갑자기 호흡과 맥박이 빨라지고, 죽을 것 같은 불안감이 엄습해 응급실을 찾았습니다. 이상한 것은 구급차를 타고 응급실에 가는 동안 증상이 모두 가라앉아 막상 응급실에 도착했을 때는 멀쩡한 상태였다는 겁니다. 심장과 폐 등에 이상이 없음을 확인한 내과의사는 제게 정신과 방문을 권하더군요.

공황장애는 몇몇 연예인들 때문에 익숙해진 질환인데요. 공황장애에는 공황발작 발생이 우선합니다. 공황발작은 일련의 교감신경 항진증상과 공포반응을 동반합니다. ▶'흥분하면 숨이 안 쉬어지고 마비가 와요'(538페이지) 참조

공황발작은 공포나 불안과 별개라기보다는 그 반응들의 가장 악화된 형태로 이해할 수 있습니다. 인간은 위험한 상황에 닥치면 청반핵이라 불리는 뇌부위에서 노르에피네프린이 분비되어 교감신경계가 활성화되는데요. 그 결과 위험한 상황에 대처하기 위해 심장이 뛰고, 혈압이 오르며, 호흡을 증가시켜 근육에 힘이 몰리게 됩니다. 공황발작이란 이러한 경보시스템이 최고등급으로

교감신경 항진증상
스트레스를 받아 흥분하게 되면, 우리 몸에서는 스트레스호르몬이 분비되고 교감신경이 활성화된다. 스트레스호르몬은 생존을 위해 도망치거나 움직여야 한다는 신호를 매개하는 호르몬으로, 호흡을 빨리 하도록 유도한다.

오작동되는 상황으로, 위험한 상황이 아닌데도 불구하고 위험할 때 작동되는 응급대응체계가 가동되는 것입니다. 이런 오작동은 과호흡 자체가 원인일 수도 있고, 알코올중독 금단상태이거나 내과적 문제가 있을 때도 나타날 수 있습니다. 그러나 무엇보다 중요한 요소는 스트레스 반응과 이를 매개하는 노르에피네프린 같은 스트레스호르몬입니다.

인간의 스트레스에 대한 반응은 흔히 투쟁-도피반응Flight Or Fight Response으로 정의됩니다. 하지만 현대사회에서는 적들이 내가 순종해야 할 상대인 경우가 많으므로, 대개 도망가거나 싸우기보다는 견디고 지체하는 것이 일반적인 모습입니다. 결국 현대사회에서 우리가 스트레스를 받는다는 말은 위협의 순간 도망치거나 싸우는 선택을 하지 못하고 묵묵히 참고 견뎌낼 수밖에 없다는 것을 의미합니다. 이런 스트레스 상황을 반복적으로 경험하다 보면, 스트레스호르몬의 작용으로 면역기능이 떨어지거나, 만성적인 두통과 소화불량, 과민성대장증상, 불면, 만성적인 불안, 근육통 등 만성 스트레스성 질환을 유발합니다. 이러한 만성적 긴장상태는 뇌에서도 문제를 일으켜, 어느 순간 위에서 언급한 오작동, 즉 공황발작을 일으킵니다.

투쟁-도피반응
원시시대의 인간이 미확인 위험요소가 나타났을 때 도망칠 것이냐, 싸울 것이냐를 준비하는 과정.

공황발작이 발생한다 해도 사람에 따라서는 크게 놀라지 않기도 하고, 스트레스 관리를 잘 해서 큰 문제가 되지 않기도 합니다.

불안

또 공황발작이 올까 봐 두려워요

저는 공황장애를 앓고 있는데, 생활하는 데 불편이 너무 많습니다. 처음 버스에서 공황발작을 경험한 이후, 두려운 마음에 버스를 타지 못해 출퇴근에 문제가 생겼습니다. 그나마 가족과 함께 있으면 좀 안심이 되어 처음엔 가족들 도움으로 출퇴근을 했는데요. 계속 그럴 수는 없는지라, 결국 회사 앞으로 이사를 할 수밖에 없었습니다. 이런 일들이 너무 많이 생기니 더 괴롭습니다.

공황발작이 왔다고 해서 다 공황장애로 진단되는 것은 아닙니다. 반복적이지 않은, 일회성 공황발작은 우울증이나 알코올중독 상태, 급성 스트레스 상황 등에서도 올 수 있기 때문이죠. 공황장애는 공황발작을 경험한 후 다시 그 발작을 경험할까 봐 심각하게 두려워하고 걱정하거나, 그 상황을 피하기 위해 심각한 생활의 변화가 일어나는 경우 진단이 내려집니다. 공황발작 이후 그 발작에 대한 공포를 갖는 경우라 할 수 있어 차라리 공황발작공포증이라고 이해하는 편이 쉬울 수 있습니다.

앞서 언급했듯이 공황발작은 광장공포증과 연결되어 있는 경우가 많습니다. 흔히 문제가 되는 장소나 상황 역시 광장공포증과 유사합니다. 백화점이나 공공장소, 엘리베이터, 극장, 터널, 버스, 지하철 같은 곳이 공황장애 환자들이 곧잘 회피하는 장소인데, 대개 사람이 많아 신경이 많이 쓰이는 장소 혹은 자신을 도와줄 만한 사람이 없는 밀폐된 공간들입니다. 자려고 누웠다가 발작을 경험해서 침대나 침실을 피하거나, 회의시간에 발작한 이후 회의시간을 두려워하는 경우 등 상황은 매우 다양합니다.

공황장애 환자들은 아무도 도와주는 사람이 없는 상황을 두려워합니다. 예를 들어 안전한 집 안에 있으면 급할 때 가족이 와주거나 누군가의 도움을 청할 수 있지만, 백화점이나 지하철 같은 공공장소에서 공황발작이 오면 도움을 요청할 수 없어 그대로 쓰러져 죽을 것 같다는 상상을 합니다. 점점 회피가 심해지면서 이제는 누군가와 함께 있지 않으면, 집 밖에 나가지 못하는 경우도 있습니다. 공황발작은 어쩌다가 한 번 오는 것이고 또 발작이 오더라도 대개 20분 전후로 사라지는데도 불구하고, 심각한 환자는 온종일 공황의 공포 속에서 시간을 보내고, 심해지면 우울증까지 올 수 있습니다. 실제로 공황장애 환자의 50퍼센트가 우울 증상을 보입니다.

공황장애에는 공황발작, 그에 대한 예기불안, 회피행동 등 복합적인 요소들이 있어 치료 측면에서도 다른 공포증과 큰 맥락은 같지만 조금 더 복잡합니다. 우선 공황발작을 미리 예방하는 것이 기본인데, 앞서 설명한 대로 공황발작은 지속적인 스트레스에서 시작하므로 이를 경감시키려는 노력이 필요합니다. 명상이나 요가 등 복식호흡과 근육이완을 기초로 하는 방법들은 스트레스 해소에 좋습니다. 주먹을 꽉 쥐고 팔에 힘을 주어 어깨 쪽으로 잡아당긴 뒤 3초 후 순간적으로 힘을 쫙 빼는 동작을 여러 차례 반복하는 점진적 근육이완법은 인위적으로 우리 몸의 모든 근육을 긴장시켰다가 이완시키는 방법으로, 스트레스를 감소시키는 데 도움이 됩니다.

또한 예기불안에 따른 '재앙화 사고'를 줄여야 합니다. 공황장애 환자들은 약간의 불편감, 사소한 걱정거리들을 거의 재앙 수준으로 느낍니다. '공황발작이 또 일어나면 어떡하지?' '이번에는 심장에 문제가 생긴 건 아닐까?' '이러다 죽겠구나' 하고 순간 판단해버리는 것이죠. 초기에 이 불안을 감소시키기 위해서는 '멈추기Stop–초점 다시 맞추기Refocus–숨쉬기Breathe' 기법을 활용하는 것이 좋습니다. 예기불안이 심해지려는 순간, 우선 '그만'이라고 속으로 외친 뒤 주변을 둘러보면서 간판이나 휴대전화, 지나가는 버스 등 다른 곳으로 관심을 돌리면서Refocus 천천히 복식호흡Breathe을 하도록 노력합니다. 이런 방법은 개념은 어렵지 않으나 평소 반복훈련을 통해 실전에 곧바로 사용할 수 있도록 해야 합니다.

공황장애의 약물치료는 두 가지 목적을 가지고 있는데요. 먼저 진통제처럼 당장의 불안 자체를 줄이기 위해 항불안제와 자율신경차단제가 사용됩니다. 그다음으로 영양제나 근본치료제처럼 평소의 불안이나 스트레스 레벨을 줄이기 위해 항우울제가 처방됩니다. 효과는 매우 좋고 부작용도 그다지 없으나, 약물치료에는 현실적으로 골치 아픈 문제가 있습니다. 공황장애 환자들의 심리는 기본적으로 불안하기 때문에 이들은 약을 먹는다는 것에 대해서도 불안해하여 부작용은 없을지, 중독되지는 않을지, 약에 의지하지 말고 자신의 의지로 병을 극복해야 하는 것은 아닌지 끊임없이 고민하다가 치료를 놓치는 경우가 많습니다.

일단 적절한 약을 처방받고 나면 공황발작은 급격하게 줄며, 발작이 오더라도 약을 먹으면 금세 진정이 됩니다. 이후로는 수중에 약만 있으면 안심이 돼, 심지어는 약을 실제로 먹지 않고 갖고만 있어도 편안하다는 사람도 있습니다. 처음에는 약에 의지하다가도, 시간이 흐르면서 약이 없어도 별일 없더라는 자신감이 쌓이면 조금씩 약에 대한 의존도가 줄어듭니다. 그러면 적당한 시기에 의사와 상의해 약을 끊으면 됩니다.

불안

괜히 불안해서 자꾸만 확인하게 돼요

저는 24살 남자입니다. 저 자신도 납득하기 힘든 걱정들 때문에 늘 답답합니다. 집을 나설 때 불안한 마음이 들어 문이 제대로 잠겼는지 5번 확인하는 건 사소한 정도예요. 밖에 나가 있는 가족들이 행여 사고가 날까 봐 걱정이 들기 시작하면, 동생이나 부모님에게 계속해서 연락을 해보곤 합니다. 제가 왜 이러는 걸까요?

수능이 쉬워지면서 수험생들 중 강박증 환자가 해마다 1퍼센트씩 늘고 있다는 보도가 있었습니다. 실수 하나로도 석차 차이가 커지다 보니 실수를 할까 불안해 같은 문제를 반복해서 풀게 되고, 결국 그 불안이 확장되어 여러 분야에서 반복적으로 체크를 하는 강박증으로 발전하고 있다는 내용이었습니다. 반복적으로 확인하고 순서를 맞추는 강박증 환자들이 겉으로는 차갑게 느껴질 수 있겠지만, 실제 이들의 내면은 불안으로 가득합니다.

강박증은 강박사고와 강박행동으로 세분할 수 있는데요. 우선 반복적이고 부정적인 생각, 충동과 관련된 강박사고에서 증상이 시작됩니다. 강박사고는 불안, 두려움, 수치심 같은 고통스러운 감정을 야기하고, 이를 일시적으로 해소하기 위해 반복사고와 이미지 연상 혹은 강박적 행동을 합니다. 개인마다 차이가 있지만, 흔히 나타나는 증상은 청소, 균형, 금기시된 생각, 위해 등입니다.

먼저 청소와 관련된 강박증으로는 오염강박사고와 청결강박행동이 있습니다. 혹시나 오염된 것과 접촉하여 내가 감염되지 않을까 걱정하고, 결국 이해할 수 없을 정도로 심하게 반복해서 씻거나 깔끔을 떠는 등의 모습을 보입니다. 문고리를 만졌다고 손을 30번씩 씻는 경우도 있고, 평소 좋아하지 않는 사람의 살갗과 닿았다며 1시간을 샤워하는 경우도 있죠. 밖에 나갔다 오면 길거리의 지저분한 것들이 묻었다며 모든 옷을 세탁하고 왁스 섞은 물로 샤워하는 경우도 있습니다.

더러움이라는 것은 관념적인 것입니다. 흔히 더럽다고 생각하는 '똥오줌 및 그 외 분비물'이라는 것은 우리 몸속에 있던 것들입니다. 사람은 자기 몸에서 떨어져나온 것을 '죽음'의 징표로 생각하고, 내 몸에 다시 들어오는 것을 극히 두려워합니다. 더러운 것에 오염되는 것을 마치 자신이 물리적 · 성적으로 공격당하는 것처럼 느끼는 겁니다.

균형과 관련된 강박증은 균형과 대칭 맞추기, 정리 정돈하기, 숫자 세기 등입니다. 길을 걸을 때 금 밟지 않기/모서리만 밟기, 계단 오를 때 수 맞추기 등은 물론, 시험 직전에 순서별로 책 정리하기나 밤새 옷 정리하기 등도 같은 증상으로 볼 수 있습니다. 너무 정확하게만 하려는 것도 이런 강박증상으로 볼 수 있는데요. 일할 때 별것 아닌 일도 자신의 절차에 맞추고, 용지 선택, 장식, 표 간격 등을 정확히 맞춰야 다음 단계로 넘어가는 것 등이죠. 시험공부를 하는데 정확히 외우지 않으면 다음 장으로 넘어갈 수가 없고, 정확히 하려니 너무 느려서 아무런 성과를 내지 못하는 모습도 흔히 볼 수 있는 증상입니다. 물론 시험공부를 하기 싫을 때나 회사일이 무언가 풀리지 않을 때 이런 경우가 많습니다. 마음이 어지러울 때 마음을 정리하고픈 심리가 물건을 정리하고 줄을 세우는 것으로 나타나는 것이죠.

금기시된 생각과 관련된 강박증상은 성적·공격적인 행동을 반복해서 상상하는 것입니다. 성관계하는 장면이 생각나서 억지로 떠올리지 않으려 한다든가 누군가를 죽이는 장면이 자꾸 떠올라 힘들어하는 것인데, 대개 상대자는 친족이나 가까운 친구인 경우가 많습니다. 인간에게 도덕적으로 금지된 것은 크게 성과 폭력 두 가지밖에 없습니다. 이는 인간이라면 누구나 가지고 있는 기본적인 본능이지만, 사회적으로는 금지되어 있다 보니 문제가 됩니다. 강박증은 실제로 그런 욕망을 가진 것이 아니라, 금기의 가능성만으로 죄책감에 시달리는 것입니다. 이런 경우 진료실에서는 고지식한 도덕관념을 풀어주려는 목적으로 "그런 생각은 누구나 할 수 있습니다. 정상과 비정상의 경계는 생각을 하느냐 하지 않느냐가 아니라, 실제 그런 행동을 하느냐 하지 않느냐에 있습니다"라고 말해줍니다.

위해와 관련된 강박증은 앞 사례의 주인공처럼 혹시나 자신과 주변 사람에게 해가 갈까 봐 강박적으로 의심하고 확인하는 행동입니다. 어머니들이 "가스 불 안 잠근 것 같다" "대문 안 잠그고 나온 것 같다" 면서 다시 집으로 들어가는 상황이 대표적이죠. 이런 사람들은 완벽주의 경향이 있고, 자신의 계획이나 행동에 대한 불신이 높은 편입니다. 어릴 때부터 어설프다고 야단을 맞아서 그럴 수도 있지만, 대개는 현재 불안한 문제를 갖고 있어서 그럴 수 있습니다. 이들에게는 스마트폰으로 가스레인지나 자물쇠 등의 사진을 찍은 후, 불안해지면 사진을 확인하는 것이 도움이 될 수 있습니다. 완치에 이르지는 못해도, 당장의 불안을 줄여주는 효과가 있습니다.

물건을 모으는 강박행동도 있습니다. 이는 이전까지 대표적인 강박증상이었으나 최근 개정된 〈DSM-5〉에서는 강박 관련 장애 중 수집광Hoarding Disorder으로 분류됩니다. TV에 가끔 나오는 경우처럼 동네 고물과 쓰레기를 다 모아서 가지고 있는 사람, 자신의 물건을 하나도 버리지 못하는 사람이 여기에 해당됩니다. 자신을 구성하고 있는 추억, 물건 등을 떼어버리지 못하는 것은 마치 자신의 불안한 내부를 물건으로 가득 채우려는 것과 비슷합니다.

수집광
실제 가치와는 상관없이 물건을 버리거나 분리하는 것을 어려워하는 증상. 이러한 어려움은 물건을 보관해야만 하는 스스로의 필요성이 과하고, 물건을 버리면 따라오는 고통을 참을 수 없기 때문이다.

정신분석학에서는 강박증을 오이디푸스기의 리비도를 일깨우는 자극을 접했을 때 그 욕동을 억압하기 위해 이전 단계인 항문기로 퇴행하는 것이라 설명합니다. 강박행동들은 손을 씻거나 다른 신체적 표현을 하는 데 많은 시간을 사용함으로써 욕동으로 야기된 고통스러운 기억과 감정을 방어하려는 것이며, 이 행동은 내재되어 있는 소망의 충족과 이 소망에 대한 방어 모두를 한꺼번에 해결할 수 있다는 것입니다. 정신분석학의 창시자 프로이트의 유명한 사례인 쥐

욕동
정신분석에서 본능적 욕구와 유사한 개념으로 사용된다. 일생 동안 성적 본능 욕구가 작용해 갈등을 일으킨다는 이론을 '욕동심리학drive Psychology'이라고 부른다.

쥐인간
프로이트에게 치료받던 어느 변호사의 이야기에서 온 것. 이 변호사는 군대에 있을 때 들었던 쥐 고문 이야기가 강박적으로 떠올라, 쥐가 아버지와 애인의 항문을 파먹고 내장으로 올라간다는 강박관념 때문에 괴로워했다. 그는 어릴 때 자위행위를 하다가 아버지에게 들켜서 심하게 벌을 받았다. 아버지는 오래 전 사망했는데, 당시 아버지의 임종을 지키지 못했고, 아버지의 유산을 빨리 받고 싶어서 아버지가 죽기를 바랐다. 또한 애인이 죽으면 부잣집 딸과 결혼할 수 있어서 애인도 죽기를 바랐다. 아버지에 대한 미움, 성적 쾌감에 대한 무력감, 죽음에 대한 죄책감이 무의식에서 작용해 쥐를 통해 강박관념을 만든 것으로 본다.

인간Rat Man도 전형적인 강박증 사례로서 초창기 정신분석이론의 토대가 되었습니다.

최근 발달한 뇌과학은 강박증상의 원인을 뇌 기능의 이상으로 설명합니다. 대뇌 전두엽의 안와피질은 적절한 행동을 하도록 사람을 통제합니다. 이 부분이 과도하게 활성화하면, 지나친 걱정과 불안, 초조함 등이 나타납니다. 또 불필요한 정보를 걸러내는 대뇌의 미상핵에 이상이 생기면, 자신의 오감을 통해 들어오는 모든 정보를 다 의식하게 되고, 그 결과 원치 않는 생각을 계속하게 됩니다. 안와피질과 미상핵에서 강박증과 관련된 이상은 주로 세로토닌의 부족으로 알려져 있기 때문에, 세로토닌을 증가시키는 항우울제를 약물로 사용합니다. 다만 강박증의 경우 연관된 뇌의 부위도 다양하고 복잡해서 약물치료에 대한 반응이 우울증처럼 명백하지 않아, 약물 용량도 우울증보다 더 높아야 치료가 되는 편이며 상담 및 다른 여러 치료가 같이 진행되어야 합니다.

인지행동적인 치료는 강박사고의 원인에 대한 접근과 강박행동에 대한 대처훈련으로 나누어 이해할 수 있습니다. 강박사고의 원인에 대한 접근은 먼저 정신 역동적인 유발인자를 분석하여, 심리적으로 어떤 현상이 자신의 마음속에서 일어나는지 알게 해주는 것입니다. 대부분의 환자들은 자기가 가진 불안의 근본문제를 절대 보지 않으려고 합니다. 예를 들어 "이상하게 A에게 성욕이 생겨요"라고 말하는 사람은 성욕이 생겨 문제란 얘기만 하고 성욕에 대해 어떻게 생각하느냐 또는 성적인 문제를 어떻게 보느냐는 질문에는 대답을 하지 못하곤 합니다. 이 답을 같이 찾아보면서 불안을 야기하는 성적인 의미들을 확인함으로써 환자의 본질적 고민이 무엇인지 알아내야 합니다. 강박증상은 진정한 불안을 감추기 위한 것이며, 그 내면의 불안을 찾고 해소함으로써 증상의 완화를 기대할 수 있다는 면에서 꼭 필요한 과정입니다.

강박행동에 대한 대처훈련은 강박행동을 안 하면 죽을 것 같지만 어느 정도 지나면 그 불안이 감소한다는 것을 깨닫게 하는 것에서부터 시작합니다. 즉, 가스불을 끄고 왔나 걱정이 되어 돌아갈까 하다가도 일정 거리를 넘어서면 잊고 다른 일들을 하게 되는데, 바로 그 지점을 파악하도록 하는 것이죠. 이후로는 단계적 · 점차적으로 노출을 시도하게 되는데, 오염된 사물, 사람, 장소를 접한 뒤 씻지 않고 지내거나, 문 잠그는 것을 한 번만 확인하고 견뎌본다거나, 집안 가재도구를 그대로 둔 채 지내보는 등 실생활에서 긴장을 유발하는 상황, 사물, 이미지들을 일대일로 대면합니다.

마지막으로 강박증상이 있을 때 스스로 실천할 수 있는 행동요령을 몇 가지 말씀드리겠습니다.

· 시간과 시각을 미리 정해놓고 그 시간 동안은 마음껏 강박적으로 생각하고 행동한다.
· 불안한 생각이 들더라도 나중에 정해진 시각에 하기로 마음먹고

일단은 생각을 미뤄둔다.

· 자신의 생각이 말도 안 된다는 것을 인정하고 넘겨야지, 내가 왜 그럴까 고민하지 않는다.
· 강박적인 생각들을 적어둔다.
· 노래를 부르거나 다른 장면을 상상한다.
· '그런 생각은 지금 당장 아무 도움도 안 돼' 라고 속으로 외친다.
· 편안하게 복식호흡을 하면서 10까지 천천히 숫자를 세어본다.

스트레스

짜증이 많아지고 화가 나면 분노조절이 안 돼요

저는 3년째 취업을 준비 중인 26살 여자입니다. 최근 들어 부모님과 동생에게 시한폭탄 같다는 말을 자주 듣습니다. 대수롭지 않은 일에도 자꾸 짜증이 나요. 화장실에 휴지가 없거나 찾는 물건이 제자리에 없다는 이유로도 금세 폭발하곤 합니다. 가족에게 미안한 마음이 들어 그러지 말아야지 하면서도, 막상 그 순간이 되면 나도 모르게 가족에게 화를 냅니다.

본능에 의해 의도적으로 하는 행동은 스트레스를 해소시켜주지만, 상황이나 타인의 지시에 따른 행동을 할 때는 스트레스가 발생합니다. 성취에 대한 압박감이나 미래에 대한 부정적인 상상도 스트레스의 원인입니다. 별것 아닌 사소한 스트레스들이 누적되면, 어느 순간 모든 일이 하기 싫어지죠. 꽉 차서 넘실대는 잔에 물이 1방울 떨어지면, 결국 넘쳐버리는 격입니다. 이때부터는 앞에 떨어진 종이를 바로 옆 휴지통에 버려달라는 부탁조차 짜증이 납니다. 일을 시킨 사람이나 주어진 상황에 책임을 돌리며 분노하게 되죠. 투덜거리기만 하고 내가 제 역할을 못 하고 있다는 생각이 들면, 그제야 "내가 왜 이러지? 우울하다. 내가 나쁜 사람인 것 같다"라고 표현합니다.

정신없는 생활 속에서 이렇게 누적된 스트레스는 우리 몸 어딘가에서 고장을 일으키는데요. 뇌 기능도 이로부터 자유롭지 않습니다. 만성적인 스트레스가 해마를 비롯한 변연계에 영향을 주면, 기억장애가 나타나는 등 다양한 문제를 초래할 수 있습니다. 뇌의 여러 부위 중 감정과 충동의 절제와 관련된 부위는 전두엽의 한 부위로 전전두엽 내측 아래쪽입니다. VMPFC Ventromedial Prefrontal Cortex 로 알려진 이 부위는 충동조절, 쾌감조절, 도덕적 판단, 의사결정과 관련된 부위로 알려져 있습니다. 만성적인 스트레스로 이 부위의 기능이 저하되면, 충동조절 기능이 떨어지고 욱하고 짜증스러운 기분 표현이 많아지며 부정적인 생각이 초래됩니다. 이런 이유로 우울증과 관련되어 있는 것으로도 봅니다. 교도소 수감자 중 이 부위의 기능이 선천적으로 저하된 사람이 많다는 연구결과는 이 부위와 충동조절과의 관계를 설명하는 근거 중 하나입니다.

VMPFC 부위에 작용하는 대표적인 신경전달물질은 세로토닌으로, 짜증이 많고 분노조절이 안 되는 스트레스성 우울증에는 세로토닌의 기능을 강화하는 항우울제를 처방합니다. 최근에는 우울증 치료로 경두개자기자극법 Therapeutic Magnetic Stimulation 같은 방법도 쓰이는데, 약화된 이 부위를 전자기로 자극하여 뇌 기능을 강화시켜주는 방법입니다.

경두개자기자극법
머리의 특정 부위에 전자기 코일을 통해 국소적으로 자기장을 통과시켜 뇌의 신경세포를 활성, 억제시키는 뇌 자극술. 심한 우울증, 강박증 등의 치료에 사용된다.

스트레스를 지속적으로 받아 뇌가 불안정해지면, 자연스럽게 유지되던 뇌의 기능들이 제대로 작동하지 못하게 됩니다. 자제력과 충동조절이 곤란해지면 내부의 공격성이 외부로 드러나게 되는데, 이것이 짜증입니다. 가장 가깝고 만만한 대상에게 공격성을 드러내는 과정이 오래되면, 당연히 좋지 못한 결과를 초래할 텐데요. 그때부터는 공격성이 내면을 향하게 됩니다. 자기 자신을 원망하고 자책하는 이 단계는 우리가 알고 있는 전형적인 우울증이 시작되는 단계입니다. 따라서 짜증, 분노는 우울증의 초기 증상에 가까우며, 치료받았을 때 좋아질 가능성이 큽니다.

보통 스트레스를 관리하는 데는 '들어오는 스트레스 줄이기' '스트레스 처리하는 나 자신이 강해지기' '들어온 스트레스 잘 배출하기' 등 3가지 방법이 있습니다.

들어오는 스트레스 줄이기는 간단한 것들로, 맡겨진 일 미루기, 일 그만두고 휴가 가기, 안 해도 괜찮은 일은 안 해버리기 등이 있죠. 그러나 여태까지 하던 일을 갑자기 그만두는 것은 쉽지 않을 뿐더러 무조건 좋은 방법이라 말할 수도 없습니다. 효율성을 위해 일을 안 하는 것이 더 나을 때가 있습니다. 휴식하는 것이 나은데 흥분해서 쉬질 않는다든가, 자신이 모든 일을 처리해야 한다는 강박관념으로 힘들다든가, 상사의 쓸데없는 꾸중으로 일이 손에 안 잡힌다든가 하는 상황들인데요. 과감하게 용기를 내어 휴가를 떠날 수도 있으며, 문제가 되는 상황만을 제거하거나, 상대방에게 좋지 못한 말을 들을 것 같으면 미리 마음의 준비를 해두는 등 사소해 보이지만 자신이 가장 편하게 지낼 수 있는 방법을 모색해서 실천하는 것이 문제 해결에 도움이 됩니다.

'스트레스 처리하는 나 자신이 강해지기'는 스스로 사고방식을 바꾸는 것으로, 정신치료가 주로 관여하는 것이 바로 이 부분입니다. 보통 강한 정신은 마음을 굳게 먹거나 의지로 얻어지는 것이라 생각하지만, 심리적인 측면에서 보면 자신에 대한 자존감을 증진시키고 타인을 대하는 관점의 다양성을 획득해 세상의 불합리성을 이해하는 데서 나옵니다. 먼저 자신이 살아온 방식, 삶의 목표, 지금까지 이뤄놓은 업적 등을 생각해보고, 현재 내가 힘들어하는 일이 과연 꼭 나쁘게만 볼 일인지, 혹시 포기해도 되는 것은 아닌지 등을 고려합니다. 자신의 입장을 명확히 하는 것만으로도 지금까지 힘들었던 일이 가볍게 보이는 경우도 많습니다. 나를 괴롭히는 사람이 있다면, 그 상대만 생각하는 게 아니라 나라는 인간과 서로 상호작용하는 사람으로서 상대를 파악해보아야 합니다. 또한 상대의 현재상태나 살아온 환경 등을 이해할 경우, 그에 대한 분노가 줄어들 수 있습니다. 상황의 맥락을 파악하고 나름의 개연성을 찾아낼수록 내면의 분노는 잦아들게 되니까요.

'들어온 스트레스 잘 배출하기'는 자신이 좋아하는 것을 열심히 하는 것이 우선입니다. 음주부터 음악, 독서, 운동, 연애, 종교 등이 모두 여기에 포함됩니다. 대개 가장 쉽고 즐거운 일들은 입을 사용하는 일들, 즉 폭식을 하거나, 담배를 피우거나, 키스를 하는 것 등입니다. 그다음은 눈이나 귀를 사용하는 일로, 음악 감상, 게임, TV나 영화 보기 같은 가벼운 취미들이 여기 속합니다. 몸을 사용하는 운동, 사회적 관계를 만들어가는 단체나 종교활동도 있고, 고도로 두뇌를 사용해야 하는 독서, 고찰, 명상 등의 활동도 있습니다. 그런데 감각기관만을 사용하는 원초적인 취미들은 쉽고 편하고 누구에게나 즐거운 반면, 너무 자주 하면 부작용도 많고 좋은 결과를 얻지 못합니다. 같은 활동이라 하더라도 몸이나 머리를 적극적으로 사용해야 하는 활동이 더 오래가고 스스로도 가치를 느낄 수 있죠. 예를 들어, 먹는 것만 하더라도 아무 생각 없이 탄수화물만 섭취하면 폭식이지만, 맛, 조리법, 문화적 맥락을 따지면서 먹으면 식도락이 되는 게 세상의 이치입니다. 게임 역시 어떤 사람에게는 파괴욕구를 분출하는 도구일 뿐이지만, 어떤 사람에게는 세상을 살아가는 방식을 배우는 장일 수도 있습니다. 게임제작과정에 관심을 갖거나 왜 이 게임은 재미가 있을까 하는 심리적 의문을 품을 수도 있고요.

스스로 짜증을 줄이는 것이 쉽지 않다면, 병원에서 간단히 약물처방을 받을 수도 있습니다. 프로작, 파록세틴, 졸로프트, 에스시탈로프람 같은 세로토닌재흡수저해제Selective Serotonin Reuptake Inhibitors, SSRI 같은 약물이 대중적이며 효과가 좋아서 1~2주 정도의 사용만으로도 가벼운 분노나 우울감은 해결될 수 있습니다. 부작용이나 의존성은 일반적인 약물과 비교할 때 거의 차이가 없으나, 한국사회의 정신과 및 약물에 대한 편견으로 부정적인 소문들이 많습니다. 처음부터 약물을 추천할 수만은 없겠으나, 단시간 내에 가족이나 직장 내에서 감정을 조절하고, 나아가 미래의 심각한 정신적 문제를 예방한다는 차원에서의 투약은 적극 권장될 필요가 있습니다.

세로토닌재흡수저해제
현재 가장 널리 쓰이는 항우울제의 종류로, 세로토닌의 재흡수를 막아 세포 외 수준의 세로토닌 농도를 높여준다. 우울증 외에 여러 불안장애 등에도 주요 치료제로 쓰인다.

더 알아보기

간단히 알아보는 스트레스 정도 테스트

다음의 문항들에 해당하는 내용을 최근 1개월 동안 얼마나 자주 느꼈는지 표시하시오.

1번~6번

전혀 없었다(0) / 거의 없었다(1) / 때때로 있었다(2) / 자주 있었다(3) / 매우 자주 있었다(4)

7번~10번

전혀 없었다(4) / 거의 없었다(3) / 때때로 있었다(2) / 자주 있었다(1) / 매우 자주 있었다(0)

1. 예상치 못한 일 때문에 당황했던 적이 얼마나 있었습니까?
2. 인생에서 중요한 일들을 조절할 수 없다는 느낌을 얼마나 자주 경험하였습니까?
3. 신경이 예민해지고 스트레스를 받고 있다는 느낌을 얼마나 자주 경험하였습니까?
4. 당신이 꼭 해야 하는 일을 처리할 수 없다고 생각한 적이 얼마나 자주 있었습니까?
5. 통제할 수 없는 일 때문에 화가 난 경험이 얼마나 자주 있었습니까?
6. 어려운 일들이 너무 많이 쌓여서 극복하지 못할 것 같은 느낌을 얼마나 자주 경험했습니까?
7. 당신의 개인적인 문제들을 다루는 데 있어 얼마나 자주 자신감을

느꼈습니까?

8. 일상의 일들이 당신 생각대로 진행되고 있다는 느낌을 얼마나 자주 경험했습니까?

9. 일상생활에서 짜증을 얼마나 잘 다스릴 수 있었습니까?

10. 최상의 컨디션이라고 얼마나 자주 느꼈습니까?

19점 이상: 아주 극심한 스트레스 상태로 우울증이나 불안증에 대한 검사와 즉각적인 상담이 필요함.

17~18점: 중간 정도의 스트레스 상태로 우울증이나 불안증에 대한 검사가 필요함.

14~16점: 경도의 스트레스 상태로 현재의 상황이 지속되면 정신과적 장애가 발생할 가능성이 큼.

13점 이하: 정상적인 스트레스 상태로 자신이 하고 싶은 일을 제대로 할 수 있는 적절한 상태임.

스트레스

몸은 아픈데 검사를 해보면 아무 이상이 없다니 답답합니다

30대 전부터 여기저기 아파 온갖 병원에 다녔지만, 정확한 병명을 모르겠어요. 배도 아프고, 가슴도 답답하고, 자꾸 두근거리고, 숨도 차요. 이러다 갑자기 쓰러지지 않을까 걱정도 되고요. 병원에서 괜찮다고 해도 안심이 안 되고, 자꾸 같은 검사를 하게 돼요. 방송이나 인터넷에서 병 이야기를 들으면, 나도 걸린 것 같아요.

나이가 40대를 넘어가면, 사람들은 건강에 더 관심을 가지게 됩니다. 20대, 30대에는 쉽게 지치지 않던 사람들이 40대 이후에는 여기저기 관절도 아프고, 당뇨, 혈압, 비만 등 만성질환이 나타나기 때문이죠. 가족이나 친척, 친구 중에 갑자기 사고를 당하거나 암, 심장질환으로 사망한 사람이 생기면, 건강에 대한 관심이 더 많아집니다.

이럴 때 몸에 불편한 신체반응이 나타나면, 혹시 큰 병이 아닐까 걱정되어 이 병원 저 병원을 다녀보는데요. 검사에서는 뚜렷한 결과가 나오지 않아 걱정만 늘어갈 뿐입니다. 이런 증상은 대개 자율신경계 항진에 의한 비특이적 증상이거나 간지러움, 결림, 근육통 같은 수많은 몸의 감각들이 자극을 받아 나타나는 것입니다. 이는 스트레스가 축적되어 감각에 대한 예민도가 증가해 신체신호를 크게 느끼는 것입니다. 우울증에서도 과민성이 나타나면, 같은 자극에 대한 통증을 4~5배 정도 크게 느낀다고 합니다. 이러한 상태에서 오로지 그 신체증상의 원인이나 진단명만을 찾으려 매달리다 보면 건강염려증이라는 정신과적 문제에 이르게 됩니다.

이런 신체증상들을 호소하는 경우, 가장 중요한 점은 그 사람의 증상이 '진짜'임을 인정해주는 것입니다. 그 사람은 엄살이나 꾀병을 부리는 것이 아닙니다. 오히려 원인이 나오지 않아 더 답답하고 스트레스를 받겠죠. 이들의 증상은 진짜이지만 아직 현대의학기술로는 객관적인 증거가 눈에 보이지 않을 뿐입니다. 이들에게는 아픈 증상에 맞춰 치료하면서 동시에 스트레스와 긴장을 풀어주는 치료를 병행하면 도움이 됩니다. 다만 환자 스스로도 자신이 큰 병에 걸린 게 아니고 그럴 만한 잠재요인도 없음을 명확히 알고 난 후에는, 자신이 아픈 것은 사실이지만 이는 스트레스와 관련 있으며 지금은 안정과 휴식이 필요하다는 점을 받아들여야 합니다. 대화, 운동, 여가활동, 병원치료로 이런 상태에서 벗어날 수 있습니다.

이런 증상이 잘 나타나는 사람들은 보통 다른 사람에 비해 예민하고, 성격이 꼼꼼한 경우가 많습니다. 어릴 적에 잔병치레가 많아서 걱정이 많아진 경우도 흔합니다. 그래서 건강과 질병뿐만 아니라 위험, 가난, 통제력 상실 등을 불안해하며, 이런 것들의 위험성을 과장해 느

비특이적 증상
신체의 특정 부위에 이상이 생겨 오는 것이 아닌, 심리적 원인에 의해 생기는 일시적인 증상.

건강염려증
신체적 증상이나 감각을 잘못된 믿음에 근거해 심각한 병에 걸렸다고 인식한 나머지 그 믿음에 집착하는 증상.

끼고, 자신의 대처능력은 평가절하해 어떻게 할 수 없을 것이라고 생각합니다. 그래서 병이나 증상에 대해 이야기하기보다는 실제 남편과의 문제나 가족 간의 문제를 토의해보고 힘든 점을 표현할 때 신체 증상이 좋아지는 경우가 많습니다.

어떨 때는 무의식적으로 증상을 지속시키기도 합니다. 자식들과 떨어져 혼자 사는 할머니의 경우, 아픈 곳이 있어야 자식들이 찾아온다고 느끼면 아픈 곳이 자꾸 생기거나 악화되길 반복합니다. 그렇다고 이를 꾀병으로 치부하면, 증상은 더 나빠질 겁니다.

건강염려증과 다른 불안 증상들은 우리 삶의 반경을 많이 줄어들게 하여 인생의 즐거움을 느끼기 힘들게 합니다. 믿을 수 있는 병원을 한 군데 정해서 규칙적인 건강검진을 받고 약물 및 상담치료를 통해 마음의 여유를 찾아야 합니다.

스트레스

항상 피곤하고 신경이 곤두서 있는 것 같아요

요즘 들어 몸이 천근만근이고 항상 피곤해요. 소파에 누우면, 소파가 나를 잡아당기는 것 같을 정도입니다. 매일 아침에 눈뜨기도 힘들고, 꼭 몸살이 난 것처럼 힘드네요.

6개월 이상 특별한 스트레스나 이유 없이 계속 피곤이 밀려오고, 쉬어도 낫지 않고, 기억력이 떨어진다거나, 목과 관절 여기저기가 아프다거나, 몸이 두드려 맞은 것처럼 아프다거나 할 때, 만성피로증후군의 가능성을 생각해볼 수 있습니다. 이는 몸이 피곤하다기보다 뇌의 기능이 떨어진 것으로 이해하면 쉽습니다. 대부분 남성보다는 여성에게서 나타나는 경우가 많죠.

만성피로증후군
설명되지 않는 이유로 만성피로감을 느끼는 증상. 6개월 이상 지속되되는 양상을 띤다.

일반적으로 이 증세가 있는 이들은 처음에 몸살감기인가 싶어 내과 등을 방문해 감기약이나 진통제를 처방받기도 하지만, 큰 효과를 보지 못하고 상당 기간이 지나서야 정신건강의학과를 방문하곤 합니다. 여러 검사를 해도 뚜렷한 소견이 나오지 않기 때문에, 주변사람들은 꾀병이 아닌가 의심하지만 정작 당사자는 어디에 하소연도 못 하고 죽을 지경입니다. 병원에서 별 이상이 없다고 하니 기가 허해졌나 싶어 대체의학이나 비타민, 건강식품 등을 찾기도 하지만 큰 효과를 보지도 못합니다.

병원에서 모든 것이 정상으로 나오면 힘이 빠지겠지만, 다른 질환들을 감별해낸 것이므로 이것이 꼭 나쁜 것만은 아닙니다(이때 갑상선 질환, 여러 감염성 질환, 다발성경화증 등을 감별해내야 합니다). 특히 우울증과 양상이 비슷한 경우가 많아 80퍼센트까지 우울증 진단기준에 들어맞기도 하는데요. 이 질환은 우울증과 달리 죄책감, 자살사고, 체중감소 등의 증상이 없고, 우울증의 가족력이나 다른 정신과 질환의 가족력, 우울증에 선행되는 스트레스 사건 등이 없습니다.

이럴 경우, '과로 때문에 내 몸이 망가졌으니 일을 쉬어야겠다' 고들 생각하지만, 오히려 일을 유지하는 편이 낫습니다. 일을 쉬는 대신 무리가 안 되는 선으로 일의 양을 줄이면서 자신을 재충전한다고 생각해야 합니다. 비슷한 증상을 가진 사람들끼리 모이는 자가 도움 집단치료는 비슷한 경험과 정보를 나눌 수 있다는 점에서는 긍정적이지만, 잘못된 정보를 공유하거나 오히려 문제에서 도피하는 것처럼 퇴행할 수 있으므로 신중히 선택해야 합니다.

자가 도움 집단치료
상호 간에 서로 도움을 주고 지지해 주는 집단이 모여 진행하는 치료요법 중 하나. 구성원들은 같은 문제나 병을 가지고 있으며, 서로 힘들었던 경험이나 대처방법 등을 공유하면서 도움을 주고받는다. 정신과에서는 주로 중독 관련 질환, 불안장애 치료시 많이 이용한다.

종류는 다르지만 최근 화제가 되었던 번아웃증후군도 이와 비슷합니다. 이 경우엔 당사자가 휴식 자체를 불안하게 느끼거나 압박감을 가지는 편입니다. 탈진된 상태에서 과도한 운동이나 술, 담배, 일로 스트레스를 잊겠다며 오히려 과로하는 경우가 많아 증상이 악화되기도 합니다. 이런 사람들은 일에 대한 강박관념을 줄이고, 충분히 휴식을 취해야 합니다.

번아웃증후군
특정 업무 등에 모든 정신적 에너지를 소진해, 이후 일상생활이나 다른 업무에 적응이 어렵고 우울감, 스트레스를 느끼는 증상.

스트레스

충격적인 사건이 자꾸 떠올라 너무 괴로워요

아직도 그날을 잊을 수가 없습니다. 1년 전 버스가 뒤집히는 사고를 겪었는데요. 5분만 늦었어도 죽을 수 있었던 상황에서 다행히 무사히 구출됐습니다. 그러나 그 후부터 자꾸 옆의 자동차가 넘어질 것만 같고, 자동차 사고가 날 것 같은 느낌이 들어 차를 탈 수 없게 됐어요. 지금도 버스를 보면 기분이 나쁘고, 자동차 소리에 깜짝 깜짝 놀라곤 합니다.

원했던 건 아니지만, 살다 보면 상상도 하기 싫은 사건 사고를 경험할 수 있습니다. 교통사고를 당해 크게 다친 경험, 범죄의 희생자가 되었던 경험, 생명의 위협을 느낄 만큼 위협적인 사고를 당한 경험은 상당한 후유증을 남기게 마련입니다.

외상 이후 놀란 우리의 마음은 생존을 위해 그 사건을 너무 명확히 기억하여 우리를 괴롭힙니다. 생각하지 않으려 해도 반복적으로 고통스러운 기억이 떠오르고, 사고와 관련된 꿈에 시달리며, 사건이 반복되는 듯한 경험을 하게 됩니다. 사건을 떠오르게 하는 단서나 유사한 상황을 접하면, 자율신경이 과도하게 각성되고 극심한 감정적 고통을 경험하죠. 인지 및 감정상태도 부정적으로 변화하는데, 특히 사건과 관련된 기억력이 감퇴된다거나, '나는 나쁘다'는 등의 지속적이고 과장된 인지적 왜곡이 일어나고, 공포나 분노 등의 감정이 지속적·반복적으로 나타나게 됩니다.

정신적 외상으로 후유증이 남는 경우는 비단 직접 사고를 경험했을 때만 해당되는 것은 아닙니다. 사건이 다른 사람에게 일어나는 것을 생생하게 목격하거나, 가족이나 친구같이 가까운 사람에게 사고가 일어났다는 것을 알게 되거나, 사고의 세부사항에 대해 지나치게 노출되었을 때도 문제가 생깁니다. 우리 뇌는 80퍼센트 정도까지 사고 당사자와 유사한 감정반응을 경험할 수 있기 때문이죠. 매스미디어와 스마트폰의 영향으로 우리는 사건 사고에 대한 생생한 화면들을 접하게 되고, 이제 그 화면을 통해 당시의 불안과 공포를 그대로 느낄 수 있게 된 겁니다.

2014년 세월호 사건의 경우도 그랬습니다. 그 무엇보다 온 국민을 슬픔에 빠뜨리고 좌절하게 만들었던 것은 바로 침몰 직전 희생자들의 영상이었죠. 그 화면을 통해 우리는 죽음에 이르는 과정의 공포와 불안을 너무도 생생히 느꼈고, 슬픔과 좌절 그리고 분노를 경험했습니다.

이런 경우 의학적으로는 PTSD라는 진단을 내리게 되는데요. 이 질환은 베트남 참전용사들의 전후 사회 부적응 사례를 통해 처음 그 개념이 알려지기 시작했습니다. 전쟁영화 〈람보〉는 사실 슈퍼히어로 영화가 아니라 바로 이 PTSD를 고발한 사회영화로, 지옥 같은 전쟁터에서 오랫동안 생존 위협을 받은 병사들의 극심한 스트레스가 기억

및 스트레스 반응을 담당하는 변연계 일부에 영향을 주어 평범한 일상생활에 적응하지 못하는 상태를 그린 것입니다. 이외에도 PTSD는 종종 영화의 소재가 되곤 했는데요. 〈아메리칸 스나이퍼〉(이라크전), 〈레인 오버 미〉(9·11테러), 〈가을로〉(삼풍백화점 붕괴), 〈7월 4일생〉(베트남전) 등이 대표적입니다.

전쟁 같은 극단적 경우 외에도 앞 사례의 주인공처럼 교통사고나 홍수, 산사태 같은 재해나 범죄 등으로 인해 PTSD 증상을 보이는 경우도 많습니다. 주황색 택시를 타고 가다 교통사고가 나서 죽을 고비를 넘긴 사람은 주황색 컵을 보기만 해도, 택시를 타려고 해도, 운전을 하려고 해도, 사고가 난 동네를 지나가려고 해도 다시 공포와 불안 증상을 경험할 수 있습니다.

다행히 이런 증상들이 1개월 이내로만 지속되고 소멸한다면, PTSD가 아닌 급성스트레스반응이라는 진단을 하게 됩니다. 따라서 초기에 적극적인 노력을 통해 외상 후유증을 최소화시키는 것이 중요합니다. 안타깝게도 이런 증상이 1개월 이상 지속된다면 이는 PTSD이므로 전문가의 도움을 구하는 것이 좋습니다. 성인의 경우 50퍼센트 이상이 3개월 안에 회복되는 모습을 보이지만, 어떤 경우 1년 이상 때로는 몇십 년까지 증상이 계속되는 경우도 있기 때문입니다.

급성스트레스반응
PTSD와 양상은 같으나, 증상이 1개월 이내로만 지속되는 질환.

이 상황에서 지우기 위해 노력해야 할 부분은 사건 사고에 대한 기억 자체가 아니라 그 기억으로 인해 반복해서 느끼는 감정입니다. 바로 그 순간에 경험한 공포와 불안이 끊임없이 재생되는 것을 극복해야 하는 것이죠. 따라서 정신의학적 치료나 약물치료 모두 사건에 동반되는 감정을 조절하고, 감정과 관련된 뇌 기능을 회복하는 데 초점을 두어야 합니다. PTSD에 효과적으로 알려진 치료법으로는 EMDR Eye Movemnet Desenitization & Reprocessing이 있습니다. 이는 안구운동 중에 사건의 기억을 되살림으로써 민감도를 줄이고 기억을 재정리할 수 있도록 돕는 치료법입니다. 인지행동 치료적 관점에서 외상 사건에 대한 점진적인 노출이나 지속노출치료도 시행해볼 수 있습니다. 교통사고나 성범죄 등을 겪은 사람에게 그 상황을 상상하게 하여 사건을 재경험할 때의 불편감을 점차 감소시키는 치료인데요. 이때 당사자가 불편감을 견딜 수 없을 경우, 다시 증상이 악화될 수 있으므로 주의 깊게 접근해야 합니다.

EMDR
안구운동을 통해 뇌의 정보처리 시스템을 활성화시키는 치료법으로, 안구운동을 빨리할 때 안 좋은 기억이 사라졌던 원리를 바탕으로 발전되었다. PTSD, 공포증 등의 치료에 쓰인다.

스트레스

스트레스를 줄이는 데 명상이 도움이 되나요

명상이 몸과 마음에 모두 좋다는 얘기가 많은데, 제가 의심이 좀 많아서요. 정말 좋은 것 맞나요? 명상이 어떻게 뇌의 변화를 일으킬 수 있나요?

고故 스티브 잡스는 30년간 매일 명상을 했다고 합니다. 명상은 동양만의 것으로 오해할 수 있지만, 미국에서도 약 1,500만 명의 사람들이 명상을 하는 등 세계적으로 많은 사람들이 명상을 하고 있습니다. 과연 어떤 장점이 있기에 명상이 이렇게 세계화된 것일까요? 명상은 어떤 작용을 통해 효과를 내는 것일까요?

서울대학교와 한국뇌과학연구원에서 명상하는 사람과 하지 않는 사람의 뇌를 비교분석했습니다. 스트레스 척도와 혈중 도파민 수치, 이렇게 두 가지를 명상 수련자와 일반인 그룹으로 나누어 비교했는데요. 그 결과, 스트레스 척도에서는 명상 수련자의 지수가 6.6인 데 비해 일반인 그룹은 15.8로, 명상 수련자가 56퍼센트나 더 낮게 나왔습니다. 그만큼 스트레스를 덜 받는다는 뜻이죠. 혈중 도파민 수치 비교에서는 명상 수련자와 일반인 그룹이 각각 21.7과 15.8로 명상 수련자가 29퍼센트 더 높게 나왔습니다. 도파민은 행복감과 몰입, 의욕과 관련된 호르몬입니다. 즉, 명상은 스트레스를 낮추고 행복감과 집중력, 의욕을 높이는 효과가 있다고 연구결과는 말하고 있습니다.

명상하는 사람의 뇌에서 어떤 변화가 일어나기에, 이런 효과가 있는 걸까요? 1만 시간 이상 명상수행을 해온 티베트 승려 175명의 뇌를 촬영해 뇌의 변화를 알아본 연구가 있습니다. 그 결과, 명상을 오래 한 사람들은 좌측 전전두엽의 활동이 우측 전전두엽보다 더 활성화되어 있었다고 합니다. 즉, 아령을 들면 팔의 근육이 커지듯이 명상으로 인해 실제 뇌에도 변화가 일어나는 것입니다.

한편 명상을 꾸준히 한 사람에겐 어떤 심리적 변화가 일어날까요? 몸을 긴장한 상태에서 이완시키고, 오감을 열고, 호흡에 집중하면서, 특별한 방식으로 내 안의 변화에 주의를 기울이고 자각하는 것이 명상입니다. 명상을 할 때 우리는 평소와 달리 어떤 판단을 하지 않고, 내 안의 변화들을 단지 알아차리게 됩니다. '내가 이런 잡념을 떠올리는구나' '내가 무엇을 불안해하는구나' '내가 누군가에게 자꾸 화를 내는구나' '내가 지금 집착하고 계속 떠올리는 것은 무엇이구나' 하는 생각들을 한 후 다시 그 생각을 흘려보내는 것입니다. 이를 통해 우리는 우리 안의 스트레스를 알아차림과 동시에 다스리기 시작하는 것이죠. 행복은 과거나 미래에 있는 것이 아니라 명상을 하면서 느끼는 지금 이 순간에만 존재합니다. 명상은 과거를 후회하고 미래를 걱정하는 삶이 아니라 현재를 느끼고 즐기는 삶을 경험하도록 도와줍니다.

스트레스

내가 한 행동이 기억나질 않아요

가끔 저는 지킬 박사와 하이드처럼 성격이 바뀐다는 이야기를 듣곤 해요. 저도 모르게 이상한 짓을 저지르곤 한다는데, 그러고 나서 정작 저는 제 행동이 기억나지 않습니다. 왜 이럴까요?

방송에는 다중인격을 가진 인물들이 종종 등장하곤 합니다. 이들은 여러 다른 인격들을 보이고, 다른 인격일 때 자신이 한 행동을 기억하지 못합니다. 그러나 이런 다중성격장애를 실제로 접할 수 있는 경우는 많지 않습니다. 이런 심리현상은 주로 해리와 관련되는데요. 해리란 마음의 깊은 상처(정신적 트라우마라고도 하며, 어릴 적의 학대, 납치, 성적 학대, 사고 같은 상처) 후에 나타나는 후유증으로, 기억이 연결되지 못하고 나누어지는 현상입니다. 즉 사람의 마음을 보호하기 위해 너무 고통스러운 기억이나 그에 동반되는 사건 내용을 현재의 기억에서 떼어내는 것입니다.

다중성격장애
2개 이상의 인격이나 정체성이 나타나 각기 다른 사람처럼 행동하는 경향의 성격장애. 〈DSM-3〉에서는 '다중성격장애'라는 용어가 쓰였으나 최근 버전인 〈DSM-5〉에서는 '해리성 정체장애'라는 용어가 사용되었다.

해리
정체성, 기억, 지각이나 의식에 일시적이나 점진적·만성적·급진적 변화가 일어나는 현상.

아직 자아가 충분히 발달되지 않았을 때 성폭행

이나 학대 같은 심리적인 트라우마를 경험하는 경우, 자아를 여러 개로 나누어 현실을 도피하게 되는데요. 그때 분리된 자아는 내면에서 각각 성장합니다. 이 여러 자아는 성별이나 나이가 서로 다른 복잡한 양상을 보이죠. 때때로 미숙하고 말도 잘 못 하는 자아도 존재할 수 있어, 마치 귀신들린 사람이라든지 조현병 환자처럼 보이기도 합니다. 최면감수성이 높은 사람들 중에는 최면에 의해 드러나지 않았던 인격들이 나오면서 다중인격이 나타날 수 있다는 연구도 있습니다.

다중인격은 장기간의 정신치료를 요합니다. 여러 보조인격들을 통합시켜 안정되고 통일성을 갖춘 인격을 만드는 게 목표입니다. 내부의 여러 인격 중 대표 인격이 나머지를 타이르고 달래는 방식으로 접근해야 하는데요. 이때 다른 인격의 생각을 전달하게 하기도 합니다. 마치 유능한 반장 아래 학생들이 비교적 협조적으로 지내게 하는 것과 비슷하죠. 인격들 사이에 기억의 장벽을 제거함으로써 모든 인격들이 의사소통하면서 하나로 연결될 수 있게 해 치료하는 것입니다.

다중인격과 유사한 질환으로, 해리에 의한 기억상실을 보이는 해리성 둔주가 있습니다. 흔히 영화나 드라마에 나오는 기억상실증 환자들이 여기에 속합니다. 대부분 저절로 회복되지만, 이후 증상이 재발하는 경우도 많습니다. 정체성과 최근 기억을 회복하는 데 중점을 둔 정신치료를 하며 최면요법 등을 사용하기도 합니다. 그러나 당사자가 큰 충격이나 정신적 외상을 받은 경우가 많아 이전 기억을 회복하는 과정에서 다시 혼란에 빠질 수 있으므로 주의 깊게 접근해야 합니다.

해리성 둔주
집이나 일터 등 익숙한 장소에서 갑자기 멀리 떨어져 방황이나 여행을 하고 과거를 기억하지 못하는 증세.

스트레스

자주 깜빡하고 기억이 나지 않아 당황스러울 때가 많아요

언젠가부터 멍한 순간이 많아졌습니다. 남들과 대화한 내용도 잘 잊어버립니다. 머리에 문제가 있는 것 아닌가 싶어 자기공명영상MRI 검사까지 했는데 이상은 없다네요. 무슨 일일까요?

아직 젊은데도 어제 했던 일들, 친구들과 나눈 대화 내용이 기억나지 않는다는 사람들이 늘어나고 있습니다. 막상 기억력에 대한 신경인지검사나 MRI 검사를 해보면 이상 소견을 보이지 않고요. 뇌에는 아무 이상이 없는데, 왜 이런 현상이 나타나는 걸까요? 원인은 여러 가지입니다.

첫째, 치매 가능성이 있습니다. 그러나 영화나 드라마에는 30대에 치매 진단을 받는 주인공이 나오긴 해도, 실제로 머리에 심한 외상을 입거나 일산화탄소 중독, 감염 등이 있지 않은 상태에서 60대 이전에 치매에 걸리는 경우는 매우 드뭅니다. 따라서 젊은 사람들은 치매에 대해 걱정하지 않아도 됩니다.

둘째, 집중력 저하입니다. 젊은 성인에게 나타나는 건망증이나 기억력 저하 등의 문제는 대부분 집중력이나 주의력 저하에 의한 것입니다. 우리가 어떤 것을 기억하기 위해서는 집중력을 발휘해 기억할 사항을 등록하고 저장해야 합니다. 그러나 집중력이 저하되면 기억할 사항의 등록 또는 저장이 제대로 일어나지 않게 되고, 그러면 다시 기억해내려 해도 생각이 나지 않습니다. 이럴 경우 대부분 신경 써서 집중하려 하면, 기억이 가능합니다. 그래서 병원의 기억력 측정검사에서는 이상 소견이 나타나지 않는 것입니다.

집중력이 저하되는 데는 여러 가지 이유가 있습니다. 가장 흔한 것은 과중한 업무 또는 스트레스 증가이며, 최근에는 스마트폰 등 전자기기도 집중력의 적으로 거론되고 있습니다. 모두가 뇌에 지속적인 과부하를 일으켜 기억을 등록하거나 저장하는 데 문제를 일으키는 것으로, 이럴 때는 뇌를 쉬게 할 필요가 있습니다. 휴식이나 취미, 산책도 좋지만, '멍하게 있기'도 좋은 방법입니다. 최근 인기를 끄는 컬러링도 도움이 될 수 있습니다. ▶'잦은 실수 때문에 지적을 받습니다'(516페이지) 참조

셋째, 음주입니다. 알코올중독이 아니더라도 자주 과음하게 되면, 뇌에 있는 해마라는 영역의 기능이 저하됩니다. 이런 변화는 기억력이나 집중력을 떨어트리죠. 특히 음주 후 블랙아웃Black-Out이 자주 나타난다면, 기억력이나 집중력 저하는 뚜렷하게 나타날 수 있습니다. 이런 경우 반드시 음주습관을 개선해야 하는데, 가능하면 일정 기간 동안 금주하는 것이 좋습니다.

블랙아웃
과음으로 인한 단기 기억상실 증상. 부분적으로 기억을 하지 못하는 경우가 많다.

스트레스

혹시 정신병에 걸리지나 않을까 두려워요

아들이 최근 정신이 좀 나간 것 같아요. 처음엔 층간소음 때문에 윗집과 갈등이 좀 있다고 하더라고요. 그런데 하는 이야기를 찬찬히 들어보니 무언가 이상합니다. 이상하게 윗집 사람들은 자기가 가는 곳마다 따라다니면서 본인 욕을 한다는 거예요. 안방에 가면 안방 위에서, 화장실에 가면 화장실 바로 위에서 자기 욕을 한다는데, 이게 말이 되나요?

상식적으로 이해되지 않는 말과 행동을 경험하면, 흔히 '미쳤다'라는 표현을 쓰곤 합니다. 이 말은 너무 남용되는 경향이 있죠. 이제는 본래의 의미보다 상대방을 비하하는 욕설로 인식되고 통용되곤 합니다. 이렇게 상식적으로 이해되지 않는 말과 행동을 하는 것을 정신의학에서는 정신병적 증상Psychotic Feature이라고 합니다.

정신병적 증상
상식적으로 설명되지 않는 지각이나 말, 행동 등을 가리킨다. 환청과 망상이 대표적인 증상.

정신병적 증상은 조현병(과거 정신분열병)이 있는 경우 흔히 나타나지만, 망상장애나 조울증, 우울증, 치매 등이 심한 경우나 알코올/마약의 급성중독 또는 금단상태에서도 보이는 증상입니다. 이런 증상을 가진 사람들은 보통 현실검증력Reality Testing에 문제가 있고, 병에 대한 인식Insight이 부족한 편입니다. 상식적으로 이해하기 힘든 말과 행동을 하면서, 자신이 정신적으로 병적 상태에 있다는 것을 깨닫지 못합니다.

이런 정신병적 증상 가운데 가장 인상적인 것은 실제 자극이 없는데도 감각을 느끼는 환각입니다. 가장 흔한 증상이 환청이죠. 앞 사례에 등장하는 아들처럼 주변사람은 듣지 못하지만 누군가가 자신을 욕하는 소리, 시기하고 질투하는 이야기를 듣는 것입니다. 증상이 심각해지면, 구체적으로 대화할 정도까지 되는데요. 대개는 애매하게 중얼거리거나 파편 같은 소리를 던집니다. 실재하지 않는 허상을 보는 환시를 비롯해 환촉, 환후, 환미 등이 나타날 수도 있습니다. 실존 인물인 존 내시John Nash 박사의 조현병 경험을 영화화한 〈뷰티풀 마인드A beautiful mind〉를 보면 환청, 환시의 경험을 쉽게 이해할 수 있습니다.

생각의 내용에 문제가 발생한 경우, 가장 흔한 증상은 피해사고 및 피해망상입니다. 한 예로, "국가정보기관에서 나를 감시하고 있는데, 나를 감시하는 사람과 차가 항상 바뀐다. 지금 상담하는 이 순간 저 창 밖으로 보이는 차도 나를 감시하러 온 것이다"라고 말하는

망상장애
비교적 인격은 잘 유지되고 있지만 체계화된 망상을 보이는 질병. 누군가로부터 지속적으로 감시당한다는 피해망상이나 자신의 배우자가 외도를 하고 있다는 질투망상 등이 있다.

환각
실제 감각이 없는데도 있다고 느끼는 것. 실체가 없다는 점에서 착각과 구별되는데, 예를 들어 바람소리를 사람 목소리로 느꼈다면 착각이지만, 아무 소리도 없는데 사람 목소리를 들었다고 느끼면 환각이다.

환시
환각 중 보는 것에 해당하는 것. 알코올의존환자들 중 "닭이 보인다, 잡아라!"라고 하며 환시를 호소하는 사람들이 있다.

환촉
환각 중 피부로 느껴지거나 만져지는 것. 벌레가 기어간다거나 누군가가 나를 만지고 있는 것 같다고 느끼는 경우가 여기에 속한다.

환후
환각 중 냄새로 느끼는 것. 시체 썩는 냄새가 난다거나 몸속 장기가 썩는 냄새가 난다고 하는 경우가 여기에 속한다.

환미
환각 중 미각에 해당하는 것. 보통 식사 등과 관련해 나타나며 독맛이 느껴진다는 경우가 여기에 속한다.

환자를 흔히 볼 수 있는데요. 이렇게 체계적으로 믿고 있다면, 심각한 상태로 보아야 합니다. "윗집 사람은 나를 괴롭히려는 의도가 있어 내가 가는 곳마다 따라다니며 시끄럽게 한다. 특히 자려고 누우면 더 심해져서 내 욕을 한다"라고 하면, 앞 사례처럼 층간소음 문제로 오인될 수도 있는데요. 이럴 때는 생각의 일관성과 흐름에 문제가 있는지를 파악해야 합니다.

피해망상과 비슷한 증상으로 관계사고, 관계망상이 있습니다. 앞서 바깥의 차가 나를 감시하러 온 사람들이 탄 차라고 했던 사람도 피해망상과 함께 관계망상을 드러내고 있는 것입니다. 정도의 차이는 있지만 심리적으로 위축되어 있다면 누구나 경험하는 문제로, 자신감이 없고 대인관계에 불편감이나 불안증이 있는 경우에는 타인이 쳐다만 봐도 그 사람이 나를 비웃거나 우습게 생각하는 것처럼 느낄 수 있습니다. 하지만 실제로 현실감각에 장애가 있는 분들은 좀 더 심각한 양상으로 나타나 "모든 사람이 나의 과거를 알고 있다"라거나 "TV에서 내 생각을 읽고 있다"라는 식으로 이야기합니다.

이 외에도 과대망상, 상대방이 외도를 한다는(의처증이나 의부증으로 알려진) 질투망상, 병적 스토킹의 원인이 될 수 있는, 유명인과 사랑에 빠졌다고 믿

피해사고
누군가가 자신을 해치려 한다거나 감시한다고 믿는 증상. 비교적 가벼운 생각 정도의 증상이다.

피해망상
누군가가 자신을 해치려 한다거나 감시한다고 믿되, 그렇지 않다고 아무리 설득해도 믿지 않는 증상.

관계사고
나와 관계가 없는데 관계가 있다고 생각하고 행동하는 것으로, 다른 사람들이 나를 신경 쓰는 것 같아 불편한 정도로 증상이 가벼운 편이다.

관계망상
나와 관계가 없는데 관계가 있다고 생각하고 행동하는 것으로, 정신적으로 중요한 경험Key Experience 후 증세가 심해져 사람들과 나 사이에 특별한 의미(대부분 부정적)가 있다고 믿게 된다.

과대망상
자신이 사실은 큰일을 하는 사람이며 특별한 존재라고 생각하는 증상. 스스로를 신, 연예인, 정치인 등으로 생각한다.

질투망상
정당한 이유 없이 애인이나 배우자가 부정을 저지른다고 믿는 증상. 의처증, 의부증으로 알려져 있으며, 오셀로증후군과 비슷한 의미로 쓰이기도 한다.

는 색정망상, 몸 안에 이상한 생물이 살고 있다는 신체망상 등 생각의 내용에 장애가 있는 다양한 정신병적 증상이 있습니다.

색정망상
유명인과 사랑에 빠졌다고 믿는 증상. 스토킹의 원인이 될 수 있으며, 대부분 망상의 내용이 이상적·낭만적이고, 실제로는 독신 등 이성관계가 없는 경우가 많다.

신체망상
신체 특정 부위가 손상되었다거나 악취가 난다, 몸속에 벌레가 기어다닌다, 불치병에 걸렸다고 호소하는 증상. 조현병의 전구증상으로 나타나는 경우가 있다.

미국의 한 연구에서는 신앙생활을 충실히 하고 있는 기독교인들에게 지난 1년 동안 과학적으로 이해가 안 되는 특이한 종교적 경험을 한 적이 있느냐고 질문했을 때 약 60퍼센트가 그런 적이 있다고 답했다고 합니다. 이런 간헐적인 특이한 경험이나, 약물이나 술, 명상, 음악이나 예술행위에 심하게 몰두한 경우나 극도로 피곤한 상태에서 나타나는 증상은 정상으로 봅니다. 그러나 기존 질환의 악화로 갑자기 그런 증상이 나타나는 경우, 전문기관의 평가가 꼭 필요합니다. 요즘은 종교시설에서도 급작스러운 영적 체험을 했다거나 심한 정서적 혼란을 경험했다는 사람을 정신건강의학과로 보내는 경향이 늘고 있습니다.

정신병적 증상을 보이는 질환 중 대표적 질환은 조현병입니다. 이를 설명하는 생물학적 이론 중 가장 잘 알려진 것은 도파민 가설입니다. 환각과 망상은 대뇌의 도파민 경로 중 중뇌변연계경로Mesolimbic Pathway의 도파민 과활성과 관련 있는데요. 일부 마약들 역시 같은 부위에서 도파민 활성을 증가시켜 환각이나 망상을 경험하게 하는 등 유사성을 보입니다. 정상인의 경우, 환청이 있어도 전두엽 기능은 정상이어서 이것이 현실이 아니라는 것을 인식하지만, 조현병 환자의 경우 전두엽의 실행조절능력에 장애가 있어 환청을 비현실적이라고 생각하거나 무시하는 것을 힘들어합니다.

생물학적 기전이 명확한 데서 나타나듯이, 조현병을 포함한 정신병적 질환은 유전자와 관련되어 있다고 봅니다. 그렇다고 이 질환들이 유전병이라는 뜻은 아닙니다. 부모 중 한 명이 조현병일 때 그의 자식이 조현병에 걸릴 확률은 고작 10퍼센트입니다. 이 수치는 부모 모두 정상일 때 걸릴 확률인 1퍼센트보다 10배나 높은 것이긴 하지만, 거꾸로 보면 부모 중 1명이 조현병이라도 90퍼센트는 조현병에 걸리지 않는다는 뜻이기도 합니다. 조현병은 유전자와 스트레스 등 여러 인자가 동시에 발현될 때 발병하는 것으로 보는데, 이를 '방아쇠 이론'이라 합니다. 권총에 총알이 있다 해도 방아쇠를 당겨야 총알이 발사된다는 것이죠. 이때 총알은 '어떤 병에 걸릴 체질'을, 방아쇠는 '그 병이 발생하게 만드는 스트레스'를 의미합니다.

정신병적 증상의 치료에는 약물치료가 가장 우선적이고 효과적입니다. 도파민 과활성을 감소시키는 항정신병약물Antipsychotic Drug을 복용하면, 환각과 망상의 증상들이 호전됩니다. 조현병 치료제로 알려져 있지만 우울증, 조울증, 치매, 중독 등 모든 정신병적 증상의 치료에는 항정신병 약물이 사용됩니다. 1950년대 클로로프로마진이라는 항정신약물의 발견으로 시작된 정신약물학은 지난 60여 년 동안 그 어느 분야보다 비약적인 발전을 했습니다.

그럼에도 정신과 약물에 대한 편견으로 인해 정신과 약을 먹으면 바보가 된다는 말이 있었습니다. 이는 20년 전까지 사용된 약물들이 추체외로증후군 부작용이 있어 중증 환자의 경우 부자연스러운 움직임과 원래 질환의 경과상 인지기능과 감정표현이 사라지는 것을 약물부작용으로 오해한 결과입니다. 최근에는 이러한 부작용이 대폭 개선된 약물이 개발되어 환자들 삶의 질을 개선하는 데 큰 발전이 있었습니다.

추체외로증후군
항정신병 약물 중 고역가 약물에서 나타나는 부작용으로, 파킨슨증후군(안정 떨림, 경직, 느린 운동, 자세 불안정), 정좌불능증(안절부절못함), 급성 근긴장이상증(목, 어깨 등의 뒤틀림, 안구운동의 문제) 등이 있다.

모든 병이 그렇지만 조현병은 발병 이후 시간을 지체하면 뇌 기능의 상실이 오므로, 그만큼 호전의 정도가 더뎌집니다. 병 자체가 경과에 따라 점점 진행되고, 한 번 심각하게 증상이 악화될 때마다 예후가 나빠집니다. 정신병적 증상을 보이는 초기에 전문의와 상의하는 것이 중요한 이유입니다. 초기에 적절한 약물을 투여하면, 아무 문제없이 사회생활을 할 수 있는데요. 자칫 사회적 편견으로 시기를 놓쳐 점차 악화되어가는 과정을 보는 것은 매우 괴로운 일입니다.

아무래도 정신병적 증상은 다른 정신과적 문제보다 심각한 증상이어서, 이 증상을 경험하는 것은 본인뿐 아니라 가족 모두 당황스럽고 받아들이기 어려운 일입니다. 질환을 앓으며 지치고 힘들어하는 경우도 많이 봅니다. 그러나 치료진과의 신뢰관계, 약물치료를 포함한 꾸준한 치료가 증상의 호전을 가져올 수 있단 사실을 다시 한 번 강조하고 싶습니다.

스트레스

너무 집중을 못 해 성인 ADHD가 아닌가 싶어요

제가 생각해도 저는 문제가 많아요. 특히 회사에서 다른 사람들 일에 자꾸 기웃거리다 정작 제 업무는 끝까지 못 하는 경우가 많고요. 실수가 잦아서 자꾸 사고를 치게 됩니다. 그러다 보니 한 직장에 오래 머물지 못하고 1~2년 주기로 계속 이직을 하게 돼요. ADHD일까요?

진료를 보다 보면, 자신이 ADHD 아니냐며 찾아오는 20~30대들이 꽤 있습니다. 보통은 시험을 앞두고 공부를 못 하겠다는 이유로 오는 경우가 많은데, 이들 중 대부분은 스트레스로 지쳐 집중하지 못하거나 원래 인지기능 자체가 본인의 기대만큼 따라주지 못하는 경우가 많습니다. 이들은 기존의 집중력검사 등으로는 뚜렷한 감별이 어려운 편인데요. 성인 ADHD 진단이 내려지는 데는 적어도 최소 6개월간의 증상 지속, 일상에 대한 자세한 면담이 필요합니다.

일반적인 연구결과에서 ADHD가 성인기로까지 이어지는 확률은 40~60퍼센트로 보고되고 있습니다. 아동기의 ADHD는 주로 학교나 집에서 보이는 문제행동들을 두드러지게 포함하기 때문에 비교적 쉽게 감별이 되는 반면, 성인 ADHD 환자들은 어릴 때 병원을 찾지 않다가 나중에 직장에서 문제가 되거나 본인이 불편함을 느껴 병원을 찾는 경우가 많습니다. 아동기 ADHD의 주요 증상인 과다행동과 충동성은 성인기에 각각 불안, 초조, 심각한 기능 저하로 이어집니다.

아동기의 과다행동은 제자리에 앉지 못해 쉴 새 없이 뛰어다니고, 모터 달린 것처럼 행동하고, 말을 끊임없이 하는 양상인 데 반해, 성인기의 과다행동은 일에 미친 듯이 몰두하거나, 스케줄을 무리해서 잡거나, 안절부절못하는 양상을 띱니다. 이렇게 활동이 과하다 보니 가족과 갈등을 일으키기도 하죠. 한편 아동기의 충동성이 불쑥불쑥 대답하고, 차례를 기다리지 못하거나, 상대방을 방해하는 양상으로 나타나는 반면, 성인기의 충동성은 낮은 좌절감내능력으로 인해 쉽게 이성을 잃고, 쉽게 일을 그만두며, 인간관계 유지에 서툴고, 운전 중에 쉽게 흥분하고, 중독적인 성향을 보이는 양상으로 나타납니다. 지능이 높아 이러한 결점을 어느 정도 극복하는 경우를 제외하고는 직장에서 일을 효율적으로 하지 못하고 인간관계를 잘 맺지 못해 문제가 되는 경우도 많습니다.

성인 ADHD 증상들은 어릴 때 괜찮다가 성인이 되어 갑자기 발현하는 것이 아니므로, 어릴 때도 이러한 성향이 있었는지를 확인하는 것이 중요합니다. 물론 본인 스스로는 객관적인 판단이 어려우므로, 가족이나 이전 생활기록부 등에 기재된 행동사항을 참고하는 것이 좋습니다.

성인 ADHD 환자들 중 최소 4분의 1이 우울증을 동반합니다. 또한 중독적인 성향을 띨 경우, 술이나 기타 약물에 의존할 가능성도 큰 편입니다. 우울증이나 물질사용장애가 공존할 때는 동반 질환을 먼저 치료해야 합니다. 현재까지는 약물치료가 성인 ADHD의 치료 중 가장 보편적이지만, 이를 통해 핵심증상은 호전되더라도 그 사람의 생활습관, 사고방식까지 바꿀 순 없습니다. 때문에 인지행동치료, 직업 카운슬링, 사회기술훈련 등의 치료를 병용해야 합니다. ▶'아이가 너무 산만해요'(231페이지) 참조

우울

혹시 우울증에 걸린 것은 아닐까요

27살 여자인데요. 요즘 자꾸 눈물이 나고 사람들 앞에서 감정조절이 안 됩니다. 3개월 전에 남자친구가 다른 여자를 만나는 것을 알게 돼 헤어진 이후, 화가 나서 잠도 못 자고 식사도 할 수 없어요. 아무것도 하기 싫어 회사도 그만 다니고 싶어요. 친구들이나 가족들도 제가 자꾸 힘들단 이야기만 하다 보니, 저를 피하는 것 같습니다. 시간이 약이라지만, 아닌 것 같아요.

우울증 증상은 다양하게 나타납니다. 먼저 우울감이 들고, 짜증이 잘 나며, 삶에 흥미가 사라지고, 의욕이나 성욕이 저하되며, 일을 끝까지 마치기 어려워집니다. 입맛이 떨어지고, 체중이 줄지만, 반대로 폭식하는 경우도 있죠. 여기저기 아픈 데가 늘어나거나, 건망증이 심해지고, 집중력이 떨어질 수 있습니다. 80퍼센트 정도는 불면증이 동반돼 잠들기 어려워하고, 90퍼센트 이상이 불안감을 동반합니다.

정상적인 우울감과 치료가 필요한 우울기분은 구분이 필요한데요. 스트레스에 의한 일시적인 우울은 대부분 하루 이틀 사이에 회복됩니다. 그러나 언급한 증상들이 2주 이상 지속될 경우, 주요 우울장애로 진단합니다.

연령에 따라 우울증상은 다르게 나타날 수 있습니다. 소아청소년의 경우 등교 거부, 성적 저하, 신체의 불편감 증가, 비행, 짜증, 반항 등이 나타날 수 있고, 중년의 경우 건강염려증, 죄책감, 의심, 건망증, 화병, 빈둥지증후군 등이 나타날 수 있습니다. 노인의 경우 모호한 신체증상, 불면, 불안, 집중력 및 기억력 저하로 인한 가성치매가 흔히 나타납니다. 여성의 경우는 출산과 육아기에 산후우울증, 육아우울증, 주부우울증이 쉽게 발생하며, 50대 초반이 되면 갱년기우울증이 나타날 위험성이 높아집니다.

가성치매
진짜 치매는 아니지만, 치매증상을 드러내 치매에 걸린 것으로 착각하게 만드는 질환. 핵심은 우울증이기 때문에 우울증치료를 통해 기억력 저하고 좋아질 수 있다.

우울증은 증상만으로 진단하는 것이 아니며 나이, 성, 사회적 배경 등 여러 가지 요인들을 감안해야 합니다. 우울증을 나타내는 다양한 유형과 용어가 있는데, 먼저 멜랑콜리아Melancholia가 있습니다. 히포크라테스가 처음 사용한 이래, 지금까지 우울증을 가리키는 대표적인 용어로 꼽히는데요. 즐거움의 상실과 함께 새벽에 일찍 깨고, 식욕이 저하되어 체중도 줄고, 작은 일에도 죄책감을 느끼는 유형을 말합니다. 심리적 원인보다는 세로토닌 결핍 같은 체질적인 이상에서 오는 우울증이 이런 증상을 보이는 경우가 많습니다.

멜랑콜리아
히포크라테스가 이야기한 4체액설 중 흑담즙이 많은 사람으로, 토성의 기운을 받아 흙의 기질을 가지고 있어 움직이려 하지 않고, 수동적이고, 게으르게 보여 우울한 기질과 병을 가진 것으로 이해되었다. 19세기 이후에는 의학적으로 우울증의 의미로 쓰이기 시작했다.

비정형 우울증Atypical Depression은 말 그대로 전형적이지 않은 우울증을 말하는데, 흔히 나타나는 불면이나 식욕저하와 달리, 과수면(자도 자도 피곤하고 졸립다), 과다식욕(배고픈 것도 아닌데 종일 끊임없이 먹는다), 연마비Laden Paralysis(온몸이 쇳덩이를 올려놓은 듯 무겁다), 대인관계 예민성(누군가에게 상처받아 확 우울해진다)의 4가지 증상이 흔히 나타납니다. 이는 주부우울증의 특징이기도 하죠.

계절성 우울증은 계절을 타는 우울증으로 여성에게 흔히 나타납니다. 가을과 겨울에 증상이 악화되다가 봄과 여름이 되면 저절로 증상이 나아지는 겨울철 우울증이 가장 흔하지만, 반대로 여름에 우울하고 겨울에 호전되는 여름철 우울증도 있습니다. 겨울철 우울증의 경우, 주로 햇빛의 양과 일조시간 부족이 원인으로 장마철 우울증도 존재합니다. 여름철 우울증은 여름의 온도와 습도가 원인이 될 수 있습니다. 가장 두드러진 특징은 우울증 기간 동안 무기력감을 느끼는 것으로, 겨울철 우울증의 경우 우울증 기간 동안 많이 먹는 비전형 우울증상을 흔히 보입니다. 여름철 우울증의 경우에는 반대로 식욕저하, 체중감소 등이 나타나는 경향이 있습니다.

남자들은 여자들에 비해 병원에 잘 오지도 않고, 와서도 자기 내면을 잘 설명하지 못하고 짜증이 난다거나 일이 잘 안된다고 표현합니다. 정신과적 치료에 더 저항이 심하며, 약물에 반응이 적고, 주 관심사가 사회적 성취에 있기 때문에 대부분의 경우 일이 잘 풀리느냐 마느냐에 따라 우울증의 호전이 결정되는 경우가 많습니다. 어쩌면 여자들이 우울증이 많은 것도 남자에 비해 감정표현에 능해 약간의 우울감도 잘 드러내기 때문에 진단이 많이 되어 그런 것일 수 있습니다. 이는 남자들도 여자들보다 우울증을 앓는 숫자가 결코 적지 않다는 의미로 해석될 수 있습니다.

우울증은 남자에 비해 여자에게서 2배 더 많이 나타나지만, 자살자는 남자가 2배 정도 더 많습니다. 남자는 여자에 비해 우울증을 더 적게 앓지만, 일단 우울증이 왔다 하면 심각한 것이죠. 남자들은 나이가 들수록 우울증의 발생이 점점 많아지고, 자살 위험은 나이 많은 남자에게서 높아집니다. 실제로 우리나라 자살자 가운데 큰 비중을 차지하는 것이 노인남성입니다.

가벼운 증상이 있을 때마다 치료를 받을 필요는 없습니다. 그러나 여전히 많은 사람들이 우울증에 대해 이해가 부족합니다. 사회적인 지지체제도 미비하고요. 그러므로 내가 우울증에 걸린 것인지 아닌지를 고민하기 전에, 건강검진을 받는다는 기분으로 전문기관을 찾아가 자신의 심리상태에 대해 객관적으로 알아보는 기회를 가져보면 좋겠습니다. 삶 전반을 진지하게 돌아보는 기회를 스스로에게 부여해보는 것이라 여기면 더 좋겠습니다.

우울

우울증에 걸리는 이유는 무엇인가요

몇 달간 계속해서 무기력한 상태였어요. 주변에서 우울증인 것 같다고, 정신과 치료를 받아보라는 이야기들을 하는데, 저는 잘 모르겠습니다. 우울증이라면 특별한 원인이 있어서 걸리는 것 아닌가요? 저는 딱히 그런 일이 있었던 것 같지 않은데, 우울증이 맞는지 모르겠습니다.

우울증의 원인은 매우 다양하지만, 대부분의 경우 외부에서 오는 지나친 스트레스가 그 원인입니다. 자기 욕구를 억제하면서 스트레스가 발생하는데, 이 과정에서 내부의 공격성이 외부로 발산되거나 내부로 향하게 되죠. 외부를 향하는 경우 짜증이나 분노로 드러나며, 성격상 외부로 드러내는 것이 더 불안한 사람은 자신을 탓하게 됩니다. 자기 비난이 어린 시절부터 지속되어온 사람이 성인기 이후 매우 강한 스트레스를 받으면 자기 모순이 강해지면서 자책하게 되고 우울감이 찾아옵니다.

뇌의학적으로는 신경전달물질의 불균형으로 우울증이 발생한다는 것이 정설입니다. 뇌신경세포(뉴런)가 서로 연락을 취하기 위해서는 호르몬 같은 물질이 신경 간에 전달되어야 하는데 이를 신경전달물질이라고 부릅니다. 이런 신경전달물질 중에는 단가아민Monoamine이라 불리는 작은 단백질이 있는데, 이 물질들이 부족하거나 균형이 맞지 않으면 우울증상이 생긴다는 가설이 '단가아민이론'입니다. 중요한 단가아민으로는 세로토닌과 노르에피네프린, 도파민이 있는데, 이 3가지 신경전달물질들은 그 역할이 조금씩 다릅니다. 세로토닌은 안정감과 편안함을 담당하며, 이에 문제가 생기면 불안과 함께 불쾌한 기분이 느껴지고 감정조절이 힘들어져 공격적인 성향을 띠게 됩니다. 노르에피네프린은 기력을 내는 데 필요한데요. 교감신경계에 필요한 신경전달물질이 바로 이 노르에피네프린이며, 흔히 아드레날린이라 불립니다. 이 물질이 부족하면 기운도 나지 않고, 즐거움도 떨어지며, 피곤하고, 정신도 잘 들지 않고요. 반대로 너무 많으면 괜히 불안해집니다. 도파민은 쾌감물질이며 사랑의 호르몬이고, 중독의 물질이기도 합니다. 도파민이 부족하면 동기가 떨어지고 쾌감을 느끼지 못합니다. 또한 화가 나고, 성욕이 떨어지며, 발기도 잘 되지 않죠. 주의력과 집중력도 떨어지고 피로감도 쉽게 느껴져, 무기력과 의욕부족이 나타날 수 있습니다. 우울증에 쓰이는 약들은 세로토닌과 노르에피네프린, 도파민 등을 조절하는 기능을 갖고 있으며, 효과를 보는 데 2주 이상 걸리는 경우가 많습니다.

뇌과학적인 면에서 우울증의 원인이 많이 밝혀지긴 했지만, 여전히 우울증은 심리적 부분이 중요합니다. 이는 컴퓨터로 치면 하드웨어와 소프트웨어의 차이 같은 것으로, 서로 상호작용하며 서로의 증상을 악화시키거나 호전시킵니다. 유전적으로 우울한 뇌를 가지고 있다 하더라도, 어릴 때부터 안정적인 양육으로 건전한 사고방식을 가진 경우 우울증에 쉽게 빠지지 않으며, 건강한 뇌를 가지고 있다 해도 견디기 힘들 정도의 스트레스를 받으면 우울증상이 나타납니다.

사람이 견디기 힘들 정도로 스트레스가 과다한 경우는 3가지입니다. 죽음, 이별, 상실이 그것인데요. 가깝거나 정서적으로 의지하던 사람이 죽은 경우, 사랑하는 사람끼리 헤어지는 경우, 꼭 사람이 아니더라도 재산이나 애견 등을 잃은 경우 등이 있을 수 있죠. 이 경우들은 모두 심리적인 분리가 일어나는 과정을 포함하며, 이때 사람들은 자신의 정체성이 깨지는 느낌을 받으므로 우울한 기간을 가지게 될 가능성이 큽니다. 정서적으로 충분히 안정되어 있는지, 다른 지지자나 대체물이 있는지, 상실에 대한 경험이 있어 이를 잘 견뎌낼 만한 정신구조를 가지고 있는지에 따라 우울증을 오래 앓을 수도, 새로운 가치관을 탄생시키고 더 성숙해질 수도 있습니다.

이렇듯 스트레스의 여부나 양과 상관없이 이를 감당하는 개개인의 능력이나 사고구조도 우울증 발현에 영향을 많이 끼치는데요. 어떤 사람은 자기 내부의 감정을 잘 이해하고 대처법을 잘 알아서 항상 투덜거리면서도 기분상태를 안정적으로 유지시키기도 하고, 어떤 사람은 감정변화를 전혀 못 느끼지만 스스로 항상 밝은 사람으로 가장하며 살다가 갑작스럽게 무너지면서 심각한 우울증 상태에 빠지기도 합니다. 어린 시절을 외롭게 보내 생긴 우울감을 돈과 명예로 대치하여 살기도 하고, 사랑받지 못한 분노를 예술에 투사하여 유명한 예술가로 변하기도 하죠. 스트레스가 세상이 나에게 주는 자극이라면, 이를 내면에 잘 받아들여 어떤 문제도 잘 인내하고 받아들이는 성숙한 사람이 있는 반면, 사소한 일에도 짜증을 내고 의지할 만한 대상을 찾아 초조해하는 미성숙한 사람도 있는 법입니다.

우울증에 대한 자가테스트 방법으로는 '한국형 벡Beck 우울증척도'와 'Zung의 자가평가우울척도Zung Self-Rating Depression Scale'가 대표적입니다. 이 검사들은 우울증에 대해 간단히 알아볼 수 있는 검사로, 인터넷을 통해서도 이용해볼 수 있습니다. 하지만 이 검사들이 우울증을 확진하는 검사는 아닙니다. 이 검사에서 우울증이 있다는 결과가 나오면, 자세한 심리검사를 해야 합니다.

우울

우울증상담은 우울증을 어떻게 치료하는 것인가요

30살 여자입니다. 우울증 진단을 받아 약물치료 중인데요. 부작용으로 힘들기도 하고 성격도 좀 예민한 편이라 약에 대해 회의적이어서 다른 치료방법을 원했습니다. 이에 병원에서는 약물치료와 상담치료를 병행하자고 하는데, 정신치료에 대한 기대도 크지만 한편으로 어떤 치료를 받을지 걱정도 됩니다.

프로이트는 우울증 환자에게 흔히 나타나는 심한 자기비하는 분노가 자신을 향해 나타나는 결과라고 했고, 도덕적 기준이라 할 수 있는 초자아Superego가 다른 사람보다 엄격해 자신을 항상 부정적으로 평가하며 죄책감을 느낀다고 했습니다. M. 클라인M. Klein은 우울증 환자는 자신의 욕심과 파괴성 때문에 자기 내부에 있는 선한 대상을 스스로 파괴할까 봐 지나치게 걱정하고, 이 때문에 스스로를 무가치하다고 느끼게 된다고 했습니다. 이처럼 여러 정신분석이론에서는 어릴 적 경험한 관계를 무의식중에 가지고 있다가 대인관계 실패 등으로 자존감이 손상되면 우울증을 경험하는 것으로 파악합니다.

이런 이론들로써 환자를 이해하고, 환자 스스로가 우울증에서 나타나는 대인관계의 문제점을 알고 새로운 삶의 방식을 고안할 수 있게 돕는 것이 정신치료라고 할 수 있습니다. 정신치료는 어려운 것이 아닙니다. 처음에는 상담가와 대화를 시작하는 것 이상도 이하도 아닙니다. 서로 대등한 사람으로서 대화를 하다 보면 그 사람의 현재 행동, 말투, 사고방식이 상담가에 의해 거울처럼 반영되기 시작합니다. 정신치료는 환자가 자신의 모습을 스스로 깨닫게 하는 것이 목표이며, 상담가는 천천히 환자가 자각하도록 인도하는 안내자의 역할을 하게 됩니다.

가족이나 주변친구들이 우울증 환자에게 하는 가장 흔한 실수는 긍정적인 면만을 강조하면서 기운을 북돋으려 노력하는 것입니다. "우울해할 필요 없다. 조금만 노력하면 좋아질 거야" 같은 말은 오히려 공감받지 못한다는 느낌이 들게 하고 더 외롭게 느끼게 할 뿐입니다. 반대로 적절한 상담은 반드시 우울해질 수밖에 없는 이유가 존재함을 믿게 합니다. 어린 시절의 문제, 현재의 대인관계, 성격문제 등 우울증의 원인을 같이 조사해가면서 그 고통을 공감하고, 무엇 때문에 분노했고, 무엇을 원했는데 좌절했는지, 관련된 죄책감은 무엇인지 알아나가면서, 우울증 환자가 자기 자신을 깨닫게끔 해주죠. 이들은 자신이 이루지 못한 것에 대해 괴로워하지만, 사실 그것은 환상일 뿐 현실에서 이뤄질 수 없는 것들입니다. 따라서 집착을 버리도록 도와 환상의 상실을 받아들이도록 한 후, 조금씩 현실적인 꿈을 가질 수 있도록 돕습니다.

우울증 환자의 인지적 문제를 다룰 수도 있습니다. 우울증의 인지적 특성은 자기 자신, 자신의 주변환경, 미래에 대한 부정적인 생각Beck's Cognitive Triad입니다. 심리학에서 말하는 자동사고가 많아지는데, 예를 들면 작은 실수를 한 것으로 모든 것을 판단해버리거나, 앞으로 일어나지 않은 일도 미리 부정적으로 예측합니다. '시험 때 실수로 두 문제를 더 틀렸으니, 내 인생은 끝이야!' '남자친구랑 헤어지면 앞으로 아무하고도 사귀지 못할 거야!' 같은 식입니다.

자동사고
깊이 생각하지 않는 가운데 스쳐지나가는 생각으로, 순간적이므로 쉽게 고쳐지기 힘들며 감정과 행동에 큰 영향을 준다.

이런 부정적인 자동사고를 찾아내어 그 사람의 무의식에서 벌어지는 사고과정을 자세하게 기술하고 그 모순점, 비논리성을 파악해야 합니다. 예를 들면 '시험 때 실수로 두 문제를 더 틀렸다 → 실제 점수는 ○○점이다 → 성적이 2등 떨어졌다 → 작년과 성적이 같다 → 그때도 다시 성적을 올린 경험이 있다 → 다음에도 가능하다. 나 정도면 믿을 만하다 → 두 문제를 더 틀렸다고 불안해하면, 오히려 큰 시험에서 실수가 더 늘 수 있다'라는 식으로 생각을 길게 풀어 쓰고, 다양한 관점에서 해석합니다. 이를 인지치료적 기법이라 하는데, 우울증이나 불안장애에 매우 효과가 있는 것으로 알려져 있습니다.

더 알아보기

결혼, 이혼, 퇴사, 구직 등 중요한 결정을 할 때

1. 그 일의 장단점을 써본다.
2. 그에 따른 현재의 나의 결론을 써본다.
3. 1~2주 후에 앞에 썼던 것을 보지 않고 장단점, 결론을 다시 써본다.

4. 다시 2주 정도 후에 다시 한 번 써본다.

5. 그 내용들을 비교한다. 3번 모두 같은 결론이면 시행해도 괜찮지만, 3번 다 내용이 다르면 1~2차례 더 반복해보고 감정적으로 안정적일 때 결론을 내리는 것이 좋다.

우울

우울증 약물치료는 어떻게 하나요

최근 들어 우울한 기분이 자주 듭니다. 감정조절도 잘 안 되고, 무엇보다 잠을 거의 못 자고 있어요. 상담을 몇 번 받아봤는데 차도가 없자, 약물치료 권유를 받았습니다. 약물치료라니 덜컥 겁이 나는데요. 치료과정이 어떻게 진행되는 건지 궁금합니다.

우울증 치료는 약물치료, 심리치료, 인지행동치료, 생물학적 치료 등과 같이 다양한 방식으로 이루어집니다. 우울증은 열심히 치료하면 80~90퍼센트가량 성공적으로 치료되지만, 치료하지 않으면 자살하거나 우울한 성격을 가지게 되기도 합니다. 심리치료를 병행하는 것이 환자의 깊은 정신적 문제에 대한 근본적인 치료가 되겠으나, 현 시점에서는 약물치료가 가장 반응도 빠르고 적절한 치료로 여겨지고 있습니다.

약물치료를 시작하고 첫 1~2주에는 신체적인 부분이 조금씩 좋아집니다. 먼저 잠을 조금 편안하게 자고, 불안하게 가슴이 두근거리던 증상이 줄어들게 되죠. 입맛도 좀 조절이 되어 먹는 것이 나아지거나, 반대로 너무 많이 먹던 사람은 조금씩 적게 먹을 수 있게 됩니다.

2~3주가 되면, 불안감이 많이 좋아지면서 가족이나 친구들이 표정이 밝아졌다는 이야기를 해줍니다. 본인은 잘 느끼지 못하더라도 주변에서 보기엔 호전이 더 빨리 나타나는 것입니다. 3~4주가 지나면서부터는 자기 자신도 좋아지는 것을 느낍니다. 기분도 나아지고, 의욕도 조금 생겨납니다. 물론 증상이 좋아지는 것에는 굴곡이 있으므로, 일주일 정도의 간격을 두고 기존 증상들이 얼마나 변화했는가를 평가해야 합니다. 사람에 따라 빠른 경우 2주 정도면 많은 호전을 보이지만, 치료반응이 늦은 사람은 2달 넘게 걸리기도 합니다. 우울증 증상이 좋아졌다 하더라도 스트레스 원인이 지속되거나 병식이 부족한 경우, 약을 계속해서 먹는 유지치료기간을 가지는 것이 좋습니다.

병식
자기 자신이 병에 걸렸다는 것을 아는 것.

위약효과
효과가 없는 가짜 약을 먹어도 치료약을 먹은 것으로 믿을 경우에 치료효과를 보이는 것.

대중들 사이에서는 항우울제가 진짜로 효과가 있는지에 대해 끊임없이 논란이 있습니다. 약물치료에는 위약효과Placebo Effect라는 것이 있는데요. 여러 연구에서 우울증 환자에게 아무런 효과도 없는 가짜 약(위약)을 주면서 이 약을 먹으면 호전될 거라고 설명해주면 30퍼센트의 환자들이 호전을 보인다고 합니다. 진짜 항우울제로 우울증이 좋아지는 비율은 60퍼센트 선이었습니다. 이는 약물 자체 외에도 의사에 대한 신뢰, 약물치료에 대한 기대심리 등이 복합적으로 작용하여 우울증이 호전된 것이며, 이 결과를 단순히 환자의 의지 덕라고 해석하는 것은 치료진과 약물의 역할을 깨닫지 못하는 것입니다. 정신과 외에도 모든 약물치료에는 진짜로 존재하는 약리작용 외에 그 약에 대한 환자의 긍정적인 마인드가 치료에 매우 중요하기 때문에, 편견을 가지거나 의심하는 환자들은 같은 약을 먹어도 치료효과가 미미한 경향이 있습니다.

사람들은 항우울제를 먹으면 기분이 좋아지는지 종종 물어봅니다. 하지만 항우울제는 기분이 좋아지게 하는 약이 아닙니다. 항우울제는 영어로 'Anti-Depressant', 즉 '우울depression'을 '막아준다anti-'는 의미입니다. 즉, 기분이 우울한 상태로 떨어지는 것을 막아준다는 것입니다. 그래서 우울증 환자들이 항우울제를 복용하면, 초반에는 기분이 좋아지는 느낌보다는 기분이 멍해지는 느낌을 받는다고들 말합니다. 예민했던 감정이 둔해지는 것이죠. 조금 더 지나면 "기분이 무덤덤하다"고 말하며, 불쾌한 기분이 줄어들었다고 느낍니다. 그러고 나서 2~3주의 시간이 지나고 나서야 활기를 되찾으며 기분이 밝아졌다고 표현합니다.

우울증과 같은 정신적인 병들은 마음의 힘이나 의지력으로 이겨내야지 약의 도움을 받는 것은 좋지 않다고 생각하는 사람들이 종종 있습니다. 약에 의지하면 의지력이 약해지며, 약에 중독되어 평생을 먹게 된다거나, 정신과 약은 독해서 몸에 해롭다거나, 정신에 작용하는 약을 먹으면 머리가 나빠져서 치매가 온다거나 하는 이야기도 있습니다. 그러나 이는 지나친 편견입니다. 약에 의지하면 의지력이 약해진다는 말이 맞는 부분도 있겠으나, 그런 식으로 말하면 이 세상 모든 약물과 수술은 필요가 없겠죠. 이는 정신과적 질환이 마음먹기에 달렸다는 태도에서 나온 것으로, 뇌의학적 이론을 모르기 때문에 하는 말입니다. 약에 중독된다는 말은 과거 심각한 정신과적 질환들이 치료가 잘 되지 않아 약을 오래 먹다 보니 생긴 말로, 대개의 약물의존 현상은 질환의 장기적 경과 혹은 심리적 의존성에 의한 경우가 많습니다. 현재 사용되는 약물들은 거의 문제될 것이 없으나, 보조제로 사용하는 항불안제나 수면제는 환자들의 심리적 의존이 잘 일어나므로 사용에 절제가 필요합니다.

정신과에서 사용하는 약들은 다 신경안정제(신경안정제라는 용어는 그 의미상 오해의 소지가 있어서 이제 쓰지 않습니다)라고 생각하거나, 심지어 마약을 쓴다고 생각하는 사람도 있습니다. 우울증에는 항우울제, 기분안정제, 항불안제, 수면제, 정신자극제 등 수십 가지의 약물을 사용합니다. 일반적인 내과적 약물과 차이가 없으며 오히려 장기적 사용을 목적으로 만들어지기 때문에 안전성이 더 높은 편입니다.

신경안정제
정온제tranquilizer라고도 한다. 흥분, 불안, 와해된 행동을 감소시키는 약물이란 의미로 사용됐었다.

우울증에 가장 많이 처방되는 약이 항우울제입니다. 초기에는 약간 메스껍고 졸릴 수 있고, 장기적으로는 성 기능에 불편감이 올 수 있다는 점을 제외하곤, 비교적 복용하기 편하게 느껴지는 약물입니다. 메스꺼움 등의 증상도 대부분 2주 안에 적응되며, 우울증이 좋아져 약을 줄이거나 끊으면 곧 사라집니다. 최근 항우울제를 복용하기 시작한 초기에 자살 충동이 올라갈 수 있다는 보고들이 있었으나, 실제로는 매우 드물게 보고되는 일이며 사실 이는 약 때문인지 감춰진 우울 문제 때문인지 확실치 않습니다. 대표적인 항우울제로는 세로토닌Serotonin과 연관되는 SSRI 계열의 프로작(플루옥세틴), 졸로프트(설트랄린), 듀미록스(플루복사민), 렉사프로(에스시탈로프람), 세로자트(파록세틴)과 그 외 다소 다른 작용기전(세로토닌과 노르에피네프린, 도파민과 복합적으로 연관되는)을 갖는 약인 이팩사(벤라팍신), 심발타(듀록세틴), 웰부트린(부프로피온) 등이 많이 쓰입니다.

항불안제는 불안을 줄이기 위한 약으로, 요즘 사용되는 항불안제의 대부분은 벤조디아제핀이라 불리는 성분의 약들입니다. 항불안제는 불안을 줄여주어 잠이 오는 데도 도움이 되기 때문에, 수면제로 사용되기도 합니다. 이 계열의 약들은 효과는 좋지만 너무 졸리거나 멍해질 수 있고, 수면효과 때문에 심리적으로 의존성을 가질 수 있어서 정신과의사의 관리 하에 사용하는 것이 좋습니다. 자낙스(알프라졸람), 아티반(로라제팜), 바리움(디아제팜) 등이 대표적인 항불안제이며, 스틸녹스(졸피뎀)와 할시온(트리아졸람)은 주로 수면제로 사용되는 약입니다.

약물 외에 생물학적 치료도 가능한데요. 우울증 등의 질환에서 뇌 기능 저하가 있을 때, 뇌를 자극하여 뇌 기능 또는 활성을 증가할 수 있는 치료방법입니다. 전기충격치료ECT는 최근에도 실시되고 있으며, 자살사고 증상이 심각한 사람에게만 입원 하에 한정적으로 사용됩니다. 자기치료repeated Transcranial Magnetic Stimulation, rTMS도 최근 우울증에 사용되고 있습니다.

전기충격치료
소량의 전류를 뇌에 흐르게 함으로써 환자에게 경련이 일어나게 하는 치료. 자살사고가 있는 우울증 환자 등에게 효과적이라고 알려져 있다.

자기치료
자기장을 이용해 대뇌신경에 반복적인 자극을 하는 치료방법. 뇌경색, 편두통, 우울증, 이명, 파킨슨병, 정신분열병, 만성통증 등에 사용된다.

우울증 극복을 위한 노력

더 알아보기

· 자기 자신을 사랑하자

우울증이 있으면, 흔히 자존감이 내려가고 자기 자신에 대해 부정적으로 생각하게 됩니다. '난 안 돼' '내가 뭘 하겠어?' 같이 스스로에게 상처를 주는 생각들이 많이 떠오르죠. 이 세상에 가장 소중한 사람은 부모도, 남편이나 애인도, 아이도 아닌 나 자신입니다. 우울한 사람들은 자꾸 주변 눈치를 보게 되고, 자신이 희생하는 것을 당연하다는 듯이 받아들입니다. 우선은 나를 생각하고, 나에게 손해되는 것은 거절할 수 있어야 합니다.

· 조금 나쁜 일을 해도 괜찮다

우울한 사람들은 자기도 모르게 착한 사람 콤플렉스를 가지고 있는 경우도 많습니다. 남들 보기에는 전혀 나쁜 일이 아닌데도 스스로 그런 일을 하면 엄청나게 나쁜 사람이 될 것 같아서 당연한 일도 못 하곤 합니다. 그러나 나를 위하는 것은 나쁜 일이 아닙니다. 사람들에게 욕을 먹을 것이라 생각한 일이 아무 일 아닌 경우도 많습니다. 우울한 사람들은 다른 사람의 반응에 너무 신경을 많이 씁니다. 나쁜 이야기를 듣더라도 용기 내어 하고 싶은 이야기를 하고 행동해보면, 의외로 다른 사람들은 별 이야기가 없는 경우가 많습니다. 그런 사실을 알게 되면 마음이 훨씬 편안해지고 가벼워질 수 있을 것입니다. 모든 사람들을 배려하고 신경 쓰며 살다 보면 인생이 너무 피곤하죠. 가까운 사람에게만 좋은 사람이 되어도 충분합니다.

· **내 탓이 아니다**

이별이나 상실에 의해 우울증이 생긴 사람들은 상황을 전부 자기 탓으로 돌리는 경우가 많습니다. 정신분석학에서는 헤어진 상대방에 대한 분노가 무의식적으로 바뀌어 자기 자신을 공격하게 되는 것으로 이해합니다. '왜 나를 버리고 떠났어' '왜 나만 두고 죽었어'라는 분노의 감정이 무의식중에 도덕적인 관념에 의해 자기 자신을 공격하게 되는 겁니다. 내가 잘못해서 떠난 것 같고, 나 때문에 죽게 된 것 같은 느낌이 들어 자책감이 들고 우울해지는 거죠. 가장 좋은 치료방법 중 하나는 자신이 느끼는 것을 친구나 가족들과 나누는 것입니다. 이야기를 하다 보면 마음도 정리되고, 분노 등의 감정이 표현되어 안정을 찾고, 자신이 잘못 생각했던 것들도 이해하고 공감받을 수 있습니다. 힘들 때는 다른 사람에게 기대는 것이 자연스러운 것입니다.

· **햇볕을 많이 받고 밝은 곳에서 지내자**

우울하면 아무것도 하기 싫어집니다. 우울할 때는 어두컴컴한 방에서 이불을 뒤집어쓴 채 누워, 아무런 활동도 안 하게 되죠. 이럴 때는 기분 좋았을 때를 떠올려보세요. 기분이 좋을 때는 활동도 많아지고, 먹고 싶은 것도 생기고, 여행 가고 싶은 곳도 생기고, 밝은 곳에 있게 됩니다. 이런 원리로 이루어지는 치료가 광치료입니다. 광치료 기계로 아침에 아주 밝은 빛을 1~2시간 정도 쐬는 것입니다. 기계가 없더라도 아침에 햇볕을 30분 이상 받는 것이 충분한 효과를 줄 수 있습니다. TV를 볼 때도 웃을 수 있는 프로그램을 보는 것이 좋습니다. 자꾸 웃는 것이 기분을 좋게 하니까요. 기분이 좋아서도 웃지만, 반대로 웃다 보면 기분도 좋아지게 마련입니다.

· 규칙적인 생활을 하자

우리 몸에는 생체리듬이라는 것이 있습니다. 규칙적으로 잠을 자서 수면 사이클을 유지하는 것이 기분을 좋게 만들어줍니다. 또한 영양이 골고루 함유된 식사를 규칙적으로 하는 것이 에너지를 회복하는데 도움을 주죠. 운동 등을 규칙적으로 하는 것도 우울감을 줄여줍니다. 가능하면 하루하루를 일정한 리듬과 계획을 갖고 생활하는 것이 좋습니다.

· 생각의 틀을 바꿔보자

우울할 때 즐거운 일을 하거나 즐거운 상황을 상상할 줄 모르는 사람들이 정말 많습니다. 이들은 오직 일, 삶의 목표, 피곤한 인간관계만 있을 뿐 삶의 즐거움 같은 것은 모른 채 살아온 경우가 많습니다. 따라서 단순화된 인지구조를 넓혀주는 경험이 필요합니다. 여행이나 예술 등이 생각의 틀을 바꿔줄 수 있습니다. 인간의 정체성은 '자신이 좋아하는 것'으로 이뤄져 있는데, 인생의 어느 순간부터 남들이 좋아하는 것으로 내 정신을 메우게 되죠. 자신의 정체성을 찾기 위한 첫 시도로서 내가 가장 좋아하는 음식이나 이성, 게임 등을 상세하게 묘사해보세요.

· 애완동물이 도움이 되기도 한다

가벼운 우울이나 무기력 상태에는 애완동물이 도움이 될 수 있습니다. 물론 심한 우울상태에서는 애완동물이 부담이 될 수 있으므로 가능하면 피해야 합니다.

· 우울할 때는 아무것도 못 하고 있는 자기 자신을 한동안 허용해주어야 한다

하다못해 다리가 부러져 깁스를 하더라도 6주 동안은 꼼짝도 못 합니다. 그러니 우울증이 와서 내가 가족을 위해 아무것도 못하고 있다고 너무 자책하지 마세요. 원래 아프면 아무것도 못하는 겁니다. 우울증은 병 자체가 스스로를 자꾸 자책하게끔 만드는 성향이 있어서, 주변에 더 미안해지고 마음이 무거워지는데요. 실컷 쉬고 많이 도움을 받아서 우울증에서 벗어난 다음 신세 진 것을 다 갚아주면 됩니다. 이때 나를 지지해줄 사람, 돌봐줄 사람, 속상할 때 얘기 들어줄 사람들이 필요합니다.

우울

우울증 환자를 위해 주변에서 어떤 도움을 줄 수 있을까요

얼마 전 아버지가 우울증 진단을 받으셨습니다. 평소 말수가 적으셔서 아버지와 별로 대화를 해본 적이 없는데요. 어렵사리 가족들에게 본인이 우울증에 걸렸단 말씀을 하셨는데, 어머니는 의지박약이라느니 마음먹기 달린 문제라느니 하며 비난부터 하셨습니다. 저는 그 자리에서 뭐라고 해야 할지 막막했습니다. 아버지에게 어떻게 힘이 되어드려야 할까요?

주변사람이 우울증에 걸렸을 때는 먼저 이야기를 충분히 들어주는 것이 중요합니다. 우울해하고 힘들어할수록 누군가가 옆에서 든든하게 지켜주는 것이 필요하죠. 우울한 사람들은 주변사람들이 자신을 도와주지도 못하고, 도움이 되지도 않는다고 생각합니다. 그래서 더욱 가족들의 관심과 사랑이 필요합니다. 그러나 대부분의 사람들이 우울증을 대수롭지 않게 보는 경우가 많습니다. "정신 똑바로 차려라" "의지로 이겨내라"라는 식으로 말하는데, 이는 전혀 도움이 되지 않는 이야기입니다. 어떤 이야기를 하든 비판하거나 설득하지 말고, 그냥 충분히 이야기하게 두어야 합니다. 내용은 이해되지 않더라도 힘들어하는 감정을 공감해주며, 말로 표현하는 것이 힘들면 꼭 안아주거나, 눈물을 닦아주는 것도 좋습니다.

우울할 때는 사람이 게을러 보입니다. 이를 비난하기보다 가족들이 좋은 면을 보이며 긍정적인 자극을 주되, 자신과 타인에게 해를 입힐 수 있는 행동만 단호히 규제합니다. 혼자 두지 말고 같이 있는 시간을 늘려야 하며, 혼자서 운동이나 산책 등을 하기 힘들어한다면 처음 얼마간은 가족들이 같이 시작해주는 것도 좋습니다.

우울증에 빠진 사람의 가족들은 그 원인이 자신들 때문이라는 죄책감에 빠지기도 합니다. 물론 가족이 어느 정도 영향을 줄 수는 있지만, 모든 원인이 가족 때문인 경우는 없습니다. 우울한 사람 옆에 있다 보면 주변사람도 우울감을 쉽게 느끼므로 도움을 주기 위해서는 가족들이 먼저 편안한 마음을 가지는 것이 중요합니다.

우울한 사람들이 치료를 중단하는 이유를 살펴보면 가족들이 치료가 끝나기 전 약물치료를 중단하게 하는 경우가 많습니다. 대부분 치료진의 말을 믿지 않고 헛소문이나 주변사람들의 부정적 이야기를 듣고 방해하는 것인데요. 우울증 관련서적을 집에 비치해 보호자부터 먼저 읽고 환자와 대화를 해보시길 권합니다.

더 알아보기

우울증에 대해 자주 듣는 질문들

Q. 우울증이 심한데 일을 그만두는 것이 좋을까요?

A. 우울증에 빠지면, 직업활동이나 학업활동, 사회활동 등에 상당한 어려움을 겪습니다. 무력감과 피로감, 절망감이 들면서 지금까지 해오던 모든 활동들이 감당할 수 없는 짐처럼 부담스럽게 느껴지죠. 이때 환자들은 종종 일을 쉬거나 학교를 안 나가면 좀 나을 것 같다 싶어 휴직이나 휴학을 생각합니다. 하지만 우울증은 2~3주 정도만 지나도 조금씩 낫기 시작하는, 충분히 치료가 가능한 병입니다. 그러므로 호전되기 전까지 힘들더라도 기존 생활을 유지하는 것이 좋습니다. 사표를 내고 자퇴한 분들이 몇 주 지나 증상이 나아지고 나면 '좀 더 참아볼 걸'이라는 생각에 오히려 후회하고 자책하다가 다시 우울해지기도 합니다. 도저히 현재생활을 유지하기 어렵다면, 우선은 병원에서 진단서를 받아 1~2주 정도 휴가를 갖는 것도 방법입니다.

Q. 약을 먹어도 왜 좋아지질 않는 거죠?

A. 항우울제를 복용하여 수면과 식욕이 좋아지기 시작하는 데는 1~2주 정도의 시간이 필요하며, 우울함이 줄어들기 위해서는 3주 정도의 시간이 지나야 합니다. 실제로 약화된 신경시스템(신경전달물질의 농도)이 정상상태로 되돌아오는 데도 이 정도 시간이 필요합니다. 우울증을 일으킨 스트레스 요인이 계속되어 호전이 늦는 경우도 있지만, 이때도 환자의 상태에 따라 치료해가므로 수개월 내에 호전이 옵니다. 평균 3개월 정도면 60~80퍼센트의 환자가 우울증에서 벗어난다는 보고가 있습니다. 문제는 성격적 문제가 깊이 뿌리박고

있는 경우로, 어릴 때의 애착문제, 잘못된 대인관계방식 등으로 스스로가 갈등을 계속 생산하고 있는 환자들입니다. 이럴 때는 약물과 함께 정신치료가 동반되어야 하며, 수년 이상의 장기적인 치료가 필요한 경우도 많습니다.

Q. 자식에게 유전되지는 않나요?

A. 대부분의 질환들에는 어느 정도 유전성이 있습니다. 가족 중에 당뇨나 암 환자가 있으면 그 병에 걸릴 가능성이 크다는 얘기는 널리 알려진 사실이죠. 이렇듯이 우울증을 비롯한 정신건강의학과 질환들도 유전되는 경향이 있습니다. 다만 그 정도가 멘델의 유전법칙을 따를 정도로 높은 정도가 아니고, 확실한 유전자가 확인된 바 없기 때문에 '유전병'이라 부르지는 않습니다. 부모에게 우울증이 있을 경우 자식이 우울증에 걸릴 가능성이 약 2배 정도 높아지는 것으로 조사되었습니다. 한 사람이 평생을 사는 동안 우울증에 걸릴 확률은 대략 15퍼센트가량이며, 따라서 우울증을 앓던 사람이 결혼해 자녀를 낳았을 때 그 아이가 커서 우울증에 걸릴 확률은 약 30퍼센트 정도라고 보면 됩니다. 하지만 우울증은 환경이나 스트레스, 형성된 성격 등 여러 요인에 의해 결정되는 것이므로 너무 유전의 영향을 걱정할 필요는 없습니다.

멘델의 유전법칙
우성인자를 가진 부모를 만날 경우 우성인자가 75퍼센트, 열성인자를 가진 부모를 만날 경우 열성인자가 25퍼센트 정도 유전된다는 법칙.

Q. 임신해도 되나요?

A. 우울증은 20~30대에 많이 발병하며, 여성에게서 더 흔하기 때문

에 임신에 대한 고민은 드문 문제가 아닙니다. 임신 자체가 우울증을 일으키거나 재발시키는 경우는 흔하지 않지만, 우울증 치료를 받고 있는 도중 임신을 계획한다면 신중할 필요가 있습니다. 항우울제가 기형을 일으킨다는 확실한 증거는 없지만, 가급적 임신 중에는 사용을 피하는 것이 좋습니다. 일단 임신 첫 3개월가량은 조심스럽게 약을 중단하고, 대신 자주 면담하여 재발과 악화를 예방합니다. 태아의 주요 신체장기가 형성되고 난 이후에는 항우울제를 소량씩 조심스레 사용해볼 수 있습니다. 특히 주의해야 할 시기는 출산 이후 몇 개월 동안인데, 이 기간 동안 우울증이 재발하는 경우가 50퍼센트나 되기 때문입니다.

Q. 약을 복용하면서 젖을 먹여도 되나요?
A. 우울증인 경우 가장 조심해야 할 시기 중 하나가 바로 출산 후입니다. 우울증을 앓았던 적이 있는 사람 중 절반에서 이 시기에 병이 재발하며, 산모의 10퍼센트가량에서 병이 산후우울증으로 발전합니다. 항우울제는 젖으로 분비될 수 있기 때문에, 모유수유 시 약 성분이 신생아에게 전달될 수 있습니다. 젖으로 전달된 약 성분이 신생아에게 어떤 영향을 주는지는 아직 밝혀지지 않았지만, 아이가 약 성분을 섭취하는 것은 바람직하지 않으므로 모유 수유를 중단하길 권합니다. 모유 수유를 포기해야 할 때 죄책감을 느끼는 산모들이 있는데, 최근 우리나라의 모유 수유율은 25퍼센트 정도에 불과하며, 우울증 상태에서 육아를 고집하는 경우 아이에게 더 좋지 못한 영향이 갈 수 있다는 것을 명심해야 합니다.

Q. 몸 여기저기가 불편하고 잠이 안 오는 것도 우울증인가요?

A. 우리나라의 고유한 질병으로 '화병'이 있습니다. 세계적으로도 공식 인정되어 'Wha-Byung' 또는 분노증후군Anger Syndrome으로 이름 붙여져 있는데요. 분하고 억울한 상황을 말로 표현하지 못했을 때, 이렇게 쌓인 분노감이 신체증상으로 표현되는 질환입니다. 한국사람들은 자신의 심리적 고통을 외부에 쉽게 표현하지 않는 문화적 특성이 있다 보니 이런 질환이 우울감으로 표현되기보다는 몸 여기저기가 아픈 신체증상으로 나타납니다. 가슴에 열이 나고 답답하며, 목이 무언가로 막힌 것 같고, 자율신경계 불균형으로 인한 다양한 증상(몸이 아프다, 잠이 안 온다, 소화가 안 된다, 어지럽다 등)이 나타납니다. 이때 자신의 심리적 문제들을 표현할수록 증상이 줄어들며, 우울증 치료약이 도움이 됩니다.

Q. 우울증 약은 독하지 않나요?

A. 우울증 약을 비롯한 정신과 약에 대해 흔히 갖고 있는 편견 중 하나가 바로 '독하고 중독된다'는 것입니다. 그러나 우울증 약은 최소 몇 개월 이상 장기복용을 예상하고 개발되는 약인 만큼 더욱 안전에 신중을 기해 제작됩니다. 일반적으로 흔히 사용되는 약물들은 대개 큰 부작용이나 중독성이 없습니다. 과거에 사용되던 항우울제들은 종종 입이 마르고 많이 졸리며 변비가 생기는 불편감이 있어 독하다는 느낌을 주기도 하지만, 최근 주로 사용되는 항우울제들은 이런 불편감이 거의 없습니다. 복용 초기에 소화불량이나 식욕감퇴를 느끼기도 하고 드물게 불안감이나 오르가슴의 감소를 호소하기도 하는

데, 대부분 적절한 조치로 줄어들 수 있습니다.

Q. 상황이 안 바뀌는데 약을 먹는다고 좋아질까요?

A. 우울증은 장기간 누적되어온 스트레스나 개인의 부적응적 태도가 뇌 기능을 약화시켜 오는 상태라고 볼 수 있습니다. 실제로 우울증에 걸린 사람들 중 50퍼센트 정도가 병이 발생하기 얼마 전부터 이미 뚜렷한 우울증상을 보이기 시작합니다. 이러한 현상은 악순환되므로, 우울해진 뇌가 상황을 부정적으로 평가해 상황은 더 악화되어갑니다.

연구 결과, 우울증 환자의 60~70퍼센트가 항우울제 투여만으로도 증상이 호전되었는데요. 우울증 치료로 기분이 좋아지고 나면, 마음에 여유가 생겨 고민되던 상황을 해결하거나 받아들일 수 있는 선순환이 이루어집니다. 경제적으로 어렵거나 현실적으로 힘든 상황일 때, 치료를 해도 기분이 좋아지지 않을 거라는 생각들을 많이 합니다. 하지만 기분이 좋아지면서 자신이 가지고 있는 긍정적인 모습을 바라볼 수 있고, 변화하려고 노력할 수 있습니다. 치료를 받아봤자 아무 소용없을 것이라는 생각 자체가 우울증에서 비롯된 비관적인 생각일 뿐입니다.

우울

생리 때만 되면 너무 신경이 예민해져요

생리가 시작되기 며칠 전 직장상사에게 서운한 말을 들었는데, 그 때문에 직장을 그만둘까 계속 고민했습니다. 사소한 일에 계속 짜증이 나서 남자친구와도 싸웠고요. 평소에 먹지 않는 과자도 많이 먹었네요. 그런데 생리가 시작되고 2~3일이 지난 지금은 '내가 그때 왜 그런 고민을 했지?' '내가 며칠 전에 왜 짜증을 냈지?'라는 생각이 들어 후회가 듭니다. 거의 매달 생리 직전에 이런 변화를 경험하는데, 이때의 나는 평소의 나와 달라지는 것 같습니다.

여성의 생리(월경)는 여성 호르몬이 일정한 주기를 가지고 변화하기 때문에 나타나는 몸의 현상입니다. 우리 신체는 다양한 종류의 호르몬을 분비하고, 그 호르몬은 신체의 여러 기능에서 다양한 역할을 합니다. 이들 호르몬 중에서 여성 호르몬 또는 남성 호르몬이라고 하는 성 호르몬은 생식기관에 주로 작용하는데, 이들은 뇌 활동에서도 다양한 역할을 합니다. 특히 여성 호르몬은 감정에 영향을 주어, 임신 시 감정 변화가 커지거나 예민해지고, 출산 전후 모성애를 발달시키며, 한편으로는 생리주기에 따라 기분 변화를 유발합니다.

여성의 생리는 여성 호르몬의 주기적인 변화에 따라 나타나는 것으로, 생리가 시작되기 직전 여성 호르몬은 비교적 높은 수준으로 증가했다가 증가된 여성 호르몬이 갑자기 감소하면서 생리가 시작됩니다. 즉, 생리 전후로 여성 호르몬의 농도는 급격한 변화를 갖게 되어, 생리 직전이 되면 많은 여성들이 복부 팽만, 유방통, 두통 등의 신체 증상을 경험합니다. 심리적으로도 짜증이 많이 나거나 예민해지고, 우울해지거나 식욕 변화가 오기도 합니다. 이런 증상을 생리전증후군이라고 하는데 생리가 시작되기 일주일에서 수일 전에 나타나 생리가 시작된 이후 1~2일이 지나면 대부분의 증상이 사라집니다.

생리 전후의 기분이나 감정 변화는 대부분의 여성이 경험하는 것이지만, 그 정도는 개인마다 차이가 큽니다. 생리 전후의 신체 또는 심리적인 변화로 인해 약간의 불편감만 경험하는 사람도 있지만, 일상생활 또는 사회생활에서 어려움을 경험하는 경우도 있습니다. 심한 증상이 나타나는 경우를 '월경전불쾌기분장애'라고 하는데, 이는 일종의 우울증입니다.

앞 사례와 같이 생리 전후의 기분 변화로 대인관계나 사회생활에 어려움을 경험한 적이 있다면, 가장 먼저 해야 할 일은 달력에 증상을 기록하는 것입니다. 달력이나 월경주기표에 신체 변화나 감정 변화를 기록합니다. 생리주기와 그에 따른 특정 증상의 변화를 3개월 이상 관찰하고 기록해보면, 생리주기와 감정 변화와의 관계를 알 수 있습니다. 평소와 다른 감정 변화가 느껴지면, 월경주기표에서 생리주기의 어느 지점에 와 있는지 확인합니다. '생리가 시작되기 직전'이라는 것을 발견하면, 그 사실을 받아들인 후 며칠간 마음의 휴식을 갖고 중요한 일을 결정하는 것을 1~2일 뒤로 미룹니다. 가족이나 친구 등 가까운 주변사람들에게 이 사실을 알리는 것도 도움이 될 수 있습니다.

하지만 생리 전의 이런 증상으로 일상생활이나 직장생활 등에 심각한 방해가 되고 그 결과로 일정기간 동안 불안이나 우울기분을 경험하는 정도라면, 전문가와 상의해야 합니다. 정신건강의학과에서는 필요하다면 항우울제를 처방하는데, 지속적으로 먹기보다 배란 이후 기간에 단기적으로 사용하기도 합니다. 아주 심각한 경우 호르몬제로 월경을 차단할 수도 있죠. 증상을 극복하기 위해서는 생활습관을 바꿔야 하는데요. 앞서 소개한 증상 기록지를 작성하고, 소금, 알코올, 카페인, 정제된 탄수화물이나 설탕 먹는 것을 줄이고, 유산소운동과 스트레스 관리 등을 해야 합니다. 칼슘, 마그네슘, 비타민B_6, 비타민E, 오메가3 등이 증상 조절에 도움이 된다고 합니다.

우울

출산했는데 아이가 예뻐 보이지 않아요

얼마 전 아기를 낳은 이후, 모든 것이 혼란스럽습니다. 처음에는 눈물이 많이 나고 아기 키울 자신이 없었는데요. 이런 두려움이 점점 커져 이제는 아기 얼굴 보는 것 자체가 싫고, 가끔 아기랑 같이 죽어버릴까 하는 생각마저 듭니다. 이러다 우리 아기를 해치게 될까 봐 무서워요.

임신은 부부관계의 또 다른 서막입니다. 남편과 아내만으로 이루어진 2인 가정에서는 서로 보완적인 역할만 하면 됐지만, 아이가 태어나면 완전히 새로운 형태의 가정이 재탄생합니다. 대부분의 여성이 임신에 대해 기쁘게 받아들이지만, 일부 여성은 과연 자신이 어머니로서의 역할을 잘할 수 있을지 자신감이 없고 불안해하기도 합니다. 어머니에 대해 좋지 않은 기억을 가졌던 여성의 경우는 특히 이런 불안이 더 심합니다. 남편 또한 임신을 앞두고 정서적인 변화가 생기는데요. 임신 시 아무래도 모든 생활이 산모 위주로 맞춰지다 보니 상대적으로 남편이 소외되어 태아를 경쟁자로 여길 수도 있습니다. 모성콤플렉스가 있는 남성의 경우, 성교 자체도 피하게 되며 임신 초반보다 후

반에 외도하는 경우가 많다는 연구결과도 있습니다.

출산 자체가 여자의 일생에서 차지하는 비중은 상당히 높습니다. 인생의 거사를 치렀으므로 이후에 밀려오는 허탈감은 어쩌면 당연할지도 모릅니다. '산후우울기분'이라고 부르는 이 기분은 출산한 산모의 30~75퍼센트, 즉 대부분의 산모가 겪습니다. 여성 호르몬의 급격한 변화, 출산 스트레스, 엄마가 된다는 책임감에서 오는 부담 등과 관련이 깊으며, 출산 후 3~5일 내에 시작되어 짧게는 며칠, 길게는 몇 주 지나면 사라집니다.

산후우울기분과 달리 감별해야 하는 것이 산후우울증인데요. 우울감이 사라지지 않고 2주 이상 지속되면 의심해보아야 합니다. 산모가 우울증 병력이 있을 경우 위험성이 25퍼센트 정도 증가하며, 치료받지 않을 경우 우울증이 몇 달, 몇 년까지도 지속되어 만성우울증으로 진행될 수 있습니다. 산모가 우울증상이 심해지면, 당연히 아기를 돌보기 힘들고 아기 정서상에도 좋지 않으므로 도우미를 쓰거나 다른 가족들이 아기를 봐주면서 산모의 우울증을 치료해야 합니다.

산후정신병의 경우, 출산 후 0.1~0.2퍼센트의 산모에게서 나타납니다. 산후정신병 증상이 심하면, 아이가 죽었다거나 출생 자체를 부정하는 망상 수준의 생각이나 환청 등을 보일 수도 있습니다. 일단 증상을 보일 경우 산모와 아이에게 모두 위험할 수 있으므로, 곧바로 정신건강의학과를 방문하여 약물치료를 시행해야 하며, 이때 입원을 요하는 경우도 많습니다.

산후정신병
산모가 단순히 기분이 가라앉는 정도가 아니라 자기 자신이나 아이를 해칠 것만 같은 생각을 하는 것.

우울

자꾸 죽음에 대해 생각하게 돼요

저는 올해 22살 된 여자인데요. 굳이 이 세상을 이렇게 힘들게 살아야 하나, 차라리 죽는 게 낫지 않나 하는 생각이 자꾸 듭니다. 얼굴도 못생겼고 집도 별로 부자가 아니라서 어차피 죽을 때까지 고생만 할 것 같습니다. 주변에서 하는 위로는 모두 형식적인 것 같고, 그런 말들이 모두 진실처럼 느껴지지도 않습니다.

일찍이 사회학자 E. 뒤르켐E. Durkheim이 이타적 자살, 이기적 자살, 아노미적 자살, 숙명론적인 자살 등으로 사회학적 관점에서 자살을 분류했듯이, 우리나라의 높은 자살률을 모두 개인의 심리적 문제나 우울증 때문이라고 설명하는 것은 무리가 있습니다. 크게는 자본주의 사회의 한계, 작게는 한국사회의 성공지상주의와 아무 대안 없는 학벌 경쟁, 최소한의 생활보장도 되지 않는 사회복지제도 등 사회경제적인 원인도 많기 때문이죠. 모두 다 사회와 국가 탓은 아니지만, 그렇다고 모두 다 개인 책임은 아닌 현실을 정확히 이해하는 것이 문제 해결의 단초를 제공할 수 있습니다.

한국사회는 역동적인 발전의 시기를 지나, 큰 변화 없이 발전이 정체되는 시기로 진행되어가고 있습니다. 연구논문 중에 동물이나 사람은 어떤 성취가 일어나기 직전에 뇌에서 보상 호르몬 등의 분비가 커져 그 순간에 중독된다는 이야기가 있는데요. 예를 들어 도박이나 쇼핑(특히 택배 오기 전) 등이 여기에 해당합니다. 현재의 한국 상황에 이 뇌과학적 의견을 적용하자면, 지금까지는 계속된 발전과 성취로 힘을 낼 수 있었으나 더는 무언가를 기대하기 힘든 상태가 되었고, 현 수준이라도 유지하려는 노력은 성취도 쾌감도 없어 허무하고 고통스러운 감정을 만들어낸다는 것입니다.

개인적 이유의 자살 충동은 우울증이 원인인 경우가 대부분입니다. 예외도 있어서 청소년기의 자살은 우울한 감정보다 충동적인 태도가 더 문제라고 합니다. 모든 우울감정은 정신역동적으로 자책과 자기 비난을 내포하는데요. 자신의 무가치함에 대한 분노와 죄책감으로 인해 비난의 화살을 자신에게 돌리고 공격하며, 그 극단적인 형태로 자신을 벌하는 자살이라는 현상이 나타나게 됩니다. 반대로 다른 사람이 원망스러운 경우, 그 사람을 괴롭힐 수 있는 가장 최악의 방법으로 자신의 죽음을 선택하기도 하죠. 그 외에 고인과의 재결합에 대한 환상, 현 세상의 고통에서 벗어나리라는 기대, 새로운 삶을 위한 환생에 대한 기대 등이 자살을 부추기는 역할을 합니다. ▶'혹시 우울증에 걸린 것은 아닐까요'(589페이지), '아이가 죽고 싶다고 해서 너무 놀랐어요'(339페이지), '저러다가 자살하실까 봐 걱정돼요'(805페이지) 참조

한순간에 일어나는 일 같지만, 자살이라는 극단적 상황에 이르는 데는 단계가 있습니다. 처음에는 여러 가지 이유로 죽고 싶다고 생각

합니다. 점차 심해지면, 구체적인 자살계획을 세워보고 도구 등을 구입하기도 합니다. 그러다 자살을 시도해보는데 처음에는 머뭇거리기도 하고 실패도 하다가 수회 시도 후 죽음에 이르게 됩니다. 만약 주변에 자살사고에 사로잡힌 것 같은 지인이 있다면, 그런 생각 말라며 덮어버리거나 피하지 말고 꼬치꼬치 상황을 물어야 합니다. 실제 계획을 세우고 한 번이라도 자살 시도를 한 적 있는 사람은 다시 시도할 확률이 몇 배 더 높습니다.

자살을 생각하는 사람들은 항상 끝까지 죽음 앞에서 망설입니다. 마지막 순간까지 '죽을까, 말까?' '죽을 때 아플까, 아픔을 못 느낄까?' '죽으면 정말로 모든 게 끝일까?' 아니면 '하늘나라가 있거나 다시 태어나는 건 아닐까?'라고 생각합니다. 여기서 중요한 점은 혹시 모를 가능성에 대해 누구나 망설이고 고민한다는 것입니다. 자살 문제로 상담하게 되면, 삶 혹은 죽음 이후의 모든 가능성에 대해 얘기해 보는데요. 현재의 괴로움과 그 이유를 살피는 것 외에도 죽음 이후 어떤 세계가 펼쳐질 수 있을지, 어떤 죽음을 맞는 것이 존엄한 것인지 논의할 필요가 있습니다. 자살하려는 사람은 시야가 좁아진 상태라, 자신의 소멸만이 문제 해결방법이라고 굳게 믿고 있기 때문입니다.

우울하고 죽고 싶은 순간이 찾아온다면, 일단 가능한 한 모든 것을 내려놓고 잠시 쉬어야 합니다. 생각을 쉬고, 일도 쉬고, 감정도 쉬고, 그냥 쉬는 것에만 집중하세요. 너무 지친 상태에서는 현명한 판단을 할 수 없으므로, 모든 일을 뒤로 미루고 심지어 죽는 것에 대한 생각도 뒤로 미뤄야 합니다. 그리고 최대한 쉬면서 자살 충동이 있는 것을 주변에 이야기하고, 적극적으로 도움을 요청해야 합니다. 상황을 말하는 것만으로도 공격적 감정이 배설되어 자살 충동이 줄어들 것이며, 대화 상대가 자신을 돕도록 요청할 수 있습니다. 자살 충동은 계속 강하게 있는 것이 아니라 등락을 거듭하므로, 믿을 만한 누군가와 계속 함께 있는 것이 좋습니다. 자살 충동이 솟구칠 때마다 상대가 개입만 해줘도 충동을 억제하는 효과가 크게 나타납니다.

간혹 오랜 시간 자살 충동으로 고생한 사람은 종종 주변사람을 비난합니다. 아무리 말해봐야 남들은 자신을 돕지 못할 것이고, 자기같이 나쁜 사람은 당신도 별로 도와주고 싶지 않을 것이라고 말합니다. 그들은 타인을 공격함으로써 자신의 감정을 표출하는 한편, 자신을 나쁜 사람으로 만들어 죄책감을 줄입니다. 문제는 이러한 공격을 견딜 수 있는 사람은 흔치 않고, 전문가조차도 치료를 포기하게끔 만든다는 점이죠. 따라서 이들을 안정시키기 위해서는 끊임없는 자살 위협과 비난에도 항상 일정한 반응과 안정된 감정을 보여주는 것이 중요합니다.

자살 충동이 일어나지 않게 예방하고 싶다면 어떻게 해야 할까요? 당연하지만 평소 자신의 삶을 여러 가지 측면에서 바라보고 깊은 의미를 깨닫는 수밖에 없습니다. '내가 가진 능력이 무엇인가' '내 삶의 목표는 무엇인가' '삶의 가치관이 어디에 있는가' 등 깊은 생각으로 내면의 생각들을 복잡하게 얽어놓으면, 이후 우울의 골짜기로 떨어질 때 그 생각들을 붙잡고 다시 올라갈 수 있을 것입니다.

우울

기분이 오락가락하는 게 꼭 조울증 같아요

회사 동료 한 명이 이상해요. 작년에는 말도 잘하고 기운도 넘쳤어요. 기분파라 월급을 하루에 다 써버리기도 하고, 며칠 야근을 해도 피곤하지 않다고 하더라고요. 그런데 올해 들어서는 사람이 완전히 달라져서 동료들과 말도 잘 하지 않고, 계속 피곤하고 멍해 보여요.

요즘 정신건강에 대한 정보가 매스컴에 범람하다 보니, 기분변화가 있을 때마다 흔히 듣게 되는 말이 "너 조울증 아니야?"입니다. 우울증도 초기에는 어느 시간에는 호전됐다가, 특정 시간에는 더 심해지는 경우가 많은데요. 그럴 때 당사자는 정상기분과 우울기분의 간극을 크게 느끼기 때문에 조울증이라고 생각하곤 합니다. 기분변화가 비교적 역동적인 청소년기 아이들을 보고 우리 애가 조울증인 것 같다고 문의하는 부모들도 많은데, 결론부터 이야기하자면 대개는 정상이며, 조울증보다는 우울증에서의 기분변화인 경우가 흔합니다.

조울증의 원인은 정확하게 알려지진 않았지만, 현재까지의 연구 결과로는 생물학적·유전적·심리적 원인이 복합적으로 작용해 나타납니다. 신경전달물질인 도파민, 세로토닌, 노르에피네프린 등의 불균형이 생물학적인 원인으로 알려져 있으며, 도파민이 조증에서 증가되어 있고, 글루타메이트Glutamate도 조증에서 왼쪽전전두엽피질Left Dorsolateral Prefrontal Cortex에서 증가됩니다. 대략적으로 인구의 1퍼센트 정도에게서 나타나는 것으로 알려져 있으나, 가족력이 있는 경우 12퍼센트 정도까지 증가할 수 있습니다. 어릴 때 심한 스트레스를 받은 경우 잘 나타나며, 특히 환절기인 봄에 조증이 잘 나타난다고 알려져 있습니다.

조울증에서 조증은 우울증과 반대개념 같지만, 정신분석적으로는 우울증과 비슷합니다. 즉 우울한 기분에 대한 부정과 반동형성이라는 방어기제의 결과물이죠. 부정이라는 것은 내가 우울하다는 것을 부정하는 것입니다. 반동형성Reaction Formation은 말 그대로 자신의 욕구와는 반대로 행동하는 것입니다. '난 너무 우울해'가 부정되어 '난 우울하지 않아'가 되고, 그것이 반동형성까지 되어 '난 너무 행복해'로 변합니다. 따라서 우리가 조울증이라고 말하려면, 일정 기간 이상의 우울함 뒤에 조증이 수반되어야 합니다. 이러한 양상이 일생 동안 반복되어 옆에서 보기엔 꼭 주기적으로 '잠수 타는' 사람으로 보이기도 합니다. 일반인들이 흔히 하루에도 몇 번씩 기분이 오락가락한다고 말한다면, 조울증이 아니라 그냥 우울증인데 스트레스에 따라 기분이 좋았다 안 좋았다가 반복되는 경우가 많습니다. 한편 조증이란 보통의 기분 좋음보다는 아주 심한 상태를 이야기합니다.

조울증에는 기분이 가라앉는 우울증과는 반대로 기분이 들뜨거나 자신감이 과도하게 넘치고, 잠을 자지 않아도 피곤하지 않거나 쾌락 행동에 지나치게 몰두하는 등의 모습을 보이는 조증 증세가 있어야 합니다. 이렇게 기분이 심하게 우울하다가 과도하게 좋아지는 양상을 띤다고 해서 조울증을 양극성장애라고도 부릅니다. 조증 증세는 '심하게 과장된 자신감, 수면욕 감소, 필요 이상 많아진 말수, 사고의 비약, 주의산만함, 목표 지향적 활동의 증가, 쾌락행위에의 지나친 몰두' 중 3가지 이상의 증상이 1주 이상 지속될 때 의심해볼 수 있습니다. 대부분 증상이 있을 때 본인 자신은 주관적인 판단이 어려우므로 가족이나 주변사람들의 판단이 더 정확할 때가 많습니다. 조금 기분 좋은 정도가 아니라 사람이 바뀐 것처럼 말이 많아지고 잠을 3~4시간 이상 자지 않아도 피곤한 줄 모르고 계속 이것저것 일을 하기도 합니다. 돈도 물 쓰듯이 쓰고, 당장 필요 없는 물건들도 막 사는 경우도 많습니다. 처음에는 기분 좋은 정도로 보이지만, 그것이 너무 심해져 다른 사람들과 쉽게 싸우기도 하는 등 사회생활에 많은 문제를 초래하고 주변인들에게 피해를 줄 정도가 된다면, 조울증을 의심해보아야 합니다.

양극성장애
기분이 우울증과 조증의 양쪽을 극단적으로 왔다 갔다 하는 것.

심한 조증일 경우, 눈에 띄는 편이라 발견하기가 크게 어렵지 않은데요. 심하지 않은 경우를 경조증이라고 합니다. 사실 경조증이 있는 사람들 중 재능이 뛰어난 이들은 에너지가 커져 오히려 자신의 분야에서 성공하기도 합니다. 실제로 예술가, 연예인, 일 중독자들 중 상당수가 이러한 경조증인 경우가 많습니다. 미국에서도 월스트리트의 성공한 금융맨들이나 CEO, 밤샘촬영이 잦아서 초인적인 체력을 요구하는 방송인들, 화려한 언변을 자랑하는 세일즈맨이나 정치인 중 상당수가 경조증에 해당한다는 이야기도 있습니다.

그렇지만 이렇게 성공적인 인물들은 높은 지능과 직업적 재능이 뒷받침되는 극소수의 이야기이고, 실제로 경조증일 때는 집중력이 떨어져서 일을 그르치는 경우가 더 많습니다. 또한 치료 후 경조증이나 조증인 상태에서 벗어나고 나면, 그때를 에너지도 넘치고 뭐든 잘 풀리고 재미있었다며 오히려 그리워하는 경향Missing High이 있습니다. 살짝 들떴던 시기의 기분을 원래 자신의 기분인 것으로 착각해, 정상 기분을 우울한 것이라고 잘못 판단하기도 합니다. 그래서 기분이 자꾸 가라앉는다고 불평하며 약을 먹지 않고, 그때처럼 열심히 살아야 한다면서 또다시 의욕을 불태우고, 과한 행동을 하기도 합니다. 이런 모습들은 원래 성격처럼 보이기도 해서 병을 진단받는 것이 어려울 수 있습니다.

흔히 간과하는 것 중 하나가 조울증 환자의 우울한 시기인데요. 조증 상태에 있다가 우울증 상태로 변하게 되면, 기분이 떨어지는 폭이 일반 우울증보다 훨씬 커서 환자 본인도 많이 힘들어하고 더 기분이 처지는 것처럼 느끼게 됩니다. 일반 우울증이 4층에서 1층으로 떨어지는 것이라면, 조울증에서의 우울증세는 7층에서 1층으로 떨어지는 것과 같습니다. 실제로 정신과 질환 중 자살률이 가장 높을 때가 조울증환자의 우울증 시기이므로, 조울증이 있을 때는 환자나 보호자 모두 치료에 각별히 신경써야 합니다.

조울증이나 우울증은 증상이 좋아지면 100퍼센트 기능 회복이 가능한 것으로 봅니다. 즉 병이 있기 전에 하던 일이 100가지라고 하면, 100가지를 모두 할 수 있다는 것입니다. 하지만 문제는 조울증이 5년 안에 90퍼센트 이상 재발한다는 것입니다. 병의 재발로 인해 학업이나 사회생활에 지장을 받고, 주변사람들과의 관계도 악화되어 나중에 정상적인 사회생활을 하지 못하는 경우가 많습니다. 때문에 조울증 치료에서 가장 중요한 점은 재발을 막는 것입니다. 조울증의 재발을 막는 가장 좋은 방법은 꾸준한 약물치료입니다. 조증 증상이 회복된 이후에도 증상의 재발을 막기 위해서는 지속적인 약물유지치료가 필수적입니다.

중독

이 정도 술은 남들도 다 마시지 않나요

요즘 제가 술을 너무 많이 마시는 것 같습니다. 일주일에 2~3번씩 있는 회식을 포함해 거의 매일 술을 마시고 있는데요. 어느 순간부터는 집도 못 찾아오고 길거리에서 자곤 합니다. 어느 날은 시비에 휘말려 파출소에서 잔 적도 있고요. 필름이 끊어져 무슨 일이 있었는지 기억이 안 나는 날도 있고, 회사에 지각도 잦아지고 있어요.

사람에게는 스스로에게 허용적인 심리가 존재하는데, 우리나라에서는 대표적으로 음주에 관한 심리가 그렇습니다. 우리나라 사람들은 자신의 음주습관에 대해 굳이 복잡하게 생각하지 않으려 하며, 회식자리에 가면 너 나 할 것 없이 "이 정도 마신다고 안 죽어"라면서 무모함을 강요합니다. 심지어 술 때문에 벌어진 범죄는 실수로 간주하기도 할 정도입니다.

그러나 유전적으로 한국인에게 취약한 질환 33가지 중에는 알코올중독이 포함되어 있습니다. 우리나라는 자살률 못지않게 알코올중독 유병률이 높습니다. 모 의과대학 연구실에서 한 지역 인구 전체를 대상으로 전수조사를 한 결과, 인구의 22퍼센트가 알코올중독이라는 발표가 있었을 정도죠. 조사대상을 20대로 한정하면 50퍼센트가 알코올중독 수준이라고 합니다.

술 좀 좋아한다 생각하는 사람들은 한번 돌이켜볼 필요가 있습니다. 혹시 필름이 끊어질 정도로 음주를 한 것이 지난 6개월 동안 몇 번이나 있었나요? 알코올중독 진단기준에 의하면, 지난 6개월간 2번 이상 필름 끊어지는 현상이 나타났다면 중독을 의심해보아야 합니다. 내과적으로 건강한 20대 성인남자의 경우 알코올이 체내에서 대사되는 반감기는 약 12시간가량으로, 통상 한 번 음주 후 완전히 해독되려면 3일 이상이 걸린다고 합니다. 즉 일주일에 2번 이상 과음하는 사람은 한순간도 온전히 깨어 있는 적이 없는 셈입니다.

음주는 최소한 일주일 이상의 간격을 두고 하는 것이 좋습니다. 주 1회 정도 술자리를 가지면서, 음주와 연관된 충동이나 금단을 경험하지 않아야 중독으로부터 자유로운 '건강한 사회적 음주자'라 할 수 있습니다. 일주일에 2번 이상 취하고 주변사람이 걱정한다면, 그 사람은 중독 가능성이 높으니 전문가와 상담하는 것이 좋습니다.

알코올중독에 빠지는 과정을 알아본 원숭이실험이 있습니다. 원숭이 10마리에게 음식과 물 그리고 술을 마음껏 마실 수 있도록 장치를 해놓았습니다. 그 결과, 술 마실 수 있는 기회가 무제한으로 주어지더라도 단 40퍼센트만이 무절제하게 술을 선택했는데요. 이 40퍼센트는 원숭이집단에서 맨 하위층 4마리에 해당했습니다. 이를 3가지로 분석할 수 있는데요. 서열 낮은 원숭이들이 스트레스가 많아서 술에 의존하게 된 경우, 술에 취해 있는 시간이 많은 원숭이들이 자연스럽게 밑으로 서열이 떨어진 경우, 원래 자제력이 부족한 개체가 생존에서 뒤처진 경우입니다. 또한 혼자 우리에 갇혀 있든 무리와 공동생활을 하든 상관없이, 술을 지나치게 많이 마시는 원숭이가 발생하는 비율은 동일했는데요. 이로써 술에 의존하게 되는 것이 외로움이나 공동생활에서 받는 스트레스 때문만은 아니라는 것을 알 수 있습니다.

베르나르 베르베르의 소설 《뇌》는 쾌감보상회로 또는 쾌락중추를 모티브로 펼쳐지는 이야기입니다. 뇌에 쾌락중추가 있다는 것은 허구가 아닌 사실로, 중뇌의 VTA Ventral Tegmental Area에서 시작해, 뇌 중심의 측핵을 거쳐 전두엽으로 이어지는 회로를 말합니다. 도파민을 통해 주로 매개되며 기쁨이나 쾌락을 느낄 때 어김없이 활성화되는 부위입니다. 마약 및 알코올, 커피, 담배 등 모든 중독성 물질이 작용하며, 도박이나 게임 같은 행위중독에도 관여하는 것으로 알려져 있습니다. 실제로 게임중독자 뇌의 활성화 영역은 마약중독자와 그 부위가 똑같다는 연구 결과도 있죠.

이 쾌락중추를 활성화시켜 즐거움을 얻는 방법은 비단 중독성 물질과 중독행위에만 있는 것은 아닙니다. 인간이 목표를 설정하고 그 목표를 이루었을 때 느끼는 만족감과 쾌락이 바로 그 경우로, '5킬로미터 마라톤 완주'와 같이 목표를 설정하고 연습해서 이를 이루게 되면 뇌의 쾌락중추가 활성화되어 만족감과 행복을 느끼게 됩니다. 똑같이 쾌락중추를 활성화시켜 느끼는 쾌감이지만, 중독성 물질과 건전한 목표 성취 사이에는 중요한 차이가 있습니다. 바로 고통과 쾌락의 순서입니다. 순서 차이에 따라 어떤 행위는 긍정적이고 의미 있는 일이 되고, 어떤 행위는 소모적이고 불필요하며 주변사람에게 피해를 주는 행위가 됩니다. 어떤 쾌락을 얻을지 선택하는 건 각자의 자유겠지만, 그에 따라 인생의 의미가 달라지는 건 당연한 일일 것입니다.

더 알아보기

술 마시는 양을 줄이는 전략

미국국립보건원 산하 NIAAANational Institute on Alcohol Abuse and Alcoholism, www.niaaa.nih.gov에서는 음주 문제를 보이는 사람들의 음주습관을 바꾸기 위한 방법을 다음과 같이 제시하고 있습니다.

먼저 첫 1~2주 동안은 2~3개의 전략을 실천해보고, 그다음에 다른 전략들을 추가합니다. 이후 2~3개월 이후에도 변화가 없다면, 술 끊는 것을 재고해봐야 하며, 전문가의 도움을 받을 것을 권합니다.

· 술 마시는 양을 기록하자

술 마시는 양을 기록한 카드를 지갑에 가지고 다니거나, 달력에 표시하거나, 휴대전화 등에 기록한다. 할 수 있다면, 한 잔 마실 때마다 기록하는 것이 음주 양을 줄이는 데 도움이 된다.

· 섭취한 알코올 양을 계산하자

잔의 크기를 숙지하여 마신 술의 양을 정확하게 계산한다. 기록한 양을 확인하다 보면, 생각보다 많은 양의 술을 마시고 있다는 것을 발견할 수 있다.

· 목표를 정하자

'일주일에 며칠 동안 술을 마실 것인가?' '한 번에 술을 얼마나 마실 것인가?'를 결정한다. 술을 마시지 않는 날을 정하는 것도 좋다. 술의

1단위를 맥주 350밀리리터, 와인 150밀리리터, 위스키류 50밀리리터 정도라고 할 때, 남자는 하루 2단위, 여자는 1단위 정도가 일반적인 음주량인 것으로 평가한다. 물론 이 양을 매일 먹을 수 있다는 이야기는 아니다.

· 천천히 마시자

나만의 음주속도를 정한다. 1시간에 1단위 이내로 마시며, 한 모금 마신 이후에는 물 또는 주스 같은 음료를 마신다.

· 음식과 함께하자

위가 빈 상태에서는 마시지 않는 것이 좋다. 음식을 먹은 이후에 마시면, 알코올이 천천히 흡수된다.

· 음주 외의 대안활동을 찾자

술을 마시는 데 많은 시간을 보내고 있었다면, 새롭고 건강한 취미활동이나 사교활동을 만들거나, 소홀히 했던 일들을 새롭게 시작해본다. 음주 외에 다른 건강한 해결방법을 찾아본다.

· 술을 마시게 하는 유발인자를 피하자

술을 마시고 싶지 않은데도 특정한 사람이나 장소가 술을 마시게 한다면, 그들을 피한다. 음주 충동이 일어나는 특정 활동, 시간대를 피할 수 있도록 계획을 세운다.

· 음주 충동을 다루기 위한 계획을 세우자

음주 충동 유발인자들을 피할 수 없을 경우에는 먼저 음주습관을 바꿔야 하는 이유를 찾아본다. 이를 적어서 쉽게 볼 수 있도록 휴대전화에 저장하거나 책상 앞에 붙여놓는 것도 좋다. 술과 연관되지 않는 운동이나 취미활동을 하는 것도 도움이 된다. 음주 충동과 싸운다기보다는 나에게 밀려온 음주 충동이 지나갈 때까지 기다려야 한다. 마치 파도가 밀려왔다 사라지는 것처럼 음주 충동도 그러하므로, 그 충동을 잠시 넘길 수 있는 상황을 미리 대비해두는 것이 좋다.

· '아니요'라고 이야기하자

한 잔 정도 권유받을 때도 있겠지만, 술을 끊기 위해서는 부드럽고 확실하게 "아니요, 괜찮습니다"라고 말할 수 있어야 한다. 거절을 주저하는 동안 결국 술자리에 낄 핑계를 찾고 있게 될 것이다. 가능하면 지체하지 말자.

한국형 알코올중독 선별검사National Alcoholism Screening Test

1. 자기 연민(슬픔)에 잘 빠지며 이것을 술로 해결하려고 한다.
2. 혼자 술 마시는 것을 좋아한다.
3. 술 마신 다음날 해장술을 마신다.
4. 일단 술 한 잔을 마시면 계속 마시고 싶다.
5. 술 마시고 싶으면(술 생각이 나면) 거의 참을 수가 없다.
6. 최근 6개월간 2회 이상, 술을 마실 때 일어났던 일을 기억하지 못한다.
7. 대인관계나 사회생활에 있어 술이 해롭다고 느낀다.
8. 술로 인해 일하는 데 어려움이 많다.
9. 술로 인해 배우자가 떠났거나, 떠나겠다고 위협한다.
10. 술이 깨면 진땀, 손 떨림, 불안을 느끼거나 잠을 자지 못한다.
11. 술이 깨면서 공포나 몸 떨림을 경험하고 헛것이 보이거나 헛소리가 들린 적이 있다.

12. 술로 인해 생긴 문제로 치료받은 적이 있다.

테스트 결과 3점 이상이면 알코올중독의 가능성이 높고, 4점 이상이면 알코올중독으로 인정한다. 반드시 정신과 상담을 받는 것이 좋다. 금단증상에 대해 다룬 10번이나 11번 문항에 해당하는 경우는 점수에 관계없이 알코올중독으로 진단하며 입원치료를 요한다.

중독

술 마시는 가족을 어떻게 해야 할까요

원래 남편은 술도 잘 못 마시고 소심했어요. 회식 때 술을 조금만 마시고 들어와도 인사불성으로 취해 다음날 숙취로 힘들어하곤 했죠. 그런 남편이 안쓰러워 꿀물도 타주고 발도 씻겨주고 했는데요. 어느 날부턴가 회사에서 억눌렀던 스트레스를 술을 먹고 집에 와서 풀기 시작하더라고요. 그래도 계속 받아줬는데, 이제 술자리가 없는 날에도 혼자 집에서 술을 마시고 행패를 부립니다. 그간 꾹 참았던 게 너무 후회스러워요.

알코올중독은 당사자뿐 아니라 온 가족이 같이 고생하는 '가족병'입니다. 알코올중독 환자의 가족들에게서 흔히 관찰되는 병적인 과보호와 상호의존의 패턴을 공동의존Co-Dependence이라고 하는데요. 남편의 알코올중독으로 가장 심적인 피해를 입는 사람은 알코올중독자의 부인인데도, 그 부인이 알코올중독인 남편을 챙기고 보호하려는 경우를 흔히 볼 수 있습니다.

부인은 자신이 남편의 음주로 스트레스를 많이 받는다고 말하지만, 실상 술 먹고 들어온 남편이 편히 잘 수 있도록 도와주고 다음날 아침에 해장국을 끓여주는 등 은연중에 술을 더 마시도록 조장하는 행동을 하게 됩니다. 오히려 남편의 알코올중독에 부인도 공범 역할을 하는 셈이죠. 남편 입장에서는 만취해 들어와도 부인이 눈치를 보며 잘해주기 때문에, 조심하게 되는 것이 아니라 반대로 챙겨주는 것을 기대하게 되는 겁니다.

남편은 점점 더 부인에게 의존하게 되고, 의존이 심해질수록 고마워하기보다는 불만만 늘게 되는데요. 부인의 행동은 남편의 음주에 긍정적 강화Positive Reinforcement가 됩니다. '술=부인의 수발=내 마음대로 행동할 수 있음' 의 공식이 마음속에 자리 잡게 되는 것이죠. 그렇기 때문에 남편이 지나치게 술을 마시고 들어왔을 때는 원칙적으로 처음부터 따끔하게 지적해야 합니다. 호의가 계속되면 권리인 줄 안다는 말처럼, 무조건적인 호의가 사람을 더 나쁜 쪽으로 유도할 수 있기 때문입니다.

물론 처음부터 부부 간의 나쁜 버릇을 교정하는 것은 쉽지 않으며, 오히려 섣불리 고치려 들다가 사이가 더 나빠질 수도 있습니다. 이런 문제는 수년에 걸쳐 천천히 교정되는 경우가 많으며, 참을성 있게 상대방을 대하되 잘못한 부분에 있어서는 엄격하고 단호하게 자신의 의사를 밝혀야 합니다. 그리고 상대편이 좋은 행동을 했을 때는 따뜻하게 대해야 하고요. 결국 이런 방식은 아이 양육이나 부부관계에도 똑같이 적용됩니다.

중독

잠시라도 스마트폰이 없으면 너무 불안해요

입사한 지 이제 3개월째인 초보 직장인인데요. 스마트폰 사용 때문에 지장이 많습니다. 회의시간에 메시지가 오자 저도 모르게 답장을 하다 호되게 질책을 받기도 했고요. 생각해보니 아침에 스마트폰 알람으로 깨어나 밥 먹으면서 뉴스 보고, 지하철 타고 오면서 웹툰 보고, 업무 중에는 수시로 HTS로 주식시세를 확인합니다. 그리고 기본적인 SNS만 하는데도 하루에 수십 번씩 스마트폰 화면을 보고 있어요. 충전할 때도 참지 못하고 만지작거리고요. 스마트폰중독이 맞나요?

한국과학기술개발원에서 진행한 테스트 결과, 우리나라에서 스마트폰 중독군에 속하는 사람은 39.8퍼센트, 위험군에 속한 사람은 19.5퍼센트로 상당수가 이미 스마트폰중독에 해당한다고 합니다. 하지만 자신이 중독인지 아닌지 답하게 한 평가에서는 단 1퍼센트만이 스스로를 스마트폰중독이라고 답했다고 합니다. 이는 비단 우리나라에만 국한된 현상이 아닙니다. 미국에서 실시한 설문조사에서는 성인 3분의 1이 스마트폰을 포기하느니 섹스를 포기하겠다고 답했습니다. 45퍼센트는 휴가를, 30퍼센트는 친구를 포기하고 스마트폰을 선택했습니다. 이것이 바로 마약이나 도박과 같이 스마트폰에도 '중독'을 붙이는 이유입니다.

스마트폰중독 역시 다른 중독과 마찬가지로 내성과 금단증상을 보입니다. 다른 어떤 것보다 스마트폰이 가장 소중하게 느껴지고, 다른 일을 하는 시간보다 스마트폰에 매달리는 시간이 지나치게 많으며, 스마트폰이 없을 때 불안을 심하게 느끼면 스마트폰중독을 의심해봐야 합니다. 앞 사례는 전형적인 스마트폰 중독증세를 나타내고 있습니다.

그렇다면 사람들은 어떤 이유로 스마트폰에 중독되는 걸까요? 쾌락중추를 통해 중독현상이 나타나는 과정은 술, 마약과 다를 바가 없습니다. 심리적으로는 스마트폰과 인터넷이 쾌감을 유발하는 이유에 대해, 매슬로의 욕구단계이론으로 설명하기도 합니다. 스마트폰과 인터넷이 성적인 욕구, 의식변화에 대한 욕구, 성취욕구, 소속되고 싶은 욕구, 관계에 대한 욕구, 자아실현과 초월에 대한 욕구 등 다양한 욕구를 만족시켜준다는 것인데요. 많은 사람들이 동영상을 통해 성욕을 해결하고, 게임을 통해 성취감을 느끼며, SNS에서 소속감과 관계에 대한 욕구를 채우고 있는 것이 현실입니다. 현실세계에서 어렵게 얻어야 했던 것들이 스마트폰과 인터넷을 통해서는 쉽게 해결되므로, 점점 더 이것에 집착하게 되고 결국 중독에 이르게 된다는 것입니다. ▶'결혼한 후로는 친구 만나기도 쉽지 않네요'(439페이지) 참조

그러나 이는 허상에 가깝습니다. 인간은 육체의 범위를 벗어날 수 없고, 물질로 이뤄진 세상의 한계를 넘어설 수 없습니다. SNS는 서로

연결된 것처럼 느끼게 하지만, 서로 자기가 보고 싶은 것만 보거나 억눌렀던 본능의 장이 되기 쉽죠. 현실과 꼭 닮은 게임에서 승리자가 되지만, 실제 현실에는 영향을 주지 못합니다. 가상공간에서 쉽게 만족할 수 있겠지만, 현실의 나는 점점 더 초라해질 것이고, 가상공간에서의 나와 현식에서의 나 사이의 간극은 점점 더 커질 것입니다.

또한 디지털치매란 용어를 한 번쯤 들어보셨을 텐데요. 부모님 전화번호가 생각이 안 나거나, 내비게이션이 없으면 갔던 길도 헤매거나, 노래방이 아니면 노래를 부르기 힘들었던 경험이 있나요? 최근 몇 년 사이에 건망증을 호소하는 환자들이 많이 늘고 있습니다. 바로 스마트폰과 컴퓨터의 영향 탓입니다. 이전에 '머리를 쓴다'고 표현했던 일들, 즉 두뇌가 담당했던 일들 중 상당수는 이제 스마트폰에게 맡기고 내 두뇌는 쉴 수 있게 되었습니다. 말하자면 '기억'과 '탐색'과 '판단'을 다른 사람에게 외주로 위임한 셈입니다.

디지털치매
스마트폰이나 컴퓨터 등 디지털 기기를 온종일 사용하게 되면서 기억력이 나빠지는 현상.

그렇다면 이런 사람의 뇌에는 어떤 변화가 일어나는 걸까요? 팝콘브레인이란 말이 있는데요. 이는 뇌가 생각하는 뇌가 아니라 생각하지 않는 '조건반사의 뇌'라는 것입니다. 디지털중독인 사람의 뇌와 일반인의 뇌를 비교하면, 디지털중독인 사람의 뇌에서 좌우 뇌활동의 불균형이 더 심하게 관찰됩니다. 과다한 디지털매체 사용으로 우뇌의 기능이 저하됐기 때문입니다. 좌뇌만 발달하고 우뇌의 기능이 저하되는 경우, 집중력과 창의성, 사회성과 직관 등 우뇌와 관련된 뇌 기능이 떨어지

팝콘브레인
튀어오르는 팝콘처럼 메시지 알림음 등 자극적이고 즉각적인 현상에만 뇌가 쉽게 반응하는 것.

게 됩니다.

런던에서는 택시기사 자격증을 주기 전에 다른 나라에는 없는 특별한 테스트를 거칩니다. 런던 시내의 2만 5,000여 개 도로와 수천 개의 광장을 제대로 외워야 면허를 주는 것인데요. 이를 위해 2년 이상 노력해야 테스트를 통과할 수 있다고 합니다. 이 테스트를 통과한 택시기사 16명과 일반인 50명의 뇌구조를 비교한 연구가 있습니다. 그 결과, 택시기사들이 일반인보다 뇌에 있는 해마(기억과 관련된 부위)가 3퍼센트 더 컸고 뇌신경세포의 숫자도 20퍼센트 더 많았다고 합니다. 게다가 택시기사가 베테랑일수록 그 차이는 더 컸습니다. 뇌는 쓰면 쓸수록 기능이 좋아지고, 쓰지 않을수록 기능이 떨어지는 셈입니다.

이제 디지털중독과 그로 인한 집중력 저하를 막을 수 있는 몇 가지 방법을 알아보겠습니다.

먼저 스마트폰이나 노트북을 치우세요. 꼭 써야 할 때가 아니라면, 일단 눈앞에 없는 것이 좋습니다. 눈에 보이면 자기도 모르게 만지고, 열어보고, 이유 없이 앱을 실행하게 됩니다. 스마트폰이 어렵다면 노트북이나 태블릿PC라도 치우고, 컴퓨터의 전원은 사용할 때만 켭니다.

둘째, 문자메시지 알림음이 울려도 바로 확인하지 않습니다. 대부분의 문자메시지는 스팸이거나, 그냥 실없는 농담이거나, 나와 상관없는 단체메시지들입니다. 우리 인생에는 더 중요한 일들과 사람들이 많은데, 바로 지금 하고 있는 일이 그 일이고, 바로 지금 내 앞에 있는 사람이 그 사람인 것입니다. 나는 모니터 속에만 존재하는 것이 아니라 지금 이 자리에 실제로 존재할 때 의미가 있습니다.

셋째, SNS 알림기능을 꺼둡니다. 우리는 친구나 가족이라 해도 내 방에 허락 없이 찾아오면 무례하다고 생각하면서, 가깝지도 않은 사람들의 소식이 시도 때도 없이 뜨고 내 일을 방해하는 것에는 한없이 관대합니다. 필요하지 않은 알림기능은 꺼두고 필요할 때만 확인하세요. 이메일도 아침에 제일 먼저 확인하지 않습니다. 이메일부터 확인하게 되면, 내가 계획한 하루가 아니라 나한테 이메일로 답장을 요구한 사람들의 계획대로 오늘 하루를 살게 되니까요. 이메일 확인하는 시간은 따로 정해두는 것이 좋습니다.

넷째, 무의미한 멀티태스킹Multitasking은 하지 않습니다. 우리는 멀티태스킹이 한 가지 일만 할 때보다 더 효율적이고 시간을 아껴준다고 믿지만, 진실은 그 반대입니다. TV를 보면서 문자를 보내고, 노트북으로 이메일을 확인하면서 음악을 듣는 사람의 뇌를 촬영해보면, 인지기능을 담당하는 회백질의 밀도가 줄어들어 있는데요. 이는 업무능력과 학업성적의 하락을 의미합니다. 또 싱글태스킹Single Tasking을 하는 사람에 비해 멀티태스킹을 하는 사람이 우울증과 불안을 더 많이 경험한다는 보고도 있습니다. 컴퓨터를 사용할 때 쓰지 않는 창은 닫고, 하나만 열어둔 채 일하는 연습을 해보세요. ▶'TV와 스마트폰 동영상을 너무 많이 봐요'(119페이지), '매일 스마트폰 때문에 전쟁을 합니다'(221페이지) 참조

디지털치매 자가진단 더 알아보기

1. 아는 한자나 영어단어가 기억나지 않은 적이 있다.
2. 애창곡의 가사를 보지 않으면 노래를 부를 수 없다.
3. 내비게이션이 없으면 길을 찾기가 매우 어렵다.
4. 부모님의 생신이나 전화번호가 기억나지 않는다.
5. 웹사이트 ID나 비밀번호를 잘 기억하지 못한다.
6. 몇 년째 사용하고 있는 집 전화번호가 갑자기 떠오르지 않을 때가 있다.
7. 종종 같은 이야기를 계속 한다는 말을 듣는다.
8. 오늘 먹은 점심메뉴가 기억나지 않는다.
9. 스마트폰 없이는 일상생활에 큰 어려움을 겪는다.
10. 외우는 전화번호가 내 번호뿐이다.

이 중 2개 이상에 해당되면 디지털치매를 걱정해야 합니다. 그렇다면 어떻게 습관을 바꿔야 할까요? 스마트폰과 내비게이션의 사용을 의도적으로 줄여보고, 자주 사용하는 전화번호는 직접 외워서 다이얼을 눌러 통화해보고, 아는 길은 내비게이션을 끄고 운전해보세요. 또 모니터가 아닌 종이 위에서 생각하는 습관을 가져봅니다. 기억할 일이 있으면 스마트폰 대신 쪽지에 메모합니다. 처음엔 좀 불편하겠지만, 스마트폰을 사용하지 않는 이런 의도적인 불편함이 거꾸로 뇌를 '스마트'하게 만들어줄 것입니다.

중독

날씬한 몸매를 유지하고 싶어요

저는 키가 좀 작은 편인데요. 몸무게가 53킬로그램이나 나갑니다. 키를 생각하면 47킬로그램은 유지해야 볼 만하다 싶어요. 그래서 비만클리닉에도 다녀보고, 운동도 해봤지만, 곧 요요가 와서 실패를 반복했어요. 몸무게 생각이 끊이질 않으니 조금만 배부르게 먹어도 마음이 불편해 견딜 수가 없고요. 어떨 때는 일부러 구토를 하곤 합니다. 식욕억제제도 계속해서 먹는데, 별로 효과가 없는 것 같아요.

루키즘Lookism이라는 용어가 나올 정도로 요즘은 사람들이 외모에 신경을 많이 씁니다. 짧은 순간에 사람을 판단하고 첫인상으로 많은 것을 단정해버리는 사회에서, 외모가 차지하는 비중이 커지는 것은 당연한 일이죠. 사회가 풍족해지면서 예전과 달리 잘 먹고 통통한 사람이 흔해졌는데요. 이제 이런 사람은 자기관리를 못 하는 사람으로 취급받기도 합니다.

루키즘
'look'과 'ism'이 합성된 단어로, 외모가 성공과 인정의 기준이 되는 현시대상을 일컫는 용어.

한 설문업체가 전 세계 60개국에서 3만 명 이상을 대상으로 조사한 결과, 한국 응답자의 60퍼센트는 자신이 과체중이라고 생각했으며, 응답자의 55퍼센트는 현재 다이어트 중인 것으로 나타났습니다. 그만큼 현재 한국사람들은 자신의 체중이 과하다고 느끼면서 먹고 싶은 걸 마음껏 먹지 못하는 상태에 있습니다.

체중관리의 기본원칙은 당연히 들어오는 에너지보다 소모되는 에너지가 많게 만드는 것입니다. 적게 먹고 많이 쓰는 상황을 만드는 것이죠. 그러나 체중을 줄여야 한다는 데 강박적으로 집착하면, 주객이 전도되기 시작합니다. 먹는다는 것은 몸에 영양을 공급하는 가장 기본적인 행위인 동시에, 엄마의 사랑에 대한 무의식적 욕구를 채우는 행위이자, 스트레스를 감소시키는 쾌락적 행위입니다. 그런데 이런 행위에 죄책감이 부여되면 병적인 행동이 나타나게 됩니다.

신경성 식욕부진증, 신경성 폭식증, 구토중독이 이런 식이장애의 대표적인 예입니다.

신경성 식욕부진증에 걸린 이들은 체중이 증가하는 것에 대한 극심한 두려움이 있어, 체중증가를 막기 위해 최소한의 음식만 섭취해 결국 저체중으로 이어집니다. 저체중은 신체질량지수를 기준으로 하는데요. 성인의 경우, WHO World Health Organization와 미국질병관리본부인 CDC Centers for Disease Control에서 정한 정상체중의 하한선은 BMI Body Mass Index 18.5kg/m²입니다. BMI가 17~18일 때는 경도, 16~17이 중등도, 15~16 미만 시 고도, 15 미만일 땐 극도의 저체중으로 분류합니다(아동, 청소년의 경우에는 연령에 따른 BMI 백분위수에 해당하는 기준을 사용

신경성 식욕부진증
필요한 양에 비해 지나치게 음식 섭취를 제한해 저체중 상태가 현저히 나타나는 것.

신경성 폭식증
생리적 욕구나 심리적 욕구를 좇아 과식을 하는 것.

구토중독
신경성 폭식증 환자에게서 많이 관찰되는 행동으로, 말 그대로 구토에 중독이 되는 것. 구토할 때는 쾌감이 자극되고 죄책감이 해소되어 하면 할수록 행위가 강화된다.

BMI
신체질량지수. 키와 몸무게를 이용해 지방의 양을 추정하는 비만측정법이다. 즉, 몸무게를 키의 제곱으로 나눈 값을 의미한다.
BMI=몸무게(kg)/키(m×m)

합니다). 이들은 자신의 체중이나 체형에 대한 판단이 심하게 왜곡되어 있어 심각한 저체중임에도 살을 빼야 한다고 생각하죠. 단순히 식사습관만이 아니라, 가치관, 사고방식, 정체성 등 인격 전반에 문제가 있는 경우가 많아 치료가 잘 진행되지 않는 편입니다. 음식에 대한 욕구를 탐욕스럽고 받아들일 수 없는 것으로 여기고 식욕 자체를 부인하는 경향이 있으며, 억지로 음식을 먹이려 하는 부모를 받아들일 수 없는 일을 강요하는 사람처럼 인식해 부모와의 대립을 합리화합니다. 대개는 청소년기나 젊은 시절에 시작되고, 경과는 몇 년 이상 지속되기도 하는 등 다양하지만, 자살이나 영양실조로 사망하는 경우도 5~18퍼센트로 높은 편이므로 적극적인 치료를 받아야 합니다. 일반적으로 정상체중의 80퍼센트 미만인 경우, 영양상태의 회복이 우선이므로 입원치료가 필요합니다. 가족 내에 문제가 있는 경우도 많아 가족치료를 같이 진행하기도 합니다.

신경성 폭식증에 걸리면, 먹는 동안 조절능력이 상실됩니다. 그러다 심각할 정도로 먹고 나면, 체중이 늘어나는 것에 대한 부담과 먹는 것을 허용한 자신이 한없이 초라해 보여 견디질 못합니다. 또한 과도한 폭식이 반복된 후 체중증가를 막기 위해 부적절한 보상행동을 하기도 합니다. 체중 자체는 정상인 경우가 많지만, 체중이나 몸매 자체를 절대적인 가치로 생각하기 때문에, 폭식을 부끄러워해서 숨기려 하고, 폭식 후엔 구토, 이뇨제 복용, 금식, 과도한 운동 등을 주 1회 이상 하는 악순환을 반복합니다. 충동조절에 어려움이 있는 경우가 많아, 약물에 의존하거나 극단적인 인간관계를 보이기도 하고, 음식을 좋은 것으로도 나쁜 것으로도 여기는 양가감정을 보입니다.

신경성 폭식증에서는 억지로 구토를 유발했다는 징표인 러셀신호 Russell's Sign가 관찰되기도 합니다. 심지어 거식증(신경성 식욕부진증)/폭식증이 심한 사람들은 토하려고 먹는 경우가 있을 정도죠. 보상행동이 일주일을 기준으로 1~3회일 경우 경도, 4~7회일 경우 중등도, 8~13회일 경우 고도, 14회 이상일 경우 극도로 분류합니다.

러셀신호
억지로 구토를 유발하는 경우로, 손가락을 입에 넣어 목젖을 건드리게 된다. 이런 행동을 반복하면서 손등 쪽 손가락 관절 부위가 앞니에 긁혀 굳은살이 생기게 되는 현상.

신경성 식욕부진증에 비해서는 치료 시 회복이 좋은 편이지만, 치료를 받지 않을 경우 만성화되고 잘 낫지 않습니다. 음식, 체중, 잘못된 신체상Body Image에 대한 믿음, 자존감 등을 다루는 인지행동치료를 받아야 하며, 약물치료도 병행해야 합니다.

한편 다이어트를 위해 식욕억제제를 계속해서 복용하는 분들도 계신데요. 여기에도 원칙이 있습니다. '단기간' '적정 용량'을 복용해야 한다는 것입니다. 식욕억제제 계열의 약들은 임의로 오래 먹는 경우 내성이 생기므로, 효과가 떨어지면 약을 단기간만 사용하고 내성이 적은 다른 종류의 약으로 변경해야 합니다. 그렇게 하지 않고 내성이 생긴 약을 오래 복용하면, 효과는 처음만 못하고 약을 끊으면 다시 식욕이 올라오게 됩니다.

이 약은 또한 부작용이 있을 수 있는데요. 불면증이 오기도 하고, 혈압이 오르거나 가슴에 통증을 느끼는 경우도 있습니다. 반대로 오래 먹다 끊었을 때 금단증상으로 인해 잠만 오고, 무기력해지는 경우도 있죠. 만사가 귀찮아지고 눕고만 싶어져, 우울증을 의심하고 외래 진료실을 찾아오는 분들도 있습니다.

식욕억제제를 처방하는 기준은 어떻게 될까요? 식약청에서 제시하는 가이드라인에 따르면, 식이요법이나 운동요법을 하고 있는데도 살이 빠지지 않는 환자들 가운데

1. 체질량지수(BMI)가 30 이상인 고도비만

2. BMI가 27 이상이면서 고혈압과 당뇨, 고지혈증과 같은 위험인자를 가지고 있는 비만환자

이 두 가지 경우에 한합니다. 이 경우들에 해당돼 식욕억제제를 처방할 경우에도 주의할 점이 있습니다. 첫째, 식욕억제효과는 대개 수 주 이내로 내성이 생깁니다. 이때는 약을 중지해야 합니다. 둘째, 가능하면 4주 이내의 단기간만 투여하며, 의사의 판단 하에 조금 더 처방을 연장하더라도 총 투여기간은 3개월을 넘기지 않아야 합니다. 셋째, 다른 식욕억제제와 병용하지 않습니다.

즉, 식욕억제제는 다른 다이어트 방법으로 효과를 못 보는 고도비만 환자들에 대해, 짧은 기간 동안 처방하는 것을 원칙으로 합니다.

또한 약은 약일 뿐이어서 아무리 좋은 식욕억제제라 해도 습관을 만들어주지는 못합니다. 살 빼는 데는 적게 먹고 많이 움직이는 것이, 의학이 아무리 발달한 현대에도 여전한 황금률입니다. 약은 단기간 먹으면서 가장 어려울 때 도움받는 데 그쳐야지, 약만으로 다이어트를 할 수는 없습니다.

중독

야식을 못 참겠어요

불면증 치료를 받고 있는 28살 여자인데요. 몸매를 생각해서 아침, 저녁은 되도록 적게 먹으려고 노력하는데, 이상하게 저녁 때만 되면 참지 못하고 폭식을 하거나, 특히 거의 매일 야식을 먹게 돼요. 살도 살이지만, 잠도 잘 오지 않고 건강도 안 좋아지는 것 같아 걱정이에요.

유달리 스트레스가 심한 날, 집에 돌아와 포만감을 느낌에도 불구하고 자꾸 무언가를 더 먹고 싶은 충동을 느낄 때가 있습니다. 스트레스 호르몬은 위장기능을 억제해 식욕을 떨어뜨리지만, 그 대신 스트레스에서 벗어나는 순간 사정없이 식욕이 증가되는 것입니다.

이럴 때는 야간식사증후군을 생각해볼 수 있습니다. 최근 연구에서는 성인 10명 중 1명이 '야식 경향'이 있고, 100명 중 1명은 '야식증후군' 환자라고 하며, 특히 20대는 19퍼센트, 40~50대는 8퍼센트 정도가 '야식 경향'을 보인다고 합니다.

야간식사증후군
아침의 식욕부진Morning Anorexia, 저녁이나 야간의 과식욕증Evening Or Nocturnal Hyperphagia, 불면증Insomnia 등 3가지 증상이 있는 경우.

일반적으로 야간에는 멜라토닌이 상승해 수면을 유도하고, 렙틴이

렙틴
지방세포에서 분비되는 식욕억제 단백질.

상승해 식욕을 억제하며, 스트레스호르몬인 코르티솔은 감소하여 충분한 이완과 휴식을 유도하게 됩니다. 반면 야식증후군이 있는 사람의 경우 멜라토닌이 야간에 상승하지 않아 불면증과 기분저하가 이어집니다. 렙틴 역시 상승하지 않아 배고픔을 느끼게 되며, 낮 동안의 스트레스로 인한 코르티솔 상승은 식욕을 증가시키는 동시에 수면의 질을 떨어뜨려 피로회복을 방해합니다. 결국 스트레스가 불면, 배고픔, 피로감으로 이어지는 것이죠.

의외로 많은 사람들에게 문제가 되는 야식증후군은 문제의 원인을 정확하게 보아야 해결할 수 있습니다. 저녁시간에 먹느냐 마느냐의 문제가 아니라 낮 시간의 스트레스 감소에 초점을 맞추어야 하는 것입니다.

우선 저녁에 몰려 있는 식사량을 줄이고, 아침식사와 점심식사의 양을 늘려야 합니다. 또한 스트레스 해소법을 다양하게 만들어주는 것이 좋습니다. 하루 30분 이상의 산책 등 적절한 운동은 수면은 물론 식욕조절에도 도움이 됩니다. 식욕이 생길 때마다 먹을 수 있는 칼로리 낮은 채소와 과일을 준비해놓고 높은 칼로리의 간식을 대체하는 것도 도움이 될 수 있습니다.

더 알아보기

야간식사증후군 진단기준

1. 아침에 식욕부진이 있다. 아침식사 여부와 상관없다.
2. 저녁에 과식욕증이 있다. 하루 중 열량섭취의 50퍼센트 이상을 마지막 저녁식사 후의 간식으로 충당한다.
3. 일주일 중 3일 이상 밤중에 자다가 1번 이상 깬다.
4. 잠을 자다가 깨어 곧잘 높은 칼로리의 간식을 섭취한다.
5. 이러한 양상이 적어도 3개월 동안 발생했다.
6. 다른 식사장애의 진단기준에 충족되지 않는다.

중독

스트레스를 받으면 과자나 초콜릿 같은 단 음식을 찾아요

24살, 직장생활 1년 차 여성입니다. 밥은 잘 안 먹고 종일 과자나 초콜릿을 먹어요. 제대로 먹는 것도 없는 것 같은데, 체중도 늘고 피부트러블도 심해져서 여러 번 습관을 바꿔보려고 했지만 결국 또 과자를 들고 있네요. TV에서 설탕중독에 대한 뉴스를 봤는데, 저도 설탕중독일까요?

흔히 그렇지 않은 것으로 여겨지지만, 설탕도 중독될 수 있습니다. 스트레스를 받으면 단 게 당깁니다. 코르티솔이라는 스트레스호르몬의 경우, 설탕과 같은 단 음식을 받으면 분비가 감소하거든요. 또 단 음식을 먹으면 뇌의 쾌락센터를 자극해 도파민 등의 신경전달물질이 증가하는데, 이로 인해 일종의 쾌감을 느낄 수 있습니다. 이는 술이나 게임, 마약으로 인해 뇌가 활성화되는 것과 같은 기전입니다. 잠깐 그 쾌감을 느낄 때는 스트레스가 줄어드는 것처럼 느껴지기 때문에, 다른 중독처럼 설탕중독도 한번 빠지면 헤어나오기 힘듭니다.

하지만 단 것을 먹고 스트레스가 낮아지는 순간은 아주 잠깐이며, 다시 혈당이 떨어지면서 기운이 처지고 무기력해지게 됩니다. 이런 증상을 슈거블루스라고 합니다. 결국 단 음식은 스트레스 해결에 좋은 방법이 아니며, 막상 줄이거나 끊으려고 할 때 다른 중독처럼 금단증상을 겪게 됩니다. 짜증, 초조함, 예민함 등을 경험다가 어느 순간 또 초콜릿을 먹고 있는 자신을 보게 되는 것이죠.

슈거블루스
당 수치가 떨어질 때 나타나는 우울감.

이런 이유로 설탕을 합법적 마약이라고 표현하는 사람들도 있습니다. 계속 더 단 것을 찾게 되고, 심하게 단 음식에 빠지면 줄이기 어렵다는 점에서 마약처럼 중독성이 있기 때문입니다. 게다가 설탕은 술이나 마약과 다르게 하루 24시간 어디서나 쉽게 찾을 수 있어 더 문제입니다. 술이나 마약은 본인이 위험하다는 인식을 하지만 초콜릿을 먹으면서 이게 중독성 물질이라고 생각하는 경우는 별로 없으므로, 이 점을 더욱 분명히 알아야 합니다.

설탕중독에 빠진 사람들은 첫째, 설탕도 중독될 수 있고 위험하다는 걸 알아야 합니다.

둘째, 단 음식이 생각날 때마다 스스로에게 '지금 정말 몸에 당이 필요한 건지' 아니면 '정신적 스트레스를 받은 걸 초콜릿으로 풀려는 건지' 아니면 '그냥 지루하고 심심해서 생각 없이 과자에 손이 가는 것인지'를 물어보아야 합니다. 이때 답이 스트레스나 지루함이라면 초콜릿 말고 다른 더 좋은 방법이 있는지 생각해보세요. 초콜릿이 아니어도 스트레칭이나 잠깐의 수다 아니면 책 한 권, 차 한 잔이 해결책이 될 수 있습니다.

셋째, 그래도 도저히 못 참겠다는 강한 충동이 올라올 때는 '이번만 먹고 보자'는 내 충동과 협상을 해보세요. 이것을 끊겠다는 힘든 결심 대신 '잠깐만 미룰까?'와 같이 가벼운 마음가짐을 갖는 겁니다. '1시간만 참았다가 그래도 먹고 싶으면, 그때 먹는 건 어때?'라고 협상하는 겁니다.

실제 중독은 '딱 이번만 먹고 내일부터는 끊자'는 말에서 시작됩니다. 그러나 중독에서 벗어나는 길은 정확히 그 반대입니다. '딱 이번 한 번만 참아보자. 그다음에도 못 견디면, 그때 다시 생각하지, 뭐'라는 마음가짐이 필요합니다. 그다음에 다시 유혹이 온다면? 다음 유혹의 순간에도 또 마찬가지로 대응하면 됩니다.

중독

또 성형수술을 하고 싶어요

저는 이미 경제적으로 파탄 난 상태입니다. 성형수술을 하는 데 돈을 다 썼거든요. 갚아야 할 빚만 해도 수천만 원입니다. 그래도 만족이 안 됩니다. 눈을 고치면 코가 아쉽고, 코를 고치면 턱이 아쉽고, 턱을 고치니 이마가 아쉽고요. 3번 고친 부위도 있을 정도입니다. 이제 성형외과 선생님도 수술을 그만하라고 하는데, 거울을 볼 때마다 견딜 수가 없습니다. 저에게 정신적으로 문제가 있는 걸까요?

21세기에 들어서면서 우리는 더욱더 외모가 중요한 시대를 살아가게 되었습니다. 방송에서도 미인을 만들어주거나 다이어트를 시켜주는 프로그램 등이 큰 인기를 끌고 있죠. 못생기거나 뚱뚱한 사람들은 개그프로그램에서도 웃음거리가 됩니다. 이렇다 보니 사회생활에서 외모가 차지하는 비중이 높아지게 되고, 외모에 큰 의미를 부여하면서 이를 관리하는 것을 당연하게 느끼게 되었습니다.

물론 도움이 필요한 사람에게는 성형수술이나 다이어트가 좋은 치료가 될 수 있습니다. 하지만 앞 사례에서처럼 반복적으로 성형수술을 하는 경우는 이미 심리적으로 문제가 있는 상태입니다. 정신의학적으로 신체이형장애Body Dysmorphic Disorder라고 진단 내릴 수 있겠는데요. 이 증상이 있는 환자들은 결점이라고 생각되는 자신의 외모를 고치기 위하여 성형수술이나 피부과 시술을 반복적으로 받지만, 그 시술의 결과에 대해서 만족하지 못하거나, 시술 이후에 자신의 외모에서 또 다른 결점을 발견하고 시술받는 모습을 반복합니다.

신체이형장애
실제로는 외모에 결점이 없거나 그리 크지 않은 사소한 문제가 있음에도, 자신의 외모에 심각한 결점이 있다고 여기고 이 생각에 사로잡히는 증상.

왜 이런 수술이나 다이어트, 미용시술 등에 집착하게 되는 걸까요? 이런 환자들은 의존적인 성향을 가진 경우가 많습니다. 겉으로는 독립적으로 보이려고 노력해도, 항상 주변에서 인정받고 사랑받고 싶은 욕구가 다른 사람보다 강합니다. 그래서 자기 자신보다는 남들이 자신을 어떻게 바라보는가를 훨씬 더 중요하게 생각합니다. 자기 자신에 대한 자신감이 부족해서 다른 사람들이 자신을 싫어할까 두려워하기 때문에 완벽한 아름다움이나 날씬함에 더 집착하게 됩니다. 조금이라도 얼굴이 못생겨 보이거나 이상하게 느껴지면, 다른 사람에게 버림받을 것 같은 불안감이 생겨서 자꾸 성형수술이나 미용시술을 반복하게 됩니다.

모순되게도 이런 사람들은 성형을 해놓고선 수술한 표시가 나지 않기를 바랍니다. 마치 타고난 자연미인인 것처럼 말입니다. 결국 타인의 시선을 통해 자존감을 향상시키려는 것이죠. 그러나 자존감은 외모가 달라진다고 해서 높일 수 있는 것이 아니라 더 힘이 듭니다. 오히려 외모는 좀 부족하더라도 자신을 존중하고 당당한 사람이 높은 자존감을 가진 사람이기 때문입니다.

중독

쇼핑을 하면 자제가 안 돼요

저는 기분이 우울해질 때면 쇼핑을 합니다. 백화점에 가서 평소 봐둔 비싼 옷을 사버리기도 하고, 인터넷으로 이것저것 사고 카드결제를 하기도 합니다. 스스로는 이 정도 누릴 자격이 있다고 자위해보지만, 막상 쇼핑한 목록을 보면 필요 없는 것들이 너무 많아 후회막심입니다. 카드값 청구서가 날아오는 날이면 더 우울해지고요.

목표한 일이 이뤄지기 직전 대뇌에서는 쾌감물질이 가장 많이 분비됩니다. 쇼핑이든 도박이든 대뇌에서는 비슷한 현상이 일어나는데요. 물건을 사면 택배가 오는 그 순간까지가 가장 기쁜 시간이고, 도박도 받은 카드를 내기 직전까지가 가장 스릴 있는 순간입니다. 사람들은 기분이 좋지 않으면 흔히 상품을 둘러보고 구매하는 습관이 있는데, 이는 그 물건이 필요하다기보다는 물건구매 직전의 흥분이 우울한 기분을 달래주기 때문입니다.

이런 경향이 과한 사람들 가운데 쇼핑중독Shopping Addiction(강박적 구매장애Compulsive Buying Disorder) 증세를 보이는 이들이 있습니다. 기분변동으로 쇼핑에 집착하는 경우도 있습니다. 생리전증후군의 일환으로

쇼핑중독
감당하기 힘들 정도로 쇼핑을 하거나, 필요 없는 잡동사니를 집안 가득 사모으는 증상. 쇼핑에 과하게 집착하거나, 갑작스럽게 거부하기 힘든 쇼핑충동을 느끼거나, 불필요하거나 가치 없는 것들을 쇼핑해 일상생활에 지장을 줄 때 이런 진단을 내릴 수 있다.

쇼핑하는 여자들이 있는데요. 대개 기분전환 정도로 끝나지만, 심각할 정도로 구매하거나 때로는 병적 도벽으로 발전해 물건을 훔치기도 합니다. 병적인 조증상태일 때도 구매가 늘어나는데, 이때는 자제가 안 되므로 쇼핑의 규모가 매우 커집니다. 심지어 수억 원대의 부동산을 거래하기도 하죠. ▶'생리 때만 되면 너무 신경이 예민해져요'(617페이지), '기분이 오락가락하는 게 꼭 조울증 같아요'(626페이지) 참조

감정적인 문제가 있을 때 쇼핑하는 것은 낮아진 자존감을 회복시키기 위한 면도 있습니다. 거대소비사회에서 광고는 내가 새 옷을 사 입고 비싼 것을 구매하면 마치 스스로 가치 있는 사람처럼 느껴지도록 만듭니다. 새 노트북은 나를 새로운 문명의 리더로 만들어줄 것 같고, 새 자동차는 나를 소셜 리더이자 오프로드를 즐기는 자연인이 될 것처럼 만들어줍니다. 하지만 이 기분은 일시적이며, 내가 획득한 이미지를 위해 책임져야 할 청구서는 암울하죠. 암울한 기분에서 탈출하기 위해 다시 새로운 물건을 사고, 그 물건에 따른 암울한 지출을 해야 하는 악순환으로는 자존감을 회복할 수 없습니다.

쇼핑중독을 예방하려면 우선 구매목록을 작성하고 그 물건만 사는 습관을 들이는 것이 중요합니다. 신용카드 내역을 잘 정리하고 체크카드를 주로 사용하며, 홈쇼핑 채널과 인터넷쇼핑사이트를 의도적으로 피합니다. 자신의 문제를 주변에 적극 알리고, 쇼핑하러 갈 때는 지인과 동행하는 것도 좋은 방법입니다. 배가 고플 때 더 충동구매를 많이 하는 경우가 많으므로, 충분히 식사를 하고 쇼핑하는 것도 도움

이 될 수 있습니다. 규칙적인 운동이나 취미활동으로 스트레스를 줄이고자 하는 노력도 필요합니다.

가장 중요한 것은 쇼핑과 관련된 자기감정을 읽고 해결하려는 자세를 갖는 것으로, 지금 내가 사려는 것이 상품 자체가 아니라 나의 우울한 기분을 낫게 하기 위한 자극임을 알고 다른 건전한 방식으로 해결해야 합니다. 눈에 보이는 쇼핑 문제도 중요하지만, 실은 이것이 빙산의 일각일 수 있음을 알아야 합니다. 그 밑에 숨겨진 더 큰 마음의 문제를 찾아 이것을 이해하고 다스리는 것이 중요하다는 이야기입니다.

중독

제가 혹시 변태일까요

저는 독실한 신앙을 가진 남학생입니다. 평소 신앙생활에도 열심이고, 사람들에게도 모범이 되려고 노력하는 편입니다. 그런데 이런 마음과 달리 수시로 음란한 생각이 떠올라 미칠 지경입니다. 신앙의 힘으로 극복해보려고 하지만, 잠시 정신을 판 사이에 또 그런 불순한 생각이 머릿속을 비집고 들어옵니다. 이런 생각을 없애려면 어떻게 해야 할까요? 제가 변태인 것 같아 정말 괴롭습니다.

변태와 관련된 사건사고가 언론에 많이 보도되면서 자신이 변태가 아닌가 걱정하는 사람도 많아졌습니다. 성도착증(변태성욕장애)으로 불리는 이 질환군에는 관음장애, 노출장애, 마찰도착장애, 성적 피학/가학장애, 소아성애장애, 물품음란장애, 복장도착장애 등이 포함됩니다.

성도착증
비정상적 성행동으로만 성적 만족을 얻을 수 있고, 정상적인 성적 자극이나 성행동으로는 만족을 얻지 못하는 증상.

관음장애
옷벗는 과정이나 벗은 상태를 보면서 성적 흥분을 추구하는 증상.

노출장애
눈치 채지 못한 사람에게 성기를 노출하는 행위를 통해 성적 흥분을 얻는 증상.

성도착증 환자는 적어도 6개월 이상 반복적으로 비정상적인 성행동과 관련된 성적 환상과 충동을 보이며, 이에 집착하여 실제행동으로 옮기기도 합니다. 그 행동을 하지 않더라도, 비정상적인 성적 환상과 충동으로 괴로워하거나 인간관계에 어려움을 겪는다면 성도착증이라 진단할 수 있습니다.

흔히 '바바리맨'이라고 불리는 사람들은 노출장애에 해당하는 경우인데요. 한 조사에 따르면, 10~40대 국민의 약 16퍼센트가 '성적 노출증'으로 인한 피해를 보았다고 하니 상황이 심각합니다. 이들은 지하철역이나 여학교 근처를 택하여, 여성들에게 자신의 성기를 갑자기 노출해 놀라게 합니다. 이런 행동은 마치 자신의 성기를 여성들에게 보여주려는 과시행동처럼 보입니다. 당사자들은 대개 평소에는 그러면 안 된다며 꾹 참다가도 성적 욕구를 억제하지 못하는 순간에 이르러 행동을 저지릅니다. 대개 소심하고 우울한 사람들로, 평소에는 성욕도 없고 남자로서의 자신감도 없습니다. 자신의 성기를 과시하고, 놀라는 여자들의 반응을 통해 쾌감을 느끼는데, 마치 성관계를 통해 자기 페니스로 상대 여성을 오르가슴에 이르게 한 듯한 뿌듯함을 경험하는 것이죠. 그러나 이런 만족감은 오래가지 못하고 곧 엄청난 수치심과 죄책감에 휩싸입니다.

또 다른 유형은 주기적으로 노출행동을 하는 사람들입니다. 일주일에 한두 번씩 성관계를 갖는 보통사람들처럼, 이런 노출증 환자들은 미리 날짜를 정하고 장소도 생각해놓은 뒤 계획된 시간에 맞춰 자신의 행동을 실천합니다. 며칠 동안 억누르던 성욕을 정기적으로 배출

마찰도착장애
동의하지 않는 사람을 대상으로 접촉하거나 문지르는 행위를 통해 흥분을 얻는 증상.

성적 피학/가학장애
굴욕을 당하거나 반대로 다른 사람에게 고통을 줌으로써 흥분을 얻는 증상.

소아성애장애
사춘기 이전 아동을 통해 성적 자극을 추구하는 증상.

물품음란장애
무생물의 물체나 성기가 아닌 신체에 집착하는 증상.

복장도착장애
옷을 바꿔 입음으로서 성적 흥분을 얻는 증상.

하고자 하는 것으로, 이들은 변태적인 성향이 더 짙습니다. 이들은 대개 정상적인 성생활도 어느 정도 유지합니다. 성욕은 문제가 없는데 이를 기이하고 비윤리적인 방식으로 풀려는, 좀 더 짜릿하고 쾌락적인 즐거움을 추구하려는 심리를 가지고 있습니다.

이러한 성도착적 행동의 기저에는 물론 남성성에 대한 부적절감이라든가 자신감 부족이 있을 수 있고, 성과 관련된 나쁜 기억이나 아동기적 트라우마가 있을 수 있습니다. 법적으로는 잘못한 행동에 따른 죗값을 치르게 하는 것이 당연히 필요하지만, 치료자 입장에서는 행동주의적 접근이 필요합니다. 가장 효과적인 방법은, 평소 성적 충동을 건강한 방식으로 충분히 풀어주는 것입니다. 주기적으로 애정을 갖고 있는 다정한 대상과 성관계를 가지도록 하는 것이죠. 이때 안정적인 성적 파트너와의 관계에서 약간의 도착적 행위는 허용되는데요. 상대가 불쾌한지 아닌지를 물어보아 자신의 성적 비정상 정도를 가늠해볼 수 있습니다.

명확히 성도착은 아니라 하더라도 20대, 특히 남자의 경우에는 성 문제와 관련한 여러 가지 고민이 생길 수 있습니다. 남자의 20대는 생리적으로 가장 성적 욕구가 활발한 시기입니다. 야한 동영상에 관심을 갖고, 자위행위를 하며, 실제 성관계도 본격적으로 경험하는 시기죠. 이때 흔한 고민거리 중 하나가 성적 환상과 관련된 것입니다. 이성적으로 받아들이기 힘든 환상들이 머릿속에 떠오르는 것인데, 예를 들어 근친상간이나 강간 등의 성범죄와 관련한 환상이 떠오르곤 합니다. 정신분석학적으로 인간의 근본적 에너지는 리비도와 공격성이라고 하는데요. 많이 알려진 오이디푸스콤플렉스의 경우도 어머니에 대한 근친상간적 욕구와 아버지에 대한 살인욕구를 내포하는 개념입니다. ▶'자기 고집대로만 하려고 하는 아이를 어떻게 하나요'(34페이지) 참조

위의 사례처럼 성적인 생각이 반복적으로 떠올라 문제가 되는 경우는, 정신의학에서 성적인 문제라기보다는 강박성 성격장애로 진단합니다. 즉 생각의 '내용'이 문제가 아니라, 원하지 않는데 그 생각이 떠오르는 것, 즉 생각의 '형식'에 초점을 맞추는 것이죠. 일반적으로 강박증인 사람들은 수치심과 죄책감을 잘 느끼기 때문에 누구나 떠올릴 수 있는 본능적인 환상을 가지고도 상당히 걱정하곤 합니다. ▶'괜히 불안해서 자꾸만 확인하게 돼요'(550페이지) 참조

정신역동적으로 강박사고의 가장 큰 중요한 문제는 리비도와 공격성, 즉 섹스와 살의에 관한 것입니다. 다시 말해 절대 권위자에 대한 분노 혹은 해서는 안 될 상대에 대한 성적 욕망이 그것인데요. 그러한 욕망은 금지에 의해 생겨나는 것이며, 금지되어 있는 이상 그런 욕망에 대한 호기심 자체는 있을 수밖에 없는 것입니다. 이것이 인간의 자연스러운 심리임을 이해하고, 그런 욕망의 흔적이 있다 하더라도 본인이 행동으로 옮기지 않으면 아무 문제가 없다는 사실을 받아들이는 것이 훨씬 중요합니다. 이를 자연스럽게 받아들일 수 있게 되면, 꺼리고 밀어내려 할 때보다 증상이 줄어들게 됩니다. 또한 이때 자신이 본인의 병에 대해 인정하지 않거나 치료를 거부하는 경우가 많습니다. 하지만 사회적인 문제가 되고, 범죄로 이어질 수도 있으므로 적극적으로 치료받으려는 노력이 필요합니다.

중독

섹스도 중독이 되나요

한참 공부해야 할 취업준비생인데요. 온종일 섹스 생각이 머릿속에서 떠나질 않습니다. 아침에 컴퓨터를 켜면 야동부터 검색하고, 인터넷으로 뉴스를 보다가도 선정적인 화보들만 클릭하고 있습니다. 계속 SNS나 채팅으로 하룻밤 상대를 찾고, 퇴폐업소에 가기도 합니다. 이 나이에 종일 섹스 생각만 하는 제가 한심합니다. 이것 때문에 빚도 꽤 졌습니다. 제가 섹스중독이 맞나요?

성에 대한 집착으로 인해 일이나 대인관계에 심각한 지장이 있을 경우, 섹스중독이라고 할 수 있습니다. 앞 사례의 주인공 역시 온종일 섹스 생각에 사로잡히고, 실제 동영상이나 채팅으로 취업준비할 시간을 낭비하여 취업은 늦어지고 있으니 섹스중독에 해당한다고 볼 수 있습니다.

섹스중독은 알려진 것과 달리 상당히 흔해서, 미국에서는 인구의 5퍼센트가 섹스중독에 시달리고 있다고 합니다. 대표적인 인물이 바로 클린턴 전 대통령과 골프황제 타이거 우즈, 영화배우 찰리 쉰 등이죠. 섹스중독 역시 다른 모든 중독과 마찬가지로 점점 더 강한 자극,

위험한 자극을 원하게 되며, 막상 섹스를 해도 죄책감과 후회로 괴로워하는 경우가 많습니다. 결국 대인관계를 망치고 사회생활을 유지하지 못하게 될 수 있습니다.

섹스중독의 치료는 조절되지 않는 성 충동에서 사랑하는 사람과의 행복한 성생활로 서서히 옮겨가게 하는 데 그 목표가 있습니다. 중독의 이유에 따라 심리치료가 필요하고, 때에 따라서는 성욕을 줄이는 약을 처방해야 할 수도 있죠.

섹스중독 환자를 상담해보면, 성을 도피수단으로 여기는 경우가 많은 편입니다. 스트레스를 순간의 성적 일탈로 풀고, 섹스를 통해 자신의 존재감을 찾으려고 집착하는 것인데요. 그에 비례해 대인관계나 가족관계는 점점 악화되어갑니다. 이런 문제들을 상담해가며 정확히 알아가는 과정이 무엇보다 필요합니다.

그 외에도 다른 중독치료처럼 자활프로그램이 도움이 될 수 있습니다. 국내에는 알코올중독 치료를 위한 자활모임AA처럼 성중독자를 위한 자활모임Sex Addicts Anonymous, SAA도 있으니, 필요한 분들은 이 모임에 참여하는 것도 고려해보시기 바랍니다.

더 알아보기

섹스중독판별 자가진단표(한국성과학연구소, www.sexacademy.org)

1. 섹스에 대한 욕구로 인해 인간관계에 금이 간 일이 있다.
2. 너무 자주 섹스를 요구해 부부간에 다툰 적이 많다.
3. 술자리를 하면 반드시 섹스로 끝난다.

4. 하루라도 섹스를 하지 않으면 잠을 못 잔다.

5. 섹스를 할 수 있다면 상대방이 어떤 여성이건 상관하지 않는다.

6. 옆에 부인이 있는데도 자꾸 다른 여성에게 눈길을 보낸다.

7. 섹스를 하지 못하면 자위행위라도 하고 자야 직성이 풀린다.

8. 자신을 변강쇠라고 느낀다.

9. 친구의 부인이라도 연애감정을 느낀다.

10. 때와 장소를 가리지 않고 섹스하고 싶은 욕구를 느낀다.

11. 혼자서라도 섹스하기 위해 안마시술소나 사창가를 찾는다.

12. 변태적인 섹스에 대한 강한 충동을 느낀다.

13. 자신이 섹스를 너무 밝히는 것 아닌가 하는 걱정이 문득문득 생긴다.

14. 하고 싶을 때 섹스를 하지 못하면 불안해 견디기 힘들다.

15. 실제적인 섹스 외에도 거의 매일 간접적인 섹스(인터넷 포르노 등)를 즐긴다.

성인남성 기준으로 9~11개 항목에 해당하면 섹스중독 주의단계이며, 12개 이상이면 위험한 섹스중독 단계로 간주한다.

수면

잠을 잘 못 자는데 왜 그럴까요

저는 50대 사업가입니다. 젊어서는 잠을 잘 잤는데, 최근에 사업상 안 좋은 일이 생겨 고민이 깊어지면서 잠들기가 어려워졌어요. 간신히 잠에 들어도 중간에 자꾸 깨고, 아침에 일어나면 몸이 무겁고 너무 피곤합니다. 아무것도 모르는 아내는 제가 코를 골며 잘 자는 것 같다고 하는데, 정작 저는 전혀 잠을 잔 것 같지 않습니다. 어떻게 해야 할까요?

불면증의 원인은 스트레스, 우울증, 불안장애 같은 정신과적 질환, 커피와 같은 여러 가지 각성물질, 하지불안증후군Restless Leg Syndrome, 주관적 요인 등으로 매우 다양합니다. 자는 동안 부교감신경이 활성화되어 장도 움직이고, 심장박동도 안정이 되고, 뇌도 편안해져야 하는데, 잠을 못 자면 소화가 안 되어 속도 더부룩하고, 신물이 올라오면서, 변비도 잘 생기게 마련입니다.

불면증
잠자리에 누운 다음 잠드는 데 30분 이상 걸리는 등 잠들기가 어렵거나, 잠든 상태에서 자주 깨거나, 아침에 너무 일찍 잠이 깬 후 다시 잠들기 어려워하는 증상.

하지불안증후군
주로 잠자리에서 다리가 아프거나 간지러운 것 같은 불편한 감각이 심해져 다리를 움직이게 되어 불면증을 일으키는 질환.

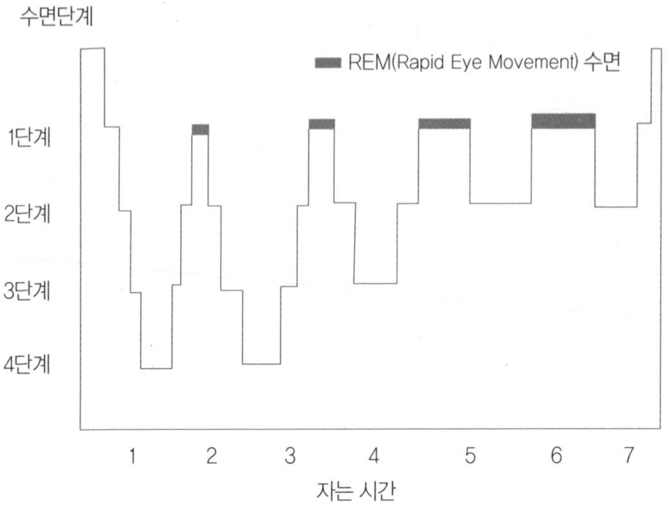

정상적인 수면은 뇌파의 양상에 따라 몇 단계로 나뉩니다. 깨어 있는 상태에서 활발한 활동을 하던 뇌파는 1단계에 들어가면서 점차 안정되며 잠잠해지기 시작합니다. 이 단계는 눈을 감고 잠을 청하는 정도의 단계이고, 2단계는 살짝 잠든 정도의 상태로, 누가 부르거나 건드리면 깰 수 있는 정도의 옅은 수면 단계입니다. 3~4단계는 서파수면이라 부르는 단계로, 뇌파는 매우 느린 곡선을 그립니다. 이 단계에서는 뇌가 매우 안정적으로 느리게 활동하며 충분히 휴식해 깊은 수면을 취하게 됩니다. 그렇게 1~4단계까지의 수면이 이루어진 뒤, 뇌파는 다시 급격히 빨라져 마치 깨어 있는 상태와 비슷한 모양새를 보입니다. 바로 꿈을 꾸는 것이죠. 뇌가 마구 활동하기 때문에 눈은 감고 있지만 눈동자는 감은 눈꺼풀 속에서 빠르게 움직입니다. 그래서

이 단계를 REM 수면 혹은 꿈 수면이라고 부릅니다. 이렇게 1-2-3-4-REM 수면의 한 사이클이 대개 1시간 30분 정도의 주기로 반복됩니다. 그리고 하룻밤을 자는 동안 보통 사람들은 4~5번의 사이클, 즉 합쳐서 약 7~8시간의 잠을 자게 됩니다. 수면의 초반부에는 주로 깊은 수면인 3~4단계가 많지만, 새벽이 되어갈수록 깊은 수면은 줄어들고 REM 수면이 많아집니다. 따라서 우리는 첫 4시간 정도만 푹 자도 어느 정도 개운함을 느낄 수 있으며, 새벽에 자는 잠은 주로 꿈만 꾸다 만 것 같은 느낌을 줍니다.

불면은 스트레스에 의한 것이 가장 흔합니다. 어떤 종류의 스트레스든 견딜 수 있는 수준이 넘어가면, 자율신경이 흥분되면서 깨어 있게 됩니다. 한번 이런 불면을 경험하게 되면, '잠이 안 오면 어떻게 하나' 하는 불안으로 인해 자율신경이 흥분되고, 이로 인해 불면이 다시 찾아오는 악순환을 겪게 됩니다. 잠을 못 자는 사람들은 종종 잠이 안 와서 잡생각이 떠오르는지, 고민이 많아서 잠이 안 오는 것인지 헷갈리는데요. 전자가 일반적인 불면증이라면, 후자는 근본원인, 즉 고민이나 스트레스, 불안이나 우울, 몸의 불편감 등이 해결되어야 잠을 잘 수 있는 특수한 불면증입니다. 그렇기 때문에 잠을 못 잔다면 그 이유가 무엇인지부터 곰곰이 생각해보아야 합니다.

우울증 상태에서는 깊은 수면(3, 4단계 수면)이 줄어듭니다. 1~2단계의 옅은 수면만 있기 때문에 옆에서 보기에는 자는 것 같아도 정작 본인은 거의 못 잤다고 느낍니다. 따라서 우울증이나 조현병 등의 정신과적 질환이 있을 때는 이 질환 자체를 치료해야 불면증이 같이 치료됩니다.

특별한 문제는 없으나 스스로 잠에 대해 너무 예민해져 있는 경우도 있습니다. 자는 시간이 너무 부족하다고 느끼고, 쉽게 잠들고 푹 자야 한다는 생각에 수면에 예민해지는 것이죠. 이런 사람들은 낮에는 잠 못 잔 것을 반추하고, 초저녁만 돼도 잘 준비를 하고 있습니다. 주변사람들에도 조용히 하라고 강요하면서 모든 행동을 잠자는 것에 맞추다 보니, 오히려 잠을 더 못 자게 됩니다.

꿈을 많이 꾼다고 호소하는 사람들도 있습니다. 꿈을 많이 꾸는 것 자체는 병이 아닙니다. 꿈이란 REM 수면단계에서 나타나는 자연스러운 생리과정이므로, 기상하기 얼마 전에 꾼 꿈들은 REM 수면 동안 꾼 정상적인 꿈입니다. 이는 굳이 수면제로 조절하지 않아도 되며, 사실 수면제를 먹는다고 꿈이 줄어들지도 않습니다. 다만 우울증 등이 있을 때는 REM 수면이 늘어나곤 해, 꿈을 많이 꾸거나 악몽을 꾸는 경우 항우울제를 사용하면 우울증의 호전이 일어나고 REM 수면을 억제하므로 꿈을 줄일 수 있습니다. 만약 밤새도록 꿈꾸는 것 같거나, 잠들자마자 내내 꿈을 꾼 것 같다면, 이것은 정상적 REM 수면의 꿈이 아니라 제대로 깊은 잠을 자지 못해 반쯤 깨어 있던 것입니다. 이때는 수면제로 잠이 들도록 유도해주면 효과가 있습니다.

REM수면행동장애
REM 단계에서는 신경차단이 일어나 원래는 아무 움직임도 보이지 않고 축 늘어져 있는 것이 정상이나, 이때 근육긴장도가 떨어지지 않아 꿈꾸는 내용대로 움직이는 증상.

잠자는 동안 이상행동, 이상경험을 하는 경우도 있습니다. REM수면행동장애가 대표적인데요. 우리가 흔히 '잠꼬대' 한다고 하는 것이 가벼운 형태의 REM수면행동장애입니다. 이때 몸부림을 심하게 치거나, 옆 사람을 때리거나, 몽유병 형태까지 나타난다면 약물치료가 필요합니다.

이와 반대의 현상이 '가위눌림'으로, 의학적 명칭은 수면마비Sleep Paralysis입니다. 그러면 온갖 나쁜 꿈이 그대로 의식되면서도 그 무서운 꿈에서 달아나려 해도 팔다리가 움직이지 않다 보니, 꼼짝하지 못하고 자리에 누운 채 공포에 시달립니다.

수면마비
REM 수면 동안 꿈꾸면서 팔다리는 움직이지 않는 상태로 의식이 깨어나는 증상.

잠을 잘 자기 위한 방법으로는 여러 가지가 있습니다. 그중 대표적인 것을 몇 가지 알아보겠습니다.

먼저, '광 치료'라는 치료법이 있습니다. 인간의 몸에는 생체시계, 생체리듬이 있는데, 광 치료는 이런 생체리듬을 맞춰 기분을 호전시키고 수면주기를 안정시킵니다. 생체리듬을 맞추는 방법에는 빛, 온도, 운동 등 여러 가지가 있는데, 그중 가장 강력한 것이 아침에 강한 빛을 보는 것입니다. 강한 조도를 가진 광 치료도구를 이용할 수 있지만, 우리나라는 햇볕이 잘 비추는 편이라 아침 9시 전에 최소 30분 이상 산책하는 것으로 도움을 받을 수 있습니다. 2주 이상 꾸준히 하는 경우, 약물치료와 유사한 효과를 보인다는 연구도 있습니다.

광 치료
아침 9시 전에 30분 이상 햇볕 수준의 빛을 직접 쬐는 우울증 치료법.

둘째, 누워 있는 시간을 줄입니다. 보통 잠을 잘 못 자는 경우에는 미리부터 오래 누워 있는 잘못된 습관을 가진 경우가 많습니다. 침대에 누운 채 억지로 잠을 청하려 애쓴다면, 내 뇌는 침대를 편안히 잠드는 장소로 기억하는 것이 아니라 잠을 못 자 뒤척이는 장소로 기억합니다. 좋은 수면습관을 가지기 위해서는 우선 잠을 잘 때만 누워 있는 것이 중요합니다. 저녁에 눕는 시간을 정해놓기보다 많이 졸릴 때 누워보세요. 잠자리에서 책이나 TV를 보거나 스마트폰을 사용하는 것도 피해야 하며, 낮잠은 가능하면 피하되 자더라도 15분 이내로 제한합니다.

졸린다 싶어 누웠으나 느낌상 10~20분 정도 지나도(시계는 보지 않습니다) 잠이 안 오면, 일단 일어났다가 졸릴 때 다시 눕는 것이 좋습니다. 자다가 깼을 때도 마음만 조급해지므로 시간을 확인하지 마세요. '벌써 3시네. 지금 잠들어도 4시간밖에 못 자는군. 망했다' 같은 생각이 들기 때문에 오히려 잠이 더 안 오게 되죠. 물론 처음 1~2주간은 몸이 많이 피곤하지만 점차 호전될 것입니다.

셋째, 술을 피합니다. 알코올이 잠드는 것을 도와줄 수는 있습니다. 특히 여자들의 알코올중독은 불면증이 원인인 경우가 많은데요. 하지만 잠들기 위해 알코올을 이용하게 되면, 두 가지 문제가 생깁니다. 첫 번째 문제는 술에 의존하게 되어 같은 효과를 보려면 사용량을 점차 늘려야 한다는 것이고요. 두 번째 문제는 알코올 성분이 깊은 잠을 방해한다는 점입니다. 알코올은 수면유도기능은 있지만, 오래 잠을 유지하는 것을 방해하는 성질을 가지고 있어서 수면제로 쓰기엔 그다지 좋지 않은 물질입니다. ▶'이 정도 술은 남들도 다 마시지 않나요'(631페이지) 참조

넷째, 자기 전에 과한 운동은 피합니다. 운동은 불면증에 도움이 되지만, 잠자기 1~2시간 전에 하는 운동은 오히려 몸을 흥분시켜 잠 오는 것을 방해합니다. 잠자기 3시간 전에는 운동을 마무리해주세요.

대신 낮에 40분 정도 땀날 정도로 운동하거나, 자기 전 간단한 스트레칭이나 맨손체조 같은 가벼운 운동을 하면 수면에 도움이 됩니다. 물론 잠자기 전 과도한 식사도 좋지 않습니다.

다섯째, 잠자리는 충분히 어둡고 조용해야 합니다. 이는 수면환경의 기본인데도 의외로 지키지 못하는 사람들이 많습니다. 너무 컴컴하고 조용하면 오히려 잠이 더 안 온다고 TV나 라디오를 켜고 잠드는 행위는 수면에 악영향을 줍니다. 요즘엔 잠자리에 누워 스마트폰을 하는 사람들이 많은데, 이 역시 눈앞에 전구를 켜놓고 있는 것과 같습니다.

마지막으로, 수면제에 관해 짚고 넘어가겠습니다. 수면제는 제한적으로 사용되어야 하며, 지나치게 의존하는 것은 좋지 않습니다. 그러나 수면제에 대한 막연한 두려움은 버릴 필요가 있습니다. 한번 먹으면 평생 먹어야 할지 모른다는 불안감에 정작 수면제를 복용한 후 2~3일 만에 끊어버리는 경우가 많은데요. 이럴 경우 불면증의 치료에 전혀 도움이 되지 않습니다. 일시적인 불면증인 경우에는 약을 짧게 먹는 것이 좋겠으나, 최소 수개월 정도를 거쳐야 치료되는 사람도 있고, 잠을 억지로라도 재우는 것이 더 중요한 조울증, 우울증 환자들도 많습니다.

물론 수면제에는 한계가 있습니다. 수면제를 먹고 자는 잠은 개운하지 못하다는 이야기를 흔히 하는데요. 수면제는 대개 수면유도, 즉 수면 1~2단계까지만 촉진해줄 뿐이며, 실제 깊은 수면까지 유도하진 못합니다. 그래서 수면제를 먹고 자면 억지로 잔 것 같고, 아침에 피곤함이 남으며, 꿈도 줄어들지 않습니다. 오히려 수면무호흡증이나 코골이로 못 자는 사람은 수면제를 먹으면 무호흡이 심해져 더 잠을 못 자게 되고, 호흡 억제까지 올 수 있으므로 주의해야 합니다.

막연하게 "수면제 좀 주세요" 하며 약을 요구하는 경우가 많은데, 수면조절은 다양한 약물의 조합으로 이뤄지며, 특정 수면제만 먹게 되면 수개월 이후 의존성이 나타나는 경우가 많습니다. 따라서 처음부터 제대로 된 치료를 하는 것이 중요합니다.

많이 처방되는 수면제 중 졸피뎀Zolpidem(상품명 스틸녹스, 졸피람, 졸피드 등)이 있습니다. 효과가 좋고 처방이 간단해 많이 사용되고 있습니다. 그러나 이 약을 복용하고 잠들기 전까지의 시간 동안 일시적으로 필름이 끊기는 것 같은 양상이 나타나기도 합니다. 밤에 갑자기 전화를 하고 싸우거나 갑자기 폭식을 하고 잠자리에 든 후 다음날 하나도 기억이 안 나는 증상이 그것입니다. 이런 증상은 복용량을 줄이거나 수면제 종류를 바꾸면 사라집니다. 그 밖에도 졸피뎀을 복용한 사람은 심리적 의존이 잘 일어나기도 하므로, 정신과의사의 관리하에 소량 투여하는 것이 좋습니다.

수면

잠을 너무 많이 자서 문제예요

아들이 고등학생인데요. 밤에 충분히 잘 자는 것 같은데, 수업시간에 갑자기 잠이 들기도 하고 가족과 TV를 보며 웃고 떠들다가도 예고 없이 쓰러지곤 합니다. 갑자기 팔다리에 힘이 빠지고 잠이 온다고 하네요. 심각한 병에 걸린 걸까요?

대표적인 수면과다질환인 기면증은 뇌의 시상하부에서 정상적인 각성을 유지시켜주는 히포크레틴Hypocretin이라는 물질의 분비가 잘 안되어 생깁니다. 기면증의 대표적인 증상들로는 낮의 과도한 졸림, 탈력발작, 수면마비 등이 있습니다.

기면증
낮의 과도한 졸림, REM 수면의 비정상적 발현, 탈력발작, 수면마비 등을 나타내는 질환.

히포크레틴
기면증과 관련된 뇌단백질의 일종으로 뇌의 시상하부에 주로 나타나며 뇌 전체에 분포됨.

낮의 과도한 졸림은 깨어 있다가도 자신도 모르게 갑자기 잠드는 것으로, 위험할 수 있습니다. 탈력발작이란 짧은 시간 동안 갑작스럽게 근육 힘이 빠지는 것으로, 잠깐 힘이 빠지는 정도로 약하게 올 수도 있고, 완전히 몸이 풀어져 맥없이 주저앉는 정도로 올 수도 있습니다. 이때 환자는 의식이 멀쩡해서 주변의 소리를 다 들을 수 있고 무슨 일이 벌어졌는지도 압니다.

탈력발작은 보통 웃거나 화낼 때, 놀람과 같은 강한 감정변화가 있을 때 유발되며, 빈도는 사람마다 차이가 커 하루에 몇 번씩 발생하거나 평생 1~2번 발생하기도 합니다. 수면마비는 잠이 들거나 잠에서 깰 때 잠깐 근육의 힘이 없어지는 현상으로, 흔히 가위눌림이라고 불립니다.

기면증은 수면다원검사와 수면잠복기 검사를 통해 진단할 수 있습니다. 기면증 환자들은 잠들 때 정상인들이 90분 정도 후에 나타나는 REM 수면이 15분 이내에 나오는 경우가 많습니다.

기면증은 증상에 따라 낮에 졸림을 줄여주는 각성제와 탈력발작을 예방하는 약물들이 처방됩니다. 그 밖에도 규칙적인 수면습관을 갖는 것이 중요한데요. 기상시간과 취침시간을 일정하게 유지하면서, 매일 정해진 시간에 짧은 낮잠을 자는 것이 좋습니다. 기면증에 걸리면 낮에 졸음이 오는 바람에 게으른 사람이나 무능한 사람으로 오해받기 쉬우므로, 학교나 직장에 병에 대한 이해를 구해야 합니다.

기면증 외에도 뇌졸중이나 종양 같은 것이 뇌의 시상하부 쪽에 생기면 과다수면을 일으킬 수 있고, 코골이가 있는 사람 중 수면무호흡증이 심한 사람, 갑상선 기능 저하 등 여러 질환이 있는 사람에게서도 과다수면을 볼 수 있습니다. 비전형적 우울증에는 과다수면이 특징적인 현상으로, 대개 주부나 청소년에게 나타나는데요. 과다수면이 지속될 시에는 정확한 진단을 받을 필요가 있습니다.

수면

야간근무 탓에 제때 잠들기가 어려워요

현재 공장에서 일하고 있는데요. 2주 단위로 주·야간 교대근무를 해서 그런지 수면주기가 무척 불규칙합니다. 누워서 눈을 감고 있어도 잠이 잘 오지 않다 보니, 피로가 풀릴 틈이 없어요.

밤낮이 바뀌는 문제는 수면에 큰 영향을 줍니다. 해외여행을 간 첫날, 시차 적응이 안 되어 잠을 설친 경험을 한 번쯤은 해봤을 겁니다. 공장에서 주·야간 교대근무를 하는 근로자, 병원에서 3교대근무를 하는 간호사 등 수면리듬이 불규칙할 수밖에 없는 직군들도 있습니다.

인간의 몸은 하루를 주기로 해서 일종의 사이클을 그리는데, 이를 일주기리듬Circardian Rhythm이라고 부릅니다. 특히 밤낮에 따라 몸 상태가 달라지는데요. 대표적인 것이 수면-각성리듬으로, 낮에는 잠이 깨고 밤에는 잠이 오는 것이 주기적으로 반복됩니다. 예를 들어, 한낮의 밝았던 빛이 저녁시간이 되면서 어두워지기 시작해 그 밝기가 70럭스 이하가 되면, 멜라토닌이라는 수면유도호르몬이 분비됩니다(그래서 합성 멜라토닌을 수면유도제로 사용하기도 합니다). 멜라토닌뿐 아니라 갑상선분비호르몬, 젖분비호르몬, 부신피질자극호르몬, 성장호르몬 등 다른 호르몬이나 체온도 하루를 주기로 변화하는데요. 이런 사이클에 맞춰 생활할 수 없으면 몸이 힘들어지면서 늘 피곤하고 집중도 안 됩니다.

정상적인 생체수면-각성리듬은 약 25시간 주기이지만, 밤낮의 주기나 식사시간 등의 영향으로 24시간 주기로 맞춰집니다. 수면각성 주기가 25시간으로 실제 지구의 자전시간인 24시간보다 1시간 더 많다는 점은 흥미로운데, 이 때문에 평소 잠드는 시간이 되어도 금방 잠이 올 것 같지 않은 느낌을 받을 수 있는 것입니다. 예를 들어 어제는 밤 11시에 잠들었다면, 오늘 밤 11시는 아직 25시간 주기의 수면각성 주기를 기준으로 봤을 때 전날보다 1시간 빠른 시각, 즉 밤 10시 정도로 느껴진다는 것이죠. 결국 이 때문에 '금방 잠이 안 들 것 같다'는 기분을 느끼게 되는 것입니다. 그래서인지 생활패턴을 조사해보면, 사람들의 3분의 2가량이 밤에 말똥말똥하다가 정작 아침에 조는 일명 '올빼미' 스타일의 일주기리듬을 보입니다.

자야 할 시간에 야근을 하고, 저녁모임에 참석하고, 밤늦게까지 TV나 컴퓨터, 인터넷 등을 할 경우, 뇌의 일주기리듬에는 혼란이 찾아옵다. 더군다나 교대근무나 야간근무를 하는 사람들은 이러한 혼란이 더 심해지죠. 단기적으로 해외여행을 갈 때도 시차문제가 발생합니다. 일반적으로 수면중추가 시차 적응을 하는 데 걸리는 시간은 1시간당 하루여서, 10시간 시차가 나는 지역으로 간 경우에는 적응에 열흘가량이 걸립니다. 또한 늦은 시각에 적응하는 것이 빠른 시각에 적응하는 것보다 한결 수월해, 시차가 빠른 동쪽으로 이동하는 것보다 시차가 느린 서쪽으로 이동하는 경우가 적응하기 더 쉽습니다. 서울에서 동쪽 방향 LA로 갈 때에는 시차 적응에 애를 많이 먹지만, 서쪽의 방콕으로 갈 때에는 덜 고생을 한다는 것입니다.

이러한 원리를 이용하면, 교대근무나 시차에 적응하는 데 도움이 될 수 있습니다. 아주 밝은 빛(실내 조명보다 200배 밝은 2,500럭스 이상의 밝기로, 맑은 날 낮의 밝기에 해당)을 30분 정도 눈에 쬐어주면 뇌의 수면중추(수면조절자, SCN)가 현재를 낮으로 인식합니다. 아침 일찍 빛을 쬐면 수면각성주기가 앞으로 당겨지고, 저녁 무렵 빛을 쬐면 뒤로 밀려납니다. 예를 들어, 야간근무를 하고 돌아와 다음날 주간근무를 서야 한다면, 이날 아침에 피곤하더라도 밝은 빛을 쬐어줍니다. 그러면 밝은 빛을 쬔 시점부터 생체시계가 다시 돌아가므로 평소와 같이 그날 밤에 졸리기 시작합니다. 주간에서 야간근무로 바뀔 때는 근무 시작 전 약 3일 정도 일주기리듬을 근무에 맞게 조정하는 것이 좋습니다. 반대로 자기 전에 빛을 쬐어주면, 수면리듬을 늦춰서 자는 시간을 단계적으로 늦출 수 있습니다.

더 알아보기

시차 적응하기: 서울에서 LA를 오갈 때

LA에 가기 위해서는 동쪽 방향으로 이동하기 때문에 더 빠른 시간대에 몸이 적응해야 합니다. 그러기 위해서는 먼저 비행 전에 밝은 빛으로 수면각성주기를 어느 정도 앞으로 당겨놓을 필요가 있습니다. 따라서 출발 2~3일 전부터 서서히 기상시간을 앞당겨 일어나자마자 밝은 빛을 쬐는 것이 좋습니다. 그런 다음 현지에 도착한 당일에는 밝은 빛을 피하면서 활동한 뒤, 다음날 아침에 평소 기상시간보다 3시간 정도 늦은 시각에 밝은 빛을 쬡니다. 그러면서 하루에 1시간 정도씩을 앞당겨주면 수면주기가 현지시각에 맞춰집니다.

이와 비슷한 원리로 이번에는 동쪽이 아닌 서쪽으로 비행한다면, 시간대가 늦어지기 때문에 아침이 아니라 저녁에 밝은 빛을 쬠으로써 수면각성주기의 위상을 뒤로 밀리게 만드는 것이 좋습니다.

예를 들어, 평소 밤 11시에 잠들어 아침 7시에 기상하는 습관을 가진 사람이 외국으로 이동할 때 시차 적응을 쉽게 하기 위해 30분간 밝은 빛을 쬐는 시각은 아래 표와 같습니다.

	동쪽(예: LA)으로 비행	서쪽(예: 파리)으로 비행
출발 3일 전	오전 7시	밤 10시
출발 2일 전	오전 6시	밤 11시
출발 1일 전	오전 5시	밤 12시
비행 당일	밤중에 밝은 빛을 피함	밤중에 밝은 빛을 쬠
도착 1일째	오전 9시	밤 9시
도착 2일째	오전 8시	밤 10시
도착 3일째	오전 7시	

2

결혼과 부부관계

부부 문제

철없는 남편을 어떻게 하면 좋을까요

남편이 너무 철이 없어요. 한 가정의 가장이면 정신을 차릴 만도 한데, 여전히 친구를 만나 놀기만 좋아할 뿐 가사를 책임지고 맡아주는 게 없어요. 돈 걱정도 안 하는지 이번에 외제차로 바꿔야겠다며 덜컥 계약을 하고 왔어요. 그래서 제가 좀 뭐라고 했더니 자기가 밖에서 얼마나 힘들게 고생하는 줄 아느냐며 단단히 삐쳤어요.

여자가 보기에 남자들은 철이 없고 제멋대로라 꼭 어린애같이 느껴지곤 합니다. 생각은 하며 사는 건지 눈치 없이 말을 불쑥 내뱉어버리곤 해, 옆에서는 이 사람이 또 무슨 말을 할지 조마조마합니다. 자기가 갖고 싶은 게 있으면 언젠가는 사야 직성이 풀리고, 남보다 못해 보이는 것은 절대 못 참아 친구가 한다면 자기도 꼭 따라 해야 합니다. 게다가 자존심은 또 얼마나 센지, 모르는 장소에서도 길을 묻는 법이 없고, 덕분에 감사하다는 말도 잘 할 줄 모르며, 어쩌다 누군가가 한마디 지적이라도 하면 굉장히 언짢아합니다.

이렇듯 남자들이 자존심 세고 제멋대로인 이유는 자기애가 강하기 때문입니다. 여자에게도 자기애가 있지만, 다소 과대하다 싶은 자기애는 유독 남자들에게서 주로 관찰됩니다. 그러는 이유에 대해 정신분석학에서는 남근선망Penis Envy이라는 심리기제를 들어 설명합니다. 여자아이들은 자신에게 남근이 없다는 사실 때문에 열등감을 느끼는 데 반해 남자아이들은 자신의 남근을 통해 기본적으로 과장된 자기애를 갖고 있다는 것입니다. 이외에도 남자의 사회적 역할을 강조하는 전통적인 가부장제라든지 남아선호사상 같은 문화적 영향으로 인해 남자들은 대개 여자들에 비해 상대에 대한 배려심도 적고 남 눈치도 잘 보지 않는 편입니다. ▶'내 위주로 이야기하지 않으면 불안해요'(489페이지) 참조

적당한 자기애는 세상을 살아가는 데 필요한 자존감으로 작용하지만, 이것이 지나칠 경우에는 이기적이고 자기중심적인 사람이 되기 쉽습니다. 이렇게 되면 자신에게 이로운 것만 추구하느라 남의 입장을 배려하지 않고, 상대에 대해서도 공감이 부족하게 됩니다. 종종 미숙한 남자들이 가족관계에서 이런 심리기제를 보이는데요. 자신이 여전히 집안의 왕자님인 양 하고 싶은 것은 다 하려고 하며, 이런 행동에 대해 아내와 자녀들에게 미안한 마음도 별로 갖지 않습니다.

왜곡된 자기애가 발생하게 되는 과정은 크게 두 가지 경로로 살펴볼 수 있습니다. 첫 번째는 부모의 사랑표현이 부족한 경우입니다. 어린아이들은 통상 기본적으로 자신이 전능하며 위대하다고 생각하는 1차적 자기애를 갖고 있습니다. 이때 부모들은 아이를 충분히 허용해주면서 맞장구를 쳐주지만, 만약 부모가 아이 행동에 반사반응을 해주지 않으면 아이는 자신이 무시당했다는 기분을 느끼고 이를 보상하기 위해 지나친 자기애를 만들어냅니다. 어른이 되어서도 여

전히 어린아이처럼 자신에게 어떤 특별한 능력이 있는 듯이 믿는 것입니다. ▶'너무 남들의 평가에 신경 쓰며 사는 것 같아요'(858페이지) 참조

이기적인 사람이 되는 두 번째 경로는 반대로 부모가 아이를 너무 과대평가해서입니다. 가난하고 배우지 못한 집안에서 태어났지만 머리가 좋아 공부를 잘한 큰아들의 경우, 부모는 그 아이를 대단한 인물로 치켜세우며 집안을 일으킬 영웅이라고 생각합니다. 행여나 아이가 실수를 하거나 모자란 부분이 보이더라도 부모는 그런 점을 인정하지 않으면서 칭찬만 할 뿐입니다. 이런 메시지를 그대로 몸에 익힌 아이는 자신이 특별한 사람이라는 특권의식에서 벗어나질 못합니다.

기질적인 원인도 들 수 있습니다. 언어지능이 부족한 경우 자신의 행동에 대해 설명을 잘 하지 못하므로 가족들에게 오해를 낳기 쉽고, 성인 ADHD의 경우 성격상 고집이 세고 자기가 좋아하는 일에 자제력이 부족해 동년배에 비해 다소 어려 보일 수 있습니다. 물론 기질적 문제가 있다 하더라도 문제의 근원은 그로 인한 심리적 미숙함입니다.

너무 철이 없다는 소리를 듣는 남편은 아내와 가족을 위해 배려심을 키워야 합니다. 가장은 집안의 왕자도 아니고 전능한 독재자는 더더욱 아닙니다. 자신의 욕구만을 우선시하거나 아버지로서 제대로 위치를 잡지 못하면 가족들은 가장을 존중하지 않을 것입니다. 남편이 아내 의견을 존중하고 아빠가 아이들 입장을 이해해준다면, 남편으로서 아빠로서 존중을 받아 자존감은 저절로 높아질 것입니다.

이기적이고 제멋대로인 남편을 둔 아내라면, 남편을 철들게 하는 데 요령이 필요합니다. 남편에게 그의 문제점을 지적하는 것은 수치

심을 느끼게 하여 그를 오히려 더 자기중심적으로 만들 뿐입니다. 대신 그가 할 수 있는 일을 해달라고 부탁하면서 스스로 해결할 때까지 참고 기다려주어야 합니다. 예를 들어 아이를 훈육하는 데 효과적인 의사표현수단인 나-전달법은 남편에게 이야기를 할 때도 유용합니다. "왜 또 늦어?"라고 말하는 것보다는 "내 생각인데, 오늘은 좀 일찍 들어와 주면 좋겠어"라는 식의 표현이 남자들에겐 한결 효과적입니다. ▶'사춘기가 빨리 찾아온 아이에게 어떻게 해줘야 하나요'(211페이지) 참조

또한 언젠가 그가 가족을 위해 무언가를 해주었을 때 가족들이 그것에 대해 얼마나 기쁘게 생각하고 고마워하는지를 적극적으로 표현해주세요. 어린 시절 자신의 부모로부터 받지 못했던 반사Mirroring를 지금의 가족을 통해 대신 경험하게 되어 건강한 자기애가 조금씩 형성되기 시작할 것입니다.

동시에 적당한 자율성을 보장하는 것이 좋습니다. 철없고 이기적인 남편이 미워 불평하고 싶겠지만, 어린아이 달래듯 기다리고 칭찬해주는 것이 남편의 성장을 유도하는 방법입니다. 물론 반드시 필요한 책임감의 선마저 넘어 방종하는 남편의 행동에 대해서는 분명히 선을 그어야겠지만요.

부부 문제

아내의 변덕을 받아주기가 너무 힘들어요

아내가 느닷없이 삐쳐서 화를 내는데, 도대체 그 이유를 모르겠습니다. 왜 그러냐고 물으면, "그걸 몰라서 물어?"라고 되물으니 환장할 지경입니다. 더군다나 변덕은 어찌나 심한지 어느 날은 기분이 좋고 어떤 날은 시무룩하니, 집에 들어갈 때마다 조마조마하다니까요.

남자가 보기에 여자는 매우 복잡한 동물입니다. 늘 반복되는 것 같은 일상 속에서도 여자들은 어떤 날엔 기분이 좋았다가 또 어떤 날엔 예민해져 있습니다. 작은 문제만 생겨도 온갖 고민들을 다 하고, 무슨 일만 있으면 이 사람 저 사람에게 미주알고주알 이야기를 늘어놓습니다. 그렇게 실컷 이야기를 하고 나서 기분이 좀 풀렸나 싶다가도, 남자가 무심결에 던진 말 한 마디에 이내 표정이 굳어집니다. 남자 입장에서는 어느 장단에 맞춰야 할지 살얼음판을 걷는 기분입니다.

여자들의 감정기복에는 여러 가지 원인이 작용합니다. 초경이 시작된 이후, 여자들은 매달 월경을 하는데요. 월경주기 동안 성호르몬의 수치는 큰 폭으로 변화합니다. 이때 생리통이나 위생 처리 같은 번거로운 문제로 인해 성가시고 짜증스러운 한편, 성호르몬 변화 자체에 의해 기분변화가 생깁니다. 이런 기분변화가 심하면 생리전증후군으로까지 발전할 수 있습니다. ▶'생리 때만 되면 너무 신경이 예민해져요'(617페이지) 참조

월경 외에도 인생주기 전반에 걸쳐 몇 차례의 큰 변화를 겪는데요. 임신과 출산을 하며 나타나는 성호르몬 변화와 심리적 적응문제는 여성에게 엄청난 스트레스로 작용합니다. ▶'임신 중인데 너무 힘들어요'(706페이지) 참조

마지막으로 폐경이라는 단계를 거치면서 또 한 번 급격한 기분 변화를 겪습니다. ▶'어머니가 갱년기인지 자꾸 우울해하세요'(749페이지) 참조

여성이 남성에 비해 감정 측면에서 예민하다는 사실은 현대 뇌과학에서도 밝혀진 바 있습니다. 예를 들어 언어를 사용할 때 뇌가 작동하는 방식을 기능성자기공명영상fMRI으로 조사해본 결과, 남자는 언어중추가 있는 좌뇌만을 사용하는 데 반해 여자들은 좌뇌뿐 아니라 우뇌도 함께 사용하는 것으로 나타났습니다. 좌뇌는 주로 이성적 판단을, 우뇌는 주로 감정적 경험을 담당하며, 똑같은 언어를 사용하더라도 여성이 훨씬 더 감정과 연관시킨다는 것입니다. 같은 감정을 지각할 때에도 여성은 남성보다 훨씬 더 넓은 영역의 뇌를 사용합니다.

사회적인 관계 측면에 있어서도 여성들은 감정에 민감합니다. 여성은 남성에 비해 훨씬 더 관계지향적으로 진화했으며, 타인의 기분을 재빨리 알아내어 협력하는 것에 능해 '감정'과 '직관'이 발달했습니다. 그 결과, 여자들은 다른 사람의 불행에 훨씬 잘 공감하고, 누구의 칭찬에 진심으로 기분 좋아하며, 사람들에게서 소외될 때 외로움을 크게 느낍니다. 생활해나가는 동안 주변에서 벌어지는 여러 가지 일

들에 대해 감정적으로 쉽게 영향받으며, 남자들이 보기에는 별일 아닌 것에 기분이 좋았다가 나빠지는 것처럼 보입니다.

여자들이 감정기복을 보이는 또 하나의 이유는 살아가는 동안 짊어지게 되는 역할변동 때문입니다. 어려서는 누군가의 딸로 귀하게 자라고 젊은 시절에는 남자들로부터 관심과 보호를 받지만, 결혼 후 가정을 돌보고 아이를 낳아 키우면서 여자는 자신의 역할에 커다란 변혁을 실감합니다. 게다가 아기를 돌보는 초보엄마와 수험생을 뒷바라지하는 고3 엄마의 역할은 전혀 다르며, 자기 자녀가 결혼을 하여 자식을 낳아 기르는 일에까지 관여를 하게 됩니다. 끊임없는 삶의 변화 속에서 새로운 역할에 적응해나가야 하는 것이죠.

남편과 아내가 대화를 나눌 때도 대화방식 면에서 차이가 있다는 걸 잘 알아둘 필요가 있습니다. 남자들은 고민이 있으면 자기만의 동굴로 들어가 가장 합리적인 해결책을 찾으려고 생각에 잠기지만, 여자들은 사람들과의 관계를 통해 해결책을 찾으려고 다른 사람에게 이야기를 합니다. 남자는 팩트를 이야기하여 문제를 해결하려고 하지만, 여자는 감정을 표현해 공감을 받으려 합니다. 남자들의 대화는 간단명료하지만, 여자들은 구체적이고 세밀합니다. 남자에게 질문은 간섭처럼 들리지만, 여자에게 질문은 대화를 계속하기 위한 관심의 표명으로 느껴집니다. 지배와 경쟁에 익숙한 남자들은 상대의 공격적인 언행에도 별로 개의치 않지만, 여자들은 적대감이 느껴지는 대화에는 단절로 응수합니다. 혼자서 문제를 해결해내는 것이 더 유능한 것이라고 생각하는 남자로서는 여자가 하는 소소한 이야기들을 끝까지 들어주기가 힘듭니다. 하지만 참고 들어줘야 문제가 풀리고 갈등이 커지지 않습니다.

그렇다고 여자들의 이런 감정표현 방식과 의사소통 패턴이 꼭 옳다는 의미는 아닙니다. 언어를 통해 관계를 이뤄나가다 보니, 여자들에게는 종종 소문이나 험담, 평판 등을 통해 상황을 조종하려는 경향이 있습니다. 자신의 감정을 이용하기도 하고, 유혹이나 배신, 줄다리기와 이간질 등을 통해 집단의 헤게모니를 장악하려 하기도 합니다. 서로의 마음을 이해하기 위한 창구로만 감정을 사용하는 것이 아니어서, 여기에는 적절한 한계 설정이 필요할 수도 있습니다. 예를 들어 툭하면 삐치는 식으로 남편의 행동을 조종하려 드는 것은 바람직한 의사소통법이 아닙니다.

여자들의 이런 특성 때문에 부부 사이가 때로 요구하는 '추적자'와 회피하는 '위축자'의 관계처럼 보일 수 있습니다. 아내는 외롭고, 상처받았으며, 버려진 느낌마저 들어 끊임없이 남편에게 무언가를 요구합니다. 이에 대해 남편은 당황스럽고, 두려우며, 비난받고 있다고 생각되어 아내로부터 거리감을 두고 둘 사이에 벽을 쌓습니다. 그리고 이런 남편의 무관심에 대해 아내는 어떠한 반응이라도 이끌어내기 위해 더욱 남편을 다그치는 식으로 상호작용을 합니다.

이런 식의 관계를 중단하기 위해서는 서로의 마음을 이해하고 원하는 바를 어느 정도 들어주어야 합니다. 남편을 비난하는 아내는 지금 위로를 받고 싶고, 거리를 두려는 남편은 지금 안전지대로 피신하고 싶은 것입니다. 양극의 이런 태도는 적당한 합의를 통해 나아질 수 있습니다. 예를 들어 아내가 기분이 상해 있더라도 남편은 낮에 안부전화를 거르지 말아야 하고, 밤엔 한 침대에 가까이 누워야 합니다. 아내 또한 자신의 상한 기분을 남편에게 쏟아부을 것이 아니라 메모나 메시지로 절제해 표현하는 것이 좋습니다. 살다 보면 감정 상하고 이해받지 못하는 것 같은 기분이 들 때가 있을 겁니다. 그럴수록 부부는 영화라도 보며 정기적으로 둘만의 시간을 가져야 합니다.

부부 문제

잠자리 문제가 고민입니다

신혼인데 아내와의 잠자리가 고민입니다. 제가 정력도 강하지 못하고 기술도 부족해서인지 아내가 별로 만족해하는 것 같지 않아요. 잠자리를 갖자고 해도 피곤하다며 거부하는 경우도 심심찮습니다. 그러다 보니 아내의 혼전 경험에 대해 이런저런 공상을 하게 돼 기분이 상합니다.

남자와 여자가 만나 서로에게 호감을 갖고 가까워지면, 성적으로 끌리기 시작합니다. 이런 끌림은 본능적인 반응입니다. 상대를 통해 자신의 본능적 욕구를 채우고, 또한 상대를 즐겁게 만족시켜주고 싶은 것입니다. 서로의 사랑을 확인하는 징표로서 섹스는 남녀관계의 종착역인 셈이죠. 그런데 이런 사랑을 확인하는 행위인 섹스가 사랑의 정도와 꼭 맞아떨어지지 않을 수 있습니다. 사랑과 섹스는 동일한 것이 아니기 때문입니다.

짝짓기 과정에서 남녀는 다른 방식으로 진화되어왔습니다. 남자는 성관계까지 이뤄질 가능성이 조금이라도 보이면 적극적으로 짝짓기를 시도하며, 심지어 여러 여자를 동시에 사랑할 수도 있습니다. 반면 여자는 남자가 정말로 자신을 위해 헌신할 사람인지 확신이 들기 전까지는 성관계를 갖는 것에 신중합니다. 때때로 여자는 남자의 적극성을 두고 그만큼 자신을 사랑해서라고 잘못 받아들이기도 합니다. 이러한 차이에서 성관계가 낳는 갈등이 발생합니다.

특히 남자에게 중요한 성적 문제는 사랑하는 만큼 성관계시 상대를 만족시켜주었는가 하는 점입니다. 종종 남자들은 여자의 오르가슴에 민감합니다. '여자를 성적으로 만족시켜주느냐 못하느냐'는 남자에게 있어 거의 '남자 구실을 하느냐 못 하느냐' 하는 수준의 심각한 문제로 여겨집니다. 여자가 오르가슴을 느끼면 질이 수축되어 더 많은 정자들이 자궁 안으로 유입돼 임신될 확률이 높아집니다. 그리고 오르가슴의 만족감을 느낀 여자는 이후 그 남자와의 성관계에 더 쉽게 응하게 되어 앞으로 자식을 낳을 기회가 많아집니다. 결국 여자를 성적으로 만족시키려는 경향은 종족 번식에 유리한 형질로서 남자의 본능 속에 유전된 셈입니다.

남자들의 성적 만족에는 상대를 온전히 지배하려는 욕망이 반영되는데요. 성적 환상에서도 대개 여자를 성적·육체적으로 장악하는 형태를 취하고, 이는 여성을 때리거나 경멸하는 식의 가학적인 면으로 나타나기도 합니다. 하지만 여성들은 성관계가 애정의 징표이길 바라며, 성행위 자체보다 자신이 사랑받고 있다는 느낌에 더 만족합니다.

남자와 여자, 둘 사이의 성적 관점 차이가 크지 않다면 좋겠지만, 서로의 욕망과 템포가 잘 맞지 않으면 만족스러운 섹스가 되지 않습니다. 이런 문제는 남녀가 결혼하여 반복적인 섹스를 나누는 관계가 되면, 상당한 고민거리가 되곤 합니다. 남편이 아내가 잠자리를 즐거워하지 않는 것 같다며 고민스러워하거나, 성욕이 높은 남자에 비해 특정한 시기(예를 들어 임신이 가능한 배란기나 로맨틱한 분위기가 무르익은 상황)에 성욕이 높아지는 여성으로서는, 시도 때도 없는 남편의 성적 요구가 달갑지 않은 경우도 많습니다. ▶'벌써 나이가 들었는지 성기능이 예전 같지 않습니다'(718페이지) 참조

성관계와 관련해 부부 사이에 생길 수 있는 또 다른 고민은, 배우자에 대한 충성도의 문제입니다. 남편은 아내의 과거에 대해 신경을 쓰는 데 반해, 아내는 남편이 앞으로 행여 바람을 피우지나 않을까 걱정합니다. 남자는 자신이 그녀의 첫남자이길 바라고, 여자는 자신이 그의 마지막 여자이길 바랍니다. 남녀 간에 이런 차이를 보이는 배경에도 역시 암수 간 성전략의 차이점이 있습니다.

여성은 배란기가 되어도 외관상 큰 변화를 보이지 않기 때문에, 원시시대의 남자는 성관계를 가졌던 시점이 임신이 가능한 시기였는지 알 수 없습니다. 아이가 태어나더라도 그 아이가 진짜 자기 자식인지 확인할 길이 없는 것이죠. 이를 확실히 하려면, 상대 여자는 자신과 성관계를 갖기 전에 다른 남자와 관계를 가진 적이 없어야 합니다. 이런 이유로 남자는 여자의 과거에 대해 민감하며, 양다리를 걸치거나 성적으로 문란한 여성에 대해 상당한 혐오감을 갖는 것입니다. ▶'남자인 제가 육아에까지 꼭 신경을 써야 합니까'(77페이지) 참조

여자들이 신경 쓰는 부분은 남자가 자신과의 관계에 만족하지 못해 향후 다른 여자와 성관계를 갖지나 않을까 하는 것입니다. 이 문제가

중요한 이유는 생존에 필요한 자원의 공급과 관련이 있습니다. 행여 다른 여자를 통해 다른 자식이 태어난다면 자신이 받을 몫이던 자원을 빼앗길 위험이 생기므로, 남자가 바람이 나진 않을지 촉각을 곤두세우는 것입니다.

섹스는 자신의 환상을 충족시키는 행위이기도 하지만, 상대의 환상을 충족시켜야 하는 행위이기도 합니다. 남자와 여자 사이의 차이에 현명하게 대처하는 방법은 서로가 무엇을 원하는지 이해하는 것입니다. 남편은 아내가 얼마나 성적으로 흥분하는가에 연연할 것이 아니라, 아내가 사랑받는다고 느끼게끔 해주었는가를 신경 쓰는 것이 좋습니다. 아내 또한 남자에게 섹스는 능력의 잣대이며 자존심의 원천임을 이해해야 합니다. 가장 중요하다고 여기는 부분에 있어 열등하다고 느끼면, 남편은 큰 상처를 받습니다. 적지 않은 남자들이 결혼 초 성관계에서 자신감을 잃어 발기부전이나 조루증으로 고민합니다. 어떻게 하면 더 좋은지, 자신이 어떻게 해주길 바라는지 그리고 어떤 섹스를 즐기고 싶은지 편안하게 이야기를 나눠보세요. 부부는 오랜 시간 섹스를 나누며 함께 생활해나가게 될 친구입니다.

더 알아보기

성격에 따라 성생활에도 특징이 있다

부부의 성생활은 커플들마다 각양각색입니다. 물론 어느 정도 보편적인 모습이 있겠지만, 종종 유별난 사람들은 상당히 극단적인 형태의 성생활 패턴들을 보입니다.

예를 들어, 정확성을 중시하는 강박적인 성격의 사람들은 성관계를 '만족스러웠는지'가 아니라 '제대로 했는지'로 판단합니다. 강박적인 사람들은 정상체위 이외의 행위는 옳지 못하고 심지어 위험한 것이라고 생각하기 때문에, 성생활에도 거의 변화가 없습니다. 심한 경우 가장 안전한 형태의 자위행위에 고착되어, 배우자를 단지 자신이 자위행위를 하는 데 사용하는 하나의 도구일 뿐이라 여기기도 합니다. 강박적인 남자들은 섹스가 즐거웠는가보다는 오르가슴을 몇 번 느끼게 만들었는가를 더 중요하게 생각합니다. 강박적인 여자들은 섹스하는 동안 머릿속으로 다음날 장을 볼 물건의 목록을 생각하기도 합니다.

이와는 정반대로, 히스테리적 성향이 있는 사람들은 화려한 외양에 비해 성관계를 제대로 즐기지 못합니다. 이들은 주변사람들에게 관심과 주목을 받음으로써 자존감을 유지하며, 이를 위해 성적 매력을 유혹의 도구로 이용하기도 합니다. 하지만 막상 섹스에 들어가면 혹시 자신이 너무 흥분한 나머지 주도권을 빼앗길지 불안해지므로, 정작 자신은 섹스를 편안하게 즐기지 못합니다. 실제로 매력적이고 인기 많은 여성들에게 불감증이 많다는 보고도 있습니다.

부부 문제

시가만 다녀오면 아내가 화를 내요

곧 명절인데요. 아내가 이번에도 무언가에 쫓기는 사람처럼 날카로워졌습니다. 심지어 아이들에게도 짜증을 냅니다. 아내는 평소 본가에 잘 가지도 않는 편인데요. 어쩌다 한 번 다녀오면 표정이 엄청 안 좋고, 저에게 지나치게 불평불만을 털어놓습니다. 이해가 잘 안 되네요.

아내가 남편 집으로 '시집을 와서' 시부모를 봉양하던 시절과 비교하면 많은 변화가 생기긴 했지만 여전히 고부갈등은 존재합니다. 오죽하면 요즘도 며느리가 '시'자 들어가는 시금치는 안 먹는다는 말이 있을까요. 남편과는 결혼 후 많은 시간을 함께 보내면서 서로 이해하려고 노력할 수도 있지만, 시어머니의 경우 함께하는 시간도 적을 뿐더러 '내가 시어머니와 결혼했나?'라는 마음이 들 수 있기 때문에 좋은 관계를 유지하기가 쉽지가 않습니다. 어찌 보면 '화성에서 온 남자와 금성에서 온 여자'가 남녀 사이에만 적용되는 이야기는 아닐지 모릅니다. 시어머니와 며느리도 이런 점을 인지하고 조금이나마 서로의 입장을 헤아리고자 노력해야 할 것입니다.

전통사회에서는 가부장제 문화로 인해 며느리가 시가의 새로운 구성원으로 들어오게 되면 일종의 길들이기 차원에서 시가식구들이 영향을 발휘하려는 경우가 많았습니다. 남성들은 집단에서 서열이 정해지면 본능적으로 따르려는 경향이 있는 반면, 여성의 경우에는 정치적인 영향력을 발휘하려고 합니다. 그런데 시어머니와 시누이는 이미 관계가 맺어져 있기 때문에, 며느리는 상대적으로 약자인 을이 될 수밖에 없는 입장입니다.

최근에는 고부문제가 약간 다르게 전개되고 있습니다. 예전에는 결혼이 인생에서 꼭 치러야 할 거사였다면, 현재는 할 수도 있고 안 할 수도 있는 선택의 문제가 되었기 때문인데요. 여성의 경우, 예전처럼 자신의 일과 가문을 포기하고 시가와 새로운 관계를 맺는 것이 아닌 만큼 고부문제가 발생했을 때 이를 감당해야 하는 이유를 찾지 못합니다. 특히 시어머니의 잔소리는 엄청난 분노를 일으키죠. 사람은 자신의 정체성에 위배되는 장소에 속할 때 적절한 소속의 이유를 찾지 못하면, 분노와 불안의 감정이 솟아나게 마련입니다. 때문에 며느리는 고부관계에서도 이러한 소속의 이유에 대해 자신만의 답을 찾는 것이 중요합니다.

고부관계에서는 부정적인 감정에 묻히지 않고 현실적인 답을 찾는 것이 중요한데요. 이를 위해서는 지나치게 희망적인 환상을 배제해야 합니다. '남편이 시어머니와의 관계를 해결해줄 것이다' '시어머니와 딸처럼 지낼 수 있다' '나만 잘하면 고부갈등 없는 착한 며느리가 될 수 있다'와 같은 생각이 여기에 속하죠.

시가와의 갈등에서 남편이 중재자로 나서야 하는 경우가 있습니다. 특히 시가에서 무리한 요구를 하거나, 고부갈등이 심해질 것 같은 상황에서는 남편이 나서는 것이 옳습니다. 이때 남편은 양쪽 모두를 만족시키는 존재가 아니라, 갈등을 중지시키고 판결을 내리는 역할을 수행해야 합니다. 이때 대부분의 남성은 아내와 어머니 사이에서 새우 등 터질까 봐, 상황을 다 알면서도 회피하려 하곤 합니다. 조정자로서의 역할이란 것이 공정한 태도와 분명한 자기주장을 갖고 있어야 제대로 수행할 수 있는 것인데, 모든 남편들에게 이런 역할을 기대하기는 어렵습니다. 그렇기 때문에 작은 일들은 아내가 감당하되 큰 문제에 있어서는 남편이라는 카드가 등장하는 것이 효과적이며, 어떤 경우에는 남편보다 전문치료자나 다른 인물이 중재자 역할을 하는 것이 나을 수 있습니다.

시어머니와 딸처럼 지낼 수 없는 이유는 당연히 며느리는 딸이 아니기 때문입니다. 무턱대고 착하게 행동하거나 거절하지 못하는 건 나중에 더 큰 문제를 불러올 수 있습니다. 가장 좋은 것은 갈등이 나타나기 전 미리 조심하고 서로를 배려하는 것이겠지만, 양측에 갈등이 나타나게 되면 기본적으로는 할 말을 하는 편이 낫습니다. 어떤 식으로 대화가 이어지든 간에 시어머니와 며느리 사이에 소통을 하긴 하는 것이므로, 비관적으로 생각할 필요는 없습니다. 처음엔 다소 거칠더라도 차차 요령이 생길 것이며, 단번에 변화가 오기를 기대하지 말고 서서히 부담이 줄어드는 방향으로 관계를 만들어가야 할 것입니다.

부부 문제

아이를 낳아 잘 기를 수 있을지 걱정이에요

결혼할 때부터 아이를 갖지 않기로 남편과 합의를 했습니다. 막내인 저는 자라는 동안 부모님에게 제대로 사랑을 받지 못했기 때문에 그런 생각을 했던 것 같아요. 제가 누굴 보살필 만한 여력이 있는 것 같지도 않고요. 저보다 10살이나 나이가 많은 남편과 결혼한 것도 누군가가 날 돌봐주길 바라서였던 것 같아요.

보통의 경우 남녀가 결혼을 하면 아이를 낳습니다. 대다수 부부들은 결혼 후 1~2년 내에 아이를 갖죠. 하지만 2세를 갖는 것에 대해 고민하고 주저하는 부부들도 많습니다. 처음부터 아예 아이를 낳지 않고 둘이서 재미있게 살자고 합의했거나, 당분간 미뤘다가 나중에 생각해보자고 서로 의견을 모으는 경우도 있죠. 한쪽은 아이를 원하는데 다른 한쪽이 극구 거부하여 부부 사이에 갈등이 생기는 경우도 있습니다.

출산을 유예하는 큰 이유 중 하나는 바로 현실적인 문제 때문입니다. 아직 아이를 낳아 키울 만큼 경제적으로나 시간적으로 여유가 없어서라는 것인데요. 이는 개인이 아니라 사회적으로 해결되어야 하는 문제로, 집값 안정, 수도권 분산화, 출산휴가제도, 임금과 복직, 출산장려금 등의 정책을 통해 근본적 해결이 되어야 할 것입니다.

출산으로 인해 직장여성으로서의 경력이 단절되는 것 역시 임신을 미루게 되는 요인 중 하나입니다. 이는 현실적인 문제일 뿐만 아니라 한 인간으로서 자신의 삶을 어떻게 살아가고 싶은지에 대한 문제이기도 합니다. 아이에 얽매여 자신의 꿈을 포기하고 싶지 않을 수도 있습니다. 이 문제는 설사 결혼 전 부부 사이에서 어느 정도 논의가 되었다 해도, 막상 닥치면 부부갈등의 원인이 되기도 하죠. 이 문제에 대한 명확한 해결책은 없습니다. 다만 자아실현이 자녀양육보다 더 중요하다고 생각했던 여성들도 임신과 출산에 잘 적응했으며, 그 후 스스로의 가치감이 향상되고 정체성이 더 확고해졌다는 연구결과는 참고할 만합니다.

다분히 개인적인 심리적 갈등 때문도 많습니다. 우선 변화에 대한 두려움이 큰 남녀는 임신 이후 벌어질 상황들을 감당할 자신이 없습니다. 특히 여자 입장에서는 임신기간과 출산 시 일어날 수 있는 고통, 질환 등이 두렵습니다. 남자 또한 늘어난 식구와 변화된 여건에 맞춰 잘살 수 있을지 걱정이 앞서고, 자신이 아버지라는 존재가 되어야 한다는 사실이 부담스럽게 느껴집니다.

남자 입장에서는 오이디푸스적인 갈등이 해결되지 못한 상황을 생각해보아야 합니다. 유아기에 극복했어야 한 엄마와의 근친상간적 소망이 해소되지 않아, 엄마에 대한 감정이 결혼 후 아내에게로 전치Displacement된 것

전치
자아의 방어기제 중 하나로, 본래 어떤 대상에 향하던 감정이 다른 대상에게로 옮겨지는 심리 현상.

인데요. 이런 남자의 무의식 세계에서 아내는 엄마의 대리물이므로, 자신의 아내와 성관계를 갖는 것이 힘겨운 일이며 자식을 낳는 것은 더더욱 불가능한 일로 느껴집니다.

남녀 모두 임신 자체에 대해 부정적인 시각을 갖고 있는 경우도 있는데요. 가장 전형적인 것은 자신의 엄마가 육아 때문에 고생을 많이 했거나, 어린 시절 부모로부터 부정적 경험을 많이 한 경우입니다. 불안정한 가족을 보고 자란 탓에 그 자녀는 앞으로 어른이 되더라도 자신은 새로운 가족을 만들지 않겠다고 결심합니다. 이들은 현재의 배우자를 이상적인 부모상으로 여기며, 자기 자신을 아들딸의 역할로 봅니다. 출산을 하게 되면 더는 아들딸 역할을 유지하지 못하므로, 새로 태어나는 아이가 자신의 불행을 반복하는 가족을 만들 것처럼 여깁니다.

그 외에도 무관심한 엄마를 둔 자식들은 엄마의 역할에 대해 잘 모르고 상호작용의 경험도 적어서 자신 또한 자녀를 갖는 것에 대해 관심이 없거나 막연히 두려워하며, 반대로 부모가 너무나 헌신적이었던 사람들 중에서 자신은 그렇게까지 잘하지 못할 것 같다며 겁먹는 사람도 있습니다. 힘들어하는 경우든 무관심한 경우든 이런 심리의 밑바탕에는 자신도 자기 엄마와 똑같아질 것이라는 동일시의 환상이 깔려 있습니다. 실제로 초기 임신부들의 무의식을 탐색해보면 종종 자신의 엄마와 융합Fusion되어버리는 환상이나 두려움을 갖고 있음이 드러나곤 합니다.

이런 경우 근본적 원인은 부모가 제대로 된 부모상을 보여주지 못했다는 것이지만, 결국 이는 극복해야 하는 문제입니다. 부모로부터의 진정한 정신적 독립은 부모를 전지전능한 애정의 공급처가 아니라, 자신과 같은 연약한 인간으로 볼 때 이루어질 수 있습니다. 어린 시절의 부모·자식 관계에서 벗어나 부모를 중립적 시선으로 보게 되고, 자신의 새로운 가족으로 과거를 극복한다는 것이 결국 결혼과 출산이 갖는 진짜 의미일 것입니다.

아이 갖기를 자신 없어하거나 거부하는 데는 이렇듯 매우 다양한 원인들이 있는데요. 이에 대해 몇 가지 조언을 들려드리고자 합니다.

첫째, '언제까지 아이 낳기를 유보할 것인가' 하는 문제에 관해서입니다. 지금은 마음의 준비가 되어 있지 않아 아이 낳고 키우는 것이 자신 없고 겁날지도 모릅니다. 하지만 다른 계획 없이 출산을 미루기만 하는 것 또한 해결방법이 아닙니다. 나중에 마음이 바뀌어 아이를 낳고 싶어지면 어떻게 할 것인지, 나이가 들어 출산을 하게 되면 어떤 문제가 발생할 수 있는지, 독립할 나이까지 아이를 키우려면 얼마만큼의 시간과 노력을 들여야 하는지 미리 예상해둘 필요가 있습니다. 시간이 지난다고 육아에 대해 더 자신이 생기는 것도 아니고 더 많이 알게 되는 것도 아닙니다. 어차피 육아란 경험하며 배워나가는 것으로, 완벽한 부모란 존재하지 않는 법입니다.

둘째, '아이를 가질 것인가'라는 문제의 해답을 찾기 위해서는 먼저 엄마와의 융합, 부모와의 동일시에서 벗어나야 합니다. 즉, 나는 나의 엄마가 아니라는, 자신만의 독립된 정체성을 확실히 세워야 합니다. 엄마의 인생은 엄마의 인생이고, 엄마의 육아방식은 엄마의 육아방식일 뿐입니다. 나 스스로 나의 임신을 계획하고, 나름대로의 생각과 방식을 확고히 하는 것이 필요합니다.

셋째, 아이를 갖는 것은 나의 잘못된 어린 시절을 회복할 수 있는 좋은 기회가 될 수도 있습니다. 나 스스로 적절한 양육을 통해 아이를 올바른 방향으로 건강하게 키워낼 때, 자신이 잘못 자란 것은 아니라는 생각이 들 수 있습니다. 또한 자신이 어렸을 때 부모에게 제대로 보살핌을 받지 못했다고 생각했지만, 아이를 키우다 보니 꼭 그런 것만은 아니었던 것 같다고 생각하게 될 수도 있습니다. 모성을 재경험Remothering하는 것이죠. 그럼으로써 부모에 대한 그동안의 원망과 섭섭함이 풀어질 수도 있습니다. ▶'아이 교육을 어떻게 시킬지 걱정입니다'(90페이지) 참조

부부 문제

임신 중인데 너무 힘들어요

곧 출산을 앞두고 있는데 너무 지치네요. 임신 초반에는 입덧이 심해 아무것도 못 먹어 이러다 죽나 보다 했죠. 그 고비를 넘기니까 하루가 다르게 배가 나오면서 움직이는 게 불편해지더니, 이젠 조금만 서 있어도 허리가 아프고 다리가 부어요. 가장 힘든 건, 제가 이렇게 힘들다는 걸 아무도 몰라준다는 거예요. 정말 둘째는 생각도 하고 싶지 않네요.

임신이 힘든 첫 번째 이유는 엄마의 신체적 변화 때문입니다. 임신은 자손을 잇는다는 생명체 최대과제를 수행하는 과정이므로, 태아에게 전적으로 유리하게, 반대로 엄마에게는 철저하게 착취적으로 진행되죠. 임신 초기에는 입덧이 엄마들을 괴롭힙니다. 임신부의 90퍼센트가 입덧을 하며, 그중 50퍼센트는 구토를 할 정도로 심하게 경험합니다. 젖가슴이 아파 옷이나 손이 닿는 게 불편해지기도 하고, 점차 배가 나오면서 몸매에도 변화가 옵니다. 평균적으로 11킬로그램 정도 체중이 증가하며, 몸 안에 수분이 늘어나 얼굴과 다리가 붓고 피부도 거칠어집니다.

아내와 남편이라는 역할만 해오던 상황에서 곧 엄마와 아빠라는 역할까지 짊어지게 될 현실은 상당한 걱정거리로 다가옵니다. 아직 어른이 되려면 먼 것 같은데 한 아이의 부모가 된다니, 부담스럽기만 합니다. 한편 두 사람의 관계에 아이가 끼어드는 것 같아 임신이 내키지 않을 수도 있습니다. 이런 커플들은 종종 상대 배우자를 통해 자신의 의존적인 욕구를 충족하고 있던 경우일 수 있습니다. 심한 경우, 아이는 불청객처럼 여겨지죠. 자신의 의존성을 채워주던 배우자의 관심이 아이에게로 분산될 수도 있기 때문입니다.

임신을 덜 힘들게 받아들이기 위해서는 우선 임신과정에 대해 이해하는 것이 필요합니다. 예를 들어 입덧은 태아를 보호하기 위한 방어시스템입니다. 임신 초기는 태아의 신체 주요기관들이 활발하게 형성되는 중요한 시기이기 때문에, 입덧을 통해 작은 위해요인까지도 철저하게 차단해 엄마로 하여금 음식을 함부로 섭취하지 못하게 막는 것입니다. 그 덕분에 입덧을 한 경우가 입덧이 없던 경우에 비해 유산 확률이 3분의 1밖에 되질 않으며, 심한 입덧 후 태어난 아이가 보편적으로 더 건강하고 똑똑한 것으로 밝혀졌습니다. 한편 임신부의 외모가 덜 매력적으로 바뀌는 것 또한 뱃속 아이를 보호하기 위해 타인의 접근을 막기 위한 것이라고 보기도 합니다.

호르몬 변화에 대해서도 이해할 필요가 있습니다. 임신 동안에는 예전에 볼 수 없던 엄청난 양의 에스트로겐과 프로게스테론이 분비됩니다. 수면과 체온 등 하루 중 변화를 조절하는 일주기리듬에 대해 에스트로겐은 그 리듬을 제대로 작동하도록 도와주는 데 반해 프로게스테론은 그와 반대로 흐트러뜨리는 작용을 합니다. 이런 혼란스러운 호르몬 변동은 임신부의 심리상태에도 영향을 주어, 임신부는 감정 기복이 심해지고 불안을 쉽게 느낍니다. 하지만 이런 변화에는 적응적이고 긍정적인 측면이 있는데, 이러한 불안 덕분에 아기를 낳기 위한 준비를 철저히 하게 되고 불안정한 심리는 자기 부모를 찾게끔 만들어 그들로부터 도움을 받도록 유도해줍니다. 또한 이런 호르몬 변화는 자기성찰력을 높여주는 것으로도 나타났습니다.

다행히도 대부분의 엄마들은 이런 변화에 잘 적응해나갑니다. 이렇게 힘든 과정을 겪으면 우울증에 걸릴 법도 한데, 실제로 임신 중에는 정신적인 질환이 발생하는 비율이 높지 않습니다. 오히려 임신 중 자살률은 그 어느 때보다 낮으며, 신체적으로 감기에도 잘 걸리지 않아 임신 자체가 어떤 보호효과를 갖고 있는 것으로 추정되기도 합니다. 더구나 심리적으로 건강한 여성들은 임신이 자아를 실현하는 수단이 되기도 하고, 자신의 여성성에 대해 자신감이 부족하던 여성들은 그 의구심을 푸는 계기가 되어 앞으로 여자로서 잘 살아가게 되는 전환점이 되기도 합니다.

아빠 역할에 대해서도 건설적으로 받아들일 필요가 있습니다. 실제로 임신에 대한 아빠들의 반응은 대부분 긍정적이어서, 아내의 힘든 임신과정을 기꺼이 도우려 하며 종종 갈등이 있던 부부 사이가 임신을 통해 해결되기도 합니다. 임신 시 남편의 호르몬에도 변화가 일어나는데요. 남성호르몬인 테스토스테론의 분비가 적어져 남편은 전보다 과격한 행동을 덜 보이고, 더 다정다감해지는 것으로 나타났습니다. 임신 때 아빠도 해야 할 역할이 있다는 점이 입증된 셈이죠. ▶'부모님에게서 독립하려니 두려움이 앞서네요'(468페이지) 참조

다시 한 번 정리하자면, 앞으로 태어날 아이를 위해 몸과 마음을 모두 희생하는 엄마들은 힘이 드는 것이 당연합니다. 그럼에도 불구하고 우리의 훌륭한 엄마들은 이런 역할을 기꺼이 자신이 감수해야 할 몫이라고 받아들이면서 상당 부분을 감내해냅니다. 그러나 종종 주변의 무심함이나 눈치 없는 남편들의 한마디에 엄마들은 맥이 빠지고 힘겨워집니다. 임신이라는 힘겨운 과정을 혼자의 몸으로 견뎌내는 엄마들을 위해 응원이 필요합니다.

부부 문제

육아고 회사일이고 제대로 되는 게 하나도 없어요

옆집 엄마는 교사라서 방학도 있고 육아휴직도 길어서 부럽네요. 우리 애는 어린이집에서 6시까지 있어야 하고, 그나마 아이 데려오는 시간에 맞춰 회사에서 퇴근하려면 눈치가 엄청 보여요. 거기다 어린이집에서 돌아온 아이는 저한테만 매달려요. 힘들어서 다 놓아버리고만 싶네요.

진퇴양난의 상황에서 스트레스를 받기 시작하면 어떻게 해야 할지 종잡기가 힘듭니다. 이럴 때 꼭 기억해야 할 개념 중 하나가 '여기 그리고 지금here and now', 즉 '현재의 감정과 상태에 충실하자'는 것입니다. 문제를 단순화하여 당장의 일에 집중할 필요가 있는 것입니다.

육아고 직장일이고 제대로 되는 게 하나도 없다는 것은, 반대로 생각해보면 원래 이 둘을 동시에 제대로 하기가 무척 어렵다는 뜻이기도 합니다. 70~80년대 미국에서 한참 이슈가 되었던 슈퍼우먼신드롬이 이제 한국에서도 일하는 여성의 비율이 높아지며 자연스럽게 나타나게 되었는데요. 그러나 한국에서 엄마 역할에 대한 기대치는 미국보다 훨씬 높으며, 그에 반해 남편들의 가사분담률은 미국보다 훨씬 낫습니다.

너무 많은 부담으로 힘들 때 가장 중요한 점은, 제일 먼저 '나 자신'만 생각해야 한다는 것입니다. 엄마라는 존재는 가정 내의 중심이자 구성원들의 소통채널입니다. 엄마가 스트레스를 받으면, 그 스트레스는 고스란히 엄마보다 약한 대상인 아이에게로 향하며, 남편을 포함한 가족들과 소통하기가 쉽지 않아집니다. 자기 자신만 생각하라는 것은 이기적으로 굴라는 뜻이 아니라, 자신의 역할과 가치가 무엇인지 정확히 알라는 뜻입니다. 스스로 불안정한 상태에서 육아나 가족을 챙기는 데 너무 많은 에너지를 분배하다 보면, 결과적으로는 이도 저도 아닌 상태에서 우왕좌왕하게 되는 경우가 많기 때문입니다.

엄마가 직장에 다니는 경우, 엄마가 아닌 외할머니, 친할머니, 도우미가 아이의 주양육자가 되어도 무방합니다. 엄마가 아닌 다른 사람이 주양육자가 될 경우, 아이가 고집이 세거나, 쉽게 울거나, 버릇이 없을 수도 있고, 애착 문제로 다소 불안정해 보일 수도 있습니다. 그러나 이는 장기적인 관점에서 아이의 정서에 큰 영향을 미치지 않습니다. ▶'아이를 누군가에게 맡기는 것이 너무 불안합니다'(83페이지) 참조

엄마는 죄책감을 버리고 스스로가 소진되지 않도록 몸과 마음을 충전하는 데 시간을 투자해야 하며, 주어진 시간 내에서 아이와 잘 지내는 편이 낫습니다. 다만 보상심리로 인해 아이를 과보호하지는 않는지 주의해야 합니다.

조부모에게 아이를 맡길 때는 아이들이 평상시에 할아버지, 할머니와 친해질 수 있도록 미리 다양한 경험을 공유하게 해주고, 조부모의

권위가 설 수 있도록 아이에게 존경심을 미리 심어주는 것이 좋습니다. 그리고 당연히 육아는 힘든 일이므로 늘 감사하는 마음을 표현하는 것 외에도 적절한 보상을 해드려야 아이, 부모, 조부모 모두 좋은 관계를 이어갈 수 있습니다.

남편에게도 당당하게 가사분담을 요구해야 하는데, 사실 외국과 가장 차이가 나는 것이 이 지점입니다. 흔히들 "말해봤자 남편이 하는 척만 하다 끝나니 차라리 내가 하는 게 낫습니다"라고 하는데요. 가사부담이 줄어들지 않으면, 스트레스가 풀릴 수 없습니다. 내가 편하기 위해서가 아니라 가족의 안정을 위해 가사분담이 필요하다고 남편에게 지속적으로 요구해야 합니다.

일반적으로 부인이 남편보다는 육아에 관심을 더 많이 쏟게 되므로, 부인이 육아를, 남편이 나머지 집안일을 하는 쪽으로 비중을 두는 편이 바람직합니다. 남편에게 집안일 등을 지시할 때는 세부사항까지 정확히 말해줘야 남편도 혼란스럽지 않게 업무를 분담할 수 있습다. 그리고 남편이 가사나 육아에 참여하면 남편에게도 고마움을 표시해야 합니다. 분담하는 것이 당연한데 왜 고맙다고 말해야 하느냐는 분도 계신데요. 가족 간에 누가 잘했는지 일이 누구의 의무인지를 따지는 것보다는, 서로 감정을 표현함으로써 교감하는 것이 훨씬 더 중요하다는 점을 기억하세요.

끝으로, 남과의 비교에서 벗어나야 합니다. 각자 처한 환경이 다르기에 누구 남편은 어떻다더라, 누구는 직장에서 승진했다더라, 누구 애는 몇 살에 한글을 떼었다더라 같은 이야기는 아무 의미가 없습니다.

부부 문제

아이가 태어난 후 부부관계가 예전 같지 않습니다

아이를 낳은 지 몇 년이 지난 지금, 남편과의 잠자리가 예전 같지 않아요. 처음엔 아이가 있어서 조심하는가 보다 생각했는데 남편의 요구도 부쩍 줄었고, 관계를 할 때도 좀 대충 한다고 해야 할까요? 하긴 완전히 아줌마가 된 제가 매력적으로 보이겠나 싶습니다. 설마 다른 여자와 바람이 난 건 아니겠죠?

결혼 후 처음 얼마간은 성관계에 있어서 대개 남자 쪽이 더 적극적입니다. 남자는 여자에 대한 소유욕을 불태우며 성관계를 주도하고, 여자를 성적으로 만족시켜주기 위해 애를 쓰죠. 여자가 잠자리를 거부하거나 즐거워하지 않으면, 남자들은 실망하며 예민해지기까지 합니다. ▶'잠자리 문제가 고민입니다'(693페이지) 참조

하지만 시간이 지나면서 차츰 부부 사이의 성관계에는 변화가 찾아옵니다. 신혼 때와 달리 점차 횟수도 줄어들고, 성관계 과정도 상투적으로 변하는 것입니다. 특히 아이가 태어난 후로는 이러한 변화가 급격하게 찾아옵니다.

육아가 시작되면 여유롭게 둘만의 시간을 갖기엔 서로 너무 피곤하

고 몸이 따라주지 않습니다. 특히 양육을 대부분 책임지고 있는 엄마는 쉴 틈이 없고 잠도 부족합니다. 더구나 수유를 하는 동안 분비되는 젖분비호르몬(프로락틴)으로 인해 유방이 아프고, 질 내벽이 약해지며, 성호르몬도 억제되어 성욕이 떨어집니다. 남편 입장에서도 섹스를 기피하거나 즐거워하지 않는 아내를 보면 성욕이 생기지 않죠. 정상분만을 한 경우에는 질이 늘어나 성감도 떨어진 듯이 느껴집니다.

심리적으로도 아이를 키우는 동안은 섹스가 억제되기 쉽습니다. 아이를 곁에 두고 섹스한다는 것이 그다지 내키지 않고, 막상 해도 몰입하기 힘듭니다. 엄마라는 숭고한 존재가 성행위를 한다는 것 자체에 죄책감을 느끼는 여자들도 있고, 유교적 엄숙주의의 영향을 받은 일부 여자들은 성관계를 후대를 잇기 위한 과정으로만 여겨 출산 후로는 그 필요성을 못 느끼기도 합니다. 남편과의 심리적 갈등 때문에 성관계가 줄어들 수도 있죠. 육아와 가사로 한창 힘들 때 남편이 잘 도와주지 않거나 섭섭하게 하면, 이내 부부 사이는 경색되고 감정이 쌓인 아내는 성관계를 거부하게 됩니다.

출산 및 육아기간에는 아내뿐만 아니라 남편들의 성욕도 떨어지는 것이 일반적입니다. 앞서 말한 대로 아내가 힘들어하고 몸도 따라주지 않다 보니, 자연스레 남편 또한 섹스가 즐겁지 않습니다. 출산 후 달라진 아내의 외모에 성적 매력이 덜 느껴지기도 합니다. 남자의 신체도 아이가 태어난 후 변화를 보이는데요. 테스토스테론이 줄어들어 성욕이 떨어지며, 프로락틴이 증가되어 발기력이 감퇴됩니다. ▶'임신 중인데 너무 힘들어요'(706페이지) 참조 무의식적인 심리에 의해서도 성욕이 억제됩니다. 엄마라는 숭고한 지위를 갖게 된 여성의 성욕이 억압되듯이, 남성 또한 엄마가 된 아내에 대해 성욕이 억압되는 것을 느끼는데요. 이러한 현상을 마돈나콤플렉스Madonna Complex라고 부르는데, 이는 오이디푸스콤플렉스와 연결되는 개념입니다. 남편은 아내를 어머니의 대리물로 여기는 경향이 있으며, 특히 아내가 출산을 하여 엄마가 되면 무의식 속에서 아내를 어머니의 모습과 더 닮게 느낍니다. 이로 인해 아이를 낳은 아내와 성관계를 갖는다는 것은 아동기 근친상간의 욕망과 죄의식을 떠오르게 하는 행위로 느껴집니다.▶'내가 아이를 낳아 잘 기를 수 있을지 걱정이에요'(701페이지) 참조

마돈나콤플렉스
프로이트가 제안한 개념으로 특정 여성에게 정상적인 성욕을 느끼지 못하는 상태를 말한다. 이 명칭은 성관계 없이 예수를 낳은 동정녀 마리아로부터 유래하였다.

장기적으로도 성욕은 임신을 기점으로 서서히 저하되는데요. 이는 남성에게서 더 두드러집니다. 테스토스테론은 배우자를 찾아 유혹하고 경쟁자를 물리치려는 짝짓기 노력에서 핵심적인 역할을 합니다. 이 호르몬은 순간적으로 에너지를 쏟아붓도록 해주지만, 반면 오래 지속되면 면역력을 떨어뜨립니다. 젊은 시절에는 테스토스테론이 과감하게 분비되나 결혼 후 정기적으로 성관계를 가지면서 아이까지 낳게 되면, 남성의 몸에서는 테스토스테론 분비가 급격하게 줄어듭니다. 계속 분비되면, 면역력 저하로 생존에 위협이 되기 때문이죠.

이에 반해, 여자들의 성호르몬은 별다른 감소 없이 엇비슷하게 유지됩니다. 더군다나 여성들은 성관계를 사랑의 신호로 받아들이기 때문에, 남편의 성관계 요구가 예전처럼 그대로 지속되기를 바랍니다. 가족에 대한 남편의 충성심을 확인하기 위해서라도 여자들은 정

기적인 성관계를 계속하길 원하는데, 이런 남녀의 차이로 인해 갈등이 생겨나는 것입니다.

우선 임신과 육아를 하는 동안 양측 모두 성욕이 떨어지는 것을 자연스러운 현상으로 받아들이는 것이 좋습니다. 남편은 육아로 몸과 마음이 지쳐 있는 아내를 이해해주어야 합니다. 잠자리를 거부한다고 해서 아내에게 서운해하거나 남자로서의 정체감이 흔들릴 필요는 없습니다. 이때는 둘 사이의 로맨스보다는 아이를 건강하게 키우는 것이 더 중요한 시기이기 때문입니다.

부부 사이에는 성이 굉장히 중요하다는 점 또한 염두에 두어야 합니다. 성관계가 없으면 그 부부는 원활한 사이라고 볼 수 없습니다. 우리나라 사람들을 대상으로 한 설문조사 결과, 남녀 모두 성생활에 대한 관심도가 90퍼센트에 육박하는 데 반해 실제 만족도는 10퍼센트 미만인 것으로 나타났습니다. 실제로 남성은 어떤 방식으로든 자신의 성욕을 대리충족하려는 경향이 있어서, 일부 남성의 경우 부부 간 성관계가 소원해지다 보면 유흥업소 출입이라든가 외도와 같은 문제를 일으키는 것 또한 현실입니다.

이런 문제는 인간의 성에 대한 이해를 넓힘으로써 극복할 수 있습니다. 인간은 다른 동물들과 달리 번식을 위해서만 성관계를 갖는 것이 아니며 발정기가 따로 있는 것도 아니어서 언제든지 성관계를 가질 수 있습니다. 부부 간의 성관계는 함께 즐기기 위한 하나의 놀이가 되어야 합니다. 살을 맞대는 가장 원초적이고 자극적인 놀이인 섹스를 통해 부부는 서로를 어루만져줍니다. 이런 즐거움을 통해 부부는 가족의 생존과 번식을 위해 다시 협력하게 되죠. 아이가 태어난 후 찾아오는 호르몬의 변화도 대개 1~2년 후면 상당 부분 회복됩니다. 장기간 성관계를 나누는 부부 사이에서는 삽입의 과정보다는 전희와 사랑의 속삭임이 더 큰 만족을 가져다주며, 남자들이 느끼는 발기부전과 조루, 성욕감퇴의 문제도 이런 방식으로 이겨낼 수 있습니다. ▶'꼭 결혼을 해야 하나요'(460페이지), '잠자리 문제가 고민입니다'(693페이지) 참조

부부 문제

벌써 나이가 들었는지 성 기능이 떨어집니다

아직 그럴 때는 안 된 것 같은데, 부부관계를 할 때 발기가 잘 되지 않습니다. 부인 몰래 만나는 사람이 있었는데, 그때는 이따금씩이라도 큰 문제가 없었는데요. 요즘은 부인 앞에서 이런 일이 너무 많아 민망합니다.

섹스를 4단계로 보면 '성욕-흥분-오르가슴-해소'로 나눌 수 있습니다. 흥분기의 장애가 발기부전, 오르가슴기의 장애가 조루증이라고 볼 수 있습니다. 남성의 약 31퍼센트가 성기능장애를 가지고 있고, 이 중 조루가 27퍼센트, 발기부전이 10퍼센트에 해당한다는 보고도 있죠.

발기부전은 성행위가 끝날 때까지 발기를 유지하지 못하는 증상을 말하는데요. 35세 이하에서는 드물지만 나이가 들수록 증가합니다. 기질적인 원인이 있을 때는 비뇨기과를 찾아야겠지만, 젊은이나 중년의 경우 심리적인 원인이 있을 경우가 많습니다. 기상 시나 자위할 때, 배우자 이외의 상대와 성관계를 할 때 발기에 문제가 없는 경우에는 특히 그럴 가능성이 큽니다.

한편 자신이 원하기 전에 오르가슴을 느끼거나 사정하는 증상을 조루라고 하는데요. 사실 사정 시간에 대한 절대적인 기준은 없습니다. 성행위 자체에 대해 불안감이 있거나, 예전의 성경험이 직업여성과의 관계, 부모님 몰래 방에서 하는 자위, 떳떳하지 못했던 성관계여서 시간에 쫓기며 했을 경우, 또는 결혼생활에 스트레스가 있는 경우 등이 원인이 됩니다. 질에 대한 무의식적인 공포나 안 좋았던 성적 경험들이 지속되었던 경우도 원인이 될 수 있습니다.

남녀 모두 정상적인 성욕이 유지되기 위해서는 적절한 욕구, 충분한 자존감, 상대를 존중해주는 마음, 이전 성관계에서의 좋았던 기억, 섹스 아닌 다른 면에서도 파트너와 좋은 관계를 유지하는 것 등이 중요합니다. 즉, 섹스 이전에 인간관계 자체가 중요하며, 남자의 경우 특히 발기 지속시간에만 집착하는 관행에서 벗어나야 합니다.

연애 때의 성관계는 연애의 감정과 연관성을 갖는 측면이 많은 반면에, 부부 사이의 성관계는 일상생활이나 스트레스와 좀 더 연관됩니다. 연애 때는 성관계가 데이트 과정의 마지막 절정인 반면, 부부는 그러한 과정 없이 일상생활을 하다 잠자리에서 성관계가 이루어집니다. 또한 남성의 경우, 성생활을 스트레스 해소의 수단으로 삼을 수도 있고, 부인의 경우 남편이 금전적·정서적으로 충분한 만족을 주지 못하는 경우 성관계를 거부하여 이를 방어의 수단으로 쓰기도 합니다.

성은 부부 한쪽에 꼭 맞춰야 하는 것이 아니며 맞출 수도 없으므로, 서로 타협점을 찾는 것이 중요한데요. 부부관계는 상대방이 나를 어느 정도 이해하려고 노력하고 나를 존중해준다고 생각하면, 점차 변하게 되어 있습니다. 가장 경계해야 할 점은 상대방을 내 취향대로 개

조할 수 있다는 판타지에서 벗어나는 것입니다.

이러한 여러 노력에도 불구하고, 성기능장애 자체가 상당히 심각하여 일상생활과 부부관계에 영향을 줄 정도가 되면 행동치료와 같은 전문적인 치료를 시도해볼 수 있습니다. 조루의 경우 파트너가 사정이 임박했을 때 귀두관(귀두와 음경축의 경계 부분)을 엄지로 강하게 눌러주면Squeeze Technique, 발기가 20퍼센트 정도 감소하고 사정이 지연된다고 하는데, 실제 효과 여부에 대해서는 논란의 여지가 있습니다. 남성이 불안감 없이 섹스 자체에만 집중하게 해야 성행위에서 자신감을 높일 수 있으므로, 당사자가 아닌 파트너가 귀두관을 눌러주어야 더 효과적입니다. 스퀴즈 테크닉의 변형으로 스톱-스타트 테크닉Stop-Start Technique이 있는데요. 쥐어짜는 동작 없이 남성이 사정의 순간에 도달할 때 여성이 모든 자극을 중단하는 것입니다.

최근 조루의 약물치료로 다폭세틴Dapoxetine(프릴리지라는 상품명으로 처방되고 있습니다) 등의 약물이 사용되는데, 항우울제로 주로 사용되던 세로토닌 제제에서 사정 지연이 부작용으로 보고되었던 것을 응용해 제조된 치료제입니다. 우울증환자에게 조루증상이 있을 때 항우울제 처방을 하면 일정 부분 효과가 있습니다. 이외에도 부부 성치료Dual-Sex Therapy가 있는데, 이는 배우자와 함께 받는 것이 효과적입니다. 단순한 성적 문제뿐 아니라 부부의 전반적인 결혼, 정서적 관계 등을 다루는 치료입니다.

부부 성치료
마스터스Masters와 존슨Johnson이 개발한 치료법. 성기능 문제의 상당 부분은 두 부부 사이의 관계에서 기인한다고 보기 때문에 부부는 함께 한 자리에 앉아 상담치료를 받는다. 치료자는 대화를 통해 부부 사이의 문제점과 성관계의 잘못된 부분을 확인한 뒤 적절한 기법을 교육해주며, 부부는 집으로 돌아가 배운 바를 실천해보는 방식으로 진행된다.

부부 문제

배우자 이외의 다른 이성과의 만남을 꿈꿉니다

최근 회사 여직원과 깊은 관계가 되었습니다. 야근이 잦다 보니 마주칠 기회가 많았는데요. 함께 일을 할 때마다 저를 잘 이해해주어 급격히 친해졌습니다. 평소 아내와 사이가 나쁜 편은 아니지만, 대화할 때 가끔 답답함을 느끼곤 했거든요. 그런데 이 여직원과는 다정하게 대화가 이어져 전화통화가 기다려집니다.

외도를 하는 사람들에 대한 정확한 통계는 없습니다. 다만 인디애나 대학의 A. 킨제이A. Kinsey가 1948~1953년 18,000명의 미국인을 대상으로 한 성 연구결과에 따르면, 남성의 50퍼센트와 여성의 26퍼센트가 40세 전에 외도를 경험한 것으로 나타났습니다. 또한 2004년 미국 내셔널오피니언리서치센터가 미국 성인의 16퍼센트를 대상으로 한 설문조사에 따르면, 미국 남성의 21퍼센트, 여성의 12퍼센트가 결혼생활 중 외도 경험이 있다고 응답했습니다. 핀란드의 경우, 1999년 설문조사에서 41퍼센트의 남성과 30퍼센트의 여성이 살면서 외도를 한 적이 있다고 답했습니다. 한국의 경우는 공식적인 통계는 없지만, 2007년 이혼한 부부 12만 4,600쌍 중 7.8퍼센트가 배우자의 외도 때문에 갈라선 것으로 통계청 조사에 나타났습니다.

불륜은 무엇을 뜻할까요? 이 문제가 어려운 것은 사람마다 생각하는 불륜의 기준이 다르기 때문입니다. 친한 사이로 만나서 저녁을 먹거나 호감을 갖는 정도를 외도라 생각하는 사람도 있고, 섹스하는 것만이 외도라고 생각하는 사람도 있습니다.

정신분석학자 와다 히데키和田秀樹에 의하면, 결혼을 하고 수년이 흐르면 점차 아내가 남편의 심리적인 어머니가 된다고 했습니다. 아내가 어머니가 되고 남편이 아들이 되면서, 서로가 느끼는 심리적인 비중에 차이가 나게 됩니다. 결혼한 지 10~15년이 되는 40대에 이르러 바람을 많이 피우게 되는 이유가, 아이가 10대가 되면서 사춘기를 맞아 엄마에게 반항하고 성에 눈을 뜨는 것과 유사하다는 견해도 있습니다. 남자는 아내를 배신하고 싶다기보다 엄마(아내) 몰래 나쁜 짓을 함으로써 쾌감을 얻으려는 심리가 강합니다. 그래서 이혼하고 새로 결혼하기보다는 부인에게 사과하고 같이 살고 싶어합니다. 반대로 아내는 스스로가 남편의 엄마라는 생각이 없기에, 많은 상처를 받고 이혼하고 싶어합니다.

오스트리아의 심리학자인 G. 젱어G. Senger는 "내연관계가 배우자와의 관계와는 무관하다고 주장해선 안 된다"라고 했습니다. 젱어에 따르면, 불륜관계는 배우자와의 관계가 충분히 조화롭지 못할 때 발생한다고 합니다. 부부관계는 '자율성과 결속' '관철과 순응' '주기와 받기'의 균형을 이루어야 하는데, 이 3가지 균형을 유지하는 부부는 서로 만족하고 불륜이 생길 가능성이 적지만 어느 하나라도 균형이 깨지면 배우자가 아닌 다른 사람과의 관계를 통해 이를 바로잡으려고 한다는 것입니다. 주기만 하는 것도, 상대를 통제하려고 하는 것도, 무조건 상대의 말에 순응하는 것도 다 균형 잡힌 관계는 아닙니다. 이에 따르면, 결핍을 채우려고 다른 사람에게 눈을 돌리는 것이 '불륜의 조건'이 될 수 있습니다.

지금 남편이나 아내와의 관계가 예전 같지 않다고 하면, 과연 결혼생활이 얼마나 조화롭고 균형 잡혀 있는지 되돌아보아야 합니다. 바람을 피우는 가장 큰 이유 중 하나는, 상대방이 나를 이성으로 보아줄지 의구심이 들기 때문입니다. 대부분의 불륜상대가 배우자보다 더 멋있고 젊지는 않습니다. 불륜을 저지르는 사람들은 흔히 "남편(아내)은 저를 애들 엄마(아빠)로밖에 봐주지 않지만, 그 사람은 나를 여자(남자)로 봐줍니다. 그래서 제가 다시 살아 있는 것처럼 느껴져요"라고 말합니다. 상대가 나를 이성으로 생각해주고 존중해준다는 느낌이 스스로에게 '나는 사랑받을 만한 존재'라는 자신감을 부여하며, 이는 직접적인 성관계에서 오는 즐거움보다 훨씬 강력하게 느껴지는 것입니다.

부부 문제

기러기아빠로 지내는 것이 너무 외롭고 힘듭니다

올해로 기러기아빠 3년 차입니다. 이제 혼자인 것이 지긋지긋해요. 야근하고 집에 들어오면 반겨주는 가족도 없고, 밤만 되면 너무 외롭고 힘듭니다. 아내나 자식들은 제게 돈만 바랄 뿐 어쩌다 가끔 얼굴을 봐도 별로 반기지 않는 것 같아요.

기러기아빠란 자녀교육을 목적으로 배우자와 자녀를 외국으로 보내고 홀로 국내에 남아 뒷바라지하는 아버지를 말합니다. 기러기아빠는 조기유학 열풍에서 생겨난 현상으로, 평소에는 한국에 머물며 돈을 벌다가 1년에 1~2번씩 가족이 있는 외국으로 날아간다는 점에서 철새인 기러기와 비슷해 그런 이름이 붙었습니다.

떨어져 생활하는 처음 3~6개월 사이엔 오히려 아빠가 더 편안해하는 경우가 많습니다. 아이들과 엄마는 낯선 환경에 적응하느라 힘들고 말도 잘 통하지 않지만, 아빠는 그동안의 생활에서 벗어나 마음껏 자유를 누릴 수 있기 때문이죠. 친구들을 만나 밤늦게까지 술을 마시고 들어가도 잔소리하는 사람이 없으니 속이 편합니다. 하지만 이런 생활이 지속되다 보면, 서서히 외로움과 쓸쓸함이 찾아옵니다. 처음에는 하루에도 몇 번씩 화상전화나 인터넷전화로 가족과 통화를 하지만, 어느덧 통화 횟수는 하루에 한 번, 이틀에 한 번, 일주일에 한 번 정도로 줄어들고, 아이들과 부인은 점차 영어나 외국어를 많이 쓰면서 다른 삶을 살아가는 게 느껴집니다. 두 집 생활을 하다 보니 생활비가 많이 들어 돈에 쫓기고요. 기러기아빠들이 가장 고민하는 문제는 경제적인 것으로, '내가 돈 버는 기계인가'라는 생각을 하게 됩니다.

40~50대가 대부분인 기러기아빠들은 규칙적인 생활을 하지 않고, 주로 저녁에 폭식을 하거나 술로 끼니를 때우게 되어 알코올중독에 빠지는 경우가 많습니다. 영양결핍, 체력저하, 비만 등이 나타나고, 만성두통, 소화불량, 어지럼증 등에 시달립니다. 생활리듬이 깨진 상태에서 과도한 스트레스에 장기간 노출되어 고혈압, 고지혈증, 당뇨, 심혈관질환 등 생활습관질환을 키우게 되며, 무엇보다 심리적인 외로움 때문에 우울증에 쉽게 빠집니다. 성적인 욕구도 해소하기 힘들어 바람을 피우기도 하는데, 외국에서 외롭게 생활하던 배우자 역시 불륜을 저질러 가정이 해체되기도 합니다.

이 모두가 아이들의 미래와 교육을 위해 하는 희생이라지만, 실제 연구를 보면 부모와 같이 지낸 아이들의 학업성취도가 더 높다는 결과가 많습니다. 기러기가족이 되는 결정을 내리기 전, 가족이 왜 존재하는가에 대해 깊이 고려하고, 학력과 외국 경험에 대한 투자가치 역시 깊이 생각해야 할 것입니다.

기러기가족들은 다음과 같은 방법으로 가족 간의 유대를 지켜나가야 합니다.

첫째, 가족끼리 규칙적으로 연락하고 만나야 합니다. 시차를 고려해 시간을 정해둔 다음, 정기적으로 목소리를 듣고 안부를 나눠야 합니다. 둘째, 가능하면 혼자 지내지 않습니다. 서로 불편해도 아빠가 본가에 들어가 살거나 되도록 본가와 가까운 곳에서 지내는 것이 좋으며, 사람도 일정하게 만나야 합니다. 외국에서 생활하는 엄마와 아이들도 교회 등에서 같이 어울리는 모임을 만드는 것이 좋습니다. 아이들도 한국문화를 쉽게 잊어버리지 않고, 엄마도 비슷한 처지의 사람들과 어울리면서 외로움을 달랠 수 있으니까요. 셋째, 규칙적인 생활습관을 만들고, 가능하면 술을 많이 마시지 말아야 합니다. 기러기 아빠들은 대개 주량이 늘고, 심하면 알코올중독이 되기도 하므로, 규칙적인 운동과 식사를 하며 건강도 챙기고 스트레스도 해소해야 합니다. 마지막으로, 가족을 위하기보다도 자신을 챙기는 것이 중요하다고 생각해야 합니다. 가족을 위해 모든 것을 희생하는 것이 꼭 좋은 일은 아닙니다. 내가 너무 외롭고 힘들다면, 솔직하게 이야기하고 주변의 도움을 받거나 가족들이 다시 같이 지낼 수 있어야 합니다.

이혼

성격이 너무 안 맞아 이혼을 생각 중입니다

오랜 연애 끝에 결혼한 남편과 이혼할까 합니다. 연애시절에는 남편이 착하고 제 말이라면 무조건 들어주어 좋았는데, 막상 결혼해 살다 보니 남편이 이렇게 우유부단하고 사회생활에서도 무능력한지 몰랐어요. 최근 들어 이런 부분들 때문에 자주 싸우는데, 남편은 도통 말이 없어 답답하기만 합니다.

결혼은 20년 혹은 30년 이상의 삶을 독자적으로 살아온 두 성인 남녀가 만나서 함께 사는 일이니 상이한 두 역사와 문화가 충돌하는 일은 어찌 보면 당연하다고 할 수 있습니다. 사랑하는 사람과 함께하며 행복한 순간도 많겠지만, 수십 년을 따로 살아온 사람들이 갑자기 가족이 되어 한 공간에서 사는 일에는 끊임없는 노력이 필요합니다. 특히 신혼의 단꿈에서 벗어날 즈음에는 예상치 못했던 갈등이 불거지며 곤혹스러운 일이 종종 생깁니다.

흔히들 부부 사이에 문제가 생기면, 성격 차이 때문이라고 뭉뚱그려 생각합니다. 하지만 자세히 살펴보면, 그 속에는 여러 문제들이 얽혀 있는 경우가 대부분입니다. 서로의 성격이 조화를 이루지 못한 것도 문제지만, 그보다는 결혼이나 배우자에 대한 과도한 기대, 의사소통 문제, 갈등해결방식의 차이 등 다양한 요인들이 부부갈등에 큰 영향을 미칩니다.

부부갈등에 영향을 미치는 요인들 중 먼저 성격 차이에 대해 살펴보겠습니다. 부부가 성격이 안 맞는 경우는 자주 있는 일입니다. 연애 시절에는 매력적으로 느껴졌던 배우자의 성격이 막상 살다 보니 불만의 원인이 되곤 합니다. 배우자의 성격이 갑자기 바뀐 것도 아닌데, 전에는 좋았던 성격이 왜 이제 와서 못마땅해졌을까요? 가장 큰 것은 결혼의 현실성 때문입니다. 앞 사례의 남편 같은 경우 수동적인 성격으로, 연애 시절에는 모든 요구를 받아주고 양보하는 연인이었지만 결혼 이후에는 험한 세상을 살아나가는 동안 믿고 의지하기엔 못미더운 파트너로 보입니다.

서로에 대한 기대감에서 발생하는 문제도 있습니다. 완벽한 결혼이란 부부가 완전히 행복할 때 가능하고, 배우자가 상대방을 더 나은 사람으로 변화시키는 것이라는 생각을 은연중에 하기 쉬운데요. 이는 성격을 바꾼다는 것이 얼마나 힘든 일이며 긴 시간을 요하는 것인지 잘 모르기 때문에 하는 생각입니다. 결혼이나 배우자에 대해 지나친 기대를 갖는 것은 환상에 가까우며, 결혼생활을 피곤하게 만들 뿐입니다. 상대가 기대에 차지 않으면, 차츰 배우자에게 실망하고 화가 날 것입니다. 그러나 아무리 부부 사이라고 해도 사적 영역은 존재하게 마련이며, 서로의 차이를 인정하고 존중해야 오히려 행복한 결혼생활이 이루어질 수 있습니다.

의사소통 문제도 결혼생활의 성패를 가르는 중요한 요인 중 하나입니다. 앞 사례의 부부는 기대감의 불일치에서 시작하여 결국 소통 자체가 단절되는 지경에 이르렀습니다. 보통 사랑하는 사람끼리는 말하지 않아도 안다고 하지만, 건강한 의사소통은 말하지 않아도 배우자가 내 마음을 알아줄 거라고 기대하지 않는 것에서 출발합니다. 구체적으로 본인의 감정과 생각을 전달하려 노력해야 하며, 배우자에 대한 불만뿐 아니라 긍정적인 생각도 같이 표현하는 것이 좋습니다.

부부가 항상 평탄하게만 살 수는 없습니다. 가끔은 싸울 수도 있는데, 이때 어떻게 푸느냐도 중요합니다. 건강한 싸움은 문제를 해결하고, 상황을 더 나은 지점으로 이끕니다. 그러나 건강하지 못한 싸움은 그 반대의 결과를 초래합니다. 대표적인 것이 서로의 잘잘못을 따지는 싸움입니다. 싸움이 누구 탓인지 가리려고 할수록 결혼생활은 수렁 속에 가라앉을 뿐입니다.

가장 먼저 할 일은 구체적으로 갈등이 되는 포인트를 찾아내 상대방에게 '그것부터' 고쳐나갈 것을 요구하는 것입니다. 세상 누구도 자신의 성격을 하루아침에 뜯어고칠 수는 없기에 우선순위를 정해 특정 행동이나 패턴을 바꾸도록 요청해야 합니다. 이때 상대방을 비난하는 대신 정중하게 부탁하는 자세가 필요합니다. '너' 때문에 내가 이만큼 괴롭고 '네'가 결혼생활을 이렇게 불행하게 만들고 있다고 표현하지 말고, '나'는 당신의 이런 행동 때문에 이런 생각이나 감정이 생겨서 얼마만큼 괴롭다는 식의 표현이 해결에 더 큰 도움이 됩니다. 나 자신 또한 열린 마음으로 상대의 요구를 듣고 변화하려 노력해야 한다는 사실을 잊지 말아야 합니다.

배우자가 성인의 가장 친밀한 애착대상이라는 측면에서 보면, 우리는 어렸을 때 애착대상이 되었던 부모와의 관계를 현재의 배우자와 재현하고 있을 수 있습니다. 영국의 정신분석학자 J. 볼비가 제시한 애착이론에 의하면, 아기는 애착대상과의 관계유형을 내재화해 아동기나 청소년기에도 그런 패턴이 유지되며, 성인이 된 뒤에도 자녀나 배우자 등 의미 있는 대상과의 관계에서 이를 재현하는 경향이 있다고 합니다. 따라서 내가 어려서 경험한 부모관계가 어떠했고, 그 관계가 현재 배우자와의 관계와 어떤 점에서 유사한지, 나와 자녀와의 관계는 어떠한지 파악해볼 필요가 있습니다.

배우자는 나의 거울입니다. 부부는 성인이 맺을 수 있는 가장 친밀한 인간관계이며, 이 관계를 제대로 이해하는 것은 내가 가진 모든 관계를 이해하는 열쇠가 됩니다. 한때는 매력적으로 보였던 그의 성격에 대한 호감이, 어쩌면 나의 반복강박Repetition Compulsion에서 비롯되어 무한반복되고 있지는 않은가 점검할 수도 있습니다. 만약 현재 배우자와의 갈등이 나의 과거를 반복하고 있는 거라면, 오히려 부부갈등을 극복함으로써 나를 더욱 성숙하게 만드는 전화위복의 기회가 될 수도 있습니다. ▶'제가 왜 그런 생각과 행동을 하는지 이해가 되지 않아요'(820페이지) 참조

반복강박
유아기의 경험을 인생 전반에 걸쳐서 무의식적으로 반복하게 된다는 정신분석학적 개념.

부부 사이의 문제에서 객관적인 태도를 유지한다는 것은 쉬운 일이 아닙니다. 때로는 서로 지나치게 감정적으로 격앙되어 대화가 불가능할 때가 있는데, 부부가 모두 신뢰할 수 있는 친구나 선배 혹은 숙

련된 상담가를 만나 객관적인 조언을 듣는다면, 좀 더 쉽게 문제가 해결되기도 합니다. 단, 누구 잘못이 더 큰가를 심판해달라는 의도로 상담가를 찾는 거라면 그만두는 게 낫습니다. 중요한 것은 숲이 보이지 않을 때 한 발 떨어져서 전문가의 객관적인 관점을 통해 '문제가 무엇이고 어떻게 해결할 것인가'를 알아내는 것이기 때문입니다.

이혼

외도를 저지른 배우자와 계속 함께 살 수 있을까요

어려운 형편에서 서로 의지해가며 자수성가한 부부인데, 먹고살 만해졌다 했더니 남편 바람기가 발동하기 시작했습니다. 제가 아무리 감시를 하고 화도 내고 눈물로 호소를 해도, 남편은 외도를 멈추지 않네요. 저는 애들 생각해서 이혼만은 하지 않으려 했는데, 이제 한계입니다. 더는 남편에게 끌려다니기 싫네요. 이러지도 저러지도 못하는 상황입니다.

배우자의 외도를 알게 되는 순간 당사자는 이루 말할 수 없을 만큼 깊은 상처를 받습니다. 일생을 함께하기로 맹세한 동반자의 배신은 곧 심리적으로 버림받았다는 의미이며, 나의 여성성 혹은 남성성에 대한 모욕이 되기도 합니다. 그냥 덮고 살아도, 이혼해서 부부관계를 청산해도, 그 상처는 평생 가게 마련입니다.

배우자의 외도를 알게 된 뒤의 대응양식은 천차만별인데요. 문화권에 따라서도 좀 다릅니다. 개방적이고 직설적인 서양문화에 비해 우리는 좀 더 간접적이고 회피적입니다. 가정을 깨기 싫어 참아가며 사는 이들은 분노와 모멸감을 표현하지 못해 억누르고 지내다 보니 우울해지거나 화병이 나서 정신과에 내원하는 경우도 많습니다. 가슴에 한이 맺혀 수시로 '그 사건'을 언급하며 배우자를 다그쳐 부부 사이가 악화일로를 밟다가 파국을 맞는 경우도 있죠. 처음의 상처를 제대로 치료하지 않고 방치했다가 덧나는 꼴입니다.

배우자의 외도 이후에는 대개 다음의 3가지 상황이 펼쳐집니다.

첫째, 도저히 외도는 참을 수 없으니 당장 이혼하겠다는 경우입니다. 우리나라 민법 제840조에는 이혼사유로 6가지가 명시되어 있는데요. 그중 하나가 배우자의 부정한 행위이므로, 법적으로 이혼이 가능합니다. 특히 평소 부부관계가 불안정했거나, 외도가 상습적 혹은 장기간 지속되었거나, 외도 사실을 합리화하며 멈출 의지를 보이지 않거나, 외도 대상과 감정적으로 밀착되어 복귀가 어려울 때 이혼을 결정하게 되는 경우가 많습니다.

이혼을 결정하기 전, 몇 가지 시도해봐야 할 것들이 있습니다. 충동적인 결정은 문제가 될 수 있는데요. 피해 배우자가 너무나 충격을 받아서 계속 그 사건을 떠올리고 우울해한다면, 정신과 상담이나 치료를 고려하는 게 좋습니다. 심리적으로 취약한 상태에서는 합리적 결정을 내리기 어려울 수 있으므로, 정신적 안정을 찾는 것이 우선시되어야 합니다. 병원에서 우울증 치료를 받은 후 2주 뒤쯤 정반대의 결정을 내리는 경우도 흔합니다. 또한 이혼 이후에도 온갖 난관이 놓여 있는 것이 현실이므로, 지금의 괴로움을 견디고 이겨내는 것과 이혼 후에 겪게 될 시련들을 냉정하게 비교해볼 필요가 있습니다. 이런 과정을 거치고 나서 이혼을 결정해도 늦지 않습니다.

둘째, 다시는 이런 일이 발생하지 않도록 확실히 문제를 바로잡고 결혼생활을 유지하는 경우입니다. 관건은 배우자가 과연 달라질 수 있느냐의 여부입니다. 관계회복을 낙관할 수 있는 요인으로는 지금까지 안정된 결혼생활을 유지해왔고 정서적으로 가까운 사이를 유지해 온 경우, 배우자가 진심으로 후회하고 있고 부부관계 회복을 위해 노력하는 자세를 보이는 경우, 외도가 1회적이고 완전히 끝난 경우 등이 있습니다. 한번 깨진 신뢰를 회복하는 일은 깨진 도자기를 다시 붙이는 것처럼 어렵고, 그 상흔은 평생 지속될 것입니다. 하지만 보기에는 흉터가 아름답지 않아도 본인의 재기노력을 상징하는 인생의 훈장이 될 수도 있습니다.

부부관계를 회복하려 노력할 때 외도를 한 배우자와 피해 배우자 사이에는 심리적 간극이 있다는 사실을 명심해야 합니다. 외도를 한 배우자는 어쩌다 실수한 것이라고 생각하기 쉬우며 처음에는 배우자의 눈치도 보지만, 1개월만 지나도 다시 술자리를 찾는 등 예전 생활 패턴으로 돌아가려 듭니다. 반면, 피해 배우자는 여전히 그 '사건'에 매달려 지속적으로 괴로워하는 경우가 대부분이어서 상대의 이런 태도에 더 상처받기 쉽습니다. 이럴 때는 직접적이고 구체적인 요구를 하는 것이 좋습니다. 예를 들어 상대여자와 헤어졌다는 증거를 제시해달라고 하거나, 적어도 추후 반 년간은 휴대전화와 이메일을 확인할 수 있게 해달라고 하거나, 일찍 귀가하라고 요구하세요. 신뢰를 회복하는 데 도움이 된다고 생각되는 것을 구체적으로 전달해야 합니다.

셋째, 배우자의 외도를 알면서도 아예 체념해버리고 대외적인 이미지 혹은 자녀나 경제적인 이유 때문에 이혼 없이 그냥 남남처럼 사는 경우입니다. 이런 경우, 피해 배우자는 의존적이고 수동적인 성격이어서 부부 사이 외에도 사회적 관계에서 비슷한 양상을 보일 수 있습니다. 자신의 심리적 건강을 위해서라도 스스로를 재점검해야 하며, 의존적이고 자칫 피학적일 수 있는 부부관계를 극복하는 것이 성격을 바꾸는 첫걸음이 될 수 있습니다. 한 번 이런 상태에 빠지면 배우자의 외도는 재발할 가능성이 매우 높습니다. 외도한 배우자도 이제는 피해 배우자가 쉽게 이혼하지 못한다는 사실을 알아버린 데다, 그만큼 유혹을 이겨낼 힘이 약해졌기 때문입니다. 이런 결혼생활이 과연 얼마나 행복할 수 있을지 고민해봐야 합니다.

이혼

의처증/의부증 때문에 도저히 같이 살 수가 없어요

남편은 최근 주식으로 큰돈을 잃고 나서 심한 스트레스를 받고 있었어요. 그래서인지 얼마 전부터 무척 이상해졌습니다. 제가 동창회나 친목모임에 다녀오면, 누구를 만나고 왔느냐고 꼬치꼬치 묻기 시작했고 급기야 제가 외도를 한다며 밤새워 저를 다그치기도 했어요. 엊그제는 폭력까지 행사하더군요. 같이 못살겠다고 집을 나온 상태인데, 어떻게 해야 좋을까요?

매일 얼굴을 맞대고 한 공간에서 사는 배우자가 나를 집요하게 의심하고 감시한다면, 가정은 견디기 힘든 지옥이 되고 말 겁니다. 그렇게 믿지 못한다면 그냥 헤어지는 게 낫겠다 싶지만, 대개 이런 부부는 헤어지기도 힘듭니다. 소위 '너무 사랑해서' 이런 일이 벌어진다고 생각하는 것이죠. 부부란 모름지기 서로에 대한 믿음으로 맺어진 사이인데, 왜 이런 일이 벌어지는 걸까요?

의처증은 남편이 아내를 소유하려는 욕구를 반영하는데, 한 번에 다수의 정자를 생산하는 남성과 일정한 주기에 맞춰 1개의 난자만을 생산하는 여성의 생물학적인 특성을 고려하면, 여성을 독점하려는 남성의 심리가 진화론적으로 설명 가능합니다. 하지만 병적인 의처증은 남편이 성적인 열등감을 가지고 있어 아내가 외도할 가능성이 크다고 생각하거나, 자신의 성적 욕망을 아내에게 투사하는 경우에 생기기도 합니다.

의부증 아내들은 매우 의존적인 성향이거나 지나치게 꼼꼼하고 강박적인 성격을 갖고 있는 경우가 많습니다. 여성으로서의 자신에 대해 열등감을 가진 경우도 있습니다. 아내의 이런 특성이 남편의 의심스러운 행동과 맞물리면, 의부증이 나타나기 쉽습니다. ▶'상대방의 말과 행동에 어떤 의도가 숨겨져 있는지 알아낼 수 있을까요'(825페이지) 참조

의처증이나 의부증은 망상장애라는 정신과적 질환으로 분류되며, 이 경우 일반적인 설득이나 안심시키려는 노력이 통하지 않습니다. 부부생활의 은밀한 내막까지 다 공개해야 하니 어디 가서 말하기도 어렵고, 주변사람들에게는 의심 살 만한 짓을 했을 거라는 눈총을 받게 마련이어서 도움을 청하기도 쉽지 않습니다. 그러나 무조건 참고 숨기기만 하다가는 물리적인 폭력이 따르기도 하고, 가족 모두가 파국으로 치달을 수도 있습니다. 따라서 조기에 문제를 바로잡으려는 적극적인 노력이 필요합니다. 가장 먼저 할 일은 배우자가 신뢰할 만한 지인들, 특히 부모 형제 등 혈연관계에 놓인 이들에게 도움을 구하는 것입니다. 이들에게 구체적인 상황을 알리고 중재를 요청하세요. 위로와 설득도 도움이 되겠지만, 가장 중요한 것은 제3자가 지켜보고 있음을 인식시킴으로써 폭력적인 사태로 상황이 번지는 것을 막는 일입니다.

의처증/의부증 증상이 있을 때는 당연히 진료를 받아야 하지만, 부정이 의심되는 배우자가 치료를 권할 경우 이들은 순순히 응하지 않을 것입니다. 따라서 부모·형제 등의 도움을 받아 강하게 전문기관으로 이끌어야 합니다. 처음부터 부정망상 때문에 병원에 간다고 설명해줄 필요는 없습니다. 그저 부부 사이의 갈등중재를 위해 상담을 받아보자는 것만으로 충분합니다. 이때 의부증 아내는 남자의사와, 의처증 남편은 여자의사와 상담하는 것이 좋습니다. 동성 치료자는 자칫 경쟁자로 느껴지거나 부정망상의 대상으로 인식돼 치료를 거부하는 요인이 될 수 있기 때문입니다.

이혼

남편의 폭력을 고칠 수 있을까요

저희 부부는 중매로 만나 결혼 후 2년이 지난 지금까지 금슬 좋은 부부로 잘 살았습니다. 그러던 중 최근에 남편과 심하게 언쟁을 했는데, 남편이 물건을 집어던졌고 어느새 몸싸움을 하고 말았습니다. 그다음부터는 수시로 언쟁이 폭력으로 이어져, 이제 제가 병원 신세를 져야 할 정도가 되고 말았습니다. 지금은 친정에 와 있는데, 앞으로 어떻게 해야 할지 캄캄합니다.

결혼생활 도중 마주칠 수 있는 최악의 상황 중 하나가 바로 배우자의 폭력성이 드러나는 경우입니다. 앞 사례의 남편도 신혼 초까지는 자상했지만, 부부간의 갈등이 증폭되고 서로 대립하게 되면서 합리적인 방식으로 문제를 해결하지 못하고 결국 폭력이라는 극단적인 행동까지 하게 된 것으로 보입니다.

가정폭력의 가해자는 남자인 경우가 압도적으로 흔하며, 이들 역시 가정폭력의 희생자였던 경우가 많습니다. 폭력적인 아버지를 보고 자라면서 절대 자신은 그런 어른이 되지 말아야겠다고 다짐하지만, 좋은 아버지의 롤 모델을 찾지 못한 남자는 자기도 모르게 아버지의 행동을 모방하게 됩니다. 충동조절장애, 조울증, 우울증 같은 정서장애 등이 동반된 경우 언쟁 도중에 자제력을 잃고 폭발하는 경우도 있습니다.

가정폭력의 희생자인 배우자는 소극적이고 의존적인 성격이 많은데요. 처음에는 배우자의 자신 있는 모습에 끌리지만, 결혼생활이 이어질수록 폭력적이고 자기중심적인 상대에게 끌려다니는 가학-피학적인 관계에 익숙해진 자신을 발견하게 됩니다. 대개는 피해자가 아내인 경우가 많지만, 매 맞는 남편도 심심찮게 나타나고 있습니다.

최근에는 일방적으로 한쪽이 당하는 것보다 서로 비슷한 성격의 소유자가 부딪히는 경우가 많아졌습니다. 경제적 곤란, 시가 또는 처가와의 갈등, 외도문제 등으로 갈등이 생길 시, 두 사람 다 그간 쌓인 감정을 터트리며 절대 양보하지 않는 경우들로 예후가 좋지 못합니다. 가해자-피해자가 비교적 분명해 보이는 경우에도, 피해자가 단호하지 못한 태도를 보여 상대방에게 계속 정당성을 부여하거나, 폭력적이진 않지만 약점을 파고들거나, 의사소통을 거절하는 등 상대방의 분노를 유도하는 경우도 있어 부부문제는 단순한 이분법적 사고로 이해하기 힘듭니다.

일단 결혼생활에서 배우자의 폭력은 관계를 단절시키는 최악의 행동이며, 절대적으로 금해야 할 문제입니다. 그러나 폭력성을 조절하기 위해서는 먼저 그 폭력이 일어난 배경이 무엇인지 판단할 필요가 있습니다. 평소 그런 행동을 하지 않던 배우자가 일시적으로 심한 스트레스 상태에서 폭력을 행사한 것인지, 과거 성장과정에서 경험했던 부모와의 관계를 반복하고 있는지, 부부간의 언쟁 시 서로의 대화 방식에 어떤 문제가 있었는지 등을 파악해야 합니다. 그 후 폭력이 반복되지 않도록 부부싸움 시에도 미리 규칙을 정하는 등의 예방책이 있어야 합니다.

이런 부부문제에는 제3자의 객관적인 개입이나 조언이 도움이 됩니다. 부부는 자신의 모습을 객관적으로 보기 어렵기 때문에, 두 사람 모두 신뢰할 수 있는 지인이나 전문가와 대화를 통해 문제의 원인을 찾아야 합니다. 대개는 두 사람의 상호작용이 악순환되는 경우가 많으며, 자기 부모와의 갈등이 현재 배우자와의 관계에서도 반복되는 경우도 많습니다.

문제는 해결 기미가 보이지 않는 반복적인 폭력입니다. 배우자가 평소 집 밖에서도 폭력적인 모습을 보인다거나 폭력을 휘두른 후에도 배우자에게 미안해하지 않으며 적반하장의 모습을 보이는 등 개선의 여지가 보이지 않는다면, 진지하게 이혼을 고려해야 합니다. 인간관계에는 논리적으로 설명할 수 없는 가학-피학의 심리상태가 존재하며, 반복적으로 폭력대상이 되었던 사람은 종종 '내가 맞을 만했지'라고 생각하는 등 자괴감과 왜곡된 자존감이 만든 수동적인 태도를 보여 상대방으로 하여금 쉽게 폭력을 행사하게 만드는 경향이 있습니다. 반복적인 폭력이 인간 내면까지 파괴하는 것인데, 이것이 심해지면 매 맞는 아내 증후군이 생길 수 있습니다. 이런 심리상태에서는 부부의 노력만으로 문제를 해결하기 어려우니, 주변사람에게 도

매 맞는 아내 증후군
심각하고 반복적인 물리적 폭력에 노출되어 신체적·심리적 손상을 입은 경우. 우울, 대인관계 회피, 과도한 각성, 재경험, 왜곡된 자존감 등의 증상을 보이는 일종의 PTSD.

움을 요청해야 합니다.

이혼을 각오할 정도로 사태가 심각하다고 판단되면, 현실적인 준비를 해야 합니다. 먼저 배우자의 폭력을 주변에 공개하고, 병원에 가서 치료를 받고 진단서를 받아두거나, 피해 부분에 대한 증거나 증인을 확보합니다. 경우에 따라 경찰서에 신고할 수 있는데, 이는 스스로를 보호하고 배우자로 하여금 더는 폭력을 행사하지 못하게 하는 수단이 될 수 있습니다. 우리나라에는 '가정폭력범죄의 처벌 등에 관한 특례법'이 제정되어 가정폭력 희생자를 법적으로 보호하고 있습니다. 전국에 보호시설이 있으니 제도의 도움을 받을 수 있습니다.

또한 이혼과정에 대해 공부해두는 것이 도움이 됩니다. 가정폭력 상담기관에 전화를 해 정보를 얻거나, 서점에 가서 이혼과정에 대한 사례집 등을 찾아볼 수도 있고, 법조인과 상담해보는 것도 방법입니다. 때로는 적극적으로 이혼을 준비하는 과정에서 배우자의 폭력성을 고치고 정상적인 부부관계를 회복하는 경우도 있는데요. 이때 피해자가 다친 자존감을 회복해 당당한 모습을 보인다면 가능한 일입니다.

이혼

이혼 후 어떻게 살아가야 할지 엄두가 안 납니다

최근 남편과 이혼하고 집을 나와 독립했습니다. 이제 매일 사고 치는 남편 뒤치다꺼리 안 해도 된다고 생각하니 속이 다 후련하네요. 그래도 한편으로는 아이를 두고 나와 마음이 아픕니다. 어서 자리를 잡고 아이들을 데려와 안정된 환경에서 키우고 싶은데, 솔직히 전업주부로만 살아온 세월이 길어서 그런지 막막하기도 합니다.

많은 사람들이 이혼을 각오할 정도의 사유가 있으면서도 참고 사는 이유는 이혼 이후 견뎌야 할 많은 어려움 때문일 것입니다. 사회에서 이혼한 이들을 바라보는 곱지 않은 시선이나, 자녀를 책임지기 힘든 상황이 이런 어려움에 속할 텐데요. 특히 오랫동안 전업주부로 지낸 여성의 경우에는 경제적인 두려움이 가장 클 것입니다.

그러나 기억해야 할 것은 많은 평범한 사람들이 돈을 벌어 생계를 유지한다는 사실입니다. 그들에게 무슨 대단한 능력이 있어서가 아닙니다. 대개 사회생활에 필요한 기술은 몇 주나 몇 달이면 습득 가능합니다. 꼭 이혼을 위해서가 아니더라도 어느 정도의 사회경험이나 경제적인 자립은 자신감을 심어주기에 필요합니다. 요새는 취업을 목적으로 하는 기술교육을 정부에서 지원해주는 프로그램이 곳곳에 있습니다. 꼭 취업으로 이어지지 않더라도 교육을 받고 자격증을 획득해두는 것은 자기발전이나 자아성취를 위해 좋습니다.

한편 이혼 이후 자녀를 맡은 남편은 갑자기 닥친 집안일과 육아의 규모에 당황하게 됩니다. 다행히 부모나 친척에게 자녀양육을 부탁할 수 있는 처지면 좋겠지만, 그마저 여의치 않은 경우에는 정부나 공공단체의 도움을 적극적으로 알아봐야 합니다.

이혼은 도장 한 번 꾹 찍으면 끝나는 사건이 아니고, 상당한 시간을 들여야 하는 변화의 과정입니다. 부부간의 무수한 다툼 끝에 이혼을 결정하고 법적인 수속까지 마쳤더라도 끝난 것은 아닙니다. 어쩌면 이혼은 그때부터 시작일 수 있습니다. 수시로 전 배우자에 대한 분노나 패배감에 휩싸이고 때로 질투심을 느끼기도 할 것입니다. 자녀가 있을 경우, 전 배우자는 영원히 내 자녀의 양육파트너로 남게 되어 안 보고 살 수도 없습니다.

우리는 소중한 것을 잃었을 때 처음에는 그 사실 자체를 부정하고 보지 않으려 들다가, 이후에는 좌절감에 분노하고, 차차 수용하는 과정에서 우울감을 느끼다 결국 적응하는 일련의 변화과정을 겪습니다. 이혼에도 마찬가지의 과정이 존재합니다. 그 과정을 현명하게 잘 보내면 빠른 시간 내에 안정을 찾을 수 있겠지만, 많은 경우 그렇지 못합니다.

만약 이혼을 먼저 요구한 쪽이라면, 죄책감으로 인해 자신이 얻은 상처를 제대로 보듬지 못할 수도 있습니다. 이혼을 당한 쪽은 거절감과 상처로 인해 분노하게 됩니다. 때로 그런 분노로 인해 위자료나 양육권, 심지어 자녀들을 앞세워 상대에게 보복하려 들기도 하는데요. 그럴수록 당사자와 자녀들은 상처를 입게 마련입니다. 이런 경우에는 이혼과정을 마무리 짓고 새로운 시작을 도모하는 일이 불가능해집니다. 계속해서 옛 상처를 붙잡고 헤집으니, 상처가 아물 틈이 없는 것이죠. 도저히 상대방을 용서할 수 없을 때는 최소한 잊어버리려 노력하고, 결혼생활에서 누구의 잘못이 컸는지 잘잘못을 따지는 것을 피해야 합니다.

건강한 이혼을 하기 위해 몇 가지 고려할 것들이 있습니다.

첫째, 후회를 각오해야 합니다. 이혼을 결정한 뒤에는 '애초에 왜 결혼했을까' '그냥 좀 참을걸. 왜 이혼했을까' 하는 후회가 종종 밀려듭니다. 이혼하는 사람들이라면 누구나 느끼는 감정으로, 이는 지나가는 파도와도 같습니다.

둘째, 자신에 대한 확신을 굳건히 해야 합니다. 이혼은 배우자에게 거절받았다는 느낌이 들어 상처가 되기 쉬운데요. 스스로를 보호하기 위해서는 무엇보다 자기 자신을 사랑하는 일이 중요합니다.

셋째, 혼자가 되는 것에 익숙해져야 합니다. 결혼 이전, 혼자였기 때문에 가능했던 다양한 선택을 돌이켜보세요. 연극 보는 것을 즐기지 않는 배우자 때문에 결혼 이후 극장에 가지 못했다면, 기꺼이 극장에 가는 여유를 누려보는 것도 좋습니다. 생선을 좋아하지 않는 배우자 때문에 식탁에서 생선을 퇴출시켰다면, 혼자서 맛있게 생선을 구워 먹을 수도 있을 것입니다.

넷째, 자신의 새로운 측면을 발견하기 위해 애써야 합니다. 쉽게는 헤어스타일을 바꿔보거나, 새로운 취미를 찾아볼 수도 있습니다. 새로운 이성을 만나보는 것도 방법이 될 수 있죠. 또 결혼생활 동안에 전 배우자가 담당했던 역할들(가사나 돈 관리 등)은 이제 오롯이 내 몫이 됩니다. 이런 새로운 역할들을 해내면서, 아내나 남편으로서가 아닌 독립된 성인으로서 성장할 수 있게 되는 것입니다.

6장

노인의 문제

1

부모 · 자식 간의 관계

노화와 죽음

어머니가 갱년기인지 자꾸 우울해하세요

어머니가 지금 40대 후반이신데요. 요즘에 자꾸 "몸에 힘이 없다" "의욕이 없다" "가족들에게 섭섭하다"라고 하세요. 짜증도 느셨고요. 그러더니 생리가 자꾸 늦어지는 게 폐경이 된 것 같다고 하시네요.

40대 후반에서 50대 초반이면 여성은 삶에서 또 한 번의 큰 변화를 맞게 됩니다. 육체적으로는 폐경이라는 변화가 생기며, 가정이 있는 경우 대개 이 시기에 아이들이 대학입학이나 취직 등으로 어머니 품을 떠나기 시작합니다.

폐경이란 배란과 월경의 정지를 말합니다. 난소기능 저하로 인해 여성호르몬이 감소하는 현상으로, 35세 전후부터 일어날 수 있고 보통 45세 이후에 급속한 감퇴현상을 보입니다. 신체증상으로는 안면홍조, 발한, 두통, 체중증가 등이 나타나며, 비뇨생식기 증상으로 질건조증, 요실금, 방광염, 성교통이 있을 수 있습니다. 한편 심리적으로는 불면증, 의욕상실, 성욕감퇴, 감정변화, 불안, 신경과민 등의 증상도 보이는데요. 이는 이 시기에 여성호르몬 수치의 저하와 이로 인한 스트레스호르몬 활성화, 우울증과 관련된 중요한 신경전달물질인 세로토닌의 변화 등이 일어나기 쉽기 때문입니다.

따라서 폐경기에는 우울증 발병의 위험이 증가합니다. 실제 45~54세 여성의 20~30퍼센트가 폐경기 우울증상이 있는 것으로 보고되었고, 산부인과를 찾는 폐경기 여성 3명 중 1명이 우울증 진단기준에 해당된다는 보고도 있습니다. 이렇게 폐경 전후로 심각한 증상을 호소하는 경우가 흔한데도, 여전히 폐경을 노화의 전조증상으로만 여기거나, 우울감, 상실감을 감춘 채 혼자 가슴앓이를 하는 경우가 많습니다. 이런 증상은 대부분 일시적이지만, 더러는 생활이 어려울 정도로 심해 삶의 질이 떨어지고 자아에 부정적인 영향을 끼칩니다. 폐경기에 생기는 증상들의 정도는 여성호르몬의 감소량과 속도, 전반적인 건강수준과 나이 먹는 것에 대한 심리적인 대처에 따라 달라집니다.

폐경기치료는 호르몬치료, 운동, 식이요법 등이 있습니다. 호르몬치료는 유방암 가족력이나 위험성이 없는 경우에 사용할 수 있으며, 운동은 일주일에 3~4회 이상 꾸준히 해야 합니다. 또한 폐경기 이전부터 칼슘, 단백질, 비타민D를 꾸준히 섭취하는 것이 좋습니다. 무엇보다 폐경 자체를 자연스러운 신체현상이자 나이에 맞는 변화로 이해하는 것이 중요하며, 취미활동과 운동을 통해 스트레스를 관리하면서 자신의 상황을 긍정적으로 받아들여야 합니다. 폐경 이후에도 여성의 인생은 30여 년이 넘게 남아 있습니다. 폐경은 월경의 끝이지, 여성으로서의 끝이 아닌 것입니다. 여자로서의 매력이 사라진다고 해석하기보다는 폐경의 긍정적인 면, 즉 출산의 의무와 자녀양육의 부담에서 자유로워지는 점을 먼저 생각해보세요. 그리고 여자라면 누구나 겪는 일이라며 이를 대수롭지 않게 여기는 남편들이 많은데요. 폐경은 뚜렷한 증상 없이 천천히 진행되는 남자의 갱년기와 180도 다릅니다. 폐경을 겪는 부인의 상실감을 충분히 이해하고 공감해주어야 합니다.

중년은 진화과정을 거쳐 얻게 된 행운의 시간입니다. 다른 생물과 달리 사람은 생식 가능한 나이가 지나고 나서도 40년 이상을 삽니다. 이는 중년의 시기가 다음 세대에 기존 세대의 문화를 전달하는 중요한 기능을 하기 때문입니다. 더불어 중년이야말로 분명한 정체성을 가지게 되고, 자신이 원하는 것이 무엇인지 알게 되는 시기, 축복의 시기입니다. 폐경과 갱년기는 분명 커다란 변화의 시기이지만, 이는 바라보는 시각에 따라 위기일 수도, 기회일 수도 있습니다.

더 알아보기

갱년기에 필요한 마음가짐

1. 긍정적인 생각을 가지고 이후의 인생계획을 세워나간다.
2. 나 자신이 꼭 필요한 존재라는 인식을 확고히 하고, 스스로를 가꾸는 시간을 갖는다.
3. 노화는 자연스러운 현상이며 적절한 관리를 통해 건강하게 생활할 수 있음을 명심한다.
4. 인생경험을 통한 통찰력과 노년의 여유가 젊을 때의 아름다움보다 가치 있음을 기억한다.

남성 갱년기

40대 후반부터 50대 이후의 남성들도 갱년기를 경험하게 됩니다. 40대 남성의 약 50퍼센트, 70대 남성의 약 70퍼센트에서 남성호르몬 결핍이 있다는 연구조사가 있는데요. 이러한 남성호르몬의 부족을 남성갱년기Andropause Syndrome라 하는데, 이는 성욕 감소와 발기부전, 인지기능 저하, 피로, 분노, 우울증 등을 동반한 감정기복 등으로 나타나며, 근육량 감소, 체모 감소, 골밀도 감소로 인한 골다공증, 복부비만 등도 동반합니다. 남성호르몬의 저하는 나이에 따른 변화이기도 하지만, 비만, 간 기능 저하, 과도한 음주, 이뇨제나 항우울제, 위장약 등의 과량 복용, 아연 부족, 환경호르몬 섭취로 인해 발생할 수도 있습니다.

남성갱년기는 남성호르몬을 높여주고, 영양소를 보충해주어 치료할 수 있습니다. 비타민 B_6와 아연 보충(보통 하루에 아연 100밀리그램, 비타민 B_6 100~200밀리그램 섭취), 두부나 콩, 호두나 땅콩류에 있는 필수지방산의 섭취, 규칙적인 운동, 체중 및 스트레스 관리도 도움이 될 수 있습니다.

남성호르몬은 주사나 패치, 경구용 약으로 보충할 수 있습니다. 주사는 혈중농도가 갑자기 높아질 수 있기 때문에 제한적으로 사용할 수 있으며, 피부에 부착하는 패치는 일정한 농도를 유지할 수 있으나 알레르기나 사용상의 불편함이 있을 수 있습니다. 그렇지만 호르몬 치료가 남성갱년기의 만병통치약은 아니며, 전립선비대나 전립선암을 악화시킬 수 있으므로 전립선검사가 미리 시행되어야 합니다. 또한 거대유방이나 적혈구증가증상을 보일 수 있어 정기적인 검사들이 필요합니다.

노화와 죽음

자식들이 떠나고 난 뒤 홀로 남으니 너무 허전해요

딸이 작년에 결혼해 집을 나가고, 이제 남편과 둘만 남게 된 50대 주부입니다. 남편은 늘 늦게 퇴근하기 때문에, 종일 저 혼자 덩그러니 지냅니다. 세상에 혼자 남은 것 같고, 자식 키울 때와 달리 내가 아무런 쓸모없는 사람처럼 느껴집니다. 지금껏 가족들 뒷바라지를 하며 살아온 세월이 허무하고요. 이유 없이 눈물이 왈칵 쏟아질 때도 있습니다. 남편은 자식 결혼까지 시켰으니 이제 홀가분하다며 혼자 바둑도 배우고 친구들도 만나러 나가는데, 저는 아무것도 하고 싶지가 않네요. 만사가 귀찮기만 합니다. 왜 이런 걸까요?

자녀들이 학교를 졸업하거나 결혼을 하면서 독립했을 때, 부모가 느끼는 외로움, 공허감, 우울한 감정을 빈둥지증후군이라고 합니다. 자녀들은 떠나고 남편은 아직 바깥일로 바쁠 때, 엄마는 자신이 모든 것을 바쳤던 가정에 자기 혼자만 남았다는 느낌을 받곤 합니다. 그러면서 스스로를 무가치하게 여기기도 합니다.

특히 아이의 대학 진학이나 성공을 자신의 목표와 동일시하는 어머니들의 경우 나중에 빈둥지증후군 증상을 보일 확률이 높습니다. 자녀를 자신과 동일시하고 자녀에게 올인하는 삶을 살아온 부모라면, 자녀가 독립한 후에는 어떻게 될까요? 자신을 받치고 있던 가장 큰 기둥인 정체성이 흔들릴 때, 자신의 삶 자체를 비관하고 부정하게 될 것입니다.

따라서 빈둥지증후군을 예방하려면 첫째, 평소 자녀와 나를 동일시하고 지나치게 집착하는 것보다 엄마 외에 부인, 누군가의 친구 같은 다른 역할과 관계들에도 의미를 두는 것이 필요합니다. 빈 둥지라고 생각하는 그곳에 정말 빈 둥지 외에 아무것도 남아 있지 않을까요? 자세히 보면, 거기에는 여전히 남편과 친구 그리고 취미와 다른 관심사 등 내 삶의 중요한 사람들과 이뤄야 할 일들이 남아 있을 것입니다. 이제 100세 시대라고 하죠. 자녀가 독립한 후에도 무려 50여 년의 삶을 준비해야 하는 시대입니다. 따라서 자녀중심에서 부부중심, 더 나아가 본인에게 초점을 맞출 필요가 있습니다. 남편과 같이 할 수 있는 운동이나 취미가 있다면 가장 좋겠지만, 그렇지 않다면 친구들과 함께 오래 할 수 있는 취미와 관심사를 갖는 것도 좋습니다.

둘째, 자녀의 독립을 이별과 상실로만 볼 것이 아니라, 다른 의미의 성공으로 보아야 합니다. 뒤돌아 생각해보면, 분명 이전에는 내 자녀가 행복하게 자라 누군가의 사랑하는 배우자가 되는 것이 나의 큰 소망 중 하나였습니다. 그 소망을 이루기까지 가장 큰 역할을 한 사람은 바로 나 자신입니다. 그렇게 자녀의 결혼과 독립을 뒷받침해주었으니, 이제 빈 둥지에서 상실감을 느낄 게 아니라 오히려 더 자유롭고 행복한 제2의 삶을 맞이할 때입니다. 이 점을 분명히 인식해야 합니다.

셋째, 혼자 있는 시간을 줄여야 합니다. 자녀들의 뒷바라지를 하느라 채워졌던 하루일과에서 자녀들이 사라지고 나면, 남은 시간들은 고독과 상실감으로 채워지기 쉽습니다. 바쁘고 뭔가에 집중할 때 빈둥지증후군이 사라집니다.

넷째, 혼자 있는 시간을 줄이려면, 새로운 목표가 필요합니다. 그간 자녀들의 진학이나 결혼 같은 분명한 목표를 가지고 주체적으로 살아온 사람의 경우, 목표를 잃었을 때 빈둥지증후군이 찾아오기 쉽습니다. 이제는 자신만을 위한 새로운 목표가 필요합니다. 다이어트도 좋고, 새로운 배움도 좋고, 다시 일자리를 찾는 것도 좋습니다. 무언가를 시작하기에 늦은 나이란 없습니다. 자녀들 뒷바라지로 미뤄왔던 나만의 소망을 찾을 때, 빈 시간들을 더 풍성하게 채울 수 있습니다.

노화와 죽음

부모님이 돌아가셔서 마음이 너무 아픕니다

얼마 전 아버지가 돌아가셨습니다. 평소 아버지를 무척 미워하는 아들이었는데, 막상 갑자기 돌아가시고 나니 너무 죄스럽고 황망합니다. 마음을 추스르지 못해 계속 힘들어하고 있는데요. 주변에서는 처음엔 이해를 해줬지만, 제가 3개월이 지나도 상태가 좋아지질 않자 우울증 치료를 받아보는 게 어떻겠느냐고 합니다.

우리 삶은 상실에서 시작해 상실로 끝난다고들 합니다. 어머니의 자궁에서 안전하게 보호받던 아기가 태어나는 것부터가 상실입니다. 이때 최초의 상실을 경험하는 것이죠. 그러다 동생이 태어나면 엄마의 품과 젖가슴과 이별하고, 내 자리를 동생에게 빼앗기기도 합니다. 유치원과 학교에 가면 집과 헤어지는 연습을 하고, 해마다 같은 반 선생님과 친구들과 헤어지는 경험도 합니다. 사춘기가 되면 자기정체성을 확립하면서 부모를 떠나 심리적인 독립을 하죠. 나이가 들면, 친한 친구와의 이별, 가족이나 사랑하는 사람의 죽음, 질병이나 사고에 의한 신체기능의 상실 등을 겪습니다. 특히 중년기에는 부모나 선후배, 친구들의 죽음을 직접적으로 경험하게 되는데, 사람의 죽음을 슬퍼하는 반응을 우리는 '애도'라고 표현합니다.

소중한 누군가가 죽었을 때 우리는 애도 과정을 경험합니다. 애도 과정의 첫 번째 반응은 '충격'입니다. 소중한 사람이 어디에도 없다는 사실을 받아들여야 하는 과도한 부담에 목 놓아 울거나 신음하는 등 불안 혹은 공황반응을 나타내죠. 이런 쇼크단계는 일반적으로 짧지만, 회복기의 반응이 잘못될 경우 길어질 수도 있습니다.

애도의 두 번째 단계는 '슬픔'입니다. 슬픔에 잠겨 죽음을 되돌릴 수 없다고 느낄 때 무력감으로 손을 비튼다든지, 목적 없이 이리저리 걷는다든지, 옷이나 머리카락을 잡아당기는 등의 행동을 하게 됩니다. 이런 행동들이 소용없다는 것을 깨닫는 순간, 깊은 절망과 슬픔이 뒤따르면서 거의 움직이지 않은 채 축 늘어져 보내는 시간이 길어집니다.

이 과정에서 죽은 사람과 갈등이 있었거나 그에게 양가감정 혹은 죽기를 바랄 정도의 증오가 있었던 경우에는 자신의 미움이 그 죽음의 원인이 된 것 같다는 생각에 큰 죄책감을 가지게 됩니다. 자기비난이 심해지고 민감한 사람들은 우울증이 옵니다. 때때로 정신증까지 병세가 발전하는 경우도 있습니다.

세 번째 단계에서는 '분리'에 대한 반응이 나타납니다. 이 반응은 다양한 양상으로 펼쳐지는데요. 초기에는 그 사람이 세상에 없다는 것을 받아들이지 않으려고 합니다. 사람들은 중요한 대상과 영원히 이별했다는 것을 알게 되면, 불안과 분노를 느낍니다. 자신을 혼자 남겨두고 간 것에 대한 분노가 죽은 사람에게서 다른 사람에게로 옮겨

갈 수 있는데, 그로 인해서 의사나 병원관계자, 간병인 등에게 화를 내는 경우도 많습니다. 가까운 친척을 비난하기도 하고, 아니면 자신이 했어야 할 혹은 하지 말았어야 할 일로 스스로를 비난하기도 합니다. 이런 분노가 만성적으로 이어지면 슬픔과 결합해 우울증이 발생하거나, 죄책감을 속죄하는 행동을 반복하기도 합니다.

이런 애도반응은 현실을 정확하게 인식하면서 점차 강도가 약해집니다. 문득 떠오르는 작은 추억으로 다시 눈물이 나오기도 하지만, 이런 반응들도 점차 희미해져 더는 그 사람이 세상에 없다는 사실을 받아들이게 되죠.

애도 과정이 오래가고 우울증까지 오는 사람들 중에는 부모와 관계가 너무 밀접했거나, 죽음이나 상실에 대한 준비가 되어 있지 않은 상태에서 나이가 들어버린 사람들이 많습니다. 어머니에게 너무 의존하던 40~50대 자녀들의 경우, 어머니가 돌아가시면(특히 갑자기 돌아가시면) 우울증에 걸리는 일이 흔합니다. 의존할 곳 없이 혼자가 된 느낌에 힘들고, 차라리 부모를 따라 죽고 싶다는 생각마저 듭니다. 이미 사춘기에 이루어져야 했던 자신의 정체성 확립과 부모로부터의 심리적인 독립을 갑작스럽게 이뤄나가기는 어려운 일이기 때문이죠.

애도기간은 3~6개월가량 지속될 수 있습니다. 하지만 6개월이 지나도 심하게 우울하거나, 6개월 이전이라 해도 돌아가신 분에 대한 심한 죄책감, 자책감이 지속될 경우에는 우울증을 비롯해 다른 문제는 없는지 상담을 받아보는 것이 좋습니다. 증상이 심하면 우울증에 준해 치료를 하는 것이 도움이 됩니다.

부모와 자식의 갈등

옛날에 아버지가 바람을 피웠던 일이 자꾸 기억이 나요

아버지가 바람을 피운 적이 있습니다. 정확한 상황은 알지 못하지만, 당시 아버지의 외도 사실과 어머니의 분노만큼은 똑똑히 기억합니다. 이상하게도 참 오래전 일인데 최근 들어 자꾸 그 기억이 나고, 아버지에게 화가 납니다. 남자친구도 나 몰래 바람피우는 건 아닐까 의심도 들고요.

부부관계에서 외도라는 사건이 일어나면, 당사자들에게도 큰 스트레스이지만 그 부부가 이루고 있는 가정에도 굉장한 스트레스를 유발합니다. 특히 자녀에게 상당한 정신적 충격을 가져다주죠. 어렸을 때 또는 사춘기에 경험한 부모의 외도는 성장기 내내 영향을 끼치며, 성인이 된 후에도 큰 충격이 될 수 있습니다. 자녀는 바람을 피운 아버지/어머니가 가정 또는 자신을 버리거나 떠날 것이라는 불안감을 갖는데요. 이런 불안은 부모에 대한 불신 또는 분노로 이어집니다. 아이 입장에서는 부모를 단일한 존재로 인식하며 외도 이후의 잦은 갈등으로 인해 괴로울 때가 많으므로, 때에 따라서는 바람을 피운 부모뿐 아니라 다른 쪽 부모에 대해서도 분노를 함께 느낄 수 있습니다.

이런 불신과 분노가 의식 속에서 잘 정리되지 않으면, 어느 정도 시간이 지난 이후 부모에 대한 분노를 반복해서 경험할 수 있습니다. 만성적인 우울증을 갖고 있거나 대인관계에 어려움을 겪는 사람들 중에는 어린 시절 부모의 외도를 겪은 경우가 종종 있습니다. 이들에게는 부모가 자신을 버렸다고 생각하는 유기불안이 반복적으로 나타나며, 친구나 애인 같은 가까운 사람과의 관계에서 또다시 버림받을지 모른다는 감정을 재경험할 수 있습니다.

부모의 외도에 대한 기억은 청년과 성인이 되면서 이성관이 형성되는 데에도 영향을 미칩니다. 특히 반대 성 부모(아들의 경우 어머니, 딸의 경우 아버지)의 외도는 이성에 대한 기본적인 시각과 이성을 대하는 방식을 결정하기도 합니다. 예를 들면 남성의 경우 어머니가 외도 혹은 재혼한 경우 여성에 대한 부정적인 관점을 가지게 되어, 이성에 대해서도 의심하거나 집착하는 경향을 보일 수 있습니다. 동성 부모의 외도가 있는 경우에는 자신과 동성 부모를 동일시하기도 합니다. 이런 경우 이성을 사귀는 것이나 결혼에 대해 부정적인 생각을 갖게 되고 자신 없다고 느끼게 되죠.

이를 해결하기 위해서는 불안, 우울, 분노 등을 먼저 치료하고, 과거의 아픈 기억들을 정리하는 과정을 거쳐야 합니다. 처음에는 과거 부모의 문제로 자신이 힘들었다는 것을 위로받으면서 억눌렸던 감정이 풀릴 수도 있지만, 위로가 오랫동안 효능을 발휘하는 것은 아닙니다. 힘든 과정이지만, 과거의 경험을 현재의 시점에서 다시 바라보고 재구성하는 것이 필요합니다. 사춘기 때 부모의 외도를 보며 느꼈던 감정에 그대로 머물러 있는 것이 아니라, 성인이 된 현재의 시점에서 그 상황을 다시 바라보고 정리하는 것입니다.

2014년에 방영된 드라마 〈괜찮아, 사랑이야〉에서, 정신건강의학과 전문의인 여자주인공은 사춘기 시절 어머니의 외도를 목격하게 됩니다. 그 충격으로 성인이 된 현재 애인과 스킨십을 할 수 없고 결혼에 대해 부정적인 생각을 가지고 있는데요. 드라마 후반, 그녀는 어머니가 바람을 피운 상황을 한 여성의 삶으로서 객관적으로 바라보며, 어머니의 입장과 자신에게 끼친 영향을 깨닫게 됩니다. 결국 그녀는 자신의 상처에서 벗어나 사랑에 대해 긍정적인 시각을 갖게 되죠. 이러한 유형의 치유과정을 적절하게 잘 그려낸 셈입니다.

마찬가지 방법입니다. 타임머신을 타고 부모님이 외도를 했던 그 당시로 돌아가는 상상을 해보세요. 그러고 나서 이제는 나와 동년배일 부모님이 어떻게 보이는지에 대해 얘기해봅니다. 이렇게 하면, 상황을 감정적으로 보는 것이 아니라 객관적인 타인의 눈으로 바라보게 됩니다.

또는 부모가 아닌 친구나 지인이 외도를 한 상황을 가정해보는 것도 좋습니다. 과연 아는 사람이 이런 상황이라면 나는 어떻게 조언하고 행동할지를 생각하며, 자신의 아픈 기억을 객관화시켜보세요. 이 과정에서 과거와 현재를 구분할 수 있게 되며, 자신의 잘못된 관점을 스스로 옳은 방향으로 교정할 수 있습니다.

부모와 자식의 갈등

아버지가 연세가 드시더니 성격이 변하셨어요

아버지가 60세가 넘으면서부터 성격이 달라지신 것 같습니다. 사춘기 소녀처럼 소심해지고, 걸핏하면 삐치십니다. 어머니랑 툭하면 다투시고 더군다나 뉴스만 보던 분이 언제부턴가 연속극에 관심을 보이세요. 지난번엔 TV를 보며 눈물을 글썽이시지 뭐예요.

나이가 들면서 주변사람들에게서 성격이 달라졌다는 얘기를 듣는 경우는 드물지 않습니다. 그 이유는 첫째, 호르몬의 변화 때문입니다. 갱년기를 지나며 여성은 여성호르몬이 감소하고, 남성 역시 남성호르몬인 테스토스테론이 매년 꾸준히 감소하면서 40대 이후에는 20대 시기의 절반 수준으로 확 떨어집니다. 70대가 넘어가면 남성호르몬 부족증상이 70퍼센트 이상의 사람들에게서 나타나게 됩니다. 이런 호르몬 변화로 인해 남녀의 성향이 갱년기 이후로는 조금씩 바뀌어갑니다. 단, 여성의 갱년기 변화는 폐경과 더불어 눈에 띄게 급격히 나타나지만, 남성 갱년기 증상은 폐경 같은 극적인 사건 없이 오랜 시간에 걸쳐 눈에 띄지 않을 정도로 천천히 나타납니다.

두 번째 이유는 신체적 변화입니다. 젊어서는 밤을 새워가며 일해도 끄떡없던 나는 사라지고, 남 얘기로만 생각했던 고혈압, 당뇨 같은 병들을 하나씩 짊어진 '노인'이 되었다는 걸 자각하게 됩니다. 실제로 몸 쓰는 활동을 할 때면 전보다 부족한 자신을 느끼면서 위축됨을 느끼고 좀 더 조심스러워집니다.

세 번째 이유는 사회적 역할의 변화입니다. 은퇴 후에는 오랫동안 자신의 일부로 느껴왔던 명함 속 직책과 더불어 내 정체성의 일부도 잃어버리고 맙니다. 또한 생산의 주체로 활동하는 동안 늘 갖고 있던 경제력을 잃게 되는데, 이때 부인이 가정에서 차지하고 있는 공고한 입지와 비교할 때 상실감이 더 커지게 됩니다. 이런 상실감은 자신의 존재 가치에 대한 회의로까지 이어지기도 하죠.

네 번째 이유는 신체적 변화와 사회적 역할 변화의 결과라고도 볼 수 있는데요. 사회와 가족 '구성원으로서의 나'에서 '고립된 개인으로서의 나'로 이어지는 변화입니다. 고립감과 외로움을 전보다 더 느끼게 되고, 외부로 향하던 에너지가 자기 내면으로 향하게 되는 것이죠.

즉, 노년기란 신체와 직업, 사회적 관계, 가족 내에서의 역할 등 이전까지 내 정체성을 이루어왔던 많은 것들이 크게 변화함으로 상실을 겪는 시기입니다. 외부의 변화는 내면의 변화를 만듭니다. 이 변화에 잘 적응하지 못하면, 무기력함이나 우울감, 쉽게 눈물을 흘리는 모습, 피곤함, 전보다 잦아진 짜증, 이전 것에 대한 집착, 자꾸 주변에 의지하는 모습 등을 보일 수 있습니다.

이 경우 곁에서 지켜보는 이보다 본인이 더욱 힘듭니다. 이럴 때 필요한 것이 관심과 공감입니다. 불안해하지만 말고, 손을 잡고서 차분히 남편/아버지에게 이런 변화를 어떻게 느끼는지 물어보세요. 관심 어린 질문만으로도 큰 위로가 될 것입니다. 특히 갱년기를 겪는 부부는 동지이기도 합니다. 변화와 상실의 위기를 같이 겪는 동지로서, 신체적으로 정신적으로 달라진 모습을 서로 이해하고 격려하는 시간이 필요합니다.

부모와 자식의 갈등

결혼 후에도 부모님의 그늘에서 벗어나지 못합니다

제 아내는 애교가 많고 무척 사랑스러운 여자입니다. 장인, 장모님도 유독 자녀들 중에 제 아내를 예뻐했다고 하시더군요. 그래서인지 결혼 이후에도 아내가 너무 장모님께 의존을 합니다. 작은 물건 하나를 살 때에도 일일이 장모님께 전화해서 물어볼 정도입니다. 처음에는 그런가 보다 했지만, 요즘엔 점점 짜증이 납니다.

새로운 환경으로의 변화는 긍정적이든 부정적이든 항상 스트레스가 되죠. 더구나 독립이란 것은 가정 내에서 수동적인 역할을 해오다가 본인이 주가 되어 능동적인 역할을 하게 되는 것을 의미하므로 불안이 생기는 것이 당연합니다. 게다가 최근 사회는 집값, 육아, 교육환경으로 인해, 예전보다 결혼 후에도 부모에게 의존하는 경우가 많습니다. 결혼한 지 얼마 안 된 일반 맞벌이 가정의 경제수준으로는 육아를 비롯한 생활 전반의 문제를 해결하기 어려운 게 현실입니다.

그래서 최근 신혼부부 중 상당수가 독립한 것도 의존하는 것도 아닌 어중간한 형태, 즉 결혼은 하되 지원은 받는 형태를 띠는 경우가 많습니다. 그러다 보니 시가나 처가에서의 지원은 결국 부모들의 간섭으로 이어져 부부관계의 악화로 이어지는 경우도 흔합니다. 남편이 시가와 적절한 거리를 유지하지 못하면 아내는 스트레스를 받게 되며, 남편에 대한 실망감이 시어머니에 대한 적개심으로 이어지는 악순환이 일어날 수 있습니다. 반대로 아내 입장에서는 아무래도 편한 친정에 양육을 맡기는 경우가 많은데, 이 과정에서 최근에는 양육이나 집안일이 처가식구 위주로 결정되는 경우가 늘었습니다. 이 경우 남편 입장에서는 소외감을 느낄 수 있는데, 여자들 역시 그 환경이 익숙하기 때문에 심각성을 느끼지 못하기 쉽습니다.

결혼했음에도 불구하고 본가나 친정과 잘 분리되지 않는 것은 비단 경제적 문제 때문만은 아닙니다. 남편이 본가의 장손 같은 역할에 충실한 경우에는 새로 이룬 가정보다 본가에 더 비중을 두는 보수적 태도를 취하게 되는데, 며느리 입장에서는 시가의 가치관에 편입하는 것이 쉽지 않으나 남편은 공감보다는 이를 철없는 행동으로 간주하는 경우가 많습니다. 홀어머니 밑에서 자라 정서적 분리가 되어 있지 않은 아들이나, 막내로 태어나 자신의 정체성을 가족 내에서 재확인하고 싶은 남자들도 항상 본가가족 중심으로 생각하는 경향이 있습니다. 여자들은 이런 상황이 남자보다 적을 수 있으나, 어머니나 자매끼리 정신적으로 분리되지 않아 모든 결정을 친정식구에게 맡기거나, 딸로서의 역할에서 빠져나오지 못하고 친정식구들에 대해 과도한 책임감을 가지는 경우도 많습니다.

당연히 서로의 가치관에 차이가 있으므로 점진적으로 타협하는 과정이 필요합니다. 하지만 이를 해결하는 데는 여러 문제들이 따릅니다. 먼저 부모들이 자식에게 관여하는 습관을 바꾸지 못하는 경우가 있을 수 있습니다. 흔히 자식들은 "아무리 말씀드려도 소용없다" "고집이 너무 세시다"라고들 하는데요. 수십 년 이상 그렇게 살아오신 데다 나이에 따른 인지적 문제도 있는 부모님을 쉽게 바꾸기는 어렵습니다. 그렇기 때문에 부모님을 고치려들기보다는 부모님과 적당한 거리를 두거나, 정말 곤란한 문제는 초기에 정확하게 의사전달을 해두는 편이 낫습니다.

남편이나 아내의 태도를 변화시키는 것 역시 쉽지는 않습니다. 상대방이 이성적으로는 자신의 문제를 파악하고 있으나 행동이 불일치하는 경우에는 설득할 여지가 있습니다. 다만 한 집안의 구성원으로서 책임감을 중요시하는 사람들은 자신의 가치관이 확고한 경우가 많습니다. 그럴 때는 막연하게 이쪽 입장만을 얘기해선 곤란하며, 지금 시대도 유교적인 친족집단보다는 개인의 독립적인 성장을 요구하고 있다는 것을 이해시켜야 합니다. 물론 언제나 그렇듯 서로가 상대방을 공감하고 인내하는 태도를 갖출 때 가장 좋은 결과가 뒤따를 것입니다.

부모와 자식의 갈등

시어머니와의 관계를 어떻게 해야 할지 고민이에요

고부갈등이 심합니다. 시어머니와 열 번 만나면 열 번 얼굴을 붉히고 돌아옵니다. 저랑 머리끝부터 발끝까지 하나도 맞지 않는 시어머니라 도저히 답이 안 나옵니다. 시어머니와 싸움을 피할 수 있는 방법, 고부갈등을 줄이는 대화법 같은 게 있을까요?

보통 딸 같은 며느리, 엄마 같은 시어머니를 꿈꾸지만, 꿈은 꿈일 뿐 시어머니는 엄마가 될 수 없습니다. 딸과 엄마는 많은 일들을 함께 겪고 싸워가며, 서로가 다르다는 걸 받아들이는 시간을 수십 년씩 가진 사이입니다. 하지만 시어머니와 며느리는 전혀 그렇지 않죠. 그러니 지나친 기대를 접어야 합니다. 시어머니 혹은 며느리에 대한 지나친 기대는 갈등의 시작일 뿐입니다. ▶'짜증이 많아지고 화가 나면 분노조절이 안 돼요'(595페이지) 참조

먼저, '착한 며느리 콤플렉스'를 버려야 합니다. 이를 못된 며느리가 되라는 말로 착각해선 곤란합니다. '착하다'라는 말이 며느리 앞에 붙으면, '자기주장이 없다'는 말로 바뀌는 경우가 많기 때문에 하는 말입니다. 착한 며느리라는 자기최면에 너무 얽매이지 말고, 아무리 잘해도 내가 부족한 부분이 있을 수 있다는 생각을 가지세요. 이렇게

완벽한 며느리가 될 수는 없다고 한계를 인정하는 것이 스스로 짐을 덜 수 있는 길입니다.

둘째, 서로의 다름을 인정해야 합니다. 시어머니가 저렇게 잔소리를 하는 것도, 며느리가 도통 이해를 하지 못하는 것도, 다 알고 보면 서로 살아온 게 다르고 사는 방식이 다르기 때문입니다. 각자 상대방이 저러는 데는 이유가 있겠거니 하고 서로를 인정해야 합니다. 시부모는 새로운 것에 대한 호기심보다는 옛것에 대한 애착이 더 큰 나이로, 이는 뇌의 기질적 변화 문제와도 연관됩니다. 게다가 나에게는 비합리적이고 구식이지만 시어머니는 그 방식으로 평생 집안을 꾸리고 남편과 아들을 건사해왔으므로, 이것을 지적당한다는 것은 자신의 삶이 지적당하는 것과 비슷하게 여겨질 수 있습니다. 나와 '틀린' 시어머니를 변화시키려는 순간 고부갈등이 시작되고, 나와 '다른' 시어머니를 인정하는 순간 현명한 며느리 소리를 들을 수 있습니다.

셋째, 한 귀로 듣고 한 귀로 흘려야 합니다. 시어머니는 완벽한 사람이 아닙니다. 당연히 시어머니 말씀이 죄다 진리인 것도 아니죠. 상대의 말 하나하나가 다 신경쓰인다면, 자신이 인정받고 싶은 욕구가 너무 큰 탓일 수 있습니다. 너무 가슴속에 담아두지 말고 시어머니는 그렇게 생각하실 수도 있겠구나 하는 선에서 그냥 넘기는 여유가 필요합니다.

넷째, 앞서 소개한 나-전달법이라는 대화법을 활용해야 합니다. 자기주장을 하면서도 어떻게 상대를 공격하지 않을 수 있을까요? 예를 들면 "어머님, 그동안 조금만 덜 욕심내셨으면 여태껏 이렇게 상차리느라 고생할 필요는 없었잖아요?"라는 얘기는 "어머님이 가볍게 상을 차리시니까 제 부담이 확 줄어드네요"로 바꿀 수 있습니다. "어머님이 일 시키실 때 두서없이 시키셔서 제가 두 배로 힘든 거예요" 역시 "전 어머님이 이렇게 순서대로 알려주시니까, 시간도 덜 걸리고 일도 잘 챙기게 되는 것 같아요"와 같이 말하는 겁니다. ▶'아이에게 효율적인 훈계를 하려면 어떻게 말해야 할까요'(324페이지) 참조

보통 대화는 '너 전달법You-Message'일 때가 많습니다. 너 전달법은 '너 때문에' '네가 이렇게 해서' '너는'으로 시작하므로, 상대를 평가하거나 비판하는 것으로 들릴 수 있어 상대는 기분이 나빠지고 오히려 저항하게 됩니다. 하지만 나 전달법은 그렇지 않습니다. 상대에 대한 비판을 빼고 내가 뭘 바라는가만 표현하면 되기 때문에 내가 원하는 바를 상대가 좀 더 쉽게 받아들일 수 있습니다. 특히 시어머니처럼 내가 요청하기 어려운 상대일수록 나 전달법은 효과적입니다.

이 4가지 방법의 공통점은 상대가 나와 다를 수 있는 부분을 존중하는 것입니다. '다름'이 '틀림'이 아님을 인정하는 대화법, 서로를 평가하는 대신 존중하는 대화법은 갈등을 없애고 사이를 가깝게 만들어줍니다.

부모와 자식의 갈등

시가의 간섭이 너무 심해요

시어머니 생각만 하면, 우울한 기분이 들고 잠이 오질 않습니다. 시어머니가 간섭이 너무 심한 타입이에요. 아기를 친정엄마에게 맡기고 있는데 어쩌다 시어머니에게 하루만 아기를 봐달라고 부탁드리면 본인은 못 본다고 하시면서, 아이양육에는 하나부터 열까지 죄다 참견을 하세요.

며느리 입장에서는 시어머니가 편할 리가 없습니다. 며느리 입장에서야 자주 연락하지 않고 간섭도 안 하는 시어머니가 가장 이상적이겠지만, 시어머니 입장에서는 새로 가정을 꾸려 서툴기만 한 며느리에게 자기가 그간 익혀온 노하우를 전해주고 싶은 마음이 큽니다. 그러나 시어머니의 의도와는 별개로, 며느리는 이러한 시어머니의 간섭을 가정 내에서의 자기 역할을 침범하는 것으로 느끼며, 그로 인해 우울감, 스트레스를 느낄 수 있습니다.

며느리가 시어머니에 대해 거부감을 느끼는 근원은 남편에게 걸려 있는 기대, 여자로서의 전형적인 욕망의 문제, 원래 친정어머니와의 관계 문제 등으로 다양하게 생각할 수 있지만, 사실 중요한 것은 이유가 아니라 거부감이 있다는 사실 그 자체입니다. 이유를 안다고 해서 거부감이 크게 줄어드는 것은 아니기 때문이죠. 그냥 간섭 그 자체를 약간 타협하고 받아들이느냐, 받아들이지 못하느냐의 문제가 며느리 입장에서는 훨씬 더 중요한 법입니다.

시어머니가 받아들이기 어려운 요구를 하거나 본인의 뜻을 억지로 강요할 때, 며느리 입장에서는 관계가 틀어질까 봐 거절하지 못하는 경우가 많습니다. 단칼에 거절하는 것은 당연히 갈등의 시초가 될 수 있지만, 시어머니의 요구를 무조건 받아들이게 되면 나중에 갈등이 더 커져 조정 자체가 불가능해지게 됩니다. 이번에는 선약이나 중요한 일정이 있어서 어렵지만, 다음번엔 꼭 하도록 노력하겠다는 식으로 이야기하는 것이 오히려 더 나을 수 있습니다.

남편은 약간의 조정자 역할을 할 수는 있겠지만 너무 과하게 나서게 되면 오히려 관계를 악화시킬 수 있어 신중하게 행동해야 합니다. 남편은 갈등상황이 심하게 악화된다거나 시어머니가 상식선을 넘어간다고 판단될 때, "이 정도 선은 지켜주는 것이 좋겠습니다"라고 간략하게 언급해주는 정도가 좋습니다. 예를 들어, 집에 시도 때도 없이 들어오는 시어머니는 노골적으로 자신의 영향력을 과시하려고 그런 행동을 하는 것인데요. 이런 시어머니는 대개 돌려서 이야기를 하면 고쳐지지가 않습니다. 이럴 경우엔 남편이 어느 정도 짧지만 단호하게 "이런 상황은 정말 심하게 고부관계를 악화시킬 수 있어요"라고 본인 어머니에게 주지시켜야 합니다.

이 과정에서 가장 주의해야 할 점이 있습니다. 바로 부부 사이에 갈등이나 다툼이 있을 때 본가의 어머니에게 얘기하지 않고 부부 선에서 해결하는 것입니다. 부인도 마찬가지로 남편이나 시어머니 욕을 친정어머니에게 할 경우, 오해를 증폭시킬 수 있습니다. 그러다 부부관계에 양가 어머니가 개입하는 최악의 상황이 벌어질 수 있죠. 의외로 간단한 원칙이지만, 결혼 초반에 상당히 많은 부부가 저지르는 잘못이니 주의하셔야 합니다.

부모와 자식의 갈등

명절이 돌아오는 게 엄청난 스트레스예요

33살 결혼 3년 차 주부입니다. 지난 추석 때 갑자기 오른팔이 마비된 것처럼 어깨 위로 안 올라가고 잘 안 움직이는 증상이 생겼어요. 정밀검사를 해봤지만, 모두 정상이었고요. 추석 지나서는 저절로 좋아져 그냥 넘어갔는데, 하필 이번 구정 때 다시 같은 증상이 나타났습니다. 처음엔 걱정해주던 남편이나 시어머니도 제가 꾀병이라고 생각하는 것 같아 너무 억울했어요. 다시 검사를 받아봤지만 모두 정상이라며 정신과치료를 권유받았습니다.

명절이 다가오면 많은 기혼여성들이 불안, 초조, 우울, 불면, 위장장애, 호흡곤란 등 스트레스로 인해 발생하는 정신적·신체적 증상을 호소합니다. 소위 명절증후군이라 불리는 이 증상은 명절만 다가오면 자기도 모르게 과거 명절 전후로 겪었던 불쾌한 경험이 떠올라 다양한 스트레스 증상을 다시 경험하게 되는 질환의 하나인데요. 예전에는 기혼여성들 중 상당수가 명절이 되면 연휴 내내 새벽 일찍부터 밤늦게까지 집 안팎을 청소하고, 제수를 준비하고,

명절증후군
주부들이 설이나 추석 같은 명절 동안 제사상 차리기 등 많은 일에 시달리면서 경험하는 우울감, 짜증, 육체적 피로 등의 증상을 일컫는 용어. 우리나라 고유의 유교식 전통에서 발생하는 일종의 문화적 증후군이라 볼 수 있다.

어깨와 허리가 휘어지도록 음식을 만들어야 했습니다.

더 견디기 힘든 것은 심리적인 고통입니다. 어려운 경제형편과 치솟는 대목물가에 한숨이 나오는 상황에서 손 하나 까딱하지 않는 남편이나 시가식구들을 보다 보면, 당연히 불만이 쌓이고 화가 납니다. 그러나 이를 표현하지 못하고 안으로 삭이다 보니 스트레스가 쌓이게 되는 것입니다. 게다가 여러 곳에 흩어져 있던 시가식구와 동서들이 모이면서 암암리에 생기는 심리적인 갈등도 만만치 않습니다.

명절증후군의 원인은 무엇일까요? 근본적인 것은 급격한 사회변화로 인한 문화충돌이라 할 수 있습니다. 평소에는 1년 내내 각자 핵가족 문화에 둘러싸여 살다가 명절 때만 되면 이전의 유교적인 대가족 문화로 들어가게 되니, 제사나 가족관계에 대한 서로 다른 가치관이 충돌할 수밖에 없는 것이죠. 명절 때 평소보다 더 두드러지는 스트레스는 대부분 며느리에게서 나타나는데요. 음식준비 자체가 버거울 뿐만 아니라, 남녀차별, 고부갈등, 익숙하지 않은 친척들과의 갈등 등을 갑자기 접하는 것이 쉬운 일은 아닙니다. 최근에는 기혼남성들도 절반 이상이 명절증후군을 앓는다고 합니다. 경제적 부담, 교통체증, 아내의 짜증 등이 스트레스 유발요인이라는 겁니다.

세대를 거듭할수록 제사라는 유교적 행사에서 사람들이 의미를 찾지 못하는 것도 명절이 괴로운 원인 중 하나입니다. 전통이 삶 속에 뿌리내리지 못하고 무의미한 예식으로 변해가고 있다면, 이를 점차 간소화하여 부담을 덜고 친족들끼리 화목을 다지는 자리로 변형시켜야 할 것입니다.

앞 사례에 등장하는 주부의 경우 전형적인 명절증후군을 앓는 것은 아니지만, 실제로 명절이 다가오면 정신건강의학과로 내원하는 여성들을 드물지 않게 볼 수 있습니다. 평소에는 별 이상 없이 잘 지내던 이들이 명절 때만 되면 팔이 안 올라가거나, 이유 없이 두통이 심해지거나, 위장에 탈이 나는 증상이 나타나 병원을 찾기도 합니다. 면담해 보면, 이는 꾀병도 아니고 스스로 조절 가능한 질병도 아닌, 무의식이 만들어내는 증상입니다. 밖으로 표출되지 않은 억압된 정신적 스트레스가 무의식적으로 그렇게 드러난 것이죠.

사례 속 주부는 힘들다는 표현을 의식상에서 말로 하지 못하자, 무의식이 몸을 통해 대신 표현해준 것입니다. 팔이 마비된 상황에서 차례준비를 할 수는 없을 테니까요. 이런 상황에서는 가족들의 위로와 함께, 상담치료를 통해 스스로 자신이 받아왔던 스트레스와 무의식을 이해할 수 있어야 합니다.

한편 부모님에게는 명절후증후군이 찾아오기도 합니다. 며느리가 명절증후군을 극복하려면 당사자의 노력과 함께 가족들의 이해와 세심한 배려, 적극적인 협조가 필요하듯이, 부모님이 명절후증후군을 극복하는 데는 자녀들의 따뜻한 배려가 필수적입니다. 규칙적인 전화만 해드려도 큰 도움이 됩니다.

명절후증후군
자녀들, 손주들이 명절에 다녀간 이후, 보고 싶은 마음이 생겨 더 우울해지고 외로워지면서 허무한 생각이 드는 증상.

명절을 마친 후 고생한 분들에게는 감사의 한마디, 부모님께는 따뜻한 전화 한 통 드리는 것이 심리적으로 굉장히 큰 위로가 된다는 점을 명심하세요.

더 알아보기

즐거운 명절을 위한 7가지 건강수칙

1. 명절을 맞이해야 하는 현실을 받아들이고 긍정적인 사고와 즐거운 마음을 갖도록 노력합니다.

2. 가사노동을 분담합니다. 남녀가 함께 참여하고 같이 휴식을 취합니다.

3. 허례허식 없는 명절준비로 경제적 부담을 줄입니다.

4. 자주 휴식을 취해 육체적 피로를 줄입니다.

5. 일할 때는 주위 사람들과 흥미 있는 이야기를 나누면서 심리적인 부담을 풀도록 노력합니다.

6. 남편은 고생하는 아내에게 따뜻한 격려의 말을 건넵니다. 보상의 표현으로 선물을 하거나, 여행을 가거나, 집안일을 더 많이 돕습니다.

7. 정신적·신체적 증상이나 우울감이 2주 이상 지속될 경우에는 정신과전문의에게 적절한 치료를 받아 만성적 우울증으로 발전하는 것을 예방합니다.

2

노인 정신질환

치매

단순한 건망증인지 치매 초기 증세인지 어떻게 구분하죠

저희 아버지는 올해 67세이신데, 최근에 부쩍 건망증이 심해지셔서 걱정입니다. 주말에 저희 집에 오겠다고 하시고는 이번 주였는지 다음 주였는지 기억을 못 하시고, 새로 사드린 지갑도 어디 두었는지 기억을 못 하셔서 몇 시간 걸려 간신히 찾은 적도 있습니다. 아버지한테 치매가 온 걸까요? 건망증인지 치매 초기증세인지 어떻게 구분하죠?

건망증과 치매는 의사가 아닌 이상 구별하기 어려울 때가 많습니다. 그러나 건망증과 치매는 분명 다른 상태로, 기억력이 전보다 떨어졌다고 해서 모두 치매를 의심하지는 않습니다. 우리는 종종 물건이나 사람 이름이 금방 떠오르지 않는다거나, 친구와의 약속을 깜빡 잊어버렸다거나, 물건 둔 장소가 안 떠오르거나 하면, 기억력이 예전만 못하다고 느끼는데요. 본인만 이런 불편감을 느끼는 정도라면, 이는 단순한 건망증입니다. 건망증은 나이가 들면서 조금씩 심해지는 경향이 있기 때문에 노인에게서 더 많이, 더 심각하게 나타납니다. 그렇다 하더라도 그 나이의 평균과 비교해 크게 떨어지는 정도가 아니라면

'고령에 따른 기억장애Age-Associated Memory Impairment' 정도로 판단합니다.

하지만 본인뿐 아니라 주변사람들이 보기에도 기억력이 떨어진 게 확연히 나타나고, 또 객관적인 기억력검사 상으로도 그 나이 평균에 비해 기억력 저하가 두드러진다면 경도인지장애Mild Cognitive Impairment로 봅니다. 이 정도가 되면 1년에 10~15퍼센트의 높은 비율로 치매가 진행되는 고위험군에 속하며, 주의 깊은 관찰과 정기적인 검사를 필요로 합니다. 여기서 더 진행돼 기억력 및 다른 인지기능의 문제가 분명해지고, 실어증, 실인증, 일상생활의 수행능력 저하가 뚜렷이 나타나면, 비로소 치매라고 진단을 내리게 됩니다.

경도인지장애
주관적인 기억력장애를 호소하거나 객관적인 검사 상 이상이 발견되지만, 일상생활에는 지장이 없어서 아직 치매라고는 할 수 없는 상태. 즉, 정상노화와 치매의 중간단계라고 보면 된다.

실어증
언어를 이해하거나 표현하는 데 장애를 드러내는 증상.

실인증
감각자극인식장애로, 아는 얼굴을 못 알아보는 얼굴인식불능증Prosopagnosia, 자신의 신체부위 위치를 파악하는 데 장애가 있는 신체실인증Asomatognosia, 말 등 청각자극의 의미를 잘 인식하지 못하는 청각실인증Auditory Agnosia, 사물을 인식하지 못하는 시각실인증Visual Agnosia 등이 있다.

기억력이 떨어졌다 하더라도 타인이 느낄 정도, 일상생활에 지장을 줄 정도의 인지기능 저하가 나타나야 비로소 치매라 진단하기 때문에, 일상생활에서 깜빡하는 정도를 두고 미리부터 치매가 올까 봐 걱정하는 것은 오히려 정신건강에 해롭습니다.

건망증과 치매를 구별할 수 있는 몇 가지 요령이 있습니다.

첫째, 건망증은 기억의 '출력' 과정에 문제가 있고, 치매는 기억의 '저장' 자체에 문제가 있습니다. 예를 들어, 아들집에 찾아가기로 한 약속이 언제였는지 기억이 안 나는 것은 건망증이지만, 아들이 전화를 해 물어봐도 약속한 사실 자체를 기억하지 못하고 그런 약속한 적

없다고 오히려 화를 낸다면 치매입니다. 건망증은 어떤 일이 있을 때 자세한 내용 중 일부를 기억하기 어려워하지만, 치매는 그 사건 자체를 잊어버립니다. 또한 건망증은 기억이 나지 않다가도 힌트를 주면 바로 떠오를 때가 많지만, 치매는 그렇지 않습니다.

둘째, 건망증은 진행성이 아니지만 치매는 시간이 지남에 따라 증상이 점점 더 심해집니다.

셋째, 치매는 기억력만 문제가 되는 것이 아니라 언어능력이나 성격 같은 다른 부분에 있어서도 변화가 동반되는 경우가 많습니다.

이렇게 봤을 때, 앞 사례의 아버지는 건망증일 가능성이 크지만, 주변의 가족이 약간 이상하다고 느낀 것을 볼 때, 인지기능에 문제가 있을 수는 있습니다. 증상이 좀 더 진행된다 싶으면, 전문기관을 방문해 보세요. 간단한 검사로 치매 여부를 진단할 수 있습니다.

치매

우울증이 치매가 될 수도 있나요

올해 62세인 어머니가 다시 우울증이 악화되셨습니다. 이번에는 전과 달리 멍해 보이는 증상도 더 자주 보이고, 깜빡깜빡하는 횟수도 많아졌습니다. 질문에 대답하시는 것도 전보다 느려지셨고요. 우울증 치료 중이시긴 한데 혹시 치매가 온 건 아닐까요?

노인우울증에서도 증상이 진행되면, 기억력 및 집중력 저하를 호소할 수 있습니다. 우울증도 치매와 마찬가지로 기억력 저하를 동반하기 때문에, 가족들이 우울증을 치매로 오인하고 병원을 찾기도 합니다. 의사들도 한눈에 구별하기 쉽지 않아서, 이런 경우를 가성치매라고 하는데요. 진료를 통해 일반치매와 구분하는 것이 꼭 필요합니다. ▶'혹시 우울증에 걸린 것은 아닐까요'(589페이지) 참조

일반치매와 우울증으로 인한 가성치매는 몇 가지 차이점이 있습니다.

첫째, 기억력 저하의 양상이 다릅니다. 치매에 걸린 사람은 최근 일은 잘 기억하지 못해도, 오래 전 일은 여전히 잘 기억하는 경우가 많습니다. 또 언제 기억력을 평가하든 결과가 비슷하고, 기억하지 못하는 부분을 마음대로 지어내 묘사하기도 합니다. 가성치매는 단기기

억뿐 아니라 오래 전 기억도 동시에 떠올리지 못하고, 환자의 컨디션에 따라 기억력 저하의 정도에 차이를 보입니다. 기분이 좀 나은 날은 전보다 더 나은 기억력을 보이죠. 또 모르는 부분에 대해서는 지어내지 않고 그냥 모르겠다고 답합니다. 즉, 가성치매환자는 기억력 자체보다는 우울증으로 인한 정신적 에너지 저하가 문제이고, 그로 인해 금방 생각이 떠오르지 않는 것을 기억력이 떨어지는 것으로 느끼는 것입니다.

둘째, 가성치매환자는 기억력 저하에 대해 본인 스스로 무척 걱정하며, 인지기능평가에도 불안해하고 결과가 잘못 나올까 봐 자책을 합니다. 반대로 치매환자는 기억력 저하를 평가할 능력 자체에 문제가 생긴 상태라, 기억력 문제를 인정하지 않고 멀쩡하다고 우기는 경우가 많습니다. 인지기능이 낮게 나와도 오히려 무심한 모습을 보이죠.

셋째, 치매는 발병 시기가 명확하지 않고 서서히 오랜 기간에 걸쳐 진행되지만, 가성치매는 이전에 우울증 병력이 있어던 사람들이 많이 걸리며, 우울증처럼 언제부터 나빠졌는지 그 시기를 알 수 있습니다.

우울증에 의한 가성치매 진단을 받는다면, 기억력 저하 문제는 다행히 회복될 수 있습니다. 적극적인 치료로 우울증이 낫는다면, 기억력도 예전처럼 좋아집니다. 그러나 방치되는 경우 치매로 진행될 가능성이 정상인에 비해 더 높으므로, 주의 깊은 관찰과 예방이 필요합니다.

치매

치매를 초기에 진단하는 방법은 없나요

치매는 초기에 빨리 알아차리는 게 중요하다고 들었습니다. 왜 조기진단이 중요하다는 건가요?

치매의 경우 조기에 진단해 빨리 적극적으로 개입하는 것이 병의 진행을 막는 데 가장 중요하게 작용합니다. 사람들이 흔히 생각하는 치매증상인 '기억을 못 한다' '사람을 못 알아본다' 등은 어느 정도 치매가 진행된 뒤 나타나는 증상들인데요. 그 이전의 예고증상들을 가족들이 미리 알고 있으면, 예방에 도움이 될 것입니다.

그럼 초기 치매증상들에는 어떤 것들이 있을까요? 총 15개의 문항으로 구성된 치매자가진단테스트(한국치매학회 제공)가 있습니다. 각 문항은 일상생활에서 나타나는 능력이 전과 비교해 어떻게 달라졌는지 체크하도록 되어 있는데요. 합계가 7점 이상이면 치매를 의심해야 합니다.

아니다(0점), 가끔(1점), 자주(2점)

1. 오늘이 몇 월이고, 무슨 요일인지 잘 모른다.

2. 자기가 놔둔 물건을 찾지 못한다.

3. 같은 질문을 반복해서 한다.

4. 약속을 하고서 잊어버린다.

5. 물건을 가지러 갔다가 잊어버리고 그냥 온다.

6. 물건이나 사람의 이름을 대기가 힘들어 머뭇거린다.

7. 대화 중 내용이 이해되지 않아 반복해서 물어본다.

8. 길을 잃거나 헤맨 적이 있다.

9. 예전에 비해 계산능력이 떨어졌다(예: 물건값이나 거스름돈 계산을 못 한다).

10. 성격이 변했다.

11. 이전에 잘 다루던 기구의 사용이 서툴러졌다(예: 세탁기, 전기밥솥, 경운기 등)

12. 예전에 비해 방이나 집 안의 정리정돈을 잘 하지 못한다.

13. 상황에 맞게 스스로 옷을 선택하여 입지 못한다.

14. 혼자 대중교통 수단을 이용하여 목적지에 가기 힘들어한다(관절염 등 신체적인 문제로 인한 것은 제외).

15. 내복이나 옷이 더러워져도 갈아입지 않으려고 한다.

치매

치매 예방을 위해 무엇을 해야 할까요

저는 부모님 두 분이 모두 치매에 걸려 돌아가셔서, 저도 치매에 걸리지는 않을지 항상 걱정입니다. 치매를 예방하는 방법을 알고 싶습니다.

2013년 실시한 한 설문조사에서 우리 사회에서 가장 피하고 싶은 질병 두 가지로 암과 치매가 꼽혔습니다. 같은 조사에서 치매 예방이 불가능하다고 답한 응답자가 19.0퍼센트, 치료받을 필요가 없다고 응답한 사람이 15.7퍼센트에 달했는데요. 그만큼 치매가 아무 대책 없는 질병이라고 느끼는 사람들이 많다는 뜻이겠죠. 하지만 치매 예방 방법에는 의외로 여러 가지가 있습니다.

가장 좋은 방법은 나이를 의식해서 무언가를 하는 것이 아니라, 오히려 자신을 노인이라 생각하지 말고 젊었을 때와 똑같이 사는 것입니다. 1979년에 하버드 의대의 E. 랭어E. Langer 교수는 한 마을에 75세 이상의 노인 16명을 모아서 실험을 했습니다. 교수 팀은 그 마을을 마치 시간을 되돌린 듯 20년 전인 1959년의 모습으로 꾸며놓았죠. 흑백 TV에서는 20년 전 드라마가 방영되고 있었고, 노래도 20년 전 노래만 나왔습니다. 심지어 뉴스도 20년 전 일들만 나왔습니다. 그 이후 실험 참가자인 노인들에게 놀라운 변화가 생겼는데요. 제일 큰 변화는 기억력의 향상으로, 테스트 결과 10명 중 7명의 점수가 올라갔습니다. 허리가 꼿꼿해지고 얼굴도 젊어 보이는 변화들도 나타났죠. 젊은 사람처럼 대화하고 행동한 것이 실제로 사람을 젊게 만드는 결과로 나타난 것입니다.

이처럼 마음가짐이 중요한데요. 그 외에도 구체적으로 실천할 수 있는 방법들이 있습니다.

첫째, 공부해야 합니다. 젊을 때처럼 계속 배워야 합니다. 뇌는 익숙한 활동을 할 때 활성화되는 것이 아니라, 새로운 활동과 새로운 자극을 받을 때 좋아집니다. 캐나다의 E. 비얄리스톡E. Bialystok 박사는 공부하는 노인과 공부하지 않는 노인 사이에서 치매가 발생하는 차이를 연구했는데요. 연구 결과, 그가 진료한 180명의 노인환자 중 영어만 쓰는 노인과 다른 외국어를 배운 노인들을 비교했을 때, 다른 외국어를 배운 노인들이 치매가 더 적게 나타난 것으로 밝혀졌습니다.

그렇다면 공부방법은 무엇이 좋을까요? 학습이라는 점에서는 고스톱 같은 단순한 게임도 나쁘지 않지만, 단순하고 익숙한 걸 반복하는 건 뇌에 자극이 덜합니다. TV 역시 일방적으로 정보를 주입시키는 것이고요. 외국어까지는 아니더라도, 무엇이든 새로운 것을 접하고 배우는 것이 좋습니다. 그중에서도 책이나 신문은 그 내용과 내가 가진 지식을 접목할 수 있어 생각할 여지를 주므로 가장 추천할 만한 매체입니다.

둘째, 운동해야 합니다. 특히 유산소운동이 좋습니다. 많은 논문들에서 운동이 치매와 인지장애들을 예방하고, 증상이 시작된 뒤 악화를 늦춘다는 공통된 결론을 이야기하고 있습니다. 운동은 뇌로 가는 산소공급을 늘리고, 뇌세포 간의 연결을 활성화시켜 기억력, 집중력이 좋아지게 만들어줍니다.

정 제대로 된 운동을 하기 힘들다면, 걷기라도 해야 합니다. 실제로 쉽게 추천할 수 있는 방법이 걷기인데요. 걷기는 다리운동으로만 생각되지만, 실제로는 뇌운동이기도 합니다. 우리는 그냥 아무 생각 없이 걷는 것처럼 느끼지만, 실제로 길을 걸을 때 우리는 앞에 장애물도 봐야 되고, 들려오는 자동차 소리에도 신경 써야 하고, 어떤 쪽 길이 빠를지도 판단해야 합니다. 길가에 새로 어떤 가게가 생겼는지 생각하고, 이전에 여길 누구와 같이 왔었는지 떠올리며 추억에 젖기도 하죠. 우리는 걸으면서 단순히 다리만 움직이는 게 아니라 수많은 것들을 보고, 듣고, 기억하고, 판단하고, 결정합니다. 그렇기 때문에 걷기만으로도 뇌운동을 할 수 있는 것입니다.

손운동도 좋습니다. 뇌에는 우리 몸의 감각 또는 운동을 담당하는 영역이 있는데, 이 중에 손이 차지하는 부분이 30퍼센트나 됩니다. 손을 움직이면 운동과 감각, 사고를 담당하는 뇌 부위가 자극을 받게 되죠. 아이들에게도 손을 탁자 위에 고정시킨 채 절대 못 움직이게 하고 얘기하게 하면, 손을 쓸 때보다 단어나 표현이 덜 유창해지고 표현력이 떨어지는 것을 볼 수 있습니다.

셋째, 사람들과 함께하고 어울리려 해야 합니다. 이혼 후 독신으로 살면 치매 위험이 3배 높아지고, 아예 결혼하지 않고 쭉 독신으로 살면 6배나 올라간다는 연구결과가 있습니다. 활발하게 어울리는 사람들은 뇌 기능이 더 촉진되고, 신경세포 간 연결도 더 강화되며, 뇌 손상에 대해 더 빠른 회복을 보입니다. 즉 사회활동이 많을수록 치매유병률이 떨어집니다.

사회활동이라고 해서 너무 거창한 것을 떠올릴 필요는 없습니다. 가족과 같은 취미를 갖거나, 같이 여행을 가거나, 가벼운 게임을 해도 좋습니다. 동호회 활동이나 봉사활동도 치매뿐만 아니라 행복지수를 올려줄 수 있는 의미 있는 활동으로 추천할 만합니다.

넷째, 위험요소를 피해야 합니다. 먼저 고혈압, 고지혈증, 당뇨 같은 혈액순환과 관련된 성인병을 예방하거나 관리하는 것이 치매 위험을 낮출 수 있습니다. 혈액순환이 잘 되면 뇌에 산소와 영양공급이 원활해지기 때문이죠. 담배도 끊는 것이 좋은데요. 흡연은 유해산소를 발생시켜 뇌세포를 공격하며, 동맥경화증을 유발해 혈액순환을 방해하고 심장질환을 일으킵니다. 실제로 장기간 흡연해온 사람의 경우, 그렇지 않은 사람에 비해 치매 위험성이 2배 이상 높습니다. 장기간 과음한 경우에도 알코올이 뇌를 위축시키는 결과를 나타냅니다.

다섯째, 잘 먹어야 합니다. 생선과 채소, 과일을 많이 먹는 게 좋은데, 등 푸른 생선은 오메가3 지방산이 많아 뇌 건강에 좋고 항산화물질과 비타민이 풍부하게 들어 있는 녹황색채소와 과일도 좋습니다. 비만은 혈액순환을 방해하므로 치매에 좋지 않으며, 뇌졸중과 연관된 식습관도 고쳐야 합니다. 나트륨을 많이 섭취하는 습관이 있다면 심혈관질환을 유발할 수 있습니다.

또한 대충 씹고 넘기는 것보다 열심히 씹는 사람이 치매에 덜 걸립니다. 이가 다 빠진 노인이 치아가 건강한 노인보다 치매 걸릴 확률이 2배나 높다는 연구결과도 있죠. 이는 저작활동이 기억과 실행, 판단능력을 담당하는 뇌의 해마와 전두엽을 자극하기 때문입니다.

치매

아버님이 수술을 받고 나서 갑자기 치매증상을 보이십니다

아버님이 올해 76세이신데, 3일 전 계단에서 넘어지면서 엉덩이를 다치셨습니다. 평소 아주 정정하던 분이었는데, 병원에서 인공고관절수술을 받고 나서부터는 갑자기 치매 같은 증상들을 보이십니다. 갑자기 밤에 일어나 밖에 도둑이 들었으니 얼른 문을 잠그라고 화를 내시고, 간호사한테도 무슨 짓을 하느냐며 욕도 하시고요. 혼잣말을 하시는 게 헛것을 보실 때도 있는 것 같아요. 수술 이후에 갑자기 치매가 올 수도 있나요?

앞 사례에 등장하는 아버님은 섬망 증상을 보이고 있습니다. 사례에 나타난 것과 같이 증상 자체가 치매환자의 행동장애와 유사하기 때문에, 전문가들도 이를 치매로 착각하는 경우가 많습니다.

섬망
큰 수술이나 뇌에 영향을 미치는 전신질환, 약물중독이나 약물금단 등 어떤 특정 원인에 의해 급성으로 치매와 비슷한 증상을 보이는 질환.

섬망의 원인이 되는 질환들은 뇌와 관련된 질환(뇌종양, 뇌졸중)이나 심장질환, 감염성질환, 약물과 관련된 중독이나 금단, 저혈당이나 저산소증 등 다양합니다. 원인질환이 분명히 있기 때문에 치매라고 오해하고서 치료 시기를 늦추면 위험합니다. 건강하던 노인이 갑자기 섬망증상을 나타낸다면 이는 다른 전신질환을 예고하는 것일 수 있으므로, 전문의를 빨리 만나 정확한 진단을 받는 것이 우선입니다. 섬망 진단이 내려지면, 원인질환에 대한 치료를 즉각 시작해야 합니다. 또 위의 경우처럼 섬망에는 망상 또는 환각, 그로 인한 공격적인 행동과 불면증이 동반되는 경우가 많은데, 해당 증상에 따라 약물치료를 하여 환자의 안정을 도와야 합니다.

가족들이 도울 수 있는 부분은, 갑자기 인지기능이 떨어진 환자가 불안해하거나 놀라지 않도록 자극을 줄이고 편안하게 느낄 수 있는 환경을 만들어주는 것입니다. 낯선 사람의 방문을 자제시키고, 환자와 가까운 가족들이 정기적으로 번갈아가며 환자를 돌보아야 합니다. 간호 시에는 자신이 누구인지 환자에게 알려주고 환자의 이름을 불러주면서 환자를 안심시킵니다.

환자가 시간과 장소를 혼동할 경우, 밤낮을 구별할 수 있도록 너무 강하지 않은 조명을 규칙적으로 조절해 도와줍니다. 혼란스러워하는 환자에게는 지금 있는 곳이 어디인지, 오늘이 몇 월 며칠인지 등의 정보를 얘기해줍니다. 환자에게 자극이 될 수 있는 소음도 줄이고 조용한 분위기를 유지하면서 환자에게 익숙한 베개나 개인물건을 주변에 두는 것도 좋습니다.

치매

치매가 진행되면 어떤 일이 생기나요

시아버지가 치매 진단을 받으셨습니다. 늘 집안의 어른 역할을 하던 분이었는데, 하늘이 무너지는 것 같은 심정입니다. 마음을 단단히 먹으려고 하는데요. 우선 치매는 어떻게 진행이 되는지 알고 싶습니다.

치매초기단계는 발병 후 1~3년으로, 이때의 주된 문제는 '인지기능 저하' 입니다. 기억력, 특히 최근 일들을 기억하는 데 문제가 나타나고, 사회생활이나 직업을 전처럼 유지하기 어려워집니다. 하지만 혼자 하는 일상생활에는 아직 문제가 없어, 식사준비나 목욕, 대소변 처리 등은 전처럼 혼자 할 수 있습니다. 다만, 약속을 자주 까먹고, 물건 둔 곳을 기억하지 못해 한참을 헤매거나, 가스 불 끄는 걸 잊어버리고, 친한 사람 이름도 금방 떠올리지 못할 수 있습니다.

이 단계의 치료목표는 인지기능이 떨어지는 것을 늦추는 것입니다. 이때 가장 많이 처방되는 약이 도네페질 같은 인지기능개선제입니다. 또 남아 있는 기억력을 보존하는 것이 중요하므로, 전문기관에서 인지재활프로그램으로 회상요법, 노래, 그림, 신문 읽기 등을 시도 합니다.

치매가 진행되는 중기단계는 발병 후 2~10년 정도로, 기억력 저하 등 인지기능 저하가 더 심각해집니다. 전화나 TV도 혼자 사용하지 못하고, 간단한 밥상 차리기도 할 수 없게 됩니다. 언어능력도 악화되어 다른 사람들의 대화를 제대로 이해하지 못하고, 엉뚱한 말이나 형식적인 대답을 하게 됩니다. 오늘이 며칠인지도 헷갈리고, 자기가 있는 곳이 어디인지도 혼란스러워하죠. 한편으로 문제행동증상이 초점이 되는 단계로, 익숙한 장소에서도 길을 잃고 배회하고, 판단력이나 참을성이 떨어져 쉽게 화를 내고 흥분하거나 울기도 합니다. 지나친 성적 행동을 보이기도 하고 밤낮이 바뀌어 잠을 안 자기도 합니다. 치매 때문에 성격이 변한 것 같다는 말을 듣게 되는 시기입니다.

이러한 문제행동에 대해서는 적극적인 약물치료가 필요합니다. 이때 정신과 처방을 사용하는 것에 대해 가족들이 죄책감을 느끼며 망설이는 경우가 많은데요. 가족이 편하자고 환자를 약으로 재우는 것 같고, 안정제가 치매노인들에게 해로울 것이라고 오해해서 그렇습니다. 하지만 안정제를 처방하는 이유는 가족들을 편하게 하기 위해서가 아니라 환자의 증상을 줄여주기 위해서입니다. 불면증과 감정기복, 우울감, 환각 등은 치매환자에게 커다란 고통이기 때문입니다.

여기서 더 진행되면, 말기단계에 들어섭니다. 대개 발병 후 8~12년에 해당하죠. 이 단계에서는 가족도 못 알아보고, 기력이 떨어져 공격적인 행동을 하거나 배회하지도 못합니다. 남아 있던 기억마저 대부분 사라지고, 웅얼거리거나 아예 말을 안 하는 등 의미 있는 대화를 할 수 없게 됩니다. 대소변을 가리지 못하게 되고, 걷는 방법을 잊어버리거나 엉덩이를 끌며 이동하고, 손 움직임이 의지대로 되질 않아 수저질에 어려움을 겪습니다. 한마디로 혼자서는 아무것도 할 수 없는 상태가 되어 전적으로 다른 사람에게 의지해야 합니다. 이 단계에서는 흔히 발생하는 욕창이나 폐렴, 낙상 등을 잘 관리할 필요가 있습니다.

치매

치매의 치료는 어떻게 이루어지나요

어머님이 올해 80세이십니다. 1년 전부터 조금씩 기억력이 떨어지셔서 병원을 갔더니 치매 진단을 받았습니다. 이에 따른 처방도 권유받았는데요. 치매는 뇌의 기능이 저하되어 오는 것으로 다시 뇌세포가 살아나거나, 뇌 기능이 좋아질 수 없는 불치병이라고 알고 있습니다. 그런데도 병원에서 치료를 권하는 것은 왜 그런 건가요?

두통이 하나의 진단이 아니라 증상이듯, 치매 역시 하나의 진단명이 아니라 어떤 원인으로 인해 기억력, 판단력, 언어능력 등의 인지기능 저하가 오면서 일상생활에 장애가 되는 상태를 통틀어 말하는 용어입니다. 치매에는 60여 가지가 넘는 다양한 원인질환이 있으며, 그중 대표적인 것이 혈관성 치매와 알츠하이머 치매입니다.

혈관성 치매는 뇌졸중과 같은 뇌혈관 질환으로 인해 나타나는 치매인데요. 뇌혈관 이상으로 뇌세포 손상이 나타나며, 뇌질환의 경과에 따라 갑작스럽게 발생하는 것이 특징입니다. 사람들이 일반적으로 치매라고 하면, 흔히 알츠하이머 치매를 말하는 것인데요. 이는 전체 치매환자의 60~80퍼센트를 차지하는 가장 흔한 치매입니다. 치매를 연구했던 독일의 정신과의사 A. 알츠하이머A. Alzheimer의 이름을 따서 붙여진 명칭입니다. 그는 기억력 저하와 망상을 보이는 환자를 부검하여 그 뇌조직에서 치매의 원인이 되는 이상 단백질인 베타아밀로이드Beta-Amyloid를 발견했는데요. 이 독성 단백질이 뇌에 축적되어 뇌세포를 파괴하고 뇌의 신경연결망의 작동을 방해하는 것입니다.

아직까지 치매발병 이후 퇴행된 뇌세포를 되살리는 치료방법은 없습니다. 치매환자를 치료해도 병에 걸리기 이전의 건강한 상태로 100퍼센트 돌아가지는 못하죠. 그럼에도 불구하고 치매환자를 치료해야 하는 데는 여러 가지 이유들이 있습니다.

가장 큰 이유는 치매환자는 치료 없이 방치될수록 악화되기 때문입니다. 치매환자에게 남아 있는 건강한 부분을 최대한 오래 유지해 삶의 질을 지키는 것이 치매 치료의 목표입니다. 초기에 치매를 발견해 바로 적극적인 치료를 시작한 경우와 방치한 경우, 초기에는 차이가 없지만 10년 후에는 커다란 차이가 있습니다. 방치한 경우에는 인지기능 저하나 행동증상이 더 심각해져 가족과의 생활이 어려워지고 요양시설에 가야 할 확률이 몇 배로 커집니다. 환자의 삶의 질은 물론 가족의 부담이 크게 늘어나게 되죠.

약물치료는 인지기능장애에 대한 약물치료와 정신행동증상에 대한 약물치료로 나뉩니다. 인지기능장애에 대한 약물은 인지기능개선제라고 불리며, 기억력과 관련된 신경전달물질인 아세틸콜린의 분해를 막고 그 양을 증가시킴으로써 치매의 경과를 6개월에서 2년 이상 늦출 수 있습니다. 치매의 초기와 중기에 효과가 더 큽니다. 알츠하이머병 환자는 사망 전 마지막 3~5년간 심각한 장애를 겪는데요. 약물치료를 통해 이런 심각한 장애를 앓는 기간을 1년 이내로 줄일 수 있습니다. 환자의 삶의 질도 개선할 뿐더러, 돌보는 가족들의 정신적·경제적 부담도 줄이는 효과가 있죠.

정신행동증상에 대한 약물치료는 치매환자가 기본적으로 보이는 기억력 등 인지기능의 장애 외에, 공격적 행동이나, 의심이나 망상, 초조불안 등의 행동증상이나, 우울감과 무기력 등의 증상을 호전시키는 것이 목표입니다. 실제 치매환자를 돌보는 가족들에게는 인지기능장애보다 난폭한 행동이나 의심 같은 증상들이 더욱 큰 스트레스가 됩니다. 약물치료를 통해 우울한 환자는 덜 우울하게, 욕설이나 폭력 성향이 있는 사람은 충동을 스스로 조절하고 진정할 수 있게, 망상이나 환청을 경험하는 환자는 망상과 환청을 줄일 수 있도록 처방합니다. 이는 환자와 돌보는 이 모두의 정신적·신체적 안녕을 위해 꼭 필요한 치료들입니다.

가족들은 먼저 치매환자의 심리를 이해해야 합니다. 치매환자는 기억력이 떨어지고 혼자서 일상생활을 못 하는 것에 대한 걱정과 스스로 자기행동을 조절하지 못하는 것에 대한 불안, 전보다 고립되고 혼자라는 느낌으로 고통받습니다. 치매환자라고 해서 대화가 안 된다고 선입견을 가지는 사람들이 많은데, 환자의 불안이나 우울한 느낌을 공감하면서 들어주는 것만으로도 큰 격려와 위로가 됩니다. 또 환자가 이상행동을 보일 때는 치매라고 해서 무조건 수용할 것이 아니라, 분명하게 지적해주어 멈출 수 있게 돕고, 문제행동을 멈췄을 때는 적극적으로 칭찬하고 지지해줘야 합니다. 환자에게 약속이나 정보를 알려줄 때도 환자의 상태를 고려해 쉽고 분명하게, 하나씩 차근차근 알려주어야 함은 물론입니다. 필요할 때에는 말로만 할 게 아니라, 메모나 수첩 등을 활용하는 것도 좋습니다. 환자가 생활하는 곳의 환경들은 혼란스럽지 않아야 합니다. 단순하고 쉽게 환자에게 익숙한 환경으로 만들어주세요.

정서

어머니께서 바깥 활동도 없이 너무 집에만 계십니다

어머니가 너무 집 안에만 계십니다. 부모님 두 분이서 계속 사시다가 아버지가 1년 전에 암으로 돌아가신 후 어머니 혼자 살고 계신데요. 막연히 걱정이 됩니다. 계속 이렇게 혼자만 계시는 게 건강에 해가 되지 않을까요?

2012년 통계청의 사망원인 통계를 보면 서울의 65세 이상 인구 10만 명당 자살률은 54.1명으로, 15~64세의 23.7명과 비교해 2배가 넘습니다. 왜 이렇게 노인자살률이 높을까요? 바로 노인에게 취약한 요인들 때문인데요. 노인들의 삼고三苦로 불리는 질병, 가난 그리고 간과하기 쉬운 요인인 고독입니다. 이 3가지 문제로 우울증이 오기 쉽고, 충분한 도움을 받지 못한 채 방치될 경우 자살에 이르기도 합니다.

주변에 독거노인을 흔히 찾아볼 수 있는 시대입니다. 빠르게 진행된 도시화, 핵가족화에 의해 도시에 사는 노인 절반 이상이 노인단독가구 또는 독거노인입니다. 유교적 가치가 약해지면서, 자녀들이 부모를 부양해야 한다는 의식 또한 전보다 많이 약화되었습니다. 3대가 모여 살던 시절에는 가족 안에서 해결할 수 있었던 일들이 이젠 노인 개인의 문제로 남게 되는 경우가 많습니다. 급속도로 늘어난 독거노인의 외로움이 신체와 정신에 어떻게 영향을 미치는지 살펴보겠습니다.

병이 났을 때 외롭고 주변사람들에게 서운했던 경험은 모두가 느껴봤을 것입니다. 그렇다면 거꾸로 외로움이 몸에 병을 일으킬 수도 있을까요? 스웨덴 카롤린스카 의대에서 실행한 연구를 보면 이혼 후 독신으로 살면 치매 위험이 3배 더 높아지고, 아예 젊어서부터 계속 독신으로 살면 6배나 올라간다고 합니다. 실험결과 외로움을 느끼면 인체 면역반응이 떨어져, 똑같이 독감예방주사를 맞아도 그렇지 않은 사람보다 외로움을 느끼는 사람들에게서 항체반응이 16퍼센트 더 낮게 나타납니다. 고독감을 호소하는 사람들의 혈압이 30포인트 더 높으며, 심장질환으로 발전할 가능성도 증가한다는 연구결과도 있습니다. 외롭다고 힘들어하는 사람의 뇌를 촬영해보면 신기하게도 신체적인 통증을 느끼는 사람의 뇌와 같은 모습을 보입니다. 그만큼 외로움은 뇌에 좋지 않은 영향을 줍니다.

외로움이란 꼭 배우자를 통해서만 채워질 수 있는 감정은 아닙니다. 사랑과 우정을 나눌 수 있는 다른 사람, 가족이나 친구가 있다면 치유받을 수 있는 감정이죠. 혼자 계신 부모님이 계시다면 첫째, 그 시간이 외로움으로 커지지 않게 가족들이 먼저 전보다 많이 찾아가고, 더 많이 대화를 나눠야 합니다. 한마디로, 더 많은 관심을 보여야 합니다. 눈을 맞추고 10분만 대화해보면 부모님들의 심리를 알 수 있습니다. 말씀 중에 '외롭다'거나 '아프다' '막막하다' '죽고 싶다'는 표현을 하신다면, 특히 주의하셔야 합니다. 이는 우울증의 위험신호이기 때문입니다.

둘째, 혼자 있는 시간을 같이 있는 시간으로 바꿀 수 있게 도와야 합니다. 이전에 가까이 지내던 친구들과도 다시 어울릴 수 있게 격려해주시고, 취미나 다른 활동도 권하되, 가능하면 사람들과 어울려서 할 수 있는 활동으로 권하는 것이 좋습니다.

셋째, 노인들은 웬만해서는 심리적인 문제로 병원을 찾지 않습니다. 그냥 부모님에게 맡길 것이 아니라, 심리적인 문제가 걱정되는 경우 적극적으로 병원을 권하고 함께 내원하는 것이 좋습니다.

정서

늙으면 우울해지는 게 당연한 것 아닌가요

얼마 전 어머니 회갑잔치가 있었습니다. 가족들이 축하드리는 자리에 오랜만에 모였는데, 어머니가 좋아하지도 않으시고, 인사도 잘 안 받으시고, 귀찮아하시는 눈치였습니다. 아버지 말씀으로는 벌써 1개월 이상 저렇게 말씀도 안하시고, 자꾸 누워만 계시려고 한답니다. 병원에서 노인우울증이 의심된다고 정신과 진료를 권유했지만, 어머니는 나이 들면 원래 다 그런 거라며 싫다고 하십니다. 노인분들이 우울해하시는 건 나이 때문이니 그냥 지켜봐도 괜찮은 걸까요?

노인이 되면 생활고나 건강문제 그리고 전보다 좁아지는 대인관계로 인한 고독감 등 고민이 많아져 우울하다고 호소하는 경우를 흔히 볼 수 있습니다. 이런 이유로 나이가 들면 얼굴에 주름이 생기듯 우울증이 생기는 것도 당연하다는 얘기가 나오는데요. 이런 선입견은 버려야 합니다. 통계를 보면, 65세 이상 노인의 경우 우울증의 유병률은 적어도 4명 중 1명 꼴로, 당연한 상태가 아니라 일부가 겪는 치료해야 할 질환이 분명합니다.

우울증의 일반적인 심리적 요인을 '상실'이라 할 때, 노인은 그야말로 '총체적 상실'을 겪게 됩니다. 나이가 들며 은퇴를 하면 경제적 능력도 이전 같지 않고, 사회에서도 가정에서도 존경의 대상이 못 된다고 느낍니다. 게다가 육체적 건강도 이전 같지 않다는 것을 느끼면서 점점 위축되고 자신감을 잃어갑니다. 사회와 가정에서 자신의 자리가 없어진다는 상실감이 노인우울증의 주원인인 셈입니다.

노인우울증의 특징은 무엇일까요? 우울감이나 불안초조, 무기력, 능력에 대한 상실감, 절망감 등을 호소한다는 면에서는 다른 나이대의 우울증과 유사한데요. 노인우울증만의 특징이 몇 가지 있습니다.

첫째, 심리적 증상 외에 몸이 여기저기 아프다고 호소하는 경우들이 많은데, 이는 노인들이 자신의 우울한 심리를 말로 잘 표현하지 못해 신체적 증상으로 표현하는 것입니다. 둘째, 반응이 느려지기 때문에 기억력이 나빠진 것으로 보이는 경우가 있어 치매로 오인되는 경우도 많습니다(가성치매). ▶ '우울증이 치매가 될 수도 있나요'(782페이지) 참조

앞 사례처럼 노인우울증이 의심되면, 바로 정신과를 찾아야 하는데요. 노인 역시 상담과 항우울제를 통해 치료합니다. 다만 노인의 신체 기능을 고려해 약의 부작용과 안전성을 더 중요하게 여깁니다.

먼저 노인은 소화기능과 약을 흡수하고 배출하는 기능이 떨어지므로, 효과보다 안전성이 중요합니다. 소량 복용에서 시작해 경과와 부작용을 관찰하며 천천히 양을 늘려야 합니다. 또한, 노인은 기존의 신체질환으로 다양한 종류의 약을 섞어서 먹는 경우가 많아 약물의 상호작용에 주의해야 합니다. 끝으로, 노인은 낙상 등에 항상 주의해야 하므로, 졸릴 수 있는 성분을 처방할 때는 더 주의를 기울여야 합니다.

정서

저러다가 자살하실까 봐 걱정돼요

올해 72세이신 홀어머니를 모시고 사는 아들입니다. 어머니가 특별히 아픈 데는 없으신데, 자꾸 죽고 싶다는 말씀을 입에 달고 사십니다. 동생은 원래 노인들이 버릇처럼 그런 말을 하니까 너무 신경쓰지 말라고 하는데, 불안해지는 건 어쩔 수가 없네요. 병원에 모시고 가야 할까요? 죽고 싶다고 하실 때 어떻게 말씀을 드려야 할까요? 정말 난감합니다.

우리나라는 OECD 국가 중 노인자살률 1위라는 불명예를 안고 있습니다. 노인자살자의 숫자도 10년 새 2배로 늘었죠(10만 명당 노인자살자가 2000년 43.2명에서 2010년 80.3명으로 증가). 이렇게 노인자살문제가 심각한 상황인데도 불구하고, 정작 노인들의 죽고 싶다는 표현은 그냥 일상적으로 내뱉는 푸념 정도로 간과되는 경우가 많습니다.

노인자살의 주원인은 우울증으로, 노인들이 죽고 싶다고 말하는 것은 실제 자살에 대한 충동을 표현하는 것으로 보아야 합니다. 이들은 충동적으로 자살하기보다 오랜 시간 고민 끝에 자살을 행동으로 옮기는 편인데요. 자살성공률도 높아서 더 위험합니다. 자살은 시도 전에 힌트를 남기는 경우가 많습니다. 어두운 표정과 우울한 느낌, 활동이나 식사량, 말수가 갑자기 줄어드는 모습, 이유 없이 여기저기 아프다고 호소하는 증상이 보이면 우울증을 의심해야 합니다. 앞 사례처럼 죽고 싶다는 표현을 직접 하거나 죽음에 대한 표현을 평소보다 자주 할 때, 갑자기 유언장을 작성하거나 재산 및 대인관계 등 주변을 정리하는 모습이 보이면, 위험신호라고 판단해야 합니다.

부모님이 "늙으면 죽어야지"라고 하는 혼잣말을 하셨다면, 어떻게 해야 할까요? 자식들에게는 이 말이 걱정스럽고 불편해 외면하고 싶겠지만, 그 짧은 얘기 속에 담긴 많은 중요한 의미들을 살펴야 합니다. 많은 자녀들이 하는 실수는 "그런 생각 마세요. 아직 건강하신데, 왜 그런 얘기를 하세요?"라고 하며 대화의 기회를 끝내는 것입니다. 이런 말은 위로로 들리기보다 오히려 이해받지 못한다는 느낌과 고독감을 증폭시키기만 합니다. 심한 경우 이 말을 들은 부모님은 마음을 닫고 자살신호를 다시는 표현하지 않을 수도 있습니다.

그러므로 그런 말을 들었을 때는 "요즘 마음이 안 좋으세요?" "어떤 일로 그렇게 느끼세요?"라는 질문을 재차 던져보세요. 그러다 보면 부모님의 "늙으면 죽어야지"라는 말 아래 깔린 '내 삶이 더는 의미가 없다. 살 가치가 없다. 소중한 것들을 잃어버렸다. 비참하다' 같은 진짜 감정에 대해 들을 수 있을 것입니다.

그렇다면 노인들이 공통적으로 힘들어하는 주제는 무엇일까요? 크게 3가지가 있습니다.

첫째, 건강문제입니다. 한두 가지 지병을 달고 사는 경우가 대부분인 노인에게 질병은 고통의 가장 큰 원인이 됩니다. 둘째, 은퇴 후에 겪는 경제적 어려움입니다. 평균수명은 점점 늘어나는데 은퇴시기는 점점 당겨지고 있으니, 직업을 잃고 나서도 살아야 하는 기간 동안의 경제적 부담이 전보다 훨씬 커진 셈이죠. 셋째는 외로움과 상실감입니다. 가까운 사람들이 먼저 죽거나 질병을 앓으면서, 대인관계는 점점 좁아지고 고독감은 커져가는 것입니다.

부모님이 나이 듦에 의해 느끼는 상실감과 고통을 자식이 같이 이해하고 공감해줄 때, 부모님의 우울증은 호전될 수 있습니다. 문제를 해결해줄 수 없을까 봐 질문하기 두려울 수도 있을 겁니다. 특히 부모님의 건강문제나 경제적 문제는 해결해드리기 어려울 수 있습니다. 그렇다 해도 가족이 내 처지를 이해해주고 같이 걱정해준다고 느끼는 것만으로 부모님은 커다란 위로를 받을 수 있습니다. 어쩔 수 없는 문제에 대해서라면 더욱 그렇습니다.

답을 찾기 어렵다면, 이렇게 되물어볼 수도 있을 겁니다. "그렇다면 남은 인생을 조금 더 뜻깊게 사실 수 있도록 어떻게 하고 싶으세요? 제가 어떤 부분을 도와드리면 좋을까요? 제가 힘이 되어드리고 싶습니다." 이런 질문이 부모님 마음속 막힌 벽에 뜻밖의 작은 문을 뚫어드릴 수도 있음을 명심하세요.

정서

죽음을 앞두신 부모님을 어떻게 대해야 할까요

아버지가 암으로 3개월 시한부 판정을 받으셨습니다. 아버지는 지금 주변 모든 사람에게 화를 내고 계십니다. 시한부 판정을 내린 의사에게도, 가족들에게도, 심지어 병이 난 것도 모르고 살아온 자기 자신에게도 화를 내십니다. 얼마 남지 않은 귀한 시간을 아버지가 이렇게 화만 내다 돌아가실까 봐 걱정입니다. 아버지를 어떻게 이해하고 도와야 할까요?

시한부 판정을 받고 죽음을 앞둔 사람은 인생에서 가장 받아들이기 힘든 결정, 그것도 자신이 결과에 아무 영향도 끼칠 수 없는 결정을 받아들여야 하는 문제에 부딪히게 됩니다. 사랑하는 사람과의 이별이나 실직 같은 문제도 받아들이기 어려운 일이지만, 죽음이란 그 어떤 고통보다 더 받아들이기 어려운 것일 수밖에 없습니다. 죽음을 앞둔 환자의 심리상태는 어떻게 변해가며, 이를 지켜보는 사람은 어떻게 그를 도울 수 있을까요?

의료계에서 최초로 호스피스 운동을 시작한 정신과의사 E. K. 로스E. K. Ross는 수많은 말기환자들을 상담하면서 죽음을 앞둔 환자들이 공통적으로 겪는 심리과정을 발견했습니다. 일반적으로 죽음을 앞둔 환자는 5가지 심리적 단계를 거쳐가면서 죽음을 받아들이게 됩니다.

첫 번째는 '부정'의 단계입니다. 질병과 죽음 자체를 부정하는 단계죠. 처음 시한부 얘기를 듣게 되면, 너무나 엄청난 결과 앞에 저항하게 되고 이를 쉽게 받아들이지 못합니다. 병원과 검사의 신뢰성을 부정하면서 오진이란 얘길 듣게 되길 희망하며 다른 병원을 찾아가거나, 마치 진단을 듣지 못한 사람처럼 의사 말을 무시하고 평소처럼 직장에 나가고 가족에게도 알리지 않는 경우도 흔합니다. 이럴 때 가족은 환자의 고집을 꺾기 어렵다고 해서 보고만 있어선 안 됩니다. 믿고 싶지 않은 환자의 심정은 공감해주되, 치료에 있어서만큼은 엄격하게 전문가를 따를 수 있도록 격려해야 합니다.

두 번째는 '분노'의 단계입니다. 결국 죽음이 임박했다는 사실을 받아들이게 되면, '왜 하필 나한테 이런 고통이?' 하는 마음에 분노가 치솟습니다. 이때 분노의 대상은 가족과 담당의사를 포함해 어떤 사람이든 될 수 있죠. 이때 당사자의 분노에 가족들이 지친 나머지, 같이 분노로 대응해선 안 됩니다. 인내심을 가지고 분노하는 마음과 당사자가 느끼는 억울함을 같이 이해해줄 수 있을 때 환자가 다음 단계로 넘어갈 수 있으니까요. 앞 사례의 아버지가 처한 단계도 바로 이 단계이며, 이때 환자가족에게 필요한 것은 인내심과 관용 그리고 이해심입니다.

세 번째는 '협상'의 단계입니다. 자신이 의지할 수 있는 것들을 통해 타협과 흥정을 시도하는 단계죠. 언제까지만 살게 해달라고 혹은 살려만 준다면 평생을 신에게 헌신하겠다고 기도하기도 합니다. 의사에게도 수술이든 뭐든 하겠다, 치료비도 얼마든지 내겠으니 언제까지만 살게 해달라고 애원하기도 합니다.

네 번째는 '우울'의 단계입니다. 이제 죽음을 되돌릴 수 없다는 것을 깨달은 환자는 우울증환자와 비슷한 모습을 보입니다. 이제 아무것도 할 수 없다는 생각을 하고 상실감과 무력감을 나타내면서, 더는 살려달라고 애원하지도 않습니다. 모든 것을 포기하고 내려놓는 것이죠. 가족들도 보지 않으려 하고, 아무것에도 관심을 보이지 않습니다. 심지어는 자신의 병세와 치료에 대해서도 무관심한 모습을 보여 가족들을 불안하게 만듭니다. 가족들은 이때 죽음조차 앗아갈 수 없는 소중한 것들이 있음을 환자에게 알려주어야 합니다. 그동안 환자가 살면서 경험하고 이뤄왔던 소중한 가치들은 사라지지 않을 것이며, 가족을 위해 해왔던 일들과 추억들은 죽음 후에도 항상 남은 이들의 마음속에 살아 있을 것임을 이야기주어야 합니다. 임종 후에도 영원히 환자를 그리워하고 사랑할 것이라는 확신은 죽음을 앞둔 환자에게 큰 위안이 됩니다.

마지막은 '수용'의 단계입니다. 자신이 세상을 곧 떠날 것이라는 사실을 담담히 받아들이고, 남아 있는 짧은 순간들을 의미 있게 정리하는 단계죠. 이 단계에 이르러서야 비로소 환자는 마치 다른 세상으로 긴 여행을 떠나는 것처럼, 평온한 마음으로 죽음을 받아들이게 됩니다.

환자가 겪는 이 5가지 단계는 환자의 가족도 경험하게 됩니다. 각과정을 미리 예상하고 이해하며 다음 단계를 준비하면, 환자가 그 단계에 직면했을 때 조금 더 편안하게 그 단계에 대처할 수 있게 도울 수 있습니다.

사람들은 반드시 누구에게나 죽음이 찾아온다는 것을 알면서도, 죽음에 대해 얘기하는 것은 금기시하는 모순된 태도를 가지고 있습니다. 그러나 죽음은 피할 수 없는 것이며, 인생의 마지막 순간일 뿐입니다. 죽음은 두렵지만, 노인들에게는 젊은 사람들 생각만큼 금기시되는 주제는 아닙니다. 실제로 자신의 죽음을 담담하게 준비하는 노인들을 우리는 자주 봅니다. 그분들은 자신이 묻힐 곳도 미리 둘러보고, 영정사진도 미리 찍어 놓으며, 유언장도 작성해놓습니다. 준비가 안 된 상태에서 갑작스러운 선고를 받게 되면 일시적으로 충격에 빠지지만, 대부분의 사람들은 죽음을 담담하게 수용합니다.

그러므로 죽음을 앞둔 노인들을 대하는 가장 현명한 태도는 있는 그대로 솔직하게 죽음에 대해 이야기를 나누고, 지금까지 살아왔던 삶에 대해 회고하며, 얼마 남지 않은 소중한 순간들을 즐겁게 웃으면서 보내는 것입니다. 죽음에 대한 이러한 성찰은 아직 죽음이 멀게만 느껴지는 젊은이들에게도 필요한 자세일지 모릅니다.

3부

심리학의 중요개념

2부에서는 사람의 내적 심리 상태와 다양한 관계에 따라 발생하는 문제들에 대해 살펴보았습니다. 이 고민의 해법을 찾아가는 과정에는 여러 가지 정신의학적 이론들과 임상 경험이 바탕이 되었습니다. 실제로 저희가 진료실에서 가장 많이 들었던 질문들을 토대로 실제 삶을 살아가며 마주치는 고민들을 정리해 담다 보니, 가능하면 독자 여러분이 쉽게 이해할 수 있도록 최대한 풀어서 내용을 쉽게 전달하고자 했습니다. 사정이 이렇다 보니 더 깊이 있는 내용을 담지 못해 아쉬움이 남았습니다. 그래서 지금부터 펼쳐지는 3부에서는 2부의 이론적 토대가 된 심리학과 정신의학의 핵심적인 내용들을 정리해보았습니다.

3부가 다소 어렵게 느껴질 수도 있는데요. 당연한 일입니다. 전공 서적에서나 만날 수 있을 법한 내용들일 테니까요. 3부부터는 2부를 읽고 심리학과 정신의학에 대해 흥미를 느껴 좀 더 공부하고 싶은 의욕을 느낀 분들만 읽어보셔도 됩니다. 그저 부담 없는 도전인 셈입니다.

여기에 소개된 개념들을 읽고 충분히 이해하신 다음 이 책을 다시

한 번 읽는 것 또한 재미있는 도전이 될 수 있을 것입니다. 마치 맛있는 디저트가 요리 전체의 풍미를 업그레이드하는 것처럼 말이죠.

의식과 무의식

사람의 심리에 대해 잘 알 수 있었으면 좋겠어요

호감을 갖고 있는 사람이 있는데, 그 사람 마음을 도무지 알 수가 없어요. 그도 나를 좋게 생각하는지, 겉으로만 웃는 건지 가끔 헷갈립니다. 그 사람의 심리를 알 수 있다면 정말 좋을 것 같은데요. 하긴 나도 내 마음을 모르는데, 남의 마음까지 어떻게 알 수 있겠어요.

사람은 환경 속에서 더 잘 살아남기 위해 다른 사람들과 관계를 이루며 살아가도록 진화해왔습니다. 다른 사람과 협력함으로써 서로의 생존에 도움이 되는 방법을 찾으려 했고, 한정된 자원을 남보다 더 많이 확보하기 위해 경쟁을 하기도 했죠. 때로는 자신의 이득을 위해 상대를 공격하기도 했습니다. 이렇듯 사람과 사람 사이에서 일어나는 여러 가지 상호작용은 삶에서 매우 중요한 것이었고, 사람들은 나 아닌 다른 사람의 행동을 미리 예측하고 적절히 대응하길 원했습니다. 그리하여 '그런 행동을 하게끔 만든 근본적인 동기'에 관심이 모아졌는데, 그것이 바로 우리가 '심리'라고 부르는 현상입니다. 사람의 심리를 알게 되면 그를 이해할 수 있게 되고, 그러면 앞으로 그가 어떻게 행동할지 예측할 수 있게 되는 것입니다. 그러면 나는 그와 더 잘 협력할 수도, 경쟁을 할 수도, 때론 그를 이길 수도 있게 됩니다.

인간의 심리에 대한 연구가 체계적이고 과학적으로 이루어진 지는 얼마 되지 않습니다. 철학이나 종교 등을 통해 사람의 마음에 대해 성찰하고 사색한 것은 오래 전부터이긴 하지만, 현대와 같이 논리적이고 입증 가능한 방식으로 사람의 심리를 연구하기 시작한 것은 150년 정도에 불과합니다. 그리고 1900~1950년 사이에 꽃피운 프로이트 학파의 이론은 단순한 감금이나 막연한 치료가 이루어졌을 뿐인 그간의 정신과적 치료에 새로운 시각을 제공해주었습니다. 지금은 이미 오래된 개념이다 보니 실제와도 다르고 논리적으로도 빈틈이 많다고 평가되긴 하지만, 프로이트의 정신분석학적 개념에 대한 이해는 사람의 심리에 대해 이해하는 첫걸음이 될 수 있습니다.

심리학을 배우지 않았더라도 우리는 의식과 무의식이라는 개념에 대해 어느 정도 알고 있고, 또한 이런 표현을 일상생활에서도 자주 사용합니다. "내가 약속에 늦을까 봐 무의식중에 빨간불인데 횡단보도를 건넌 거야"라는 식으로 말입니다. 이때 무의식은 '나도 모르는 사이'라는 의미로 사용되었지만, 그 뜻을 가만히 들여다 보면 '내가 의식하지 못하는 사이'라는 말입니다. 사람은 늘 모든 것을 신경 쓰며 '의식'할 수 없기 때문에, '무의식'의 순간들은 엄청나게 많습니다. 다만 의식하지 않고 있으므로 무의식이라는 게 있다는 사실을 느끼지 못하고 있을 뿐입니다. '무의식이라는 게 정말로 있는가'라는 의문은 프로이트가 사용한 독일어 'Unbewusst'가 영어의 'unconscious(무의식중의)'로 번역되면서 생겨난 오해에서 비롯된 면도 큽니다. 원래 프로이트가 의도한 의미는 'unaware(자각하지 못한)'에 더 적합하며, 그래서 요즘은 의식자각Conscious Awareness이라는 용어를 사용하기도 합니다. 식물인간처럼 잠든 듯 깨어나지 않는 상태를 말할 때에도 '의식이 없다'는 표현을 쓰는데 이 경우와 구분하기 위해서죠. 따라서 일반인도 무의식이라는 용어를 다소 혼동할 수 있습니다.

모든 순간을 의식하며 살 수는 없습니다. 의식하지 않은, 즉 의식적으로 자각하지 못한 사이에 일어나는 모든 행동과 생각들은 모두 무의식인 셈입니다. 그러므로 여태까지 아무도 생각하지 못했던 무의식이라는 개념을 프로이트 혼자 발견해낸 것도 아니며, 더군다나 발명해낸 건 더더욱 아닙니다. 인간에게는 늘 무의식의 영역이 있었고, 인간을 이해하는 데 있어 무의식이 매우 중요하다는 사실을 프로이트가 처음으로 입증한 것일 뿐입니다. 빨간불에 횡단보도를 건너던 나의 '의식'은 약속시간에 늦을까 봐 걱정하고 있었지만, 나의 '무의식'은 사실 그 약속에 가고 싶지 않았던 것일 수 있습니다. 이런 식으로 프로이트는 사람심리에는 자기도 모르는 어떤 거대한 영역이 있음을 주장하면서, 심리에 대해 체계적이고 과학적으로 분석하기 시작했던 것입니다.

의식과 무의식 개념을 현대사회에 적용해 비유하자면 다음과 같습니다. 우리는 매일 컴퓨터를 사용합니다. 이때 우리 눈에 보이는 것은 모니터에 나타난 화면입니다. 하지만 그런 화면이 나타나는 것은 본체에서 일어나는 작동 덕분입니다. 그렇게 보자면, 무의식은 하드디스크입니다. 태어날 때부터 기본적으로 장착된 기능뿐만 아니라 어렸을 적 기억들이 모두 하드디스크에 저장되어 있습니다. 필요할 때 해당 자료들을 꺼내 화면에 띄우면 이것을 우리는 눈으로 볼 수 있게 되는 것이고, 이런 상태가 바로 '의식'인 셈이죠.

많이 알려져 있지는 않지만, 심리학에서는 의식과 무의식 사이에 있는 '전前의식'이라는 개념을 사용합니다. 완전히 의식하고 있지는 않지만, 그렇다고 무의식처럼 저 깊은 곳에 감춰져 있는 정도는 아닌 상태가 바로 전의식입니다. 약속에 늦을까 봐 걱정하는 마음이 의식이고 사실 그 사람과 만나고 싶지 않았던 마음이 무의식이라면, 전의식은 약속시간에 촉박하게 되기까지 다른 일을 하느라 분주했던 상황 정도라고 할 수 있습니다. 조금만 생각을 집중해보면 스스로 '의식'할 수 있는 생각이나 기억, 동기 등이 전의식이며, 그래서 의식되기 전 단계라는 뜻에서 전의식이라고 부릅니다. 전의식을 컴퓨터에 비유하면 메모리RAM인 셈입니다.

프로이트는 인간의 정신세계가 의식, 무의식, 전의식의 3가지로 이루어져 있다는 지형모형Topographic Model을 제시한 바 있습니다.

이후 프로이트는 여러 연구 끝에 인간 정신세계의 구조를 설명하기 위해 더 정교해진 이론을 제시했는데, 이드Id, 자아Ego, 초자아Superego로 이루어진 삼원적 구조모형Structural Model이 그것입니다. 이드는 오로지 욕구를 채우고 긴장을 해소하는 것만을 추구하는, 대부분이 무의식에 속하는 요소입니다. 자아에는 의식적인 부분과 무의식적인 부분이 모두 존재하는데, 환경을 탐색해서 입력된 정보를 기초로 판단

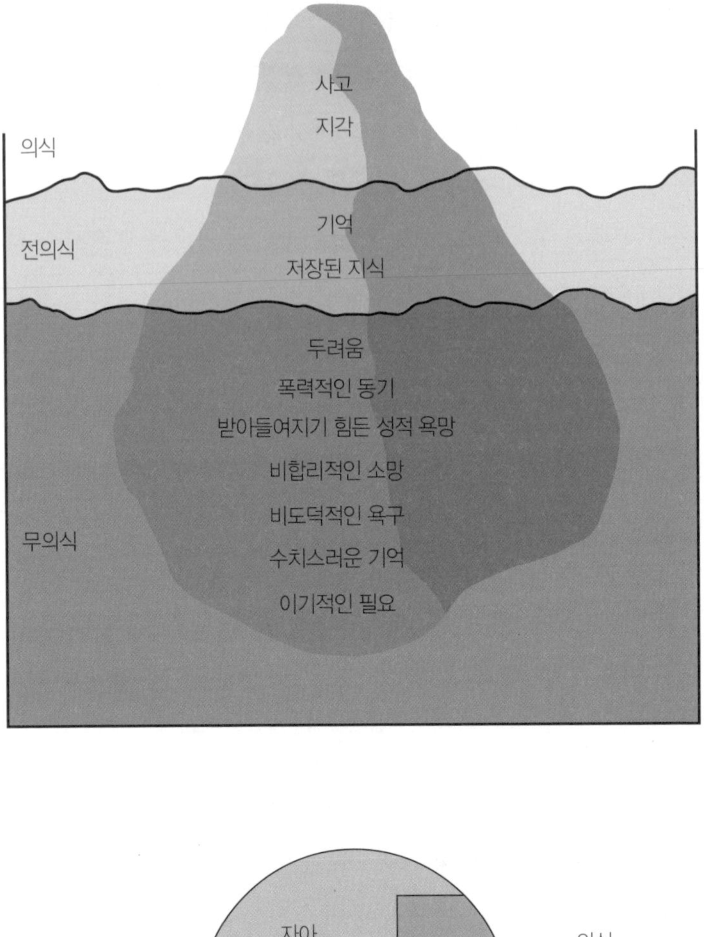

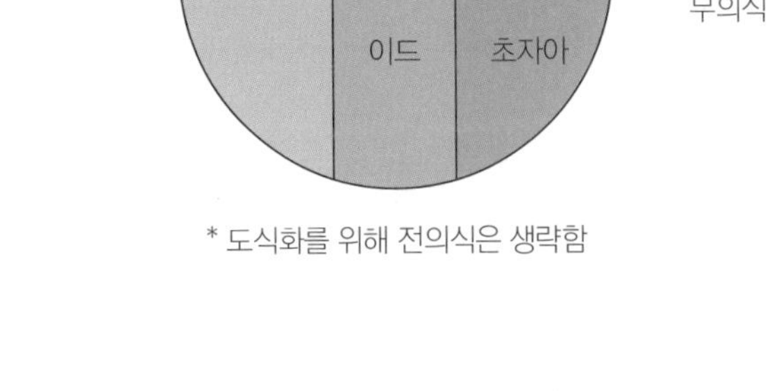

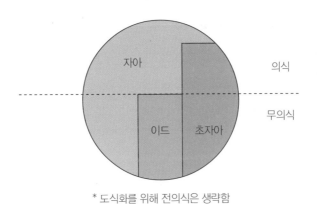

* 도식화를 위해 전의식은 생략함

을 내리고 최대한의 욕구 충족을 위해 실행 역할을 담당하는 의식적인 부분과, 성욕이나 공격성 같이 처리하기 곤란한 강력한 본능을 다루기 위해 발달된 다양한 방어기제인 무의식적인 부분이 그것입니다. 초자아는 해서는 안 되는 것을 금지시키는 도덕적 양심과 해야 할 것들을 제시해주는 자아이상Ego Ideal으로 구성되며, 무의식적 부분과 의식적 부분 모두 존재합니다.

정신결정론

제가 왜 그런 생각과 행동을 하는지 이해가 되지 않아요

좋아하는 사람이 있는데, 제 친구들은 다 별로래요. 저와 어울리지 않을 뿐만 아니라 객관적으로도 조건이 별로 좋지 않다는 거죠. 그런 얘기들이 일리가 있긴 한데, 저는 감정적으로 받아들이기가 힘드네요. 저도 제가 왜 이러는지 모르겠어요.

사람들은 때로 상식적으로 이해가 되지 않는 행동들을 합니다. 그러면 분명히 안 될 것 같은데도 고집을 부리죠. 누가 봐도 어울리지 않는 사람을 계속해서 좋아하는 경우도 그렇습니다. 주변사람들이 그 사람은 너와 맞지 않는다고 충고해줘도 당사자만은 애써 무시하는 듯 대수롭지 않게 여깁니다. 이런 점은 자기 자신의 행동을 곰곰이 되짚어볼 때도 느낄 수 있습니다. 자기가 왜 그렇게 행동하는지 스스로도 이해가 되지 않는 것입니다. 나도 그 사람이 나와 어울리지 않는다는 걸 알지만, 그에게 끌리는 마음을 어쩔 수가 없습니다. 그래서 그에게 집착하고 미련을 갖습니다.

사람의 심리는 이성적인 논리만으로 설명되지 않는 부분들이 많습니다. 그렇다고 사람의 심리가 전혀 합리적이지 않게 무작위적으로 작동하는 것은 물론 아닙니다. 심리에도 나름의 규칙이 있고 이유가 있습니다. 다만 그 규칙과 이유가 쉽게 드러나지 않을 뿐입니다. 내가 어떻게 생각하고 어떤 식으로 행동하는지는 나의 완전한 자유의지에 의한 것처럼 느껴집니다. 하지만 사실은 어떤 원인이 있기 때문에 그런 생각과 행동을 하게 되는 것이죠. 이런 개념을 정신분석학에서는 '정신결정론Psychic Determinism'이라고 부릅니다. 어떤 생각과 행동을 하게 되는 데는 감춰진 무의식적 이유가 있기 때문이라는 겁니다. 물론 본인은 그런 무의식적인 동기를 의식하지 못하고 있죠. 즉 자각하지 못한 숨겨진 이유가 있다는 뜻입니다.

실제로 정신을 결정짓는 무의식적 원인의 상당 부분은 어린 시절로 거슬러 올라갑니다. 어릴 때 처했던 환경과 자라오면서 겪은 경험들이 심리의 커다란 밑바탕을 이루죠. 어른이 되어선 그 시절 일들을 대부분 기억하지 못하지만, 물밑에 감추어진 빙산의 커다란 밑바닥은 수면 위 의식세계에 영향을 끼치기에 충분합니다. 그래서 심리학적으로 모든 갈등의 원인이 되는 것은 '마음 속 아이Child-Within'이며, 어른의 심리 속에는 여전히 아이가 살고 있는 것입니다. 누가 봐도 어울리지 않는 그 사람에게 자꾸 끌리는 데는 어떤 무의식적인 이유가 있을 것이며, 대개 그 이유는 어린 시절에서 찾을 수 있습니다. 내가 무척이나 좋아하던 어린 시절 아버지의 모습이 그 사람에게서 은연중에 느껴졌기 때문에 그토록 그를 좋아하게 된 것일지도 모르는 일이라는 것입니다.

그렇다면 무의식적 소망을 알면, 모든 생각과 행동을 예측할 수 있게 될까요? 답은 쉽지 않습니다. 사람의 심리란 그렇게 단순하지 않기 때문이죠. 사람의 마음을 의식과 무의식, 두 가지로만 나누는 것으로는 충분치 않습니다. 좀 역동적이고 복잡한 구조가 필요한데요. 이를 위해 프로이트는 이드와 자아, 초자아라는 3가지 힘의 상호작용을 가정하여 심리를 분석했습니다. 특히 프로이트의 후학들은 자아의 기능이 중요하다는 점을 강조했는데, 그래서 이들의 이론을 '자아 심리학Ego-Psychology'이라고 부릅니다(이 이론은 나중에 '대상'과의 관계를 강조한 대상관계이론이나 자기심리학과 대조되어 흔히 이렇게 불립니다). 예를 들어, 프로이트의 딸인 A. 프로이트A. Freud는 아버지의 이론을 발전시키면서 자아의 핵심적인 기능인 방어기제에 대한 이론을 체계적으로 확장시켰습니다.

자아는 이드와 초자아 사이에서 중재자 역할을 담당합니다. 자아는 아래에서부터 솟아오르는 이드의 에너지와 위에서 억누르는 초자아의 힘을 적절히 타협시켜줍니다. 그렇게 함으로써 본능적인 욕구를 좀 더 현실에 적합한 방식으로 충족되게끔 만들어주는 것이죠. 이때 자아가 작동하는 방식이 바로 방어기제입니다. 방어기제에는 여러 가지가 있는데요. 그중 가장 기본이 되는 것은 '억압Repression'입니다. 기본적으로 이드는 생존본능과 관련된 힘이다 보니 늘 수면 위로 떠오르려는 성향이 있습니다. 초자아는 위험한 본능이 떠오르는 것을 경계하는데, 이때 울리는 경고메시지가 바로 불안Anxiety입니다. 나쁜 짓을 하려 할 때 괜히 마음이 불안해지는 것이 바로 이런 이유 때문이죠. 하지만 이드는 언제라도 위로 솟구치려 하기 때문에 우리는 늘 불안해질 수 있으며, 이런 상태로는 일상생활이 너무 힘들어집니다. 그래서 자아는 억압이라는 방어기제를 사용해 이드의 충동을 일정 수준으로 항상 억누르고 있습니다. 그러므로 억압은 방어기제의 기본이 되는 것입니다.

하지만 간혹 억압만으로 이드의 충동이 적절히 통제되지 않는 경우들이 있습니다. 이드가 너무 강한 상황에서도 그럴 수 있고, 반대로 초자아가 너무 약해진 상황에서도 그럴 수 있습니다. 이럴 때는 억압 이외의 다른 방어기제들이 작동됩니다. 자신에게 그런 충동이 있음을 부정Denial할 수도 있고, 상대방 탓으로 돌릴 수도 있으며Projection, 그 충동에 대해 나름대로 합리화Rationalization할 수도 있습니다. 어떤 방어기제를 사용하느냐에 따라 그 사람의 행동방식이 달라집니다. 부정이라는 방어기제를 사용하면 뻔뻔한 사람으로 보이고, 투사를 사용하면 남 탓이 많은 사람처럼 행동할 것이며, 합리화를 많이 쓴다면 핑계를 많이 대는 것처럼 보일 것입니다. 위의 경우를 예로 들면, 나에게 어울리지 않는 누군가에게 자꾸 끌리는 이유는 아버지에 대한 감정이 그 사람에게 전치가 되어서일 수도 있고, 그 사람의 단점을 인정하고 싶지 않은 부정의 심리 때문일 수도 있으며, 심지어 자기 자신의 심리에 대한 피학적인 반동형성 탓일 수도 있습니다.

이렇듯 사람에 따라 그리고 상황에 따라 달리 사용되는 여러 가지 방어기제들은 사람의 심리를 이해하는 데 많은 단서들을 줍니다. 무의식적 동기, 즉 이드를 알아내고 그 이드에 반응하여 작동되는 자아의 대응방식, 즉 방어기제들을 분석해보면, 그 사람의 행동을 이해하는 데 도움이 됩니다. G. 베일런트G. Vaillant는 방어기제를 정신병적 방어, 미성숙한 방어, 신경증적 방어, 성숙한 방어로 구분했습니다. 그리고 성숙한 방어인 승화나 이타주의, 유머, 억제 등을 많이 사용하는 사람일수록 인격적으로 더 행복한 삶을 산다고 말했습니다. 그러므로 나 자신이 어떤 방어기제를 사용하고 있는지 곰곰이 되짚어본다면, 자기 자신이 얼마나 인격적으로 성숙한지 가늠할 수 있을 것입니다.

투사

상대방의 말과 행동에 어떤 의도가 있는지 알아낼 수 있을까요

상대방이 실언을 했습니다. 그가 아무리 변명해도 그의 진심을 본 것 같아 마음이 불편합니다. 어디까지가 그의 진심일까요?

실수나 실언은 정신분석학에서 오래전부터 연구해온 주제입니다. 실수는 우연히 벌어진 일처럼 보이지만, 그 의미를 완전히 무시하기 어려운 경우가 많아서 곤란한 상황이 종종 벌어집니다. 프로이트는 실수 속에 무의식적인 충동이 숨어 있다고 주장했습니다.

어떤 여성이 의도하지 않았는데도 데이트에 번번이 지각한다면, 상대방은 당연히 여성의 본심을 의심할 것입니다. 여성은 상대방이 자신의 마음을 오해하고 있다고 생각하고, 지각은 전적으로 우연한 실수라고 주장할지도 모릅니다. 그러나 상대방은 여성의 말을 액면 그대로 받아들이기 어렵습니다.

정신치료를 할 때도 비슷한 상황이 종종 벌어집니다. 걸핏하면 회사에 지각하고 상사와 싸우던 환자가 사회적응곤란 문제로 내원했습니다. 그는 정기적으로 정신치료를 하기로 계약을 맺고, 치료를 통해 자신의 문제를 고치기로 굳게 다짐했습니다. 하지만 수개월이 지나면서 점차 치료에 지각하는 일이 많아지고 의사와 사소한 일로 싸우려드는 등 직장상사와의 관계에서 벌어졌던 일들이 진료실 안에서도 재현되었습니다. 설마 그런 사람이 있을까 싶지만, 이는 사실 매우 흔한 일입니다. 의식적으로는 치료를 받고 자신의 패턴을 개선하고 싶어하지만, 무의식적으로는 권위적 대상에 대해 저항하며 자신이 바뀌는 것을 거부하려는 충동이 있기 때문입니다. 이렇게 무의식은 때로 우리 자신을 배신하기도 하고 우리 자신도 도저히 이해할 수 없는 내용을 담고 있기도 하면서 우리의 행동에 영향을 미치고 있습니다.

실수를 가지고 무의식 운운하는 것은 매우 조심스러운 일입니다. 해석하기에 따라 얼마든지 다르게 받아들여질 수 있기 때문이죠. 정신분석에서는 어떤 실수라도 그 의미는 당사자의 자유연상에 의해서만 확인될 수 있는 것이고 그 이전까지는 그저 추측에 불과할 뿐이라고 말합니다. 그러니 주변사람들의 말과 행동 속에 숨겨진 의미를 너무 분석하려들 필요는 없습니다. 앞 사례의 주인공은 상대방의 실언을 통해 그의 진심, 즉 무의식까지 살피려고 애쓰고 있는데요. 무의식이라는 것은 당사자도 모르는 내면 깊은 곳에 간직된 은밀한 충동이며, 한두 가지 생각으로 정리되는 것도 아니고, 게다가 서로 상충되는 충동들은 뒤엉켜 있게 마련입니다. 무의식적 부분을 짐작해볼 수는 있겠지만 그리 쉽게 확인할 수 있는 것이 아니기 때문에 사소한 실언에 지나치게 의미를 부여할 필요는 없습니다. 사람은 무의식을 가지고 있지만, 한편으로는 그 무의식을 관리하고 조절하는 의식도 가지고 있는 존재입니다. 따라서 한마디의 실언으로 상대방의 무의식을 짐작하려 애쓰는 것보다는 충분한 대화를 통해 상대방을 의식과 무의식이 통합된 존재로 판단하는 것이 더 합리적입니다.

타인의 숨겨진 의도에 대해 지나치게 신경쓰다 보면 불안해지고, 의심이 들며, 피해의식이 생길 수도 있습니다. 개개인의 성격 특성이나 처한 상황 등에 따라 이런 심리상태가 나타나는 것인데요. 이런 의심과 피해의식은 투사라는 방어기제로 이해할 수 있습니다.

우리 정신세계에서 위험한 충동이 일어나면, 신호불안이라는 빨간 신호등이 켜집니다. 자아는 이런 위험한 상태를 조절하기 위해 무의식에 존재하는 방어기제를 작동시켜 상황을 제어하려 듭니다. 방어기제에는 여러 가지가 있는데요. 그 성숙된 정도도 다양합니다. 투사는 방어기제 중의 하나로서, 자신의 감당하기 어려운 욕구와 소망을 다른 사람이나 바깥세계로 전가시켜 책임을 회피하려는 것입니다. 여러 방어기제들 중에서도 투사는 특히 미숙하고 병적이며, 심할 경우 조현병(정신분열병)이나 망상장애 같은 정신질환으로 나타납니다.

망상의 형태로 나타나는 투사는 의부증, 의처증, 피해망상 등이 있습니다. 한 예로 자신의 폭력적 충동을 외부세계로 투사해 세상이 자신을 공격하고 박해한다는 피해망상이 생기는 경우가 있습니다. 환자 가운데, 자신이 도청당하고 있다고 확신하며 집안에서 은거하면서 방 창문에 커튼을 겹겹이 치고 숨소리도 크게 내지 못하며 지내는 사람이 있습니다. 그는 자신이 국가기밀을 알고 있어 국가정보원으로부터 감시당하고 있다고 가족에게 이야기하기도 합니다. 이런 피해망상도 자신의 받아들일 수 없는 충동을 외부세계에 투사한 결과로 얻어진 것입니다.

평범한 사람들도 간헐적으로 투사라는 방어기제를 사용하기도 합니다. 특히 어린아이는 자주 이런 방어기제를 사용해 자신의 잘못을 다른 존재에게 떠넘기는데요. 이것은 의식적인 거짓말이나 회피라기보다 무의식적인 투사라는 방어기제가 작동해 나타나는 행동입니다. 성인들도 간혹 이런 방어기제를 사용합니다. 전쟁이나 사회적인 혼란, 위기가 닥쳤을 때 모든 부정적인 측면을 적군이나 타민족에게 투사해 상대적으로 자신들의 정당성을 유지하려드는 것이죠. 내면에 무의식적 동성애 충동을 가진 사람이 자신의 충동을 외부로 투사하며 동성애를 혐오하는 모습을 보이는 것도 같은 맥락에서 이해할 수 있습니다. 최근 크게 문제가 되고 있는 왕따나 집단괴롭힘의 경우에도 자신들의 나약함, 취약성, 부정적 충동 등을 특정 대상에게 투사해 벌어지는 현상입니다.

타인의 관점에서 자신을 객관적으로 판단하려는 노력은 합리적이고 건강한 태도입니다. 그렇지만 자칫 지나치게 타인의 시선을 의식하고 타인의 의도를 의심한다면, 나의 심리상태만 불안정해질 뿐입니다. 또한 의심과 피해의식을 보인다는 것은 투사라는 미숙하고 병적인 방어기제를 사용한다는 의미입니다. 따라서 불안과 의심이 고조될 때는 나의 성격 특성과 전반적인 심리상태를 점검할 필요가 있습니다.

오이디푸스콤플렉스

어른들을 대하는 것이 너무 어려워요

아버지와 싸웠습니다. 어려서부터 강하고 독재적인 아버지에 비해 평생 힘들게 살아오신 어머니가 너무 가여웠습니다. 그런 어머니를 보며, 아버지 대신 어머니를 행복하게 해드리고 싶다는 생각을 종종 해왔습니다.

갓난아이가 자라 3세가 되면 자신을 안락하게 돌봐주는 '좋은' 어머니가 때로는 자신의 욕구를 좌절시키는 '나쁜' 어머니이기도 하다는 것을 깨닫고, 양면적 존재로서 어머니를 인식하는 대상항상성을 경험합니다. 그러면서 어머니와 합일되고 싶은 마음과 나의 안식처를 독차지하고 싶은 마음이 생기지만, 아버지라는 존재와의 사이에서 갈등이 생겨나죠. 그리스의 소포클레스가 쓴 비극 〈오이디푸스 왕〉에는 어려서 고국에서 쫓겨난 오이디푸스가 성인이 된 뒤 모국으로 돌아와 아버지인 왕을 죽이고 자신의 어머니인 왕비와 결혼하여 왕이 되었는데, 나중에 이 사실을 알게 된 그가 죄책감으로 스스로 두 눈을 도려내며 괴로워했다는 내용이 담겨 있습니다. 프로이트는 인간의 무의식적 갈등이 이 작품에 표현되어 있다고 보고, 이것에 '오이디푸스콤

플렉스'라는 이름을 붙였습니다.

프로이트는 3~6세 사이의 시기를 남근기라 했습니다. 남자아이들은 이 나이 때 자신의 성기에 호기심을 가지면서 남자와 여자 사이에 차이가 있음을 알게 됩니다. 이 나이의 아동은 어머니를 독차지하고 싶은 마음이 있으나, 어머니는 아버지의 것이므로 그에 대한 질투로 인해 아버지를 제거하고 싶어하는 욕구를 가지게 됩니다. 하지만 이는 강력한 아버지의 힘에 의해 징벌받을 것이라는 죄책감을 유발시키며, 그 증거로 자신의 성기가 거세될 수 있고 그 결과 여자아이들처럼 성기가 사라질 수 있다는 공포를 불러일으킵니다. 이를 '거세공포'라 하는데요. 이를 포기하고 아버지와 자신을 동일시하며 초자아가 형성되고, 성인 남성으로서의 길을 걷게 되는 일련의 과정을 오이디푸스콤플렉스라고 합니다.

이는 프로이트가 살던 시절의 봉건적인 환경과 매우 억압적인 아버지의 존재하에서 나올 수 있었던 이론으로, 지금은 오이디푸스콤플렉스를 그대로 인정하지는 않습니다. 그러나 이는 아이에게도 원시적인 성욕이라는 것이 존재하며, 가족이 사랑과 애정으로만 맺어져 있는 것이 아니고 긴장과 적대적 감정이 가족의 배후에 있음을 선언하는 역사적 발견으로서 가치를 가지고 있습니다. 여전히 유효한 것은 어머니와 아들, 아버지와 딸 등 부모·자식 간에서도 이성관계 같은 애증의 역동이 작동하고 있다는 점입니다.

오이디푸스콤플렉스는 일반적으로 초자아 형성과 성격발달에도 중요한 역할을 하는데요. 제대로 해결되지 못했을 때에는 병적인 형태로 나타납니다. 한 청년이 결혼 후 아내와의 잠자리에서 발기불능이 되었습니다. 결혼 전에는 난잡할 정도로 여러 여자들과 어울렸고 성 기능에도 문제가 없었는데, 막상 정숙한 아내와 결혼하고 나니 문제가 생긴 것입니다. 이는 남편이 어려서 부모가 이혼해 편모슬하에서 성장하며 지나치게 어머니와 밀착되어 자랐고, 그러면서 건강하게 오이디푸스콤플렉스를 극복하지 못했기에 어머니를 연상시키는 아내와의 성생활에 문제가 생긴 것이라고 해석할 수 있습니다.

구강기 고착 →	강제로 먹이기 박탈 이른 젖 떼기	구강적 활동(예: 흡연) 의존성 공격성
항문기 고착 →	배변훈련 너무 엄함 너무 허용적	강박성 정리정돈, 비굴함 단정치 못함, 관대함
남근기 고착 →	비정상적인 가정환경으로 인해 엄마, 아빠와의 관계가 평범하지 못함	허영, 이기주의 성적 불안 부적절감 열등감, 시기심

또한 오이디푸스콤플렉스는 동서양을 막론하고 모든 인류에게서 공통적으로 발견되는 현상으로, 여러 문화권의 설화나 동화, 문학작품에 흔히 나타나곤 합니다. 예를 들어 서양의 《빨간 모자 소녀》라는 동화를 살펴볼까요? 빨간 모자를 쓴 소녀가 할머니집에 심부름을 가다가 늑대를 만나 할머니집을 알려줍니다. 늑대는 먼저 가서 할머니를 잡아먹고는 할머니 옷을 입고 할머니 행세를 하며, 빨간 모자 소녀

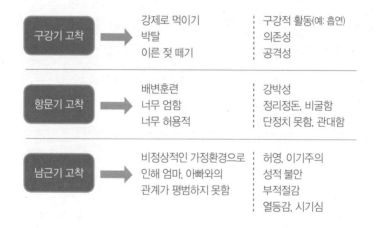

를 맞아서는 함께 침대에 눕습니다. 늑대는 안심한 소녀를 잡아먹지만, 뒤늦게 나타난 사냥꾼이 늑대를 죽이고 소녀와 할머니를 구한다는 내용입니다. 여기에서 할머니는 어머니를 대신하는 존재이고, 늑대는 강한 아버지를 의미합니다. 소녀에게 오이디푸스콤플렉스는 어머니를 제거하고 강한 아버지를 독차지하고 싶은 욕망일 것입니다. 이 동화에는 곳곳에 소녀의 오이디푸스적 소망이 녹아들어 있습니다. 이 동화가 재미있게 느껴지고 오랜 기간 전해 내려올 수 있었던 것은 우리의 무의식 속에 잠재된 오이디푸스콤플렉스가 있기 때문일 것입니다. 이렇듯 프로이트의 정신분석학적 이론은 동서고금의 예술작품들을 해석하는 데 큰 영감을 주었다는 점에서도 의의가 있습니다.

앞 사례의 청년은 어머니를 사이에 두고 아버지와 대립하는 오이디푸스콤플렉스를 적절하게 해결하지 못하고, 성인이 된 현재까지도 이를 간직하고 있습니다. 추측컨대, 이 청년은 직장이나 조직에서 윗사람을 대하는 것이 편하지 않을 것입니다. 직장상사나 선생님처럼 아버지를 연상시키는 존재들에 대해 이 청년이 강한 부정적인 감정을 가질 수 있기 때문입니다. 문제는 이런 패턴이 본인에게 전혀 도움되지 않는다는 것이죠. 수시로 윗사람과 갈등을 일으킨다면, 어떤 조직에서든 본인의 능력을 발휘하는 것이 쉽지 않을 것입니다. 빨리 자신의 문제를 인식하고, 그 근본에는 무의식적 갈등이 자리 잡고 있음을 깨우쳐, 갈등의 고리에서 벗어나야 합니다. 지금 상사에게 화를 내고 대들고 있지만, 사실은 어린 시절 자신이 아버지에게 하고 싶었던 행동을 지금에서야 하고 있다는 것을 깨달아야 합니다.

꿈의 해석

꿈의 의미에 대해 알고 싶어요

요즘 들어 부쩍 꿈을 많이 꿉니다. 최근에는 아버지가 총으로 저를 쏘는 꿈을 꾸고서 깜짝 놀라 깨기도 했어요. 일상생활과 이렇게 동떨어진 꿈을 꾸다 보니, 이게 무슨 의미가 있는 건지 궁금해졌습니다.

프로이트가 1900년 《꿈의 해석》이라는 책을 출판한 이래, 꿈은 정신분석학에서 매우 중요한 위치를 차지하고 있습니다. 우리는 꿈을 통해 받아들이기 어려운 본능적 욕망을 충족함으로써 낮 동안의 긴장을 해소합니다. 또한 꿈은 억압된 무의식을 들여다볼 수 있는 좋은 창구 역할을 하기 때문에, 꿈을 분석하다 보면 무의식 안에 갇힌 신경증이나 정신증 같은 질병을 일으키는 본능을 이해할 수 있습니다. 꿈의 분석은 우리가 흔히 생각하는 '해몽'과는 다른 것으로, 이는 우리 내면의 무의식을 이해하려는 시도입니다.

꿈에는 3가지 요소가 있는데, 첫째는 발현몽Manifest Dream으로, 잠자는 동안 의식적으로 경험하게 되는 것인데 흔히 꿈을 꾸었다고 할 때의 꿈 내용입니다. 둘째는 잠재몽Latent Dream으로, 무의식에 포함된 생각과 소망으로서, 발현몽을 일으키는 근원을 말합니다. 셋째는, 잠재몽의 내용물이 발현몽으로 전환되는 과정인 꿈 작업Dream Work입니다.

우리의 무의식 속에는 유아기 때부터 가지고 있는 본능적 충동이 억압되어 있으며, 우리는 끊임없이 이 소망을 충족시키려 합니다. 그리고 수면 중에도 낮에 경험한 여러 가지 경험들의 잔상Day Residue이 남아 있으며, 우리 몸은 계속해서 배고픔, 아픔, 추위, 요의 등 감각적 자극을 경험하고 있습니다. 이 모든 것들이 합쳐져 시각적 이미지로 떠오른 것이 꿈입니다. 각성 시에는 엄격한 자아의 검열기능으로 인해 억압되어 있던 무의식적 내용도 수면 중에는 자아기능이 약화되면서 쉽게 의식화됩니다. 이렇게 수면 중에 시각적 이미지로 의식화된 결과물로서 현재몽이 만들어지는 과정이 꿈작업이며, 이는 내용물을 위장하고 왜곡함으로써 알아보기 힘들게 만들어집니다.

수면 중 그 기능이 약화되었다고는 하나 자아는 여전히 우리 무의식을 감추는 데 강력한 힘을 발휘합니다. 자아는 여러 방어기제를 사용해 원래의 충동을 비틀어놓습니다. 예를 들어 어머니를 향한 오이디푸스콤플렉스를 가진 청년의 꿈에서는 성적 충동이 드러나는 대신 어머니와 숨바꼭질하는 장면이 나올 수도 있고, 그래도 의식화되는 데 불안을 느낀다면 어머니 대신 낯선 여자가 등장할 수도 있습니다. 이렇게 자아는 전치, 압축, 상징화 등의 자아 방어기제를 사용해 잠재몽을 발현몽으로 바꿔놓습니다. 잠재몽과 발현몽이 얼마나 다르게 표현되는지는 방어의 힘과 잠재몽 속에 들어 있는 힘 사이의 균형에 달려 있습니다.

꿈 작업에서 추가되는 과정은 2차 편집단계입니다. 자아는 발현몽을 논리성과 일관성이 있는 것처럼 그럴싸하게 엮으려 시도합니다. 잠재몽과 기타 재료들을 위장과 왜곡을 통해 알아보기 힘들게 꼬아놓고는 마지막으로 다시 '말이 되게끔' 스토리를 엮은 결과물로 발현몽을 경험하게 하는 것입니다.

프로이트의 정신분석학에서는 꿈을 무의식적 갈등이라는 원인에 따른 결과물로 보고, 꿈을 잠재몽과 발현몽으로 나누어 숨겨진 무의식을 찾으려고 시도합니다. 반면, 융의 분석심리학에서는 이런 정신분석학적 입장을 비판합니다. 그는 꿈은 무의식이며, 온전히 그 자체로 의미가 있다면서 "꿈은 감추는 것이 아니고 가리킨다"라고 말했습니다. 꿈은 우리의 의식에게 무엇인가를 알려주는 지향적 의미가 있고, 의식의 부족한 부분을 보충하는 보상기능이 있으며, 미래를 조망하는 예시적 측면이 있다는 것입니다.

최근 뇌과학이 발전하면서 REM 수면 동안 낮에 있던 일들이 기억으로 저장된다는 것을 알게 되었습니다. 그런데 서랍에 새로운 물건을 넣어 정리하려면 기존에 들어 있던 물건들을 꺼내야 하듯이, 새로운 기억이 저장되려면 과거에 저장되었던 기억들이 무의식이라는 서랍에서 밖으로 튀어나오게 됩니다. 그중 감정적으로 중요했던 내용들은 특히 인상에 남아 다음날 아침 꿈의 내용으로 기억되는 것입니다.

우리가 매일 꾸는 꿈은 우리가 처한 현실, 감각자극 그리고 무의식에 갇혀 있는 본능적 충동이 한데 버무려져 있는 결과물입니다. 그렇지만 워낙 잘 위장되어 있기에 쉽게 이해하기 어렵습니다. 낯선 사람이 꿈 내용만 들어보고 턱하니 해몽을 해줄 수도 없습니다. 꿈의 잠재 내용은 대개 꿈꾼 당사자의 자유연상과정에 의해서만 확인할 수 있기 때문이죠. 절대 쉬운 일은 아니겠지만, 스스로의 꿈을 들여다보는 것은 우리 무의식 내면을 향해 귀 기울이는 연습입니다. 어릴 적 이루지 못한 소망을 향해 끝없이 나아가는 우리 무의식의 바다를 항해할 때, 꿈은 좋은 나침반이 되어줄 것입니다.

분석심리학

심리분석을 통해 삶의 의미를 깨우칠 수 있을까요

가끔은 돈 벌고 자식 낳고 사는 것 외에 좀 다른 것이 있지 않을까 생각할 때가 있습니다. 막연하게 우울하고 공허한 느낌이 듭니다. 종교와는 좀 다른 포괄적인 무언가를 알고 싶습니다.

젊은 시절 목표한 바에 따라 바쁘게 열심히 사는 청춘들의 경우 대부분의 에너지가 외부세계를 향합니다. 이 시기는 의존적이고 무력한 어린아이에서 독립적인 어른이 되어 정글 같은 사회 속에서 자신의 입지를 다지려고 노력하는 때입니다. 앞 사례의 주인공은 사회에 적응하려는 노력의 과정에서 잠시 자신을 돌아보고자 하는 것인데, "좀 더 포괄적인 무언가를 알고 싶다"라는 그의 소망은 분석심리학의 관점에서 자기실현으로 이해할 수 있습니다.

융이 정립한 분석심리학에는 페르소나라는 개념이 있습니다. 페르소나는 '탈'이나 '가면'으로 번역될 수 있는데, 외부세계를 향한 행동양식이자 세상 속에 자리매김한 개인의 위치와 역할을 말합니다. '있는 그대로의 나'가 아니고 타인에게 '보여지는 나'를 더 크게 보는 것이 페르소나입니다. 우리는 각자 '여자' '남자' '직장인' '남편' '엄마' '아들' 같은 여러 페르소나를 만들어 유지하고 있습니다.

한참 성장하는 시기에는 자신의 페르소나를 만들어나가느라 여념이 없지만, 지나치게 페르소나에 빠져 그것에 자신을 동일시하게 되면 중년에 들어서 점차 지치고 회의에 빠집니다. 사례의 주인공은 사회에서 부여된 역할에 빠져 사느라 자기 내면의 세계를 방치했던 것이고, 무의식은 이것을 보상하기 위해 내면을 돌아볼 수 있는 기회를 주는 의미로 우울증에 빠지게 만드는 것입니다. 무의식은 자율성이 있어서 자신만의 법칙대로 흘러가는데, 의식이 지나치게 한쪽으로 치우칠 경우 무의식이 경고하거나 여러 가능성을 제시해줄 수 있습니다. 무의식이 우리 스스로가 자기 자신을 찾도록 기회를 주는 것이죠.

인간은 하나의 완전한 존재로 살아가기를 추구하는 경향이 있어서, 지나치게 페르소나에 치우치면 무의식 속에 들어 있는 완전체로서 존재하려는 힘이 작용합니다. 이것이 바로 자기원형의 기능인데, 누구나 무의식에서는 전체로 존재하려는 경향이 있다는 것입니다. '전체로서의 나'는 딱 떨어지게 설명할 수 있는 것이 아니어서, 논리적이면서도 비논리적인 대극의 합일 같은, 모든 것을 포괄하는 개념입니다. 이렇듯 자아가 적극적인 노력을 통해 전체로서의 나를 실현하는 과정을 분석심리학에서 자기실현이라고 표현하는 것입니다. 이 과정에는 의식과 무의식을 통합하는 적극적인 노력이 필요합니다. 마치 종교에서 말하는 득도의 과정처럼 느껴지겠지만, 실제 분석심리학에서 말하는 자기실현은 그저 보통사람이 되는 길입니다. 평범하고 단점 많은 보통의 인간으로 보일지 모르나 자기가 하나로 일치되어 있다는 면에서 강한 존재가 되는 것이죠. 그렇다고 완전한 존재가 되는 것이 아니라 그저 상대적으로 온전한 상태가 되는 것을 의미합니다.

논리적이고 분석적인 다른 정신분석이론에 비해 융의 분석심리학은 동양의 음양설을 닮아서 친숙합니다. 융은 무의식과 인간심리에 대해 연구하다 보니 종교나 신화와의 관련성과 그것들의 중요성을 밝히게 되었고, 공시성 등을 연구하면서 예지나 점성술까지도 포괄하려 했습니다. 그래서 그의 이론에는 종교적인 색채나 신비주의 경향이 많이 보입니다. 그의 이론은 실제 종교나 신화학, 문화인류학 및 여러 문화 현상 등에도 큰 영향을 미쳤습니다. 흔히 쓰이는 MBTI라는 심리검사가 바로 분석심리학의 이론에 의해 만들어진 것입니다. MBTI는 융의 심리유형론에 근거해 일상생활에 쉽게 활용할 수 있도록 만든 자기보고식 성격유형지표인데, 인간의 다양한 행동이 무질서해 보여도 각자가 인식Perception하고 판단Judgement하는 과정에서 특정 경향을 더 선호하기 때문에 이를 통해 일관된 특성을 알아낼 수 있다는 것입니다.

분석심리학에서는 반드시 심리분석을 통해서만 자기실현이 되는 것은 아니라고 하며, 지나치게 페르소나, 즉 외적 세계에서의 역할에 매몰되지 않고 무의식의 내용을 의식화함으로써 자기실현이 가능해진다고 봅니다. 무의식 속에는 자아의 짝이라고 할 수 있는 그림자가 존재합니다. 자아의 어두운 측면이죠. 지나치게 선하고 올바른 자신

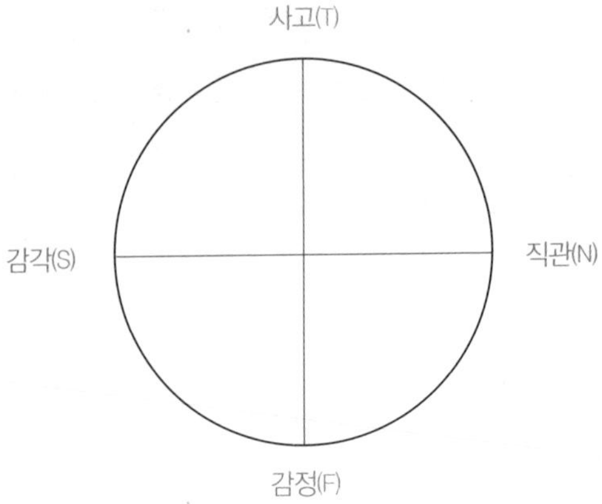

을 강조하면 악한 그림자 또한 강해져서, 어느 틈에 악한 충동에 사로잡혀 행동으로 옮길 수 있습니다.

훌륭히 살아왔다고 자만할 필요도 없고, 편협하게 살아왔다고 자책할 필요도 없습니다. 그저 열심히 자기실현을 향해 나아가는 것만으로도 충분합니다.

원형

남들 앞에서 이중적인 제 모습에 저조차도 당혹스러워요

저희 아버지는 어디에서나 '법 없이도 살 사람'이라는 말을 듣는 강직한 성품의 소유자입니다. 밖에서는 이렇듯 완벽한 이미지의 신사인데, 집안에서는 사소한 일에도 불같이 화를 내고 가족들에게 자신의 방식을 강요합니다. 이에 따르지 않으면 심한 체벌도 하죠. 식구들은 아버지만 집에 들어오면 불안해서 숨도 크게 못 쉽니다. 도대체 아버지는 왜 이런 이중적인 성격을 갖게 된 걸까요?

앞 사례에서 말하는 '이중적'이라는 말은 때에 따라 상반된 두 특성이 번갈아 나타나는 경우를 뜻합니다. 밖에서는 법 없이도 살 것 같은 올곧은 사람이 집안에서는 폭군으로 군림하며 불합리하게 행동하는 것이죠. 이 사람은 의식 속에 지나치게 자신의 옳고 선한 모습만을 강하게 부각시켜놓았기 때문에, 그 반대급부로서 불합리하고 악한 모습이 고여 있다가 집안에서만 터져나오는 이중인격자가 된 것입니다. 분석심리학에서는 무의식 속에 자아의 짝이 되는 어두운 측면이 존재한다고 설명하며, 이를 그림자라고 부릅니다. 자아와 그림자는 한 쌍을 이룹니다.

그림자는 대개 무의식에 속해 있기 때문에, 인식하기 어렵습니다. 그림자가 의식되지 않고 오랜 기간 방치되면 미분화된 채로 남아 있기 때문에, 미숙하고 열등한 존재가 되어 천박하고 포악한 성질을 드러내게 됩니다. 그렇지만 그림자가 의식화되어 잘 분화되면, 강력한 동기와 정열로 나타나 창조적 힘의 원천이 됩니다. 이렇듯 분석심리학에서는 그림자가 항상 악하거나 나쁜 것만은 아니고 노력 여하에 따라서 얼마든지 긍정적인 존재가 될 수 있다고 봅니다.

사람은 종종 외부세계에 자신의 그림자를 투사하고서 스스로는 인식하지 못하는 경우가 있습니다. 이유 없이 누군가가 몹시 밉고 싫다면, 필히 자신의 그림자를 투사한 것은 아닌지 의심해봐야 할 것입니다. 예를 들어 한 신입직원이 이유 없이 직장동료 하나가 싫거나 거북할 수 있습니다. 그 나름의 이런저런 표면적인 이유가 있겠지만, 무의식을 들여다보면 숨겨놓은 자신의 그림자, 즉 혹시나 외부에 드러날까 봐 두려워하는 자신의 부정적인 측면이 그 직장동료에게 투사되어 불편한 마음이 드는 것일 수 있습니다. 누구나 내면에는 어두운 그림자를 가지고 있으며, 그림자가 외부로 투사될 때 자신의 그림자를 알아챌 기회가 생깁니다. 우리가 자기반성을 통해 투사된 그림자를 자기 자신에게로 되돌려 의식과 통합한다면, 인격의 전체성에 한발 더 다가갈 수 있게 될 것입니다.

무의식 속에는 개인의 경험이나 생각, 감정이 억압된 그림자도 있지만, 우리가 태어날 때 이미 간직한 선험적인 인류보편의 무의식도 존재합니다. 이것을 '집단무의식'이라고 하는데요. 이는 여러 원형

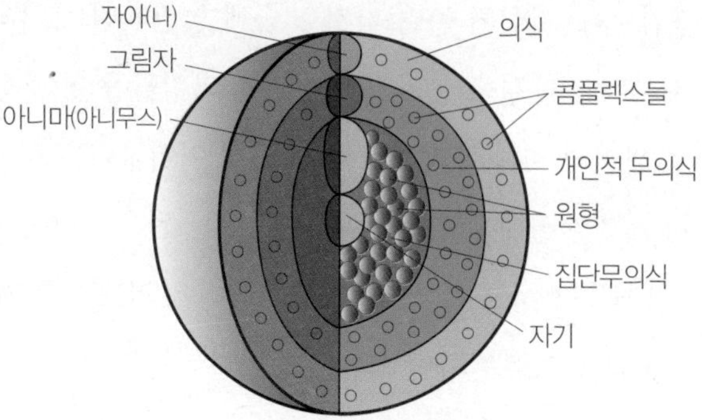

Archetype들로 구성되어 있습니다. 원형은 인간의 가장 원초적인 행동 유형이며, 신화와 종교의 원천이기도 합니다. 여러 원형들 중에는 아니마Anima와 아니무스Animus가 있습니다. 아니마는 남성의 무의식 속에 있는 여성적 요소이고, 아니무스는 여성의 무의식 속에 있는 남성적 요소입니다. 사랑에 빠진 여성은 자신의 무의식에 있는 아니무스를 상대방에게 투사하고 있습니다. 상대방이 실제로 멋진 사람이기도 하지만, 사실 가장 중요한 것은 자신 내부의 남성인 아니무스가 투사되었기에 매혹당하는 것입니다.

앞 사례의 아버지는 자신의 이중적인 면을 잘 의식하지 못하고 있으니, 매우 미숙한 사람입니다. 자신의 그림자를 의식하지 못하고 꽁꽁 숨겨놓고 있다가, 그 그림자가 더는 견디지 못할 때 터져나와 주변 사람들을 놀라게 하는 것입니다. 우리도 종종 스스로가 이중적이라는 생각이 들 때가 있습니다. 단지 이중적인 것만이 아닙니다. 천 갈래 만 갈래 갈라진 마음들이 그나마도 제자리에 있지 않고 여러 대상에 투사되어 마치 내 마음이 아닌 양 딴청을 피우기도 하죠. 그게 우리의 모습입니다. 자신의 여러 가지 모습에 놀란다면 오히려 다행입니다. 이제부터 갈래갈래 갈라진 의식과 무의식들을 찾아 한데 모아야 합니다. 완전히 하나로 꿰매서 틈새 없이 이어붙이는 것이 목적이 아닙니다. 그것은 절대 불가능한 미션입니다. 우리는 그렇게 갈라진 마음들을 그저 인정하고, 못생긴 것도 아름다운 것도 모두 모아 조화롭게 쌓아서 내 것으로 만들면 되는 것입니다.

더 알아보기

융의 분석심리학에서 말하는 여러 개념들

· 집단무의식: 모든 인류가 보편적으로 공유하는 신화적이고 상징적인 과거역사.

· 원형: 여러 세대를 거쳐 축적된 영속적인 정신 내의 상징적인 의미들.

· 콤플렉스: 개개인이 원형상과 상호작용하는 경험을 하면서 발달하게 되는 감정이 응축된 사고.

· 페르소나: 개개인이 외부세상을 접하는 인격을 덮고 있는 표면.

· 아니마: 남성에 있어서의 여성적 원형.

· 아니무스: 여성에 있어서의 남성적 원형.

· 그림자: 자아의 어두운 면, 무의식적 측면에 존재하는 자아의 분신.

· 자기: 자기원형. 여러 원형과 콤플렉스를 통합해 균형을 이루려는 원형.

전이

저도 제가 그 사람한테 왜 그러는지 이해가 안 돼요

저는 20대 후반의 직장인입니다. 벌써 입사한 지 3년이 되어가는데 직장상사와 자꾸 충돌이 생겨요. 중고등학교 때도 선생님들이나 선배들과 부딪히는 일이 자주 있어서 애를 먹곤 했었는데요. 번번이 이런 일이 생기니 제게 무슨 문제가 있나 싶어 심리상담을 시작했습니다. 제 치료자는 50대 후반의 풍채 좋고 목소리가 큰 남자 의사였는데, 첫 만남부터 좀 압도되는 느낌을 받았어요. 그후 치료가 진행되면서 의사선생님이 조언해주는 것도 간섭으로 느껴지고, 아무튼 거부감이 심하게 들더라고요. 문득 제 이런 감정이 어려서 아버지에게 느꼈던 감정과 비슷한 것 같다는 생각이 들었습니다.

정신치료는 치료자와 환자가 만나 대화를 통해 새로운 관계를 만들어가며 이루어집니다. 생전 처음 만나는 두 사람이지만, 사실 완전히 새로운 관계는 아닙니다. 환자는 치료자를 만나기 이전에 이미 어느 정도 새로운 치료자에 대한 이미지를 가지고 있을 것이고, 만나는 순간 과거에 만났던 누군가에게서 받았던 느낌을 처음 만나는 치료자에게서 재경험할지도 모릅니다. 이렇게 환자가 과거에 주변의 중요한 인물에게서 경험했던 사랑과 미움 같은 감정을 치료자에게서 재경험하게 되는 현상을 전이라고 합니다.

그 환자는 치료자에게만 전이를 일으키지는 않을 것입니다. 비슷한 상황에서 비슷한 인물을 향해서는 언제나 유사한 패턴의 감정반응을 일으킬 것이 분명하죠. 따라서 전이는 정신치료에 있어 중요한 재료가 됩니다. 무엇이 환자의 과거와 현재에 반복해서 일어나고 있는지 눈앞에서 생생하게 확인할 수 있습니다. 게다가 치료자는 환자의 실제 주변대상들처럼 반응하지 않을 것이고, 치료를 지속하며 환자로 하여금 새로운 관계를 경험하게 해 치료적 효과를 거둘 것입니다.

환자가 전이를 경험한다면, 마주앉은 치료자는 역전이를 경험할 수 있습니다. 최근에는 역전이를 치료자가 환자에 대해 갖는 모든 감정반응이라는 식의 넓은 의미로 보고 있습니다. 역전이 또한 치료과정에서 좋은 재료로 쓰일 수 있습니다. 간단한 예를 들자면, 만나는 남성들에게 자주 학대당하는 히스테리성 성격장애의 여성을 상담하는 경우, 치료자는 환자의 경박한 태도와 무책임한 처신에서 경멸스러운 감정이 느껴지는 것을 분석합니다. 치료자는 이런 역전이 감정을 통해, 환자가 깨닫지 못하고 있던 평소 대인관계 문제를 파악해 치료의 재료로 이용할 수 있는 것입니다.

일상생활에서도 우리는 어린 시절에 중요하게 여겼던 인물에 대한 감정을 현재 우리가 마주치는 모든 세상사람들에게도 그대로 반복투영하며 살고 있습니다. 유사한 대상에게 비슷한 감정을 느끼는 것을 반복한다면, 전이관계를 고려해볼 만합니다. 과거부터 동일한 패턴이 되풀이되고 있으며 앞으로도 계속될 가능성이 크다는 의미이기 때문이죠. 여기서 벗어나고 싶다면, 먼저 자신의 특징적인 전이관계를 이해하는 게 우선입니다.

이는 뇌과학적으로도 설명할 수 있는데요. 학습할 능력을 타고난 가소성Plasticity이 있는 뉴런이 어린 시절의 학습을 통해 형성된 뇌의 구성망Network을 통해 일종의 원형Prototype을 형성합니다. 이를 바탕으로 평생을 살아가며 대인관계, 감정처리, 행위 등에 사용하게 되죠. 이것은 뉴런의 경제성 측면에서도 유리합니다. 새로운 경험을 하고 새로운 사람을 만날 때마다 새로운 뉴런 구성망을 형성하는 것이 아니라, 평소에 만들어놓은 구성망과 시스템을 이용해 현재의 인물들과의 관계에서 그대로 사용하는 것이니, 에너지를 덜 소모하고 순간적으로 대처하는 데 훨씬 효율적이기 때문입니다.

앞 사례의 주인공은 어릴 적 아버지와의 관계에서 해결되지 않은 감정을 가지고 있으며, 아버지를 연상시키는 권위적인 위치의 사람들을 만나면 비슷한 부정적 감정을 느껴왔습니다. 이제 치료를 위해 상담을 받기 시작했는데 치료자를 보며 아버지와 비슷한 이미지를 느꼈고, 이에 그는 과거 아버지를 향했던 부정적인 감정이 지금 치료자에게서도 똑같이 느껴지는 것을 알아챘습니다. 물론 자신의 전이관계를 인식하고 말로 표현할 수 있었던 것은 치료자의 도움이 있었기에 가능했죠. 치료시간에 그저 예전에 겪은 사건과 감정을 이야기하는 것은 박제된 대상을 실험하는 것과 같습니다. 그에 비해 전이관계를 통해 '지금' 느껴지는 관계와 감정을 재료로 사용한다면, 살아 있는 표본을 대상으로 실험하는 것처럼 효과적일 것입니다.

콤플렉스

열등감을 극복하고 싶어요

그다지 좋지 못한 대학을 나온 터라 학벌에 대한 열등감이 있습니다. 면접을 봐도 자신감이 없어서인지 떨어지기 일쑤죠. 더군다나 저는 키도 작아 외모콤플렉스까지 있습니다. 뭐 하나 잘난 부분이 없어요. 이러니 애인도 안 생기는 것 같습니다.

흔히들 열등감이니 콤플렉스니 하는 용어들을 일상생활에서 상당히 많이 사용합니다. 그만큼 열등감과 콤플렉스는 그 사람의 행동과 생활에 상당한 영향을 끼치죠. 학력이나 외모, 체격, 성격, 집안배경, 가난 등 다양한 것들이 개인에게 열등감이 될 수 있습니다. 열등감은 자신감을 떨어뜨리고 대인관계를 위축시키며, 심한 경우 사회에서 고립되게 만들기까지 합니다.

프로이트와 동시대를 살았던 A. 아들러는 인간심리에서 열등감의 중요성을 강조했습니다. 성적 에너지인 리비도를 사람이 살아가는 원동력이라 주장했던 프로이트와 달리, 아들러는 열등감이 어떤 사람의 행동을 결정짓는 동기의 근원이라고 생각했습니다. 즉 프로이트를 위시한 전통적인 정신분석학자들에 따르면 인간은 생존본능인 리비도를 갖고 태어나며, 이 리비도의 힘에 의해 자기 자신을 아끼고, 누군가를 사랑하며, 무언가를 이루어나가게 된다고 합니다. 하지만 아들러는 리비도보다는 열등감이 더 중요한 힘으로 작용한다고 주장했습니다. 사람들은 자신의 열등감을 극복하기 위해 자신을 가꾸고, 사람들과 교류하며, 목적을 향해 노력한다는 것입니다. 열등감을 극복하는 과정은 사람마다 서로 다르며, 이것이 바로 그 사람의 인생스타일이라고 아들러는 설명합니다.

열등감이 없는 사람은 세상에 없습니다. 갓 태어난 아기는 스스로 아무것도 할 수 없기 때문에 필연적으로 열등감을 느낍니다. 어린아이는 자신보다 힘센 부모를 보면서 열등감을 느낍니다. 동생은 형을 보면서, 키 작은 아이는 키 큰 아이를 보면서, 운동신경이 둔한 학생은 운동을 잘하는 친구를 보면서 열등감을 느낍니다. 이런 열등감이 동력이 되어 아이는 빨리 커서 어른이 되어 힘도 세지고 달리기도 잘하고 싶어지죠. 그래서 우유도 먹고 열심히 달리기 연습도 합니다. 이런 노력이 뜻대로 안 되면, 다른 부분에서라도 우월해지려고 노력합니다. 공부를 열심히 할 수도, 친구들을 많이 사귀려 할 수도 있죠. 이렇게 하면서 점점 발전해나가고 우월감을 형성하게 되는 것입니다.

열등감을 슬기롭게 극복하는 사람은 인생을 건강하게 만들어나가지만, 만약 그 열등감에 사로잡히게 되면 그 사람은 열등콤플렉스에 갇히게 됩니다. 학력과 외모에 열등감을 가진 앞 사례의 주인공은 면접 때마다 자신이 없어 실패를 반복하는데, 그러면 주변사람들은 "아니야, 네 학교 출신 중에도 성공한 사람 많아" "너 정도 외모면 그래도 평균은 되니까 기죽지 마"라고 위로합니다. 하지만 이런 위로는 그에게 아무런 도움이 되지 않습니다. 그의 무의식은 '내 출신학교가 별로고 내 외모가 못났으니, 난 취업이 안 되는 것도 당연해'라며 스스로를 주눅들게 하고, 자신이 취업을 못 하고 있는 상황을 합리화합니다. 그의 감춰진 진심은 취업하고 싶지 않은 것입니다. 그대로 열등한 상태에 머물러 있고 싶은 것이죠. 그렇게 되면 힘들게 세상을 헤쳐나가야 할 책임을 지지 않아도 되니 말입니다.

열등콤플렉스를 극복하기 위해 제일 먼저 해야 할 일은 자기연민에서 벗어나는 것입니다. 자신의 실패를 학력이나 외모 탓으로 돌리면서 스스로를 위로해선 안 되며, 동시에 주변으로부터도 그러한 위로받기를 기대해서도 안 됩니다. 만약 곁에 있는 누군가가 그를 동정해준다면, 그는 다시 한 번 더 열등한 존재가 되어버릴 뿐이기 때문입니다. 그래서 자기 자신이든 주변 사람이든 누구라도 그가 가진 열등감에 대해 언급하는 것 자체가 좋지 않습니다. 그 이야기가 나올 때마다 그 사람은 이를 감추는 일에만 몰두해버리기 때문입니다. 대신 자신에게 열등한 부분이 있다는 사실을 깨끗하게 인정하는 것이 좋습니다.

스스로의 열등한 부분을 인정한 다음에는 이를 극복하기 위해 한 걸음씩 준비하고 노력해야 하는데, 이것이 쉽지 않다면 대신 열등감을 보완할 수 있는 자신의 우월한 부분을 찾아야 합니다. 평소 자신의 장단점을 정확히 파악할 수 있었던 건강한 사람이라면, 새로운 돌파구를 찾을 수 있을 것입니다. 인간은 열등감을 극복하고 싶은 동력을 가지고 있기 때문에, 뚜렷한 목표를 세우고 나면 자연스럽게 이를 성취하려 합니다.

열등감을 이겨낼 수 있는 또 한 가지 길은 바로 사랑입니다. 열등감이 있는 사람은 자신이 못났기 때문에 누구에게도 사랑받지 못하는 것이라고 믿습니다. 하지만 사실은 자신의 열등감을 인정하고 싶지 않은 그의 무의식이 주변사람들의 사랑을 차단시키고 있는 것입니다. 마치 속으로 '나는 결코 열등하지 않기 때문에 누군가의 도움은 필요 없어'라고 외치듯이 말이죠. 건강한 사람은 기꺼이 주변사람의 도움과 사랑을 받아들입니다. 그러면서 자신 또한 도움과 사랑으로 되돌려줍니다. 못나서 사랑받지 못하는 것이 아니라, 못남을 드러내지 않기 위해 사랑을 주지 않는 것입니다. 만일 누군가를 혹은 무엇인가를 정말로 원하고 사랑한다면, 열등콤플렉스에서 벗어나 건강하고 우월한 자신을 만들 수 있게 될 것입니다.

대상관계이론

제가 이렇게 된 것이 세상 탓인 것 같아 화가 나요

저는 갓 입사한 20대 회사원입니다. 세 딸 중 막내로 태어나 바쁜 부모님 밑에서 제대로 인정받지 못하고 언니들의 구박을 받으며 자랐죠. 학교에서나 집에서나 항상 못난이 취급을 받았고, 인복이 없어서인지 어딜 가도 제 편은 하나도 없었어요. 분한 마음에 주변사람들과 자주 언쟁을 벌이기도 했죠. 얼마 전에는 어렵게 회사에 들어갔어요. 거기서만큼은 새롭게 잘 출발하고 싶었는데, 결국 동료와 또 언쟁을 하고 말았습니다. 제 성격이 이 모양이 된 게 그간 고달프게 살아서 그런 것만 같아 정말 속상합니다.

앞 사례의 주인공은 과거의 사람들에게서 많은 상처를 받았고, 자신이 피해자라는 생각을 갖고 있습니다. 그러다 직장이라는 새로운 환경을 만나 주변사람들과 좋은 관계를 맺어보려고 노력했지만, 결과적으로는 동료들과 또 다른 갈등상황이 벌어졌죠. 그녀의 말처럼 정말 사람들에게 이유 없이 공격당하는 것이 인복 없는 그녀의 운명 탓일까요?

그녀의 회사생활을 자세히 살펴볼까요. 초반에는 좋은 관계를 유지하고자 노력해 잘 지내는 듯 보였을 겁니다. 그러나 차츰 그녀가 눈치 없는 말과 행동으로 주변 사람의 기분을 상하게 하는 일이 빈번했겠죠. "요새 살쪘어요? 다이어트 좀 해야겠네요" "오늘 마감 못 지켜서 과장님께 혼나셨죠? 그러기에 좀 서두르시지" 등 굳이 하지 않아도 될 상대방의 문제를 지적하는 겁니다. 이런 언급은 그녀가 무의식 속에 가지고 있던 외모나 능력에 대한 자기 자신의 부정적인 이미지를 상대방에게 투사한 것에서 비롯됩니다. 여기서 중요한 것은 이런 투사과정이 무의식에서 이루어지기 때문에 본인은 전혀 알아채지 못한다는 것이죠. 직장동료는 처음에는 가볍게 넘겼지만, 반복투사된 부정적인 측면을 내면화해 화가 났을 겁니다. 결국 동료는 그녀를 '남의 불행을 고소해하는 고약한 사람'이라 비난하고 화를 냄으로써 부정적인 감정을 그녀에게 되돌립니다. 이에 그녀는 되돌려받은 부정적인 측면을 동일시하고, 세상 모든 사람들이 자신을 싫어하고 공격한다고 판단하며 자신의 불운을 탓합니다.

이상의 분석은 '투사적 동일시'라는 개념으로 그녀와 직장동료 사이의 상호작용을 설명한 것입니다. 모든 사람 간의 상호작용을 이렇게 자로 재듯 분석해낼 수는 없겠지만, 심리학의 몇 가지 기본법칙을 가지고 무의식과 대인관계 안에서 벌어지는 미세한 상호작용을 설명하다 보면, 여러 인간관계를 좀 더 잘 이해할 수 있습니다.

자아 외의 다른 인물, 즉 대상과의 관계에 초점을 맞춰 인간심리를 이해하고자 했던 이론이 '대상관계이론'입니다. 이는 자아의 내적 심리구조, 즉 무의식과 의식, 이드/자아/초자아 사이의 역동에 초점을 맞춘 자아심리학과는 다릅니다. 대상관계이론에 의하면, 인간은 어린 시절 중요한 대상과 맺은 대상관계를 내재화해 마음속에 표상으로 간직하며 평생 동안 새로운 대상과 맺는 관계에서도 반복해서 재현한다고 합니다. 이 이론의 가장 대표적인 예가 투사적 동일시라는 심리기제이며, 이 이론으로 가장 잘 설명되는 것이 대인관계 문제(자신의 내적인 고민이 아니라)를 극명하게 드러내는 성격장애 환자들, 특히 경계성 성격장애를 가진 환자입니다.

투사적 동일시는 대상관계이론에서 특히 중요하게 다뤄지는 방어기제이면서, 정신치료에 있어서는 치료기법의 원리가 됩니다. C. K. 오그덴C. K. Ogden은 치료상황에서 투사적 동일시의 무의식적 과정을 3단계로 정리했습니다. 먼저, 환자가 자신의 일면을 치료자에게 투사합니다. 둘째, 치료자는 투사된 환자의 자기표상을 동일시(투사적 역동일시)해서 그대로 행동합니다. 마지막으로, 치료자는 투사된 대상을 받아들이고 변형시켜 환자에게 되돌려주고, 환자는 이를 재함입합니다(함입동일시). 즉, 치료자는 환자의 투사에 대해 일반적인 주변인들과는 다른 반응을 보임으로써 환자가 새로운 경험을 하도록 해 치료로 이끄는 것입니다.

이 같은 긍정적 변화는 일상생활에서 벌어질 수도 있습니다. 예를 들어 배고픈 아이는 울며 보채고 나쁜 자기표상을 엄마에게 투사합니다. 엄마는 계속 보채며 매달리는 아이에게 화가 납니다. 만약 이때 엄마가 투사된 '나쁜 엄마'에 반응해 분노를 느끼고 아이를 다그치고 혼낸다면, 아이는 부정적인 대상표상을 재함입할 뿐입니다. 역시 '나는 나쁜 아이고, 엄마도 나쁜 엄마일 뿐'인 것이죠. 그렇지만 현명한 엄마가 마음을 다스리고 아이를 달래서 편안한 상태로 만들어주면, 아이는 새로운 경험을 하게 되고 그것을 내재화해 새로운 긍정적인 내적 대상을 만들 수 있습니다.

그녀가 반복되는 대인관계의 부정적 고리를 끊고 정말 새로운 관계를 이뤄나가려면, 먼저 자신이 무의식중에 어떤 행동을 했으며 기저에는 어떤 감정과 생각이 있었는지 알아야 합니다. 자신이 누군가를 향해 공을 던졌고, 공에 맞은 그가 다시 내게 공을 던져 내가 맞고 아파하는 모습을 떠올려보세요. 내가 맞아서 아픈 것만 들여다보고 있으면 문제는 해결되지 않습니다. 그 뿌리를 더 넓고 깊게 추적해봐야 전체를 볼 수 있고, 해결의 실마리를 찾을 수 있는 것입니다.

더 알아보기

대상관계이론

현재의 대인관계는 과거에 이루어진 관계의 영향을 받습니다. 어릴 때 내재화된 외부대상과의 관계가 이후의 모든 대인관계에서 반복되고 재현되는 것이죠. 예를 들어서 어릴 때부터 학대받은 아이는 어른이 되어서 자신도 모르게 가해자와 피해자의 관계를 만드는 식으로 이를 재현해서 문제가 생기는 경우가 많습니다. 그렇지만 이런 내적 대상관계는 무의식 속에 숨겨져 있기 때문에 스스로 알기 어렵습니다. 정신치료에서는 전이를 통해 이러한 내적 대상관계를 파악합니다.

M. 말러

M. 말러는 어린아이들을 대상으로 한 연구를 통해 대상관계이론을 발전시켰습니다. 특히 대상관계발달을 3단계로 나누었습니다.

· **1단계_ 자폐적 시기**Normal Autistic Phase**(출생~2개월)**

자기 자신에 몰입해 엄마와의 관계보다는 생존 자체에 관심을 갖습니다. 외부자극에 잘 반응하지 않습니다.

· **2단계_ 공생기**Normal Symbiosis**(2개월~6개월)**

엄마를 향해 미소 짓고 눈을 맞춥니다. 아이는 엄마와 분리된 대상이라는 것을 애매하게 알고 있지만, 서로 통합된 관계로 받아들입니다. 자신의 연장선상에서 엄마의 존재를 지각합니다.

· **3단계_ 분리개별화**Separation- Individuation

분화기Differentiation(6개월~10개월)_ 엄마를 독립된 사람으로 알게 되고, 엄마를 언제나 이용할 수는 없다는 것을 깨닫게 됩니다.

실습기Practicing(10개월~16개월)_ 운동기능이 발달하면서 주변을 걸어다니며 탐색하다가 곧 엄마의 품으로 되돌아옵니다.

화해기Rapprochement(16개월~24개월)_ 엄마와 분리된 존재라는 것을 확실히 알게 되어 이별불안이 생깁니다. 아이는 노는 동안에도 주위에 항상 엄마가 있는지 자주 확인합니다. 의존과 자율성을 얻고 싶은 소망 사이에서 갈등합니다. 분리불안이 다시 생깁니다.

대상항상성Object Constancy(만 3세)_ 마음속에 엄마의 통합된 이미지를 간직해 엄마가 없을 때도 마음속 엄마 상을 통해 위로받습니다.

M. 클라인

정신분석학자 M. 클라인은 소아들의 정신분석을 통해 내적 대상관계이론을 정립했습니다. 그는 인격의 성장과정을 2단계로 보았는데, 편집분열위상Paranoid-Schizoid Position과 우울위상Depressive Position이 그것입니다. 아이는 생후 1년간 편집분열위상에서 우울위상으로 성장하는데, 이는 그저 지나치는 단계가 아니라 평생 마음속에서 상호작용하는 경험양식입니다.

· **편집분열위상(생후 1개월 이내)**

유아가 엄마를 전체적으로 이해하지 못하고, 좋은 엄마와 나쁜 엄마의 두 가지로 분리합니다. 나쁜 엄마에게는 자신이 가진 악함과 공격성을 투사하기 때문에 나쁜 엄마는 더욱 나쁜 인물로 느껴지고, 따라서 엄마에게서 박해를 받을까 봐 두려워지며 의심과 편집증적인 성향이 생깁니다Persecutory Anxiety.

· **우울위상(생후 3개월~6개월)**

현실감각이 생기면서 좋은 엄마와 나쁜 엄마를 통합해 엄마는 하나라고 생각할 수 있게 됩니다. 그러나 자기 속에 남아 있는 공격적 충동이 엄마를 공격해 없애버릴지도 모른다는 두려움에 빠져, 죄책감을 느끼고 우울해합니다Objective Welfare.

자기심리학

너무 남들의 평가에 신경 쓰며 사는 것 같아요

저는 30세의 직장여성입니다. 직장에서 정말로 열심히 일하는 편인데요. 남자친구도 없고, 친구도 잘 만나지 않고, 오로지 일에만 매진하느라 별다른 취미도 없어요. 그렇게 모든 것을 바쳤던 회사에서 경영이 어렵다는 이유로 해고통지를 받은 뒤, 회의감이 들고 너무 우울해졌습니다.

앞 사례의 주인공은 보수적인 부모님, 많은 형제를 둔 집안의 막내였고, 딸이라는 이유로 별다른 관심도 받지 못한 채 자랐습니다. 더군다나 그녀의 어린 시절을 되짚어보면 10살 이상 나이 차이가 나는 언니들과 오빠들은 자기를 무시하고 함께 놀아주지 않는 남 같은 존재였죠. 어린 시절 그녀에게는 자신의 존재감을 비춰줄 거울 같은 자기대상이 없었던 겁니다. 그러다 어른이 된 그녀에게 만족감과 자신감을 준 것은 직장에서의 성취였으며 그녀에게 일이란 무엇과도 바꿀 수 없던 자기대상이 되었습니다. 애인도 친구도 필요 없었고, 그저 새벽 일찍 일어나 아침에 출근해서 열심히 일해 높은 실적을 올릴 생각에 설레곤 했던 것이죠. 하지만 직장에서 해고되며 그런 자기대상을 잃게 되자 자존감을 유지시켜주던 직장에서의 피드백, 즉 거울반사도 사라졌습니다.

이제 그녀는 일 이외의 다른 자기대상이 필요한 때가 됐습니다. 단 하나만의 자기대상에 매달리는 것은 너무 불안합니다. 그녀가 안정되고 건강한 삶을 살기 위해서는 앞으로 연애도 하고, 친구도 만나며, 일 말고 다른 취미도 찾아보는 등의 노력이 필요합니다.

우리 모두는 그녀처럼 자존감을 유지시켜줄 대상과의 관계를 추구합니다. H. 코헛H. Kohut은 이런 인간심리를 설명하는 과정에서 자기심리학을 발전시켰습니다. 아기에게 엄마는 자신을 반사해주고 이상화하려는 요구에 반응하는 중요한 존재인데, 이런 존재를 '자기대상'이라 했으며 심리적 생존을 위해서는 산소같이 중요한 존재라고 했습니다. 어린아이가 엄마의 사랑스러운 눈빛을 통해 자존감을 유지하듯이 어른도 누군가와의 관계를 필요로 하는데요. 아이가 성장함에 따라 친구들, 연인, 배우자, 가족들이 이런 역할을 해줍니다. 갓 결혼한 신혼부부를 생각해보세요. 세상에 둘도 없는 내 반쪽이어서 간혹 아이가 엄마에게 하듯 배우자에게 과도하게 인정과 공감을 기대하거나 어리광을 부리는 것과 같은 유치한 행동을 하게 됩니다. 처음에는 엄마 눈에 보이는 아이처럼 배우자의 모든 행동이 사랑스럽습니다. 시간이 지나면서 상대의 단점이 보이고 실망하겠지만, 이런 과정을 거쳐 더 성숙한 관계를 이뤄나갈 수 있습니다.

한편 대상관계이론이 자기표상과 대상표상 사이의 내재화된 관계를 강조하는 것과는 달리, 자기심리학은 실제 자기가 외부세계와 맺는 관계, 특히 대상으로부터 되돌려받는 반사 같은 상호작용적인 정신역동의 힘과 흐름을 강조했습니다. 이 이론으로 가장 잘 설명되는 심리상태는 자기애, 즉 나르시시즘입니다.

갓 태어난 아이는 모든 면에서 완벽한 상태를 누립니다. 엄마는 배고플 새가 없이 아이를 먹이고, 보송보송하게 기저귀를 갈아주며, 보호해줍니다. 또한 아이와 눈을 맞추며 아이가 세상에서 가장 사랑스러운 존재임을 시시때때로 인정해줍니다. 이로 인해 아이는 자기가치감이나 자존심을 확인하고, 자기가 세상에서 최고인줄 알죠Grandiose Self. 그리고 완벽하게 자신을 돌보는 엄마에 대해 이상화된 부모상을 만듭니다Idealized Parental Imago. 하지만 세상은 그리 녹록한 곳이 아니어서 아이는 곧 좌절을 겪고 엄마가 모든 것을 해결해줄 수는 없다는 것을 알고 실망합니다. 이런 좌절경험이 아이가 감당할 수 있는 수준이면 아이는 건강하게 좌절을 이겨내며 성장해나갈 것입니다.

만약 양육과정에서 큰 상처를 받는다면, 어떻게 될까요? 엄마가 돌아가시고 제대로 돌봐줄 어른도 없는 환경이었다면 어떻게 될까요? 엄마란 존재가 원래 미숙하고 결점투성이어서 애초 제대로 된 양육을 제공해줄 수 없었다면 어떻게 될까요? 이런 상황이라면, 아이는 기대했던 반사반응을 얻지 못하며 자라나 이후 결함이 있거나 결핍된 자기를 극복하기 위해 필사적으로 인정받으려 노력하며 지내는 어른이 될 수 있습니다. 가장 전형적인 예가 자기애성 성격장애로, 이들은 평생 허약한 자기를 누가 볼까 두려워하며 과장되게 자신의 좋은 점만을 과시합니다. 이런 환자를 이해하고 치료하는 과정에는 자기심리학 이론이 좋은 이정표를 제시해주죠. 치료과정에서 치료자는 건강한 자기대상이 되어 적절한 공감 같은 새로운 반응을 보여줌으로써 환자의 상처받은 자존심과 자기가치감을 회복시킬 수 있습니다.

더 알아보기

코헛의 자기심리학

코헛은 자존심의 유지와 자기통합의 유지가 프로이트가 말한 성적욕구, 공격적 욕구보다 중요하다고 보았습니다. 그러기 위해서는 부모가 아이에게 잘 공감해주고 이상적 대상이 될 수 있어야 합니다. 적절히 반응해주고 공감해주는 엄마와 같은 공감적 자기대상이 결핍될 경우 성격장애의 원인이 될 수 있다고 보았죠. 좋은 자기대상을 만난 아이는 자기대상을 내재화해 자기의 핵을 만듭니다.

코헛은 일생을 통해 2종류의 자기대상이 필요하다고 했는데요. 첫 번째는 자신의 완벽함과 위대함을 알아주는 반사자기대상Mirroring Object, 두 번째는 위험 가운데에서도 동요됨이 없는 평안을 유지하고 어떤 어려운 문제도 해결할 수 있는 이상적 부모상이 그것입니다.

건강한 자기의 핵을 형성하기 위해서는 자기능력에 자신감을 가질 수 있도록 반사를 잘 받고, 자기가 도달해야 할 이상적인 대상을 가져야 하며, 자기대상이 적절한 좌절을 주어야 하고, 아이가 적절한 좌절에 부딪혔을 때 자기대상의 능력을 자기 것으로 대체해 극복하는 경험이 필요하다고 보았습니다.

1부_ 인간심리의 발달

송명자 저, 《발달심리학》, 학지사, 2003.
홍강의 저, 《소아정신의학》, 중앙문화사, 2005.
윌리엄 크레인 저, 송길연, 유봉현 공역, 《발달의 이론》, 중앙적성출판사, 1983.
Andres Martin and Fred Volkmar, *Lewis's Child and Adolescent Psychiatry: A Comprehensive Textbook*, 4th Edition, Lippincott Williams & Wilkins, 2007.
Herbert Ginsburg and Sylvia Opper, *Piaget's theory of intellectual development,* Prentice-Hall Inc., 1969.
Benjamin Sadock and Virginia Sadock, *Kaplan and Sadock's Synopsis of Psychiatry,* Williams & Wilkins, 2007.

2부_ 가족심리백과

1장_ 어린아이와 부모의 문제

블룸퀴스트 저, 곽영숙 역, 《행동장애 어린이를 돕는 기술》, 하나의학사, 2000.
칩 월터 저, 이시은 역, 《사람의 아버지》, 어마마마, 2014.
데이비드 버스 저, 이충호 역, 《진화심리학》, 웅진지식하우스, 2012.

전중환 저, 《오래된 연장통》, 사이언스북스, 2010.
EBS 마더쇼크제작팀 저, 《마더쇼크》, 중앙북스, 2012.
존 볼비 저, 김수임, 강예리, 강민철 공역, 《존 볼비의 안전기지》, 학지사, 2014.
대니얼 레빈슨 저, 김애순 역, 《여자가 겪는 인생의 사계절》, 이화여자대학교출판부, 2004.
레온 사울 저, 최수호 역, 《결혼과 소아기 감정양식》, 하나의학사, 1997.
윌리엄 크레인 저, 송길연, 유봉현 공역, 《발달의 이론》, 중앙적성출판사, 1983.
로스 파크 저, 김성봉 역, 《아버지만이 줄 수 있는 것이 따로 있다》, 샘터사, 2012.
존 가트맨 저, 남은영 역, 《내 아이를 위한 사랑의 기술》, 한국경제신문사, 2007.
최재천 저, 《다윈 지능》, 사이언스북스, 2012.
기획 기사 〈한국인의 삶〉, 파이낸셜뉴스, 2015년 1월 4~6일자.
송명자 저, 《발달심리학》, 학지사, 2008.
이정란 저, 〈Vygotsky의 발달이론에 따른 어머니의 상호작용전략과 유아의 자기판단력과의 관계분석〉, 아동학회지 10(1): 26-42, 1988.
국립특수교육원 저, 《특수교육학 용어사전》, 하우, 2009.
신경인문학연구회 저, 《뇌과학, 경계를 넘다》, 바다출판사, 2012.
홍강의 저, 《소아정신의학》, 중앙문화사, 2005.
홍강의 저, 《소아정신의학》, 학지사, 2014.
안동현 저, 〈어린이 식사장애의 평가 및 치료〉, 대한지역사회영양학회지 6(5): 922-934, 2001.
데이비드 쉐퍼, 캐서린 키프 공저, 송길연, 이지연, 장유경 공역, 《발달심리학》, 시그마프레스, 2000.
로널드 라피, 앤 위그널, 수잔 스펜스, 바네사 코햄, 하이디 리네햄 공저, 이정윤, 박중규 공역, 《불안하고 걱정이 많은 아이, 어떻게 도와줄까?》, 시그마프레스, 2002.
정보인 저, 《0-5세 발달단계별 놀이 프로그램》, 교육과학사, 2000.
안동현 저, 《주의력결핍장애 아동의 사회기술훈련》, 학지사, 2004.
안동현 저, 《우리아이에게 문제가 생겼어요》, 경향신문사, 1997.
김용태 저, 《가족치료 이론》, 학지사, 2000.
안동현 저, 《말 안 듣는 아이》, 하나의학사, 1997.

홍준표 저, 《응용행동분석》, 학지사, 2009.
데이비드 월린 저, 김진숙, 이지연, 윤숙경 공역, 《애착과 심리치료》, 학지사, 2010.
루스 벨트만 비건 저, 응용발달심리연구센터 역, 《사회적 기술 향상 프로그램 - 유아용》, 시그마프레스, 2002.
C. 브레너 저, 이근후 역, 《정신분석학》, 하나의학사, 1987.
로나 윙 저, 신현순 역, 《자폐아동》, 이화여자대학교출판부, 1989.
노경선 저, 《아이를 잘 키운다는 것》, 예담, 2007.
이부영 저, 《정신분석에로의 초대》, 이유, 2003.
이무석 저, 《정신분석의 이해》, 전남대학교 출판부, 1995.
EBS 제작팀 저, 《아이의 정서지능》, 지식채널, 2012.
A. E. Siegel, *Working Mother and Their Children,* J Ameri Acad Child Psyuchiat, 23:486-488: 1984.
Peter Fonagy, *Maternal representations of attachment during pregnancy predict the organization of infant-mother attachment at one year of age*, Child Development, 62, 891-905, 1991.
Helen L. Egger, *Developmentally sensitive diagnostic criteria for mental health disorders in early childhood: The diagnostic and statistical manual of mental disorders—IV, the research diagnostic criteria—preschool age, and the Diagnostic Classification of Mental Health and Developmental Disorders of Infancy and Early Childhood—Revised,* American Psychologist, Vol 66(2), 95-106, 2011.
D. B. Pruitt, *Your Child : Emotional, Behavioral, and Cognitive Development from Birth Through Preadolescence,* William Morrow & Company, 2000.
Ronald Rapee, *Treating Anxious children and adolescents*, New Harbinger publications, 2000.
S. Ozonoff, *A parent's guide to Asperger syndrome and high-function autism*, Guildford, 2002.
M. L. Bloomquist, *Skills training for children with behavior disorder*, Guildford, 1996.
P. Stallard, *Think good – feel good*, John Wiley & sons, 2002.
P. C. Kendall, *Child and adolescent therapy cognitive-behavioral procedures*, Guilford,

2012.
L. Eliot, *What's going in there?*, Bantam Dell Pub Group, 2000.
J. Bowlby, *A secure Base*, Basic Books, 1988.

2장_ 초등학생 자녀의 문제

미국아동청소년정신과협회 저, 권상미 역, 《아이성장심리백과》, 예담프렌드, 2014.
상진아 저, 《말 한마디로 아이를 크게 키우는 칭찬과 꾸중의 힘》, 랜덤하우스코리아, 2008.
필립 켄들 저, 신현균, 김장호, 최영미 공역, 《아동 청소년 심리치료: 인지행동적 접근》, 학지사, 2015.
로버트 프리드버그 저, 정현희, 김미리혜 역, 《아동과 청소년을 위한 인지치료》, 시그마프레스, 2007.
한국청소년정책연구원 저, 〈청소년의 건강한 삶과 성장지원〉, 제1차 2014년도 고유과제 연구성과 발표회, 2015.
미셸 보바 저, 남혜경 역, 《내 아이 심리육아백과》, 물푸레, 2011.
〈서울통계연보〉, 서울시, 2014.
〈인구주택총조사〉, 통계청, 2010.
로렌 샌들러 저, 이주혜 역, 《똑똑한 부모는 하나만 낳는다》, 중앙 m&b, 2014.
클리프 아이잭슨, 크리스 래디쉬 공저, 김진 역, 《출생의 심리학》, 21세기북스, 2005.
송형석 저, 《위험한 관계학》, 청림출판, 2010.
〈세월호 침몰 사건을 맞아 일반 부모들을 위한 지침〉, 소아청소년정신의학회, 2014.
리키 그린월드 저, 정성훈, 정운선 역, 《마음을 다친 아동 청소년을 위한 핸드북 : 정신적 외상을 입은 아동과 청소년을 위한 지침서》, 학지사, 2011.
케빈 로넌, 재클린 페더 공저, 신현균 역, 《아동의 외상과 학대에 대한 인지행동치료 : 단계적 접근》, 학지사, 2012.

바베트 로스차일드 저, 노경선 역, 《트라우마 탈출 8가지 열쇠》, NUN, 2011.
재니스 A. 디 치아코 저, 정연희 역, 《슬픈 아이들의 심리학》, 휴먼앤북스, 2011.
하임 G. 기너트, 앨리스 기너트, 월러스 고더드 공저, 신홍민 역, 《부모와 아이 사이》, 양철북, 2003.
토마스 고든 저, 이훈구 역, 《부모 역할 훈련》, 양철북, 2002.
윌리엄 크레인 저, 송길연, 유봉현 공역, 《발달의 이론》, 시그마프레스, 2011.
이언 레슬리 저, 김옥진 역, 《타고난 거짓말쟁이들》, 북로드, 2012.
미래창조과학부 저, 〈2013년 인터넷중독 실태조사〉, 한국정보화진흥원, 2013.
프란시스 부스 저, 김선민 역, 《디지털 세상에서 집중하는 법》, 처음북스, 2014.
김성도 저, 《호모 모빌리쿠스》, 삼성경제연구소, 2008.
올리버 색스 저, 조석현 역, 《아내를 모자로 착각한 남자》, 이마고, 2006.
존 바이스 저, 오경자, 정경미, 문혜신, 배주미, 이상선 공역, 《아동 청소년 심리치료》, 시그마프레스, 2008.
조지 베일런트 저, 이덕남 역, 《행복의 조건》, 프런티어, 2010.
마이클 거리언 저, 안진희 역, 《소년의 심리학》, 위고, 2010.
이영환 저, 《아버지의 부모역할과 아동발달》, 교육과학사, 2014.
주디스 월러스타인 저, 오혜경 역, 《이혼 부모들과 자녀들의 행복만들기》, 도솔, 2008.
배빗 콜 저, 고정아 역, 《따로 따로 행복하게》, 보림, 2001.
에밀리 멘데즈 아폰테 저, 노은정 역, 《난 이제 누구랑 살지?》, 비룡소, 2003.
하워드 가드너 저, 문용린, 유경재 공역, 《다중지능》, 웅진지식하우스, 2007.
신석호 저, 《비언어성 학습장애 아스퍼거증후군》, 시그마프레스, 2013.
Facts For Families Guide, *Helping Teenagers With Stress,* American Academy of Child & Adolescent Psychiatry. 2013
J. A. Cohen, *Treating Trauma and Traumatic Grief in Children and Adolescents,* Guilford Publications, 2006.
Dougy Center for Grieving Children, *35 Ways to Help a Grieving Child,* Dougy Center, 1999.
F. R. Volkmar, *Essentials of Lewis's Child and Adolescent Psychiatry,* Lippincott Williams & Wilkins, 2011.

American Psychiatric Association, *Diagnostic and Statistical Manual of Mental Disorders*, 5th Edition, American Psychiatric Association, 2013.
S. M. Rutter, *Rutter's Child and Adolescent Psychiatry,* Wiley-Blackwell, 2010.
M. E. Lamb, *The Role of the Father in Child Development*, Wiley & Sons Inc, 2010.

3장_ 중고생 자녀의 문제

김은아 저, 〈아이의 사춘기 반항, 감당이 안 되는데 어떡하죠?〉, 비룡소 새소식 2014년 6월호, 2014.
존 가트맨 저, 최성애 역, 《내 아이를 위한 감정코칭》, 한국경제신문사, 2011.
김영아 저, 《십대라는 이름의 외계인》, 라이스 메이커, 2012.
글렌 가바드 저, 이정태, 채영래 공역, 《역동정신의학》, 하나의학사, 2008.
〈부모 잔소리를 들을 때 청소년의 뇌는 멈춘다〉, 서울신문, 2015년 2월 24일자.
루스 벨트만 비건 저, 응용발달심리연구센터 역, 《사회적 기술 향상 프로그램 – 중고등학생용》, 시그마프레스, 2003.
전홍진 저, 〈청소년 자살 관련 현황 및 위험 요인〉, 대한의사협회지 제56권 제2호, 93-99, 2013.
질병관리본부 저, 〈청소년 건강행태 온라인 조사〉, 보건복지부, 2012.
이유진 저, 〈국내 중고교생 수면부족 실태 조사〉, 가천의대, 2010.
데이비드 월시 저, 곽윤정 역,《10대들의 사생활》, 시공사, 2011.
윤형섭 저, 《한국 게임의 역사》, 북코리아, 2012.
미래창조과학부 저, 〈2013년 인터넷중독 실태조사〉, 한국정보화진흥원, 2013.
요한 하위징아 저, 이종인 역,《호모 루덴스》, 연암서가, 2010.
로제 카이와 저, 이상률 역, 《놀이와 인간》, 문예출판사, 1994.
〈우리시대 청소년 자화상 : 남학생 '폭행' 여학생 '왕따' 가장 많이 시달려〉, 국민일보, 2014년 7월 11일자.
〈'SNS 사이버왕따' 청소년 멍든다〉, 강원도민일보, 2012년 11월 13일자.
류영민. 학교 폭력, 사이버 상담 센터
〈청소년 제1고민 집단 따돌림〉, 문화일보, 2012년 2월 29일자.

〈학교폭력 中 '집단 따돌림'이 가장 견디기 힘들어…〉, 쿠키뉴스, 2012년 3월 7일자.
리키 그린월드 저, 정운선, 정성훈 공역, 《마음을 다친 아동 청소년을 위한 핸드북》, 학지사, 2011.
임여주 저, 《열세 살, 학교 폭력 어떡하죠?》, 스콜라, 2014.
"히키코모리", 위키백과.
대한소아청소년정신의학회 저, 《청소년정신의학》, 시그마프레스, 2012.
마이클 블룸퀴스트 저, 곽영숙 역, 《행동장애 어린이를 돕는 기술》, 하나의학사, 2000.
조수철 저, 《소아정신질환의 개념》, 서울대학교출판부, 1999.
질병관리본부 저, 〈청소년 건강행태 온라인 조사〉, 보건복지부, 2014.
필립 라이스 저, 정영숙, 신민섭, 이승연 공역, 《청소년 심리학》, 시그마프레스, 2009.
김용석 저, 〈청소년 문제 행동의 공통 요인으로서 부모의 양육 태도에 관한 연구〉, 한국사회복지학, 2000.
말콤 글래드웰 저, 노정태 역, 《아웃라이어》, 김영사, 2009.
〈학교 가기 싫어하는 아이를 혼내지 말아야 하는 까닭〉, 조선비즈, 2015년 7월 4일자.
하워드 가드너 저, 문용린, 유경재 공역, 《다중지능》, 웅진지식하우스, 2007.
이범 저, 《우리 교육 100문 100답》, 다산북스, 2013.
"다중지능이론", 네이버 지식백과, 시사상식사전, 박문각.
〈조기유학 1세대 '절반의 성공'〉, 조선일보, 2009년 6월 23일자.
홍진표 저, 《내 아이와의 두 번째 만남》, 위너스북, 2010.
T. E. Brown, *Attention Deficit Disorders and Comorbidities in children, adolescents, and adults*, APP, 2000.
T. P. Gullotta, *Handbook of Adolescent Behavioral Problems: Evidence-Based Approaches to Prevention and Treatment,* Springer, 2014.
J. L. Maggs, *Trajectories of Alcohol Use During the Transition to Adulthood*, Alcohol Research Current Review, Vol. 28, No. 4, 195-201, 2004.
P. C. Kendall, *Child and Adolescent Therapy : Cognitive-Behavioral Procedures,* Guilford Pubn, 2006.
D. B. Pruitt, *Your Adolescent: Emotional, Behavioral, and Cognitive Development from*

Early Adolescence Through the Teen Years, Harper Collins, 2000.
T. Brown, *Attention Deficit Disorder : The Unfocused Mind in Children and Adults*, Yale University Press, 2006.

4장_ 청년의 문제

이브 A 우드 저, 안진희 역,《심리학, 배신의 상처를 위로하다》, 이마고, 2010.
데이비드 버스 저, 이충호 역,《진화심리학》, 웅진지식하우스, 2012.
알프레드 아들러 저, 설영환 역,《아들러 심리학 해설》, 선영사, 2014.
사이토 이사무 저, 최선임 역,《사람은 왜 험담을 할까?》, 스카이, 2014.
존 카치오포, 윌리엄 패트릭 공저, 이원기 역,《인간은 왜 외로움을 느끼는가?》, 민음사, 2013.
송형석 저,《위험한 관계학》, 청림출판, 2010.
김정희 저,《심리학의 이해》, 학지사, 1993.
김대식 저,《내 머릿속에선 무슨 일이 벌어지고 있을까?》, 문학동네, 2014.
최정훈 저,《심리학-인간행동의 이해》, 법문사, 1986.
몬트세라트 귀베르나우 저, 유강은 역,《소속된다는 것》, 문예출판사, 2015.
로저 매키논, 피터 버클리 공저, 박성근, 정인과 공역,《임상 실제에서의 정신과적 면담》, 하나의학사, 2012.
이병윤 저,《정신의학사전》, 일조각, 1990.
〈통계로 본 서울 혼인·이혼 현황〉, e-서울통계 82호, 2013.
기획 기사〈한국인의 삶〉, 파이낸셜뉴스, 2014년 12월 31일~2015년 1월 11일자.
레온 사울 저, 최수호 역,《결혼과 소아기 감정양식》, 하나의학사, 1997.
대니얼 레빈슨 저, 김애순 역,《남자가 겪는 인생의 사계절》, 이화여자대학교출판부, 1996.
윌리엄 크레인 저, 송길연, 유봉현 공역,《발달의 이론》, 중앙적성출판사, 1983.
송명자 저,《발달심리학》, 학지사, 2008.
에리히 프롬 저,《사랑의 기술》, 문예출판사, 1976.
B. J. Sadock, *Comprehensive Textbook of Psychiatry,* 9th Edition, Lww, 2009.
E. Finkel, *The All or Nothing Marriage*, NYT Feb 14, 2014.

R. S. Lazarus, *Stress, Appraisal, and Coping*, Springer, 1984.

5장_ 중장년의 문제

다리오 마에스트리피에리 저, 최호영 역,《영장류 게임》, 책읽는 수요일, 2013.
글렌 가바드 저, 이정태, 채영래 공역,《역동정신의학》, 하나의학사, 1996.
빅토르 프랭클 저, 이시형 역,《죽음의 수용소에서》, 청아출판사, 2005.
최영희 저,《나의 삶을 바꾼 공황과 공포》, 학지사, 2007.
에드나 포아 저, 박형배 역,《강박증 이제 안녕》, 하나의학사, 2000.
신경인문학연구회 저,《뇌과학, 경계를 넘다》, 바다출판사, 2012.
정용 저,《1.4킬로그램의 우주, 뇌》, 사이언스북스, 2014.
최삼욱 저,《행위중독》, NUN, 2014.
에드워드 할로웰 저, 곽명단 역,《창조적 단절》, 살림Biz, 2008.
레온 사울 저, 최수호 역,《결혼과 소아기 감정양식》, 하나의학사, 1997.
〈결혼, 잘 알지도 못하면서〉, KBS 인터넷 뉴스, 2014년 11월 3~6일자.
한국정신문화원 저,《한국민족문화대백과사전》, 웅진출판, 1997.
이무석 저,《정신분석의 이해》, 전남대학교출판부, 1995.
대니얼 레빈슨 저, 김애순 역,《여자가 겪는 인생의 사계절》, 이화여자대학교출판부, 2004.
대한신경정신의학회 저,《신경정신과학》, 하나의학사, 1997.
서동욱 저,《한 평생의 지식》, 민음사, 2012.
전중환 저,《오래된 연장통》, 사이언스북스, 2010.
칩 월터 저, 이시은 역,《사람의 아버지》, 어마마마, 2014.
존 그레이 저, 김경숙 역,《화성에서 온 남자, 금성에서 온 여자》, 동녘라이프, 2006.
박성덕 저,《정서중심적 부부치료: 이론과 실제》, 학지사, 2008.
데이비드 버스 저, 이충호 역,《진화심리학》, 웅진지식하우스, 2012.
로저 매키논, 피터 버클리 공저, 박성근, 정인과 공역,《임상 실제에서의 정신과적 면담》, 하나의학사, 2012.
매트 리들리 저, 김한영 역,《본성과 양육》, 김영사, 2004.

이병윤 저, 《현대정신의학 총론》, 일조각, 1981.
양재원 저, 〈성인주의력결핍 과잉행동장애의 약물치료〉, 소아청소년정신의학, 23, 2, 1~18, 2012.
신영철 저, 《스트레스와 도박중독》, 한국중독정신의학회, 2005.
주디스 월러스타인 저, 양은모 역, 《우리가 꿈꾸는 행복한 이혼은 없다》, 명진출판사, 2002.
주디스 월러스타인, 샌드라 블레이크슬리 공저, 오혜경 역, 《이혼부모들과 자녀들의 행복만들기》, 도솔, 2008.
칼 하인츠 브리쉬 저, 장휘숙 역, 《애착장애의 치료 : 이론에서 실제까지》, 시그마프레스, 2003.
존 가트맨 저, 《내 아이를 위한 사랑의 기술》, 한국경제신문사, 2007.
박진영 저, 《내가 이혼 전문 변호사다》, 지식공감, 2014.
와다 히데키 저, 이유영 역, 《남자는 왜? 여자는 왜?》, 도서출판 예문, 2002.
H. I. Kaplan, *Synopsis of psychiatry*, 8th Ed, Williams & Wilkins, 1998.
T. Lee, *Longitudinal evidence that fatherhood decreases testosterone in human males*, PNAS vol. 108 no. 39, 2011.
Pfizer, *Global Better Sex Survey, European Association of Urology*, Annual Meeting in Paris, 2006.
D. B. Pruitt, *Your Child: Emotional, Behavioral, and Cognitive Development from Birth Through Preadolescence*, William Morrow & Company, 2000.
B. J. Sadock, *Kaplan and Sadock's Synopsis of Psychiatry*, Williams & Wilkins, 2007.

6장_ 노인의 문제

데이비드 베인브리지 저, 이은주 역, 《중년의 발견》, 청림출판, 2013.
조지 베일런트 저, 이덕남 역, 《행복의 조건》, 프런티어, 2010.
엘리자베스 퀴블러 로스 저, 이인복 역, 《죽음과 임종에 관한 의문과 해답》, 홍익재, 1991.
스밀리 브랜톤 저, 이동영 역, 《프로이트와 나눈 시간》, 솔, 1999.

3부_심리학의 중요개념

조지 베일런트 저, 고영건, 김진영 공역, 《행복의 지도》, 학지사, 2013.
이부영 저, 《분석심리학》, 일조각, 1997.
루이스 브레거 저, 홍강의, 이영식 공역, 《인간발달의 통합적 이해》, 이화여자대학교출판부, 1998.
송명자 저, 《발달심리학》, 학지사, 2003.
홍강의 저, 《소아정신의학》, 중앙문화사, 2005.
글렌 가바드 저, 이정태, 채영래 공역, 《역동정신의학》, 하나의학사, 2008.
찰스 브레너 저, 이근후 역, 《정신분석학》, 하나의학사, 1987.
칼 하인츠 브리쉬 저, 장휘숙 역, 《애착장애의 치료》, 시그마프레스, 2003.
조두영 저, 《프로이드와 한국문학》, 일조각, 1999.
알프레드 아들러 저, 설영환 역, 《아들러 심리학 해설》, 선영사, 2014.
B. J. Sadock, *Kaplan and Sadock's Synopsis of Psychiatry*, Williams & Wilkins, 2007.

찾아보기

1 2 3

가족
심리
백과

2016년 1월 26일 초판 1쇄 발행
2016년 7월 7일 초판 2쇄 발행

지은이 | 송형석, 강성민, 강화연, 김종훈, 류영민, 박성근, 윤병문, 양재원, 이분희, 조방현
발행인 | 이원주
책임편집 | 김효선
책임마케팅 | 이지희

발행처 | (주)시공사
출판등록 | 1989년 5월 10일(제3-248호)

주소 | 서울시 서초구 사임당로 82(우편번호 06641)
전화 | 편집(02)2046-2864·마케팅(02)2046-2846
팩스 | 편집·마케팅(02)585-1755
홈페이지 | www.sigongsa.com

ISBN 978-89-527-7472-9 03180

본서의 내용을 무단 복제하는 것은 저작권법에 의해 금지되어 있습니다.
파본이나 잘못된 책은 구입한 서점에서 교환해 드립니다.